STATUS AND CULTURE《ステイタス アンド カルチャー》

文化をかたちづくる〈ステイタス〉の力学
——感性・慣習・流行はいかに生まれるか？

デーヴィッド・マークス
黒木章人 訳

筑摩書房

W. DAVID MARX
TRANSLATED BY
FUMIHITO KUROKI

CHIKUMASHOBO

センスの〝センス〟を最初に教えてくれたジェフリーとローラに

STATUS AND CULTURE
How Our Desire for Social Rank Creates Taste, Identity,
Art, Fashion, and Constant Change by W. David Marx

This edition published by arrangement with Viking, an imprint of Penguin Publishing Group,
a division of Penguin Random House LLC through Tuttle-Mori Agency, Inc., Tokyo

日本の読者に向けた序文

二〇一五年、わたしは『AMETORA――日本がアメリカンスタイルを救った物語』を上梓した。この本では、一九六〇年代にアメリカのカジュアルウェアが日本で受け容れられ、その日本版が世界中から高い評価を得るまでに至った過程というミクロな歴史を追った。ファッションを扱った書の大半とは大きく異なり、『AMETORA』は衣服のデザインや芸術性ではなく、個人、企業、メディア、そして若年消費層の相互作用からいかにしてトレンドが生み出されるのかをテーマにしている。スタイルの変遷は、ファッションだけではなく文化についても何かしらを明らかにする。日本のカジュアルウェアはアイビールックからアンチ・アイビーのヒッピールックへと向かい、やがてそのふたつは融合してヘヴィーデューティースタイルとなった。それがプレッピースタイルのリバイバルを経てアンチ・プレッピーのデザイナーズ《D》&キャラクターズ《C》ブランドのブームにつながり、そこから先は大量輸入されたアメリカの古着を介して裏原宿系ストリートウェアのスタイルへと発展した。こうしたトレンドは〝時代の流れ〟を反映したものにとどまらず、むしろ多くの場合〝時代の流れ〟を作り出した。言語と同様に、文化も独自の内部理論に衝き動かされるのだ。

二〇二二年に出版した本書『STATUS AND CULTURE――文化をかたちづくる〈ステイタス〉の力学』は、そのタイトルだけを見れば『AMETORA』とはまったく異なる内容のように思われるかもしれない。しかしこの第二作もまたファッションを、流行（fashion）というより広い意味で扱っている。学生時代、わたしは〝一体どうして文化は時間の経過とともに変化するのか〟という〈文化《カルチャー》の大いなる謎〉の答えを知りたかった。てっきり誰かがすでに解き明かしていて、本のかたちでまとめているものと思い込んでいたのだが、探していた答えが載っている書物は一冊も見つからなかった。学者や研究者の大半は、理論面と個人面の両方の観点から流行を毛嫌いしている。流行は不真面目で、軽薄で、不合理で、無意味で、変化のためだけに変化する——そう捉えている節がある。

しかしながら流行は文化を、ひいては人間の本質を理解するためには必要不可欠な要素だ。美術史家のクエンティン・ベルは自著『On Human Finery（人間の装い）』で、ミバエが遺伝学を学ぶうえで最も初歩的な研究対象であるのと同様に、流行は文化を研究するうえでまさしくうってつけの対象であると記している。流行は人間の活動のなかでも最も明快な分野であり、そこには普段は眼に見えない文化の力学《ダイナミクス》が往々にして姿を見せる。社会および自分自身を理解するには、文化の変化をより理解する必要がある。文化はわたしたちの生活の質《QOL》を左右するだけではない。文字どおり人間を人間たらしめるものなのだ。動物は本能のままに生き、コンピューターは純然たる理論で動く。しかし社会的相互作用のなかで特別な価値を創出するのは人間だけだ。文化は、ややもすると〝恣意的な行為〟と見なされる人間の行動に意味を与える。流行を無視することは、人間としての経験のなかで最も人間くさい部分に無関心であることにほかならない。

『AMETORA』が文化についてのケーススタディだとするなら、さしずめ二作目の『STATUS AND CULTURE』は文化の発生過程を描いた難解な見取り図だ。本書では、歴史学、人類学、社会学、経済学、心理学、神経科学、芸術および文学理論、そして言語学を総動員し、流行とサブカルチャー、大衆文化《マスカルチャー》、レトロ、そして芸術は、すべて社会における〈ステイタス〉を求める人間の欲求によって惹き起こされる、同一の社会的メカニズムの一部だという事実を提示している。文化の謎の解明に取り組んでいるうちに、ステイタスを通して見れば、文化の〝非合理的な部分〟が極めて合理的に見えてくることがわかってきた。

本書では、実に多くの異なる分野と時代と地域における事例およびケーススタディを参照している。この〝何でもあり感〟は意図したものだ——わたしは文化のメカニズムの〝普遍性〟を示したかったのだ。日本の読者には馴染みがないであろう事例も多く取り上げているが、そうした文化的ルールはすべて日本にも当てはまるものだ。逆に参考になった日本の例も数多くあった。ここでひとつ挙げるとすれば、一九九〇年代前半の東京の私立高校に通う裕福な家庭のコギャルから九〇年代後半の地方出身の不良女子高生たちのガングロへの極端な変化ほど、サブカルチャーのスタイルのダイナミクスを明示するものはない。

文化および社会については、ピエール・ブルデューやジャン・ボードリヤールといった学術の貴顕たちが同様の理論を提唱してきた。その内容は万人にとって重要なものだと、わたしは強く信じているが、あまりにも長きにわたって難解な学術文献の暗い片隅に埋もれつづけてきた。彼らの研究を基礎とし、彼らが論じてきた文化についての知識により多くの人々が触れることができる、最も手に取りやすい書として一冊にまとめ上げたものが『STATUS AND CULTURE』だと、わたしは自信を持って言える。本書は文化を理解するための——そして文化を変える術《すべ》を学ぶためのマニュアルだ。

二〇二四年三月　日本の東京にて

目次

STATUS AND CULTURE
文化をかたちづくる〈ステイタス〉の力学
——感性・慣習・流行はいかに生まれるか?

デーヴィッド・マークス
黒木章人 訳

はじめに　文化《カルチャー》とステイタスのタブーにまつわる大いなる謎

〝ステュ〟ことスチュアート・サトクリフの新しい髪型を仲間たちは笑った。ステュが画家としてのキャリアを棄て、リヴァプールからハンブルクのみじめったらしいことこの上ない片隅に移り住んだのは、そもそもその仲間たちのバンドにベーシストとして加わるためだったというのに。そのバンドは、愚にもつかない駄洒落を弄した[1]〈ザ・ビートルズ〉という名前だった。ザ・ビートルズのメンバーたちは――ヘアクリーム《ブリルクリーム》をたっぷりと使って前髪を高く上げてオールバックにした、ジーン・ヴィンセントの四人のクローンたちは――シックなシーザー・スタイル[2]〔頭頂部を平らになでつけた髪型〕に変え、前髪をそのまま額に下したステュをやいのやいのと責めたてた。

ステュのいきなりのイメチェンの元凶を仲間たちは知っていた――彼の〝実存主義者〟のドイツ人ガールフレンド、アストリッドだ。[3]アストリッドは、フランスの最新モードを追いかけている地元のアートスクールの男友だちの髪型に似せてステュの髪を切ったのだ。ステュは新しい髪型へのからかいに耐えつづけた。ところが思いがけない展開が数日後に待ち受けていた。最年少メンバーのジョージが、同じ髪型に切ってほしいとアストリッドに頼んだのだ。さらに数か月後、ジョンとポールも黙って右に倣った。休暇でパリを訪れた際に、ステュの髪型でなければセーヌ川左岸の〝ボヘミアン・ビューティー〟[4]たちをナンパできないことがわかったからだった。が、それは言い訳にしか過ぎなかった。ヨーロッパ大陸で過ごすうちに、ジョンもポールも自分たちのイギリス流〝アメリカの不良〟スタイルに自信が持てなくなり、ほかのイギリスのロックンロールバンドとの差別化を図るにはステュのヘアスタイルを取り入れるしかないと考えるようになっていたのだ。最初の嘲笑はどこへやら、ザ・ビートルズの面々はステュが始めた〈モップトップ・カット（もしくはマッシュルーム・カット）〉に全員変えてリヴァプールに戻った――当のステュ抜きで。

〝かなり短めの短髪〟[5]が男の常識だった当時のイギリスにあって前髪を垂らしたモップトップにしたことは、ザ・ビートルズが残した数ある伝説のなかで大きな存在感を放っている。〈ニューヨーク・タイムズ〉は、彼らのことを最初に扱ったイギリス発の記事でこう記している。「モップのようなお揃いの髪型の四人が前髪を揺らすと[6]、それだけで彼らが出演している劇場で暴動が起きる」イギリスの女の子たちはザ・ビートルズのモップトップを歓迎したが、大人たちは〝みっともなくて信用の置けない、ぼさぼさで不潔な〟髪型[7]とみなした。工場経営者たちは、モップトップにした反抗的な若い工員たちを停職処分にした。

一九六四年にザ・ビートルズの初の訪米が決まったが、イギリスでちょっとした懸念を招いていた彼らの〝だらしないぼさぼさ頭〟はアメリカでは社会秩序の脅威とみなされ、全面的なモラル・パニックを惹き起こした。デトロイトのある大学の学生たちは〈ザ・ビートルズ撲滅協会[8]〉を結成し、モップトップは〝反米的な〟髪型だと抗議した。アメリカでの最初の記者会見で[9]、マスコミ各社は話題を身だしなみに何度も向けようとした。「サムソンのように、その髪型ではなくなったら力が失せてしまうと思っているんですか？〔旧約聖書の英雄サムソンの力の源泉は髪にあった〕」ある記者は尋ねた。別の記者の「アメリカにいるあいだに散髪はしないんですか？」という質問に、ジョージ・ハリスンが返した「昨日切ってきたよ」という言葉は今でも有名だ。その後ザ・ビートルズが爆発的な人気を得ると、全米で一日一万五千枚[10]のモップトップのかつら《ウィッグ》が製造され、エド・サリヴァンとアルフレッド・ヒッチコックは自分たちの番組でかぶって安直な笑いを買った。

アメリカの若い男たちも、最初のうちこそ〝女々しい〟モップトップを小馬鹿にしていた。が、モップトップにアメリカの女の子に効く媚薬的効果があることに気づくなり、クルーカットを伸ばそうと思い立った。戦後生まれのベビーブーマーたちがモップトップをそれぞれの家庭に持ち込むと、席巻するイギリスのポップカルチャー《ブリティッシュ・インヴェイジョン》はテレビのなかから跳び出して都市郊外に蔓延していった。親世代はモップトップを嫌悪した。一九六五年のギャラップ世論調査では、[11]アメリカ国民の三分の二がザ・ビートルズの髪型に拒否反応を示していた。心理学者でLSDの伝道師《グル》であるティモシー・リアリーは、アメリカの中間層で男性の長髪が受け容れられるようになったのは、テレビのゴールデンタイムで『ザ・モンキーズ』の放映が始まった一九六六年からだと主張した――ザ・モンキーズとはザ・ビートルズ《ファブ・フォー》のアメリカ版コピーで、〝議論も抗議も惹き起こさない、奇妙でユニークなことは考えないし言わない、父親も母親も、そしてスポンサーも怒らせない〟[12]バンドだった。一九六八年になると親世代も態度を軟化させた。ぼさぼさの前髪に深く嘆き悲しんだところで何の意味もないことにようやく気づいたからだろう。そんなモップトップも、[13]その後に四人が取り入れた肩まで届くヒッピーヘアに比べたらかなりまともな髪型だった。

モップトップ姿のザ・ビートルズの写真を初めて見たとき、わたしは八歳だった。彼らが髪型で叩かれまくっていた当時から丸二十年が経っていた。その当時のわたしはミシシッピ州のオックスフォードで暮らしていた。オックスフォードは南部でも群を抜いて保守的な市《まち》で、一九八〇年代になっても親たちは〝はい、父さん《イエス・サー》〟とか〝はい、母さん《イエス・マム》〟という返事を子どもたちに求めていた。『ザ・ビートルズ――一九六二～一九六六年』というタイトルのカセットテープのインデックスカードを見たとき、わたしは単純にこう思った――兄さんとぼくにそっくりじゃないか。当時のオックスフォードの青少年の大半は、一九六一年のステュ・サトクリフとほぼ同じように前髪をおろしていた。かつては国民と世代を分断したザ・ビートルズのモップトップは、保守的な南部ですらごくごくあたりまえの髪型になっていた。こんなにありきたりな髪型が猛烈な非難にさらされていたことが、子どものわたしには不思議に思えた。若い男たちが熱狂したモップトップのブームも、現代から見れば常軌を逸したものだった。今やモップトップはありきたりではなくクラシックな髪型となっている。〈GQ〉は「今も昔も素敵なヘアスタイルだ」[14]と二〇一九年に評している。

モップトップとそれが招いた激しい反発はつとに有名だが、有名であるがゆえに、そこから浮かび上がってくる人間の〝奇妙な〟行動が見えなくなっているのかもしれない。人間は、自らの意思で選んだある活動から、はっきりした理由もなく別の活動に、それも一斉に跳び移る。モップトップをはじめとした、こうした無数に生じてきた社会のごくごく小さな動きは、一般に〈流行（もしくはトレンド）〉と呼ばれる。流行によって行動様式の些細な齟齬が社会に生じ、激しい摩擦に発展する。が、それも最初のうちだけであって、反発していた人々も最終的にその流行を受け容れる。流行の元祖たちを、あとになって〝識者〟と呼ばれる人種が〝アイコン〟であるとか〝レジェンド〟などともち上げると、かつての急進的な行動は社会全体で共有する文化的遺産のなかで確たる位置を得ることになる。あるとき前髪を作ろうと思い立ったステュ・サトクリフは、結果として六〇年代初頭《アーリー・シックスティーズ》と呼ばれる時代に多大な影響を与えたシンボルとなった。

人間の行動におけるこうした特異性を、本書では〈文化《カルチャー》の大いなる謎〉という漠然とした言葉で表現することにする――どうして人間はある特定の行動もしくは慣習をこぞって好んで取り入れ、何年かするとさしたる理由もないまま別の行動もしくは慣習に一斉に乗り移るのだろうか？　チャールズ・ディケンズの小説『デイヴィッド・コパフィールド』で、葬儀屋のミスタ・オーマーはこんな皮肉を言う。「でも、流行なんてもんは、人間と同じでさ。なぜ、いつ、どうして始まるか、なんてことは、誰にもわかるもんじゃねえ。しかも、廃りもこれまた同じでね。まあ、わたしの考えだが、そんなふうに考えていきゃ、万事すべて人間の生命《いのち》と同じこってござえますよ、ね[15]」

流行（もしくはトレンド）とは対照的に、科学技術《テクノロジー》の変化は筋道が通っていて実にわかりやすい。たとえば技術革新《イノヴェーション》は高い効率性と利便性を低コストでもたらす。太古の人々が紡《つむ》ぎ車を取り入れたのは繊維を撚《よ》って糸を作る時間を短縮するためであって、決してたまたま流行っていたからというわけではない。この視点から見れば、文化の変化は奇妙だ。ステュとその模倣者たちは、髪型をモップトップにすることで何を成し遂げたかったのだろうか？　何が彼らの好みやセンスを変えたのだろうか？　この行動は進化生物学でも経済学でも説明できない――ほかの髪型に優る本質的な価値がモップトップにあるわけではないし、ほかより手触りがいいというわけでもない。自己表現のひとつ？　だとすればモップトップという髪型だけが表現し得る思いや感情を、みんなどうして知っていたのだろうか？　そして同じ思いや感情を、どうして同じ髪型で同時に表現しようとしたのだろうか？

人間が経験する事柄の多くとは異なり、わたしたちの文化的嗜好を変えてしまうものの正体は、いまだにほとんどわかっていない。文化の好みやセンスのメカニズムの解明に挑んだ本が最近刊行されたが、時間の経過による変化を、株式市場の短期変動を説明するランダムウォーク仮説よろしく[16]〝規則性はなく、過去の変化とも関連は一切ない〟ものとして片づけ、結局は白旗を掲げている。この二十年ほどは、文化の変化は〝ウイルス感染[17]〟のように広まり、わたしたちは麻疹《はしか》のように流行に〝冒される〟とするという考え方が主流だった。

が、文化の変化は決して不規則なものではないし、疫病のようにいきなり降りかかるものでもない。流行が生まれるのは、各個人が新たな行動を選択するからだ。そして文化の変化の歴史を検証すると、人間がある行動もしくは慣習から別のそれらに移行するやり方に明確なパターンが存在することがわかる。モップトップからさかのぼること六十年前、社会学者のウィリアム・グラハム・サムナーは、この髪型の盛衰を予見していた節がある。「服装の新しい流行は、最初のうちは馬鹿げて、下品で、見苦しく見える。しばらくすると、この最初の印象は薄れて、すべてがこの流行に順応する」[18]ほぼすべての場合において、新たな行動や慣習は小さな社会集団——エリート層であれ部外者であれ——のみが始め、やがてより大きな集団に広まっていく。これは浮ついた髪型だけでなく、流行とは無縁だと思われているモノやコトにも当てはまる——自動車やトウモロコシの改良品種といった実用的な科学技術、チョコレートやジンのような嗜好品、政治的もしくは精神的な主義主張、そして現代芸術における一連の活動などもそうだ。わたしたちが文化と呼ぶものは個々の人間の活動の集合体[19]にほかならず、そして文化的嗜好が個々のランダムな特異性もしくは不条理な心理が生み出したものだとすれば、文化にはパターンは見られないだろう。あるのはノイズだけだ。まったく異なる分野の嗜好の変化に似たようなパターンが見られるという事実は、人間の行動もしくは慣習にはまちがいなく普遍的な原理が働いているということを示唆している——人々を同じ集団行動に同時に駆り立てる〝文化的重力[20]〟の存在を示しているのだ。

文化の変化など取るに足らないものだと一蹴する向きもあるが、実際には人間としての実体験の中核をなすものだ。文化はわたしたちが何者なのかを定義し、他者のわたしたちに対する扱いを規定する。社会規範に従うのか、それとも〝自分らしく〟あるべきなのか、わたしたちは日々選択を迫られる。理由もわからないまま、あるものを〝かっこいい《クール》〟と感じるようになる。時代おくれのダサい髪型から、その写真が撮られた時代がわかるように、文化の変化を示すものから過去のさまざまな流行を読み取ることができる。ザ・ビートルズはただのバンドではなかった——髪型をモップトップにしたバンドだった。流行は、わたしたちの行動や慣習の変化を解き明かしてくれる。それは本書を最後まで読み進めるうちに嫌というほど知ることになるだろう。

八歳のときにモップトップのことを知って以来、わたしは〈文化《カルチャー》の大いなる謎〉の答えを探しつづけてきた。最初の大きな手がかりは大学在学中につかんだ。そのきっかけは、不便でわかりづらい場所に店を出し、需要に対して供給を少なくし、そして宣伝を一切しないという常識破りのマーケティング戦略でカルト的な人気を得た日本のストリートファッションブランド〈A BATHING APE〉を調査したことだった。大学院に進むと、今度はポップカルチャーのコンテンツに経済システムが与える影響、とくに音楽産業での寡占体制がアーティストの進化の阻害要因になるかどうかに重点を置いて研究を進めた。わたしの最初の著書『AMETORA』は、ある文化の潮流の誕生と成長を追った書だ——戦後の日本で、ある型破りな企業がいかにしてアメリカンスタイルを広め、それから数十年後に、今度は日本のアパレル産業がアメリカ人の〝トラディショナルな〟服装の選び方に影響を与えるようになったことを、わたしはこの本で解説した。マンハッタンのロウワー・イーストサイドに拠点を置く小規模なインディー系雑誌社で勤務したのち、東京の多国籍企業でアジア全域のさまざまなやり取りを統括していたわたしは、音楽、アート、ファッションの新たなトレンドが次々と生まれては消えていくさまを、数十年ものあいだリアルタイムで見守りつづけてきた——そのすべてが、昔と変わらない盛衰のパターンをたどっている。

しかしながら、このテーマを長年にわたって徹底的に研究しつづけてきたなかで、〈文化《カルチャー》の大いなる謎〉を解き明かした書物には一冊もめぐり合っていない。過去何世紀ものあいだに、数多《あまた》の見識ある学者たちが文化的嗜好の変化にかんする極めて重要な洞察を明らかにしてきたが、悲しいかな、それらの多くは大仰な散文や学術的文献の片隅に埋もれてしまっている。こうした知識の蓄積をまとめ上げ、たったひとつの筋の通った答えを導き出したいのであれば、それはわたしひとりの力でなさなければならない。

そこでわたしは、文化がシステムとしてどのように機能するのか、どうして文化は時間とともに変化するのかを説明するべく、重要な理論や事例研究《ケーススタディ》の全統合に着手した。すると、すべてをひとつにまとめる重要な概念があることがわかった——ステイタスだ。問題は、ステイタスそのものも長いあいだ謎でありつづけていることだ。

§

〈ステイタス〉とは具体的にどういう意味なのだろうか？　小難しく言えば〝社会における各個人の重要度を示す非公式な指標〟になる。すべての社会集団にステイタスの階層があり、有名人《セレブリティ》や実力者、人望のある人々がその頂点に立つ。大多数は中間層に位置し、不遇だったり不利な状況に置かれていたりする（ありていに言えば貧乏な）人々や蔑まれている人々が底辺をなしている。各個人の日々の活動は、ステイタスの階層内におけるそれぞれの位置に応じて規定される。ステイタスが高ければ事はうまく運び、いい扱いを受け、結構幸せだ。ステイタスを失えば生活全般が苦しくなり、嫌な気分になる。社会学的な調査によれば、社会的に高い地位を得ると長い目で見た幸福感に影響を及ぼし、行動が刺激され、それ自体が目標となることが実証されている――したがって人間の根源的な欲求[21]とみなされている。
わたしたちがステイタスを求めるのは、それが他者からの尊敬と厚意をもたらしてくれるからだ。ところがそれを得るとなるとひと筋縄ではいかない。ステイタスの階層はピラミッド構造なので、高い位置を目指そうとする人々が多ければ、そのぶん頂点に立つことは難しくなる。そもそも頂点に立てるかどうかもわからないので、多くの人々はより高いステイタスをいつまでも追い求めることになる。近年の研究では、高いステイタスを獲得したところで、さらなる欲望が待ち受けているだけだということがわかった。[22]
ステイタスの重要性は認識されているものの、そのステイタスが人間の行動や慣習に与える影響についての議論は眼に見えて少ない。これは社会の階層化は社会悪だと大半の人々が見なしていること[23]にも起因する。自分の価値は他者の判断に左右されることなく自分で決めろと哲学者たちは説く。その一方で宗教指導者たちは、精神の階層のより高い位置を注視せよと求めてくる。民主主義と社会主義を支持する人々は、身分階層が社会の機能不全と闘争の元凶だとする。作家のトム・ウルフは一九七〇年代にこう結論づけている。「ステイタスとは、セックスとそれにまつわるすべての事柄を超える、人間の根源に根ざしたタブーだ。今のこの時代、自分の性生活については、自分のステイタスよりずっと簡単に語ることができる[24]」社会階層について大っぴらに語ることは不愉快かつ無作法な行為だ。[25]イギリスの小説家ナンシー・ミットフォードは、[26]一九五五年に上流階級と中流階級の話し方の微妙な差異について考察したエッセイを発表した。出版社の編集部には〝筆舌に尽くし難いほど激しい内容〟の手紙が殺到した。立身出世主義者《ソーシャル・クライマー》が広く嫌われるのは、昇らなければならない階段があることを見せつけるからだ。実際、悪党（villain）という言葉は、封建時代に身分の低い農奴（中期英語のVilein）が高い地位を図々しく目指そうとする行為は罪だとみなされていたことに由来する。[27]
こうしたステイタスに対する居心地の悪さをわたしたちは等しく感じていて、それがステイタスの力を認識することを難しくしている。〈文化《カルチャー》の大いなる謎〉の解明を阻む一因もそこにある。ステイタスを理解すれば、文化の変化はそれほど不思議なものとは感じなくなる。[28] ミクロ経済学においては利己的な各個人がそれぞれの資産の効用を最大化することによって市場が形成されるとするのと同様に、ステイタスと文化のあいだにも似たような〝見えざる手〟[29]が存在する。ステイタスを最大限に高め、安定させようとした結果、各個人は習慣や伝統、流行、さらには嗜好といったパターン化した行動に――つまりはわたしたちが文化として理解しているものに――一斉に走ってしまう。
文化はステイタスを示す手段としてのみ存在しているわけではない。ステイタスシンボルとは、生活を豊かにする実用的あるいは美的価値のある、すべてのモノや行動のことだ。富裕層であることを示す文化的基準のなかには、明らかに健康に役立つ、理にかなった行動をうながすものが多くある。例を挙げると、食べるなら出来合いの食品ではなく有機栽培の野菜、毎日だらだらとテレビを観るのではなく日々エクササイズに励む、などだ。エリート層御用達の前衛芸術は感情を豊かにし、精神を活性化してくれる。人間の自己理解、複雑な思考、そして創造的な表現を可能にしてくれるもの、それが文化だ。
ところがステイタスと文化は密に絡み合っているので、ステイタスを理解しなければ文化の仕組みもわからない。この点についてはのちに見ていく。社会におけるステイタス構造を理解したいのであれば、文化のパターンにおけるステイタスの現れ方を読むのが一番だ。ステイタスと文化の解き難《ほど》い結びつきに最初に注目したのは、十九世紀後半アメリカの経済学者ソースタイン・ヴェブレンだ。当時の〝金ぴか時代〟に、高価なものを買うことで高価なものが買える財力があることを見せびらかした富裕層の行動を、ヴェブレンは自著のなかで〈衒示《げんじ》的消費〉[30]と呼んだ。しかしステイタスと文化の相互作用はさらに根深い。ステイタスは個人においては野心と欲望を具現化し、何が美しくて何が善なのかを決定し、アイデンティティの骨組みを作る。集団においては慣習と道徳を創造し、新たな美的感性の萌芽をうながし、文化の永続的な変化の原動力となる永久機関の役割を果たす。一方の文化は製品、行動、スタイル、意義、価値、そして感性のなかに具現化され、人間としての経験を補完する。そして文化の創造と生産と普及を促進するものがステイタスだ。

本書で解き明かしていくステイタスと文化の原則は、わたしたちを取り巻く世界を分析する際に極めて役に立つ。この万能ツールを使えば、以前からよくわからないものとされてきたセンスや真正性、アイデンティティ、階級、サブカルチャー、アート、ファッション、流行とそのスタイル、メディアの影響、レトロ、そして判断基準などが明確になってくるだろう。そしてこうしたものの疑問が解けたら、最新のトレンドの読解や〝アイデンティティ〟にまつわる最新の話題の解釈、そして文化批評のための共通言語の提案も楽になる。こうした原則が重要なのは、ただ単に日常のなかで文化が大きな役割を果たしているからというわけではない。テクノロジーや個人の信念や審美的判断といった、文化を超越したものと信じ込んでいる日常の一部もまた、気まぐれな流行に左右されているからでもある。

これらの分析ツールは、毎日のように直面するさまざまな不安や悩みに向き合う際にとくに役立つ。インターネット文化が、かつてのアナログ文化よりも価値が低いと感じられるのはどうしてなのだろう？　何もかもが昔ほどにはかっこいいと思えなくなった理由とは？[31]
このふたつの疑問の答えは、インターネットが〝ステイタスの信号伝達《シグナリング》〟をどのように変えたのかという視点に立てば、より明確に見えてくる。かつては面と向かって（もしくはパーティーなどの社交行事に実際に参加する姿をメディアが報じることで）[32]自分のステイタスを誇示していたが、今ではソーシャルメディア上で毎日二十四時間見せびらかすことができる。かつてのエリート層は、その存在を自分たちのサークル以外には漏らさなかったり独占したりすることでステイタスシンボルを護ることができた。しかし今では、ほぼすべてのものがほぼすべての人々の手に届く。一方、趣味嗜好やセンスは社会的排除《ソーシャル・エクスクルージョン》の効果的な手段だったが、文化が細切れにされ〝ロングテール化〟したことでその力は弱まってしまった。そしてインターネットの本質はさまざまな情報を超高速で拡散することにあるので、時代を象徴する長期的な流行ではなく短命で刹那的なブームが大量に生み出されている。主流《メインストリーム》社会からはずれたところで育まれたサブカルチャーにしても、かつては文化革新を社会全体に絶え間なくもたらしていた。ところが二十一世紀で最も力のあるアウトサイダーであるネット荒らし《トロール》たちは、社会の多様性や公平性、そして社会的包摂《ソーシャル・インクルージョン》に反旗を翻し、反動的なスローガンやネタ画像《ミーム》を掲げている。
これらをひとまとめにすると、ステイタス構造に変化が起こったことにより、文化の新たなトレンドは二十世紀ほどには頻繁に受け容れられなくなっている、ということになる。現在は〝文化の停滞期〟に突入していると、多くの人々が実感している。インターネット上では時間の経過があまりにも早すぎて、逆に時間が止まっているような感覚に陥る。一九八三年のアメリカ映画『再会の時』は、一九六八年当時は理想に燃えるヒッピーだった主人公たちが、十五年後には実利主義にどっぷりと浸ったヤッピーに変貌してしまったありさまを、劇的な緊張感とともに描いている。二〇二二年を生きる人々にとって二〇〇七年の文化はがっかりするほど馴染みがあるものだ。現代文化にうんざりしている人々の多くは〝レトロマニア〟となり、過去の文化を取り憑かれたように掘り返している。その一方でZ世代が求めている文化活動は、かつての世代が意気込んで取り組もうとしていた急進的なものではなく、誰でも気兼ねなく参加できるのんびりしたものになっているように思える。
文化の停滞は些細な問題などではない。現代社会の健康度は豊かで深みのある文化が生み出されているかどうかで決まるのだ。それにわたしたちは、歴史上の特定の時代や世界の各地域を、文化様式の変化を用いて説明している。ここでもまたステイタスと文化の相互作用をより深く理解すれば、おのずと答えは見えてくるだろう。

§

本書で取り上げるトピックを挙げる――社会階層、慣習、シグナリング、シンボル、アイデンティティ、階級、サブカルチャー、芸術、ファッション、流行、マスメディア、歴史、テクノロジー。たしかに一冊で取り上げるにはあまりに多すぎるように思える。それでもステイタスと文化のシステムとしての機能を十全に理解するには、こうしたトピック同士が交わる箇所を精査するしか道はない。ステイタスと文化の背後には普遍の原則が存在することを証明するべく、本書では日常にあるものの歴史的事例を幅広く検証していく。ここでも例を挙げると、衣服、ペット、飲料、スナック菓子、ポップミュージック、クラシック音楽、セレブリティ、詐欺師、ミーム、小説、絵画、ナイトライフだ。むろん考え得る例はこれだけに留まらない。同様に、さまざまな分野の学問の枠を超え、その叡智を掘り起こし、統合することも求められる。またまたその例を挙げる――社会学、人類学、経済学、哲学、言語学、記号論、文化理論、文学理論、美術史、メディア研究、そして神経科学だ。さすがにここまで手を広げると、当然ながら手落ちが出てくる――ニュアンスの喪失、珍しい事例の軽視、見落としの可能性の高まりだ。そうした懸念点はさておき、ここで必要とされるのはステイタスと文化を取り巻く簡単な概念的枠組みだ。これさえ整ったら、あとはその拡充も修正も思いのままだ。

上流層のファッショントレンドを中間層が取り入れ、さらに下層に浸透していく〝トリクルダウン〟や、時代おくれのスタイルが定期的にリバイバルする〝レトロ〟など、文化を動かしている原則の多くは、もうお馴染みのものになっているのかもしれない。ピエール・ブルデューの〝嗜好〟の脱構築やエヴェリット・ロジャーズの〝イノヴェーション〟の普及モデルなどのように、学術研究の場以外でもよく知られるようになった学説もある。ところがこうした文化の法則はわたしたちの日常の体験に当てはまらないことがままあり、その予測力に対する懐疑が必然的に生じる。ここから浮かび上がってくる課題は、文化の仕組みにかんする集合知の分類のみならず、個人の利己的な行動の結果として、こうした社会現象が生じる理由を示すことだ。この課題は慎重に取り組まなければならないが、そのためにはある程度わかりやすい考察を積み上げていき、そこからより意味深い結論を導き出すことが求められる。そして最終的にはこうしたことがわかってくる――ステイタスの追求が心の奥底に抱えている欲望を形成すること、浪費が理にかなった行為だということ、急進的な芸術の試みの促進にステイタスが重要な役割を果たしてきたこと、ファッションはファッション産業がなくても存在すること、わたしたちの記憶に残っているエリートの影響、ポストモダンの政治力学がセンスを恥ずべきものとしたこと、〝独創的〟であるべしとする道徳的義務は貴族の習慣の大衆化にほかならないかもしれないこと。
こうした結論は、〈文化《カルチャー》の大いなる謎〉を解明する作業の三つのパートで得られる。

第一のパート：なぜ人は恣意的な行動を一斉に取り、そこから深い意味を読み取るのか？

ここではステイタスの基本原則と、それがどのようにして個人を慣習的な行動に駆り立てるのか、そしてわたしたちは慣習をどう利用してアイデンティティを形成していくのかを見ていくことで、この疑問に答えていく。

第二のパート：独自のスタイル、慣習、そして感性はどのようにして生じるのか？

ステイタスを得ようとする努力は、三つの重要な領域の文化創造性を促進する。その三つとは社会経済階級間の競争、サブカルチャーとカウンターカルチャーの形成、そして芸術界の内部闘争だ。

第三のパート：なぜわたしたちは時間の経過とともに行動を変えるのか？　どうして変わらない行動もあるのか？

ステイタスに内在するメカニズムが流行の恒久的なサイクルを生み出し、そのなかで何が〝歴史〟としてのちに伝えられ、何か忘れ去られるかは高ステイタス集団が決める傾向にある。

個人がステイタスを求めると、より広範な社会運動が生み出される。この事実を理解すれば、どうしてザ・ビートルズは髪型をモップトップにしたのか、どうしてこの髪型が無数の人々の怒りを買ったのか、そしてどうして最終的に受け容れられ〝クラシックな〟ヘアスタイルになったのかはおのずとわかってくる。〈第四のパート〉では、ステイタスと文化の原則をインターネット時代に当てはめ、現代社会が陥っていると思われる〝文化の停滞〟を解明する。

本書ではステイタスをさまざまに読み解くが、その大半は肯定的に聞こえるかもしれない。センスや趣味嗜好のより高次な規範についてのものはとくにそうだ。そう思われるのは本意ではない。本書でやろうとしているのはステイタスの脱構築であって称賛ではない。人間には階層的な序列を求める傾向があり、それが真に平等な社会の実現を阻む有害な障壁となっている。顕著な例が人種差別《レイシズム》や性差別《セクシズム》といったさまざまな偏見だ。しかし階級社会ではなく平等な社会を目指し、文化の創造と実験を推し進めたいのであれば、文化とステイタスが連動する仕組みとその意味をしっかり学ばなければならない。

ステイタスを求めることは人間の基本欲求のひとつなのかもしれないが、多くの読者はこんなことを言いたくなるかもしれない。「なるほど、たしかにほかの人たちはこうした原則に従うけど、でも自分はちがう」と。政治学者のラッセル・ハーディンはこんなことを述べている。「社会理論全体にとって一番厄介な問題は、その理論は自分たちの行動および動機には関係のないものだと一般大衆が決め込むことだ」[33]これはステイタスによく当てはまる言葉だ。ステイタスとは一部の人々しかやらない〝ゲーム〟ではなく、[34]個人の行動と社会組織を丸ごと支える見えざる力[35]なのだ。わたしたちは自分のセンスや嗜好は独自の自己表現であり、社会階層内の自分の位置に応じた機械的な反応ではないと見なしている。自分の自由意志を信じ、独自のアイデンティティを形成しようとする。偉大な芸術や不朽の美が生まれるのはそうした価値が本質的に備わっているからであって、そこにはエリートは介在していないということにしたがる。本書を読み進めていくうちに、〝これは自分には当てはまらないかもしれない〟という原則もたしかに出てくるだろう。しかし忘れてはならない重要な点がある──わたしたちが躍起になって正体を探ろうとしている文化とは、個々の行動を客観的に測る物差しではなく、抽象化され〝解釈された〟推定値なのだ。化学でたとえてみると一番わかりやすい[36]──気体を構成するすべての分子がまったく同じ動きをするわけではないが、それでもその気体がどのような性質なのか推測することは可能だ。

おそらくステイタスは人々の行動を根底から変えてしまう。ザ・ビートルズが髪型をオールバックからモップトップに変えたように。まずはステイタスのすべてを知らなければならない。そこでようやく、わたしたちが望む社会と文化の実現に取り組むことができるのだ。

第1部　ステイタスと個人

第1章　ステイタスの基本原則

ドッグショーの全米チャンピオンとそっくりだった田舎町のコリー、ジェイムズ・ボールドウィンとラッキー・ストライク、ファッション界の〝女王〟の、女王にあるまじき生い立ち、そしてジャック・ケルアックの狂気の賛歌を通じて、社会階層の理論を理解していく。

ステイタスとは

たしかに〈ステイタス〉は曖昧な言葉だ。[1]それでもアメリカのテレビドラマの古典『名犬ラッシー』のあるエピソードから、ステイタスの基本原則を学ぶことができる。

《Double Trouble（厄介なトラブル）》というエピソードで、田舎町に暮らす主人公のティミー少年は、[2]架空の都市キャピタル・シティで毎年開かれるドッグショーに愛犬のコリー〈ラッシー〉を連れていく。そこでラッシーは全米チャンピオン犬のコリー〈キングズロイヤル・ラッシー〉とまちがわれてしまう。ドッグショーのスタッフはショーの公式宣伝用にラッシーの写真を撮り、ティミーにこう言う。「評判の高いチャンピオンが参加してくれることは、こうしたショーにとって大きな意味があるんだよ」ドッグショーの会長はティミーとそのつき添いの男性に大盤振る舞いし、ショーのVIPパスを与え、〈カントリークラブ・ホテル〉のルームサーヴィスが無料の最上級のスイートルームに泊まらせる。「みんな本当に親切だな」ティミーは胸につぶやく。ところが話の終盤に、これがとんでもない勘ちがいだったことをティミーは知る。もっと有名なコリーのためのサーヴィスを受けてしまったことをティミーは謝る。しかしドッグショーでラッシーが見せた勇敢な行動に会長は感じ入り（少女に襲いかからんとする犬に立ち向かったのだ）、ティミーたちを許す。ティミーは小遣いの一ドルを使わないまま家に戻り、母親にこう言う。「あんなに愉しかったこと、ぼく初めてだよ」

このエピソードから、ステイタスについての学びが四つ得られる。ひとつ目の学びは、ステイタスとは高い評価と認識された重要性を基に決められた、社会階層内の位置を示すものであるということだ。キングズロイヤル・ラッシーのような最高評価の犬たちは階層の最上位に君臨し、ラッシーのような普通の犬たちは中間に、そして最低評価の犬たちは底辺に位置する。中世の社会では王もしくは女王を頂点にして貴族、豪商および豪農と続き、一番下は小作人という明確な階層が存在していた。しかし資本主義と民主主義によって個人が名声を得ることが可能になるにつれ、ステイタスの位置の区別が不明瞭になっていった。スタイリッシュな未来世界を描いたSFアニメ『ネオ・ヨキオ』では、〝結婚したい独身男性ランキング〟が〈バチェラー・ランキングボード〉上で明確に表示される。現実世界では、たとえばマリクは現在四万一八七九位、ジャネットは五万六五七八位にランクアップといったような数値で示される社会的地位の公式ランキングは存在しない。

現実のステイタスの位置は数値ではなく、個人が所属する〝列〟の上下で最もよく示される。キングズロイヤル・ラッシーの正確な順位はわからないだろうが、〝ドッグショーのチャンピオン〟列はラッシーが属する〝飼い犬〟列より高い位置にある。列は特定の〝グループ〟や〝等級〟を示す場合が多い。貴族やベンチャー・キャピタリストやドッグショーで受賞歴のある犬は高い位置にある列を占め、物乞いや犯罪者や雑種犬《ミックス》は低い列に並ぶ。わたしたちの個人としてのステイタスの位置は個々が属しているグループ（つまり列）と強く結びついているが、列の内部では個々のさらなる功績や属性に応じて列内の順位が上下することがある。キングズロイヤル・ラッシーは犬の階層の上層部に位置するが、究極の栄光を手にするには、毎年さまざまなドッグショーでほかのチャンピオン犬たちと競い合わなければならない。

《厄介なトラブル》から得られるふたつ目の学びは、すべてのステイタスにはそれに応じた権利と義務が存在し、最も価値のある恩恵はステイタスの階層の頂点に立つ者たちに与えられるということだ。すべての集団において、そこに属する個人の大多数は〝普通のステイタス〟を占め、並みの待遇と最低限の恩恵を与えられるが特別扱いは受けない。ラッシーは普通のステイタスを有する犬なのでドッグショーに参加することはできたが、飼い主のティミーがＶＩＰパスと無料のホテルのスイートルームとルームサーヴィスを提供されたのは、ラッシーがチャンピオンドッグにまちがわれたからこそだった。ステイタスの低い人々は最もつらい仕事に就くことを余儀なくされ、つらいわりにはかなりの低待遇を受けることもあり得る。路上生活者や敵対グループのメンバーなどは〝超低い〟ステイタスを与えられ、のけ者扱いされる。ラッシーが獰猛な狂犬だったらドッグショーの会場からつまみ出されていただろう。

反対に、高いステイタスは特別な待遇と独占的な恩恵をもたらす。アメリカの航空各社は軍人に敬意を表し、一般の乗客より先に搭乗させる。一方、セレブリティやスポーツ選手や億万長者、そしてキングズロイヤル・ラッシーといったステイタスが〝超高い〟ＶＩＰたちはうわべの敬意を受け、上質なサーヴィスを無料《ただ》で提供され、普通なら入れない場所に特別に招待され、さらには社会規範の一部を免除されることすらある。古代ではステイタスが高ければそのぶん責任も大きくなることが多かったが、社会の平等化が進んだ二十一世紀の高名な人々や富裕層は、大きな社会貢献をしなくても豪勢な恩恵に与ることができる。

社会的地位と社会的恩恵は表裏一体で、高級ホテルのスイートルームや旅客機のファーストクラス、コンサートの最前列席といった特権には限りがある。誰もがＶＩＰルームに入ることができるのであれば、それはＶＩＰルームではない。組織は階層内の位置に応じて利益を配分することで構成員の意欲を煽るが、どんな利益であっても配分が途切れるラインが必ず存在する。そのラインの上に位置する人々は利益を受け取り、下にはまわってこない。ニューヨークの高級クラブ〈スタジオ54〉[3]は、人気絶頂期には店の入り口に客たちが長蛇の列を作っていたが、セレブアーティストや映画スターたちは列に並ぶこともなく入り、おしゃれな人々は並んでも最終的には入ることができたが、普通の人々は入店を断られた。やはり一九八〇年代初頭にニューヨークの〈ハイスクール・オブ・アート・アンド・デザイン〉で学んでいたグラフィティ・アートの先駆者レディ・ピンクは[4]、学校のカフェテリアで席取り競争をしていた。「わたしたちは〈ライターズ・テーブル〉を争っていた。最高のグラフィティを描いた子が、自動的に最上席を与えられたの。これは長年のしきたりだった。素晴らしいグラフィティを描いた子はそこに坐ることができたし、そうでない子たちはその周りに立っていた」この階層と恩恵の結びつきにはふたつの重要な効果がある――それで与える恩恵が決まるので、わたしたちは自分のランキングをかなり気にかける。同時に、自分が得ている恩恵と他者のそれとを比べることで、階層における自分の位置をいつでも推し量ることができる。

『名犬ラッシー』の三つ目の学びは、ステイタスは他者から与えられるものだということだ[5]。ステイタスは個人間の相互作用のなかに見られる純然たる社会現象だ。ラッシーが格上のキングズロイヤル・ラッシーのステイタスを得たのは、ドッグショーの開催者たちに丁重に扱われるようになってからのことだ。ロビンソン・クルーソーのように、無人島に漂着した人間にステイタスはない。彼がステイタスの位置を得たのは、脱走した捕虜のフライデーが島にやってきて従僕になってからのことだ。フライデーが来てからは、クルーソーはのんびりとくつろぐことができて、ステイタスの低いフライデーは彼のために山羊を絞めてシチューを作り、侵入者の死体を埋め、熊を撃退する。島に流れ着いたのがフライデーではなく当時のイギリス国王ジョージ一世だったとしたら、ジョージ一世は王位というステイタスを失わず、クルーソーが従僕になっていただろう。マクロなステイタスの位置は常に他者とのミクロな日々の交わりに反映される。

　ここから最後の四つ目の学びが導き出される——ステイタスの位置は、特定の時間と場所で受ける扱いに基づく文脈に常に左右される。ラッシーは暮らしている田舎町では可愛がられているのかもしれないが、キャピタル・シティの高級住宅街では誰からも見向きされない。ボブ・ディランは「やせっぽちのバラッド」で、見世物小屋で失礼なことを尋ねたら逆に自分がステイタスの低い〝変人《フリーク》〟扱いされて憤慨する、中流階級のジャーナリストのミスター・ジョーンズを嘲笑している。わたしたちのステイタスの位置は常に不確かなもので、時間が経てば変わることがある。ジャック・ニコルソンは一九七〇年代にはアメリカの映画界で最も人気のある俳優のひとりだったが、八〇年代になると〝ブラット・パック〟と呼ばれる若手俳優たちに人気を奪われ、ステイタスを失った。ブラット・パックのひとり、マシュー・ブロデリック主演の一九八六年の青春コメディ映画『フェリスはある朝突然に』を観たニコルソンはこう吐露している。「まあ、あんな映画は誰も観たがらないし、百十九歳の老人だってごめんだって思うものと考えていたんだが……本当に途中で映画館から出てしまった。わたしの時代は終わったと思いながらね。ブラット・パックたちはわたしを抹殺しようとしているんだ[6]」

他者たちに囲まれて暮らしていくなかで、わたしたちは絶えずステイタスを持ちつづけ、その位置は日常生活の質を左右する。これは後期資本主義社会のなかで沈み込んでしまわないように必死にあがいている現代人だけにかぎったことではなく、歴史を通じてすべての人々に当てはまる。社会学の先駆者であるピティリム・ソローキンはこう言い放っている。「組織化された社会集団は古来より階層化されている。〝均質〟で、すべての構成員が平等である永続的な社会集団は過去にも現在にも存在しない。階層化されておらず構成員同士が真に平等な社会集団は神話であり、人類史において一度たりとも実現されたためしはない[7]」

社会学者のセシリア・L・リッジウェイは、ステイタス構造が構成されるのは「人間が社会状況を管理するために階層を生みだしたからだ[8]」と説く。すべての社会集団は目標を有し、目標の達成により大きく貢献する構成員が必ず存在する。草原でライオンを仕留めるとか、グループ学習で数学の難問を解くという希少かつ貴重な才能を持つ構成員は、仲間から尊敬の念を集めることになる。そうした〝スタープレイヤー〟に何度も離れ業を演じさせるために、社会集団はほかの構成員よりも不当に多い恩恵を報酬として分け与える。このメカニズムは社会集団に本質的に備わるものであり、目標達成に個々が協力して当たれば、必ずステイタスの階層が形成されることを意味する。人類学者のヴィクター・ターナーはこう記している。「穴掘り棒が地面に立てられ、仔馬が飼い慣らされ、狼の群れに防御策が取られ、あるいは人間の敵が監禁されるや、そこにはもう社会構造の萌芽がある[9]」

ステイタスが普遍的な事象である以上、この世界に暮らす誰もが独自のステイタスを有する——地域社会内と〝地球村《グローバル・ヴィレッジ》〟の一員としての両方で。自分のステイタスの位置を意識することは、日常生活において必要不可欠だ。人類学者のエドマンド・リーチはこう述べている。「人間は誰でも自分がどこにいるかを知って安心したいという深い心理的欲求をもっている。けれども、〝自分がどこにいるかを知る〟ことは、地球上の位置だけでなく社会上の位置をも認識することである」[10]そして階層内の自分の位置について考えると、あることが非常に明快にわかってくる——ステイタスは高ければ高いほどいい。

ステイタスを求める基本欲求

ジェイムズ・ボールドウィンの自伝的小説『山にのぼりて告げよ』で、主人公の黒人少年ジョン・グライムズは〝クラスのなかではいつでも一番のチビでひとりぼっち〟[11]だ。彼は〝背が高くて美しい有名な人間〟になりたいと願い、将来は〝詩人か、大学総長か、さもなければ映画スター〟になり〝高価なウィスキーを飲んだり、緑色の包み紙のラッキー・ストライクをのんだりする〟という夢を抱いていた。そうした理想の未来には〝人々はジョン・グライムズに会おうと殺到してくる〟。人種差別と機能不全をきたした家族という苦難に直面しているグライムズ少年は、栄えある職業と人々から尊敬される快適で裕福な人生に憧れる。彼の救いは、より高いステイタスというかたちでもたらされるのだ。

煙草の特定の銘柄が将来の夢を象徴するものではなくなって久しいが、居心地のいい社会的地位を得たいという欲求は、恵まれた人々もそうではない人々もほぼ等しく抱いている。ステイタスの階層では時間をかければ自分の位置を向上させることが可能なため、ほぼすべての個人は自分の位置が上がることを望む。哲学者のバートランド・ラッセルはこう記している。「役者全員の出演料が同じだとしても、同じやるなら〝船乗りその一〟よりはハムレットをやりたいのが人情だ」[12] 鼻持ちならない俗物《スノッブ》や下級役人、ポルシェを乗りまわすヘッジファンドのマネージャーなどが高いステイタスを目指していることは傍から見てもわかるが、そうした野心をかきたてるのに資本主義も複雑な官僚機構も必要ない。巻き貝の殻が貨幣として流通し、男たちが家畜の数を競い合うニューギニアの高地では、力のある〝大きい人物《ビッグマン》〟たちはステイタスシンボルがすべてを支配していると明言していた。あるビッグマンはこう言う。「おれの人生で大切なのは自分の豚と女房たちと貝殻とヤムイモだ」[13]
〝ステイタスは人間の基本欲求である〟と結論づける実証的な研究が増えつづけている。普通のステイタスでも充分なのだが、幸福感を長期的に得たいのであれば、より高いステイタスを感じていなければならない。たとえばある研究の対象者たちは、自分だけを大きく尊敬し多大な敬意を払ってくれる階層的集団のほうが、メンバー全員が等しく大きな尊敬と敬意を集める平等的な集団よりも居心地よく感じた。[14] わたしたちが絶対収入よりも相対収入のほうを重視する理由はここにある。別の研究では、研究対象者の七十パーセントはより見栄えのいい肩書や役職が得られるなら、こっそりと昇給することを諦めるという結果が出ている。[15] こうしたことは脱工業化経済だけに当てはまるものではない。その地域のほかの人々よりも高い収入を享受している場合、高い社会的幸福感をおぼえるのは万国共通だ。[16] 経済的な成功が単に快適な生活を得ることであるならば、基本的な生活ニーズを満たせるだけの収入で満足するはずだ。しかし実際には、わたしたちはより多くの収入を求めてステイタスを高めようとする。

どうしてわたしたちは貪欲にステイタスを追い求めるのだろうか？　動物界に見られる力の序列と同様に、ヒトも進化の過程で〝ステイタス本能〟を獲得したからだと指摘する声は多い。動物学者のデズモンド・モリスもこう述べている。「どの哺乳動物の組織化された集団内部でも、たとえその集団がどれほど協力的であろうと、社会的支配のための闘争が必ず存在する」[17]ステイタスが脳内の化学反応と身体機能に影響を与えている事実は、その証拠だと言えるのかもしれない。高いステイタスはセロトニンの分泌を増加させ、[18]ステイタスの上昇は血圧も上昇させる。[19]が、この考え方には行き過ぎを招く恐れがある。右派の心理学者ジョーダン・ピーターソンは、[20]ロブスターの群れに階層が存在することは、言語を絶するほど原始的な計算機が人間の奥底に、脳の根幹に、思考と感情のはるか下層に存在し、社会における自分の位置を精確に観測している証しだと指摘している。動物界における力の序列が人間社会にある階層構造が似ているなど、あまりに単純過ぎる話だ。小学生のいじめなら力の序列に似ているかもしれないが、ステイタスの階層は実力よりもむしろ敬意に根ざしていることが多い。ステイタスは言語に似ているとセシリア・リッジウェイは主張する。「ステイタスはとことん文化的で、社会的に習得した社会形態だ」[21]わたしたちは〝さえずる鳥〟でもなければ[22]〝ステイタスを求める猿〟でもない。

〝ステイタス本能〟をめぐる議論は、どれもまったくの無駄に終わるかもしれない。高いステイタスがもたらす恩恵は眼に見えてわかりやすいものなので、ステイタスへの欲求を生来的に持ち合わせていない人間でも（そんな人間がいたとしての話だが）ちょっと頭を働かせたら高い位置を求めるだろう。普通のステイタスは社会の受容と並の待遇と敬意、そして他者との肩肘張らないコミュニケーションをもたらす。生まれたときから常に劣等感に苛まれ、些細なミスで叱責され、疎外され、社会から爪弾きにされる恐れのある低いステイタスの人々から見れば、普通のステイタスを得られるだけでも大きな飛躍だ。高いステイタスは普通のステイタスの恩恵をさらに拡充させ、低いステイタスへの転落を防いでくれる。より高い位置がもたらす〝ステイタスの恩恵〟はごまんとある。したがって、それらを詳細に調べるとステイタス欲求の根源が最もよく理解できる。

尊敬はステイタスの階層の大黒柱であり、それ自体がステイタスの恩恵となる社会的承認でもある。わたしたちは他者から好かれていると感じたがる。第二代合衆国大統領ジョン・アダムズは、晩年にこうした考えに至った。「人から尊敬されたいという願望は、食欲と同様の現実的な欲求であり、世間から受ける無視と軽蔑は痛風や結石と同様の激痛をもたらす[23]」社会的承認は自分の才能が認められたと感じさせ、自尊心の向上につながる。セシリア・リッジウェイもこう記している。「〝大物になりたい〟というありがちな願望は金銭や権力を求めるものではなく、価値のある尊敬すべき存在だと、広くコミュニティから見なされたいと願うものだ[24]」あからさまにステイタスを求める行為は恥ずかしいことだと感じるかもしれないが、見事な成果への正しい評価はほとんどの人々がこころよく受け容れる。詩人たちは具体的な金銭的報酬を約束されることなく創作に励む。彼らは少なくとも名誉と栄光は与えられるべきなのだ。

ところが哲学者のジェフリー・ブレナンとフィリップ・ペティットが述べているように、尊敬は〝行動ではなく態度[25]〟に過ぎず、〝称賛もしくは批判というかたちで表現されることもあれば、されないこともある〟のだ。自分が尊敬されていると察するためには、相手の感じのいい言葉や表情、丁寧な仕草、そして厚意の自発的な提供などの明確な裏づけを必要とする。『名犬ラッシー』の例のエピソードで、たとえば本物のキングズロイヤル・ラッシーがサプライズ参加して、ドッグショーの会長が棒読み口調で「われわれはあなたをものすごく尊敬していますよ」とぼそっと言い、ＶＩＰパスもホテルのスイートも提供しなかったとしよう。キングズロイヤル・ラッシーは尊敬されていると感じるどころではないだろう。

つまり、求めているのは優遇ではなく尊敬なのだとしても、何らかのかたちでいい扱いを受けられないと尊敬されているとは感じないということだ。このように、具体的なステイタスの恩恵の主張と尊敬の要求は不可分だ。官僚的な構造の企業が出世する社員に必ず特典を与えるのはこのためだ。一九五〇年代、タイヤメーカーの〈ファイアストーン・タイヤ&ラバー〉社（現在の〈ブリヂストン・アメリカズ・インク〉社）では、[26]出世の階段を上がるにつれて与えられるオフィスはどんどん広くなり、壁はガラス張りから木張りに変わり、オフィスの位置も会長室にどんどん近づいていった。

尊敬の念はさまざまな眼に見える恩恵を通して表現される。普通より上のステイタスを有する人々は、他者との〝好意的な交流〟を体験する——挨拶や招待、賛辞、ちょっとしたサーヴィスなどだ。往年の名プロゴルファーのリー・トレヴィノはこんなことを言っている。「新人の頃はジョークを言っても誰も笑わなかった。でもトーナメントで勝てるようになってから同じジョークを口にすると、いきなり周りから面白い人間だと思われるようになった」[27]このような感じに好意的な注目を集めると、自尊心が高まるだけでなく生活全般が楽になる。とくに苦難に見舞われているときは。小説家で学者のアリソン・リュリーはこう記している。「清潔できちんとプレスされたスーツを着た人がロンドンかマンハッタンの中心街で転んだとしよう。すぐに助け起こされるだろう。しかし、汚らしいボロをまとった人だとそうはいかない」[28]王子が困っていたら万難を排して助けに行くが、貧乏人ならそんなことはしないということだ。

ステイタスが高いと、同じ内容の仕事をしても低ステイタスの人々よりも多くの注目と報酬を得ることになる。「高い身分や名声をもつ人物は世間全体の注目を集める。その漏らす言葉、身振り、どれをとってもまず見逃されるはずはない」[29] 経済学者のアダム・スミスはそんなことを述べている。経済社会学者のジョエル・M・ポドルニーは、まさしくこの原則が働くところを調査中に目の当たりにした。「高ステイタスの作業者は所定の作業を所定の品質水準で遂行することでより大きな評価と報酬を獲得し、低ステイタスの作業者はそのステイタスに相応する低い評価と報酬しか得られない」[30] これは学問の場でも同じことで、高名な科学者はそうでない科学者よりも研究助成金を容易に得ることが可能で、共同研究論文でも、たとえ最小限の貢献しかしていなくてもその功績のかなりの部分を自分のものにすることができる。この注目は集団行動にも大きな影響を与える。[31]
敬意もまた有益な相互作用によって生じる。敬意を得ると、他者から口出しされることも邪魔されることもなく自分のペースで自分の好きなことをできる権利が得られる。古代ローマの上流階級の人々は[32]食事の場で寝椅子《トリクリニウム》に寝そべって飲み食いし、子どもは坐り、奴隷は立っていた。かなり高いレヴェルの敬意は通常の規則および規範からの逸脱につながることもある。アメリカの旧有産階級《オールドマネー》は出入りの食料品店や便利屋に大きな信用枠を持ち、そうした業者たちは何週間もぺこぺこと頭を下げつづけた末にようやく代金を支払ってもらえた。[33] 文芸評論家で作家のダイアナ・トリリングは、人々が作家になりたがるのは「確実に有名になれるからだけでなく、芸術家として生きることが自分のルールを作る自由を約束してくれるからでもある」[34] と述べている。ヘヴィメタル・ミュージシャンのオジー・オズボーンが[35]並んだ蟻などの体に悪いものをコカインよろしく鼻から大量に吸う行為は、ポップカルチャーでは称賛される——こんな快楽主義的なことを保険会社の中間管理職がやったらまちがいなく身の破滅だ。

　希少な手段や物質を利用できることもステイタスの恩恵のひとつだ。先に述べたとおり、報酬の不均等な配分は高ステイタスの個人をさらなる貢献に駆り立てる。副社長の給与は新入社員よりずっと高い。セレブたちはレストランで一番いい席に通され、メニューにない特別な料理を出され、全部店のおごりになる。高いステイタスがあれば、高ステイタスの人々だけが集い交流するイヴェントやクラブや社交の場への立ち入りが可能になる。

　ステイタスの恩恵の最後のひとつは支配力、つまり他者に自己の意思に反することを強いる能力だ。理屈の上では、ステイタスは恐怖ではなくもっぱら尊敬の念を通じて影響を及ぼす。が、必要とあらば権力として行使することも可能だ。ザ・ビートルズのジョージ・ハリスンは一九六九年にリリースしたオリジナルアルバム『電子音楽の世界』で、ミュージシャンのバーニー・クラウスによるムーグ・シンセサイザーの演奏をレコーディングしたが、それを自分の曲として発表した。クラウスが抗議すると、ハリスンは激昂した。「その態度はまるでジミ・ヘンドリックス気取りだな。ラヴィ・シャンカル〔ハリスンが師事したシタール奏者〕がうちに来たときはもっと謙虚だったぞ」[36]クラウスは訴訟を起こさなかった。ザ・ビートルズクラスのステイタスともなれば、とんでもない盗作すら許されるのだ。

　より高いステイタスは権力と栄光を確実に得ることができる道筋であると同時に、ステイタス喪失の脅威に対する防御にもなる。高いステイタスは幸福と健康を、低いステイタスは怒りと憂鬱と病気をもたらすことはさまざまな研究で示されている。すべての集団において、低ステイタスの構成員は悲しみなどの否定的な感情を抱きやすく、集団によくないことが起こると、罪悪感や恥などの自己非難の感情に陥りがちだ。[37]社会疫学者のマイケル・マーモットは、ステイタスの階層の最下層に位置する人々が病気がちなことを〈ステイタス症候群〉[38]と名づけた。そして心理学者のデール・T・ミラーが提示するように、無礼や軽視は〝一般的に、おそらく最も広く、怒りの原因として認識されている〟[39]。ステイタスが下がるところまで下がって社会から完全に疎外されると〝心理的な死〟[40]を迎える。ステイタスパニックやステイタスストレスやステイタス不安といった、広く見られる心理的不調の原因はここにある。

ところが、より高い評価や尊敬の念を求める行為は本質的に社会的対立を生む。ステイタスの位置は相対的なランキングで示されるので、誰もが同時に高いステイタスを獲得できるわけではない。高いステイタスを求めることはゼロサムゲームであり、誰かが上がれば必ず誰かが下がらなければならない。成果を挙げたにもかかわらずステイタスが上がらなかったり、誰かが成功したせいで自分が下がったりすると不公平だと感じることがある。この不快感は、自身の能力を過大評価する認知バイアスによってさらに増幅される。ある企業ではエンジニアの四十パーセントが上位五パーセント以内の能力があると主張し、ある大学の場合は九十パーセントの教授が自分の実力は〝平均以上〟だと断言した[41]。こうした些細な誇大妄想は自分には高いステイタスがふさわしいと思い込ませ、さらに高い位置に対する欲求に拍車をかける。しかしこれは誇大妄想ではないのかもしれない——自分の業績と能力のすべてを理解しているのは自分だけなのだから。それとも、そのとおりなのかもしれない。わたしたちは〝授かり効果〔一度何かを所有すると、それを手に入れる以前に支払ってもいいと思っていた以上の犠牲を払ってでも、その所有物を手放したがらない現象〕〟に悩まされていて、たまたま持ち合わせている才能や長所を買いかぶり、手放したくなくなるのだ。

人間誰しもがステイタス欲求を持ち合わせているのかもしれないが、どこまでの高みを求めるかについては個人でばらつきがある。平等主義的なプエブロの共同体では、男たちは指導者を目指そうとはせず、長期間にわたってその役割を押しつけられたのちに引き受ける。[42] 高いステイタスには往々にして煩わしい責任がともなう――集団のために難しい判断を下さなければならないことも、ロールモデルとしての言動が求められることもある。そうした責務に見合う報酬が常に得られるとはかぎらない。人によっては責務から優越感を得る。ゲーテは地位ある者の責務《ノブレス・オブリージュ》についてこう説明している。「好き勝手に生きること、これは平民の生き方だ。すなわち貴族は秩序と法を希求する」[43] 一方、二十世紀のポップスターやスーパースターアスリートや億万長者たちは、前時代の人々の眼には[44]児戯のように映ることで巨万の富を得たものが多く、それでいて社会的義務をほとんど果たすことはなく、多くの場合はさまざまな悪行ができる完全な自由《カルテ・ブランシェ》を享受していた。家庭内暴力《DV》を振るっていた最低最悪のミュージシャンですら、自伝映画では聖人君子だったかのように描かれる。特権ばかりがスポットライトを浴び、それにともなう責務が薄れていることにはほとんど眼を向けられないセレブリティたちに刺激され、一般の人々も重い責任が生じる可能性など露ほども考えずに高いステイタスを夢見る。

　以上に挙げた理由から、高いステイタスを獲得してもさらに上を渇望し、決して満たされることはないのかもしれない。金銭や権力に対する限界効用は逓減していくのかもしれないが、高ステイタスを得るとさらなる高みを求めたくなる。トルーマン・カポーティが催した有名な〈黒と白の仮面舞踏会〉の招待状をようやく手に入れたとき、アンディ・ウォーホルはこんなことしか思わなかった。「人生のある時期に達して、パーティーのなかのパーティーに――世界中の人が招待されたくて必死になっていた――実際に招かれたのだが、そのパーティーさえなお、自分がまったくクズのように感じないでいられるとは保証してはくれない[45]！」わたしたちが自分より高いステイタスにある人々を見上げているように、上にいる人々もまた自分たちのヒーローを見上げているのだ。マイケル・ジョーダンは[46]キャリアの早い段階でシーズンMVPや得点王といったNBAの各賞を総なめにし、ナイキが作った自分の名を冠したシューズすら持っていた。それでもNBAファイナルを制するまでは、自分はレジェンドのラリー・バードとマジック・ジョンソンより劣っていると感じていた。エリートたちのなかにはイカロスのように墜落することを恐れ、より高いステイタスに昇ろうとする者もいる。エレクトロニックミュージシャンのモービーは[47]アルバム『プレイ』が千二百万枚のセールスを記録すると、ますますステイタスに執着するようになった。「取るに足らないミュージシャンだったぼくは、いきなり大注目を浴びるようになった。もっと注目されたいという気持ちもあった。だから名声や有名人としてのステイタスを考えるようになった。もっと稼ごうとしていたわけじゃない――パーティーに招待されつづけたかったんだ」ステイタスの恩恵には中毒性があるのだ。

より高いステイタスを求め、ステイタスを落とすことを恐れる実際的な理由がこれでわかった。次なる問題は、どうすれば高いステイタスを得られるかということだ。

ステイタスの基準

その会社《メゾン》の従業員にとって、ファッションデザイナーのガブリエル・〝ココ〟・シャネルは女王だった。第一次世界大戦下のパリで、シャネルは王族のような暮らしを謳歌していた。運転手つきのロールスロイスを乗りまわし、超富裕層のための〝シック〟を定義し、パブロ・ピカソやイーゴリ・ストラヴィンスキーといった伝説的な芸術家たちと浮かれ騒いでいた。しかし本物の女王とはちがい、シャネルは社会の底辺の生まれだった。オーヴェルニュの片田舎のみすぼらしい家庭に生を享け、のちに修道院の孤児院に預けられ、そこで教育を受け、大人になってもまともなフランス語をほとんど書くことができなかった。そんなシャネルが、いったいどのようにして〝ファッションの女王〟という高貴なステイタスを得たのだろうか？「人は仕事によって何かを達成する」[48]のちにシャネルは自伝作家にこう語っている。「恩恵は天からは与えられなかった。自分の手で創り出したの。成功の秘訣は、わたしはとても熱心に仕事をしたということ」たしかにシャネルは生まれついての女王ではなかったが、[49]彼女が生前に享受していた、そして現在も自分の名を冠した製品を通じて得ている高いステイタスは、受け継いだものではなく自らが獲得したものだ。

ステイタスの階層では、各個人は尊敬と眼に見える重要性を基準にしてランクづけされる。その尊敬と重要性は、希少で価値のある才能を持っていると他者から見なされることで得ることになる。ココ・シャネルは裕福な女性たちが躍起になって求める唯一無二のデザインを提供する、ファッションの垣根を跳び越えたデザイナーとして成功を収めたことで高いステイタスを得た。であれば、高いステイタスを獲得する公式が――超えなければならない一定のステイタスの基準[50]があるはずだ。

が、ココ・シャネルのようなケースは現代になってようやく実現可能になったという事実を先に認めておかないと、現代社会におけるステイタスのルーツは理解することはできない。政治哲学者のチャールズ・テイラーは、人類史の大半において「人々は大抵、あらかじめ与えられた位置に各人にふさわしいとされる役割と身分に閉じ込められ、そこから逸脱することなどはほとんど考えもつかなかった」[51]と述べている。旧来の社会では年齢や民族や職業、性別といった既定の基準に基づいて社会的順位を決定する〈生得的地位〉を中心とした階層[52]が構築されていた。北米ネイティヴアメリカンのプエブロは[53]出生順によるステイタスの階層を築き、年長の者ほど高いステイタスを、若年者は低いステイタスを与えられていた。封建時代のイングランドでは血筋と職業によって階級が設定され、王、貴族、騎士[54]、独立農民《ヨーマン》、小作人、商人、労働者、職人、さまざまな命令に従う人々はすべて社会階層において明確かつ法的に固定された地位にあった。さらに、この秩序は神が定めたもので[55]変えることはできないとされていた。

封建時代の豪商たちは王族に（大金を払って）爵位を乞い願い、低い地位から成り上がった。凝り固まった社会階層は、革命後の十九世紀フランスにですら暗黙のうちに存続していた。マルセル・プルーストはこう書いている。「当時のブルジョワが社会についていささかインド風の考え方をしていたせいもある。社会はいくつかの閉ざされたカーストから成り、全員が生まれたときから両親の占めていた階級に位置づけられ、例外的な経歴や望外の結婚といった偶然がなければ、そこから抜け出して上層のカーストに入ることはできないという考えである[56]」生得的地位に基づいた社会では、ココ・シャネルは無名のままでありつづけたはずだ。

生得的地位は、各個人は自身で道を切り拓いた上で報酬を得るべきだという近代の信念に反している。平等の理想が広まり、市場は〝開かれた〟ものになったにもかかわらず、いまだに社会には生得的権益と呼べるものが残っている。たとえば血筋は強い力を保ちつづけている。高ステイタスの家柄の子女たちは、品格に富む貴人であってもみじめな落ちこぼれであっても、誰にこびへつらうことなく最上位に立つことができる。人種差別は肌の色で社会的な位置を固定する有害な生得的権益だ。ジャーナリストのイザベル・ウィルカーソンは自著『カースト――アメリカに渦巻く不満の根源』のなかで、アメリカにおけるアフリカにルーツを持つ人々に対する差別は、インド社会のカースト制度もかくやというほど成文化され懲罰的なものになっていると指摘する。奴隷制から黒人差別《ジム・クロウ》、そして現代の日々の交わりに至るまで、〝従属的な下位カースト〟にあるアフリカ系アメリカ人たちは尊敬、地位、名誉、注目、特権、資源、〝疑わしきは罰せず〟の原則、人間的優しさ[57]を否定されてきた。NBAのスーパースターで、尊敬する人物ランキングで毎年上位に入るレブロン・ジェームズは記者にこう語っている。「人生でどんなに有名になっても、どんなに裕福になっても、どんなに人に崇められても、何をしようとも、アフリカ系アメリカ人の男かアフリカ系アメリカ人の女だったら、いつまでもそのままだ[58]」

こうした生得的地位に対する〝信仰〟は、年齢や性自認や性的指向などの人口統計学上のあらゆる主要なカテゴリーに存在する。こうした偏見に言及する言葉は現代社会にはごまんとある。例をいくつか挙げてみよう――〈白人特権〉は白い肌の人間に高いステイタスを付与することだ。〈男性特権〉とは男性であることを根拠に男性に高いステイタスが与えられることだ。社会学者たちは、生まれつき高い生得的地位を有することを〈地位的優位[59]〉、有していない状態を〈地位的劣位〉と表現している。地位的劣位にある人々が地位的優位にある裕福な同世代の人々と肩を並べるには、追加的もしくは代替的なステイタスの源泉を見つけ出さなければならない。最悪の差別は特定の集団が尊厳のかけらもなく否定されること、つまり普通のステイタスを獲得し得る存在として扱われるという基本的権利を認められないことだ。

自由と平等を標榜する現代の社会では、封建主義や人種差別といった生得的地位に根ざした制度は陰湿なものとみなされている。現代社会の理想形は〈獲得的地位〉に基づく制度で組織化された社会であり、そこでは個人が有する変えようのない特性ではなく、成果に応じてより高いステイタスが得られる。太古の昔から存在していた生得的地位にとっての最初の試練は、事業で蓄えた富のみで尊敬およびステイタスの恩恵を得ることができる資本主義の到来だった。〝高貴〟という概念は、君主から授けられる称号ではなく高潔な努力によって自ら作り上げる名誉へと変化した。続いて起こった封建的な身分制度の崩壊により、ココ・シャネルのような個人が故郷と生まれながらの階級と訣別し、自己を再構築する道が拓かれた。〝地位の再生〟は、長きにわたって新大陸への移民募集のセールスポイントでありつづけた。ジャーナリストで社会評論家のヴァンス・パッカードはこう述べている。「アメリカ人は、アメリカこそは貧しい少年がどん底から身を起こして産業界の大立物となることができる、世界に類のない国だと強く考えてきた[60]（残念ながらパッカードは少年のことしか触れていない。これもまた生得的地位の残滓だ）」

が、実際に何をもってして〝成果〟とするのかという問いがここで生じる。すべての集団および社会にはステイタスの一定の基準、つまり資産や属性、才能、所有物など、各個人のステイタスをより高くするものが存在すると考えられている。これらは集団および社会を最大限に機能させるために必要な能力と表面的には一致する。結果として、ステイタスの基準は時代、場所、状況的な問題によって異なってくる。しかしどのような状況下であれ、最高の成果を挙げるには稀有で高価値な才能を発揮しなければならない。フランスの社会学者ガブリエル・タルドは、太古の昔におけるステイタスの基準は〝身体的な強さ、器用さ、そして勇気[61]〟だったが、時代が下ると〝戦いの巧妙さ、集会における雄弁術〟に変わり、さらにのちには〝芸術的な想像力、産業上の創意、科学における才能〟へと変化したと指摘した。

現在においては、成果は特定の形態の〝資本〟として具現化されることが多い。かつては政治的資本、つまり権力へのアクセスが幅を利かせていた。これは部族のリーダー、宗教的な権力者、もしくは政府内の地位というかたちを取ることもあった。より世俗的で平等な社会になると、そうした政治的資本の価値は目減りしていった。そしてより理想的な能力主義が広まっていくと、新たな形態の資本が出現した。〈教育資本〉、つまり大学の学位や資格が社会的に重要な役割を担う力があるかどうかを測る大きな手段となった。一流大学での高い学業成績は個人の知識および批判的思考《クリティカル・シンキング》ができる能力、さらには優れた雇用機会を得る可能性があると見なされている。〈職業資本〉[62]は医師や弁護士や大学教授といった、広く尊敬される要職に付随する名声のことだ。こうした尊敬は必ずしも給与と結びついているわけではない。プロのポーカープレイヤーは学者よりステイタスは低いが収入は多い。
資本主義社会において高いステイタスを得るための最も明白かつ強力な武器は、金銭や富、資産といった〈経済資本〉だ。高額の金銭を貯め込むことはそれ自体がなかなかの成果なのだが、金銭は知性や勤勉さなどの別の美徳を鮮やかに象徴するシンボルとしても機能する（同時に、裕福な家庭に生まれついたという生得的地位を示す記号にもなり得る）。金銭は柔軟性の高い資産であり、事業所有権、政治的人脈、寄付、そして賄賂などを介して、他者に振るう権力に容易に変換できる。富裕層が最上位のステイタスの恩恵を得ることもできるのは、ひとえに彼らが所有する現金のおかげだ。芸術批評家のジョン・バージャーはこう述べる。「金銭はあらゆる人間の能力の証しであり、そのカギという意味においては命である。金銭を使う力は生きる力だ。広告の伝統によれば、金銭を使う力のない人間は文字どおり顔のない存在になる。力のある人間は愛すべき顔になる」[63]俳優で高級娼婦だったカロリーヌ・オテロはさらに辛辣な言葉を残している。「カルティエの顧客は、みんなハンサムのはずよ」[64]
さらに高いステイタスへと導いてくれる資本形態もある。エリート層との平等な関係で構築された広範なネットワークである〈社会関係資本〉は、個人が高ステイタス集団内で対等に扱われていることを発信する。わたしたちの評価は人間関係で決まる。ココ・シャネルは、開店させたばかりのブティックを名だたる名士たちが一番の御用達にしてくれたことで、さらに高いステイタスを一気に獲得した。そしてもちろん、多くの人々に知られるようになる名声も社会関係資本のひとつだ。第一部を通じて、ステイタスのシステムの回路の内部で生成されるステイタスの基準が何度も登場する。先に言っておくと、〈文化資本〉〈無頓着〉〈独創性〉そして〈真正性〉だ。

資本以外では〈個人的美徳〉もまた他者との結びつきを向上させてくれる。わたしたちは知性、身体的魅力（美貌や優れた身だしなみ）、行動および会話における魅力（社交性、人好きのする性格、親切、ユーモアのセンス、心身の制御、落ち着きのある態度、機転のよさ）、個人的品位（勇敢さ、正直さ、誠実さ、謙虚さ）を通して、コミュニティから尊敬を受けることができる。極めて高いレヴェルの資本形態だが、身体的魅力は〈身的資本〉[65]にもなり得る。たとえばファッションモデルは自身のルックスだけでクラブに無料《ただ》で入場できるどころか、VIPルームに通されてシャンパンをボトルでサーヴィスされる。個人的美徳はより信頼性の高い資本形態の構築を可能にしてくれるが（そしてその大部分は貴族の道徳観に由来するものだ）[66]、それ自体はとりたてて希少でもなければ価値が高いわけでもない。素敵で魅力的な人間は社会のどの階級にも存在する。地球規模のステイタスの階層は、最高に粋なセリフや爽やかなことこの上ない吐息を基準にしているわけではまったくない。モデルは億万長者とつき合うことはできるが、[67]その親交関係だけで億万長者になれることはめったにない。

資本は個人が所属する集団を決め、その一員であることが個人のステイタスを決める。社会学者のゲオルク・ジンメルはこう記している。「人のことを知るとは、その人の純粋な個性という観点から見るということではない。その人が類別される一般型に当てはめ、上げたり下げたりして見ることとなるのである」[68]育ちの〝よさ〟を示す振る舞いや魅力といった個人的美徳は資本の象徴的存在となり得るが、〝セレブリティ〟や〝外科医〟や〝大学教授〟になるためには特定の資本形態が必要だ。ココ・シャネルは自身の美貌と魅力と音楽の才能を駆使し、孤児院育ちの少女からキャバレーの芸人、そして資産家の愛人へとのし上がっていった。しかし〝女王〟のステイタスに達したのは、自ら立ち上げたビジネスを成功させて名声と安定を手に入れてからのことだった。

現代社会で〝大物〟になるには相当量の資本を蓄積しなければならないし、[69] 多くの場合は複数の資本形態を必要とする——超一流大学を卒業し（教育資本）未来のリーダーたちと親交を結び（社会関係資本）堂々たるキャリアを築き（職業資本）大金を稼ぐ（経済資本）。このように資本形態がひとかたまりになっている状態を〈ステイタスの合体〉[70] と呼び、ステイタスのランキングを安定させる効果がある。ひとつの分野でささやかな成果を挙げたところで、それだけでステイタスの大きな飛躍につながるとはかぎらず、より大きな重要性を有することを証明するには多面的な努力が求められる。獲得的地位の重みが増しているにもかかわらず、時間が経過するにつれて不公平が定着していく現実を、〈ステイタスの合体〉はつまびらかに示す。たしかにステイタスをあり得ないほど飛躍させた刺激的な人物は多数存在する。ファンクミュージックの先駆者ジェームス・ブラウンは幼少期に母親に棄てられ売春宿で育ち、十五歳のときに教護院送りになったが、世界的な名声と経済的成功を手にした。それでも生得的地位の構造がしぶとく生き残っている事実と〈ステイタスの合体〉の存在は、富裕層とその子孫のほうが資本を持たない家庭に生まれた人々よりも常に高いステイタスを得やすく、維持も容易だという現実を突きつけてくる。

同時に、ステイタスを高めることはいつでもできるかのように、つまり社会的流動性が常に存在するかのように見えるので、自身のステイタスに責任を感じるようになる。もっと上の人生を目指したいのならもっと身ぎれいにしろ、もっと学べ、もっと人あたりをよくしろ、もっといい仕事に就け、もっと長い時間働け、もっともっと鍛錬を積め――世間ではそう言われている。徳を積めば金はおのずと集まってくるとも言われている。そうした教訓めいた言葉のおかげで、その時々のステイタスの位置は一時的なもので、努力次第で上げることができると思い込んでしまう。最高位に立つ人々ですら、さらに多くを成し遂げようとすることが多い。高い教育資本を有する者は経済資本を求める。高い経済資本を蓄えている人間は社会関係資本と政治的資本を欲する。一九六〇年代、イーディ・セジウィック〔俳優・ファッションモデルで、アンディ・ウォーホルの映画に数多く出演した〕のような親譲りの富と美貌と知能[71]を有するオールドマネーの若者たちは、自分たちに欠けているものを手に入れるべく大挙してニューヨークを目指した――その欠けているものとは名声だった。

獲得的地位が最終的にもたらす予期せぬ産物についても考慮しなければならない――必要なステイタスの基準を満たしてないくせに、高いステイタスを求めたり得たりする人間に対する憤りだ。バートランド・ラッセルはこう述べている。「(就職上の)成功は、できるだけ個人の純然たる能力の当然の結果であるように、つまり追従や要領のよさの結果でないようにしなければならない」[72]普遍的な感情である〝妬《ねた》み〟は[73]、自分と同等もしくは低いステイタス資産しか持たない他者が自分より大きな恩恵を不当に得ていると思い込んでいる人間の心に湧いてくる。あらゆるステイタスの階層の正当性は〈ステイタスの完全性〉に左右される――つまり各個人のステイタスのランキングは正当であり、誰かがより大きな恩恵を得ているのは正当な理由があるからだと、その階層に属する全員が信じることが必要なのだ。尊敬は決して無償で与えられるものではない。ステイタスを求める個人が、自分が受けるに〝値する〟以上の待遇を求めることはステイタスの完全性の原則に反する。ステイタスの不当な要求は社会的非難を招き、結果的に原則を犯した者の社会的ステイタスが下がるかもしれない。ラッシーが全米チャンピオンのキングズロイヤル・ラッシーにまちがわれているとわかり、ティミー少年はうろたえる。「ぼくたち、まずいことになっちゃった。本当に大変なことになっちゃった」ステイタスの完全性を踏まえると、ステイタス欲求の中心原理が見えてくる――そうすることによって現在のステイタスが下がる危険性が生じないかぎりにおいて、個人はより高いステイタスを求める。

ココ・シャネルがより高い地位に一気に駆け上ることができたのは、ステイタスの基準があればこそだった（ナチに協力したことで、晩年はその高いステイタスをあらかた失ってしまったが）。人間が経験することは多少の差こそあれ誰でも似たようなものだ。したがってステイタスの基準も世界中どこを見ても似たり寄ったりなのかもしれない。それでも世界中のあらゆる社会と集団は独自の目標を目指し、尊ばれる価値もそれぞれで異なる。そしてステイタスの階層の正当性を保つための基準について意見の相違が生じると、その社会もしくは集団は分裂する。

ステイタス集団

「ぼくにとってかけがえのない人間とは、何よりも狂った奴ら」[74]ジャック・ケルアックは『オン・ザ・ロード（路上）』でそう語った。「狂ったように生き、狂ったようにしゃべり、狂ったように救われたがっている、なんでも欲しがるやつら、決してあくびをしない、ありふれたことは言わない、燃えて燃えて燃えて、あざやかな黄色の乱玉の花火のごとく、爆発するとクモのように星々のあいだに広がり、真ん中でボッと青く光って、みんなに〝ああ！〟と溜め息をつかせる、そんな奴らなのだ」調和と従順、職業上の成功、そして財産が尊ばれた一九五〇年代のアメリカにあって、[75]ケルアックとその仲間たちは芸術的才能、伝統にとらわれない道徳観、そして放浪の人生を称賛した。こうした世間一般とは異なる価値観を理解し共有する小説家や詩人たちは〈ビート族《ニク》〉と呼ばれ、固い絆で結ばれた小さな社会を築き上げた。
ケルアックらビートニクたちは〈ステイタス集団〉の一例だ。[76] ステイタス集団の構成員たちは共通のステイタスの信念を抱き、独自のステイタス基準を設けている。[77] こうした信念の強さは構成員間の結束を生み、その信念が他集団のそれと異なる場合は、部外者との緊張を煽りたてる。ビートニクたちはドラッグの服用や自由恋愛および同性愛といった仲間たちの〝反社会的な〟行動を黙認するのではなく、むしろ〝超越的な〟行為として称えた。
主流社会はマクロなステイタス集団として機能していて、前節でざっと説明した、さまざまな資本を中心としたステイタスの信念を核としている。そうした従来の形態の資本以外の基準に拠っているのが〈二次的ステイタス集団〉だ。ゴスやパンクロッカーや南北戦争のコスプレイヤーたちは、陰鬱極まるメイクアップや極限まで高くしたモヒカンヘアー、もみあげと口ひげをつなげた《サイドバーン》もじゃもじゃ顔毛といった、一般的ではない基準に基づいてステイタスが与えられる。不良グループでは腕っぷしの強さと肝っ玉で序列が決まる。一九五〇年代イギリスの不良少女はこう語っている。「あたしたちのところのようなグループじゃ、女の子たちはみんながたいのいい子が大好き。うちの一番人気はビッグ・ジム〔大きなペニスという意味もある〕ってあだ名の子。ビッグ・ジムはマジにタフで、女の子なんか選りどり見どりよ……そりゃあたしのボーイフレンドだってタフだけど、それでもビッグ・ジムには負ける」[78]
こうした同じ考えを持つ者同士が自発的に寄り集まって構築する小集団は、一見すると主流社会よりも公平なもののように思えるが、ステイタスの信念が特殊なため階層構造がより顕著になる場合が多い。サーファーたちが気にかけるべき基準はたったひとつ、サーフィンの腕前だ。一番上手く波に乗れるサーファーは最もステイタスが高く、一番下手くそなサーファーは最も低い。いい企業年金《401k》に加入しているとか豪邸を所有しているとかは関係ない。実際、乗りこなせるだけの腕もないくせに高価なサーフボードを見せびらかすリッチなウィークエンドサーファーたちは、往々にして〝ダサ坊の素人《クーク》〟[79]と馬鹿にされる。

集団内の全員が同じステイタスの信念に身を奉じるようになると、ステイタスの完全性は高くなる。各構成員はステイタスの階層をあたりまえのもの、つまり正当なものと認識している。集団内のエリートたちは無条件に敬意を払われ、下位の構成員たちは集団のために時間とエネルギーを提供し、上位者たちを下支えする。バートランド・ラッセルはこう述べている。「皆が進んで指導者に従う場合、それは、彼らがその指導者の支配している集団の力で権力を獲得しようとするからであり、彼らは指導者の勝利を自分たちの勝利と感じる」[80] バスケットボールで残り時間ゼロ秒でシュート《ブザービーター》を叩き込んで優勝を決めた選手には、MVPのタイトルだけでなくチームメイトたちが進んでさらなるステイタスを与えてくれる。

自分に一番身近なステイタス集団はひとつしかないと考えがちだが、実際にはわたしたちは全員、家族や学校や職場やクラブといった多種多様な複数の集団に属している。そして集団ごとにステイタスの基準と恩恵は異なるので、集団に応じて取る行動を変える。ケルアックは同棲中だったガールフレンドと結婚することで[81]家族内のステイタスを向上させたが、家を棄て路上に出ただけでビートニク仲間と彼のファンたちは感動した。所属する集団別に求められる、相反する行動規範を切り替えていると、極端な場合は複数の人格に分裂する恐れがある。[82]

社会的流動性が増した現代において、各個人はメインに据えるステイタス集団を自由に選べる。では、属する集団をどのようにして決めているのだろうか？　わたしたちは例外なく生まれながらにしてどこかのステイタス集団に属していて、大半はそこに生涯留まりつづける。ジャック・ケルアックは厳格なことこの上ないカレッジフットボールの世界から離れ、数人のアウトロー詩人たちとつるんで実験的な小説を書くようになった。わたしたちは自分に似た人々、とくに同じ信念を抱く同志たちと一緒にいることを好む。が、集団内でのステイタスを求めるのであれば、自分が持ち合わせている長所や資産を高く評価してくれるステイタス集団に加わるほうが戦略的に見て理にかなっている。ジャーナリストで小説家のトム・ウルフは、長年のうちにこんな学びを得た。「インテリであれストックカーレースのドライヴァーであれ、（大半の人間は）絶対的な存在イコール特別な人間だという価値観を強く抱くきらいがある」[83]これは実証的な研究でも裏づけられている――人間は低いステイタスではなく、ある程度高いステイタスをもたらしてくれる人間関係や集団、そして社会のほうに魅力を感じるのだ。主流《メイン》のカルチャーからはみ出した低級なサブカルチャーでは主流の価値観を否定すると恩恵を得られることから、ほぼすべて形態の資本を持たない人々が格好の居場所としている。非主流派集団は主流社会の決まり事をひっくり返し、伝統的な美徳をとことん否定することに価値を見いだす。ビートニクたちは真っ当な社会のピューリタン的な労働倫理に反発し、〝努力はすべてクールじゃなく無益なもの〟[84]だと決めつけた。

　以上の観点から見ると、二次的ステイタス集団への加入は不公平な扱いを受ける恵まれない個人が、自身のステイタスを最大限に高めるための巧妙な戦略のように思える。が、この手には明白な欠点が存在する――各個人の一番身近な社会では局所的《ローカル》なステイタス、つまり小さな集団内のランキングしか得ることはできない。とはいえ、個人の幸福、とくに自尊心にとってはローカルなステイタスのほうが全域的《グローバル》なステイタスよりも重要だという研究結果がある。さらに言えば、馬の合う仲間たちに囲まれているほうが人生も楽に過ごせる。しかし二次的ステイタス集団内に閉じこもっていても、より広い社会における総合順位であるグローバルなステイタスから逃れることはできない。高いローカルなステイタスを得ているからといって、最大の恩恵を得るには欠かせない高いグローバルなステイタスが自動的に得られるというわけではない。サーファーは[85]仲間たちと波に乗っているあいだは偉大なヒーローになり得るが、陸《おか》に上がればただの〝浜辺のぐうたら者《ビーチ・バム》〟になり下がることもある。自分が属するステイタス集団内で払われる敬意と、その外に広がる〝現実世界〟で受ける敬意との差が大きければ大きいほど、劣等感はさらに募るだろう。[86]一方、富裕層は高所得ステイタス集団内で高いローカルなステイタスを享受しつつ、同時に高いグローバルなステイタスも堪能することが可能だ。

　非主流派のステイタス集団がさらなる社会的な恩恵を得るには、グローバルなステイタスの階層を上がる手立てを見いださなければならない。そうなると社会はステイタス集団同士の戦いの場と化してしまう。人類学者のダニエル・ミラーはこう説く。「各集団は、所有する権利や〝資本〟を社会的評価およびステイタスのしかるべき源泉とし、誇示しようと試みる」[87]ビートニクの詩人たちは文芸評論家たちの支持と若者たちの共感を得たことで勢いに乗り、調和よりも〝狂気〟のほうが本質的に優れていることを多くのアメリカ国民に信じ込ませようとした。ケルアックが『オン・ザ・ロード』を上梓してから十年ほどのち、この小説に込められたビートニクの精神を受け容れた無数の上流階級《アッパークラス》の大学生たちは二次的ステイタス集団に大挙して加わった——のちに言うヒッピー族の誕生だ。ステイタスをめぐる戦いで、ビートニクたちは自分たちの信念の地歩を固め、ケルアックは異端者ではなく偶像《アイコン》となってこの世を去った。
勝者あるところ敗者あり。これはステイタス集団間の闘争でも同じだ。社会学の先駆者マックス・ヴェーバーは、[88]有力な集団ほど階層から転げ落ちると強い憤りを募らせることを突き止めた。「脅威を感じれば感じるほど、彼らの敵意は増していく」多民族国家における紛争の原因はもっぱら〈地位羨望〉だ。スリランカで多数派を占める仏教徒のシンハラ人が政治的権力の独占を喪失し、政府がヒンドゥー教徒のタミル人への雇用機会の提供を開始すると、シンハラ人たちは暴動を起こした。[89]近年のアメリカにおける政治的混乱も、その根っこには地位羨望めいたものが垣間見える。政治学者のピッパ・ノリスとロナルド・イングルハートはこう記している。「大学教育を受けていない戦間世代の白人男性は、欧米文化のなかで政治と文化の両面における支配的集団を形成していたが、転換点を過ぎた近年はその覇権的地位も権力も特権も薄れつつある」[90]ドナルド・トランプの支持層は、[91]人種や性別や宗教の階層に根ざしたステイタスの信念を抱きつづけているが、そうした古い考え方は多様化が進んだ社会においては影響力を失いつつある。この層は、長きにわたって弱者の立場に置かれていた人々がステイタスを獲得すると、自分たちのような人々への評価が下がると考え、不満を抱く。ミシガン州ボールドウィンに暮らすトランプ支持派の商店主兼看護師は世論調査員にこう語った。「正しい行いをしようとする普通の人々に対する敬意はなくなってしまった」[92]
このように、ステイタスは個人的なものだけでなく政治的なものでもある。ダニエル・ミラー[93]はこう述べている。「社会は単純な階層などではなく、階層をめぐる階層間の絶え間ない闘争の場だと理解するべきだ」ステイタスは序列のランキングであり、経済活動の全体利益が拡大し、社会の大部分で物質的な恩恵が増加したとしても、社会におけるステイタスが均質化されることはない。実際のところ、全体的な富が増えたところでステイタスを得るために必要な資本のハードルが上がるだけだ。[94]ステイタスに恵まれない人々が二次的ステイタス集団に加われば新たなステイタスの源泉を見つけることはできるが、それでグローバルなステイタスのランキングに対する不安が解消するとはかぎらない。ステイタス集団間の絶え間ない闘争は、人間の経験において重要な役割を果たす。そしてのちに見るように、新しい文化の創造に拍車をかける。

§

ステイタス欲求は人間の基本欲求だ。ステイタスが高くなれば生活の質《QOL》も向上する。実力主義が徹底されている社会などどこを見ても存在しないが、現代を生きる個人は自らのステイタスを決定する上で過去以上に大きな裁量権を与えられている。重要なステイタスの基準に——すなわち、富、人脈、教育、経歴、そして名声に——優れる人々には高いステイタスが待っている。一方、取り残された人々は各自の貢献を高く評価してくれる小規模な集団内で別の敬意の源を探し求めることができる。が、分不相応のステイタスを求めると罰を受ける可能性がある。
ステイタスの階層は、内在する回路から四つの重要な原則をはじき出す。

一．ステイタスは最大化できる——わたしたちは高いステイタスを望み、低いステイタスを恐れる。
二．ステイタスは勝ち取ることができる——わたしたちは才能、貢献、財産、正しい行いによって自身のステイタスを変えることができる。

三．ステイタスは自身にふさわしいものでなければならない――わたしたちは身の丈を超えるステイタスを求めるべきではない。
四．ステイタスは流動的なものである――わたしたちは自身の才能、貢献、財産、正しい行いをより高く評価してくれる集団に移ることができる。

煎じ詰めると、ステイタスとは他者とのつながりにおける個人としての具体的な立ち位置と、その位置で受ける扱いを示すものだ。他者にいい印象を与えると扱いもよくなる。が、ステイタスを決定づけるもっと基本的な要因がひとつあるのだか、それについてはまだ触れていない。どのような集団であっても、その立派な一員であるためには一定のルールに従うことが求められる――ここでステイタスと文化《カルチャー》が初めて交わる。

第2章　慣習とステイタス価値

ステイタスを追い求めていくと、さまざまな恣意的な選択を迫られることになる——デビュタント・ボールでのタキシード、ゼネラルモーターズのブランドランキング、ヒップスターたちのうわべの偽善。

慣習の力

ホイット・スティルマン監督の一九九〇年のデビュー作『メトロポリタン／ニューヨークの恋人たち』[1]は、社会主義社会を夢想し、恵まれない人々の窮状を憂いていた青年トム・タウンゼントが、豪華なパーティーで遊ぶ日々を送るようになるまでを描いている。トムはクリスマスシーズンの暇潰しにタキシードをレンタルし、ある社交界デビュー《デビュタント・ボール》の舞踏会に参加する——自分が敵対しているものをじかに確認するために。借りたタキシードを期限内に返却できなかったトムは、今度は〝エスコート不足〟を解消すべく別のデビュタント・ボールに着ていく。やがてトムは〈アッパー《U》・オウト《A》・ブルジョワ《B》〉の同年代のメンバーたちと親交を深めていく。そしてレンタルではなく自分の夜会服を買い、上流社会と交わり、無料の娯楽を愉しみ、栄養満点の温かい食事を食べるという一週間を過ごす。

前章では、稀有な才能や豊富な資本、あるいは高い徳を有する個人に、集団は高いステイタスを付与することを見てきた。しかし『メトロポリタン』は、ステイタスを獲得するための基本的な前提条件が存在することを思い知らせてくれる――集団規範への服従だ。ありとあらゆるステイタス集団および階層は、構成員に特定の行動を取ることを求める。正装をするという簡単な行動を取ることで、トムは社会的ネットワークを広げ、より大きな物質的恩恵を受けることができた。しかしタキシードの着用は〝恣意的〟に設けられた基準だ。一時間にわたる海中パーティーを愉しむにはスキューバダイヴィングの装備が必要不可欠だが、デビュタント・ボールでタキシードを着ていなくても命を落とすことはない。ここにステイタスと文化の第一の大きな交点を見て取ることができる――社会的承認を得るには集団の目標に眼に見える貢献をするだけでなく、その集団が求める恣意的な慣習に従うことも必要なのだ。
どうして〝恣意的〟なのだろう？[2] 恣意的という言葉は〝偶発的〟もしくは〝論理的な必然性がない〟であるとか〝自分勝手な〟という意味で使われることが多い。しかし言語学と文化論においては〝その選択と同じ目的を果たす別の選択肢があるかもしれないこと〟を意味する。話し言葉では、言葉は〈意味するもの《シニフィアン》〉と〈意味されるもの《シニフィエ》〉の恣意的な関係に基づいている。英語で〈イヌ〉は唇と舌と声帯を動かして〝ｄｏｇ《ドッグ》〟と発音するが、ちがう発音の言葉（たとえばｃａｎｉｎｅ《ケィナイン》）でもイヌという概念を伝えることは可能だ。したがってイヌをドッグと呼ぶことは恣意的である。その点、フランス語はイヌのことを〈Ｃｈｉｅｎ《シャン》〉という単語を使って実に見事に表現する。[3]
文化についてのすべての議論は、人間の行動の恣意的な側面に焦点を当てている。人間の生存には食料と住居と衣服が必要だが、文化人類学者のマーシャル・サーリンズはこう記している。「人は単に〝生存する〟だけでない。明確なやり方で〝生存する〟のである」[4]アルコール飲料は世界中で同じ機能を果たすが、ロシア人たちがウォッカを注ぎ、メキシコ人たちがテキーラを一気に咽喉に流し込み、モンゴル人たちが馬乳酒を飲むとき、そこに〝文化〟のちがいがあらわれる。こうした酒はそれぞれの地域特有の地理的および農業的条件の下で育まれてきたのだろうが、どの酒を飲んでも酩酊するという同じ目的を達成できるという意味においては恣意的である。国際的な供給網がそれを証明している——現在ではモンゴル人たちはラムを飲み、ロシア人たちはスコッチを味わっている。

人間の経験に恣意性は欠かせない。何しろわたしたちは無限と言っていいほどの数の手段を講じて食べ、飲み、服を着て、歌い、踊り、遊び、そして考えているのだから。それでもあるひとつの手段に決めて落ち着くと、その決断を恣意的だとは思わなくなる。社会学者のヤン・エルスターはこう述べる。「人間というものは、自分の行ったことに理由をつけたがるとともに、非決定性には耐えられない者である」[5]人間の脳は、恣意的な行為に対して事後に合理的な理由づけをしてくれる。わたしたちは、人間がさまざまな習慣的な行動を取る理由をすっきり解き明かしてくれる、進化の過程で獲得した各種本能があるにちがいないと思い込みがちだ。血の色は危険を意味するから、〈止まれ〉の道路標識は赤でなければならないと類推する。が、人間の行動は必ずしも合理的思考や反射的な生物的反応の結果とはかぎらないことを示す証拠なら、二世紀にわたる人類学的研究と数千年になんなんとする人類史を調べるとごろごろ出てくる。たしかに赤は〝危険〟が潜んでいることを示唆する色だが、[6]多くの文化で放埒な悦楽を示す色でもある。文化大革命の嵐が吹き荒れる中国で、毛沢東を熱狂的に信奉する若者たちは、愛国心溢れる共産主義者を象徴する赤が〝進め〟を意味するように信号の色を逆にするよう要求した。[7]

わたしたちは、自分たちの文化的慣習は恣意的なものではないと殊更に言い募る。二世紀半ほど昔に、アダム・スミスはこんな疑問を抱いた。「しかし、このような形式が極めて快適なものであることはまちがいにしても、このような比率に適合し得る唯一のもののはずだとか、慣習として確立する以前に、それに劣らずよく適合していた五百もの他の形式が存在していたはずがない、と考えることにはいささか無理がある」[8] 毎年十月に催されるオクトーバーフェストで、バイエルンの男たちは革製の半ズボン《レーダーホーゼン》を穿き、女たちも伝統衣装のディアンドルを着て、チューバ《ウンパッパ》が奏でる調べを聴きながら巨大な陶製ジョッキでビールを飲む。この祭りはジーンズ姿でも愉しむことはできるだろうか？ ディアンドルで着飾った若い女性は愉しめないと答える。「会場のテントで、ベンチの上に立ってみんなして同じ歌を歌うと、自分が何かの一部になったように実感するの。ジーンズを穿いていたらそんな気分にはなれない、台無しよ」[9] バイエルンの人々にとってレーダーホーゼンもディアンドルも〝恣意的に〟着るものではない。バイエルン人の神髄を示すために着るのだ。

それ以外の選択肢がある今の時代にあって、どうしてわたしたちは自分たちの社会特有の恣意的な行動に固執するのだろうか？ それは〈慣習〉だからだ[10]――広く知られた習慣的な、社会に受け容れられている行動であり、個人が守り他者にも守ることを求めるものだからだ。ステイタスと文化の関係をつまびらかにするには慣習に精通しなければならない。慣習は文化という化学反応における〝分子〟であり、文化全体を構成する集団活動の個々の単位でもある。ザ・ビートルズのモップトップもデビュタント・ボールでのタキシードもドッグショーも、そして悩めるティーンエイジャーがケルアックの『オン・ザ・ロード』を読むことも、すべて慣習だ。そして慣習を読み解くカギは恣意性にある。慣習がなくても呼吸はできるし、砂漠の民たちはただひとつ水が湧く井戸から水を汲むために慣習を必要としない。慣習は特定の選択をする際に役立つ。人々が特定の行為を繰り返し行い、それと同じぐらい妥当な同類の行為を拒否しつづけている場合、同じ選択をすることを全員に強要する慣習が存在する可能性が高い。

慣習の発見術をマスターすれば、それがどこにでもあることがわかる。慣習は〝風習〟という社会の暗黙のルールとしてあらわれる。風習は集団内では認識できず、別の集団の生活様式に接して初めてその存在に気づく。ジャーナリストのカルヴィン・トリリンはこんなことを書いている。「ネヴァダ州の若者たちのなかには、徴兵されて州外の陸軍キャンプに行って初めて、すべてのコインランドリーにスロットマシンが置かれているわけではないことを知る者もいるかもしれない」[11]慣習が〈規範〉および〈作法《マナー》〉の形態を取る場合、それらに従うことを躊躇することもあり得るので、わたしたちは慣習をより強く意識する。一方、レーダーホーゼンやディアンドルのような〈伝統〉は歴史の先例に根ざした慣習であり、社会の明確なシンボルとなる。〈信仰〉にも慣習的な側面がある。一番わかりやすい例は迷信だ。十三という数字をアメリカ人は不吉だとするが、イタリア人にとってはラッキーナンバーだ。

慣習は時代とともに変化する。十九世紀後半、アメリカのエリート層の男たちは豊かなあごひげをたくわえていた。それが一九六〇年代初頭になると、ハーヴァード・ビジネス・スクールの学生のほぼ全員がひげをきれいにあたり、[12]別にひげの毛根の数が減ったわけでもないのに、口ひげを生やしている男性はわずか四パーセントにまで減ってしまった。現代の生活にはフラフープや低炭水化物ダイエット[13]といった〈ブーム〉と呼ばれる短命な慣習で溢れている。日常生活の装飾的な分野で定期的に変化する慣習は〈流行〉と呼ばれる。〝慣習的〟という言葉は〝代り映えのしない、凡庸な〟と同じ意味で使われることが多いが、社会不適合者や不良、ごろつきたちも独自の慣習を有する。泥棒たちは符丁を使って話をし、パンクロッカーたちは服に安全ピンをつけ、〈全米放浪者《ホーボー》会議〉は公式倫理規定を一八八九年に起草している。薬物の乱用でさえ慣習になることもある。アーネスト・ヘミングウェイやジャック・ケルアックのような著名な作家たちが大量の飲酒を執筆活動の中核に据えたことから、アルコール依存症は〝アメリカ人作家の職業病〟[14]になった。

独特の表現方法である、ありとあらゆる〈スタイル〉も慣習だ。九〇年代のヒップホップ・ファッションは〝身幅も丈もかなり大きな、だぼっとした〟[15]服を着ることを暗黙の了解としていたことでよく知られる。〈芸術〉は慣習に依存して美的経験を生み出す。芸術作品の制作と消費には、その方向づけをする広く認められた指針が存在する――ハリウッド映画の三幕構成とハッピーエンド、ポップソングで繰り返されるコーラスパート、ロックコンサートでは観客も一緒に歌えるがクラシックコンサートではそれができないこと、ノンフィクション書籍の〈眼を惹くフレーズ：どうして〇〇は××したのか〉という形式のサブタイトルなどだ。最近のハリウッド映画では、中米やインドを描いた場面に撮影後の編集作業《ポストプロダクション》で慣習的に〈イエローフィルター〉[16]を使い、荒廃して不気味な雰囲気を盛り上げている。後述するが、芸術家たちも慣習を弄する――観客の心をつかむために何かを重視し、驚かせるために別の何かを破壊する。

慣習は文化を構成する浮遊分子だが、それだけでなく三つの重要な点で人間に驚くべき力を及ぼす。


一．人間の行動を制御する。

二．習慣として内面化される。

三．世界の捉え方を変える。

では、その力の源泉はどこにあるのだろう？　ステイタスだ。結局のところ、わたしたちは社会的承認を得るため、そして社会的非難を回避するために慣習に従う。従うことでわたしたちは行動を変え、良識や知性を働かせて収集した情報を整理する。

　このプロセスを検証するには、まずは慣習がどのようにして生じるのかを理解しなければならない。慣習の多くは、社会が抱える問題に対する明確な解決策として形成される。その典型例は道路交通の進行方向だ。自動車は道路の右側も左側も走ることもできるが――これは恣意的な選択だ――正面衝突を避けるためには進行方向の選択についての合意がなされなければならない。この場合、政府が[17]左もしくは右の車線を走行すべしという法令を発し、それに呼応してほかの車両が走っていない場合でも、誰もが決められた側の車線を走るという慣習が形成される。

　慣習は有機的に生じることもある。合衆国政府は〈タキシード宣言第一条[18]：男性はカマーバンドを着用すべし〉など発布していない。ステイタスの高いアメリカ人男性たちはフォーマルな行事での服装の基準を守っているだけに過ぎない。全員が似たような、それでいて普段とはちがう装いをすることで、その行事が特別なものだと示すことができるからだ。そうした場では、かつては白いボウタイと白いヴェスト、そして燕尾服というイギリス式の礼装夜会服《ホワイト・タイ》が長きにわたって用いられていた。ところが一八八六年、煙草王の息子ではねっかえり者のグリズウォルド・ロリラードという男が、ニューヨーク州のタキシード・パークという別荘地で催した正装舞踏会で丈の短い黒のスモーキングジャケットを着た。このよりくだけたスタイルは〈タキシード〉と名づけられ、二十世紀に入ってアメリカ社会がより柔軟なものになるにつれて浸透していった。ジャケットのテール部分は第二次世界大戦後にほぼなくなり、タキシードは夜会服の新たなスタンダードとして定着した。タキシードが一般的になると、デビュタント・ボールやその他のフォーマルな行事の男性参列者たちは、ほかの参列者と同じ装いにするためにタキシードを着た。
ある慣習がコミュニティ内に根づき、〝標準的な〟行動になるには、一般常識の一部にならなければならない[19]——個人が何かを知っていて、別の個人がそれを知っていることを知っていて、また別の個人がそれを知っていることを知っていて、またまた別の個人がそれを知っていることを知っていることを知っている、ということを無限に知らなければならない。準礼装《ブラック・タイ》の夜会服はどのような装いなのか、いつ着るべきなのかをはっきり示す常識が広まっているおかげで、招待状に〈ブラック・タイ着用〉と記されているデビュタント・ボールに男たちはタキシードを着て姿を見せる。[20]
ある社会の人々を新しい慣習に移行させるには新たな常識を築き上げる必要がある。沖縄の島々がアメリカの占領下から脱して日本への復帰を果たしたとき[21]、アメリカ式の右側通行の道路交通から日本式の左側通行への切り替えに際して調整を要した。日本政府は本土復帰から六年後の一九七八年七月三十日から左側通行を開始することを決定し、相当額の予算を投じて〈730（ななさんまる）〉キャンペーンを展開し、通行規則変更の認知度を高めた。キャンペーンは功を奏した。バスの事故が数件あっただけで、運転者たちは七月三十日以降は自分以外のすべての運転者たちも左側を通行すると確信していた。
人々が道路交通のさまざまな慣習に従うのは、従わなかったら最悪の場合は死ぬという極めつきの〝罰〟が下されるからだ。ではモップトップやタキシードといった上っ面だけの慣習を、どうして人々はやたらと気にかけ従おうとするのだろうか？　慣習は、他者と一致した行動を取ろうとする際に〝解決策〟を与えてくれるのだ。ザ・ビートルズがモップトップを採用したのは、全員が同じ髪型にしてほかのロックンロールバンドとの差別化を図りたかったからだ。いったん確立された慣習は、〝期待〟に対する感情面の反応からさらなる力を引き出す。わたしたちの脳は他者が自分の期待に応えてくれることを好む。余計な精神的エネルギーを費やして別の手立てをつらつらと考えなくて済むからだ。こちらの期待が否定的なかたちで裏切られると、その振る舞いから実質的な影響をこうむっていない場合であっても苛立ちや怒りをおぼえる。続いて、そうした感情的な反応を、肯定的なものであれ否定的なものであれ外面的な感情表現に変換する。期待に応えてもらえると笑顔や歓声が生じる。応えてもらえなかった場合の反応を、社会学者のジョージ・ホーマンズはこう説明している。「事実上、個人は報酬を奪われたことになり、敵意を見せて奪い返そうとする」[22]　モップトップを取り入れるまでは、ザ・ビートルズの仲間たちはヘアクリームで固めたオールバックというお揃いの髪型にするという取り決めを破ったステュに憤慨していた。

慣習を守れば社会的承認を、破れば社会的非難を受け、そして両方とも自身のステイタスの位置に明確な影響を及ぼす。正常な位置を維持したければ集団の期待に応えなければならないし、応えなかった場合は下がることもあり得る。つまるところ慣習の遵守は好ましいステイタスの位置に立ちつづけるためのカギなのだ。トム・タウンゼントはデビュタント・ボールを忌み嫌っていたのかもしれないが、それでも参加するにはブラック・タイ着用の慣習を守らなければならないことは知っていた。

ステイタス集団の構成員たちは、自分たちがどのような見た目にし、どのように振る舞うべきかについて、時間の経過とともに相互に期待を抱くようになる。マックス・ヴェーバーはこう結論づけている。「地位（ステイタス）集団は、すべての〝慣習〟に対してあくまで責任を負う。生活様式の〝定型化〟は、どのように表現されるにせよ、すべて地位集団の起源となるか温存される」[23]そうしたルールを程度の差こそあれ全構成員が従うと、そのステイタス集団特有の行動パターンとして眼に見えるかたちであらわれる。上流社会の男たちがこぞってタキシードを着ていたら、タキシードは上流社会の〝特別な〟装いだとわかる。そしてステイタス集団内では、各構成員が慣習に従うべく行動を調節することにより慣習は〝社会規範〟に変化する。

わたしたちは最初のうちこそ行動を意識的に調節して慣習に従うが、そのうち〝内面化〟してしまう。[24]内面化されると慣習は新たな力を得る。ひとつのコミュニティに属していると、集団の支配的な慣習を身につける。とくに子どもの頃はそうだ。人類学者のルース・ベネディクトはこう説いている。「個人の生活史は、その個人の属するコミュニティが伝統的に継承してきた形式と規準の、もっとも明白な適応である」[25]わたしたちは家族や友人たちから慣習を学び、集団内の仲間たちのしぐさや話し方を無意識のうちに模倣する――いわゆるカメレオン効果だ。[26]そしてこれらの行動が特定の意味および価値と結びついていることを学習する。何がよくて何がだめで、何と何が合うのかを学ぶのだ。このプロセスを経て慣習は〈習慣〉になる。空中を浮遊する円盤状の謎の物体を表現する言葉は多く存在し、現在の英語圏に暮らす人々は〝空飛ぶ円盤《フライング・ソーサー》〟と呼んでいるが、この言葉を聞いて食器の皿《ソーサー》が空を舞っているところを咄嗟に思い浮かべるようなことはない。

このように慣習が内面化されると、その起源の大半は時代とともに失われていく。こうしたルールを、わたしたちは〝物事の進め方〟として学ぶ。十八世紀のフランスでは馬車は左側通行だったが、フランス革命の指導者たちは[27]〝旧体制《アンシャンレジーム》を民主的に〟否定するために右側通行に切り替えた。が、現代を生きるフランス人たちが道路の右側を通行するのは習慣となっているからであって、反君主制を唱えているからではない。その生い立ちが忘れられれば忘れられるほど、慣習はますます〝あたりまえの〟秩序のように思えてくる。したがって慣習を破る行為はあたりまえのことではなく、制裁が求められる。

内面化が完了してからも〝慣習〟と呼ぶべきなのだろうか？　完了している場合、わたしたちは他者との協調を意図的に図ったり社会的非難を回避したりするためでなく、習慣から行動するようになる。とはいえ習慣もステイタスと強く結びついている。具体的に言えば、どの慣習を内面化して習慣にするかは社会階層の影響を受けるのだ。わたしたちはコミュニティ内で高いステイタスにある人々が実践する〝正しい〟慣習を模倣しがちだ。上下関係なく見境なくコピーする行動もあるにはある。ガブリエル・タルドはこう記している。「どれほど傲慢な田舎貴族でも、アクセントや態度、心のあり方が、どうしても召使や小作人に似てくる」[28]が、ステイタスの低い行動を取ると、往々にしてステイタスの高いしかるべき行動に戻すように他者からうながされる。その逆もまたしかりだ。「自分の属する社会集団外の人間に真似をされると、その人間により強い嫌悪感を抱く」[29]心理学者のブルース・フッドはそう述べている。ステイタスの低い部外者による模倣を不快だと感じると、わたしたちは内面化された慣習が気になり、結果としてまだあまり〝汚されていない〟別の慣習に移るかもしれない。

さらにステイタス欲求はわたしたちを一風変わった環境へと導き、そこでも仲間たちを模倣するかもしれない。風刺報道メディア〈ジ・オニオン[30]〔アメリカ版〈虚構新聞〉のようなもの〕〉のテレビ部門《オ《O》ニオン・ニ《N》ュース・ネ《N》ットワーク》は、「行方不明の女子学生クラブの学生の特徴と一致する女性、何千人も存在」と題した冗談ニュースで、オハイオ州の警察当局は〝髪をブロンドに染め、UGGのブーツを履き、紫のマニキュアで特大サングラスをかけた〟行方不明女性の捜索に難航していると報じた。難航しているのは、州内の女子学生クラブに所属する学生のほぼすべてがその特徴と一致するからだという。女子学生クラブの学生の多くは同じスタイルに無意識のうちに惹かれるのかもしれないが、そうなるのは最初に女子学生クラブの会員になるというステイタスに基づいた決断を下してからに限られる。さらに言えば、新入会員はステイタスの高い先輩学生を模倣する傾向にある。ライターのステファニー・タマリッジは女子学生クラブに入会したとき、上級生たちの〝濃くて入念なメイク、高価そうな服と、それとコーディネートされたアクセサリー〟[31]に眼を瞠った。上級生たちは女子学生クラブの基準を設定しただけでなく、それを新入りたちに強いた。「わたしたち入会希望者は、自分の装いをアングルを変えて何枚か写真を撮り、審査委員会に提出して入会を認めてもらった」

慣習は内面化されることで最後の力を解き放つ[32]――世界を観察するための知覚の枠組みを設けるのだ。わたしたちは感覚を駆使して情報を収集しているのだろうが、その情報は従来の習慣や信念、知識という〝ふるい〟にかけられたのちに解釈される。[33]わたしたちが物事を見聞きし記憶に留め、注意を払う方法は、それぞれの文化的背景で異なる。たとえば時間の捉え方も慣習になる。[34]日本人は、待ち合わせには約束した時間のほんの少し前にやって来るべきだと考えているが、中東の人々にとって〝待ち合わせの時間〟そのものがかなりざっくりとしている。色の感じ方も同じく慣習的なものだ。[35]人間は色覚異常でないかぎり七百五十万から一千万種類の色を識別できるが、そのスペクトルを特定の色に区別する方法は慣習で決まる。英語で〈青《ブルー》〉の一色で表現される色は、ロシア語では〈水色《ゴリュボイ》〉と〈濃紺《シニィ》〉という二色に分かれる。[36]慣習は音楽の聴き方も変える。神経学者で音楽学者のダニエル・レヴィティンは、音階とは理論的には無限にあるピッチの部分集合に過ぎず、どの文化も歴史的伝統に基づいて、あるいはもう少し自由に、独自のピッチの集まりを選んでいると説明している。[37] メジャー・コードが〝愉しそうな響き〟に、[38] マイナー・コードは〝寂しげ〟に聴こえるのも慣習のなせる業なのだろうか？ そのとおりだ。作家のオルダス・ハクスリーは、インドの〝厳粛な〟音楽に触れたときのことをこう告白している。「その曲にとくに沈痛な感じも真剣な感じも聞き取ることはできなかったし、自己犠牲を殊更に示唆するものも感じられなかった。わたしのような西洋人の耳には、この曲はそれに合わせたダンスよりもはるかに陽気なものに聞こえた」[39]
こうした内面化された慣習は、社会学では〈習慣行動《ハビトゥス》〉と呼ばれ、各個人にふさわしい話し方や歩き方、服装、考え方、そして何がいいものなのか、正しいのか、愉しいのか、素晴らしいのかを判断する方法に導いてくれる。ハビトゥスの権威であるフランスの社会学者ピエール・ブルデューはこう述べている。「ハビトゥスの図式が固有の有効性をもちうるのは、それが意識や言説の手前で、したがって意識的な検証や統制による把握の外で機能するものだからである」[40] 慣習が社会内で反復されてハビトゥスとして定着すると、その慣習は恣意的なものではなく本能的なもののように感じられてくる。ここから、文化が基本的な身体的欲求の表現を具現化する。文化人類学者のクライド・クルックホーンはこう指摘している。「くしゃみ、歩行、睡眠、性行為といった明確な生物学的なプロセスでさえ様式化されている」[41] 進化生物学の世界では、セックスパートナーを選ぶ際には健康が重視される[42]という主張が多くみられる。一方で、その時代の支配的な美的慣習に駆られ、男が表向きは〝不健康そうな〟見た目の女性に走ることもある。一九九〇年代のファッション広告は痩せこけたモデルを起用して〝ヘロイン・シック[43]〟を広めた。現代では白い歯は健康の証しだが、何世紀も昔のアジアのエリートたちは歯を黒く染めた女たちを好んだ。[44] 人体の死んだ細胞をバクテリアなどの微生物が分解するときに生じる壊死臭を嗅ぐと、大抵の人間は吐き気を催すが、纏足《てんそく》の慣習が何世紀にもわたって続いていた時代の中国では、[45] 包帯できつく縛りあげた女の足から放たれる腐臭に、身分の高い男たちはエロティックな魅力を感じていた。

慣習の内面化は、わたしたちが集団行動に固執する理由を説明する。人間は〈自然主義的誤謬〉の影響をかなり受けやすい。自然主義的誤謬とは、政治学者のラッセル・ハーディンによれば「何が正しいのか、もしくはいいものなのかを結論づけたいという強い思いから、〝どうあるのか〟から〝どうあるべきか〟へと移行する、人間にほぼ普遍的に存在する傾向」[46] である。慣習は社会もしくは集団の各構成員は互いの行動にどう折り合いをつければいいのかという問題に対する解決策として生み出されるが、時を経るにつれて倫理的側面を持つようになる。自分たちのものとは異なる習慣は不自然なだけでなく不道徳だと感じる。十六世紀ミラノの冒険家ジローラモ・ベンツォーニ[47]は、新大陸で初めてチョコレートの飲み物を勧められたとき「これは人間のためというよりも豚のための飲み物だ」と言い放った。チヌア・アチェベの小説『崩れゆく絆』で、ナイジェリアのある部族の民たちは敵対する村の堕落ぶりをこう訴える。「あそこの習慣はぜんぶ正反対ですからね。わたしらのように箒で婚資を決めたりしない。値切りの交渉などしたりして、まるで市場でヤギか牛でも買っているようです[48]」

文化は〝人と物事の意味づけの秩序[49]〟で成り立っていると、文化人類学者のマーシャル・サーリンズは述べている。慣習は、ある人間があることをする理由を説明するものだけでなく、集団の意味と秩序の起源でもある。ほかの個人がやるように同じ恣意的なルールに従うことは同じ〝集合体〟の一員[50]になることを意味する。集団の構成員全員が同じ活動を取ると、その活動は社会的な絆を形成する。レーダーホーゼンとディアンドルを着る慣習はバイエルン人という人々を定義する。デビュタント・ボールは裕福なアングロサクソン系白人プロテスタント《WASP》の女性にとっては通過儀礼だ。ロシア人たちはアルコール度数が高いからというだけでウォッカを飲んでいるのではない――ウォッカはロシア人の〝血液〟なのだ。[51]
各ステイタス集団はさまざまに異なる慣習を多数有し、そのすべてが強力な内部回路を介して連動し合っている。新婦が白を着る慣習は、伴侶を亡くした女性が黒衣をまとう慣習と当然ながら対をなしている。ミクロレヴェルのさまざまな慣習をつぶさに調べると、それらすべてを内包する〝地平〟として機能するマクロな慣習[52]が見えてくる。論理的枠組み《パラダイム》は集団の根幹をなすマクロな慣習であり、[53]許容可能な行動の全体的なルールを定め、不安定な時代においては道標となり、理解と説明の輪郭を描く。封建ヨーロッパのパラダイムにおける個々の習慣としきたりは、結局のところ社会は君主とキリスト教会を中心に回っているという考え方を支えるためのものだった。ひるがえって現代のパラダイムは社会の基本単位を個人とする〝信仰〟に下支えされている。一九六四年以降のポピュラー音楽は〝ザ・ビートルズのパラダイム〟に依拠してきた。音楽評論家のイアン・マクドナルドはこう述べている。「ビートルズのやり方は物事のやり方を変え、そうすることで物事の期待の仕方を変えた」[54]さまざまに異なる社会はそれぞれ異なるパラダイムを中心にして回っている。したがって社会の包括的信念であるパラダイムは普遍的な意味合いで恣意的なものでもあり得るが、ひとたび社会の基礎となると些末な慣習の大半を生み出していく。
慣習は相互の期待と集団性を根拠にするものだが、公平で平等なものとはかぎらない。暗黙のルールを忠実に守ることで普通のステイタスを得られるのであれば、誰がその慣習を始め、誰が維持するのかについては常に政治的側面がつきまとう。〝不公平な規範〟[55]は集団内の特定のグループにそれ以外のグループより多くの恩恵を与える。集団内の多数派は、一般的に自分たちが少数派よりも有利になるような社会規範を推し進めるが、こうした偏りのある慣習が内面化されると、少数派もそれを受け容れることもある。社会学者のカレン・キャラハンは、女性の美的基準を批判するフェミニストたちは「女性が理想の美を追求するのは、自己実現や美しい自分というものを成し遂げるためではなく、男性からの称賛を得るためだと主張している」[56]と述べている。こうした基準はひどく差別的なものであるばかりか命の危険をもたらすものでもある。十九世紀には、この時代にもてはやされていた堅いクリノリンペチコート[57]〔針金や鯨のひげで編まれたペチコート〕で大きく膨らませたスカートの安価な生地が、暖炉などの火に触れて燃え上がるという事故が多発した。この恣意的な着衣慣習により三千人の女性が焼死した。その一方で男たちは燃えにくいウール地を使った、体に密着するスーツを着ていた。

どう見ても不公平で平等の原則に反する慣習が多い場合でも、それに立ち向かって別の慣習を取り入れると社会的非難に直面する。十九世紀末から二十世紀初頭にかけてアメリカで活躍したアナキストでフェミニストのエマ・ゴールドマンは[58]、ある日レストランで食事を取っている最中に、男女平等を示す些細な行為として男の仲間たちと一緒になって煙草に火を点けると、たちまち店から放り出された。ゴールドマンは評判のよくないアナキズム思想の推進をあくまで主張し、挙句の果てに国外追放の憂き目に遭った。逆境にあっても変化を追い求めたゴールドマンの姿勢は、経済学者アンソニー・ヒースの主張と合致する。「社会的規範が存在するといっても、その規範への服従が無条件に求められるわけではない。誰しもが対価を持ち合わせている。服従がもたらす恩恵は、ほかの場面でもたらされる恩恵と対比されなければならず、個人を規範からの逸脱へとうまく誘う、何らかのかたちの別種の恩恵も当然存在する」[59]
この慣習と社会的承認とステイタスの密接な関係は、文化人類学者クリフォード・ギアーツの文化についての主張を裏づけている。「文化は具体的な行動様式の複合体――慣習、慣例、伝統、習慣――としてではなく、行動を支配する制御装置――計画、処方、規則、指示（コンピューターエンジニアが〝プログラム〟と呼ぶもの）――として見られるべきである」[60]慣習は社会的容認という〝アメ〟と社会的非難という〝ムチ〟を介して習慣および行動様式を創出する。文化は恣意的な行動に基づくものなので、各個人はある行為からある行為へとあてどなくさまよいつづけることもあり得る。人々が同じ行動パターンに寄り集まる理由は、意識的なものか内面化されたものに関係なく慣習にあるのだ。そしてステイタスはこのプロセス全体と結びついている。
文学者のレイモンド・ウィリアムズによれば、文化（Culture）は〝英語のなかで二本か三本の指に入るほど複雑な〟言葉[61]だという。実際、一九五二年に刊行された『Culture: A Critical Review of Concepts and Definitions（文化――その概念と定義の批判的考察）』という書籍だけでも百五十の定義が載っている。[62]普段眼にしたり耳にしたりするなかでも、その意味は曖昧だ――文化とは生活様式のことなのだろうか、それとも芸術やポップカルチャーのことなのだろうか、それとも組織の規範なのだろうか？　ここでただひとつの定義に落ち着けることなど到底無理な話だが、少なくとも文化が何で〝構成されている〟のかはわかっている――慣習は文化の個々の単位だ。習慣や伝統や流行やブームといった、わたしたちが〝文化〟と呼んでいるものは、すべて慣習として存在している。そして文化を慣習として見ると、〝ほかに有効な手段がさまざまに存在するのに、どうして人間は恣意的な行動を繰り返し取るのだろうか〟というひとつ目の〈文化《カルチャー》の大いなる謎〉を解き明かすことができる。

前述したが、ステイタスが存在しない、つまりすべての構成員が平等である均質な社会など存在しない。人類学者のA・L・クローバーもこう指摘している。「人類史において、文化のない社会があったという記録はない」[63]ありとあらゆる社会にステイタス構造が存在するように、すべての社会に文化がある。そして今、地位《ステイタス》と文化《カルチャー》がどのように結びついているのかを、慣習を介して初めて知ることができる。慣習は集団の構成員が特定の行動を取り、それを定義するプロセスを明らかにする。が、すべてのステイタス集団が対等であるわけではない。この事実は、それぞれの慣習が有する価値にも差があることを示唆している。

ランク化された慣習とステイタス価値

一九〇六年、プリンストン大学総長でのちの合衆国大統領ウッドロー・ウィルソンはこう警告した。「自動車ほど合衆国に社会主義的感覚を広めたものはない。この国の人々にとって、自動車は独立の精神と無頓着さを備えた、富の傲慢さを絵に描いた存在である」[64]当時のアメリカ人の平均年収は四百五十ドルで、一方の自動車は最も安価なもので六百ドル、ものによってはその十倍もした。[65]こうした価格から、自動車は富裕層のみが所有するアイテムであり、[66]ウィルソンが指摘するとおり、一般大衆は無謀な運転を上流階級と重ね合わせていた。しかしウィルソンが抱いた〝社会主義革命〟の懸念は、それから五十年のうちに杞憂に終わることになる。金持ちたちが安全運転を心がけるようになったわけではない。一般大衆も自動車を所有するようになっただけだ。かつては社会の上層部のみのものだった独立の精神と無頓着さが、すべてのアメリカ国民の生活の一部となったのだ。

が、自動車所有層が拡大したことでアメリカ社会の分断が軽減されたわけではない。その代わりに、〝金持ちが自動車に乗る〟というたったひとつの慣習が複数の慣習に拡大し、さまざまなブランドが特定のステイタス層と結びつき、そこに定着するようになった。一九五〇年代、[67]下位中流階級《ロウワーミドルクラス》の人々はフォード、シボレー、プリムスに乗り、中位中流階級《ミドルミドルクラス》はポンティアック、ダッジ、マーキュリー、スチュードベーカーに乗っていた。企業の経営幹部たちはビュイック、オールズモビル、クライスラーを好んだ。最高経営責任者《CEO》たちはインペリアル、リンカーン、キャデラックを所有した（取締役会長は特別仕様のキャデラック・フリートウッドを選んだ）。[68]こうした自動車のブランドと社会的地位の結びつきはマーケティング・キャンペーンで明確になった。作家のE・B・ホワイトは〈ニューヨーカー〉でこう述べた。「自動車の広告を読むと、そのおもな機能は、アメリカでは第一にその所有者をより高い社会階層に押し上げることだと思える」[69]
　ランキングを眼に見えるかたちで示す手段は必ず存在するので、当然ながらステイタス層ごとの慣習の差異も可視化される。ステイタスの高さは優れた恩恵というかたちで反映されなければならない。こうした差異は組織によって生み出されることが多いが、自然発生することもある。わたしたちの社会空間は階層で決まり、[70]家族や親しい友人たちは似たような階層に位置する場合が多い。同じ社会で過ごすうちに、わたしたちは同じ習慣行動《ハビトゥス》と生活習慣を取るようになる。このふたつは所有物の費用、質、そしてデザインで表現される。丁寧語や俗語《スラング》の使用といった話し方、服装や髪型や化粧や引き締まった体形といった自己提示、生計を得る手段、住居の場所と質、芝刈りを自分でやるか誰かにやってもらうかといったサーヴィスへの金のかけ方にもあらわれる。マックス・ヴェーバーはこう記している。「社会的地位は、一般的にその社会に属したいと願うすべての人々に特定の生活様式を課すというかたちで、とくに表現される」[71] 換言すれば、生活様式《ライフスタイル》とは社会的地位の必要条件であると同時に、それを表現するものでもある。

生得的地位を基にしていた歴史上の社会（身分制社会）では、正式な規則と法令がライフスタイルの慣習を規定していた。どの階級がどの衣服を着用できるのかを決める奢侈禁止令が発せられることもあった。メキシコのアステカ王国では、[72] 戦士たちは刺繍入りの木綿のマント、リップピアス、ターコイズと金でできた耳輪、そして色鮮やかな鳥の羽根で身分を示していたが、平民たちの着用はすべて禁じられていた。また、正義の基準も階級ごとに異なっていた。ヨーロッパの貴族たちは拳銃を使った決闘で争いごとを解決していて、命を落とす危険があろうとも決闘を断ることは不名誉だと見なされた。しかし決闘が許されていたのは身分の高い人々だけだった。フランスの名門貴族のロアンは、[73] 哲学者だが平民のヴォルテールに決闘を申し込まれると激怒し、荒くれ者たちを雇ってヴォルテールを袋叩きにし、その様子を馬車から嬉々として眺めていた。

隔離された社会でも独特の慣習が育まれることがある。ウクライナ南西部とポーランド南部に広がるガリツィア地方のユダヤ人たちは、[74] 製糖業が身近だったことから甘い食べものを好むようになった。一方、甜菜糖が採れないリトアニアに暮らすユダヤ人たちは塩辛い料理を食べていた。同じ言葉を話し同じ遺伝子的根源を持つにもかかわらず、このふたつの地域に暮らすユダヤ人たちの食べ物のちがいに意味と規範が染みつき、それぞれのハビトゥスとなった。現代においても、ガリツィア系ユダヤ人の子孫たちは甘いゲフィルテ・フィッシュ〔魚のすり身をつみれにしたユダヤ料理〕を好み、アメリカ生まれのリトアニア系ユダヤ人の高齢女性たちは、[75] 何にでも砂糖を入れるガリツィア系に不満たらたらだ。

獲得的地位が根づいていくと奢侈禁止令は姿を消し、〈正義の女神〉は目隠しされ〝法の下の平等〟

が唱えられた。ステイタスに基づいた慣習は以前より曖昧になったとはいえ、依然として存在している。アメリカでは、カフェラテは無数の低所得層が毎日のように飲んでいるにもかかわらず、エリート層の飲み物の定番とされている。贅沢品と称される品々は超富裕層《スーパーリッチ》たちを飾り立てるものとして売られていると同時に、ヨーロッパの有名ブランドは中流階級《ミドルクラス》の贔屓を得て巨額の利益を上げている。

地理的隔離の影響はマスメディアによって最小限に抑えられているものの、階層の社会的格差は依然として慣習の孤立地域をもたらしている。ロサンゼルス国際空港《LAX》には[76]〈プライヴェート・スイート《PS》〉と呼ばれるターミナルがあり、セレブリティたちは法外な料金を払ってそこで人目に触れずにチェックインし、BMWの7シリーズセダンで駐機場まで送ってもらう。こうした特権的なターミナルや増加するプライヴェートジェットによる旅のおかげで、公共の空港では誰もがやっていた、重いスーツケースを引きずりながらの徒歩での移動はミドルクラスの慣習に成り下がった。

この例から、本章の最も重要なポイントを読み取ることができる——すべての慣習が等しい価値を有するわけではない。LAXにあるPSはただのターミナルではなく〝より上質な〟ターミナルだと理解されている。タキシードは外出着よりも派手で、キャデラックはシボレーよりも格式が高い。すべての慣習は単一のステイタス集団内の階層とグローバルなステイタスランキングにおける集団間の階層という、ふたつの階層内に置くことが可能だ。LAXでは富とステイタスがふたつの異なるチェックインの慣習を創り出しているが、グローバルなレヴェルで見れば、空港でチェックインするという行為そのものはいまだにステイタスの高い慣習でありつづけている。

したがってすべての慣習は、それに従うことで得られるステイタスを反映した、差異的な〈ステイタス価値〉を有する。[77]高ステイタス集団のみが従う慣習には高いステイタス価値があり、ステイタス

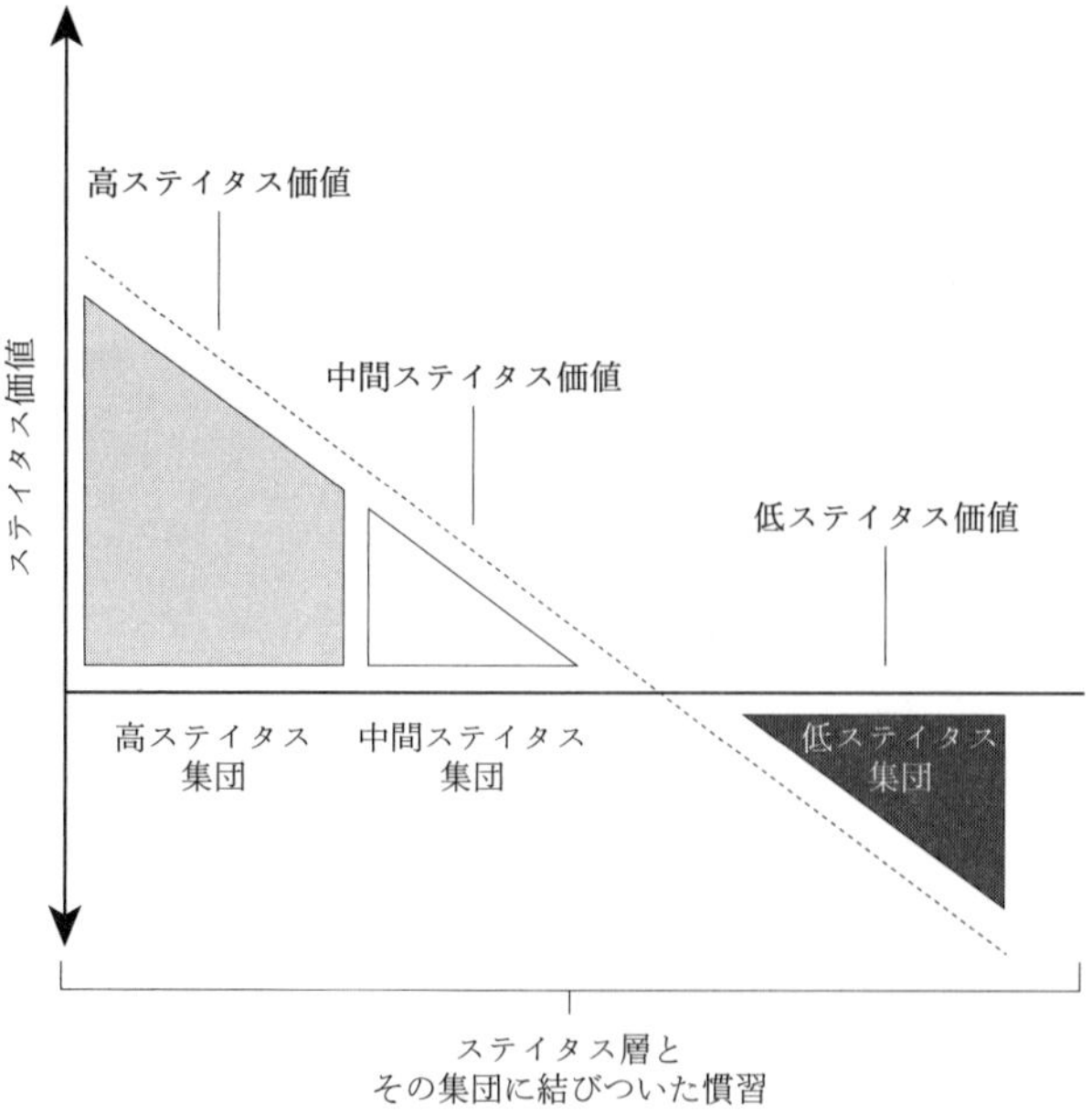

の低い集団と結びついた慣習のそれは低い。広く受け容れられている慣習のステイタス価値は中間値に落ち着く。
　ステイタス価値は暗黙のものであり、商品の価格のように眼に見えるかたちで示すことはできない。高ステイタス集団との直接的なつながりを確認できなくても、その慣習に高いステイタス価値があることは、多くの場合は察することができる。ステイタスごとにその価値はちがうという事実を正面切って口にすることはタブーなので話題に上ることはめったにないが、そ

れでもステイタス価値の格差はあくまで存在し、決して想像の産物ではない。くしゃみをして「お大事に《ブレス・ユー》」と言われても、そんなことで風邪が治るはずもないだろうが、この魔法の言葉は当たり障りのないステイタス価値を持つ。このありきたりな慣習的な言葉をくしゃみをした隣人に言えば社会的承認を得る。一方、何も言わなかったり風邪よりひどい感染症の可能性を仄めかしたりすると、逆に社会的非難に遭う。ステイタス価値の高い慣習に従うと、高ステイタス集団から正規のステイタスを得る可能性が高まり、結果として高い社会的恩恵を受けることになる。そうした高い恩恵も、ステイタス価値の低い慣習に身を投じてしまうと失ってしまいかねない。

普通に考えればわかることだが、ステイタスを欲する基本欲求を満たしたいのであれば、恣意的な行動とその代替案を比較検討する際にステイタス価値を考慮に入れるべきだ。おそらくニューヨークの上位中流階級《アッパーミドルクラス》たちも、イームズチェアよりもバーカラウンジャーのリクライニングチェアのほうが坐り心地がいいとわかってはいるが、高ステイタス集団のインテリアデザインの慣習に沿っているのは前者のほうだ。この事実は椅子を購入する際の計算式に影響を与える。バーカラウンジャーがもたらす目先の快適さは、果たしてステイタスの喪失という長い目で見た居心地の悪さに優るだろうか？恣意的な行動の実質的な価値は代替案のそれと同等なのかもしれないが、慣習として定着するとステイタス価値が付与され、生活を向上させてくれる。そのため、実質的な実用性と社会的承認は常にトレードオフの関係にある。パプアニューギニアでは、[78] ラジオや灯油といった西洋の便利な品々が上陸し始めてもなお、現地の人々は同じ金を払うなら豚を買い、豪勢な祝宴で参列者たちを感服させたほうがいいと考えていた。

ところが慣習の内面化と同様に、ステイタス価値も潜在意識レヴェルでわたしたちの脳に作用する。

ステイタス価値の高い慣習は夢の生活に必要な素敵な要素にしか見えず、その一方でステイタス価値の低い慣習は不穏で不吉で、もしくは不道徳なもののように感じられる。わたしたちはステイタス価値に心惹かれ、多くの場合はその魅力を別の価値に置き換えて合理化する。たとえば使用価値（実用性）、交換価値（対価）、情緒的価値（思い出）、独特の個人的嗜好などだ。ステイタス価値などの外部情報は選択の動機づけになるだけでなく喜びを経験する方法すら変えてしまうことが、実証的な研究で明らかになりつつある。最近の神経科学の実験では、被験者たちはワインを飲まされ、そのワインの価格を知らされなかった場合は安いものを好み、知らされた場合は高いほうを好きになったという。さらに興味深いことに、味の好みが変化すると被験者たちの脳活動の神経経路も変わった。[79]
ステイタスの位置は相対的なものであり、したがってその価値も相対的だ。前出のピエール・ブルデューはこう述べている。「以前のあるいは下位の水準を占める人々にとって希少であり、近づきがたい贅沢さとか常識を超えた着想の面白味とかであるものが、月並みでありふれたものとなり、より希少でより弁別的な新しい消費対象の登場によって、ごくあたりまえのものの地位にまで追いやられてしまうといったことが起きているのだ」[80] この事実は、トム・ウルフの一九八七年の小説『虚栄の篝火』の最も有名な一節でも語られる。主人公のシャーマン・マッコイは、債券トレーダーの収入ではニューヨークの上流社会の暮らしが維持できず〝年収百万ドルで破産しかかっている〟[81]。階層を同じくする仲間たちと歩調を合わせるために、マッコイはクラブの会費、豪華な衣服、デザイナーズ家具、子どもたちを通わせるトップランクの私立学校の授業料と遊園地の乗り物を使った誕生日会などに膨大な出費を強いられている。マッコイの苦境を、ブルデューはこう説明する「百万長者の生活をするには百万フランの金を持っているだけでは充分ではない。そして成り上がり者たちは一般的に非常に長い時間、時には一生をかけて、彼らが許しがたい散財と見なしているものが、実は彼らの新しい存在状態においては必要不可欠の出費の一部をなしているのだということを、ようやく学ぶのだ」[82]
ステイタスの階層を上がるにつれ、ステイタス価値がより高い慣習を身につけなければならない——要するに、より高価な物品を購入しろということだ。富裕層はより多くの金を費やすことが可能で、彼らが購入する高価なアイテムはそのステイタス層ではあたりまえなものとなる。文化史家のラッセル・ライネスは、持ち家の基準についてこう述べている。「単一の階層しかいない郊外に暮らしていると出世しない。出世をする人間は、家も芝生敷きの庭もより大きく、木々は樹齢が古くより高く、街の雰囲気も一定で変わることのない郊外に引っ越す」[83]ステイタスの高い人々のなかで暮らした経験がなくとも、彼らの慣習はピカピカの表紙の雑誌から学ぶことができる。そうした高級誌はそのために存在するのだ。一九一五年に〈ハーパーズバザー〉誌は〝シャネルを一着も持っていない女に、どうあがいても勝ち目はない〟[84]ことを読者に思い知らせた。
定められた挨拶や些細な好み、または仕草であっても、ステイタスの高い生活様式を知り実践することは高いステイタスを獲得し維持するためには欠かせない。こうした特別な知識は〈文化資本〉と呼ばれ、社会学者のミシェル・ラモンとアネット・ラルーは〝態度、好み、振る舞い、商品および資格といった、高地位層が社会的・文化的排除の手段として広く用いる文化面における信号[85]〟と定義している。文化資本を最も簡単に獲得できる方法は、ステイタスの高い人々と長い年月をかけて交わり、そのセンス、言語、行動、そして嗜好を吸収することだ。裕福な家庭に生まれついた人々にとって、文化資本は具体的でありながら無自覚的なものだ。成り上がり者はこの知識を一から身につけなければならず、ぎこちなさやミスがあれば外部の出だということがばれてしまいかねない。ブリーチーズはどのワインと合わせて食べると一番美味しいのかという知識など、場合によっては文化資本そのものが有益なこともある。それでもこの知識が最大の力を発揮するのは、高ステイタスの世界に受け容れられるための手段とする場合だ。一九五〇年代、社会評論家のヴァンス・パッカードが取材した、とあるコンサルティング会社の社長はこう結論づけた。「その人に相応するクラブの会員になることも重要だが、それよりもクラブ内で良いとされている立居振舞を身につけることのほうがより重要である」[86]
二十世紀になると高いステイタスへと至る道が拡幅したのと同時に、文化資本ももはや単一のものではなくなった。ハリウッドの映画王にとっての高いステイタスのあり方は、テキサスの石油王のそれとは異なる。それでもそれぞれのステイタス集団内では、今でも構成員たちは集団特有の慣習に従い、各自の地位の維持に励まなければならない。経済学者のソースタイン・ヴェブレンはこう述べている。「〔消費の規範に〕違反すれば非常識とみなされて遅かれ早かれ排除された」[87] あるいは『虚栄の篝火』のシャーマン・マッコイが言うように「パーク・アヴェニューの二百六十万ドルのアパートメント暮らしの味を一度しめたら、もう百万ドルのアパートメントでなんか暮らせない」[88]のかもしれない。
ステイタス集団の構成員たちは、ステイタスの完全性の延長として〝各階層にふさわしいレヴェル〟で消費すべきだと考えるきらいがある。金持ちは貧乏人のような生活をしてはならないし、貧乏人は金持ちのふりをしてはならないということだ。ローマ皇帝のネロが暗殺を企てられたのは、[89]母親を殺したからでも身重の妻を蹴り殺したからでもキリスト教徒を火あぶりにしたからでもなく、公衆の面前で竪琴《キターラ》を演奏するというステイタスの低い行為を敢えてやったからだった。低ステイタス集団内でステイタス価値の高い慣習に対する憎悪を育むのは、負け惜しみや浪費への蔑視といった負の感情なのかもしれない。実業家で政治家のルイス・F・アレンは一八五二年の自著『Rural Architecture（田園建築）』で、農民たちにデザイン性の高さを無視するように勧めている。「こうした虚栄の元凶は、それよりましなものは何ひとつ持ち合わせていない、少なくとも持っていると思い込んでいる町の人々の気晴らしにしておけばいい[90]」同じ慣習に従うことで連帯感が生まれるように、慣習のちがいは対立を招く。『キャッチャー・イン・ザ・ライ（ライ麦畑でつかまえて）』で、ホールデン・コールフィールドはつくづくこう実感する。「誰かのスーツケースよりきみのスーツケースのほうが数段上等だっていうような場合、その相手と部屋をともにするのはかなりきついことなんだ。きみのスーツケースがすごい高級品で、相手のがそうじゃないというようなときにはね。相手が知性のある奴で、ユーモアのセンスも持ち合わせていたら、どっちのスーツケースが高級品かだなんて気にもしないだろうときみは考えるかもしれない。でもそれがちがうんだな。ちゃんと気になるんだよ[91]」

経済成長が社会全体に及んでいた時代に、低ステイタス層に高いステイタスの慣習を取り入れる余裕が突如として生じた。そして社会全体の基準が引き上げられた。より高いレヴェルの消費をしなければ普通のステイタスを維持することはできないと、誰しもが感じていた。言い換えれば〝バスに乗り遅れるな〟ということだ。自動車がミドルクラスの手に届くようになると、ミドルクラスであるためには自動車を所有しなければならなくなった。こうした消費規範を個人が確立するうえで最も重要な判断基準になるのは、対面での交流であることが多い。宝くじ当選者の隣人たちが高級車を買ってしまうのはこのためだ[92]。しかしマスメディアは、〝並みのライフスタイル〟の構成要素に対する期待をリセットすることで、新たな消費行動を国家規模で惹き起こすことができる。一九五六年、インドネシアのスカルノ大統領は[93]ハリウッドの上層部を激しく非難した。一般家庭が自動車や電化製品を所有するアメリカ映画を観て、自国の中流階級が自分たちの生活にいきなり不満を抱くようになったというのだ。

ここまではステイタスが特定の恣意的な行動を要求することを確認し、そして結果として生じる慣習がステイタス価値を有することを理解した。続いて、ここで得た知識をわたし自身の個々の活動に当てはめてみよう——ステイタスの位置が明確な圧力となり、わたしたちを同一であるように、それと同時に互いにちがうものであるように駆り立てるのだ。

模倣と差異化[94]

襟ぐりの深いVネックTシャツを着て、スクエアフレームの眼鏡をかけ、黒いスカーフを巻き、あごひげをたくわえタトゥーを入れた、不機嫌そうに腕組みした白人の男[95]——これがインターネットによく転がっている〈ヒップスター・バリスタ〉の画像ネタ《ミーム》のパターンだ。さまざまなインターネット・ミームを記録しているサイト〈ノウ《K》・ユア《Y》・ミーム《M》〉によれば、ヒップスター・バリスタのミームに添えられるありがちなキャプションは、〝批判的でありながら偽善的でもある、一般的な〈ヒップスター〉のステレオタイプ〟だという。そのひとつをここで挙げてみよう。「企業資本主義者のブタ野郎どもにコーヒーを出すと胸糞悪くなる」そして画像の下にこんなオチが。「iPad2からのツイート」

『ヒップスターとは何か』というエッセイで、作家で文化批評家のマーク・グライフはこう言及している。「〈ヒップスター〉とは第一に卑罵語であり、〝気取り屋〟や〝ペテン師〟や〝偽善者〟や〝流行り好き〟や〝おべっか使い〟などと同類の蔑みの言葉だ」[96] 誰もが、そして当の本人たちもヒップスターを嫌っている。[97] ヒップスター・バリスタのミームが描いているとおり、ヒップスターが忌み嫌われるおもな理由は、彼らが主流社会の模倣的な行動に不快感を示しながらも、彼ら自身も模倣的な行動を取るところだ。数学者で脳神経学者でもあるジョナサン・トゥーブルは二〇一四年に発表した研究論文で、脳内の神経単位《ニューロン》が周囲のニューロンと異なるように振る舞い変化する現象を〈ヒップスター効果〉と名づけた。「ヒップスターたちは頑張って人とちがうことをしようとするが、結局のところ全員が同じ決断を下す。つまりみんな似たり寄ったりになるのだ」[98]
　が、この点についてはヒップスターたちが非難を受けるいわれはない。同時模倣と差異化は偽善的な行為などではなく、人間なら誰でもやっていることなのだから。先に学んだように、普通のステイタスは一定の慣習に従わなければ得られない。それはつまり仲間たちの振る舞いを真似る一方で、低ステイタス集団や敵対者たちとは差異化を図るということだ。同時に、より高いステイタスを得るには属しているステイタス層との差別化を図り、上層の行動を真似る必要がある。結局のところ模倣と差異化（差別化）はライフスタイルの選択において補完的な磁石として作用し、上層と見なしている人々にわたしたちを近づけ、下層と見なしている人々からは遠ざけてくれる。この向きが正反対のふたつの力を背後で支えているのがステイタスだ。
　何を食べ、何を飲み、何を買い、そして何をどうやって着こなすのかという日々の選択を、わたしたちは自由意志に基づいてやっているように思い込んでいる。紅茶キノコ《コンブチャ》や〈パワーエイド〉の味は、その時々の咽喉の渇きをもっともよく癒してくれるものを選ぶことができる。ところが〝自分らしくなければならない〟という基本欲求はステイタスを求める基本欲求と一致していなければならない。

普通のステイタスは集団規範の模倣を必要とする。これは実に簡単なことだ。人間の脳には社会内の行動を模倣して吸収する回路が備わっているからだ。期待される慣習を内面化した場合、わたしたちは外部の期待に添った〝自分自身のための〟選択をする。受賞歴のあるアーティストでジュエラーのケリ・アタウンビは、[99]ネイティヴアメリカンのモチーフを使った作品を制作している。それはたしかにアーティストとしての選択だが、そうしたモチーフはウインドリヴァー居留地で育ち、母親から部族の伝統を教わってきた彼女にとって馴染み深いものでもある。

模倣が意識的な行為として最も一般的にあらわれるのは、中年期以降に新たな集団に加わり、その構成員たちから受容を求めるときだ。田舎からマドリッドに移り住んだシュルレアリスムの映画監督ルイス・ブニュエルは、自分の〝田舎者意識に身がすくんで気おくれし、人々の身なりや振る舞いをひそかに観察し、真似しようとしていた[100]〟。模倣はあらゆるジレンマに対して合理的な解決策となることが多い。経済学者のロバート・H・フランクはこう述べている。「模倣行動は、具体的に何をすべきなのかわからない人間が、それを知っていて行動しているように見える他者を特定したい際に起こしがちだ[101]」

集団内で普通のステイタスを得るためには模倣が必要だが、それに加えて敵対する集団との〝差異〟の確認も求められる。人類学者のルース・ベネディクトは、人間の最も古い区分法のひとつは「〝わたし自身〟の閉鎖的集団と、その部外者の種類別である[102]」と指摘している。イギリスの上流階級《アッパークラス》は[103]〝ノット《N》・ライク《L》・アス《U》（わたしたちとはちがう）〟や〝ノット《N》・ライク《L》・ワン《O》（この人はちがう）〟という非難の言葉を使う。慣習の差異は集団の区分に必要不可欠であり、こうした明確な境界線が引かれた独自の慣習を各集団は重視する。社会人類学者メアリー・ダグラスの言葉を借りれば、模倣は仲間たちにつながる〝橋〟となり、差異化は敵対者を防ぐ〝柵〟となる。[104]しかし差異が生じる場合、意味のある模倣行為はすべて区分けの機能を果たす。つまりすべての〝橋〟は〝柵〟にもなるのだ。ミュージカルで映画化もされた『グリース』に登場する、ハイスクールの女子グループ〈ピンク・レディース〉[105]のメンバー全員が着るピンク色のサテンジャケットは互いを結ぶ〝橋〟だが、ほかの生徒たちに対しては〝柵〟として働く。

敵対者との意図的な差異化は〈模倣回避〉と呼ぶべきだろう。最も顕著な模倣回避は機械的かつ恣意的に感じられる――単に反対のことをするために反対のことをするのだ。一九六〇年代初頭にジャズシーンから去った若いミュージシャンはこんな不満を漏らしている。「(ジャズシーンは)儀式的で仰々しいしきたりばっかりなんだ。あいつらは独特の言葉を使って、独特の服装をして、独特のメガネをかけてなくちゃ気が済まないんだ。そんなことのどれひとつとっても、全部〝おれたちはちがう〟っていうくだらない思い込み以外に何の意味もないことばかりじゃないか」[106]しかし自然主義的誤謬や内面化の場合は敵対者の行動に深い憤りをおぼえがちだ。たとえばゼネラルモーターズ《GM》のファンが〝フォードのロゴに小便をひっかけるカルヴィン・フォード〔フォードの創業者ヘンリー・フォードの玄孫〕〟という絵柄のステッカーを自分のピックアップトラックに貼れば、フォードのピックアップトラックはGM製のものよりも価値に劣るという正直な思いを表現することができる。

集団内での普通のステイタスを得るためには模倣と模倣回避の両方が求められる一方、より高いステイタスを得たい場合は希少な才能と貴重な資産を使い、他者たちの上に立つことが必要とされる。そもそも、より高いステイタスには〝個人の差異化〟が必要となる。が、集団内での個人の差異化は規範を破ることでもあり、制裁を受けるかもしれない。模倣と模倣回避という正反対の圧力に、どうやって折り合いをつけたらいいのだろうか？　多くの人々は、問題視されることが最も少ないかたちで個人の差異化を図る——集団内で合意がなされているステイタスの基準を、はるかに超える実績を上げるのだ。バスケットボールの並レヴェルの選手たちは、スーパースターのMVP選手が自分たちとは段ちがいの得点を毎試合決めていても文句ひとつ言わない。差異化が集団の全員が共有する信念の枠内に留まるかぎりにおいて、個人は規範から逸脱するより大きな自由を得る。

個人の差異化を図るもうひとつの低リスクの手段が〝張り合い〟[107]だ——より高いステイタスの慣習を模倣することによってステイタス価値を追求するのだ。全世帯がトヨタ・カムリを所有しているミドルクラスの住宅街で手っ取り早く差異化を図りたいのであれば、富裕層御用達のメルセデス・ベンツを買えばいい。これはよく知られた例外的な行動から派生した模倣に過ぎず、とりたてて巧妙な手だというわけではない。それでもやはり大半の人々にとって、張り合いは向上心と欲望の源泉だ。アメリカの経済学者ソースタイン・ヴェブレンはこう記している。「一般に、ある階層はすぐ上の階層を羨んで張り合う」[108]張り合いは無難な手だが確実に効くわけではない。ステイタスの完全性を徹底的に守らせる集団では無理かもしれない。集団が認めるレヴェルの資本を持たずに高ステイタスの慣習を取り入れようとすると偽者の誹《そし》りを受ける。しかし向上心には張り合いを正当化する〝言い訳《アリバイ》〟[109]が必ず備わっている。ステイタスの高い人々は社会的成功を収めており、したがって彼らが選択したライフスタイルは、それがヨガであれグッチのローファーであれ原始的食事療法《パレオダイエット》であれ正しいものでなければならない。上層の人々はより多くの資産と情報を有し、より優れたスキルを身につけているのだから、彼らが選択したライフスタイルは模範的な参考例となる。十九世紀後半にアメリカ史上初のスーパーリッチとして台頭した〈泥棒男爵〉たちは[110]、当時は豪邸を建てる際の明確な指針を知らなかったので、結局ヨーロッパの資産家たちの建築様式を真似た。

張り合いは本質的に模倣の一形態に過ぎない。真に差異化を図るには、これまでの慣習を棄てて独自の行動を新たに見つけなければならない。西洋社会では、この何世紀のうちにライフスタイルを選択できる自由が増したと同時に、自己実現を果たした個性的な人間になるという道徳的義務も増えた。〝人格崇拝[111]〟は文化、芸術、文学、メディア、広告に浸透している。チャールズ・テイラーはこうまとめている。「人間らしくあるにもわたしなりのやり方がある。ほかの誰かの真似をするのではなく、自分なりのやり方で自分の人生を送ることが、このわたしに求められているのだ[112]」つまり現代社会において高いステイタスを得るには〝個性的であれ〟という、さらなるステイタスの基準を満たさなければならないということだ。無分別な模倣はステイタスの低い行為となる。文芸評論家のルネ・ジラールもこう述べている。「模倣しているとき、わたしたちは実際に憧れている人のことを再認しようとしないものだ。そこには何かしら不名誉なものがあるからだ[113]」ファッション誌が年から年中型破りなスタイルを勧めるのはそのためだ。エチケットの権威として有名だった作家のエミリー・ポストは一九二二年にこう書いている。「上品な女性には、ほかとは少々ちがうところが常にあるものです[114]」その反対に「最新の流行をやみくもに追いつづけている女性は、まさしく羊のような存在で、いささかの距離感も方向感覚も備えていません」と切り棄てている。

こうした個人の差異化へのこだわりには哲学的な起源があるのかもしれないが、その要求はステイタス構造の内部回路にも合致する。張り合いは自分よりもステイタスが高い集団の模倣を必要とするが、階層の頂点に位置する集団にとっては真似する存在などあってはならない。至高のステイタスを有するかどうかは、差異化という行為から逃れることができるかどうかを調べたらよくわかる。自己実現という道徳的義務は、実際のところはステイタス的義務だ――ステイタスの階層の頂点に立つ者は、独自の行動と独特の選択を重ねなければならない。エジプトの元大統領ホスニー・ムバラクが着用していたスーツに使われていたウール生地は特注品であるだけでなく、大統領の名前をアラビア語でつづったピンストライプが入っていた[115]。

自己をひたすらに追求することは、理屈の上では模倣よりもずっと簡単なはずだ。他人にどう思われようと自分の心に従って好きなことをやればいいだけなのだから。ちょっといい手を紹介しよう――ジップロックの袋を靴代わりに履き、茶色い紙の買い物袋を頭にかぶり、そこにパープルのマジックで〝並べられたピクルスの怒り〟と書けばいい。独自性を打ち出せる手は無限にある。

しかし悲しいかな、型破りな行為が許されるのは、すでに高いステイタスを得ている人々のみに限られる。社会学者のジョージ・ホーマンズはこう解説している。「高い地位を維持するためには、希少で価値ある報酬を他の人々に提供しなければならない。それさえしていれば、他の人々は規範からの些細な逸脱については、多少は許してくれるだろう。地位の高い者は自由裁量権すら持っている。旧態依然とした規範に盲従していると、大衆から抜きん出た存在でいられるどころか、むしろそのなかに逆戻りしてしまうかもしれない[116]」そしてステイタスが高ければ高いほど、より際立った存在になれるし、そうならなければならない。これと同じ理屈で、中間クラスのステイタスの人々は保守的になる傾向がある。言語学者のルディ・ケラーはこう述べる。「ロウワーミドルクラスの住居のリヴィングルームはアッパーミドルクラスのそれと比べると高い類似性を示す一方で、アッパーミドルクラスのリヴィングルームはアッパークラスのそれと比べると個性に欠ける[117]」ステイタスの低い人々は、まだ社会的承認を得ていない状態であれば失うものが何もないので自由に生きることができる。が、ステイタスの低い人々の差異化はルール違反と見なされる。差異化で敬意を集めることができるのはエリートの特権だ。

個人の差異化はリスクがともない、全員がこぞって差異化を図ろうとしている場合は不可能な場合が多い。わたしたちは皆〈多元的無知〉[118]という新たな試練に直面している——自分以外の人々が次にどんな行動を取るのかわからない状態で他者とは〝異なる〟選択をしなければならない。スニーカー狂《ヘッズ》の古株レイ・ガルシアはこんな思いを吐露している。「自分と同じスニーカーを履いてる奴なんか、ひとりだって見たくなかった」[119]しかしこの願いを果たすには〝自分しか履かないスニーカー〟を選ぶだけでなく、これからも自分しか履かないスニーカーでありつづけることが約束されていなければならない。服装や住居や自動車や飲み物など、自己を表現し定義するカテゴリーを全員で共有している現代社会では個人の差異化は困難だ。多元的無知は、自分を思い切り大胆に際立たせたところで結局はほかの誰かの真似に見えてしまう可能性があることを意味する。

すべての個人はステイタスから圧力を受け、相反する行動を取る——集団の規範を模倣しつつ敵対者たちの模倣はせずにその逆の行為をし、あまり目立たないように上層と張り合いつつ個性的に過ぎない範囲で個性を出す。要するに、より高いステイタスを得たいのであれば自分を際立たせて差異化を図らなければならない一方で、普通のステイタスを維持するには集団の慣習を模倣しなければならないということだ。このステイタス要件の矛盾をすっきり解消する手は存在しない。あるとすればリスクマネジメント戦略だけだ。つまり〈純粋な個性（すべての慣習を破るというハイリスク・ハイリターン）〉と〈完全な服従（既存の慣習をすべて忠実に守るというローリスク・ローリターン）〉のあいだに広がるスペクトルのどこかに身を置かなければならないということだ。しかしここまで学んできたことから考えると、純粋な個性と完全な服従のあいだにおける位置は個々のステイタスレヴェルと連動しているはずだ。高いステイタスを有する人々は差異化の深みに果敢に挑み、並のステイタスの人々は模倣の浅瀬にもじもじと留まりつづける。生得的地位的な要素もかかわってくる。ステイタスに恵まれない人々が手っ取り早くのし上がる一番いい手は、きっぱりと大胆に真似ることだ。その反対にステイタスに恵まれている人々は些細な差異化を続ければいい。ステイタスの位置と差異化のこうした結びつきは、のちに出てくるステイタスが革新性《イノヴェーション》に――新しい行動を取る傾向に――与える影響についての議論で重要なポイントとなる。先に言っておくと、ステイタスがかなり高い人々もかなり低い人々も、どちらも新しいことに挑戦する傾向が強い。

大半の人々は純粋な個性と完全な服従の中間に身を置き、集団の慣習に沿うかたちでミクロレヴェルの独自の選択をするという〈最適独自性〉戦略[120]を講じる――社会心理学者のマリリン・ブリューワーはそう断じる。この戦略を作家のジョン・シーブルックがわかりやすく説明している。「独創的だと思われたいが、世論という市場から放り出されてしまうほど独創的過ぎるのはよくない」[121]一九九〇年代の青春ドラマ『アンジェラ 15歳の日々』[122]で、さえない主人公のアンジェラ・チェイスはオタクっぽい同級生たちとの差別化を図るために髪を真っ赤に染める。真っ赤に染めた髪はアンジェラが発明したものではない。〝オルタナティーン〔ニルヴァーナなどのオルタナティヴロックを愛するティーンエイジャー〕〟のあいだであたりまえになっている慣習を真似しただけだ。それでもそのおかげでアンジェラはぱっとしない仲間たちの輪から抜け出し、より高いステイタスの人々と親しくなれた。ここで純粋な個性を追求して、たとえばハレ・クリシュナ教団〔アメリカ生まれのヒンドゥー系の新興宗教〕に帰依したかのように髪を部分的に剃り上げていたら、アンジェラは爪弾きにされ、反抗的な落ちこぼれだと見なされたかもしれない。

人類には〝模倣の遺伝子〟が備わっている。しかし現代においては、わたしたちはその本能と〝個性的たるべし〟という道徳的義務のあいだで折り合いをつけなければならない。ステイタスを得るには、模倣と差異化が求める四つの具体的な条件のバランスをとる必要がある。

- **普通のステイタスを確保するには集団の慣習を模倣しなければならない。**
- **ステイタスの低下を防ぐには敵対集団の慣習を模倣回避しなければならない。**
- **より高いステイタスを得るにはステイタス価値の高い慣習を模倣しなければならない。**
- **最高位のステイタスを得るには個性的な行動で自分を際立たせる努力をしなければならない。**

この四つの条件を同時に追求することは不可能だ。その代替手段は、自分のステイタスに最も適した個別のリスク低減戦略になる場合が多い。これは些細なことではない。模倣と差異化の個々のバランスは自身の行動を決定し、そして次に見るようにわたしたちが何者であるのかを決めるのだ。

§

スリランカに製氷技術が導入されたとき、[123] 漁師たちは獲った魚をようやく都会の市場で売ることができるようになった。実入りがよくなると、漁師たちの多くは自分たちより上層のミドルクラスに張り合ってテレビを買うことにした。彼らは小屋のど真ん中に新品のテレビを誇らしげに置いた——村には電気が通っていないというのに。

人間の謎めいた行動を、生物人類学者たちは本能を、心理学者たちは躁病や恐怖症や障害を根拠にして解き明かす。経済学者たちは合理性を仮定する。しかしスリランカの漁師たちの不可解な行動は慣習、すなわちステイタス価値を追求するための行動を使って説明すると最もよくわかる。ルディ・ケラーは、〝型にはまった考え方〟とはほぼまちがいなく「人間の能力のなかで最も素晴らしい、そして最も決然としたもの」[124]だと主張する。人間の言語面と文化面のありとあらゆる活動が存在するのは、わたしたちに多種多様な恣意的な選択を簡単に連係させる能力が備わっているからにほかならない。が、それは不都合な真実を突きつける。わたしたちの行動がステイタスによって惹き起こされるのであれば、わたしたちは〝非合理的な〟理由で多くの選択をすることになる。そしてそれはステイタス価値に本当の価値があるのかという疑念につながる。ステイタス価値は一過性のものであり、個々で制御することはできない。社会行動での位置づけに応じて、慣習のステイタス価値は常に変化する。ステイタス価値を求めて選択する場合、その理由をわたしたちの脳は曖昧にし、より合理的な何かを求めているからだと説明づける。それでも、どれほど嫌悪し不信感を抱こうとも、ステイタス価値はわたしたちの実生活に重大な影響を及ぼす。より高いステイタスを得たいのであればステイタス価値のある行動を取り入れなければならない。

慣習は、わたしたちがステイタスのために特定の恣意的な行動を取る様子を解き明かす。しかし、そうした恣意的な行動をこっそりとやって慣習に従っても意味はない。他者たちの面前でやらなければステイタスは得られないのだ。すべての慣習は価値と結びついた行動《コア・アクション》以上のものがある。慣習は〈サイン〉でもあるのだ。

第3章　シグナリングとステイタスシンボル

ベックの謎めいた「ルーザー」、穀物サイロのキャデラック、『ケイン号の叛乱』でのイタリア語のアリア、そして詐欺師のアナ・デルヴィーが示すとおり、ステイタスは伝えられなければならない。

ステイタスの主張と評価

一九九四年初頭、ロン毛でとぼけた風貌の〈ベック〉というシンガーソングライターが突如として音楽シーンに登場し、ラップ調の負け犬賛歌「ルーザー」であっという間にヒットチャートを駆け上った。ベックは無名の存在どころか、そのラストネームすら誰も知らなかった。わかっているのは、ごくわずかな断片をつなぎ合わせた略歴に記された情報だけだった——ロスアンゼルス《LA》出身で落ち葉掃除のアルバイトで糊口をしのぎ、メジャーレーベル〈DGC〉と契約する以前は〈ボング・ロード・レコーズ〉というふざけた名前の弱小インディーレーベルで曲を発表していた。「ルーザー」はポップミュージックの尋常ならざる直感的なひらめきをちりばめた、ジャンルの枠では語れない曲だ。〈そしてぼくの時間は、木片の上で窒息しているシロアリの上に落ちた一片のロウ〉という、何を言っているのかさっぱりわからない歌詞のせいでベックの謎はさらに深まるばかりだった。果たしてベックはLAの最下層から見いだされたサヴァン症候群《イデオサヴァン》〔精神障害や知能障害を持ちながら、ごく特定の分野に突出した能力を発揮する人や症状〕のフォークシンガーなのだろうか？　それともイデオサヴァンのフォークシンガーのふりをした匿名の天才ミュージシャンなのだろうか？
　この疑問の答えは、MTVのオルタナティヴロック専門番組『120ミニッツ』にベックが初登場した一九九四年二月二十日に明らかにされた。番組では、同じくDGC所属のソニック・ユースのサーストン・ムーアがインタヴュアーを務めた。ムーアはレコードショップで「ルーザー」を聴き、やはり〝底知れない謎〟を感じた。[1]ところが実際に会ってみると、ベックは自分の祖父は一九六〇年代の前衛芸術活動〈フルクサス〉に加わっていたアル・ハンセンだとムーアに明かした。そこでふたりはしめし合わせ、『120ミニッツ』のインタヴューを[2]六〇年代の〈ハプニング〔伝統的芸術形式や時間的秩序などを無視し、偶然性を尊重したスタイル〕〉調にして、ムーアの質問をベックが意味不明な感じにはぐらかすやり方で進めることにした
――「ルーザー」が大ヒットしてるけど、今どんな気持ち？　「流出した原油に乗ってサーフィンしてるみたいだ」本当の苗字は？　ベックは履いていたティンバーランドのブーツをセットの裏に放り投げた。あとの質問では、ベックは口述録音再生装置《ディクタフォン》を取り出し、答えの言葉を倍速で逆再生して〝答えた〟。番組を観ていた視聴者たちは〝イデオサヴァンのフォークシンガー説〟を強く信じた。
　しかし四つ目の質問で、ベックは自分の正体についての最初のヒントを明かした。最初に買ったレコードは？　ベックは間髪を入れずに答えた「たぶんハイノかな。『ザナドゥ』だったかも」ムーアは無表情で「すげー」と言い、こう続けた。「テレビのまえのみんなもよく知ってるミュージシャンだから、わかるわかるって思ってる人も多いんじゃないかな」この謎めいた答えを解読してみよう
――〝ハイノ〟とは日本のエクスペリメンタル・ロックのノイズ・ギタリスト灰野敬二のことで、『ザ

ナドゥ』は一九八〇年公開のオリビア・ニュートン＝ジョン主演のローラーディスコ・ミュージカル映画で、興行面で大ゴケし、このインタヴュー当時には忘れ去られたキッチュの遺物と化していた。最初に買ったレコードはという問いに対して、難解な音楽を奏でるノイズ・ギタリストと広く不人気だったディスコ映画のサウンドトラックの名を出したことで、ベックは自分が超マニアックな音楽を数限りなく知っていることを仄めかした。ベックは信号伝達《シグナリング》をしていたのだ——自分はただ奇抜な曲を書いているわけじゃない。音楽の造詣が深く、もっともっと素晴らしい作品を創作できる。
〈シグナリング〉とは、個体がほかの個体に選ばれるために特定のポイントを示して自分の質の高さを伝えることを意味し、経済学と動物学で使われる言葉だ。動物界では、ある種の鳥のオスは派手な羽根を誇示し、自分が〝つがい〟になるにふさわしい存在だということをアピールする。[3] 就職市場では志望者たちは大学の学位を示して、自分にその仕事に適性があることを伝える。[4]
シグナリングはステイタスを得るプロセスを説明する際にも役立つ。社会学者のヒュー・ダンジール・ダンカンが述べているように「地位《ステイタス》とは常に申し立てや請願によって確立されるものであり、与えられるものであって決して奪われるものではない」[5] 見知らぬ人間に適切に接するには相手のステイタスを確認する必要があり、そして自身のステイタスが認識されて、そこで初めて社会的恩恵を得ることができる。シグナリングはコミュニケーション・プロセスなのだ。わたしたちは特定の信号《シグナル》を伝達して自分のステイタスを他者に〝主張〟し、他者はそのシグナルを解釈してステイタスを〝評価〟する。
当然ながら、ステイタスの主張と評価は必ずしも意識的に行われるわけではない。わたしたちは自分の行動や持ち物、話し方、知識などを介して日々シグナルを暗示的に発し、他者の行動をシグナルとして読み取る。つまり慣習に従うために取るすべての行動は、行動そのものを超越して〈サイン〉になるということだ。[6]ベックの日本のノイズロック好きは、彼が歪んだ不協和音を耳に心地よく感じているという事実を示すだけでなく、それを公表することでミュージシャンとしてのベックを理解するヒントとなった。〈フルクサス〉と日本のノイズ・ギタリストとキッチュなディスコアルバムを持ち出して、ベックは自分よりステイタスの高いサーストン・ムーアを虜にした。その後ふたりは頻繁にコラボレートするようになり、二〇一一年にはムーアのソロアルバム『デモリッシュド・ソウツ』をベックがプロデュースした。[7]
ステイタスの主張と評価は人間の活動の至るところに見られる。そのおかげで幼児ですら自分の社会的な位置をかなり手際よく算出することができる。心理学者のキャメロン・アンダーソンらはこう述べている。「与えるオレンジジュースの兄弟姉妹のあいだでのちょっとした量のちがい、オフィスの内装、衣服ほんの少しだけおかしなところなど、一見して取るに足らないと思えるようなシンボルもステイタスの目印として解読されるので、懸念材料となり得る」[8]プリンストン大学の研究チームは、わたしたちは相手の着ている服を見てわずか〇・一三秒でどれほど裕福なのかを判断することを発見し、[9]ココ・シャネルの「商売をしたいのなら、裕福に見せることが大事」[10]という箴言が正しいことを証明した。
シグナリングは相手構わずやる必要はなく、情報の非対称性があるときだけやればいい。友人や家族や隣人たちはわたしたちのことをよく知っていて、こちらのステイタスレヴェルについてもとっくの昔に評価を下している（公人たちの大半が受けている評判は個々の過去の行動や交流に基づいている。名声はこうした評判を最大限にまで高め、そうやって誕生したステイタスの高いセレブリティのことをマスメディアが無数の人々に伝える）。が、人類学者のチャールズ・リンドホルムが〝赤の他人たちに囲まれて生活する状態〟[11]と定義する現代においては、わたしたちの大多数は見知らぬ人々と出会うたびにステイタスの主張を強いられる。それに獲得的地位が支配的な世界では、ステイタスが上がったばかりの時期は上がったことを知人たちに知らせる必要が生じるかもしれない。

どうしてシグナリングがステイタスの主張の中心的な表現方法なのだろうか？　もっと率直かつ単刀直入に伝えることも可能ではある。「失礼ながら申し上げますが、わたしは地位の高い重要人物なのです。したがって、わたしには礼を尽くした態度で接し、充分な物質的恩恵で応じていただけたらと存じます」残念ながら、この手はステイタスのタブーを踏まえるとうまくない。自分に対する態度がなってない一般人にキレたセレブの「わたしを誰だと思ってる！」という金切り声はドン引きものだ。そもそも、あけすけなステイタスの主張は自滅的な行為だ。社会学者のヤン・エルスターは「印象づけるための行為ほど印象に残らないものはない」[12]と指摘している。〝広告に真実なし〟と巷間言われるように、誇張したいという意図が丸見えだと、わたしたちは話半分に聞くことが多い。[13]この理屈はステイタスの主張にも当てはまる――ステイタスの高みを極めた人々は極めて高い評判を獲得しているはずだから、積極的なシグナリングをそれほど必要としない。したがって鼻高々の自慢はステイタスが低いことを示す暗黙のサインとなる。ここから〈無頓着の原則〉が導き出せる。つまり非常に高いステイタスを有する個人は、ステイタスを積極的に得ようとする試みに関心がないように見えなければならないということだ。実際、最良のステイタスの主張にはステイタスの主張には見えないはずだ。

無頓着であれば「ステイタスをよこせ！」と露骨に言い募ることはできない。だからステイタスを示す資産を殊更に見せつけるという追善策を取るのかもしれない。金の延べ棒が詰まったスーツケースを開けたり、暗号通貨ウォレットの一番上に表示される残高をチラ見せしたりして財力を見せつけることは可能だ。しかしこの手もうまくいきそうにない。他者との交流の場では、手の込んだパフォーマンスを演じてみせたり財務ポートフォリオを長々と説明したりする時間はほとんどない。それに何より、そうしたやり過ぎ感のある作為的なステイタスの主張は〈無頓着の原則〉に反する。そもそも、現金がぎっしり詰まったスーツケースを開けて見せびらかしてまわる人間はうさんくさい。

こうした制約を考え併せると、最も現実的な解決策としてシグナリングが浮かび上がってくる。ステイタスをあからさまに主張するのではなく、繊細なシグナルを伝えればいいのだ。さまざまな振る舞い――エチケット、身なり、[14]立ち居、身振り、イントネーション、言葉遣い、語彙、しぐさ、そして生活の実質および細部に関して自動的に表出される評価などを駆使すれば、ステイタスの主張をしているように見えることなく高いステイタスの根拠やシンボルを示すことができる。経済学では、シグナルは〝個人による操作が可能な、その個人に付随する可観測の属性または行動[15]〟と定義されている。この知見と前章で学んだ模倣と差異化を組み合わせ、わたしたちは自分が従うかどうか意識的に決める慣習を使ってシグナリングする。一九七〇年代に活躍したNBA選手のウォルト・フレイジャーは、マンハッタンでロールスロイスを乗りまわすことで自らの成功を示した。[16]あまり知られていないミュージシャンやアルバムの名前を出すことで、ベックは自身が音楽の深い造詣を有することを明らかにした。

同時に、わたしたちの振る舞いには〈手がかり〉も含まれる。〈手がかり〉とは体格や体形、歩き方、話し方、落ち着きの程度など、自分ではどうすることもできない隠し難い特性のことだ。〈手がかり〉は習慣行動《ハビトゥス》や受けてきた躾《しつけ》および教育やコミュニティへの所属などが眼に見えるかたちであらわれたものであり、個人が簡単に手を加えることはできないので、シグナルよりはるかに効果的にステイタスのレヴェルを測ることができる。高級品やその他の高ステイタスのシグナルを伝達する資産を入手すれば、誰でも自分のステイタスを高めることができる。一方の〈手がかり〉は無意識的もしくは長期的な条件づけの結果として生じる。F・スコット・フィッツジェラルドの小説『グレート・ギャツビー』で、ジェイ・ギャッツビーはデイジー・ブキャナンの声のことを「彼女の声にはぎっしり金《かね》が詰まっている」[17]と表現した――上流階級に生まれついたからこその声色、アクセント、イントネーションだということだ。個人を特定の階級の一員として位置づける〈手がかり〉は〈文化的指標《シボレス》〉[18]とも呼ばれる。最も典型的な例は、単語のなかのhを脱落させるイギリスの労働者階級《コックニー》の話し方だ。この特徴は、正しく発音しようとしてまちがった場所にhを戻してしまった場合に明確な指標となる[19](かくして『マイ・フェア・レディ』内のイライザ・ドゥーリトルの有名な台詞「アートフォードやエリフォードやアンプシャーではアリケーンは吹かなひ」が生まれた)。

〈手がかり〉はシグナルを〝盛る〟こともできるので、〝リアルな〟個人を垣間見て評価する際には貴重なツールになる。ベックはデビューアルバムでは〝変わり者の負け犬〟というペルソナをかぶっていたが、時を経るにつれて彼の取る行動や秀でた音楽的才能から〈手がかり〉がにじみ出てきて、落ち葉掃除のアルバイトからのし上がったというユニークな経歴にさらに疑問符がつくようになった。結局ベックは、より納得のいく出自を明らかにした――前衛芸術家の孫であるばかりか、四百五十枚のゴールドアルバムとプラチナアルバムの制作に携わった伝説的なプロデューサー兼アレンジャーのデイヴィッド・キャンベルの息子だったのだ。[20]シグナルと〈手がかり〉のあいだの相互作用は、わたしたちの行動にとって大きな意味を持つ。ステイタスに恵まれた人々は〈手がかり〉

だけでステイタスを示すことが多いが、恵まれない人々はシグナルを必要とする。より高い価値を有するシグナルで、ステイタスの低い〈手がかり〉を上書きしなければならないのだ。哲学者のシモーヌ・ド・ボーヴォワールは、女が男以上に着飾るのは、男は職業でステイタスを主張できるからだと考えていた。その一方で「何もすることがないと悩んでいる女は、おしゃれによって、その存在を表現しているように思う」[21]とした。

シグナルと〈手がかり〉以外にも、ステイタス評価で使われる三つ目の情報群がある——〈意図的な欠如〉[22]だ。ステイタス評価では〝欠けているもの〟も対象とされるのだ。ここで言う欠如とは、慣習に従うことを拒否したり、従うことを求められているものとは別の慣習に従ったりすることだ。ビジネスマンがネクタイを着用する社会では、ネクタイを締めていないことがその個人の職業を突き止めるための有益な情報になる。[23]この場合の答えは曖昧なものになるかもしれない——ネクタイを締めないことはブルーカラー労働者のあいだではあたりまえのことだが、クリエイティヴな業種の人々も同様だ。しかし〝何かを〟しないことがステイタス評価に影響を及ぼすのであれば、誰もステイタスの主張を止めることができなくなる。何かをすること、何かを言うこと、何か所有すること、その反対に何かをしないこと、何かを言わないこと、何かを所有しないこと、それらすべての選択はサインになる。それがわかっているからこそ、わたしたちはステイタスの主張の妨げになりそうな部分を隠すのだ。一九九〇年代初頭、ベックは父親もしくは母方の祖父の姓を使うよりも使わないほうが負け犬のフォークシンガーというペルソナにふさわしいと判断した。

結局のところ、シグナリングは見知らぬ人からステイタス評価を得るには微細なコミュニケーションを介さなければならないことを明らかにする。どのシグナルを示してどのシグナルを隠すのかを選択することで、わたしたちはステイタスの主張に積極的にかかわっていく。したがって、より高いステイタスを得るために、より高いステイタス価値を有する特定の象徴や行動を取り入れることは理にかなっている。

ステイタスシンボル

価格が鉄筋コンクリート製の通常の穀物サイロの二倍もする、ガラスと鋼材でできたネイビーブルーの〈ハーヴェストア〉は、一九七〇年代アメリカの裕福な農場御用達の、まさしく穀物サイロの〝キャデラック〟[24]だった。「ハーヴェストアのどこがよかったって、まずいい目印になったからね」ある農場主はそう語る。「誰かに〝家はどこだ?〟って訊かれたら、〝青いサイロが三つ建ってるところを探してくれ〟って答えるだけでよかった」[25]ハーヴェストアの購入に興味を示しただけで、[26]農場主たちは都会のカントリークラブさながらの社交界に引きずり込まれた。クルーズ船をチャーターしたセミナーが催され、セールスマンたちはワインと食事で顧客をもてなし、週末にはラスヴェガスに招待した。一九八〇年代初頭には、こうした〝ウィスコンシンの摩天楼〟[27]がアメリカ中西部《ハートランド》のかなり羽振りのいい農場にそびえ立っていた。ハーヴェストアはコストパフォーマンスが極めて高いサイロではなく、突出した実用性があるわけでもなかったが（農場主たちはカビの問題を訴え、[28]自然発火の事例もあった）、[29]ステイタスの主張に役立つ象徴もしくは行動である〈ステイタスシンボル〉としては見事に機能を果たしていた。ハーヴェストアを一基か二基建てているだけで、一般的なサイロがある農場よりも高いステイタスを示すことができた。

前節で見たとおり、わたしたちは振る舞いや所有物から垣間見える〈手がかり〉から他者のステイタスを割り出す。つまり高い社会的地位を最も確実に示す手段は、特定の財を見せびらかしたり、ステイタス価値の高い行動を取ったりすることだ。このプロセスは家庭内から始まる。ボーヴォワールはこう記している。「家庭は夫婦が引きこもる〝内部〟であるだけでなく、夫婦の生活水準、財産、趣味の表現でもある」[30]同様に、農場主もハーヴェストアのような農業設備を通じて経済的成功を誇示している。しかし赤の他人に対するシグナリングを常時求められる現代社会においては、高級車や衣服、宝飾品、アクセサリー、香水といった、携行もしくは搬送が可能な財が最強のステイタスシンボルとなる。ソースタイン・ヴェブレンは、〝行きずりの人〟に強い印象を与えるには「走っている人でも気づくようにでかでかと自分の財力を広告しなければならない」[31]と忠告している。エルメスのハンドバッグは外出中の出先でも自分のステイタスを伝達することができる。

記号論における〈シンボル〉とは、[32]既有知識を駆使して解釈しなければならない記号のことを指す専門用語だ。二十世紀初頭のヨーロッパの女たちは、誘惑に乗る準備ができているというサインとして椿《カメリア》を用いていた。[33]言い寄る男たちは、この花に秘められた〝誘惑してほしい〟という暗号を読み解く術《すべ》を知っていなければならなかった。しかし椿はあくまで花であり、装飾品にもなる。象徴的意味を〝運ぶ〟土台となるモノや行動は〈記号媒体〉[34]と呼ばれる。社会的地位の自慢は慎むべきなので、ステイタスシンボルは日常生活で普通の役割を果たす記号媒体に依存するものでないと効き目はない。鉄の塊でも百万ドル分もあればひと財産だが、普通の人々は工業原材料など持たないのでステイタスシンボルとしては機能しない。[35]その一方でハーヴェストアは穀物サイロとしての機能を果たしているので、農場主にとっては理想的なステイタスシンボルだ。ビヨンセとジェイ・Zの娘のブルー・アイヴィー・カーターは、[36]本やおもちゃを入れて持ち運ぶためのバッグとしてルイ・ヴィトンの〈アルマ

ＢＢ〉を使っていた。

〈無頓着の原則〉が存在することにより、すべてのステイタスシンボルはアリバイを――ステイタスを追い求めること以外に使ったり身に着けたりする理由を――必要とする。ベックがノイズロックを愛聴していたのはその美に魅せられたからであって、単にインディーミュージックに精通していることを誇示するためではなかった。高級車の宣伝では必ず素晴らしい機能が強調される。超高級車キャデラック・エルドラド・ブロアムは〝アンチダイヴ制御[37]〔ブレーキを踏んだときに車体が前のめりに沈み込まないようにする機能〕、アウトリガー、センターピラーレス、砲弾形のガルウィングバンパー、そして後部中央ではなく両端に配した排気口〟をひっさげて一九五〇年代後半に登場した。確かなアリバイに欠くステイタスシンボルは往々にしてうまく機能しない。足首時計《アンクルウォッチ》は二十世紀初頭に人気を博したが、時間を読むという実用性はなかった。[38]ルイ・ヴィトンからティファニー、ロレックス、そしてドン・ペリニヨンに至るまで、高級品を製造する各企業はアリバイの必要性を理解していて、〝偉大なる職人技《クラフツマンシップ》〟や〝希少な原材料〟や〝他に類を見ない快適性〟や〝最高レヴェルの品質管理〟を詳細に語るマーケティング戦術を取っている。それでも高級品は機能性だけで高級品だとされるわけではない。ステイタス価値もマストなのだ。哲学者のジャン・ボードリヤールはこう述べている。「客観的な消費欲求――モノに向かう主体の目的志向――があるから、〈消費〉があるわけではない。差異の用具、意味作用や地位の価値のコードなどの交換体系のなかに、社会的生産が存在する。財や個人的欲求の機能性は、あとからこの交換体系に適合しにやってきて、基本構造のメカニズムを合理化すると同時に抑圧してしまう」[39]このことを最もよく示しているのは、[40]たとえば香辛料のナツメグやエアコンのように、最初はごく一部の人々のためだけの贅沢品だったものが、時間の経過とともに品質が向上しても、広く普及するようになると贅沢品ではなくなってしまうという事実だ。

ステイタスシンボルのなかには、アリバイで武装してもほかよりも人目を惹くものがある。その逆に、裕福なコミュニティにおいて最も効果的なステイタスシンボルは、無意識のうちに発する〈手がかり〉ほどに目立たないものになる場合がある。袖口のボタンがちゃんと開く、いわゆる〝本開き〟のジャケットは、以前は高級なオーダーメイドのものだけで、金持ちの男たちはボタンをひとつだけ〝うっかり〟留め忘れて本開きだということをアピールしていた。トム・ウルフはこう説明している。「世の中の男たちはたったふたつにクラス分けされる。ひとつ目は、ジャケットの袖口のボタンが縫いつけられただけの、安っぽい飾りでしかないスーツを着る男たちだ。そしてもうひとつのほうは、そう！　袖口にボタンホールがあいていて実際にボタン留めができるジャケットを、そのボタンをはずして着る男たちだ」[41]この慣習に慣れ親しんでいる裕福な男たちは、相手が着ているジャケットの袖口のボタンがはずれているというサインを読み取り、その相手が高いステイタスを有していると評価する。

使うべきステイタスシンボルは、どのようにして選べばいいのだろうか？　社会心理学者のデール・T・ミラーとデボラ・A・プレンティスは、研究のなかで〝一般的に個人は自分自身を可能なかぎり好意的に見せようとする[42]〟ことを発見した。この事実をシグナリングに当てはめると、個人は可能なかぎり高いステイタスおよび階層に結びついたシンボルを誇示すると解釈できる。第2章で見たように、各個人は特定の慣習が社会階層においてどの位置にあるのかわかっていて、したがって特定のモノや振る舞いをステイタスの位置を示すものだと解釈することができる。アダム・スミスはこう述べている。「ふたつの対象が一緒に眺められることが頻繁に起きると、想像力は、ひとつのものからほかのものへ容易に移り変わる、という習慣を獲得する。もし第一のものが現れたら、第二のものが続くはずだ、とわれわれは期待する」[43]この〈連想の原則〉にステイタスシンボルは依存している。ハーヴェストアが成功した農場のシンボルとなったのは、大きな成功を収めた農場主たちがこの穀物サイロを所有していたからだ。スカッシュをやることは、このスポーツに興じるステイタスの高い人々との関係を示唆する。

煎じ詰めると、ステイタスシンボルは高ステイタス集団との明確な関連性を必要とする。さして裕福でもない農場主が通常の穀物サイロの倍もするハーヴェストアを購入したのは、それを持っていれば確実に裕福だと評価されるからだった。ベックがノイズ・ギタリストの灰野敬二の名前を挙げたのは、灰野が蘊蓄たっぷりのインディーミュージックマニアたちのお気に入りだったからだ。威信や名声といった高いステイタスが備わっていることを示す場合、英語では〈cachet《キャシェ》〉という単語が用いられる。この言葉は中世フランスの王璽《おうじ》が押された封印状〈lettres de cachet〉に由来する。〝名誉の源泉〟である君主にかかわるものは、すべて威信が備わっていた。したがって〈キャシェ〉は書状に記された内容からではなく、王がその書状を送ったという事実から生じた。ジャガーは自動車としての信頼性はトヨタと日産に劣るが、[44]この二社にはないキャシェが備わっているので格式では優る。高ステイタスとの結びつきがあれば、どんなものでも高級品になり得る。一九七〇年代後半、香港の中小アパレルメーカー経営者だったモハン・ムルジャニは、アメリカ社交界の花形だったデザイナーのグロリア・ヴァンダービルトのネームロゴを配することで、5ポケットジーンズを高価な〝デザイナーズジーンズ〟に変えた。[45]キャシェは定義が難しい概念である〈クール〉に力を与える。ミュージシャンやセレブ、人気のティーンエイジャーといったステイタスの高い集団との結びつきがなければクールだとは言えない。

特定の個人もしくは集団との結びつきから生じるのだから、キャシェは結びつきの〝連鎖〟を伝って移動することができる。二十世紀初頭、ロシアのエリート層がロシア・バレエ《バレエ・リュス》の虜になると、ボルゾイ犬[46]を含めたありとあらゆるロシア的なものにキャシェが付与された。ステイタスシンボルはエリート層と結びつけば価値を得るが、逆にステイタスの低い集団と重ね合わせられると価値を失うこともある。アダム・スミスは、ステイタスシンボルは非エリート層に多用され過ぎると「従来それに付随すると思われていた優雅さはすべて消え去り、今や、地位の低い人々にしか用いられないものであるため、それ相応の卑しさと、未熟さを帯びているように見える」[47]と記している。一九五〇年代後半のイギリスで、ロックンロールシンガーのクリフ・リチャード[48]が黒いシャツに白いネクタイというスタイルを流行らせたが、たちまちのうちにギャングやノミ屋たちに真似をされ、社会的地位の低さを如実に示す服装になってしまった。

ある慣習がキャシェを保ちつづけるには、それが高ステイタス集団のみのものでなければならない。金持ちは水を飲むが、水は万人が飲むものなのでこの行為にはキャシェは与えられない。模倣を阻む〝障壁〟によって護られた、顕著なちがいがなければならないのだ。個人がシグナルを入手する際にかかるコストを、経済学では〈シグナリング・コスト〉[49]と呼ぶ。自分が裕福だとアピールしたい場合、〝わたしは大金持ちです〟と記されたバッジだと安価に作ることができるし買うこともできるので、大した説得力はない。一方、フェラーリ812スーパーファストは三十五万ドルという価格が模倣を難しくしているので説得力は増す。高いステイタスをしっかりと主張するには、シグナリング・コストをただ支払うだけでなく、ポンと出せるだけの力を見せつけなければならない。

キャシェとシグナリング・コストはまったく別のものだが、相互につながりはある。キャシェが必要とする排他性を生み出し、維持するにはシグナリング・コストが必要だ。このつながりは自然発生することが多い。エリート層はシグナリング・コストが高い慣習を好み、コストの高い選択肢にはキャシェが付与される。十八世紀の貴族たちはパイナップルを好んだが[50]、それは単に美味しいからだけでなく、パイナップルの栽培に必要な温暖な環境をヨーロッパで整えると、一個あたりの価格が現在の貨幣価値に換算して一万ドルほどにもなったからだった。が、シグナリング・コストが高いというだけではステイタスシンボルにはならない。ごみ収集車はランボルギーニの大半のラインアップより高価だが、金持ちが乗ることはないので誰も高級車だと見なさない。

一般的なシグナリング・コストは五つある。最もわかりやすいものは金銭だ。富とステイタスの位置が連動している資本主義社会では、大半のステイタスシンボルは値が張る。イギリス式馬術にステイタス価値があるのは習得に金がかかる技術だからだ。ふたつ目は時間だ。長年にわたって勉学に励んだ末に、実績のある教授たちから検証を受けなければ取得できない博士号は、経験というシグナルを伝達する。伝統的社会では高齢者に高いステイタスが与えられるのは、彼らの価値のある知恵は何十年も生きてこそ得られるものだからだ。

三つ目のシグナリング・コストは〝独占的な使用〟だ。ステイタスの高い人々は、特別なイヴェントに参加する際に立ち入りが制限されている場所に入ることができる。そしてそこで、ほかの人々には手が届かないものを入手する。ボート競技の世界では、ケンブリッジ大学ボート部のミントブルーのビーフィーターTシャツ[51]は非常に格式が高く、正式な手段で手に入れるには入部して漕手になるか、レース後に彼らとジャージ交換するしかない。四つ目は文化資本、つまりステイタスの高い人々とともに過ごすことで得られる慣習についての知識だ。たとえばハーヴァード大学の一年生寮〈セイヤー・ハウス〉と〈ホルワージー・ホール〉の優劣についての議論で、確かな意見を詳細に述べることができるのは、このふたつの寮の元寮生と現寮生だけだ。[52]
最後の五つ目は〃ルール破り〃だ。前章で学んだとおり、慣習を守らないと社会的非難の的になる。一般とは異なる経済的余裕を有するエリート層は、社会的非難の代償を簡単に支払うことができる。ココ・シャネルの裕福な愛人だったアーサー・カペルは、〃自分の力と無作法さを嬉々として見せつけるために〃高級レストランでフォーマルなディナージャケットではなくカジュアルなスポーツジャケットで食事をしていた。[53]
シグナリング・コストの増減はステイタス価値に影響を及ぼす。どのスーパーマーケットでも安価で入手することが可能になった現在、もはやパイナップルにステイタスを伝達する力はない。エリート層がシグナリング・コストの低い商品を選ぶこともままあるが、そのとき付与されたキャシェはあっという間に薄れてしまう。十九世紀初頭にアブサンがステイタスの高い酒とされたのは、アルジェリア出兵から凱旋したフランス軍兵士たちが広めたからだった。しかしアブサンは誰でも手軽に飲むことができた。結果、アブサンは数年のうちにプロレタリア層の悪しき酒[54]とされ、てんかんとてんかん性の子ども、結核、放任児、食費を酒代に費やす行為と重ね合わせられた。
各ステイタス集団は自分たちにとって好ましいステイタスの基準の優位性を信じており、このことは集団の各構成員が最も気にかけるシグナリング・コストにも影響を与える。成り金《ニューマネー》は金銭に注力する。サブカルチャーは独占的な使用と知識で力を得ている。とどのつまりはキャシェを与えられシグナリング・コストが高ければ、何でもかんでもステイタスシンボルになり得るということだ。ココ・

シャネルは模造宝飾品《コスチュームジュエリー》を宝石以上にシックなものにした。[55] 経済学者のゲーリー・ベッカーにとって『ホーキング、宇宙を語る』は難解な理論物理学の本であるだけでなく、ホームパーティーで自慢の種になる、コーヒーテーブルに置く飾りものでもあった。[56]
金銭は最も一般的なシグナリング・コストなのかもしれないが、富裕層が何百万人もいる世界では、最も信頼できるステイタスシンボルは価格より高い障壁を築かなければならない。エルメスのバーキンは長きにわたって世界中の女性の垂涎の的でありつづけているが、それは単にべらぼうに高いからというだけでなく、ブティックの販売員たちがこのバッグを一定基準以上の顧客にしか売らないように指示されているからでもある。バーキンを買えるだけの余裕のある人間はそもそも多くないが、買うことを許されるだけの長い関係を築くことができる顧客はそれに輪をかけて少ない。親のお下がりのバーキンには時間のシグナリング・コストが加算されるので、「ああ、これは母が昔から使っていたものよ」と言えば、新品を上まわるステイタス価値がつくかもしれない。
高いステイタスを示す必要がある場合、わたしたちはエリート層とのつながりを暗示する高級品を見せたり、行動を取ったりする。しかしながら、そうしたステイタスシンボルに依存していると、シグナリングのプロセスに抜け穴が生じてしまう。自分そのものをつまびらかに示すのではなく、ステイタスシンボルを行使してステイタスを主張する場合、誤解や意図的な欺瞞がどうしてもつきまとう。

シグナリングが抱える問題と不正行為

ハーマン・ウォークの一九五一年の小説『ケイン号の叛乱』で、プリンストン大学を卒業したウィリー・キースは、ナイトクラブでイタリア語のオペラのアリアを正確な発音で歌うメイ・ウィンに眼を瞠る。ウィリーは、メイが〝モーツァルトのアリアをちゃんとのみこんで歌える〟ことは明らかに〝家柄の良さを裏書き〟するものだと考える。[57]ウィリーは一瞬にして恋に落ちる——そして安堵する。厳格なＷＡＳＰの母親が気に入りそうな美しくて才能も教養も兼ね備えた女性を、何年も探した末にようやく見つけたのだ。しかしメイがイタリア移民の娘だということがすぐに判明する。この追加情報は、彼女の卓越した才能を長年にわたって受けた高等教育の象徴ではなく〝下層階級の人たちの人種的な気まぐれ〟に変えてしまう。民族的偏見に囚われていたウィリーは、メイが歌ったイタリア語のアリアの〝箔《はく》も剝げていった〟と感じる。

　ステイタスシンボルを介してステイタスを主張し評価する場合、コミュニケーション全般に内在する問題に直面する可能性がある。ありていに言うと、ステイタスを評価する側はステイタスシンボルが発するシグナルを察知しないかもしれないし、察知してもステイタスランキング内での位置づけを誤って解釈するかもしれないのだ。[58]ウィリー・キースはメイ・ウィンが流暢なイタリア語で歌い上げたアリアを、イタリア系ではなく良家の子女の証しだと読みちがえ、あとで失望する羽目になる。

　シグナルは微細なものでなければならないので、ステイタスを評価する側が気づかないこともある。ここで問題になるのは認知度だ。一九八〇年代、グラフィティ・アーティストのジャジー・アートはレアな〈ベータ〉のスニーカーを購入して、ハードコアなスニーカー狂《ヘッズ》たちの〝秘密結社〟に入会した。[59]しかしベータは一般の知名度が低く、バスケットボールのコートで知らない人間たちから〝不良品〟を履いていると笑われた。エリート層と排他的集団《カルト》は認知度の低さをうまく利用し、自分たちしか気づかないような目立たないシンボルを取り入れることが多い。しかし苦労して手に入れたステイタスシンボルを認めてほしいと願うのは人情だ。だからこそ郊外住宅街の家庭は新車をガレージではなく家のまえの路上に停めるのだ。目視できない自動車を評価できる人間などいるはずもないのだから。

よしんばステイタスシンボルを認知してもらえたとしても、それをこっちが意図したとおりに読み取る術を評価する側が知っていなければ意味はない。ここでは解釈可能性が問題となる。シンボルには複数の意味が込められているのかもしれないが、ステイタスシンボルの場合は〝ステイタスの階層における特定の位置との結びつき〟というかなり具体的な意味を知っていなければ、正しく評価することはできない。ここで厄介なのは、同じ意味を永続的に保ちつづけるシンボルなど存在しないというところだ。とくに国境や文化や時代を超える場合は。この事実があるからこそ、映画『バック・トゥ・ザ・フューチャー』で一九八五年を生きるマーティ・マクフライが着ているおしゃれな赤いダウンヴェストを、一九五五年の人々がこぞって救命胴衣だと読み取るところが何度でも笑えてしまうのだ――「どうした？　沈没する船から逃げてきたのか？」この映画から、過去にタイムトラベルする場合は、その時代にはまだ存在していないファッションを使ってシグナルを伝達できないところが大きな問題になるということがわかる。問題はまだある。こちらがシグナルを発信するステイタスシンボルに、ステイタスを評価する側も必ず何らかのかたちで結びつきを持っている。自分がつけている高価でエレガントな香水も、相手の残念な元カノもしくは元カレのお気に入りだということもあり得る。

言葉の意味が時の流れとともに変化していくことを、言語学では〈偏流《ドリフト》〉[60]と呼ぶ。文化的シンボルのなかにも時間の経過とともに正反対の意味になるものがある。アメリカでベビー服といえば男児ならブルー系、女児ならピンク系と相場は決まっているが、実は第二次世界大戦以前は逆だった。[61]シンボルに与えられているキャシェは、それに結びつく個人および集団のステイタスに応じて変化する。ヒップホップのパイオニアのクール・ハークが一九六〇年代末にジャマイカからニューヨークに移り住んだとき、新たな隣人たちは彼の故郷の島のことを〝カリブ海のど田舎〟と馬鹿にした。「そっちに行くな、ジャマイカ人がゴミ箱に放り込まれているぜ！」[62]と警告されたこともあった。ところがレゲエミュージシャンのボブ・マーリーが世界的に有名になると、ジャマイカに結びついたあらゆるものが新たなキャシェを持つようになり、ハークは自分の祖国が誇らしく思えるようになった。キャシェの価値はいとも簡単に下落することがある。二〇一〇年代、ラッパーのマックルモアーをはじめとしたセレブたちのあいだで、頭頂部はそのままで両サイドを刈り上げる髪型が流行った。ところがリチャード・スペンサーのようなファシズム支持派のオルタナ右翼たちが、[63]おそらくヒトラー・ユーゲントへのオマージュとして同じ髪型にするようになった。この髪型は〝ファシスト的な〟という意味の〈ファシー〉と呼ばれるようになり、左派寄りの有名ヒップスターたちはこのヘアスタイルにすることをやめた。

マスメディアの時代である現代にあって、人々はシンボルの意味を自分たちの目的に合わせて形成しようとせっせと励んでいる。企業各社は広告宣伝とマーケティングを駆使し、自社製品にキャシェを背負わせている。ラグジュアリーブランドは自社の香水の抽象的な香りと具体的なセレブを結びつけている——キーラ・ナイトレイはシャネルの〈ココ マドモワゼル オードゥ パルファム アンタンス〉と、〈ミス ディオール〉はナタリー・ポートマンといった具合に。アディダスの〈スーパースター〉は高級バスケットシューズとしてスタートしたが、ラップグループのRun-D. M. C. にユニフォームのひとつとして採用されると、アディダスは彼らとスポンサー契約を結び、[64]このスニーカーをニューヨークのヒップホップシーンを永久的に象徴するパワフルな不朽のシンボルに変貌させた。
異なる集団が同じシンボルを用いると、複数の意味が浮かび上がってくることがある。一九八〇年代のフランスで、保守的で企業寄りの立場を取る若者たちは、当時の社会党政権へのさりげない抗議のしるしとして古めかしいタッセルローファーを履いた。[65] ところが左派の若者たちも、高級レストランでいい席を取るために同じくタッセルローファーを履くようになった。これでこの靴の政治的価値は低下した。シンボルには解釈が求められるので、意味が曖昧になると力が弱まってしまう傾向にある。そもそも大抵の場合、ライヴァル同士は同じシンボルを使いたがらない。オルタナ右翼ブロガーのマイク・セルノヴィッチがツイッター（現X）で「クラークスのデザートブーツは買っておいて損はない」とつぶやくと、その数分のうちにファッションライターのデレク・ガイが「クラークスのデザートブーツよ、安らかに眠れ《RIP》[66]」とやり返した。
認知度を下げず、解釈性を失わず意味が曖昧になってしまわないように、記号論的に確実に成功を収めるためのテクニックが三つある――ひとつ目は〝ステイタスを評価する側に最もふさわしいステイタスシンボルを選ぶ〟ことだ。高級レストランや大切な恋人の両親とのディナーでは、相手の期待に沿うとわかっている飛び切りの一着を着ればいい。ふたつ目は〝相手の反応を見て調節する〟ことだ。ナイキの創業者のフィル・ナイトは、仕事を始めたばかりの頃は大人っぽく見せるために黒い山高帽《ボーラーハット》をかぶっていた。しかしすぐに〝変人に見える〟ことに気づいた。「殺伐として怪しい目つき。まるでマグリッドの絵のなかにある、ヴィクトリア朝時代の精神病院から抜け出したみたいだった」[67]
三つ目かつ最も重要なテクニックは〝冗長性〟で、シグナルと〈手がかり〉を連携させて、高いステイタスのストーリーをまとめ上げていくようにすることだ。ニューマネーはポルシェを乗りまわすだけでなく、高級コンドミニアムに暮らし、子どもたちを一流の私立学校に入れる。〝叛逆のライダー〟というステイタスを望むのであれば、バイクを所有しライダーズジャケットを着てヘルメットを片時も離さずハーレーダビッドソンのタトゥーを入れ、そしてノートパソコンに〈おれのもう一台のマシンはハーレーダビッドソン〉と記したステッカーを貼ればいい。が、ここに挙げた例を見ればわかるように、冗長性が過ぎるとあまりにもわざとらしく、そしてうざいと思われるかもしれない。冗長管理にも同時に取り組み[68]、わかりやすさとやり過ぎ感のあいだで絶妙なバランスを保たなければならない。

しかしながら、こうしたコミュニケーション上の諸問題も、ステイタスのシグナリングプロセス全体にぽっかりとあいている、さらに大きな抜け穴に比べたらどうということはない。その抜け穴とは不正行為だ。高名な記号学者のウンベルト・エーコはこう説明している。「意味作用が存在すれば、嘘をつくためにそれを利用するということが可能になる」[69]詐欺師のアンナ・ソローキンを――別名アンナ・デルヴェイを――例にして考えてみよう。ソローキンはセリーヌやアレキサンダー・ワンやバレンシアガといったラグジュアリーブランドで身を包み、ホテルの従業員やタクシー運転手たちに百ドル札の紙吹雪を毎日浴びせた結果、自分はドイツの太陽光発電長者の跡取りだと、ニューヨークのエリート層にまんまと信じ込ませた。富を示す正しいシグナルを総動員し、ソローキンは富豪の相続人アンナ・デルヴェイというステイタスを享受することができた。ジャーナリストのジェシカ・プレスラーはこう述べる。「アンナはニューヨークの本質を注視し、光り輝くものや大量の札束や富を匂わせるもので気をそらせたり現金を見せたりすれば、この市《まち》の人間たちはそれ以外のものにまったく眼がいかなくなることを看破した[70]」法執行機関が腰を上げるまで、ソローキンの不正行為は見事なほどうまくいっていた。

厳格な身分制度が敷かれ貧困がはびこっていた封建社会では、生まれの卑しい人間が高貴の生まれになりすまそうとしても、そこには乗り越えようのない高い壁があった。ところが比較的豊かになり、消費者金融を手軽に使えるようになった現代社会では、ミドルクラスも給料を目一杯使えばラグジュアリーブランドのハンドバッグやヨーロッパ製のスポーツカーといった、アッパークラスのかつてのステイタスシンボルに手を伸ばすことができるようになった。ルイ・ヴィトンのトランクやモエ・エ・シャンドンのシャンパンを世界人口の一パーセントの富裕層のみに販売しつづけていたら、これらラグジュアリーブランドの複合企業体《コングロマリット》〈LVMH モエ・ヘネシー・ルイ・ヴィトン〉の会長兼CEOベルナール・アルノーは世界富豪ランキングの上位に名を連ねることはなかっただろう。LVMHは世界中の空港とショッピングモールに免税店を展開しているDFSグループに出資し、[71]高級品をより身近で手頃なものにした。現代経済のかなりの部分はシンボルの軽度の欺瞞の上に成り立っている。

わたしたちは例外なく模倣や張り合いをするが、ステイタスは正当なものであるべしという鉄則は悪質極まりない不正行為を犯した人間をあぶり出し、嫌悪し、さらには罰することを求めてくる。アンナ・ソローキンに対する締めつけは犯罪行為の指摘だけに留まらなかった。人類学者のルース・ベネディクトはこう述べている。「戦《いくさ》の名誉に嘘の申し立てをすることは、（ネイティヴアメリカンの）クロウ族の間では最悪の罪であり、いつもくりかえされている世論によると、（嘘の申立てをした者は）無責任で無能だということになっていた」[72]ステイタス集団内では、中間位の構成員は同格の仲間が虚偽の申告でステイタスを上げるところなど見たくないし、最上位の構成員たちも集団に嘘つきが紛れ込むことを望まない。かくして集団は不正行為を犯した構成員のステイタスを最低位に突き落とす。

とはいえ、所得申告の数字をちょこちょこいじった程度では大規模な金融詐欺とは言えないように、不正行為にも程度というものがある。ある種のごまかしは慣習的なものになっている。〝紳士は金髪がお好き〟的な世界では、焦げ茶色《ブルネット》の髪の女が髪をブロンドに染めてもアンナ・デルヴェイ級の詐欺師とはされない。加えて、〝信頼性の高いドイツの技術に支えられた〟高級セダンや、〝丈夫でしなやかなレザーで作られた〟豪華なハンドバッグといった具合に、強固なアリバイの陰に隠れて模倣や張り合いをすることはいつでもできる。不正を疑われることを恐れるあまり、ステイタスシンボルを借用する場合はずっと上ではなくひとつ上の階層のものにする傾向がある。そしてシグナリング・コストに出せる金額を勘案すると、ステイタスの階段を上がることができるのは通常は一段ずつで、一気に駆け上がることはできない。そんなに高望みをしなければ、アンナ・ソローキンもアンナ・デルヴェイのままでいられたのかもしれない。

自分にはもっと高いステイタスがふさわしいと大抵の人間は考えているのだから、些細な欺瞞をやましいと思う必要がどこにある？　そのうち成功すると確信しているのなら、どうしてその恩恵を今すぐ手に入れようとはしない？　韓国映画『パラサイト　半地下の家族』の若き主人公キム・ギウは、家庭教師の仕事を得るために大学の在学証明書を偽造したことをこう正当化する。「偽造や犯罪とは思いません。来年、この大学に入るから。書類を先に受け取っただけです[73]」実際のところ、こうした類いのはったり、つまり〝うまくいくまではうまくいっている振りをしろ〟は、現在では真っ当な出世術として広く認められている。虚偽のシグナリングはステイタスを主張する側の信頼度を高めることすらある。経済学者のロバート・H・フランクはこう説明する。「認知という意味においては、仕立てのいいスーツを着ていても、実際よりも高い能力を持っていると思わせることはまったくないのかもしれない。それでもそうしたスーツは、非常に微妙かつ非認知的な方法で、重要な判断や行動に影響を与える可能性がある」[74] つまり、不正行為によってステイタスの階層のより高い位置に上がり、上がった時点でそこに留まる価値があることを証明することができるのだ。また教育や鍛錬、もしくは勤勉によってのし上がることができない、もしくはそうした努力をしたくない人々にとって、不正行為は自身のステイタスを向上させる唯一の手段なのかもしれない（ある調査によれば、低所得層は〝世の中はいかさまだらけだ〟と信じ込んでいるということなので[75]、〈勤勉は成功のカギ〉という金言は眉唾ものだととっくに見抜かれているのかもしれないが）。

シンボルを使って不正を働きたいという衝動を抱いていると、誰もがシンボルを使って不正を働いているかもしれないと疑心暗鬼になる。そうなるとステイタスの評価により一層神経質になる。ごまかしを見破る最善の方法は、シグナルと〈手がかり〉と〈意図的な欠如〉をすべて見る三角測量だ。三角測量をすることで、単一のステイタスシンボルだけでなくシンボルのパッケージ全体が見えてくる。社会学者のイアニス・ガブリエルとティム・ラングはこう記している。「客体は個々で表出するわけではない。レストランのメニューや料理のように、そこに示された個々の要素が他の要素と照らし合わされて意味を獲得するように、他の客体と相互に情報伝達するのだ」[76] 一九七〇年代の日本では、ルイ・ヴィトンのバッグは[77]パリを訪れたときしか買えなかったので、ステイタスシンボルとしてうまく機能していた。ところが九〇年代になるとルイ・ヴィトンは販売網を大幅に拡張させ、ヴィトンのバッグは突如としてあらゆる場所に出現し、アッパーミドルクラスの令嬢どころか労働者階級の〝キャバ嬢〟までもが手にするようになった。女性のステイタスはもはやバッグだけでは評価することができなくなり、化粧や髪型、着ている服、そして言葉遣いの枠内でしか推し量ることはできない。こうした状況で偽者を見抜く場合にとくに有効な指標は、自分で手を加えることがかなり難しい〈手がかり〉だ。印象の悪い文化的指標《シボレス》は最高のステイタスシンボルすら曇らせてしまう。

§

前章では、どの慣習に従い、また無視するのかによって個人がどのようにしてステイタスを得たり失ったりするのかを見てきた。そして本章では、そうした慣習化した行動が赤の他人に対してステイタスの主張をする必要性から、解釈されるシンボルに変わることを学んだ。つまり文化とは基本的にコミュニケーション活動であり、わたしたちのやることなすことすべてが社会的地位を示すシンボルとなるのだ。
しかしシンボルに依存しているかぎり不正行為は常につきまとう。この事実により、ステイタスを評価する際の視線を個々のステイタスシンボルから、シグナルと〈手がかり〉と〈意図的な欠如〉をすべてひっくるめたものに移すことになる。そして評価のプロセス全体に無頓着であるように見せる努力をしつつ、どのシグナルを発信してどのシグナルを見せないようにするか決める。自分の危うい〈手がかり〉に気づいたら、それを隠す。ステイタスという目標のために行われるこうした選択は、時間の経過とともにシグナリング戦略のみならずセンスとアイデンティティも形成していく。

第4章　センス、真正性、そしてアイデンティティ

ジョン・ウォーターズの趣味《センス》のいい〝悪趣味《バッド・テイスト》〟、ヴァニラ・アイスの凋落《メルトダウン》、創り上げられた〝ビリー・ホリディ〟――わたしたちは選択することで〝自分〟になる。

センス

二〇一八年、フランス政府はアメリカの映画監督ジョン・ウォーターズに芸術文化勲章を授与した。「映画界の最重要人物のひとりであり、芸術の境界線を押し拡げ、フランス映画を振興し、ジェンダー、セクシュアリティ、階級といった複雑な問題に果敢に取り組んだ」[1]からだ。ウォーターズの故郷メリーランド州ボルティモアでは、ボルティモア美術館がヨーロッパの芸術作品を収蔵する円形建物《ロタンダ》に監督の名を冠し[2]、市観光局のサイトには〝ジョン・ウォーターズ・ボルティモア・ツアー〟の訪問地リストが掲載されている[3]。二〇二一年十月には、アメリカの中高所得世帯向けライフスタイル誌としては最老舗の〈タウン&カントリー〉の表紙を飾った[4]。こうした賛辞をやんごとなき機関や施設から賜ったことは、映画史に残るおぞましい場面をいくつも撮ってきたことで悪名高く、〝反吐《へど》のプリンス〟として知られる監督にとって予想外の事態だった。ウォーターズは一九八〇年代初めにこう述べている。「ぼくの映画を観てゲロを吐く人がいたら、スタンディング・オヴェーションを受けたも

同然[5]」ウォーターズは下劣の深淵にまで潜って悪趣味を追い求めたが、それでも良識の神殿の大司祭たちから絶賛された。もしかしたらウォーターズは最初からこうなることを想定していたのかもしれない。その証拠にこんなことを言っている。「だけど忘れちゃならない、いい悪趣味と悪い悪趣味は別物なのだ[6]」

〈ステイタス〉および〈文化〉と同様に、〈センス〉もさまざまに解釈が分かれる、曖昧でもどかしい言葉だが、ウォーターズの〝いい〟悪趣味が成功を収めたことでさらにわかりにくくなってしまった。〝センスがいい（趣味がいい）〟もしくは〝センスが悪い（悪趣味）〟とはいったいどういう意味なのだろうか？　何世紀ものあいだ、欧米のエリート層は哲学者イマニエル・カントの明確かつ権威ある定義に従ってきた――センスとは〝美感的判断力[7]〟である。センスのいい人間は美しいものを美しいものとして、適切かつ道徳的に見極めることができるということだ。そしてカントの時代には、複雑な構成のクラシック音楽や美術館で崇められる芸術作品、そして熟練の職人の手による精緻な工芸品に美が見いだされていた[8]。一方、センスの悪い人間は下品で本物ではない貧相なものに魅力を感じるとされた。ヴォルテールは悪趣味を〝精神の病《やまい》[9]〟と捉えていた。

美的判断を正しく下せる能力であるセンス（taste）は、風味を正しく感知する能力である味覚（taste）になぞらえることができる。健全な味覚を持ち合わせていればコーヒーは苦く、キャンディーは甘く感じる。それと同じように、健全な精神を持ち合わせている人間は優雅を極めた芸術作品やスタイルやファッションを〝いい〟ものと感じ、それらより劣るものを〝よくない〟ものと捉える。ジョン・ウォーターズにしても、さまざまな逸脱を繰り返しているにもかかわらず、この古くさくてエリート主義的なセンス観を抱いている。実際のところ、悪臭を放つ美意識は腐臭を放つ肉と同じように胃をむかむかさせることを心得ているのだ。

が、文化的多元主義の時代である現代においては、権威ある単一のセンスの基準は存在しない。〝蓼食う虫も好き好き〟的な諺は古代ローマの昔からあったが、その〈de gustibus non est disputandum（趣好について論争することはできない）〉という格言の本来の意味は〝趣味のいい悪いはわかり切ったことなのだから議論などあってはならない〟だった。それが現代になって反転し、[10]〝美の基準は見る人それぞれで異なるのだから、美的感覚について議論しても意味はない〟というリベラルで寛容な真言《マントラ》となった。それとともにセンスの定義も〝美を正しく認識する能力〟から、よりニュートラルな〝特定のライフスタイルの選択についての傾向〟へと変化した。アップル社のデザイナーだったジョナサン・アイヴはクラークスのワラビーを履き、テクノミュージックを大音量で流し、白いベントレーを乗りまわしている。[11]ジョン・ウォーターズの大好物は五〇年代のB級映画とトレーラーパーク、そしてシリアルキラーや極左テロリストグループにちなんだ品々だ。[12]どれがより優れていると判断する必要はなく、どれもセンスが〝異なる〟ものだと考えればいい。これが今の考え方だ。

ジョン・ウォーターズが悪趣味を世に喧伝して趣味のよさの最高峰に登りつめたことにより、センスは先天的な生物学的嗜好であるとか、普遍的な美的基準は存在するといった従来の考え方は全部うっちゃっても構わなくなった。センスの基準は、その時代や社会で主流となっている慣習に応じて変わるものなのだ。したがってセンスの意味を理解するには、センスを社会的メカニズムとして分析するしか手はない。だからといってセンスの概念全体を西洋中心主義の遺物として切り棄てるというわけではない。哲学者のハンナ・アーレントは、特定の美的選択を別の選択肢よりも好むという個人の傾向が文化として知られているパターンを形成しているのだから、センスを〝重要な文化的活動能力〟だとした。選択は個人を定義する。哲学者のロジャー・スクルートンはいみじくもこう述べている。「スタイルと同様に、センスとはその人自身なのだ」[14]
ステイタスの追求と個人のアイデンティティの形成を直接結びつける際に、センスは必要不可欠な概念だ。センスは選択を必要とし、そしてここまで学んできたことからすると、わたしたちはステイタスの文脈のなかで美的選択をする。わたしたち各自のセンスには遺伝的もしくは心理的な要素があるのかもしれないが、そうしたセンスにしても社会的活動のなかでしか確認できない。何を愉しいと感じるのかは習慣行動《ハビトゥス》がもたらす内面化された慣習によって決まる。集団は正しい模倣と模倣回避と張り合いをするよう構成員をうながし、それらはシグナルと〈手がかり〉、そして〈意図的な欠如〉として表面化する。わたしたちのセンスはステイタス価値によって常時ゆがめられ、特定の物や慣習をそれ以外のものよりいいものだと感じる。つまりセンスは、わたしたちが何者なのかを――過去はどうだったのか、現在はどうあるのか、そして将来はどうなるのかを――知るための便利な指標だということだ。
センスは実際的な行動よりも〝実体のない〟美意識に重きを置くものだが、それには理由がある。例を挙げてみよう。生まれも育ちも年齢もさまざまに異なる人々が、同じねじ回し、同じエンジンオイル、同じネコ用トイレを使う。こうした品々とは反対に実用性をそれほど問われないもの、たとえば陶磁器や写真や敷物などのほうが、その人の内面的な好みをよく表している。そう言えるのは、人々の選択は各個人の心の奥底にある〝偏愛〟を映し出したものだと考えられるからだ。七〇年代、ジョン・ウォーターズは煽情的なカルト集団〈マンソン・ファミリー〉のリーダーで有名人を多数殺害したチャールズ・マンソンを崇拝し、マンソン・ファミリーの裁判に何度も足を運んだ。マンソンに興味を抱かなかったら、ウォーターズは別の趣味を選択していただろう。

ステイタスを評価する際は、センスは最初に赤の他人が〝仲間〟かどうか選別するという単純な作業を補助する。ピエール・ブルデューは、センスとは〝マッチメイカー〟であり、〝互いによく調和し適合しているものや人間同士を組み合わせ、類似させる〟[15]力だと述べている。『ザ・シンプソンズ』の《ブッシュVSシンプソンズ》というエピソードで、ホーマー・シンプソンは隣に引っ越してきた愛国者のジョージ・H・ブッシュ元大統領と一戦を構え、そして同じ元大統領でもお互いフットボールとナチョスとビールが大好きだという縁でジェラルド・フォードと仲よくなる。[16]共通の興味があると、互いに〝いいセンス〟をしているという判断をうながし、社会的承認を付与する。逆に好みの不一致は非難をもたらし、社会的距離を作る。十八世紀スコットランドの哲学者ディヴィッド・ヒュームはこう書いている。「われわれは、自分たちの好みや不安から大きく外れたものを野蛮なものにしたがる。しかしそんなことを言おうものなら、たちまちのうちに聞くに堪えない非難の言葉が返ってくる[17]」

前章で個々のシグナルについて語ったが、ステイタスの評価においては、たったひとつのステイタスシンボルを考慮するよりもセンスのほうがはるかに重要だ。すべてのシグナルと〈手がかり〉と〈意図的な欠如〉を三角測量すれば、センスはひとつの形態《ゲシュタルト》として理解できる。このゲシュタルトは〈感性〉[18]と呼ぶことも可能だ——感性とは、選択肢が表現するものの根底にある〝手ざわり〟のことだ。集団それぞれに独自の感性がある。シグナルは無数に存在するが、それと比べると感性は数に限りがある。地味であるとか上品であるとか、WASPであるとか落ちこぼれなどだ。たとえばウォーターズの美的感覚は〈キャンプ〉的感性から生じている。彼のセンスについての考え方は、スーザン・ソンタグの有名な一節「よい趣味は単によい趣味であるのではなく、実は悪趣味についてのよい趣味もあるのだということを、キャンプは主張する」[19]を踏まえたものだ。破壊や反抗や怒りといったパンクの感性は、モヒカン刈りや裂けた服や攻撃的な音楽、そしてアナーキーで挑発的な歌詞などで表現される。〝真っ当な〟感性を有する普通の人々は超大作アクション映画やヒットチャート上位の楽曲、リアリティ番組、著名なアスリートやセレブ、カジュアルウェア、デザインより実用性重視のクルマを選ぶ。〝エキセントリック〟という言葉は、多種多様な選択がてんでばらばらな方向に向けられている人間に使われる。たとえば十九世紀フランスの劇作家アルフレッド・ジャリは髪を緑色に染めた頭にピンクのターバンを巻き、ロボットのように途切れ途切れに話し、アパルトマンには血まみれの手形があちこちに押され、コオロギに狙いを定めた拳銃が飾られていた。[20]
　社会集団内のさまざまな感性に同調傾向が出てくると、各社会に一定数の〝嗜好世界[21]〟が生じる。同じ嗜好世界に属する各個人は同じ美意識をおおまかに共有し、クルマや衣服や音楽や飲み物などで同じ選択をする。一九五〇年代までは、アメリカの文化には三つの嗜好世界があった。クラシック音楽と抽象芸術と純文学を好む裕福なエリート層と知識層が構成する高尚《ハイブロウ》な世界、知性に裏打ちされた都会的な大衆文化《マスカルチャー》を好むアッパーミドルクラスの中程度《ミドルブロウ》な世界、そして大仰で感傷的なポップソングや流行りの映画を好むロウワーミドルクラスの低俗《ローブロウ》な世界だ。七〇年代、ミドルブロウの人々は〈ニューヨーカー〉を購読し、テニスで汗を流し、ヘルシーでグルメなレストランで外食していた。一方、ローブロウは〈リーダーズ・ダイジェスト〉を読み、ボウリングに興じ、家庭料理を食べていた。宗教的な考えですら嗜好世界に同調する。米国聖公会《エスコピリアン》の教会に集うハイブロウたちは、他宗派の信徒たちよりも〝高尚な〟説教や訓話を好んだ。[22]この五十年のあいだに、とくにマイノリティと移民系のコミュニティが独自の慣習を有するステイタス集団を形成するようになったことで、アメリカ社会内の嗜好世界の数は大幅に増えた。

このように嗜好世界と社会的地位のあいだには明確な関係があるので、センスはステイタスを評価する際にかなり使い勝手のいい分類因子となる。[23] しかし〝美感的判断力〟というカントの定義に立ち戻れば、センスには技術もともなうことになる。センスがいいということは他者よりも〝よりよい〟選択をするということだ。合衆国大統領夫人《ファーストレディ》だったジャクリーン・ケネディのエレガントな服をデザインしていたオレグ・カッシーニは、ジャクリーンの服選びの能力《センス》を高く評価していた。「ジャッキーは自分の服選びにかなり積極的にかかわっていた。スタイルに対する彼女の鑑識眼は非常に的確で、わたしが送ったスケッチにファッション誌の編集者さながらのコメントを返してくれた。そして自分が求めているものを正確に把握していた。最高のセンスの持ち主だった」[24] センスの評価は分類だけに留まらず、個人の美徳と才能を測ることでもある。哲学者のデイヴィッド・バーガーは、職人の手による高価で高級なギターと大量生産された安物ギターの見分けがつかない人間を例に挙げてこう説明している。「この場合は楽器の〝好みがちがう〟とは言わない。楽器を〝見る眼がない〟のだ」[25] 技術としてのセンスは決して無意識的なハビトゥスを表現するものではなく、意識的な選択によって形成され得る。センスのよさは生まれのよさを反映するものであると同時に自己研鑽の賜物であることもあるのだ。

いいセンスは普通のステイタスを約束するが、センスにさらに磨きをかけると、さらに高いステイタスを目指すことも可能だ。時間をかけて自身を〝涵養〟することでより高度な選択をし、より多くの敬意を集めるのだ。ワイン専門家のアラン・シシェルは、ワインに対する洗練されたセンスを身につけるには、まずは〝自分自身の味覚を信じる〟[26]べきだと述べている。しかしその先は、もっと学びたいと意識しつづけなければならない。そして経験を積み、味覚が鋭くなるにつれてセンスは確実に変化し、最初は美味しいと感じていたワインが退屈でかなり嫌な味に思えてくるかもしれない。卓越したセンスでステイタスを得るには、深い造詣と調和、そして限られた範囲内での独自性という三つの要素すべてに磨きをかけなければならない。

卓越したセンスには、まず選択肢についての深い造詣が求められる。ジョン・ウォーターズは「悪趣味を理解できるのはいい趣味の持ち主だけだ」[27]と述べている。チッペンデールの調度品を熟知していること、さらに言えばS字状に湾曲した脚《カブリオールレッグ》と縦溝彫りの脚《フルーテッドレッグ》のちがいがわかっていることは文化資本を有していることを鮮明に見せつけている。また深い造詣はセンスを磨く土台となる新たな美的経験を開いてくれる。実際に文化資本は〝より高度な〟芸術を知ることだけでなく、そのよさを理解してこそ最もよく示される。同じ慣習に接し同じ集団に属しているふたりの人間は、同じ芸術作品に魅力を感じるはずだ。

カントにとって美を理解するということは刹那的な感覚的快楽を超克し、優雅で〝観照的〟な美意識を享受することだった。つまり〝カント的美学〟とは、人類学者のダニエル・ミラーが記しているように「拒否の美学であり、感覚的かつ明白な刹那的快楽を否定し、洗練され抽象化された美を理解し得たことを介して肯定する」[28]ことなのだ。〝その場かぎりの愉しみ〟を肯定する反カント的美学も存在し得る。[29]スリリングなジェットコースターにしてもヒットソングにしてもアイスクリームサンデーにしても、特別な知識を持ち合わせていなくても堪能することはできる。一方、クラシック音楽や前衛芸術やポストモダン小説やグルメ料理といった、時間と労力をかけなければ正しく評価できないものに喜びを見いだすにはカント的センスが必要とされる。フィリップ・グラス作曲の前衛的なオペラ『浜辺のアインシュタイン』は、大した筋書きもなければ台詞もない反復的な音楽とぎくしゃくとした振付のダンスを五時間にわたって正しく考察できるだけの知識があれば、簡単に愉しむことができる。深い造詣は理解の幅を広げてくれるものであり、エリート層のセンスがより難解な芸術様式にどのようにかかわっているのかを見せてくれる。そして教育資本は文化資本と連動することが多い理由も示している。

しかし知識の幅を広げるだけではセンスの階層を上がることはできない。ライフスタイルの選択においても調和、つまり目標とする感性との内的整合性を示さなければならない[30]。衣料品から食料、自動車、そして住居や家具に至るまで、わたしたちは日々さまざまなカテゴリーの商品やスタイルや行動を選択している。それもそれぞれの選択が互いに〝見合う〟ものにしなければならない。そのためには物品と行動の適切な関係と関連性を知る必要があり、したがって調和そのものも深い造詣を反映している。わたしたちは専門的知識を組み合わせて調和したセンスを身につける——インテリアデザインの提案は家具店から、キッチンのしつらえ方は家電製品の広告から、スタイリングはファッション誌の記事からといった具合に。こうした商品の既存のグループ分けは〈集合的配置[31]〉と呼ばれ、それぞれの嗜好世界には明確な集合的配置が複数存在する。センスの調和とはこうした集合的配置を再現すること、もしくはあらかじめ決められた配置に合うようにバランスよく調整することだ。ブルックリンのアパートメントに称賛に値するホームバーをしつらえるには、それにふさわしいグラス類、シェーカー、メジャーカップ、アイスバケット、四年以上熟成で度数五十《ボトルド・イン・ボンド》のライウィスキー、クラフトジン、そしてシングルヴィレッジのメスカル酒が必要だ。これがアラバマ大学の女子学生クラブなら、ストロベリーウォッカとピーチシュナップス、それと〈マリブ〉のココナッツラムを置いておけば調和を図れるだろう。

不調和はセンスが悪い証拠となる――十九世紀に建てられた英国調の邸宅のまえにピンクのキャデラックを停めたり、ジューシークチュールのトラックスーツにシャネルのジャケットを合わせてみたり、ミシュランの星つきレストランのメイン料理にタバスコをかけてみたりとかだ。ステイタスシンボルは文脈に応じて威力を発揮することもあれば無力になることもある。チッペンデールの年代物のキャビネットは伝統ある邸宅に置けば書斎の雰囲気を醸し出すことができるが、プラスティックのコップと汚れた服が散らばる鉄筋コンクリート造りの寮の部屋なら滑稽に見えるだろう。張り合いは調和がなければうまくいかない。ごく普通の雰囲気や外見をしているのに、個性的な眼鏡や高級車といった高価値なステイタスシンボルをひとつだけ盛り込むと場ちがいな印象を与え、ステイタスを評価する側の印象に残らないこともある。センスがいいということは、ほかのシグナルと調和しないシグナルを見せ過ぎてはならないことを心得ていることなのだ。

深い造詣はいいセンスに通じる扉を開き、調和はステイタスの高い感性に傾倒していることをうかがわせる。しかし卓越したセンスの本当の意味での指標となるのが〝限られた範囲内での独自性〟だ。ここまで学んできたように、最高位のステイタスを有する個人は自分よりステイタスの低い者たちを模倣することはできず、独自の選択を迫られる。卓越したセンスには独自性が求められる。それに何より、他者の選択を模倣する技術などない。カント的美学を研究するデイヴィッド・バーガーはこう述べている。「センスに磨きをかけることは、好きである〝べき〟ものを好きになることではない[32]」この考え方はほぼすべての嗜好世界に共通する。スニーカーヘッズのウィル・ストリックランドはこう言う。「あからさまに誰かをパクッて、同じスニーカー《キックス》をまったく同じように履きこなす奴はクソだ」[33] 卓越したセンスは、ステイタスの高い常套手段をそっくりそのままやれば得られるわけではない。その選択肢は卓越した個性を表現する、他者を驚かせ、喜ばせるものでなければならない。この独自性という必要条件があるからこそ、他者の意見や評価に従うという意味においての流行をエリート層は蔑視するのだ。カントもこんな憤懣を漏らしている。「流行は虚栄と呼ぶにふさわしいもののひとつだ。なぜなら、その目的には内面的な価値がないからだ。愚かだと断じるにふさわしいもののひとつでもある。なぜなら、社会の人々の多くが示す手本にしか過ぎないものによって、われわれ自身を隷属的にならざるを得なくさせる強迫観念の残滓が存在するからだ」[34] センスがわたしたちの内面を映す鏡であるならば、そこに映るものはコンデナスト・パブリケーションズ〔〈ヴォーグ〉や〈GQ〉などのファッション誌を出版する多国籍マスメディア〕の雑誌からの丸パクリであってはならない。

独自性を〝限られた範囲内〟に留めなければならないのは、やはりすべての選択肢は一定の感性と適合し、調和を確保しなければならないからだ。哲学者のルートヴィヒ・ヴィトゲンシュタインはこう記している。「趣味（センス）には、新しい有機体を作る能力はない。すでに存在している有機体を調整することができるだけである。嗜好（センス）はネジをゆるめたり、緩めたりするが、新しいオリジナルな仕掛けを作ることはない」[35] 独自性が本領を発揮するのは、すでにステイタスの高い感性に習熟し、ステイタスの高い特権を享受している場合だ。マスメディアは恵まれないコミュニティ特有の名前を小馬鹿にし、[36] そこで生まれ育つ子どもたちの行く末を危うくするスティグマだと戒めるが、[37] 小説家のゴア・ヴィダルや元大統領補佐官のマクジョージ・バンディといったユニークな名前の持ち主たちが社会的に成功していることについては何も言わない。

独自的であるには普通を知らなければならない。したがって、きめ細かい知識や専門知識があれば、独自的であることはぐっと簡単になる。センスに磨きをかけたい各個人は選択肢の全容、各選択肢の意味とその過去および現在のステイタス価値を、いつでも詳しく知ることができる。これにより各個人は自信を持ってお馴染みの選択肢を超え、胸躍る新たな方向に踏み出し、場合によってはありふれたもののなかから望外の喜びを見いだすかもしれない。有名な料理評論家のアンソニー・ボーディンが食通《フーディー》の殿堂入りを果たしたのは高級フランス料理《オート・キュイジーヌ》を称賛したからではなく、日本のコンビニで売られているたまごサンドのような、[38]見過ごされてきた美味を支持したからなのはまちがいない。名声を得たアーティストは既存の芸術作品や慣習を新たな方法で組み合わせることで独自の感性を生み出している。クエンティン・タランティーノ監督は昔の映画にあからさまなオマージュを捧げているが、オックスフォード英語大辞典《OED》はその独特の映画スタイルを表す〈Tarantinoesque（タランティーノ風）〉[39]なる単語を二〇一八年に追加した。
とはいえ独自的であるには、その選択肢が絶対的もしくは普遍的な意味で独自的である必要は一切ない。ここが重要なポイントで、むしろコミュニティ内で驚きの眼で見られる程度のものでなければならない。卓越したセンスを手っ取り早く認めてもらいたければ、ある場所ではありふれているものを、それが珍しいとされる別の場所に持ち込めばいい。言ってみれば〝利ざや〟を利用するのだ。一九七〇年代ブロンクスのおしゃれなティーンエイジャーたちは、みんなが服を買う近所のフォーダム・ロードではなく、わざわざ地下鉄に乗ってロウワー・マンハッタンのディランシー・ストリートまで出かけ、住宅街では手に入らない〝最先端の〟服を買っていた。[40]
センスは個人的な思い入れを表現し、〈手がかり〉とシグナルを伝達し、自己を向上させるための舞台を提供する。したがって必然的にステイタスの主張と評価でも何かしらの役割を果たす。ジョン・ウォーターズの作品を観ればわかるとおり、センスとは直観的なものだ。わたしたちは人々の選択や評価をベースにして、その人に惹かれたり拒否反応を示したりする。共通のセンスは社会的な結びつきを生み、通常のステイタスを確保してくれる。正反対のセンスは対立を生む。

ところが、完璧なセンスは一定の基準を満たす選択をすることだけで得られるわけではない。その選択肢が各自のライフストーリーにふさわしい、自然なものでなければならないのだ。

真正性

ここまで学んできたことをすべて考え併せてみると、ステイタスの高いある人物が浮かび上がってくる――その人物は新たなジャンルの曲でビルボードヒットチャートの一位を獲得し、デビューアルバムはマルチプラチナを記録し、〝ポップミュージックの頂点に立つセックスシンボル〟と称され、マドンナとデートし、[41]コカ・コーラと大口のコマーシャル契約を結び、自身をモデルにしたハリウッド映画で本人が主役を張った――一九九一年初頭の時点で、ヴァニラ・アイスはすべてを手に入れていた。

が、そこからヴァニラ・アイスの凋落《メルトダウン》が始まった。「誰もがヴァニラ・アイスを嫌っているみたいだ[42]」一九九一年初めの〈ニューヨーク・タイムズ〉に掲載されたプロフィール記事はこの一文から始まった。糾弾の第一の矢は、音楽批評家たちが放った盗用の指摘だった――大ヒットナンバー「アイス・アイス・ベイビー」はクイーン&デヴィッド・ボウイの「アンダー・プレッシャー」を無許可でサンプリングしている。コーラス部分の「アイス・アイス・ベイビー／トゥー・コールド」という歌詞は黒人男性の社交クラブ〈アルファ・ファイ・アルファ〉の掛け声《チャント》のパクリだ。[43] 本当の苦境は、公表している略歴に辻褄の合わないところが見つかったことから始まった。最初のうち、ヴァニラ・アイスは本名をトップシークレットにし、[44] 自分はマイアミの貧民街《ゲットー》育ちで〝ギャング絡みのあれやこれや〟に手を染め、五回刺されたがいずれも一命をとりとめ、モトクロス大会で何回か優勝したことがあると、〈ニューヨーク・タイムズ〉のインタヴューで自慢げに語っていた。しかしヴァニラ・アイスの正体は、ダラス郊外の裕福な住宅街出身のロバート・マシュー・ヴァン・ウィンクルだった。[45] その事実が暴露された途端に沸き起った批判を、彼はエリック・B&ラキムの歌詞《リリック》を引用して一蹴した。「大切なのは〝どこから来たか〟じゃなく〝どこにいるか〟だ」[46] しかしその時点でヴァニラ・アイスはどこにもいなかった。セカンドアルバムと主演映画『クール・アズ・アイス』は大ゴケし、ヴァニラ・アイスという名前は長年にわたってアメリカ国民共通のジョークでありつづけた。

ステイタスの基準という点においては、ヴァニラ・アイスは高いステイタスを主張できる位置にあった――金にも名声にも運にも恵まれ、セックスアピールも才能も気骨も持ち合わせていて、さらには白人男性という特権的な生得的地位も有していた。そしてミリ・ヴァニリやニュー・キッズ・オン・ザ・ブロックといった、この時代に酷評されたミュージシャンたちとはちがって自分で曲を書き、ダンスの振付も自分で考えていた。いい音楽を作りたいという誠実な思いは抱いていたのかもしれない(今にして思えば、批評家のジェフ・ワイスは〝それでも『アイス・アイス・ベイビー』はラッパーのデビューシングルとしては完璧だった〟[48] と認めている)。[47] が、そんなものはすべて何の足しにもならなかった。ヴァニラ・アイスは自身のステイタスの主張と結びつける極めて重要なメタ・カテゴリーで失敗した。それは〈真正性〉だ。たしかに発していたシグナルはどれも高価値なものばかりだったが、彼の本当の姿と調和していなかった。

有形財の領域では真正性は自明の美徳だ。すべてのものは本来あるべき姿であるべきだ。十九世紀に書かれたインテリアデザインの手引き書にはこうある。「パイン材のテーブルは適切な家具だが、パイン材を装ったブラックウォルナット材のものは唾棄すべきだ[49]」真正性のあるものとは本物のことだ。本物は期待に応えてくれるが偽物は裏切る。イマヌエル・カントは、聞いたことのない鳥のさえずりは[50]、それが〝自然なせる業〟であれば美しいと感じるが、それが鳥笛の音だとわかるとそれほどとは思わないと指摘する。価値のある商品の模造品が簡単に製造できる現代において、真正性の重要性は殊更に増している。美術評論家のダン・フォックスはこう記している。「真正性は本物行きの切符を約束してくれる。商店、レストラン、不動産、そしてさまざまなレジャー活動は、すべて正真正銘の混じりっけのない本物《リアル・マッコイ》を約束してくれる[51]」コカ・コーラは〝It's the Real Thing（これぞ本物）〟を売りにしている[52]。一方、高級チョコレートブランド〈ノカ〉は[53]、一ポンド（四百五十四グラム）八百五十四ドルのチョコレートがフランス産のボンボンを再包装したものだということを調査報道で暴かれ、廃業に追い込まれた。

こうした本物の商品の基準は、今では人間にも適用されている。チャールズ・テイラーは、本物であるためには〈自己のあり方〉を見いだして理解しなければならない[54]と説いている。本物の自分とは正直さや自信のような積極的な美徳を体現するものだ。心理学者のアブラハム・マズローは、〝自己実現的人間〟は素朴で自然らしさがあり、わざとらしさ、無理したところがない[55]と記している。本物の人間はいつまで経っても変わらずその人でありつづけると思えるので、わたしたちはより厚い信頼を寄せる。真正性は行動だけでなく願望にも求められる。ルネ・ジラールもこう述べている。「〝偽者〟は他者の指示に従うのに対し、〝本物〟は自主的に欲望する」[56]他者に認めてもらうために行動する人間は、『キャッチャー・イン・ザ・ライ』のホールデン・コールフィールドの言葉を借りれば〝インチキ野郎[57]〟だ。かぶっているペルソナが過度に作り上げられたものだと見破られると、世界中どこでも〝気取り屋〟や〝目立ちたがり屋〟だと馬鹿にされる。ヒップホップにうるさい人々にとってヴァニラ・アイスは最初から〝偽者ヒップホッパーの白人[58]〟で、その評価を大半のアメリカ国民も最終的に受け容れた。本物でないことは狡猾な欺瞞であるばかりでなく、いつも結局は流行りに乗っかってしまう人々のように外からの圧力に抗える自信がないことにもなる。虚勢もまた自信のなさの表れだ。世間一般では、自分の学歴や社会的地位で許される以上に博識ぶるのはよくないことだと見なされている。

　センスに基づいて相手に高いステイタスを与えようとする場合、そのセンスを正当な手段で身につけたものなのか慎重に判断したいところだ。本物のセンスとは、その人が歩んできた人生の旅路に根ざしたものであるべきだ。哲学者のヴァルター・ベンヤミンにとって、本物には〝歴史的な証言力[59]〟が必要だった。ありとあらゆるものが金で買える世界では、個人はステイタスを得るという明確な目的のためにセンスを身につけることが常に可能だ。したがって偽者はどこにでもいる。理想としては、すべてのシグナルはステイタスを主張するために得た物品ではなく、各自の生き方を反映した〝行動の残滓[60]〟であるべきだ。本物のセンスとは計算づくで借用したり獲得したりするものではなく、自分の内面と生い立ちを無理なく拡張した〝自然な〟ものだ。ミュージシャンがブルースについて語るように、そのセンスがあるか、それともないか[61]なのだ。

　本物だと判断されるには、センスを正当な手段で得たという情報をつまびらかに示さなければならない。シグナルと〈手がかり〉と〈意図的な欠如〉は、年齢や性別、人種、性的指向、母語といった、変えることが困難な個人および所属する層の特徴とつき合わせて調べられる。そうした特徴すべてが調和して、ひとつの物語を語るようにしなければならない。社会学者のアーヴィング・ゴッフマンが述べているように「ある社会的属性を持つと暗黙のうちにもしくは明示的に記号によって示している人は、実際にその主張どおりの人間でなければならない」[62]理想のセンスは〝自分のルーツに忠実〟であるべきだ。ヴァニラ・アイスの才能とセンスは黒人社会で生み出された芸術に基盤を置いていた。ヒップホップの慣習とWASP的な生い立ちのあいだの齟齬を解消するため、彼はマイアミのゲットー育ちのギャングというペルソナをでっち上げた。アンナ・ソローキン（もしくはデルヴェイ）とはちがって、ロバート・マシュー・ヴァン・ウィンクルがヴァニラ・アイスというキャラクターを創作しても罪に問われることはなかった。それでも本物であることが至高の美徳とされる世界で本物を偽ったという文化的な罪は犯していた。
真正性が重視される以前には〝適合性〟が強調されていた。各自のライフスタイルおよび感性と一番しっくりくる選択をすべしとされていた。二十世紀初頭において、おそらく最も有名なインテリアデザインの権威だったエルシー・デ・ウルフはあからさまに述べている「わたしの仕事は似合うことの素晴らしさを説くことです。つまり適合性が第一なのです！　適合性がすべてなのです！」[63]小説家のイーディス・ウォートンは、デビュー作を上梓する以前にインテリアデザインについての本を一冊出していた。そのなかでウォートンは、部屋の構造とは完全にかけ離れた上っ面だけの装飾を施すのはやめて、構造そのものが装飾になるデザインを選ぶようアメリカの読者に勧めている。[64]
適合性とは一定の基準を満たすことであり、ここに真正性が〝監獄〟になり得る理由の手がかりが隠されている。人生において選択肢は無限に存在するが、わたしたちは各自の変更不可能な特性と生い立ちに、建て前上は〝ふさわしい〟もののみを選ぶことを〝許されている〟。そしてセンスは、長年にわたって実行している慣習の産物でなければならない。そのため、真正性を精確に推し測る際に時間が重要な要素となり、その起源がかなり古いものほど、センスはより〝自然に〟見える。〈No.5〉を売り出したとき、ココ・シャネルはこの香水を一から作ったのではなく、ずっと昔の記憶を頼りに作ったのだ[65]と不正直なことを言った。

この延長線で考えると、だらしない行動やステイタスの低い習慣を見せるとか、ちょっとした〝手抜かり〟があったほうがペルソナをより本物っぽく装える。文句のつけようのないセンスは頑張り過ぎという印象を与える。卓越したセンスはさり気なく見えるものでなければならないのだ。この意図的な手抜かりを取り入れたメンズファッションの究極の着こなし術が〈力の抜けたエレガンス《スプレッツァトゥーラ》〉[66]だ。フィアットの会長だったジャンニ・アニェッリは、シャツのカフスの上から腕時計をつけていた[67]。スプレッツァトゥーラを最もわかりやすく説明しているのは、ルネサンス期の外交官で作家のバルダッサーレ・カスティリオーネのこの言葉だ――〝努力して身につけた優雅さと魅力が、軽薄さとうぬぼれどころか女々しさを生み出すもの[68]〟になってしまう時代に重要な武器となる。すでに高いステイタスを得ている人は素人っぽく見せる演出に心惹かれるのかもしれない。ニューヨークのヒップなDJデュオのザ・ミスシェイプスは、ナイトクラブでプレーしていた二〇〇〇年代初めの頃、曲と曲を滑らかにつなげるビート・マッチングというプロのDJテクニックを絶対に使わないようにしていた[69]。ぎこちない曲のつなぎはより本物らしく見える。つまりよりクールだということだ。

こうしたことすべてから、真正性というパラドックスの中核が見えてくる――わたしたちは心の声に耳を傾けて自分だけのアイデンティティを発見し、それを明確に表現するべきなのだが、[70]自分が本物かどうか判断できるのは他者だけだ。ステイタスを評価する側は相手のセンスと所属する層を比較し、怪しげな不一致点が見つかれば相手のステイタスの主張を却下する。

これは、慣習に従っているからといって無条件にその集団に一員になれるわけではないという事実に起因する。『グリース』の〈ピンク・レディース〉は、たとえ誰かが同じピンク色のサテンジャケットを着てやって来たとしても、ピンク・レディーとして受け容れる必要はない。つまり真正性は排除の道具としても機能するということだ。旧有産階級《オールドマネー》の人々は文化資本を使い、長きにわたって自分たちの社会環境から成り金《ニューマネー》たちを排斥してきた。そして二十世紀になると、価値のある文化様式と芸術品を創作するステイタスの低いコミュニティにとって、真正性は強固な防塁となった。人類学者のチャールズ・リンドホルムはこう記している。「高価値な芸術の創作を支配しようとする、社会から疎外された集団は、今では自分たちの系譜に連なることが証明された人間のみが、その集団独自の芸術品を作る権利と能力があるのだと頻繁に主張している（その集団は部族、国家、さらには民族などさまざまに定義される）」[71]〈文化の盗用〉とは、社会的少数派《マイノリティ》の、とくにステイタスシンボルとしての慣習を社会的多数派《マジョリティ》が不当に使用することだ。エルヴィス・プレスリーは黒人音楽のリズム《R》&ブルース《B》を盗用し、いわゆる〝ロックンロールの帝王〟となった。こうした文化の盗用に対して、ヒップホップのコミュニティはより強固な護りを固めた。黒人としての経験に基づいた本物の物語を音楽の卓越性の中核とし、ジェイ・Zやドクター・ドレといった黒人のラッパーやプロデューサーに経済的な報酬がより多く流れるようにしたのだ。

最も強力なタイプの真正性は現在でも〝出自による真正性〟のままだ[72]——慣習を創り出す集団が、

その慣習の複製に最も長けているという原則があるのだ。スコッチはスコットランドで、バーボンはケンタッキーで蒸留されたものにかぎる。しかしグローバル化により、この基準を徹底させることが難しくなっている。二〇一〇年、スコットランドのリースで開催された〈バーンズ・ナイト〔スコットランドの国民的詩人ロバート・バーンズの誕生日を祝う行事〕〉の品評会で、台湾のウィスキー〈カバラン〉が三つのスコットランド産ウィスキーを打ち負かした。[73] 現代のポップカルチャーでは慣習は時代とともに変化を繰り返すので、その起源ははっきりしない。ピザはイタリア発祥の料理なのかもしれないが、世に知られるようになったのはアメリカに伝えられてからだ。今では基準は〝内容による真正性〟へとシフトしている――最高のものはオリジナルの手法で作られるという原則だ。つまり「〝どこから来たか〟じゃなく〝どこにいるか〟だ」ということだ。ブルージーンズは〝アメリカを代表する〟衣料品なのかもしれないが、細幅シャトル織機で織った天然インディゴ染めのスラブ生地といった、アメリカの古いデニム生産技術をよりよく伝承しているのは日本の織物工場だ。[74] 〝本物本位[75]〟を掲げるアメリカのインディー系デニムブランド〈Ｐｒｐｓ〉は、他社に先駆けて日本製のデニム生地を取り入れたことで世界的な名声を得た。

出自による真正性から内容による真正性への遷移は、ますます偽物っぽくなっていく世界にあっても、わたしたちは本物でありつづけることに囚われたままでいるという証拠だ。高級品よりも本物のほうがやはり価値が高い。そして個人のセンスは各自のバックグラウンドと合致したものでなければならない。したがって偽者や気取り屋は罰せられる。これはシグナルを発信する際に無難でありきたりなものを選びがちな姿勢を維持させるという全体的な効果をもたらす。シグナル伝達における最善の戦術は、各自が有する不変の特性によく似た、生い立ちに沿ったものを選ぶことだ。そこには明らかな政治的意味がある——社会的に疎外されたコミュニティが自分たちの創作物をより確実に護るべく真正性の基準を設けているのと同様に、[76] 自然さの全面的な重視は、その慣習を生得的に取り入れている人々にとってかなり効果的な手段となる。「地位の高い個人は、リラックスした自然体でいられる余裕がある」[77] 社会学者のジョージ・ホーマンズはそう書いている。底辺から頑張って這い上がるには、ステイタスシンボルを獲得し、各自の生い立ちの物語をベースにして築き上げなければならない。つまり真正性はエリート層のさらなる特権にもなり得るということだ。
ステイタスは単一のシグナルや〈手がかり〉や〈意図的な欠如〉のみで評価されるわけではない——真正性から得られる最も重要な教訓はこれかもしれない。各自のセンスを、それぞれが所属する層と照合してこそ〝何者〟なのか判断されるのだ。

ペルソナ、アイデンティティ、自己

個人の行動に及ぼすステイタスの力を理解できたら、〝自分とは何者なのか？〟という現代生活における最大の関心事が見えてくる。その問いかけの明確な答えを出す過程には、数多くの困難が存在することはわかっている。ここで論じているのはどの〝自分〟なのだろうか？　どうやら〝自分〟は三つあるみたいだ——ペルソナ、アイデンティティ、そして自己だ。シグナリングにおいて、シグナル、センス、感性、個人が有する不変の特性、そして生い立ちや育ちから身につけた〈手がかり〉などをひとまとめにして、眼に見えるかたちで構築したものがペルソナだ。[78] そのペルソナを見て、他者はわたしたちのアイデンティティを確認する。同時に、わたしたちは自分のみが知っている自己を心のなかに抱いている。ペルソナとアイデンティティと自己は決して同じものではない。ペルソナは、ステイタスを得るために何かをつけ加えられたり減らされたり編集されたり削除されることがあり、そうなるとどこかから借りてきた、小奇麗にまとめられたものに感じられる。言ってみれば自己の等身大パネルのようなものになるのだ。そしてこのかなり手が加えられたペルソナに基づいて他者によって分類されると、周囲に認知されるアイデンティティは〝本当の自分〟[79]から大きくかけ離れたものになってしまう恐れがある。

宇宙レヴェルでは、わたしたちは絶対的なアイデンティティを享受している。ここで言う〝自分〟とは、唯一無二のDNA配列や再現不可能な人生経験といった際立った相違点の総体だ。地球上の人間はひとりひとりちがう。〝自分とは何者なのか〟と問いかけるとき、ただ単に他者がわたしたちの存在の独自性を明確に認めているかどうかが問題になる。近代以前、個人のアイデンティティとは役割や地位にしか過ぎなかった――一族や部族や身分制集団の一員であること、またはそのコミュニティ内で特定の地位にあることを意味した。しかし現代を生きるわたしたちは、各自が所属する層や区分けを超越した個人のアイデンティティを求めている。定型や区分や階級だけで簡単にまとめることができるとすれば、それは人間として不完全だ。不変の特性やライフスタイルを同じくする人々とのあいだにどれほどの連帯感を育んでいるにせよ、それでもわたしたちは民族、性別もしくはジェンダー、性的指向、身体的障碍、年齢、出身地、職業を超えた存在であろうとする。

こうした実存的な問いかけを、大衆文化では個人と社会の戦いとして表現する場合が多い。ここまで学んできたことを鑑みると、問題は社会ではなくステイタス、つまり自分のランキングと評価を気にかけ、そしてそれが日常生活をどのように向上させ、または妨げているのかという具体的な懸念にあることがわかる。各個人が意識的および無意識的に取り入れる慣習、上昇志向の程度、独自性の度合いは、ステイタス集団と階層、そのなかでの位置、そして資産と相関している。したがってアイデンティティは社会階層の外に存在することはできず、ステイタスはペルソナとアイデンティティと自己という三つの自己定義すべてに影響を与える。
ステイタスの影響を最も受けるのは、社会的な相互作用のなかで創造される表向きの自己表現であるペルソナだ。誰しもが不変の特性を有し、生まれ育ったコミュニティ内で身につけた〈手がかり〉を知らず知らずのうちに発信しているのだから、社会に最初にどのように見られるのかは、見られる側がどうこうすることはできない。が、わたしたちはそれぞれの生い立ちに縛られているわけではない。ジャン＝ポール・サルトルはこう断言している。「人間は自ら作るところのもの以上の何者でもない」[80] 哲学者のミシェル・フーコーはさらに突っ込んでこう述べた。「わたしたちは自己自身をひとつの芸術作品として創造しなければならない」[81]
エレオノーラ・フェイガンは身長百六十八センチのアフリカ系アメリカ人の女性で、両親がともに十代だった一九一五年に生まれ、衝撃的な幼少期を過ごした。[82] 親戚の家を転々としたのちに、十代のときに母親と一緒にニューヨーク市のハーレムにある売春宿に落ち着き、母子ともに売春で逮捕された。しかしエレオノーラはジャズシンガーとして優れた才能を発揮し、芸名をつけて新たなペルソナを作り上げ、〈ビリー・ホリディ〉としてアメリカの伝説的存在となった。エレオノーラ・フェイガンは、現在でも人々の記憶に残るビリー・ホリディを創造したのだ。
ビリー・ホリディやデヴィッド・ボウイやレディー・ガガといったセレブリティは伝説的なペルソナを創造した個人であり、例としては極端ではあるが、それでも全個人はステイタスの圧力を受け、自身の人物像にそれなりに手を加えることを示している。自分の本当の好みとは関係なく、わたした

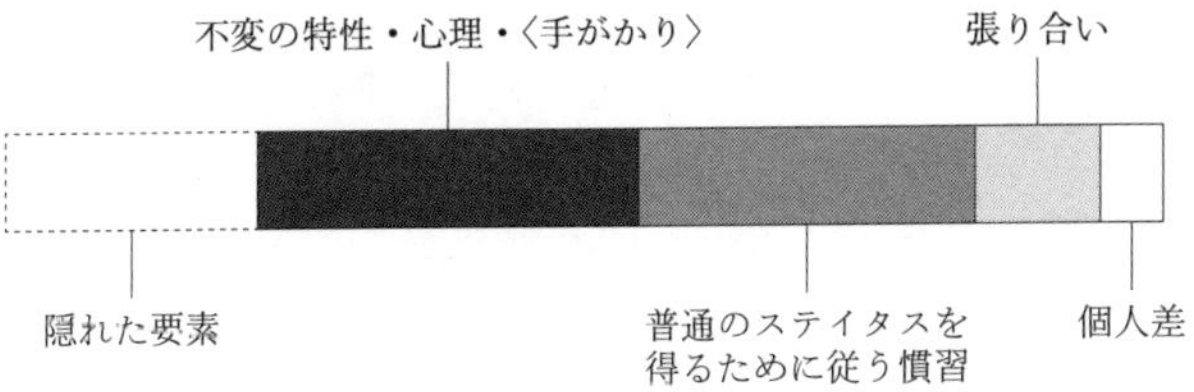

ちはコミュニティの恣意的な慣習を模倣し、コミュニティに認められ非難されないようにするために同じ価値のある別の慣習を無視する。ステイタスの階段を上がるために、わたしたちは資本の集積であるとか才能の研鑽であるとか個人的美徳の向上であるとかより見栄えのいいステイタスシンボルの獲得といった共通の目標に惹き寄せられる。際立った存在になる必要が生じた場合、より高いステイタス層に定着している慣習をさっさと模倣して張り合う。大抵の場合は「わたしはゴスよ」とか「わたしは起業家《アントレプレナー》だ」という具合に、加わりたいと熱望してやまないコミュニティの一員だと言い張るかたちで自己表現する。より際立った選択肢を慎重に選ぶ場合は、それが無頓着と調和と真正性の原則に沿ったものかどうか確認する。ペルソナは自由にこしらえることができるが、それでもその際に用いる選択肢の魅力はそのステイタス価値によって増減する。わたしたちはいつでも風変わりな選択をしたり、慣習を破ったり、社会的圧力を頑なに無視したりすることができるが、結局のところ常識の枠内に引き戻されるのが関の山だ。それほど社会的制裁の力は強いのだ。
望むステイタスに必要なものすべての折り合いをつけた末に作り上げたペルソナは、各個人の人生のなかで得てきた選択肢、行動、経験を配列したものであり、言ってみれば〝文化的DNA〟だ。おそらく上図のような感じになるだろう――

実際のＤＮＡとはちがい、この配列は各構成要素の比率と眼に見える部分と見えない部分の配分を編集することが誰でもある程度は可能だ。それでも〝文化的ＤＮＡ〟の大部分は自分ではどうすることもできない。個々の独自性はごく限られた範囲にしか反映されない。なかには大胆な選択をして〝独自の〟ペルソナを作ることに長けている人々もいるだろうが、ステイタスの圧力があるので、ほかの誰ともまったくちがうものにすることは不可能に近い。ステイタスはわたしたちのペルソナの大部分を決定し、自分たちが属するコミュニティのほかのメンバーたちと同じ選択を強要する。

実際には、ステイタスの力はアイデンティティの中身を与えるだけに留まらず、さらに深いところにまで及ぶ。第2章で見たように、個人が求める独自性の度合いは――もしくはどこまで求めてもいいのかは――ステイタスの階層内での位置で決まる。階層の最上位に君臨するエリートたちは究極の個性を追求しなければならないのと同時に、慣習破りが許されるほどの敬意を享受している。したがってエリートたちのペルソナでは個性がより大きな役割を果たしている。一方、中程度のステイタス層の人々は保守的で、慣習を忠実に守る傾向にある。最下層の人々も社会的規範を無視して独自の選択をすることもあるが、そうした差異化は残念な違反行為と見なされる。

つまるところ独自性とは〝貴族の特権〟なのだ。フリードリヒ・ニーチェは『善悪の彼岸』でこう説いている。「一般人はまずもって自分についての世間の評判を当てにし、やがてはその世評に本能的に屈服する」[83]そして「価値を創造するのは、まったく主人の特権である」このステイタスの理論は、現代社会においては広く美徳とされるようになった――誰もが個人差を最大限に活かすべきである。チャールズ・テイラーは、ロマン主義の時代以降は「個人はひとりひとりちがっていて独自であり、彼／彼女がどのように生きるべきかはその独自性によって決まる」[84]という信念が社会の根底にあると述べている。生み出したものが哲学的信念であれ生身の身分理論であれ、この理念はピックアップトラックのCMのキャッチフレーズからアヴリル・ラヴィーンの「スケーター・ボーイ」[85]の歌詞に至るまで、現代生活にしっかりと根づいている。たとえ波紋を呼ぼうとも、わたしたちは皆〝自分の心のままに〟生きるべきだ。そして飼い慣らされた羊にも誰かのクローンにも気取り屋にもならないよう常に心がけなければならない。近代は、個人差をよしとする貴族の特権を庶民に開放した。それでも個性的であることは依然としてステイタスの階層の上層にいる人々のほうが簡単だ。つまり社会から反発を買わずに個性を貫きたいのであれば、高いステイタスを獲得すれば一番簡単だということだ。

高いステイタスを有している個人は、社会階層から影響を受けることなくペルソナを作り上げることができる。高ステイタスの恩恵はこれだけではない。生得的地位が支配的な社会構造には固有の偏見が備わっているので、差別的な立場を強いられている個人が普通のステイタスを得るには、より強固なペルソナを築かざるを得ない。逆にステイタス的に有利な立場にある人々は意識して努力することなく高ステイタスの〈手がかり〉を得ることができるので、わざわざステイタスシンボルを獲得したり文化的指標《シボレス》を隠したりすることなくステイタスの主張を通すことができる。オールドマネーにとって、その無頓着さも言葉遣いも身のこなしもステイタスシンボルなのだ。フランスの詩人テオフィル・ゴーティエは、医者の家に生まれた小説家のギュスターヴ・フローベールについて「彼はわれわれより賢かった。金を手にしてこの世に生まれる知恵を持ち合わせていたのだから」[86]と述べている。

いまだに偏見に満ちた世界で〝自分らしくあれ〟と広く訴えることは、そもそもフェアではない。誰もが恵まれた属性や行動を備えた状態で生を享けるわけではないのだから。ステイタスを獲得するプロセスに〝無頓着〟な態度を取っていると、エリート層は見返りを得るが、非エリート層はしっぺ返しを喰らう。ステイタス的に不利な立場にある人々が自分らしくあるためには、まずは団結してステイタスを向上させる道を切り拓かなければならない。これは人種、民族、ジェンダー、性的指向などのアイデンティティを同じくする人々が手を携え、社会的地位の向上を目指す〈アイデンティティ・ポリティクス〉を支える理論だ。しかし万人の不変の特性が等しく尊重されるようになるまでは、ペルソナの構築がステイタスの平等化の重要な手段だ。ビリー・ホリディにとっての道徳的義務は、新たなペルソナを作らずにエレオノーラ・フェイガンという〝本当の自分〟でありつづけることだったのだろうか？　同じジャズシンガーのカーメン・マクレエはホリディについてこう語っている。「ビリーが本当に安らぎを感じてくつろいでいられるのは歌っているときだけ」[87]〝エレオノーラ・フェイガン〟のままでいるよりも、ステージ用にこしらえたペルソナをかぶっているほうが、ホリディはずっと幸せそうに見えた。ペルソナの構築を悪しき行為だとすることは、今あるようなステイタスの階段の存在を肯定することにほかならない。

さらに言えば、自分らしくあることばかりに注力していると、自己定義は継続的に繰り返さなければならないという事実が見えなくなってしまう。わたしたちは他者に読ませるためにアイデンティティという〝小説〟を書いていて、ペルソナはその〝最新稿〟に過ぎない。[88]どんな小説を書いていようが、推敲は何度しても構わない。そして象徴的な意味が永続的に変化する世界にあって、わたしたちは望むと望まざるとにかかわらず必然的に変化を求められる。

こうした懸念のすべてに対して、ペルソナは〝アプリケーション〟に過ぎない。アイデンティティを得るには他者から識別される必要がある。どうしてわたしたちは他者を識別《アイデンティファイ》しようとするのだろうか？　最も直接的な理由はステイタスを評価するためだ。見知らぬ人と適切に接するためには、その人のステイタスを知らなければならない。すべての評価は、センスや不変の特性を基にして個人を集団や階層に分類することも含まれる。そうした評価ではすべての要素が公平に扱われる。社会科学的な研究から、態度や言葉遣い、着る服のチョイス、家具の配置といった、個人のごくごく些細な情報でさえステイタスを知る手がかりとなることがわかっている。同時に、ステイタスを評価する側は自分が重要だと見なしているシグナルと〈手がかり〉と〈意図的な欠如〉を通して相手を識別する。他者がどこを見るのかは見られる側がどうにかすることができるのかもしれないが、どう分類するのかはどうすることもできない。[89]評価する側にしても同様だ。自分たちのハビトゥスに基づいて、無意識に相手を知覚し認識しているのだから。つまり、アイデンティティの諸問題は実質的にはステイタスと結びついているということだ。ペルソナはステイタスを主張するための手段であり、アイデンティティとはステイタスの評価結果である。

したがって、すべての識別結果は評価になるということだ。ドッグショーの常連でステイタスの高いキングズロイヤル・ラッシーは、田舎町で飼われている中程度のステイタスのラッシーよりも価値の高いアイデンティティを有する。キングズロイヤル・ラッシーは他者と交わり、ほかの犬にはない恩恵を受ける。この原理はセレブの〝なりすまし〟という現象に見られる。映画『ジョーズ』が一九七五年に大ヒットすると、ふたりのふざけた男たちが監督のスティーヴン・スピルバーグと主演俳優のリチャード・ドレイファスになりすまして全米を巡った。[90]見た目や体形がスピルバーグとドレイファスに〝似ている〟というだけでは何も得るものはなかった。しかしこのふたりに〝なる〟ことで、さまざまな社会的恩恵を受けることができた。アイデンティティについての不安は、得てしてその評価についての不安であることが多い。わたしたちが求めるのはただの明確なアイデンティティではなく、ステイタスの高い明確なアイデンティティなのだ。

自分のアイデンティティの価値が高いと、孤独であっても気分がいいものだ。自尊心は、社会から受ける敬意と一致していればより確かなものとなる。道徳哲学者たちは、自分の価値を他人からの評価で決めてはならないと長きにわたって考えてきた。ジャン＝ジャック・ルソーはこんなことを言っている。「（未開人は自分自身のなかで生きているのに対して）文明人は常に自分の外にあり、ほかの人々の意見のなかでしか生きることができない。そして文明人は自分自身の存在の感情を、いわば他人の判断のみから引き出しているのである」[91]こうしてわたしたち現代人は、個人差におけるふたつの相反する理想に直面することになる。そのふたつとは、名誉や敬意の差という貴族の原則[92]と、本当の自己表現がすべてであり、他者から評価や敬意などどうでもいいという道徳的理想だ。しかしステイタスを望むかぎりにおいては、自由と社会的承認を得て生きていくことができる前者を目指したほうがいい。ナイキのフィル・ナイトは、靴の会社を設立したいという思いについてこう語っている。「わたしが望むのはみんなと同じことだ。つまり二十四時間本当の自分でいられることだ」[93]文無しの取るに足らない人間としてなら、ナイトは二十四時間本当の自分でいられたのかもしれない。しかし彼の自己実現の道とは、世界的に称賛される資産二兆ドル超のシューズメーカーを築くことだった。ステイタスへの欲求が根底にあるかぎり、大がかりなステイタス戦略の一部である場合にのみ独自性は最大の効果を発揮する。

ところが社会的承認を求めていると、内なる自己が抱く理不尽な欲望との衝突を招きかねない。こうした選択と願望は心そのものから湧き起こってくるものなので、常に自分の本当の気持ちのように感じられる。チャールズ・テイラーは、わたしたちに自我があるのは心臓や肝臓があるのと同じようなもので、したがって自分の思考、観念、感情は自分の〝内〟にあると考えてしまうと述べている。[94]しかしここまで学んできたことから、こうした願望は少なくとも部分的には本能と区別がつかないほど内面化されたコミュニティの慣習からもたらされるということがわかっている。わたしたちの信念は社会規範から生じ、願望の対象はステイタスの高いライフスタイルから借用したものだ。ボールドウィンの小説『山にのぼりて告げよ』のジョン・グライムズ少年がいつの日にか緑のパッケージのラッキー・ストライクを吸いたいと願うのは、彼が暮らす世界では、このブランドにはすでにキャシェが付与されているからだ。

通常、自己実現は社会規範に盲従するものなので、自分の望むままに行動してもストレスを感じることはない。自己が最も明確にあらわれるのは社会的慣習と対立する強い感情を抱いたときだ。そのとき生じる極めて不自由な思いが、そうした強い感情は〝本物〟だと感じさせる。しかし自分の思考は本当に自分が考えているものだと強く思い込まないほうがいい。過去百五十年にわたり、心理学者や脳神経学者たちはそう警告しつづけている。人間の脳は自分の言動を正当化する〝合理化〟を常に行っている。[95]潜在意識から生じた本能的要求を、根拠のある論理的な要求に作り変えてしまうのだ。心理学者のブルース・フッドが詳しく説明している。「たとえある意見を熟考し、顕在意識のなかでよく考えたとしても、それはただ単に事実上すでに決定されていることの最終判断を遅らせているだけなのだ。そののちにある決断が下されると、わたしたちはそれがあたかも自分がじっくり考えたうえで下したもののように理解する」[96]わたしたちの脳内には真実を覆い隠すメカニズムが無数にあることがわかり、フッドは自己とは〝幻想〟に過ぎないと確信するようになった。これが最も正しい説なのかどうかはさておき、自己はあらゆる社会的影響から隔離された〝本当の自分〟だという考え方は棄て去らなければならないのはたしかだ。

しかしステイタスの影響を否定しようとするとき、わたしたちの脳は品質が高いからとかより美しいからとかいうもっともらしい言い訳を弄し、ステイタス価値に魅力を感じることを正当化する。そうすることで、本当は心底欲しているわけではない外的欲求を、心の底から欲しているものとして解釈する。そしてこうした言い訳を心の底からそう思っているのだと誇らしげに口にする。こうして誰もがステイタス欲求を隠そうとするため、ステイタスを求めることについての開かれた議論ができなくなり、結果としてステイタスのタブーがさらに広まり、ステイタスを求めることが恥だと思えてくる。

新しい考え方や行動《イノヴェーション》が社会に浸透していく過程を生涯にわたって研究しつづけた社会学者のエヴェリット・ロジャーズは「（調査の）回答者は、自らが地位の付与を求めて新しいアイディアを採用したことを認めたがらないことがある」[97]という事実を発見した。ロジャーズによれば、二〇〇〇年代初頭に研究者たちがiPodの所有者に購入理由を質問すると、ほとんどの人々は〝コンパクトなサイズや大容量のメモリーといった実用的な理由と、洗練されたデザイン〟[98]を挙げたという。所有者たちは、iPodが成功した理由はステイタスシンボルとしての使用とは関係ないと口々に答えた。しかし機能性がそれほど重要ならば、どうしてマイクロソフトが作った同じ携帯音楽プレーヤー〈Zune〉は〝二〇〇〇年代で最も馬鹿にされた製品〟になってしまったのだろうか？　有名なガジェット評論家のデイヴィッド・ポーグは、画面が大きく動画を再生してもバッテリーが長持ちし、ほかの機器とWi-Fi接続が可能なZuneのほうがiPod〝より実用的[99]〟だとした。それでもZuneを求める――そして買う勇気のある――消費者はごくわずかだった。

つまりペルソナとアイデンティティと自己にかんして言えば、自分が何者なのかはステイタスが多くを決める。ペルソナは普通のステイタスと高いステイタスの要件を満たすものであり、ステイタスの位置は求めるステイタスシンボルと独自性の程度を決定する。アイデンティティはステイタスの評価結果として見えてくる。そして自己は無意識レヴェルでステイタスについての欲求を呑み込み、それを本当に自分が求めているものとして合理化する。何も人間はステイタスに取り憑かれていると言っているわけではない――ゲオルク・ジンメルが述べているように、人間とは本質的に〝他者と相互行為しつつ生活を営んでいる[100]〟社会的動物だからにほかならない。個人のアイデンティティという現代の問題はステイタスという文脈で考えると最もよく理解できる。

ここまでを考え併せると、ステイタスを超越したアイデンティティは幻想であり、そんなものの追求などやめるべきだ。社会から抜け出し禁欲的で孤独な生活を求める人間ですら、結局はステイタスを得ることになる。それに〈無頓着の原則〉があるおかげで、どこかに雲隠れしたり公の場に姿を見せないようにしたりすれば、それだけでより高い社会的地位を手っ取り早く得られることも結構ある。社会学者のトーマス・フランクはこう書いている。「現代においてマスメディアに最も愛される存在は、文化やこの世を支配する機械文明に反旗を翻す人々だ[101]」一方で、公正と救済と全体との調和に身を奉じる、ひたむきで規律を重んじる人々に対する尊敬の念も強い。至福は栄光をもたらし、そして栄光はステイタスをもたらす。

以上のことを心得たうえで、〝純然たる独自性〟は獲得することができると期待し過ぎないようにするべきだ。個性を極めた人間でさえ、ほかの人間たちと似たところがたくさん見つかるだろう。わたしたちが望むことのできる独自性は、せいぜいペルソナの余白に描く程度のものだ。同時に、誰もが他者とちがう存在になりたいから独自性を求めているわけではない。トップに立つ人間にとって独自性の追求はより高いステイタスを得る上で重要だ。が、すべての人々に個性的であれと押しつけることは無意味かつ不自然で、往々にして残酷なことでもある。自分らしくあることを万人に認めるのなら、同時に他者と同じになる自由も認めるべきだ。
昔と比べたら、今を生きるわたしたちは自分に最も適したライフスタイルを好きに選べる自由を享受し、慣習からの逸脱に対する制裁も最小限に抑えられている。価値の高いアイデンティティに向けた戦略の選択肢の幅を広げてくれた自由主義社会に、せめて感謝ぐらいはしておいたほうがいいだろう。裸体主義者《ヌーディスト》のコミュニティであれＢＴＳの〝アーミー〟であれ、二次的ステイタス集団の門戸は広くなっている。世界主義的《コスモポリタン》な社会では、自分のペルソナを好きなだけ自由にこしらえることができる。これは同時にペルソナの構築に競争原理を持ち込み、ペルソナの出来不出来を決める上で個人の力量が常に問われることを意味する。[102] が、ペルソナの構築は誰もがやっていることで、その過程でステイタスが役割を果たすという事実を認めれば、競争をより平等なものにすることが可能だろう。この競争に勝つ方法は万人が知っておくべきだ——敬意を集め、センスを磨き、ペルソナの評価法を把握し、そして無頓着と調和と独自性と真正性のバランスを取ればいいのだ。好むと好まざるとにかかわらず、わたしたちは全員ステイタスをめぐって競い合う。であれば、せめてそのルールぐらいはちゃんと説明したほうが、より公平な戦いになるはずだ。

§

第一部を通してステイタスと慣習とシグナリングとセンスの基本を学んだことで、わたしたちは第一の〈文化《カルチャー》の大いなる謎〉――どうして人間は恣意的な行動に群がり、そこから深い意味を汲み取ろうとするのか？――を解き明かせるだけの知識を得た。どうしてこんな行動に出るかと言えば、個人がステイタスを求める場合、特定の集団の構成員である証しとして、特定の慣習に従っていることを周囲にわかるかたちで伝えなければならないからだ。こぞって髪型をモップトップにしたりシャネルで着飾ったりハーヴェストアを購入したりするのは、こうした集団的選択が別の選択肢よりも高いステイタス価値をもたらしてくれるからだ。そして各個人がミクロレヴェルでどれほど個性的であっても、それがマクロレヴェルで一体になると、同じ慣習を取り入れることでパターンが生じる。とどのつまり、個人の自己本位的なステイタスの追求が、わたしたちが〈文化《カルチャー》〉として解釈する謎の共通行動につながっていくのだ。
これらの原則は、わたしたちを大いなる謎の次なる部分へと導いてくれる――独特のスタイル、慣習、そして感性はどのようにして生まれるのか？　その答えは第二部で探ることになるが、ステイタスをめぐる個人および集団の闘争に関係している。人々が求めるステイタスと資産は千差万別だが、獲得するための戦略の数は四つに絞ることができる。

ステイタス戦略その一・ステイタスの基準を上回るパフォーマンスを見せ、その事実をシグナリングで明らかにすべし。

勉学に励み、一流大学に進み、いい仕事に就き、金を稼ぎ、才能を磨き、ステイタスの高い慣習に従う。その過程で向上するたびにシグナルを伝達する。これは口で言うほど簡単なことではなく、とくに恵まれない生い立ちの人々にとってはそうだ。経済学者のロバート・H・フランクはこう述べている。「自分の相対的地位が重要だと言う場合、ほとんどの人が本当に言わんとしているのは、〝相対的地位が高いのはいいことだけれども、そのために自分の行動を大きく変えないようにしなければならない〟ということだ」[103] ステイタスの追求はダイエットに似ている。人間誰しも、正しい食生活を送ったりジムに通ったりしなくてもスリムな体形になりたいと思うものだ。おまけに努力の末に獲得したステイタスは、努力の末にステイタスを獲得した人間がごく少数でなければ通用しない。みんながみんな同じ桁はずれの偉業を成し遂げたら、もはやそれは桁はずれではない。

ステイタス戦略その二：ステイタスが高いふりをすべし。

エリートでもないのにステイタスの高いセンスを模倣するというシグナリングのテクニックに熟知していると、ステイタスを評価する眼の多くを欺き、特定の状況や場面でステイタスの高い扱いを受けることができるかもしれない。偽者は一時的に高めたステイタスを足がかりとして、その先で挙げる成果でより高い評価を受け、結果として本当に高いステイタスを築くことも可能だ。この戦略は才能に勝る野心を持ち合わせている人間に適している。しかしヴァニラ・アイスとアンナ・デルヴェイの教訓からわかるとおり、嘘がばれた人間には低いステイタスという、底に竹槍が仕込まれた落とし穴が待っている。

ステイタス戦略その三：自分に有利になるようにステイタスの基準を変えるべし。

社会を説得して、特定のステイタスの基準や信念を重んじるように仕向けることでステイタスを得ることができる。人間は生来的に金と権力に惹かれるものだが、芸術家や思想家や哲学者たちは、社会が眼を向ける先を創造性などのより知的な要素に変えることに成功した。新たな基準は防御壁にもなり得る。社会学者のヤン・エルスターはこう記している。「他者よりいい成果を上げるには、難しい道を取るなら自分の能力を上げ、安易な道を進むなら競争相手の足を引っ張ればいい」[104]が、ステイタスの基準はそう簡単に変えることができるものではない。この戦略を一番見事に成功させるのは、往々にしてすでにステイタスを確立している人々だ。

ステイタス戦略その四：新たなステイタス集団を立ち上げるべし。

低いステイタスを運命づけられている人々が安らぎを求めたければ、生まれ育ったステイタス集団から離れて小規模な分派集団に移ればいい。パンクロックの世界で虐げられているバンジョー奏者は局所的《ローカル》ディキシーランド・ジャズの世界に移ればいい。この戦略を使えば、自尊心の主たる源である局所的なステイタスを得ることができるが、全域的《グローバル》なステイタスに付随する最も望ましい物質的恩恵をふいにしてしまう。そのため、二次的ステイタス集団はこの手を〈ステイタス戦略その三〉と組み合わせることが多い。ディキシーランド・ジャズ業界なら、ディキシーランド・ジャズこそがアメリカで最も重要な伝統音楽だと世界中に説いてまわればいい。二十世紀には各個人がサブカルチャーとカウンターカルチャーに逃げ込み、結果として主流《メインン》のカルチャーのステイタスの基準に影響を与えた。

より高いステイタスを求めるために、わたしたちはここに挙げた四つの戦略を少なくともひとつ選択したうえで社会的競争に身を投じる。そうやって各個人は仲間たちから一歩抜きん出た存在になろうとし、ステイタスの低い人々は高い人々のステイタスシンボルを盗用し、エリート層は成り上がり者やペテン師たちを撃退し、そして二次的ステイタス集団は社会に浸透しているステイタスの信念に異議を申し立てる。こうしたステイタスの位置をめぐる戦いから生じる摩擦は、創造と発明に必要欠くべからざる原動力となる。次はそこを見ていこう。

第2部　ステイタスと創造性

第5章　階級と感性

〈ジェイコブ・ザ・ジュエラー〉のけばけばしさ、年輪を見せるためにわざとくすませたカルティエの〈タンク〉、ヤッピー御用達のボージョレー・ヌーヴォー、スーパー・プロケッズ――どれも同じシグナリング戦略で美的感覚と工芸品を創り出している。

ニューマネー

「何かすごいものがほしくなったら、いつもジェイコブのところに行っている」[1] ラッパーのナズは二〇〇三年にタブロイド紙の〈ニューヨーク・ポスト〉でそう語っている。ナズが名前を挙げたジェイコブ・アラボ、またの名を〈ジェイコブ・ザ・ジュエラー〉はニューヨークを拠点にするウズベキスタン系アメリカ人で、名実ともにヒップホップ国家の〝宝飾大臣〟だ。ナズは早くからジェイコブを贔屓にしていて、台頭しつつあった次世代のラッパーたちに紹介した。二〇〇二年に初めてレコード契約の前払い金を手にしたとき、カニエ・ウェストは母親にロレックスを買ってやり、[2] そして不朽の名曲「タッチ・ザ・スカイ」にあるように、前払い金を手にしてから一時間後に〝とにかくピカピカになりたかったら、ジェイコブのところに行った〟。以来、ウェストは宝物箱を満杯にできるほどの宝飾品をジェイコブから買い、そのなかには宝石をちりばめ、青い眼はアクアマリンで、流れる血にルビーをあしらった〝イエス・キリスト像〟[3]もあった。
レコード業界における印税前払い《アドヴァンス》制は、慎ましやかな生い立ちの人々が宝くじ以外で手っ取り早く金持ちになれる数少ない手段のひとつだ。この思いがけない臨時収入は、何者でもない人間を一夜にしてひとかどの人物に変える。このラッキーな受益者は、資本主義が売り物にしている自己変革を最もよく体現する非公認の集団の一員となる――その集団の構成員は成り金《ニューマネー》[4]ともにわか成り金《ヌーヴォー・リッチ》とも成り上がり者とも呼ばれる。ステイタスを求める人間の基本欲求は、こうした人々に何を予見させるのだろう？　社会的階層を最も合理的に上がりたいのであれば、〝生身の富〟をよりステイタスが高いライフスタイルに結びついたステイタスシンボルに変換すればいい。これが〈衒示的消費〉の目的だ――高価な商品をわざわざ購入し、豊かさを誇示するのだ。衒示的消費はやり方が簡単なので、ニューマネーたちが時代と言語と国と地域に関係なく極めて一般的に行使している。[5] シカゴの大物ギャングのアル・カポネが一九二〇年代後半にマイアミに豪邸を購入したとき、妻のメエ（メアリー）はルイ十四世様式の複製の家具と金で縁どりしたディナーセット、象牙を使った細密彫像、そして四体の金属製の象で派手に飾った。[6]
ニューマネーの極端な自己顕示志向から、本章の本題を発展させていく――センスの根底にある感性は個々の特異な心理と非合理的な心理がそれぞれ独自にもたらすものであって、決してランダムなものではない。同一の社会経済階級に属する人々は似たようなステイタス資産を有するため、似たようなシグナリング戦略を取る。こうした各個人が同じやり方でシグナルを伝達すると、その行動はコミュニティ内で慣習めいたものとなり、やがて各企業は彼らのセンスに迎合した、たとえば文化的工芸品のような商品を提供するようになる。この過程で嗜好世界が形成される。ニューマネーは潤沢な資金を高級品に注ぎ込み、手っ取り早くステイタスを上げる。ニューマネーが世間一般に見せびらかすライフスタイルとそれに結びつくすべての装身具は、彼らの感性を体現するだけでなく、ジェイコブ・ザ・ジュエラーに見られるように、異彩を放ち野心に満ち溢れるさまざまな要素を大衆文化にもたらしている。

社会経済階級は芸術品とスタイルと価値と感性の源泉のひとつに過ぎない。〝独特のスタイル、慣習、そして感性はどのようにして生まれるのか?〟というふたつ目の〈文化《カルチャー》の大なる謎〉を解き明かすために、これから以下の三つのステイタス集団から生じる創造性を検証する。[7]その三つとは各階級、サブカルチャー、そして前衛芸術家たちだ。人間は生まれながらにして創造的本能を有しているのかもしれないが、ステイタスを得るためには差異化を図らなければならないので、個人は常識破りで独特な、突拍子もない新機軸の追求に駆り立てられる。そうやって生み出された新機軸は小集団内で文化として共有され、そしてその新機軸が広く社会に与える影響の大きさは、それぞれの集団の全域《グローバル》的なステイタスで決まる。

この基準に照らし合わせると、社会経済階級はステイタスがセンスに与える影響を最も明確に示す好例だ。階級とは何だろう? この問題をめぐる長々しい学術的議論はここでは取り上げない。簡単に言えば、階級とは似かよった価値観と信念を有する、資本レヴェルが一致する個人の集団だ。経済学者のヨーゼフ・シュンペーターは、同じ階級の構成員は世界の同じ部分を、同じ眼で、同じ視点と方向から見ていると述べている。[8]ある社会経済階級に生まれついた各個人は、習慣行動《ハビトゥス》などの無意識的な慣習を基礎として共有している。これは共同の信念、ライフスタイルの明確なちがい、独特の各種センスといったかたちで明示される。文化史家のポール・ファッセルは、アメリカ人は階級を「住

階級名	経済資本	文化資本
ニューマネー	極めて多い	少ない
オールドマネー	多い	多い
知的職業階級《プロフェッショナル・クラス》	中程度	中程度
資本に欠く人々	少ない	少ない

んでいる場所、容姿、道路から車庫までの私道の長さや舗装の仕方、玄関や居間の調度品、飲み物の甘さ、夕食の時間、通信販売で買う商品、出身校の所在地とそこを敬う度合い、読むもの」[9]で決めていると指摘した。

各階級の構成員たちは似かよった慣習を守り、競合する階級の同じ価値を有する慣習には従わない。とはいえ、階級は組織的な権利擁護集団として機能しているわけではない。「階級それ自体は共同体ではない」[10]と、マックス・ヴェーバーも釘を刺している。各階級の個々の構成員たちは必ずしも階級という〝集団〟のためでなく、自分のために同じ目標を目指す。同じステイタス資産を有する各個人は、その資産の重要性に重きを置く価値観を共有し、結果として階級内でセンスが醸成される。

階級の最も一般的な定義では、社会を上層（資本所有者）と中間層（ホワイトカラーの給与所得者）と下層（ブルーカラー労働者）の三つに区分する。しかしここではステイタスと文化の関係をよりよく理解するために、ステイタス資産の〝量〟と〝多様性〟に基づいて、個人を四つのグループに分けることにする。[11]資本の源泉は集中する傾向があることは第1章で確認済みだ。したがって経済資本と文化資本のふたつだけでも区分に役立てることができる。経済資本は金銭と資産と富で構成され、一方の文化資本は、ステイタスが高いと広く認知されている集団内で通常のステイタスを得るために必要な、ステイタスの高い慣習にかんする知識のことだ。

個人は自身が有する、そして最も価値が高いと考えている資本をシグナルで伝達し、これが各個人のセンスを下支えする感性を形成する。ニューマネーはただひたすらに富のみをシグナリングし、それが衒示的消費をベースにした〝けばけばしさ〟の感性を育む。オールドマネーは文化資本を強調するシグナルを暗号化し、さり気なく伝える。これらの階級がそれぞれのセンスと合致する有形財を選択すると、結果として生じる芸術工芸品や慣習はその階級の文化となる。ジェイコブ・ザ・ジュエラーと彼が作る宝飾品は（そしてその世界を描いた『アンカット・ダイヤモンド』をはじめとした映画に至るまで）ニューマネーが自分たちのシグナリング戦略の一手段として求めたおかげで、アメリカのポップカルチャーで重要な位置を占めるようになった。

前章の結びで挙げたステイタス戦略に話を戻せば、ニューマネーの各個人は戦略その一〈ステイタスの基準を上回るパフォーマンスを見せ、その事実をシグナリングで明らかにすべし〉を成功させている。ニューマネーは運もしくは才能のおかげで莫大な経済資本を集積し、その成果に見合ったより高いステイタスを求める。そのためには生身の富を耳目を惹くステイタスシンボルに変換し、[12]自分たちの台頭を世に知らしめる必要がある。フィッツジェラルドの小説『グレート・ギャツビー』の主人公は、[13]ノースダコタ州でジェイムズ・ギャッツという名の一般人として生を享けたが、酒の密輸で財をなしてジェイ・ギャツビーという伝説の存在に生まれ変わる。ギャツビーことギャッツはその財産を使って秘密の豪邸で物質的な豊かさを金で買うことも、何十人もの孫候補に安定した収入源を残してやるために債券市場に投資することもできただろう。しかしステイタスを求める基本欲求に従う（そして失われた愛を取り戻そうとする）ギャツビーは、自分が何者なのかを知らしめるために金を使い、シルクシャツを無限にそろえ、豪邸に暮らし、そして毎夜のように豪華なパーティーを催してニューヨーク中の名士を招いた。

現在では酒の密輸のような非合法な手段に頼らずとも、金融、法曹、スポーツ、エンターテインメント、起業といったさまざまな業界で合法的に億万長者になることができる。そうやって得た巨万の富は巨額の出費を可能にする。大戦後の旧弊なイギリス社会で、実業家のバーナード・ドッカー卿とその妻は[14]クロームメッキの代わりに本物の金《きん》を使い、象牙でできたダッシュボードとシマウマの革張りの座席（ミンクの毛皮だと暑過ぎるから）という豪華仕様のダイムラーのクーペ〈ゴールデンゼブラ〉で伝説になった。近年ではカナダ出身のラッパーのドレイクが、トロントに敷地面積五万平方フィート（約四千六百平方メートル）の邸宅〈エンバシー（大使館）〉を建てた。[15]重量二トンの黒大理石製のバスタブ、手作業でカットされた二万個のスワロフスキー・クリスタルで作られたシャンデリア、そしてピラミッド状の天窓の下には規定サイズのバスケットボールのコートがある大豪邸だ。二階分の高さがあるクローゼットには、まだ見ぬ妻のために買いそろえたエルメスのバーキンがずらりと並んでいて、そのなかにはオークションで三十八万ドルの高値がついた〈バーキン・ヒマラヤ〉もある。ドレイク自身が〈アーキテクチュアル・ダイジェスト〉誌に語ったように、この豪邸のコンセプトは〝圧倒的な高級感〟だ。

ここでは〈圧倒的〉がキーワードだ。財産を有することを明確に裏づける衒示的消費は、万国共通に見られる消費行動だ。[16]その記号は文化資本を一切使わなくても読み解くことができる。ドレイクの財力のほどは、地球上のありとあらゆる地域に暮らす、何も知らない貧しい子どもでもわかるだろう（あるいはジョン・ウォーターズの映画で有名なディヴァインはこんな辛辣なことを言っている。「ゴミの量を見れば、どれぐらい金持ちかわかるのよ」）。[17]つまりニューマネーのステイタスシンボルは記号としての複雑性が低く、成り上がり者が生まれ育ったステイタスの低いコミュニティの構成員を含めて、誰に対してもシグナルの意味が通じる。

記号としての複雑性が低いという固有の利用価値がある衒示的消費は、少数のエリート層が大多数の貧困層を支配する、著しく階層化された低教育水準の社会でごく一般的に見られる。経済発展が進んでいない独裁国家や金満産油国の独裁者と寡頭政治の指導者たちは、〃臣民〃が決して持ち得ない有形財を所有するだけでステイタスを示すことができる。ジンバブエの独裁者ロバート・ムガベは高級車を何台も所有し、そのなかには十八台しか生産されなかったロールスロイス・ファントムⅣもあった。[18]その妻にしても、ヨーロッパの高級品に眼がなかったことから〈グッチ・グレース〉と呼ばれていた。[19]こうした諸国では、それを所有すると社会の〃正しい側〃に立つことができるので、どこからどう見ても高級だとわかる同じようなものが求められる。欧米の〃目利き〃たちは往々にして〃第三世界の独裁者〃のセンスを腐すが、[20]実はアメリカも十九世紀後半の泥棒男爵の時代にこのパターンを経験している。文化史家のラッセル・ライネスはこう述べている。「（アメリカの）金持ちたちは途轍もなく裕福になってしまった結果、彼らのセンスは世間一般の人々のそれと、そびえ立つ富の壁で分断されてしまった。言ってみれば、彼らは別の世界で暮らしているようなものだ[21]」

消費社会が到来する以前、富で他者を圧倒するおもな方法は、ソースタイン・ヴェブレンが言うところの〈衒示的浪費〉[22]、つまり無限の財力を誇示するための度を超えた出費だった。十三世紀イタリアの貴族ジャコモ・ダ・サンタンドレア[23]は客人を怯えさせるためだけに自分の別荘に火を放った。北米大陸の太平洋岸北西部に暮らしていた先住民族たちは、敵対部族に途方もない富を気前よく与えることでステイタスを得る〈対抗的贈与《ポトラッチ》〉という儀式を執り行っていた。フランスの哲学者で小説家のジョルジュ・バタイユはポトラッチを分析し、その目的を〝侮辱し、挑発し、債務を負わせる〟[24]ことで敵対者の返報を難しくするためだとした。現在でもスーパーリッチのあいだでは眼を瞠るような浪費が普通に見られる。俳優のジョニー・デップは、ワインにかなりの額をつぎ込んでいるという噂について〈ローリング・ストーン〉にこう語った。「ひと月に三万ドル使ったって言われるのは心外だな。だってそんなはした金じゃないから」[25]
産業社会の富裕層は、自分たち以外の誰もが仕事に励んでいるというのに人目も気にせずに遊ぶ〈衒示的閑暇《かんか》〉を使ってシグナルを伝えることもできる。ミドルクラスの学生たちは仕事に役立つスキルを身につけるために高等教育を受けるが、富裕層の子女たちは同じ時間をギリシア語とラテン語で書かれた古典の学習に充てることができる。しかし現在では衒示的閑暇はあまり効果的なシグナルではない。「閑暇は、誰もが自分以外の全員を知っている小さな社会において名声を得る手段として機能する」[26]社会学者のピーター・コリガンはそう述べているが、〝赤の他人に囲まれた大きな社会〟ではあまり意味を持たなくなる。さらに言えば〝時は金なり〟だ。後期資本主義社会では、スーパーリッチたちは貧困層にさらに輪をかけて長時間働いている。[27]
急速に成長し匿名化が進む現代の経済社会に、衒示的消費は最も効果的なシグナリング手段として再登場した。ヴェブレンがこの消費行動を分析した十九世紀後半、贅沢な買い物といえば、もっぱら〝絨毯、タペストリー、銀器、給仕人、シルクハット、糊の効いたシーツ類、宝飾品や正装用の衣装〟[28]だった。現代を生きるニューマネーたちは自分たちの閉鎖的なコミュニティ内で定番となっているアイテムを贅沢な支出の対象とし、スキーリゾートの山荘やスーパーカーや〈ガルフストリーム〉のプライヴェートジェットなどに眼を向けている。この消費傾向が、高所得層がこぞって特定の価格の物品を購入するという慣習を形成する。これをヴェブレンは〈美的感覚の金銭的基準〉[29]と呼んだ。つまり衒示的消費とはこうした基準に倣うことにほかならない。カニエ・ウェストが、大金が手に入ったらジェイコブ・ザ・ジュエラーのところに行けばいいことをわかっていたのは、彼のヒーローであるナズとジェイ・Zがジェイコブが作る宝飾品をヒップホップのエリートたちのマストアイテムにしていたからだ。

が、富裕層の各個人はさらに金をつぎ込むことで、いつでもこの基準を破ることができる。さらにレアなクルマを買い家をさらに大きくし、別荘をさらに多く持てばいいのだ。バーキンはそもそもかなり高額なバッグだが、ドレイクは〈バーキン・ヒマラヤ〉のために大枚をはたいた。超大型クルーザーや競走馬や広大な敷地に建つマナーハウスは投資対象としての旨味は少ないが差異化には大いに役立つ。自分の生活を金ぴかに飾り立てる手段を使い尽したとしても、今度は〈代行消費〉[30]に手を出せばいい――家族や使用人に高級な衣服やアクセサリーを身につけさせるのだ。シルクシャツを欲しいだけ手に入れると、ジェイ・ギャツビーは余った金でニューヨーク中の名士たちをもてなした。

自らの富をシグナリングするためなら高価な新製品を嬉々として受け容れる成り上がり者たちは、最新かつ最も豪華なスタイルやガジェット、ファッションなどの〝珍奇なもの《ノヴェルティ》〟にこぞって手を出す。[31]一九五〇年代、アメリカのオールドマネーの女性たちはイギリス流の古くさくて堅苦しいドレスコードに従っていたが、ニューマネーとなると移り変わりの早いパリのファッションシーンを追いかけていた。[32]六〇年代後半にカリフォルニア州マリン郡を根城にしていた麻薬密売人《ドラッグディーラー》の家には、どの部屋にもカラーテレビとステレオが完備され、スポットライトと回転ベッドが配された大きな部屋もあった。[33]ヌーヴォー・リッチたちにとって使い捨ては特有の個性であって、一時的に大流行したスタイルではない。最先端の流行を追うためにさまざまなアイテムを頻繁に買い替える行為は衒示的浪費の新たな手段だ。さらに言えばノヴェルティは、ニューマネーが核とする〝現代の贅沢品は効果的なステイタスシンボルである〟という信念に沿うものだ。日本のネット通販起業家の前澤友作はトーマス・ゲインズバラやオーギュスト・ルノワールの絵画をそろえてヨーロッパの大邸宅を埋め尽くすことはできないのかもしれないが、ジェフ・クーンズの彫刻作品を六千九百万ドルで落札できるだけの財力はある。[34]
衒示的消費は常に効果的なシグナリング戦略として機能するわけではない。大恐慌から第二次世界大戦にかけて、贅沢なライフスタイルは社会全体で苦境を分かち合おうとする風潮[35]とまともにぶつかり合った。それに平時でさえ衒示的消費は〈無頓着の原則〉に反している。おまけにニューマネーの派手なシグナルは納得のいく反証に欠く。とにかく全部鼻につくのだ。これ見よがしな購入活動も、まともなライフスタイルに必要なものを超えていると嘘っぽく感じられる。いもしない生涯の伴侶のためにクローゼット一杯分の未使用の高級バッグを所有する現実的な理由などあるだろうか？
衒示的消費の最大の欠点は、その対象となるアイテム、たとえばクルーザーや豪邸や高級ブランド品など、それ自体がオールドマネーよりステイタスの低い集団であるニューマネーと必然的に結びついてしまうところだ。〝にわか成り金《ヌーヴォー・リッチ》〟は蔑称であり、最近富を手に入れたことで有名になりたがる人間など皆無に近い。一九八〇年代、音楽業界の大物弁護士アレン・グラブマンは、この業界で成功した証しとしてロールスロイスを購入した。が、この高級車を乗りまわすのは、額に〝わたしはヌーヴォー・リッチでございい〟という文句が点滅するネオンサインをつけているようなものだと悟り、[36]売り払った。ニューマネーのセンスの多くは、下層の習慣行動《ハビトゥス》を極限まで拡大させた不自然なものと見なされることが多い。リムジン仕様のＳＵＶや映画館サイズのテレビ、ダイヤモンドを散りばめた犬の首輪などがその好例だ。

それでも衒示的消費を下支えする戦略はかなり筋の通ったものなので、ニューマネーたちは今後も高価だという理由で高価な品々を購入しつづけるだろう。値札が高ければ高いほど欲しくなる現象を、経済学者たちは〈ヴェブレン効果〉[37]と呼んでいる。このニーズに応えるべく、二十世紀には巨大なラグジュアリー産業が誕生し、高級な衣服や宝飾品、アクセサリー、そして飲料などを提供すると同時に、広告とマーケティングを介して自社製品の〈キャシェ〉としての価値を広く世間に知らしめた。こうした企業は想像し得るありとあらゆるものを〝より高品質〟にして提供するだけでなく、ステイタスを争うマラソンでラストスパートを可能にしてくれる、より希少かつ高価なヴァージョンも作りつづけている。一九九〇年代初頭、ジョニー・ウォーカー社はごく一般的なスコッチになってしまった〈ブラックラベル〉では新たなビジネスエリートたちの購買意欲をそそることはできないと判断し、〈ブルーラベル〉の販売を開始した。[38]その〈ブルーラベル〉が富裕層の定番になると、今度は〈ジョン・ウォーカー&サンズ キングジョージ五世〉を出した。ロールスロイスでも、ただの金持ちのためのセダンタイプもあれば、スイスの〈ユーロキャッシュ〉社が中東のとあるエリートビジネスマンのために特別注文した、〝金メッキを施したフル防弾仕様で、天文学的な価格〟のロールスロイス・ファントムＥＷＢ[39]もある。

全体として見ると、ニューマネーはグローバルレヴェルの文化に足跡を残している。経済学者の草分け的存在のヴェルナー・ゾンバルトは、資本主義それ自体がヨーロッパ貴族の輸入贅沢品に対する貪欲なまでの渇望[40]から生まれたと考えていた。そしてゴシック、ルネサンス、バロック、ロココといった個別の美的感性は〝その時代の支配集団の意思を表明する様式〟だとした。現在のニューマネーたちは富に基づいたステイタスシンボルをどこまでも追い求め、〝度の過ぎた贅沢の感性〟という彼ら独特の美意識を世に広めつづけている。その証拠に、ジェイコブ・ザ・ジュエラーの名はそのジュエリーを買える人々以外にも知れ渡っている。現代資本主義経済のダイナミズムは、自分たちのためだけに作られたステイタスシンボルを富と交換して獲得するニューマネーが常に存在することを保証する。そして、それほど複雑ではない経済体制下では、その結果として生じる〝低俗な〟贅沢がセンスのよさの基準となる。しかし先進諸国では、ニューマネーによるステイタスの主張は他階級からの激しい反発にさらされている——最初に反撃するのは既成富裕層だ。

オールドマネー

H・ジェレミー・チザムは、[41]スイスで最も格式の高い寄宿学校〈ル・ロゼ〉で学んだ。〈ル・ロゼ〉の卒業生にはロックフェラー家やロスチャイルド家、そしてヨーロッパ諸国の王族が名を連ねている。チザムの父親はニューイングランド製紙業界の大物、母親はシュールレアリスムの画家で、そしてイギリスの由緒正しい銀行家ベアリング家出身の社交界の花形ベラ・ベイト・ロンバルディの娘だった。母方の曾祖母ローザ・フレデリカもかなりのオールドマネーの出で、ベアリング家の夫との離婚後にロイヤルファミリーの一員と再婚したほどだった。

一九七〇年代後半、オールドマネー中のオールドマネーのチザムは、ニューマネーたちがカルティエの腕時計〈タンク〉を身につけるようになったことが[42]我慢ならなかった。[43]それまでカルティエは、長方形のケースが特徴のこの腕時計を厳選された顧客、たとえばファッションデザイナーのイヴ・サンローランやジャクリーン・ケネディといった有名人にしか売らなかった。製造数にしても一九六〇年以前は年に百本以下だった。ところがカルティエがその数を増やすにつれて、裕福な銀行家や弁護士、そして起業家たちがステイタスシンボルとして購入するようになった。この品位を落とすカルティエの所業に異議を唱えようとしたチザムは、新品のタンクを正規価格で買い、冶金師に依頼して金無垢のケースを黒く変色させようとした。彼の狙いは、パームビーチに暮らすニューマネーの知人たちが新品で金ぴかのタンクを自慢するなか、一見したところ長きにわたって使ってきたせいでみっともなく黒光りするタンクをはめて、あちらこちらを意気揚々と歩きまわることにあった。しかし残念ながらカルティエは金色に輝くケースを黒くくすませる〝反錬金術〟を見つけることができず、チザムは金ぴかのままの時計を義理の息子に押しつけ、その息子もすぐに失くしてしまった。

　チザムのたくらみは単なる悪ふざけだったが、ここにニューマネーとオールドマネーのセンスの決定的なちがいがうかがえる。ニューマネーが最も新しく最も大きく最も光り輝くものを求めるのに対して、オールドマネーは控えめで古風で落ち着いたものを望む。そして衒示的消費がニューマネーのあいだで一般的であるように、オールドマネーの〝さりげない、無頓着な、気取りのない、平然とした、気楽な、自然に身についた、無理したところのない〟[44]センスは、アメリカやイギリスやフランスや日本などの世襲富裕層が等しく持ち合わせている。チャールズ国王は継ぎ切れ《パッチ》がしっかりとついた古い上着や靴を身につけている。[45]ニューイングランドの女性相続人たちはくたびれたステーションワゴンに乗っている。[46]十九世紀前半の江戸の裕福な商人たちは〝さりげなさ〟と〝洗練〟と〝都会的〟を意味する〈粋〉を追求し、着物も派手ではなく渋めのものを好んだ。[47]超富豪たちが見せる静謐な慎ましやかさは、それ以外の人々、とくにニューマネーたちの眼には馬鹿げたもののように映るかもしれない。しかしこれから見ていくように、オールドマネーのカビくさい美意識は、シグナリング戦略としては金をじゃぶじゃぶと注ぎ込んで自慢するニューマネーのやり口と同じぐらい合理的なものだ。

ソースタイン・ヴェブレンは一八九九年の著書『有閑階級の理論』で、ニューマネーとオールドマネーの感性は最終的に分離すると予見した。有閑階級内で差別化が必要になると、〝金がかかっていることを示すさりげない証拠を見抜く力〟が養われ、〝けばけばしい衣装〟は〝不快な〟ものとなる。[48] 各個人が最上級の資産を使ってステイタスを主張すれば、こうなることは必定だ。ニューマネーは経済資本をシグナルで伝達する。一方のオールドマネーは、社会関係資本（ほかの裕福な一族との強固な関係）および文化資本（社会の頂点に立つ者としての振る舞いを心得ていること）を介して示すことが可能な優れたステイタスを長く維持できるという恩恵に浴している。H・ジェレミー・チザムの一族が有するネットワークは広大で、イギリス王室から銀行家一族、そしてココ・シャネルから現代美術界にまで及んでいた。彼はマイアミのカントリークラブでもセント・ポールズ・スクール〔ニューハンプシャー州にある名門寄宿学校〕の同窓会でも、アッパークラスのどんな社交の場にもなじんでいた。チザムにいいセンスと価値の高いアイデンティティを構成する〈手がかり〉とシグナルをもたらしたのは、そうしたアッパークラスでの実体験だった。

歴史上のほとんどの時代、とくに封建時代では、先祖代々の金持ちは新興金持ちよりも尊敬を集めていた。一七六〇年のフランスでは、一四〇〇年以前からの貴族の血統であることを証明しなければ宮廷への参内はかなわなかった。[49] いくつかの革命と共和制を経た十九世紀になっても、社会学者ガブリエル・タルドはこんなことを記している。「最新の革新が有する威信よりも祖先の威光のほうが原則としてはるかに優勢であり、[50] したがって実際に威信を持っている階級および人物は、現代では失っているにしても少し以前までは権力と富を持っていたような階級である」[51] 高貴な血筋への執着の背後にはキメラ的なものがあるのかもしれない。バートランド・ラッセルは、世襲権力の歴史は「酋長の魔術的な属性から王の神性を経て騎士と血統を誇る貴族にまで至る」[52] としている。ステイタスの完全性の観点から見れば、数世代にわたって蓄積されたオールドマネーの富は将来の地位を予測するうえでより正確な尺度となる。[53] それに対してニューマネーは一代限りの一発屋かもしれない。『グレート・ギャツビー』の登場人物でオールドマネーのトム・ブキャナンは話の結末では生きていて、主人公の酒の密輸業者は自宅のプールで射殺される。

『グレート・ギャツビー』で殊更に表現されているとおり、オールドマネーはニューマネーを毛嫌いする。いかにもニューマネーらしい、ステイタスの低いハビトゥスに対する強い嫌悪感を無意識のうちに抱いている。またオールドマネーは既存の社会階層へのいかなる挑戦にも憤然とする。ニューマネーはずるをしている。何世代もかけて名声を築くこともせず、ステイタスの高いライフスタイルを手っ取り早く金で手に入れようとしている。そう信じ込んでいる。さらにはニューマネーの露骨な衒示的消費が、豊かなライフスタイルを作り上げている基準をリセットしてしまうのではないかと不安視している。富を維持し、のちの世代に伝えるために資産を信託管理しているオールドマネーは、新たに富を築いた百万長者や億万長者のようなキャッシュフローを有していない。

　富だけでステイタスが決まる世界なら、ニューマネーが社会階層の頂点に立つだろう。その恐怖に駆られるオールドマネーは、自分たちのセンスに基づいた〝柵〟を築こうとする。そしてステイタス戦略その三〈自分に有利になるようにステイタスの基準を変えるべし〉を進める。社会学者のセシリア・リッジウェイはこう説明する。「高ステイタス集団の構成員たちは自分たちの影響力と高い評価を利用し、自分たちの高いステイタスを保てる有利な方向に集団を誘導することがあり、階層はさらに維持される」[54] ニューマネーのシグナリングの力を無力化するべく、オールドマネーは自分たちの生身の富をひけらかすことを禁じる。そして控えめで無頓着であることを強調し、シグナルが必要になった場合は単なる富ではなく〝時間〟が豊かさの証しであることを誇示するステイタスシンボルを使う。この点を見れば、オールドマネーのセンスはニューマネーのそれより曖昧なものなのかもしれないが、力学に基づいているところは同じだ。

こうしたセンスのちがいを格好の材料にして、オールドマネーはニューマネーを侮辱する。フランスの貴族たちは成り上がり者たちのセンスのことを〝くだらない《プティ》・センス《グー》〟[55]呼ばわりしていた。途轍もなく大それた衒示的消費をするのはニューマネーと相場は決まっているので、そうした散財を慎むだけでオールドマネーはこの慣習とは無縁のままでいられる。そして乱費する代わりに〝貧しさが豊かさになる〟富に走る[56]――一見して豪華には見えない、質素で禁欲的なものを求めるのだ。このテクニックは経済学では〈カウンターシグナリング〉[57]と呼ばれている。これはシグナリングをしないわけではなく、生身の富を基にした一切のシグナルを〝無効に《カウンター》〟するのだ。オールドマネーはポルシェやカルティエの新品のタンクのような贅沢品の購入を控えることで、ニューマネーが躍起になっているシグナリングを行き過ぎたものとして見事に際立たせ、彼らが〈無頓着の原則〉に反していることにスポットライトを当てる。

しかしカウンターシグナリングは、オールドマネーが自身の莫大な富をシグナリングに使うことも抑制するのではないだろうか？　たしかにそのとおりだが、そもそもオールドマネーはシグナリングを必要としない場合が多い。世襲富裕層はそれぞれのコミュニティで確固たる名声を享受している。

それに何よりも彼らは、かすかな〈手がかり〉を読み取ってくれる同じ[58]オールドマネーからしかステイタスを得ようとしない。ピーター・コリガンはこう述べている。「富裕層は十九世紀にその数を増し、結果として彼らが互いに顔を合わす頻度は充分高くなり、下層階級の意見にもう注意を払わなくてもいいと勝手に決めた」[59]ロンズデール伯爵は自分のみすぼらしい身なりについてこう自己弁護した。「ロンドンでは、誰もわたしのことを知らないのだから、この服装でも何の問題もない。（領地の）カンバーランドでは、誰もがわたしのことを知っているのだから、これまた何の問題もない」[60]
シグナリングのロジックでニューマネーが贅沢品に惹きつけられるのと同様に、カウンターシグナリングもオールドマネーの感性を〝奥ゆかしさ〟に向かわせる。七〇年代に新車の派手なメルセデス・ベンツが〝極めて通俗的な象徴で、ビヴァリーヒルズの歯科医が乗るようなブランド[61]〟だったのに対して、アメリカのオールドマネーは〝少しばかり汚れたシボレーやフォードやプリムスやダッジ、もしくは型の古いぽんこつのジャガーやＢＭＷ[62]〟を好んだ。
この傾向はオールドマネーの〝引き算の感性〟も生む。二十世紀初頭のファッションデザイナーのポール・ポワレは「女性は何を着るかではなく、何を着ないかということで名声を得るのだ」[63]という信条を抱いていた。近代メンズファッションのゴッドファーザーだったボー・ブランメルは目立たないことをよしとした。「イギリス人《ジョン・ブル》が振り返ってきみを見たとしたら、きみの着こなしはよいものではない。堅苦し過ぎるか、体にぴったりし過ぎるが、もしくはおしゃれに過ぎるかだ」[64]だからこそ、長きにわたって世界最上級の逸品だとされてきたサヴィル・ロウで仕立てたスーツには余計な装飾が一切ないのだ。美術史家のクエンティン・ベルはこう述べている。「サヴィル・ロウの良質なテーラーは、華美さを欠くことで最大の費用効果を得ている。その完璧な裁断は、究極の思慮深さのなかに明らかとなる」[65]
奥ゆかしさと同様に、見た目よりも機能性を追求する。一九八〇年代にオールドマネーのガイドブックとして人気を博した『オフィシャル・プレッピー・ハンドブック』には「服に対する極めつけの賛辞は〝実用的！〟です」[66]とある。ユーゴスラヴィアのチトー元帥がイギリスを訪れた際、公式晩餐会で金製の食器をほめると、フィリップ殿下はこう打ち明けた。「それに妻（エリザベス二世）が言うには、これだと割れる心配がありませんからね」[67]
オールドマネーの物品の選択は奥ゆかしさと機能性で説明がつくが、それらのシグナルとしての提示にも〝無頓着さ〟が求められる。これは貴族たちの〝勤勉は下層階級の美徳〟という信念と結びついている。オールドマネーの各個人はいいセンスを手に入れたわけではない。いいセンスを〝体現〟しているのだ。『アメリカ上流階級はこうして作られる』の著者ネルソン・アルドリッチ・ジュニアによれば、オールドマネーの美徳は学びとるものではなく、ましてや金銭で買えるものではない、木の木目のような自然の神秘だ。[68]無頓着な態度は、センスはハビトゥスの必然的な産物であり、意識的に模倣して習得するのではなく、オールドマネーとしての生い立ちのなかで自然に身についたもののように見せる。このテクニックは、ニューマネーのなかでも最も狡猾な、ステイタスの高いセンスを労を惜しまず学ぼうとするタイプへの対処にも役立つ。有名インテリアデザイナーのマーク・ハンプトンは、ニューマネーの顧客の学び方をこう馬鹿にした。「そういう人間を見ていると、〈アーキテクチュアル・ダイジェスト〉や〈ハウス&ガーデン〉を頭のなかでぱらぱらとめくっている音が聞こえてきそうな気がする」[69]
が、奥ゆかしさそのものがシグナリングなのだ。ジャン・ボードリヤールは、過少消費は「それはもはや見せびらかしによってではなく、控え目な態度や飾りのなさによって示される行動、反対物に変貌する過剰な見せびらかしであり、より巧妙な差異でもある」[70]としている。しかしオールドマネーだけは、こうしたステイタスの評価における利点を得ることができる。控えめなのは本当に金がないからだとは、なかなか思わないものだ。

衒示的消費の価値を下げると、次にオールドマネーはそれに匹敵するシグナリング・コスト、つまり時間に基づいた、より微妙なシグナルを導入する。オールドマネーのセンスは、人類学者のグラント・マクラッケンが〈古つや《パティナ》〉[71]と呼ぶ、所有物の〝年輪〟に焦点を当てる。たとえば銀器のくすみは、それが何世代にもわたって受け継がれてきたものであることを示す。紳士服評論家のG・ブルース・ボイヤーがフィラデルフィアの名家の主《あるじ》にタキシードをどこで買ったのか尋ねると、「買ったのではない。持っていたのだ」[72]と厳しい答えが返ってきた。朽ちかけた田舎の邸宅や城、古《いにしえ》の巨匠の絵画コレクション、ヴィンテージ物を収めたワインセラー、名工の手による、かすかなへこみのある家具、それらすべては、その所有者が何世紀にもわたって並々ならぬ財産を貯えてきた一族の人間であることを示唆している。

パティナもまた、飾り気をよしとしないオールドマネーの美意識を示すものだ。彼らの部屋はしばしば〝使い古された〟[73]ような感じがすると言われ、オールドマネーらしからぬ安っぽいガラクタで溢れ、堅木《ハードウッド》張りの床には大昔から受け継がれてきたような、擦り切れて糸が見えかかっているペルシア絨毯が敷かれている。[74]一時期は世界一の富豪だったウィンチェスター伯爵は、買ったばかりのように見える服は一切着なかった。[75]一九五〇年代のイエール大学では、〝靴《シュー》〟がアッパークラスの男子学生のことを指すスラングとなっていたが、それは彼らがぼろぼろになるまで履き古した白いスエードシューズを履いていたからだった。奨学生たちは〝生まれて初めて履いたのではないかと思われると恥ずかしいので[76]〟あらかじめ汚してある白いスエードシューズをニューヨークで買っていた。

流行を愛するニューマネーとは異なり、オールドマネーは自分が選ぶ品々に永遠の価値を求め、目新しい《ノヴェルティ》ものを拒む。アメリカでは、オールドマネーはポリエステルのような合成素材ではなく、ウールやコットン、リネンのような極上の天然素材製の確かな〝トラディショナルスタイル〟に群がった。こうした選択は彼らの慣習と、ネルソン・アルドリッチ・ジュニアが〝プレッピーのワードローブ〟として以下に挙げた品々の根幹をなしていた――L・L・ビーンのメインブーツ、トップサイダーのモカシンデッキシューズ、タッセルローファー。ウール百パーセントの靴下、黒いシルクの靴下、素足。だぼっとしたラインのチノパンツ、レンガ色やライムグリーンやイエローやピンクの、バート・ピューリッツァーのゆったりとしたトラウザーズ、ゆとりのあるボクサーショーツ、ブルー、ピンク、イエロー、もしくはストライプ柄のオックスフォード地の、ボタンダウンのものもあればピンカラーものもある、一般的にブルックスブラザーズもしくはJ・プレス、もしくは市《まち》または大学の名前を冠したショップのシャツ、（くすんだ色の柄の）ツイードやコーデュロイやコットンポプリン、またはシアサッカー地の、腰まわりを絞っていない肩パット《ナチュラルショルダー》の入っていないジャケット、ストレートラインの土色の柄のツイードコート、防水性はなく、長年使いつづけてきて色あせた、片方の襟が大きくて耳のあたりまで立てることができるベージュのレインコート。帽子はない。あるとすればクロスカントリースキー用のキャップか、かなり古びたスナップブリムのフェルト帽か、かなり古びたテニスハット[77]。

こうしたアイテムの大半はヨーロッパのデザイナーズブランドではなく、冬は雪が多く降り夏は蒸し暑いニューイングランドの気候に合った実用的なものばかりだ。しかしオールドマネー御用達という価値を得て、こうした機能的なアイテムはいつまでも変わらない良質なセンスの基準となった。
　さらにパティナは、同じスタイルでも今のものより古いものを好む〝懐古趣味〟[78]を助長する。オールドマネーは、テレビや宝石を散りばめたスマートフォンなどのガジェットになど見向きもしない。評論家のスティーヴン・ベイリーはこう述べている。「さる階級のイギリス人男性の大半は、都会に新たに家を建てるよりも、粗末な造りで夏は暑く冬は寒く、安全性にも欠ける、古典建築のまがいもののほうを好む」[79]ボストンの高級住宅街ビーコンヒルに並ぶ商店は、十九世紀半ばの創業当時からそのままの、紫がかった粗悪なガラス窓を後生大事にしている。[80]
　オールドマネーのコミュニティは高級住宅街や寄宿学校や社交クラブなどで構成された閉鎖的なものなので、曖昧なシグナルがうまく機能する。そこで交わされる内輪のジョークや謎めいた握手、そして他愛のないおしゃべりでの相槌の正しい打ち方などを学べる機会はほとんどない。こうした慣習を身につけることは、アルドリッチ・ジュニアの言葉を借りればオールドマネーの〝履修課程《カリキュラム》〟[81]だ。学問の場では、ヌーヴォー・リッチの子女たちは「アッパーミドルクラスやミドルクラスを特徴づける社会的、言語的、文化的能力を身につけることができるかもしれないが、これらの階級に生まれついた人々のように自然に慣れ親しんでいるようには決して見えず、それが理由で罰せられる」[82]と、社会学者のミシェル・ラモンとアネット・ラルーは述べている。二十世紀初頭のイギリスでは、酒を酌み交わす前に〝乾杯《チアーズ》！〟と言うことは〝非アッパークラス《non-U》〟の明らかな証しであり、ステイタスの高い環境での人づきあいを長く続けたのちにようやくわかることだった。[83]
　持ち物よりも微妙な記号に重きを置くオールドマネーのステイタス評価は、全体的な形態《ゲシュタルト》ではなく微細なディテールをしっかり見据える。『オフィシャル・プレッピー・ハンドブック』はこんなことをアドヴァイスしている。「オックスフォードのシャツ地に含まれる何パーセントかのポリエステルや、たとえ六ミリほど幅の広いラペルなどが、本物のプレッピーとのあいだに大きな差異を作るのです」[84]オールドマネーの記号とは、その個人が高ステイタスの環境で過ごしてきた長さと深みを測るためだけでなく、部外者には見えないごく小さな差異を示すためのものでもある。言語学者のアラン・S・C・ロスはこう書いている。「こうした問題では、アッパー《U》クラスの話者は聴き分ける耳を持っているので、一見したところUであっても、たったひとつの発音や単語、そして語句だけでnon-Uの烙印を押されてしまう」[85]
上位文化《ハイカルチャー》に対する鑑識眼を身につけることも、近年まではオールドマネーの差異化戦略の重要な手段だった。クラシック音楽やオペラ、現代アート、そして文学作品は、長きにわたってしかるべき教育を受け、そうした芸術に気軽に接してこそ深く理解することができるものだからだ。こうした知識を得るための余暇をより多く有している富裕層は、より難解な芸術を愉しむことができる。ピエール・ブルデューは自著『ディスタンクシオン』のなかで、観照的なカント的美学は排他的な文化資本に重きを置く企てだとして糾弾した。「芸術作品は、それがコード化される際のコードを所有する者にとってしか意味を持たないし、興味を惹き起こさない」[86]ブルデューはそう指摘している。つまり「芸術作品との、そしてより一般的な学術文化上の作品との霊感にも似た出会いを受け止める適性が、ある階級では豊かで別の階級では貧しいといった具合に異なっている」[87]ということだ。前時代のオールドマネーたちはオーケストラの演奏会やバレエの公演に足しげく通い、高みにいる人々は美術館の理事に名を連ねた。ハイカルチャーについての知識が文化資本のすべてというわけではないが、ここでは芸術と娯楽が、その美的価値を超えてステイタス価値を得る過程が見える。

つまりステイタスの主張においてニューマネーを打ち負かさなければならないオールドマネーは、独特の落ち着いた感性を生み出し、芸術界や独立系高級ブティックといった特定の社会事業を支持する。パティナを求めるオールドマネーは、より古いものを文化の流通網で扱いつづける。代々受け継がれてきた工芸品は珍重され、古風な家は取り壊さずに改築する。しかしこの階級は、わたしたちが〝美徳〟として理解するようになった行動や規範の多くを担っている。[88] その結果、自分たちの選択に優位性があるというオールドマネーの信念は正当化される。そうした高みに立つからこそ、彼らはその他大勢の人々の手本となり、国全体のセンスに影響を与えようとしたのだとアルドリッチ・ジュニアは言う。[89] オールドマネーの美意識は社会の上層に影響を及ぼすだけでなく、より大きな集団の模倣に拍車をかけている。その集団とは、ニューマネーの低俗趣味に代わるものを貪欲に求めているミドルクラスだ。

知的職業階級《プロフェッショナル・クラス》

「気がとがめることもなく輸入チーズを買うことができなくなった。流行最先端のブーティーもそう。若いボジョレーだって買えやしない」[90] 一九八五年、ある企業の三十代の広報担当者はそう愚痴をこぼした。ちょうどその一年前、アメリカの〈若手都会派知的職業人《ヤッピー》〉の消費性向を揶揄すると同時に美化した『ヤッピー・ハンドブック』が書店に並んだ。ヤッピーが流行り言葉になると、本物のヤッピーたちはこの本に書かれているステレオタイプから距離を取るようになった。前述のヤッピーは「今はもうヤッピーだっていうことになんとなく嫌気がさしている」と締めくくっている。

たしかに嫌味な内容ではあるが、『ヤッピー・ハンドブック』はアメリカの社会構造が本当の意味で変化したことを明らかにした。七〇年代以降、金融、法曹、製薬などの業界や大企業で働く上昇志向の強い高学歴の専門職たちは、親世代をはるかにしのぐ収入を得るようになった。企業風土に生真面目に従ってきた親世代――たとえばＩＢＭは全男性社員にソックスガーターの着用を義務づけていた[91]――とは対照的に、ヤッピーたちは変化に富み、コスモポリタンな雰囲気のある洗練された生活を追求した。アメリカのジョギングシューズ、フランスのスパークリングミネラルウォーター、イギリスのバーバリーのトレンチコート、日本のソニーのウォークマン、そしてイタリアのグッチのブリーフケースとローファー[92]――こうしたアイテムに、ヤッピーたちは給料をつぎ込んだ。

ニューマネーとオールドマネーの事例で見たように、ヤッピーのセンスの根底にある感性も、プロフェッショナル・クラスのシグナリング欲求のロジックに沿ったものだ。アメリカのアッパーミドルクラスは名門大学を卒業し、大都市で高給の仕事に就く。キャリアを歩み始めて数年経つと、経済・社会関係・文化の各資本をバランスよく構築する。彼らはニューマネーほどに裕福ではなく、文化資本も体現されたものではなく学習で身につけたものだ。しかし高い学歴を得て企業人としてうまくやっていくうちに批判的思考《クリティカル・シンキング》に磨きをかけ、驚くほどの量の世俗的知識を蓄えていく。ポストモダン時代の情報経済社会で成功を収めるためには、膨大な量の情報を取り込み、検索し、処理しなければならない。そしてプロフェッショナル・クラスは、自分たちが専門とする各分野における能力を、より高いステイタスを得るための正当な基準だと考えている。したがって彼らの最も価値の高いシグナルは金でも裕福であることで得る時間でもなく、自分たちしか知り得ない情報の占有に基づいている。その結果、プロフェッショナル・クラスのセンスは知的で高品質の、風変わりな選択肢に一心に注がれる。つまりセンスそのものに強固な信念を持たせるのだ。『The Bluffer's Guide to British Class jokes（はったり屋のためのイギリス階級ジョーク）』にはこうある。「センスがないのが下流、センスを必要としないのが上流、センスをひたすら気にかけるのが中流」[93] プロフェッショナル・クラスが消費者選択を使って勝負するのは、特定の慣習にかんする知識である文化資本を手に入れたほうが、将来的に巨万の富を得るほうに賭けるよりも社会で有利な立場を得ることができるからだ。センスを競い合うことで、同じ階級内のライヴァルに打ち勝つこともオールドマネーを感服させることもニューマネーに恥をかかせることもできる。

プロフェッショナル・クラスはオールドマネーの美意識を真似るところから文化資本の蓄積を始める場合が多い。一九四三年にアッパーミドルクラスの家庭に生まれたアメリカの文化評論家ジョージ・W・S・トロウはこう述べている。「上流ブルジョワジーの伝統的な礼儀作法をきちんと身につければ、威信のようなものが自分に備わり、恥をかかないようになる。両親はそう教えてくれた」[94] 二十世紀のあいだに、アイビーリーグの大学のようにかつては排他的だった教育機関も実力主義を取り入れ、エリート層以外の学業優良な若者たちに門戸を開くようになった。新たに入ることを許された学生たちは〝難解な〟芸術や文学、映画、そして音楽を理解するために必要な慣習を学んだ。そしてエリートたちの有閑文化も取り入れた。『オフィシャル・プレッピー・ハンドブック』はこんなジョークが書かれている――八〇年代のつつましい家庭出身のアイビーリーグの学生たちは、愉しく過ごすときはコルヴェットや本物のフットボール観戦（ミシガン大対オハイオ州立大）は避け、節度を持って酒を飲むことを忘れ、BMWとお遊び気分のフットボール観戦（ウィリアムズ大対アマースト大）と、モルソンとベックスとハイネケンの（ライトでもダークでも）白く泡立つ海に溺れましょう。[95] 知的職業を志す若者たちは本物のオールドマネーになることはできないが、上流社会にしっかり溶け込むための文化的記号を読み解く分析力を身につけた上で社会に出る。

二十世紀の半ばに大学生の数が大幅に増えると、この感性はミドルブロウの文化に浸透していった。一九八〇年に『オフィシャル・プレッピー・ハンドブック』を〈ニューヨーク・タイムズ〉のベストセラーにしたのは、〈フィリップス・アンドーヴァー〉や〈フィリップス・エクセター〉といった名門私立進学校《プレップスクール》の卒業生でもないアメリカ人たちだった。その後に生じたプレッピーブームで、ポロ・ラルフローレンやL・L・ビーンやスペリーといったオールドマネー御用達のブランドが広く世間に知られるようになった。プレッピールックは、ネルソン・アルドリッチ・ジュニアの眼には若いプロフェッショナル・クラスにオールドマネーのセンスを売り込む〝パッケージ〟に映った。「さりげなさは〝無理のない自然な仕立ての〟スーツとして売られ、寛大な精神はL・L・ビーンのカタログとともに郵送され、フェアプレーの精神はボルボのステーションワゴンの保証書となる」[96] オールドマネーのセンスはプロフェッショナル・クラスの収入にもしっかりと見合っていた。ホワイトカラーの中間管理職の大半はレンタカーでフェラーリを借りたり、ルイ・ヴィトンのトランクを持ってファーストクラスに乗ってボラボラ島へのヴァカンスに行ったりすることに尻込みするが、品質と耐久性に優れ、衒示的消費を自信満々に鼻で笑う製品を買うことは理にかなっていると考えるものだ。

この感性は、ボルボがアメリカのプロフェッショナル・クラスお気に入りのカーブランドになっているところに如実にうかがえる。[97] ボルボはオールドマネーの美意識の模倣を可能にした――派手なイメージのない国から輸入された機能的なクルマを購入することで、アメリカのニューマネーとロウワーミドルクラスの自家用車のステイタス階層を一気に跳び越えることができた。この角ばったスウェーデンのブランドは安全性が極めて高く実用的で、ニューモデルを次々と発表するメーカーなんかまっぴらごめんという消費者向きだった。実際に六〇年代末のある広告で、ボルボは〝あまり変わらない〟ところを自慢し、〝一九六八年にふさわしく斬新でエキサイティング〟ではないことは〝一九六九年に古くさくておかしなデザイン〟にならないと謳っていた。

八〇年代の好景気と軌を一にして、〝似非オールドマネー〟のプレッピーは洗練されたヤッピーに成長した。そして二十世紀が終わりを迎える頃、この集団はふたたび変貌し、コスモポリタンなヤッピーの消費主義と質素なヒッピーの感性を融合させたセンスを有する集団になった。コラムニストのデイヴィッド・ブルックスは、彼らを〈ブルジョワ《ボ》なボ《ボ》ヘミアン《ズ》〉と名づけた。ボボズのセンスを、ブルックスは以下に挙げるルールブックのようなかたちにまとめた。[98]

ルールその一：贅沢品に金をむやみやたらとつぎ込むのは無教養な成り上がり者だけ。教養ある人間は必需品にのみ金をふんだんに使う。
ルールその二：〝プロ品質〟であれば、どんなものであれ大金を使ってもまったく問題ない。たとえそれが自分の仕事とまったく関係のないものであっても。
ルールその三：些細なことであっても完璧を目指さなければならない。
ルールその四：質感はあればあるほどいい。
ルールその五：知識エリートは他者より一歩先んじることを旨とするべし。
ルールその六：知識エリートは、かつては安かったものにかなりの大金を使うことを求められる。
ルールその七：知識エリートは、自分が望む以上の商品を取りそろえ、そして価格という下世話なものになどこだわらない店を好む。

ブルックスがからかい半分でこしらえたこのルールブックは、社会学者のダグラス・ホルトが実施した〝高い文化資本〟を有するアメリカ人を対象にした調査で実際に存在することが証明された。「少なくとも彼らは有形財の入手に積極的で、多くの場合は多額の金銭を費やしているが、それはその入手が望ましい経験に役立つ手段として合理的である場合に限られる」[99]グルメスーパー〈ホールフーズ・マーケット〉の常連客の大半は大卒で、普通は修士以上だ。[100]
グローバル化と文化多様性が進むなか、プロフェッショナル・クラスはオールドマネーの〝二軍〟的な美意識を超えた、情報に富んだ独自の文化資本を築いている。アッパーミドルクラス内での普通のステイタスを維持するため、プロフェッショナル・クラスは音楽、芸術、ファッション、デザイン、そして娯楽を、そのすべての歴史をしっかりと深く掘り下げて理解したうえで、さらに各ジャンルの最新トレンドを追わなければならない。八〇年代、ロウワークラスは寝そべりながら〈リーダーズ・ダイジェスト〉や〈TVガイド〉や〈ナショナル・エンクワイアラー〉などを読み、アッパーミドルクラスは〈ニューヨーカー〉や〈ハーパーズバザー〉などのお堅い記事、〈アトランティック〉の最新の文化評論を精読していた。[101]プロフェッショナル・クラス内の芸術性の高い分派はハイカルチャーへの支出が旺盛で、オペラおよび交響楽団の公演やギャラリー、そして美術展のオープニングイヴェントなどに顔を見せ、豊かな社会生活を送っている。
この層をターゲットにするメディア各社は、ミドルブロウのエンターテインメントを創造する。ぶっちゃけて言えば、ハイブロウでありながら知識エリート層が理解しやすく、彼らが身につけた知識にほんの一瞬だけ言及することで満足させるコンテンツだ。その最たる例が、アニメならではの超暴力性と辛辣な社会風刺、そしてヴィトゲンシュタインのちょっとした引用をミックスさせた『ザ・シンプソンズ』だ。[102] アイビーリーグに憧れる娘のリサにホーマー・シンプソンが放った暴言「あのな、おまえのヴァッサー叩き《バッシング》はもう聞き飽きたよ〔リベラル・アーツ・カレッジのヴァッサー大学はLGBT＋に寛容で、そのために保守的なバプティスト教会が〝アイビーリーグの売春宿〟と誹謗中傷し、大きな反発を呼んだ〕」に一番大笑いしたのは、まちがいなくプロフェッショナル・クラスだろう。

何を買うべきか、何と何をどう組み合わせればセンスとの調和が最も取れるのかについて、プロフェッショナル・クラスが教示を乞うのはメディアと高級品店だ。その教えは、映画批評やヨガスタジオでのレッスン、クラシックなスタイルの写真集などを介して〝人生の喜びを最大化する実践的なアドヴァイス〟という名目で伝えられる。〈ヴォーグ〉や〈GQ〉や〈ニューヨーカー〉を傘下に持つコンデナスト・パブリケーションズは、最新の高ステイタスの慣習を、そのトレンドを直接目の当たりにできるニューヨークで暮らしていないプロフェッショナル・クラスに教育することで雑誌界の帝国を築き上げた。このように新しい情報を常に取り入れ、批判的評価を受けた文化を好み、そして未知もしくは曖昧な形式を積極的に試そうとする姿勢がプロフェッショナル・クラスのセンスをかたちづくっていった。そしてそのアイデンティティは、あまりにも露骨で遠慮のない大衆文化《マスカルチャー》から離れてしまった。マスカルチャーにうつつを抜かすことは、長きにわたって〝恥ずべき趣味〟と解釈されなければならなかった（第10章で見るが、これが今では〝恥ずべき趣味だとする考え方は信じられない〟となっている）。

この三十年のうちに、プロフェッショナル・クラスははっきりと二派に分かれた。ひとつ目は投資銀行や未公開株式《プライヴェート・エクイティ》や不動産に投資するファンド、経営コンサルタント、そして製薬および法律業界の特殊分野に従事する人々で、ニューマネーの下位レヴェルに匹敵する富を得る場合が多い。生身の富を介してシグナルを伝達できる財力を手に入れると、そのセンスは衒示的消費に近いものになっていく。ふたつ目の派閥は社会学者のリチャード・フロリダが名づけた〈クリエイティヴ・クラス〉[103]で、作家やジャーナリスト、雑誌編集者、グラフィックデザイナー、フォトグラファー、ファッションバイヤー、インテリアデコレーターといった創造力《クリエイティヴな》を必要とする職業に就き、ミドルクラスの安定した収入を得ている人々だ。セレブリティやステイタスの高い環境に近いことから、クリエイティヴ・クラスは金銭面よりもステイタス面に得るものが多い。無名な小説家は充分な収入を得ることはできないが、尊敬やその他の物質的な恩恵を受けることもある。劇作家のリリアン・ヘルマンはこう記している。「（ヘミングウェイやフォークナーなどの作品を手がけたボニ＆リヴライト社の社長）ホレス・リヴライトは、おそらく作家がお金よりも注目されることを喜ぶものだと理解した最初の出版人であったと思う」[104]この派閥の人々は最先端の文化を好み、シグナルとして使うばかりか、その職業的キャリアは最新トレンドについていけるかどうかで左右される。ニック・ホーンビィの小説『ハイ・フィデリティ』に登場する中古レコードショップ〈チャンピオンシップ・ヴァイナル〉[105]の店員たちは、最高のアルバムは何かとかであるとかレコード収集の倫理規範といった、通ぶった議論に明け暮れる日々を送っている。こうした議論は、たとえうんざりするものであってもまちがいなく彼らの仕事の中核をなしている。

クリエイティヴ・クラスの最下層は低収入で、したがって洗練されている〝ふう〟のライフスタイルを選ぶことになる。若きクリエイターたちは金を貯めてハイエンドなアヴァンギャルドデザイナーの服を買う代わりに、古着屋で服を買う。同時に、クリエイティヴ・クラスは名目上はステイタスの低い集団が作り上げた新しいスタイルを最初に取り入れ、文化的変化の拡散において主導的役割を果たす。この点については次章で検討する。

オールドマネーと同じく、プロフェッショナル・クラスもあからさまな富の誇示に走らず、情報と新機軸、そして記号に的を絞って競い合い、新しい文化の創造に拍車をかける。文化は、富裕層にとっては経済的に有利な立場にあることを示すシンボルを伝える場になっている。その文化を〝巧みに扱う〟ことでプロフェッショナル・クラスは優位性を示す。そして情報は自由に入手可能なので、プロフェッショナル・クラスはこの形態のステイタスの高いシグナリングを、ステイタスをめぐる戦いにおける最も実力本位な手段と見なす。何しろ努力さえすれば誰でもいいセンスを手に入れることができるのだから。しかしその高度な美的選択をもってしても、プロフェッショナル・クラスは文化の主役の座を完全に得ることはできない——ステイタスの階段の一段目にいる人々は、もっとシンプルで大胆な主張を切望するからだ。

資本を使わないシグナリング

「ぼくは青いキャンヴァスのスーパー・プロケッズを持っていた。あのスニーカーを手にした感激は一生忘れない。新しい時代のスニーカーだった」[106] ボビート・ガルシアのスニーカーに取り憑かれた日々はここから始まった。プエルトリコ移民の家庭に生を享け、アッパー・マンハッタンのヤバい街角で育ったガルシアとその仲間たちには金がなく、クルマや高級ハンドバッグを買って見せびらかすことはできなかった。アンティークの家具など言わずもがなだ。それでもスニーカーは自分で金を稼いだり何とかしてかき集めたり、もしくは親にねだったりして買うことができた。最初はバスケットボールの選手たちがゲームでほかよりいいプレーを見せるために買い求めていたが、やがてこのレア中のレアなスニーカーはそれ自体が強力なステイタスシンボルとなった。スーパー・プロケッズを手に入れたとき、ガルシアの胸は〝誇り〟で膨らんだ。が、しばらくするとしぼんでしまった。「仲間のひとりがプロケッズシクスティナイナーズ《69ers》を履いていたんだ。見たこともないスニーカーだった。ぼくはびっくりした。自分はクールだって思っていたけど、彼もクールだった。そしてぼくの一歩先を行っていた」

ソースタイン・ヴェブレンは「どんな階級でも、つまりおそろしく貧乏であっても、習慣化した衒示的消費を一切せずに済ますことはない」[107]ことをわかっていた。この原則はスニーカー市場とその他の準高級品産業にも当てはまる。ロシアでは、旧ソ連時代の朽ち果てつつある団地にレンジローヴァーとBMWグランツーリスモがずらりと並んで停まっている。[108]衒示的消費は、貧しいコミュニティ内でステイタスを得る際により力を発揮する。経済学者のカーウィン・コフィ・チャールズらは二〇〇七年に発表した論文『Conspicuous Consumption and Race（衒示的消費と人種）』で、アフリカ系とヒスパニック系のアメリカ人は同じ経済的背景を有する白人よりも、クルマや衣料品といった〝眼に見える商品〟に三十パーセント多く支出していると指摘した。[109]そしてこれはふたつの要因に起因すると結論づけた。一．マイノリティたちは、自分たちの人種・民族集団を準拠集団《レファレンス・グループ》〔個人が信念・態度・価値を決定する場合や行動指針を求める場合などに、判断の根拠を提供する社会集団のこと〕とする。二．高いステイタスをシグナリングするコストは、裕福な人種集団よりも低所得のレファレンス・グループ内のほうが低い。つまり貧しいコミュニティの構成員たちにとって衒示的消費はコストパフォーマンスがいいということだ。

経済・社会関係・教育の各資本、もしくは高度な文化資本を多く持たない個人のシグナリングはどのようなものなのだろうか？　貧困層に対して、プロフェッショナル・クラスはステイタスシンボルの購入よりも教育とキャリアの構築に努力と資金を注ぐよう助言する。が、誰もがステイタスの主張を我慢してあとまわしにできるわけでも、学業で優秀な成績をあげることができるわけでもない。より高い社会的地位への一番の近道は、ステイタス戦略その一〈ステイタスが高いふりをすべし〉を取ることだ。ふりをする場合、貧困層は誰のふりをするのだろうか？　模倣する対象として最もふさわしいのはニューマネーだ。何しろ贅沢は世界共通で、どこに行ってもグッチのハンドバッグはグッチのハンドバッグ、フェラーリはフェラーリに変わりはないのだから。ルネ・ジラールもこう指摘している。「欲望という点では、もはや階級差は存在しない――これは、現代社会における外部からの介入は潰えたということを意味する。社会の最下層に位置する人々は、最上層に立つ人々が望むものを望む[110]」

資本を欠く人々のシグナリングは、ニューマネーの衒示的消費の理論を小規模な消費行動に当てはめたものになる場合が多い。ティーンエイジャーの大半がノーブランドの安っぽいスニーカーを履いていた七〇年代、ブランド物の高価なスニーカーはステイタスシンボルになった[111]。センスの基準は貧富を問わず、どのコミュニティも有している。ボビート・ガルシアがスーパー・プロケッズを買ったのは、友人のリンカーン・パーカーが述懐するように「あの当時でさえ、それなりのモノを持っていれば一目置かれるっていう空気があった。スーパー・プロケッズはそうしたモノのひとつだった[112]」からだ。ニューヨークでのスニーカーの慣習は地区ごとにちがった[113]。ナイキはマンハッタンのアップタウンで、アディダスはクイーンズで、フィラはブルックリンで人気があった。しかしどんな集団でもそうだが、基礎的な慣習に従っているだけでは普通のステイタスしか得られない。他者の上に立つには独自性と真正性が求められる。ガルシアはこう述べる。「コート上での新しくてイカすムーヴだろうがブレイクダンスの新しい決めポーズ《フリーズ》だろうが、バスケットボールのプレイヤーもヒップホップマニア《ヘッズ》たちも、いつもクリエイティヴの限界に挑んでいた。だからパクりはまわりから白い眼で見られた[114]」

しかしセンスのステイタス理論がどの階級にも存在するとしても、資本の欠如は階層の下層と上層のシグナリングのあいだに差を生む。この制約が、〈安っぽさ《キッチュ》〉と〈けばけばしさ《フラッシュ》〉というふたつのユニークな感性を構築する。

本質的にエリート主義にほぼ染まり切っている文化批評の世界では、キッチュは侮蔑的な言葉だ[115]。しかしキッチュは価値中立的な立場で捉えるべきだ——書籍や音楽や映画、衣服、インテリアグッズなどのハイカルチャーの体裁をつくろいつつ、そこから芸術的野心を取り払った特定の商業製品だと考えるべきだ[116]。キッチュには皮肉っぽいところはほとんどなく、曖昧な感情もあまり込められておらず、政治的ジェスチャーも抑えられている。つまり記号としての複雑性は低いということだ。キッチュは陳腐な情緒を使って消費側の期待に応える。したがって専門的な知識がなくても理解することができる。キッチュは芸術もどきなのかもしれないが、それでもキッチュは見るものを愉しませ、和ませ、そして他者と結びつけ、万人に芸術体験を提供する。キッチュの最好例として挙げられるのはミューザク〔事務所・レストラン・待合室などに無線・有線で送られるBGM〕、情感たっぷりな歌、ベルベットのカーテンをバックにしたエルヴィス・プレスリーの写真、ピンクフラミンゴの庭の置物、プラスティックでできた大理石の胸像のミニチュア、社会主義リアリズムの作品、そしてラスヴェガス全体だ。しかしポップカルチャーの大半はキッチュの原則に沿ったものだ。ハリウッドの売れ筋映画は刺激的な性描写や暴力シーンを取り入れつつ、旧来のスタイルに逆らわずにハッピーエンドで締めくくる。

キッチュの魅力を理解するには、ピエール・ブルデューの〝芸術作品や一般的なハイカルチャーとの刺激的な出会いを得る能力には不平等な階級分布がある〟という意見に立ち戻らなければならない。大卒人口は年々増えているにもかかわらず、社会の底辺にいる人々は依然として教育機会に恵まれずにいる。この現状はハイカルチャーを疎遠なものにしてしまう。ブルデューはこう述べる。「前衛演劇や非具象絵画の形式上の追求、あるいは単にクラシック音楽などが人を面喰わせるのは、ひとつにはそれらが記号として何を意味しているはずであるのかを理解することができないような気がするからである[117]」剝き出しの官能的快楽なら（かなり自罰的な俗物《スノッブ》たちを別にして）誰もが愉しむことができるが、カントが言うところの観照的な美意識は相当量の教育資本を有する人々のほうがよりよく理解できる。キッチュはたちまちのうちに気持ちよさを与えるが、前衛芸術は慣習を敢えて破って愉しさを提供する。正しい慣習を身につけていない人には、アルノルト・シェーンベルクの十二音音楽は耳障りな不協和音にしか聴こえない。

オールドマネーやプロフェッショナル・クラスのようにしかるべき知識を身につけている人々にとってキッチュは唾棄すべきものであり、その芸術性の欠如を訴える（潜在意識レヴェルの本音では、そのステイタスの低さが気に入らないのだろう）。バウハウスやスウェーデンのイケア、日本の無印良品に至るまで、多くのクリエイターやメーカーは低価格の大量生産品でありながらミニマリストの〝良質なセンス〟を醸し出す製品でキッチュに戦いを挑んできた。ところがこうした製品は資本を持たない人々を愚弄しかねない。「キッチュを買う層は、それがキッチュだから買うわけではない。芸術だと思うから買っているのだ[118]」芸術哲学者のトマシュ・クルカはそう指摘している。そのため、プロフェッショナル・クラスのセンスと大衆の人気のあいだに逆相関が生じがちになる。蓄音機を発明したトーマス・エジソンは、レコードの販売の承認を求められた。「聴いたレコードそれぞれに、わたしは〝いい〟〝まあまあ〟〝ひどい〟と記して分類した。〝ひどい〟レコードは全部大当たりした。これからわたしは音楽にちょっとばかしダメ出しをするだけで、そしてレコード工場は需要に応えるために残業する[119]」

キッチュは愉快なものなのかもしれないが、どこにでもあるものなのでステイタスを高めてはくれない。そしてシグナリングでは目立つものでなければ優位に立てない。この事実はけばけばしさ《フラッシュ》の感性[120]、つまりやたらと明るく〝チャラチャラした〟美意識を助長し、それは普通は低レヴェルの贅沢品を買えば得ることができる。学歴や高いキャリアや持ち家といったシグナルを伝達する機会がほとんどない人々にとって、見た目で目立つことは重要だ。そして上を目指せる見込みがまったくないのであれば、世をはかなむ風潮が生まれ、愉しめるうちに愉しんでおけと考えがちになる[121]——ここは〝宵越しの金は持たない《イージー・カム、イージー・ゴー》〟[122]とでも言うべきか。

フラッシュは派手な商品の派手な消費で明示される。ここに貧富による共通美意識のちがいが見つかる。国立シカゴ色彩研究所が五〇年代に実施した調査で、高所得・高学歴層は〝繊細で抑えた色調〟を、低所得層と低学歴層は〝鮮やかな色合いの洪水〟を好むことがわかった[123]。イギリスに渡った初期のジャマイカ移民たちの虹色のモヘアのスーツ、絵をプリントしたネクタイ、色鮮やかなプリント地のワンピース、ピカピカのエナメルの靴といった装いは、白人のイギリス人の眼には〝あまりに派手過ぎ、あまりにジャズ的〟に映った[124]。裕福なクリエイティヴ・クラスはカビくさいぼろぼろの古着で無頓着さを装うことができるだろうが、こうした行為は、資本を持たない人々にとっては貧困という傷に塩をすり込むだけだ。ミニマリズムとは常に特権的なものなのだ。シグナリングにおいて、貧困層は〝普通〟に見せるだけの余裕がない。その代わりに、安いものでもいいから飾りを目一杯〝盛る〟。今のロシア人たちは何千ドルも払い、キツネザルや寝そべるホッキョクグマやミニオンズやチャック・ノリスのエアブラシ画を自分たちのクルマに描いてもらう。[125]
シグナリングで最も高いコストパフォーマンスを求めるという点では、大きなロゴマークやブランド名を配した衣服といった派手なアイテムは、資産に限りのある人々にとっては理にかなった選択だ。イギリスの労働者階級のサブカルチャー集団で、社会の鼻つまみ者だった〈チャヴ〉[126]は、ひと目でそれとわかるチェック柄のバーバリーに群がった。メディアが浸透した世界では、ほぼすべての人々が大手ラグジュアリーブランドの名前を知っている。ジェイ・Zは、ポルシェとフェラーリ、そしてマイバッハまで[127]何台も所有している理由をファンに説明する必要はない。金のない消費者をターゲットにする偽造業者はラグジュアリーブランドの繊細な商品ではなく、最も広く世に知られている、ブランドロゴを前面に押し出したものをコピーする。[128]こうしてみると、ニューマネーの贅沢とロウワークラスのフラッシュのあいだに見過ごすことのできない重なりがある――どちらも大きなロゴを必要とするところだ。もっともニューマネーは本物を簡単に買うことができるが。
ステイタスの低い人々の高級品志向は、宝くじの高額当選者の行動にはっきりと現れている。一般的に、そうした人々はオールドマネーのライフスタイルを模倣したり、当選金を信託にまわしたり前衛芸術家を支援したりはしない。一九六一年、イギリスのカッスルフォードに暮らしていた工場労働者のヴィヴィアン・ニコルソンはサッカーくじで十五万二千ポンド、現在の貨幣価値に換算して三百万ポンドを手に入れた。[129]ニコルソンは、宝飾品やハロッズのドレス、海外旅行、そしてピンクのキャデラックなどに〝使って使って使いまくる〟ライフスタイルで全国的に有名になった。ど派手な浪費を続けたニコルソンは結局破産したが、彼女の生活は当時のイギリスの労働者階級が思い描く豪華な暮らしぶりの基準としてつとに知られている。四十五年後に国営宝くじで八百四十万ポンドを当てたジェニファー・サウソールという女性は、これからはヴィヴ・ニコルソンのように暮らすと公言した。[130]
現代の消費市場のかなりの領域がキッチュとフラッシュの大量販売にかかわっている。そうした商品のことを、主流社会《メインストリーム》のポップカルチャーのクリエイターと消費者たちは絶対に〝キッチュだ〟とは言わないが、第8章で見るように、市場には慣習化した定型と明白な感情、そして無難な政治観で既存の消費層の期待に応えようとする暗黙の了解がある。一方、ラグジュアリーブランドは富裕層に高級品を提供する御用商人であることを売りにしているが、実際には低レヴェルの衒示的消費向けの低価格帯商品で毎年数十億ドルも稼いでいる。スニーカーブランドは各種スポーツの現場でより優れた性能を発揮する新技術を開発する一方で、貧しいコミュニティ内で自社製品にステイタス価値を持たせるマーケティング戦略に何百万ドルも費やす。[131]これは資本がなければ技術革新《イノヴェーション》は起こらないというわけではない。マスカルチャーのクリエイターたちは先鋭的な美的慣習で戯れることができるし、実際にやっている（文化の変化ではサブカルチャーがとくに重要であることは次章で見ていく）。しかし企業にとって、キッチュとフラッシュは利益をもたらしてくれるよりよい手段だ。市場が対象とする消費者の大半は保守的で上層を模倣したセンスを有する、ステイタスの階段の中段から下段を占める人々だからだ。この層は、わかりやすいステイタスシンボルと目先の愉しみを常に必要としている。

§

シグナリングにおいて、各個人は自身が有する最も高価値かつ強力なステイタス資産を誇示する。こうしたシグナリング欲求により、同等の資本を有する人々のあいだに共通の感性が生じる。その感性に企業は対応し、各階級のステイタス戦略においてステイタスシンボルとして機能する商品を製造する。結果、社会の文化的工芸品とスタイルの慣習の大半は――少なくともシグナリングで使用される最も衒示的なものは――おもに各階級の差異化のニーズに応えるために存在することになる。具体的に言うと――

・ニューマネーが経済資本を使ってシグナリングすることで、スポーツカーやリムジン、豪邸、クルーザー、別荘、デザイナーズブランドの衣料および家具といった高価な贅沢品の創出に拍車がかかる。
・オールドマネーのカウンターシグナリングと、古つや《パティナ》および文化資本への注力は、機能性をアピールする、本格的で控えめな商品の製造を各企業にうながす。
・プロフェッショナル・クラスによる情報を使ったシグナリングは、ミドルブロウのマスメディアや消費者ガイド、機能性の高い商品、工芸品、そしてオールドマネーのライフスタイルをコピーしたものの市場を創り出す。
・恵まれない人々が抱く、文化に参加し、仲間を出し抜きたいという願望に押され、各企業はキッチュでフラッシュな低価格帯の贅沢品を提供する。

階級はまた、どの工芸品が流通しつづけるかを決定する上で大きな役割を果たす。ニューマネーは最新のノヴェルティを購入し、数年後に最新版に買い替える。キッチュは使い捨てを前提としていて、文化産業は替えの利く新たなキッチュを絶えず生み出している。しかしオールドマネーはシグナリングに古つや《パティナ》や趣のある品々を必要とするため、古風な物品や美意識を大切にし、そのまま残す傾向がある。クラシックなスタイルにこだわることで、自分たちの慣習の〝伝統〟としての価値を維持することになる。文化史家のラッセル・ライネスは、アメリカのアンティークブームについてこう語っている。「陶磁器が買えるようになったときにしまい込んだ白目《ピューター》や、真鍮や銀でできたものを買えるようになって忘れ去られてしまった艶のある木製の燭台が、屋根裏部屋や寒々しい食器棚から出てきて、誇らしげに展示され、結構な値段がつけられ、熱心な収集家に売られた」[132]こうしたアンティークな品々がふたたび日の目を見られたのは機能性を求められたからではない。シグナリングにおいてステイタス価値を付与するからだ。オールドマネーの美意識のロジックに沿えば、こうしたトレンドに最も積極的に取り入れるのは、多くの場合はプロフェッショナル・クラスで、クリエイティヴ・クラスもまたポップカルチャーの斬新なスタイルを常に模索するなかで、古びたキッチュをレトロとして復活させる。この点については第9章で見る。

　こうした消費上の選択に階級が与える影響は、センスは普遍的な美の基準に基づくものでもあるという考え方を覆す。とくに称賛されがちなミニマリズム的〝シンプルさのエレガンス〟は生得的に備わっている嗜好ではなく、カウンターシグナリング戦略から生み出されたものだ。ひとつにまとまった世襲的なエリート層が支配するコミュニティでは、良質なセンスは慎み深さよりも明白な衒示的消費寄りのものになる。

ポップカルチャーで称賛されるもののかなりの部分は、各階級のセンスの差異化欲求を満たすために生み出される。しかしこれから学ぶように、階級システムからの逃避もまた、新たな美的感覚を創造する原動力になるのだ。

第6章　サブカルチャーとカウンターカルチャー

ごてごてと着飾った不良たち、日本の〝ヤマンバ〟ギャル、ジャマイカの反帝国主義コミューンといった二次的ステイタス集団の過激なスタイルが大衆文化《マスカルチャー》に影響を与える。

二次的ステイタス集団の形成

一九五四年の年の瀬、ロンドン郊外ルートンの〈ジョージ・ホテル〉は舞踏場《ボールルーム》の窓にこんな告知を貼り出した。〈エドワーディアン・ルックを着用した若者は入場お断り〉[1]。エドワーディアン・ルックにとっては衝撃的な運命の逆転だった。[2]その六年前、ロンドンのサヴィル・ロウに並ぶ高級テーラーは、丈の長いゆったりとした《ドレープ》ジャケット、エレガントな柄のヴェスト、そして細身のトラウザーズ[3]という二十世紀初頭のエドワード七世時代のスタイルを復活させた——大英帝国黄金期の記憶を呼び起こし、質素倹約の戦中が終わったことを祝うためだった。しかしこのスタイルは派手過ぎ感があった。真っ当なビジネスマンたちに敬遠され、エドワーディアン・ルックは軍の将校とオックスフォード《オックス》とケンブリッジ《ブリッジ》の両大学のめかし屋《ダンディ》たち以外にはほとんど受けなかった。[4]
やがてエドワーディアン・ルックは熱狂的かつ大きなファン層を獲得した——不良少年たちだ。ロンドンの労働者階級街に暮らすティーンエイジャーたちは、地元のテーラーにサヴィル・ロウのエドワーディアン・ルックをそっくりそのまま仕立てるように注文したが、ジャケットの丈をズート・スーツ並みに思い切り長くし、トラウザーズの幅もさらに細くテーパードにしたものにするよう頼んだ。ティーンたちはこの大胆なスーツで身を包み、前髪はグリースでアヒルの尻《ダックテイル》のように盛って固め、分厚いゴム底の〈ブローセル・クリーパー《売春宿のゴム底靴》〉を履いて街に繰り出した。

イギリス当局は、第二次世界大戦による荒廃がもたらす青少年犯罪と社会的無秩序の増加を危惧していた。それが現実となり、国中で人騒がせな犯罪行為を繰り広げる、エドワード七世時代の派手なスーツを着た若いギャングたちに直面した。モラル・パニックが起こった。[5] 乱闘、器物破損、放火、動物虐待など、[6] エドワーディアン・ルックの若者たちの悪行を、新聞各紙は息つく間もなく報じつづけた。しかしエドワーディアン・ルックの若者イコール無法者というイメージを強固なものとし、そうした若いギャングたちに名前がつけられるようになったのは、あるティーンエイジャー殺人事件の裁判がきっかけだった。ティーンエイジャーを刺殺した容疑で訴追されたエドワーディアン・ギャングのマイケル・デイヴィスの裁判で、着飾ったチンピラの若者たちを、そのガールフレンドたちがエドワード七世の愛称をもじって〝テディボーイズ〟と呼んでいたと、タブロイド紙〈デイリー・エクスプレス〉が報じた。[7] その報道以降、教会の牧師たちはテディボーイズの服装を〝悪魔の装束《ポッシュ》〟だと糾弾し、[8] ソーシャルワーカーたちも〝暴力の醜悪な印〟だと明言した。[9] そのおかげで上流階級たちはエドワーディアン・ルックのワードローブを廃棄せざるを得ず、近衛師団のある将校はテディボーイズ《テッズ》が出現したことで手持ちの服がいきなり全部着られなくなったと、〈デイリー・ミラー〉紙に不満をこぼした。[10]

イギリスはテッズの襲来を耐え抜いたが、この集団は戦後期に誕生した〈サブカルチャー〉の生々しい実例として人々の記憶のなかで生きつづけている。[11] 当初、サブカルチャーは〈メインカルチャー〉の小さな分派を示す言葉だったが、七〇年代の社会学では労働者階級の落ちこぼれたちが型破りなスタイルや行動を取り、ゆるやかに組織化した集団を形成する点に焦点を当ててサブカルチャーを分析した。[12] サブカルチャーは、第1章で紹介した二次的ステイタス集団——資本や主流社会の美徳以外のステイタスの信念を中心に据えた階層を形成する、全域的《グローバル》なステイタスを持たない各個人の集合体——のわかりやすい例だ。[13] テッズの世界では、きちんとした礼儀作法や大学院学位よりも彼らなりの〝イカす〟スタイルと〝度胸〟のほうが尊ばれた。たとえばバーミンガムでは、〝弱虫《カスタード》〟のテッズは仲間たちの上のランクには入れなかった。若者たちの破壊行為が牛乳瓶を割る程度だったとき、真のテディガールはそこから踏み出して靴を投げつけて店のショーウィンドウを割った。[14]
テディボーイズとテディガールズは週末の刺激《キックス》そっちのけで放縦な破壊行為に走った。こうしたギャングやカルト集団は、社会に踏みつけられた人々に仲間たちに迎え入れられ、好かれる存在に生まれ変われる機会を与えた。〝悪名は無名に勝る〟は世の常だ。すでにステイタスの階段の一番下に位置し、上がれる見込みなんかあるはずないと斜に構える人々にとって、ステイタス戦略その四〈新たなステイタス集団を立ち上げるべし〉は実に魅力的な手段だ。社会学者のジョージ・ホーマンズはこう書いている。「集団内で低い地位に定着している人々は、集団の規範にとくに従わない傾向がある。そして集団からの報酬にほとんど与れないため、集団から離れる傾向もとくに高い——行くあてがあればの話だが」[15] その行くあてをサブカルチャーが提供し、離反を楽にしてくれる。
が、第1章で見たように、このステイタス戦略にはサブカルチャー集団に属する各個人はローカルなステイタスしか得られないという大きな欠点がある。また、集団の基盤をなすステイタスの基準が主流集団のそれとあまりに大きくかけ離れている場合、サブカルチャー集団に加わるとグローバルなステイタスを大きく損なってしまう。全国的なモラル・パニックを惹き起こす以前から、テッズは街角で浴びせられる服装についての罵声に耐えてきた。テッズの歴史を研究しているマイケル・マクリウィーはこう説明する。「テッズの先駆者たちにとって、上流階級のダンディみたいな格好をして、自分たちが暮らす労働者階級街の通りを闊歩することは勇気を要した。彼ら以外の若者の大半は、父親のお下がりの〝復員服〟を着たりフランネル地のだぼっとしたトラウザーズをはいたりしていた」[16]新聞各紙の大げさな報道が社会的コストをさらに上げた。テッズたちは雇用機会を失い、行きつけのダンスホールや映画館やパブで入店を拒まれた。グローバルなステイタスの大幅減に耐えてまでローカルなステイタスを得るという勘定判断を受け容れたのは、ひとえに新たな敬意の源泉を望み、そして失うものがほとんどない、殊更に低い地位にあるティーンであればこそのことだった。

サブカルチャー集団は浮浪者やスリ集団といったかたちで昔から存在していた。それが消費主義の到来で大きく変化し、サブカルチャー的な営みは軽犯罪と謎めいた符丁を超え、過激な服装や支離滅裂な音楽ジャンルや摩訶不思議な社会的儀礼、そして娯楽としてのドラッグ服用へと昇華していった。トム・ウルフはこう指摘している。「人類史上初めて、若者たちは金と個人の自由と自由な時間を手に入れて、自分たちのセンスに合わせたモニュメントと快楽の宮殿を建てていった」[17]テッズは戦後の経済成長で上昇を続けるブルーカラーの賃金を存分に使い、週末のたびに似非貴族風のスーツと一分の隙もなくきっちりと仕上げたポンパドゥール〔一般的にリーゼントと呼ばれる髪型の前髪〕を見せびらかしていた。一方、彼らと同世代のくそ真面目な若者たちはさえない服を着て、重い足取りで学校や職場に通う単調な日々を送っていた。消費主義により、サブカルチャーはメインストリームに対する〈模倣回避〉として快楽主義に大っぴらに耽ることができた。テッズは衒示的消費と衒示的閑暇で高いグローバルなステイタスを得たわけではないが、それでも土曜の夜が来るたびにステイタスの高いエリートを演じ、派手な装いでパーティーに繰り出し、奔放に振る舞い、そしてダンスに際限なく興じた。

先進国で経済状況が改善するにつれ、戦後の繁栄は世界中でサブカルチャーをよどみなく生み出しつづけた。イギリスでは、ヴェスパのスクーターに乗るコスモポリタンな〈モッズ〉の登場を受け、テディボーイズは労働者であることをさらに誇示する〈スキンヘッズ〉へと変貌した。[18] 同様の落ちこぼれ集団は世界中いたるところで発生した。[19] 合衆国ではヒップスター、そして〈グリーサーズ〉やバイカーズといったバイク乗りの暴走族が、オーストラリアでは〈バジー〉および〈ウィジー〉の不良少年と少女の集団が、南アフリカでは〈ダックテイル〉という白人のちんぴら集団が誕生した。フランスでは〈ザズー（ジャズマニア）〉と〈ブルゾン・ノワール（黒い革ジャン）〉が、スウェーデンでは〈フィンクノッターレ（革の結び目）〉と〈ラガレ（ナンパ師）〉が、そして日本では暴走族が生まれた。世界中どこでも生活水準が一定レヴェルを超えると、たちまちのうちに眼を瞠るようなサブカルチャー集団が出現した――コンゴではピンクやイエローのスーツに身を包んだダンディたちの〈サプール〉[20]が、セルビアではカッパのトラックスーツにゴールドのチェーンという〈ディザラシ〉が、という具合に。

恵まれない人種的・民族的少数派《マイノリティ》も独自の二次的ステイタス集団を形成する。彼らは構造的な差別からの避難場所として、音楽やファッションや文学といった〝文化のオアシス〟を作り上げる。レイン・チェンバースはこう記している。「黒人文化、そのなかでもとくに黒人音楽は、最も強力な生き延びるための手段を提供してきた。それは秘密の連帯言語であり、抑圧を明確に表現する手法であり、文化的抵抗の手立てであり、希望の叫び声である」[21]六〇年代にイギリスに移住したジャマイカの若者たちは〈ルードボーイズ〉と呼ばれ、派手な色のモヘアスーツとポークパイハットがトレードマークだった。[22]カリフォルニアでは、メキシコ系アメリカ人《チカーノ》たちが〈ローライダー〉という独自のクルマ文化を作り上げた。[23]そして七〇年代の荒れ果てたブロンクスで、アフリカ系アメリカ人のティーンたちがラップ、ブレイクダンス、DJプレー、そしてグラフィティを通じてつながり、それらが一体化して〈ヒップホップ〉として知られる幅広いムーヴメントになった。[24]
六〇年代アメリカのミドルクラスの若者たちは彼らなりの[25]反逆の精神を抱くようになり、親世代の旧弊な慣習を棄て、[26]〈カウンターカルチャー〉の名で知られる二次的ステイタス集団を立ち上げた。サブカルチャーと比較すると、カウンターカルチャーは明確なイデオロギーを取り入れる傾向にあり、[27]それを既成の古くさい規範より優れたものとして支持する。放埒と快楽のみを追求していたテッズに対して、カウンターカルチャーのビートニクたちは感情の過激なまでの自然発露と性的自由、そして意識の拡大を信奉し、五〇年代アメリカの息が詰まりそうな〝組織人《グレイフランネル》〟の社会慣習に沿った行動様式に対する心の防波堤を築いた。十年後に登場したヒッピーたちは幻覚剤にハマり、スウィッチのON／OFFだけで考える技術主義的思考を否定し、社会からドロップアウトした。七〇年代初頭には無数のヒッピーコミューンやニューエイジ・カルトが乱立し、それぞれが資本主義思想とブルジョワ的道徳に依らない生き方を模索した。
ミドルクラスのそれほど過激ではない二次的ステイタス集団に、共通の興味事に基づいて相互尊重のネットワークを構築する個人の集合体である〈趣味集団〉[28]がある。『スタートレック』マニア《トレッキー》やハッカーや南北戦争の〝軍服レイヤー〟、そして半人半獣マニア《ファーリー》といった趣味人たちは、メインストリームでは往々にしてオタクと揶揄される。そしてティーンエイジャーたちがサブカルチャーに身を投じる場合と同様に、趣味集団によってはその一員であることを大っぴらにするとグローバルなステイタスを下げてしまう恐れがある。しかし集団内に入ってしまえば仲間からの社会的承認を享受できる。イギリスの小説家コリン・マッキネスの一九五九年の作品『Absolute Beginners（一九八六年に『ビギナーズ』として映画化）』で、ティーンエイジャーの語り手がジャズのアウトサイダー的魅力をこう語っている。「ジャズクラブのドアから入ってきて、そのなかのことをよく知っていて、そこにふさわしい振る舞いを心得ていて、くだらないことを全部忘れて愉しんでいるんだったら、きみの階級や人種、あるいはどれぐらい稼いでいるのか、男なのか女なのか、ゲイなのかストレートなのか、そもそもきみが何者かだなんて、誰も、誰ひとりとして気にしない」[29] ポスト工業社会を棄ててヒッピーコミューンに飛び込むよりも、趣味集団に加わるほうが簡単だ。時々参加する程度であれば、熱狂的なファンであることを会社でも学校でも隠しておける。経理課のフィルが〈マイリトルポニー〔女児用玩具でアニメにもなっている〕〉に入れ込んでいることを同僚たちが知る必要はない。

が、ステイタスの低さを補うための解決策としてサブカルチャーが形成されるのであれば、どうして裕福なはずのミドルクラスの家庭の子どもたちが自分たちの二次的ステイタス集団を作り上げるのだろうか？　都市郊外に暮らすティーンたちにとって最善の長期的ステイタス戦略は、勉学に励んでルールに従うことだ――そして上の人間たちの眼を無視した変な服装をしないことも。何よりもまず、趣味集団はティーンたちの退屈潰しには最もうってつけだ。しかしかなり恵まれているティーンエイジャーでも疎外感と抑圧感をおぼえ、夜どころか昼間も遊びに出かけることを禁じられ、そして親のすねをかじっているせいで自由を制限されていると感じていたら、趣味集団に入ればさらなる敬意の念を受けることもある。それに将来のステイタスがどうであれ、学校ではいじめられ、低いステイタスに甘んじることになるやもしれない。音楽への情熱について、評論家のカール・ウィルソンはこう説いている。「いじめられっ子だったわたしは、いじめは拒絶から始まるとずっと考えていた。尊敬されなかったりただ単に公平に扱われなかったりしたら、いじめっ子たちとはまったくかかわりのないところからかき集めたもので最高の人生を築いて（それが最高の復讐だ）、多数派に対する承認欲求への渇望から解放されたらいい」[30] ミドルクラスの若者たちの多くも、カウンターカルチャー集団の過激な信念を誠実に取り入れていた。ヒッピー文化はより純粋で平和な自由民主主義社会を期待させた。そして豊かな時代には、たとえば〝泥への郷愁《ノスタルジア・ド・ラ・ブーエ》〟[31]〔十九世紀中頃にフランスで唱えられた、低俗な文化や経験、退廃への憧れ〕などのように、人工的な消費文化がより素朴な生活様式や民間伝承を求める心を呼び起こすことがある。

二次的ステイタス集団への加入には、建て前としては年齢制限はない。それでも最も有名なサブカルチャーとカウンターカルチャーは若者文化だ。五〇年代以降、クルマ文化の浸透と消費市場の拡大、そして若者をターゲットにしたマスメディアの登場により自身のステイタスに不安を抱くようになったティーンエイジャーたちは、その解消策として自分たちだけのコミュニティ内に引きこもった。ティーンたちは奇抜な服装をし、流行りのダンスを踊り、〝イカす《グルーヴィー》〟とか〝ダサい《チューギー》〟とか〝（大麻の）葉っぱ《ドゥービー》〟といったスラングを使い、自分たちと大人たちのあいだにはっきりと眼に見える柵を立てた。「歴史上初めて、若者たちは大人と同じ格好をしたいと思わなくなった」[32] 戦後イギリスの若者文化について、ジャーナリストのニック・コーンはこう述べている。「いや、むしろ父親とは正反対の格好をしたいと思うようになったのだ」若者文化は、若者たちの〝ちゃぶ台返し〟と、上品ぶった親たちより自分たちのほうが優れているとする基準作りを可能にした。社会の新参者である彼らは、親世代の規範には根拠がないと決めつけた。

二次的ステイタス集団は階級構造から逃れる術《すべ》を提示してくれるが、その各構成員のセンスは依然として各自の習慣行動《ハビトゥス》に縛られている。テディボーイズは労働者階級の家父長的なジェンダー観、縄張り意識、そして外国人嫌いを受け継いでいた[33]（カリブ海諸国からの移民に対する一九五八年の人種暴動〈ノッティング・ヒル暴動〉も彼らが惹き起こした）。同じように、労働者階級のサブカルチャーは社会への反抗を政治的もしくは精神的な信念として明示することはほとんどない。七〇年代の日本に登場したブルーカラー層の暴走族は、帝国主義的なスローガンで飾り立てた〝特攻服〟で当局を威嚇したが、実際の右翼的イデオロギーにはほとんど関心がなかった[34]。一方、アッパーミドルクラスの大学生ヒッピーたちは疑似哲学と堅苦しいレトリックを弄し、反体制の姿勢を明らかにした。

ところが時を経るにつれて、サブカルチャーとカウンターカルチャーの境界線は曖昧になり、カウンターカルチャーがサブカルチャーの〝真正性〟からインスピレーションを得るようになってからはとくにぼやけてきた。アイビーリーグ出身のビートニクの詩人たちは[35]労働者階級の白人ヒップスターの規範から逸脱したライフスタイルを盗用し、その後、ビートニクの書物はミドルクラスの大学生たちのヒッピー・ムーヴメントを刺激した。カウンターカルチャーのほうがサブカルチャーに影響を及ぼすこともある。マスメディアがサンフランシスコの知性的なサイケデリック・ムーヴメントを報じると、アメリカ中の家出した若者たちがカリフォルニアに集結し、浮浪者的な最下層労働者層《ルンペンプロレタリアート》を形成した。サンフランシスコのカウンターカルチャーの中心地ヘイト・アシュベリーを一九六七年に訪れたザ・ビートルズのジョージ・ハリスンは、その荒廃ぶりに憤慨した。「ぼくは素晴らしい場所を想像していたんだよ。グルーヴィーなジプシーたちが小さなワークショップで絵や彫刻作品を作ってるようなさ。ところが実際に行ってみると、ドラッグ漬けになってるニキビ面のドロップアウトたちがゾロゾロいるばかりだった」[36]
二次的ステイタス集団の出現に、メインストリームは激しい憤りを見せて反応する。こうした集団の存在そのものが支配的なステイタスの信念とかけ離れたものなのだから当然の話だ。サブカルチャーの逸脱を称賛し、さらには容認することは、メインストリームの規範は恣意的なもので根拠がないことを認める危険行為だ。かくしてサブカルチャーとカウンターカルチャーは、モラル・パニックを惹き起こす〈民衆の悪魔《フォーク・デヴィル》〉と位置づけられる憂き目にしばしば遭う。犯罪の横行による荒廃、ドラッグの乱用、そして性的不道徳——そうしたテーマで、生々しく、往々にして事実半分嘘半分のセンセーショナルなエピソードで飾り立てた物語をメディアは紡ぎ出していく。七〇年代、教育界と出版界は薬物使用の抑制を『Go Ask Alice（アリスに訊け、邦題は『十五歳の遺書——アリスの愛と死の日記』）』という架空の日記[37]に頼っていた——誤ってLSDを服用してしまった少女が、依存症、売春、そしてホームレスという転落の人生を歩むという内容だ。しかしサブカルチャーの本当のライフスタイルはもっとありふれたものの場合が多い。ある元テッズはこう述懐している。「自分たちではテディボーイズって名乗っていたし、できるだけ馬鹿なことはしないようにしていた。おれたちは愉しい時代を過ごしていただけで、それ以外のことは全部プロパガンダだ」[38]
もちろんメインストリームも二次的ステイタス集団も互いに敵対感情を抱いている。サブカルチャー側は多数派の文化を貶める蔑称をこしらえた——〝素人ども《ノーミーズ》〟[39]や〝新しもの好き《トレンディーズ》〟[40]や〝ど派手な女《シャロン》〟や〝口だけ番長《スムージーズ》〟や〝カジュアルズ〔労働者階級なのに分不相応なデザイナーズブランドの服を着る若者たち〕〟や〝パンピー《ベーシックス》〟などだ。そして二次的ステイタス集団は独自の特別な基準を強調する二項対立を必ず作り出す。「それは〈HIP〉になるか、それとも〈SQUARE〔組織のなかの人間、順応者〕〉になるかだ」[41]これはアメリカのサブカルチャーについて論じ、物議を醸したノーマン・メイラーの有名なエッセイ『白い黒人』の一節だ。「反逆するか順応するか、夜のアメリカ生活の〝西部の荒野《ワイルド・ウェスト》〟における開拓者になるか、それともアメリカ社会の全体主義的な組織の罠にはまりこみ、成功するには否でも応でも順応せざるをえない羽目になるか、ということだ」

しかしサブカルチャーもカウンターカルチャーもポップカルチャーとして成功することはあっても、ステイタスのシステムを覆すことはなかった。ステイタスの根本的な問題に対して、二次的ステイタス集団の大半は一時的な解決策にしかならない。エドワーディアン・ルックのスーツを着たところで構造的な問題に対処できるわけがなかった。それで仕事に就けるわけでも高学歴になれるわけでも、これまで無理やり受けさせられてきた誤った教育を正せるわけでもないし、同じ内容のことを毎日繰り返すだけの仕事で将来の見通しが立つわけでも、給料が上がるわけでも技術が身につくわけでもないのだから。[42]成人年齢に達すると、サブカルチャーに属することで生じる社会的コストが受ける恩恵を上まわるようになる。より高いステイタスを確保したければ、それなりの歳になったら〝転向〟したほうがいい。五〇年代の本物のテディボーイズは結婚や徴兵を機にドレープジャケットを棄てた。ヒッピーたちにしてもカウンターカルチャーに加わることでステイタスのシステムからの逃避を夢見ていたが、新しいコミュニティ内の権力階層と排外主義を目の当たりにして幻滅した。コミューンが七〇年代になっても機能していたら、ヒッピーの数がこれほど減少することはなかっただろう。

サブカルチャーもカウンターカルチャーもその全盛期にはうまく機能し、総力を挙げて代替的なステイタスの源を創造していた。そしてほかのすべてのステイタス集団と同様に、集団内で普通のステイタスを得るには一定の慣習に従わなければならない。ところがサブカルチャーとカウンターカルチャーはそれ以外の集団とはちがい、従うべき慣習がユニークで独特であるばかりでなく、信じがたいものでもある。

過激なスタイル

〈色白〉[43]は、日本人女性の美の理想として長きにわたって君臨してきた。ところが九〇年代初頭、東京の有名高校に通う女子生徒たちが肌を小麦色に日焼けさせ、黒髪を薄茶色に染めるようになった。[44]そこに色白に対するイデオロギー的な反抗はなかった――リッチなヴァケーションに出かけて、ハワイのビーチで焼いた輝く小麦色の肌に近づけたかったのだ。また肌の色が濃いと夜のクラブに忍び込むときに歳が上に見えて便利だった。そうした女の子たちをクラブの用心棒《バウンサー》たちが〈コギャル〉と呼ぶようになり、似たようなスタイルの沖縄出身の歌手、安室奈美恵が国内最高のポップスターになると、何百万人もの中流階級の女子中学生たちが髪を明るくし、日焼けサロンで肌をブロンズ色にした。九〇年代半ばになると、日本の若年層の女性の大半は色白ではなくコギャルになっていた。

コギャルスタイルは人気を博し、以前なら女だけ《レディース》の暴走族に入っていたような地方の不良女子高校生たちも肌を焼き、東京の街をうろつくようになった。しかしこのスタイルを自分たちの社会的ニーズに適応させるべく、彼女たちは少々きわどいところのあるブロンズ色の容貌から、肌を極度に黒く焼き、白いアイメイクとマジックペンで描いた眉、瞳を大きく見せるコンタクトレンズをつけた、〈ガングロ〉と呼ばれる過激なメイクアップスタイルを取り入れるようになった。男性向けタブロイド《スポーツ》紙はコギャルに劣情を抱いたがガングロは嫌悪し、この特異なスタイルを信奉する少女たちはゴミだらけの路地裏を寝床とし、シャワーも浴びず下着も着替えず、日々の糧を得るために性風俗で働く浮浪者だと決めつけた。[45] 九〇年代末になるとガングロの人気はコギャルを凌駕し、彼女たちをターゲットとするファッション誌は最も過激なスタイルの女の子たちを〈ヤマンバ（山の魔女）〉と名づけ、称賛した。ヤマンバたちは容貌を強化し、ウロコのようなトライバルメイクを施し、虹色のヘアエクステンションをつけ、どぎつい色のカラーコンタクトと顔ピアスをはめた。そもそもコギャルルックは裕福な家庭の女の子たちのあいだで主流だった美容トレンドからほんの少しだけ逸脱したものとして始まったが、それが労働者階級のサブカルチャーに取り込まれると、その慣習は日本の有名なアヴァンギャルドファッションのなかでも奇妙極まるスタイルすら超越し、日本の民間伝承に登場する怪物を彷彿とさせるスタイルへとエスカレートしていった。

ガングロスタイルの発展過程から、二次的ステイタス集団の重要な原則が見えてくる――サブカルチャーとカウンターカルチャーはスタイルの些細な差異ではなく、極端に差異化された慣習を中心にして形成される。裕福な家庭のコギャルたちは陽射しの強い地域の女性に憧れ、肌を焼いて髪を染めた。このスタイルの方向性をガングロたちは大きく〝盛り〟、社会から疎外される身なりにした。第2章で見たように、ステイタス集団は差異化された慣習に自己定義を依存している。サブカルチャーとカウンターカルチャーは真っ当な社会の標準的な階級構造から意図的に離反していることを示す、殊更に高い柵を必要とする。そのためには許容し得る差異の範囲を超えなければならない。テディボーイズはエドワーディアン・ルックを盛り、グリースで前髪をダックテイルに固めて立たせることで、オックスブリッジの似たような格好の学生たちとかぶらないようにした。そして後述するように、これらの集団の社会力学は、時を経るにつれてそのスタイルをさらに突出した次元へと押し上げていく傾向にある。新たな慣習を生み出すうえで、サブカルチャーとカウンターカルチャーは創造性の大きな源泉として機能する。
サブカルチャーが差異化を図る際の最も簡単な方法は、社会の標準となっている慣習の否定だ。つまりメインストリームの逆を意図的にやればいいのだ。保守的なビジネスマンが短髪にしているのであれば、ヒッピーたちは長髪にする。中流階級のヒッピーたちが長髪にするのであれば、労働者階級のスキンヘッズたちは丸刈りにする〔元々のスキンヘッズは頭を剃り上げていたわけではない〕。こうした否定は既存の装いや容貌を拒んだり覆したり大げさにしたり、さらには歪めたりする。ガングロの黒く焼いた肌と白いアイメイクは、世間一般の女性たちだけでなく裕福な家庭の第一世代のコギャルとのちがいを示すものだった。六〇年代のモッズスタイルの、やたらと多いボタンやフラップつきのポケットや深く切り込んだベントといったディテールの〝やり過ぎ感のある〟細身のスーツは、真っ当な世界のものにあからさまに近いものでありながら〝真っ当な世界では理解されない〟ものだった。[46]
サブカルチャーとカウンターカルチャーは、反抗の方向性をどのようにして設定するのだろうか？　テッズがエドワーディアン・ルックを装い、ガングロが顔を黒くした理由は？　二次的ステイタス集団では、どのような突飛な行動を取るべきなのか、しっかりと話し合って決めることなどめったにない。その慣習は有機的なプロセスを経て、時間をかけて形成される。各構成員は気軽に過激なスタイルを提案し、最も人目を惹くものが集団内に定着するのだ。モッズの細身のスーツと〈ランブレッタ〉のスクーターがもてはやされたのは、それが当時の労働者階級のティーンたちが心に抱いていた願望にじかに訴えかけるものだったからだ。六〇年代のロンドンで初期のモッズを目撃し、のちにこのスタイルを取り入れるようになった人物はこう述懐している。「あのイタリア製スクーター独特の、ポンポンと弾けるようなエンジン音が遠くから聞こえてくると……その人はフランス人みたいに短く切りそろえた髪を真ん中分けにしていて、輝いていた。わたしは呆気に取られて見つめていた。正直言って、そのスクーターは古代ローマの戦車そっくりに見えた……あの夜、あの人のように格好よく見えるためだったら、わたしは何だって差し出しただろう[47]」翌日、彼は街に出かけて自身もモッズになった。

サブカルチャーの若者たちが芸術もしくはデザインの集団を形成することはほとんどなく、したがって彼らの革新的なスタイルは一から作り上げたものではなく、既存のスタイルやアイテムに手を加えたり歪めたり、または融合させたものになりがちだ。テディボーイズは自分たちを象徴するスタイルをサヴィル・ロウから盗んだ。サブカルチャーとカウンターカルチャーにおける革新性の大半は、このように既存のスタイルやアイテムを混ぜ合わせたり組み合わせたりして、そこに新たな意味を植えつける〝ブリコラージュ[48]〟から始まる。ティーンエイジャーたちは明確な地理的空間に閉じ込められ、手持ちの金も限られているため、独自のスタイルの構築は身近にあるものの再利用に頼るしかない。イギリスの初のサブカルチャーであるテディボーイズが仕立てたスーツに触手を伸ばしたのは、当時の服は各自で仕立てるのが普通だったからだ。モッズがスクーターに乗っていたのはクルマを乗りまわせるだけの余裕がなかったからだ。日本の初期の暴走族たちは、現場労働者たちが好んで着る防寒ジャンパーの〝ドカジャン〟を着ていた[49]。

張り合いと模倣回避、バッド・テイストとグッド・テイストなど、ブリコラージュはいろいろなものを混ぜ合わせる。最終的にいいものに仕上がるのならどんなものでも混ぜ合わせることができ、仕上がったものは、ディック・ヘブディジの言を借りれば〝明白に作り上げられたもの〟だ。[50] バッド・テイストは主流のスタイルを否定するものであり、張り合いは仲間を感心させる。テディボーイズはエドワーディアン・ルックのスーツを取り入れ、九〇年代のチャヴたちはバーバリーのタータンチェックで身を包んだ。一番手っ取り早く差異化を図りたい場合は、得てして威圧的で物騒で傲慢なスタイルにする。セックス・ピストルズのベーシストだったシド・ヴィシャスは、レザージャケットに長い編み上げブーツ《ジャックブーツ》というバイカーギャングのスタイルを取り入れ、さらに自己疎外のためにナチのハーケンクロイツを描いたTシャツを着た。この最もタブー視されるシンボルはヘルズ・エンジェルズや日本の暴走族やブロンクスのマイノリティの若者たちのギャングといった、二十世紀後半のサブカルチャーでとくに人気があったことは注目に値する。[51]
曖昧なところのない明確な差異化を図るには高い柵を立てる必要があり、何も知らない〝パンピーたち〟の侵入を防ぐためには高いシグナリング・コストを費やさなければならない。サブカルチャーとカウンターカルチャーのスタイル創出には相当量の時間と金銭と世評を必要とする。五〇年代当時、テーラーで仕立てたテッズのスーツは若いブルーカラーにとっては極めて高額で、彼らの手の込んだ、整えるのにやたらと時間がかかる髪型は衒示的浪費の一形態だった。どちらも中途半端なテッズの排除装置として機能した。パンクやヒッピーのように反商業主義の傾向がある集団の場合、その構成員としての要件はボディピアスやモヒカン刈りといった、大きく人目を惹く外見の変化に的が絞られることもある。
構成員自身は自分たちのライフスタイルを単なる模倣回避だとは捉えておらず、個人的な感情をありのままに表現するものだとしている。ビートニクは同調を強いる息苦しい五〇年代の風潮に逆らい、

〝隠れた価値〟に生きた。ドラッグの服用、性的自由、殴り合い、そして実験的な文章技法は、彼らの快楽主義、労働蔑視、攻撃的かつ暴力的な男らしさの概念を表現するものだった。[52]パンクたちは繰り返しこう言う。「パンクはファッションじゃない、姿勢《アティチュード》だ」[53]たしかにパンクには喧嘩腰な不服従という〝印象〟[54]があるが、それを表現する手段はいくらでもある。ファッションと商業主義に深い疑念を抱いているのであれば、パンクはできるだけ地味でつまらない装いにしてもよさそうなものだ。しかし彼らは安全ピンと革ジャンで飾り立てて自分たちのイデオロギーを表現すると同時に、メインストリームと明らかに異なるポイントをいくつも、いい塩梅に作り上げている。

やがて反抗的なスタイルは二次的ステイタス集団内で慣習的なものになり、そうなった時点で構成員たちはその慣習に従わなければ普通のステイタスを得られなくなる。アメリカのホラーコア（殺人などの不穏なテーマを扱うラップ）のデュオ、インセイン・クラウン・ポッシーの熱狂的なファンは〈ジャガロ〉と呼ばれ、赤と黒の特大サイズの服を着て、安い〈フェイゴ〉のソーダを大量に飲み、バンドのロゴの〝手斧を持つ男《ハチェットマン》〟のタトゥーを入れ、ジャガロ仲間に〝フープ・フープ（Whoop Whoop）〟と挨拶することが求められる。富裕層が文化資本を有しているのと同様に、サブカルチャーも〈サブカルチャー資本〉を構築する。[55]オールドマネーに正しいあり方があるように、ジャガロにも正しいあり方がある。〈ジャガロ・ギャザリング〉という音楽フェスを訪れた、ジャガロではないライターのケント・ラッセルは、会場のいたるところにハチェットマンのロゴがあることに注目した。「シャツ、パンツ、チアショーツ、ビキニトップ、ビーニーキャップ、帽子、そして靴にハチェットマンが縫いつけられていた。そして大勢の観客のてらてらとした体にタトゥーがあった——腕に、肩に、前腕に、手の甲に、首筋と尻に、下乳に、ふくらはぎに、鎖骨に、そして足にも」[56]そうしたサブカルチャー資本をラッセルは欠いていた。ハチェットマンのタトゥーを入れてもいなければ、〝フープ・フープ〟の正しい挨拶の仕方も知らなかった。ラッセルはたちまちのうちにジャガロのミクロ社会のなかで最低位のステイタスを与えられ、フェスの観客たちから〝拒絶のシャワー〟を浴びせられ、しょっちゅうゴミを投げつけられながら数日過ごした。

二次的ステイタス集団はメインストリームの社会階層からの逃避を象徴するものなのかもしれないが、全般的に見るとステイタス構造からの逃避手段ではない。さまざまな部族や社会と同じように二次的ステイタス集団も慣習の順守を求め、一部の構成員にはほかよりもいい恩恵を与える。この現実は、サブカルチャーに加わることは別のチームのユニフォームと交換することに過ぎないという不満を煽る。セックス・ピストルズのリードヴォーカルのジョニー・ロットン（のちのジョン・ライドン）は、第二世代のパンクたちをこうこき下ろした。「奴らはクローンみたいなものになった。今じゃもうパンクの魂をすっかり失っちまった。革ジャン、安全ピン、裂けたジーンズ、スティールキャップ《ボヴァー》のブーツ、つんつんと尖らせた髪型《スパイキーヘア》、どれもこれも個人の表現であり個性だってことをだ……」[57]が、サブカルチャーの規範に従うことを無分別な模倣だと捉える構成員はほとんどいない。社会学者のディヴィッド・マグルトンが話を聞いた若いパンクはこう訴えた。「そもそもパンクは自分らしく、自由で、やりたいことをやり、やりたい格好をすることだよ」[58]――いかにもパンクらしいモヒカン頭の彼はそう言った。

サブカルチャー集団の規模が縮小し始めると、その構成員に従うことを求める慣習は極端なものになることもある。ガングロが普通の女の子たちをコギャルスタイルから遠ざけてしまうと、残されたガングロギャルたちは部外者には理解不能な独自のユニークなスタイルを東京の街角で発展させていった。この現象は、言語学に見られるある原則と相通じるものがある――先住民の小さな集団が使っている言語は、広く使われている言語よりも複雑な文法と難しい発音を発達させるのだ。[59] サブカルチャーのより小さなカルト集団の場合、最も献身的な構成員は取り巻きたちよりも高いステイタスを与えられ、その結果コアな構成員はシグナリング・コストがより高い、より過激な行為に走ることになる。

そうなると多くのケースで悪循環が生じ、さらに極端な行為を求めるようになる。[60] サブカルチャー集団が求めるスタイルが過度に斬新かつ過激なものになると、構成員たちのグローバルなステイタスは大きな打撃を受ける。新たに参加を望む者は減り、残された構成員たちは敬意の源泉を集団により依存するようになる。ガングロギャルは見た目が奇抜であればあるほど、ステイタスを問わずほかのガングロギャルからの敬意を必要とする。その結果、ステイタスの高い〝正〟構成員たちが〝準〟構成員たちに戦いを仕掛けるケースが多くみられる。[61] アンダーグラウンドだった当時からレイヴパーティーに参加していたハードコアなファン《レイヴァー》たちは、メジャーになってから大挙して押し寄せるようになった女性ファン《テクノ・トレイシー》たちを嫌った。[62] LSDカルトの〈メリー・プランクスターズ〉は〝ウィークエンド・ヒップスター〟を誰よりも忌み嫌っていた。[63] 〝見せかけだけ・ころころ変わる〟を意味する〈プラスティック〉というスラングは、[64] サブカルチャーとカウンターカルチャーの全領域で長きにわたって最悪の侮辱語とされてきた。パンクたちは、タトゥーを目立つところに入れなかったりモヒカンの高さが足りなかったりする連中に〝プレッピー・パンク〟という蔑称を浴びせた。[65] こうした変節漢や日和見主義者は集団から追放されることもある。

あたりまえの話だが、サブカルチャーとカウンターカルチャーの集団は個人の集合体であり、各集団の型どおりに生きる構成員はほとんどいない。元祖テディボーイズの多くはテーラーメイドのエドワーディアン・ルックのスーツなど買うことができず、もっぱら父親のお下がりのジャケットを着ていた。[66] そしてサブカルチャー集団間の境界線もメディアで報じられるほどには明確ではない場合が多い。しかし集団は最も極端な要素、つまり最も〝奇抜な〟慣習で定義されるようになる。テッズのスタイルの代名詞とされたのは、平均的な構成員たちが着ていたさえないスーツではなく、一番大仰なエドワーディアン・ルックのスーツだった。

サブカルチャーは時を経るにつれてそのスタイルをさらに極端なものにしていく——それでも彼らの過激な新機軸がメインストリームに影響を与えることも多いのだ。

主流社会《メインストリーム》の周縁から

一九四〇年にジャマイカの片田舎で設立された〈ピナクル〉は、[67] 宗主国イギリスの抑圧から解放された〝社会主義的生活〟を黒人住民に提供するコミューンだった。創設者のレナード・ハウエルは、キリスト教と東洋のスピリチュアリズムをミックスした異端的な教え〈ラスタファリアニズム〉を説いていた——エチオピア皇帝のハイレ・セラシエは神でローマ教皇は悪魔、そしてマリファナは聖なる植物だとしたのだ。旧約聖書のレビ記二十一章五節「また、頭髪の一部をそり上げたり、ひげの両端をそり落としたり、身を傷つけたりしてはならない（共同新訳）」の教示に仰ぎ、男たちは髪をもじゃもじゃに伸ばしたが、この髪型がのちに〈ドレッドロック〉と呼ばれるようになり、部外者を不安にさせた。

ジャマイカ当局はこのセクトをよしとせず、たびたびピナクルを手入れし、ついにはハウエルを精神病院に監禁した。ピナクルは取り潰され、〈ラスタファリアン〉と呼ばれるようになっていたハウエルの信奉者たちはジャマイカ全土に散り散りになり、各地でフォーク・デヴィル扱いされた。[68]親たちは、ラスタファリアンたちは排水溝《トレンチ》を棲み処にしていて、人間の切り落とした四肢を持ち歩いていると子どもたちに吹き込んだ。一九六〇年、ジャマイカの首相は全国民に注意をうながした。「幸いなことにごく少数ではあるが、あのような人間たちは我が国の邪悪な敵である」[69]
ラスタファリアニズムがこの時代の転機に消滅していたら、神智学や〈チャーチ・オブ・ライト〉や〈フナ〉といった近代に誕生した曖昧模糊としたスピリチュアリズムほどには人々の記憶に残っていなかっただろう。しかしラスタファリアニズムの教義は、ひとりの極めて重要な信者のおかげで生きつづけた。その信者とはジャマイカのミュージシャン、ボブ・マーリーだ。マーリーに最初に教えを説いたのは周囲にいたセッションミュージシャンとマリファナの売人たちだった。[70]妻のリタは生身のハイレ・セラシエ皇帝を目のあたりにし、その手に刻まれた聖痕のような〝紋章〟[71]を見て熱狂的な信者になった。やがてマーリーも教義を受け容れ、七〇年代に彼の音楽が世界中に広まるにつれてラスタファリアニズムの慣習も世に知られるようになり、ドレッドロックは〝ロックス（日本ではドレッド）〟というおしゃれな髪型となり、マリファナも〝ガンジャ〟と呼ばれるようになった。カリブ海に浮かぶ小島で蔑視されていた宗教的サブカルチャーの教義は、ポップミュージックを媒介にして欧米の商業文化に取り込まれた。マーリーが作り上げたレゲエから何千人もの有名ミュージシャンが影響を受け、都市郊外に暮らす若者たちは音楽フェスでニット地の〝ラスタキャップ〟をかぶり、アムステルダムの〝マリファナが吸える店《コーヒーショップ》〟やアメリカの大学寮の部屋には赤と黄色と緑に彩られた大麻の葉のポスターが無数に貼られた。今やロックスはザ・ビートルズのモップトップと同じぐらい一般的なヘアスタイルとなり、ジャスティン・ビーバーやアメリカンフットボールの選手たちやジャガロたちも取り入れていて、そしてク《K》ー・ク《K》ラックス・ク《K》ランのなかにもこの髪型にしているメンバーが少なくともひとりいる。[72]
テディボーイズもモッズもルードボーイズもヒッピーもパンクもバイカーギャング（暴走族）も、そしてサーファーも、その過激な慣習はすべてメインストリームに織り込まれていった。ラスタファリアニズムにしても例外ではない。各集団が意図してそうなったわけではもちろんない。サブカルチャーとカウンターカルチャーに身を投じた各個人は、メインストリームとその価値観を拒絶した。そして社会規範を公然と無視することでアイデンティティを構築した。さらには社会の基盤となる慣習をはねつけることで、彼ら因習打破主義者たちは個性的で独創的な、本物の伝説的存在となった。もはやサーフィンは〝アウトサイダー〟たちのニッチなサブカルチャーではない。サーフブランドのクイックシルバーを傘下に持つボードライダーズ社の年間総売り上げは二十億ドルを超える。[73]イギリスの乳製品ブランドのカントリーライフ・イングリッシュバターは、パンク・レジェンドのジョン・ライドンをテレビCMに起用した。[74]アメリカの大手アイスクリームブランド、ベン&ジェリーズの人気ナンバーワンのフレーヴァー〈チェリー・ガルシア〉は、六〇年代カウンターカルチャーの〝覚醒し、のめり込み、社会から抜け出せ（Turn on, tune in, drop out）〟という反逆精神を長きにわたって象徴していたサイケデリック・ロック・バンド、グレイトフル・デッドのひげ面のリーダーの名前をもじったものだ。サブカルチャー研究者のスチュアート・ホールとトニー・ジェファーソンが指摘するように、反抗的な若者文化は〝純粋で、シンプルで、荒れ狂い、そして商業的な成功を得る[75]〟ものなのだ。
では、どうして真っ当な社会は、その慣習をどこまでも否定するサブカルチャーを擁護するようになるのだろうか？
その実際数とは裏腹に、サブカルチャーとカウンターカルチャーはある程度の影響力の獲得に成功している。五〇年代から六〇年代にかけて、サブカルチャーに加わるティーンエイジャーはかなり少なかった。人口五千万人のイギリスで、テディボーイズの推定人数が三万を超えることはなかった。[76]どれほどの疎外感を抱いていたとしても、ティーンたちの大多数は普通のステイタスを危うくすることを望まず、奇抜な服を着たり非行に走ったりはしなかった。二次的ステイタス集団は大衆社会に取って代わることはできないので、模倣されることによってのみ影響力を得ることができる。しかし、その過激な新機軸はどのようにして威信《キャシェ》を持つようになるのだろうか？　重要な経路がふたつある
――クリエイティヴ・クラスと若年層向け消費市場だ。
シグナリングの基本的なロジックから見れば、不利な立場にあるコミュニティと結びついているサブカルチャーの慣習にステイタス価値はほとんどない。しかし二十世紀に、マイノリティと労働者階級の慣習がメインストリームの規範に統合されるという大変化が生じた。このプロセスは遅くとも二〇年代のジャズエイジから始まった。この時代、富裕層の白人たちが黒人社会のサブカルチャー資本をシグナリングに利用し、自分たちに欠ける真正性を補った。ステイタスに劣る人々の偶像化は十九世紀のロマン主義にさかのぼることができる。政治哲学者のチャールズ・テイラーは、田舎の人たちの素朴な生活は都市生活者の堕落した暮らしよりも健全な徳および永続的な充足感に近いことを、多くの人々が知るようになったと指摘している。[77]六〇年代後半になると、ニューヨークの上流社会は〈ブラックパンサーズ〉などのマルクス主義急進派《ラディカル》を招いての豪華なカクテルパーティーを催すようになった。この偏愛ぶりを、トム・ウルフは〝ラディカル・シック〟[78]と揶揄した。

それでも二十世紀のほとんどの場合において、二次的ステイタス集団の慣習をメインストリームに持ち込む役割を果たしていたのはもっぱらクリエイティヴ・クラスだった。クリエイターたちの多くはカウンターカルチャーに属しているか、少なくともその理想に共感していたのだから、これは当然の流れだった。社会学者のトーマス・フランクは自著『The Conquest of Cool（クールの征服）』で、各企業がサイケデリックアートを商業イメージに取り入れたのはヒッピーの若者に取り入るためではなく、第一世代ヒッピーのクリエイティブ・ディレクターたちが自分たちのＬＳＤ的な美意識を押しつけたからだと指摘している。つまりヒッピー的な広告はヒッピーの若者たちに先んじていて、そしてまちがいなく彼らを作り上げたということだ。[79]
が、このクリエイティヴ・クラスとカウンターカルチャーのつながりは、モッズやラスタファリアンといった労働者階級のコミュニティ由来の慣習が広まった理由を説明するものではない。事実、出版および広告の世界に労働者階級のサブカルチャー出身の人間はほとんどいない。サブカルチャーとクリエイティヴ・クラスが交わる場は、おもにアートスクールとアンダーグラウンドのミュージックシーンだ。とくにパンクのコミュニティは、イギリスの労働者階級とアートスクールとファッションスクールの学生たちが連携して立ち上げた。[80] このネットワークが形成されると、パンクロックはレゲエを受け容れ、[81] ジャマイカ音楽もやはりイギリスのメインストリームの文化での地位が上がった。同様に、多くのアフリカ系アメリカ人向けのラジオ局がラップを真面目に取り上げるようになる以前から、ニューヨークのダウンタウンのアートシーンはブロンクスのヒップホップカルチャーを支持していた。[82]
多くの場合において、サブカルチャーのスタイルとクリエイティヴ・クラスの感性の親和性は高い。

真正性をとくに重んじるクリエイティヴ・クラスは、ヒップスターやサーファー、バイカーギャングやパンクといった反抗的な集団を、真っ当な社会の〝見せかけだけでありえない《プラスティック・ファンタスティック》〟キッチュに対する心の底からの拒絶として称賛する。労働者階級には、欲しがり屋のブルジョワ社会の手が及んでいない〝ありのままの〟本質が備わっていると、彼らは信じている。ノーマン・メイラーはこう記している。「〈HIP〉をひとつの特殊な言語にしているのは、それは人には本当に教えることができない言語だということである」[83]この見方は上から目線になるかもしれないが、それでもミドルクラスの多くの若者にとって、サブカルチャーのスタイルは共通の敵に対する心からの反発をパワフルに表現してくれるものなのだ。ディック・ヘブディジはこう書いている。「レゲエには、同時代の大半の白人音楽がどこからどう見ても失ってしまった、必要欠くべからざる信念と痛烈な政治批判を持ち合わせていた」[84]
ジャズエイジ以降、アンダーグラウンドな文化についての知識はアッパーミドルクラスの重要なステイタス基準として機能してきた。この基準は、イカした《HIPな》存在でなければならない、サブカルチャーの活動に通じていなければならないという圧力を生み出した。[85]サブカルチャーの世界への没入は曖昧さと難解さがともない、高いシグナリング・コストを要する。したがってHIPな存在であることは価値が高いこともあり得た。サブカルチャー資本がクリエイティヴ・クラスのシグナリングの標準手段になると、マイノリティと労働者階級のスラング、音楽、ダンス、そしてスタイルは高価値のシグナルとして機能するようになった――その根底にある信念まで併せて使われているかどうかにかかわらず。アートスクールの学生たちはハイレ・セラシエの神性を信じていなくてもレゲエを聴くことができた。急成長を遂げつつあったクリエイティヴ・クラスの構成員たちにとって、サブカルチャーとカウンターカルチャーは型にはまった退屈な日常から逃れ、刺激的な人生を夢想する手段だった。ロンドン郊外出身の美術評論家ダン・フォックスはこう述べている。「音楽でつながった仲間たちは、逃げ場所と仲間意識を与えてくれた。ほかの誰かになることは、小さな町の小さくまとまった心からの脱出を夢見る手段だった」[86]
しかしミドルクラスのラディカル・シックには、最も尖ったスタイルを変質させてしまう傾向がある。そうやって〝ラディカルな〟新機軸は社会的破壊力を落とし、〈若年層向け消費市場〉というサブカルチャーのふたつ目の影響経路が拓かれる。あるサブカルチャーもしくはカウンターカルチャーをクリエイティヴ・クラスが賛美すると、そこに新たなキャシェが付与される。クリエイティヴ・クラスのセンスに敏感に反応する、ファッションブランドやレコード会社、そして映画製作会社といった文化産業は、新たなキャシェの源泉を上手く利用する商品を製造し販売する。初期のモッズはスーツを仕立てていたが、その名声が高まるにつれて、既製服メーカーが〝吊るし〟のモッズスーツを大量消費向けに製造するようになった。[87] イギリスでパンクが爆発的な人気を得ると、お堅いレコード会社のＥＭＩはセックス・ピストルズと契約した（そしてすぐに破棄した）。クリエイティヴ・クラスおよびエスニック・サブカルチャーに起源を持つ文化的トレンドはあまりに多く、こうした新機軸を企業側は理解できないかもしれないが、それでもミドルクラスの若者にアピールするものであれば儲かるはずだという賭けに出るかもしれない。
しかしラディカルなスタイルは牙を抜かれたうえで商品として普及することになる。[88] メインストリームを真っ向から否定するものは最初からばっさりと切り落とされる。実験的なものや反逆的なものは、やんわりとトーンダウンさせた〝第二弾〟で全国的な注目を集めるようにする。たとえばヒップホップミュージックは、九〇年代初頭にMCハマーとヴァニラ・アイスの〝ポップラップ〟でようやくヒットチャートの頂点に立った。こうした〝毒抜き〟は新機軸に元々備わっていた影響力を薄めるばかりか、型破りなアイディアを既定の慣習のなかに封じ込めてしまう。サブカルチャーの漠然とした〝敵対姿勢〟は厳密に規定された商品群のなかで化石と化してしまう。[89]ヒッピーのカウンターカルチャーは、タイダイのTシャツや〈バハジョー〉のメキシカンパーカ、小ぶりな丸眼鏡、そしてピースマークのバッジといった既製品にかたちを変えた。サブカルチャーを読者や視聴者に説明しなければならない場合、マスメディアは定義されていないことを定義し、必要とあらば誇張する。ヴェルヴェット地のカフスは[90]一九五七年に〈ティーン・ライフ〉誌に掲載された一枚の写真から始まった後期のものであるにもかかわらず、テディボーイズのスタイルの象徴とされた。

この単純化はマーケティングの過程で必然的に生じるもので、ハードルと柵を低くしシグナリング・コストを下げ、そうしたものをいくつか買えば誰でもパンクにもヒップホッパーになれるようにする。ジョン・ウォーターズがビートニクに関心を抱くようになった理由は、彼らの〝深い社会的信念〟とは一切関係なく、大好きだったシットコム『ドビーの青春』に登場する、主人公の親友でビートニクのメイナード・G・クレブスへの〝オマージュ〟だった。[91]そうした〝やわになった〟サブカルチャーにさらに多くの人々が加わると、単純化はさらに進む。そして若い構成員たちには衣服や乗り物や衒示的快楽主義につぎ込める金があまりない。第二世代のテッズは不愛想な態度とダックテイルに固めた前髪は引き継いだが、エドワーディアン・ルックのスーツの代わりにジーンズを着た。[92]クリエイティヴ・クラスがサブカルチャーとカウンターカルチャーを受け容れる理由には精神的な面があるのかもしれないが、若者たちの多くは大人たちを面罵するためだけに反逆的なスタイルをひけらかす。ヒップホップグループのN.W.Aの「ファック・ザ・ポリス」は、ロスアンゼルスの法執行機関に対する黒人たちの怒りを代弁した曲だ。一方、郊外暮らしの白人のティーンたちは親たちを怒らせるために、この曲を家のカセットデッキで大音量で流した。[93]
が、サブカルチャーとカウンターカルチャーの慣習が社会の基盤である階級制度内で一般化していくにつれて、元々の規範としての価値は失われていく。消費市場に寄生されてしまったら、二次的ステイタス集団の大半は存続することはできない。それでも手遅れになる前に反撃に出る動きもあった。一九六七年十月、カウンターカルチャーに長年携わってきた人々がサンフランシスコの街頭で〝ヒッピーの死[94]〟を弔う模擬葬儀を執り行い、自分たちの活動をもう取り上げないようメディアに訴えた。ジャーナリストのニック・コーンは六〇年代当時を振り返り、こうした集団の盛衰は必ず似たパターンをたどると指摘した。
それはまずアンダーグラウンドで形成され、基本的な前提が設定される。まずごく少数の信徒が熱心に信奉し始める。するとやがて日の目を見て、各地に広まり、ある日突然火が点いて全国的なブームになる。そして周囲の野次馬たちも惹きつけ、業界も巻き込み、メディアにも際限なく取り上げられる。と、そのうち新奇さやインパクトが消え失せ、死に絶えてしまうのだ。[95]
六〇年代後半になると、モッズの定番の溜まり場だったカーナビー・ストリート[96]は海を越えてカンザスやウィスコンシンからやって来た中年観光客たちを〝カモにする、悪趣味に満ちたジョークの〟街になってしまった。七〇年代初期、日本の暴走族はアロハシャツや革ジャンやジーンズやリーゼントヘアといった五〇年代アメリカのファッションを取り入れていたが、日本の主流社会のファッションシーンが似たような五〇年代レトロにちょっかいを出すようになると、帝国主義的なスローガンを散りばめた特攻服に着替えた。[97]
アウトサイダーのスタイルの商業化は政治的な問題を惹き起こす。とくに企業側が彼らのキャシェから利益を絞り取り、ステイタスに恵まれた集団に新たな反抗的スタイルの模索を強いる場合は。普段は自分たちが虐げている集団の新機軸で一発儲けてやろうというメインストリームの起業家の姿勢は、どう見ても異様だ。ジャズもリズム《R》&ブルース《B》もファンクも黒人ミュージシャンが生み出したものなのに、それらを真似て毒抜きをし、利益を得たのは結局のところ多数派の白人たちだった。エルヴィス・プレスリーは自分が考案したわけでもない慣習を使って〝キング・オブ・ロックンロール〟と呼ばれるようになり、大儲けした。一方、その後に起こった白人ファン層という重荷からの逃避は、黒人たちの創作の原動力となった。自分たちの熱烈なファンだったプロフェッショナル・クラスを遠ざけるために実験的手法を追求したジャズミュージシャンはその一例だ。あるミュージシャンは六〇年代初頭の頭の堅い《スクエアな》ファンたちについてこう語っている。「あんたが商業バンドで働いているとしてみなよ。連中の好みにあわせて、陳腐な《コーニー》演奏をさせられるぜ。また、あんたが立派なバンドで働いているとするとだな、そいつは連中の気に入らないから、彼らが邪魔っけに見えてくる。立派なバンドでやっていて、彼らにウケているとしても、そのことがまた邪魔なんだ」[98]しかしマイノリティの慣習に対する組織的盗用はシステムにおける創造性を促進する手段としては道義に反し、認めることはできない。
六〇年代後半に台頭した〝解放のイデオロギー〟は、黒人文化の大規模な盗用の抑制に役立った。

本物のレゲエとヒップホップは人種的抑圧の実体験や黒人居住区の生活についての詳しい知識がなければ創作できない。ビースティ・ボーイズや3rd Bass、エミネムに代表される白人ラッパーたちは、最初のうちこそ道化師もしくは〝やんちゃもの〟的なペルソナによってのみ本物として認められたが、それでもヒップホップの世界では周縁的な存在でありつづけている。ヴァニラ・アイスのアーティストとしての失敗は、模倣はそれなりの皮肉が込められていないと大惨事になることを如実に示している。文化の盗用がタブーとされる時代にあって、真正性はサブカルチャーにとって自分たちの慣習を自らの手で管理できる強力なツールでありつづけている。
しかしながらサブカルチャーがメインストリームのスタイルに与える影響の分析は複雑だ。その理由は、六〇年代に大人気を博したサブカルチャーがリバイバルブームに乗って何度も姿を見せるところにある。モッズの聖典ともいえる映画『さらば青春の光』は一九七九年の公開だが、今でもこの映画を観てモッズに魅せられた若者たちが大挙してテーラーに押し寄せ、モヘアスーツの最初の一着を注文している。が、こうしたのちの時代のファンたちを、オリジナルのブームから有機的につながっているものだと見るべきではない。[99] 今の時代のモッズは社会的非難を覚悟で衝撃的なニュースタイルを率先して取り入れるようなことはせず、むしろ社会のお墨つきをもらった反抗チックなスタイルに満足を求めている。七〇年代の〝ネオ・テディボーイズ〟は純粋に好みの点から古いスタイルを取り入れた――はっきり言えば、五〇年代のロックンロールへのノスタルジアとヒッピーへの反発の組み合わせだ。〝エドワーディアン〟という言葉の元々の意味を知っているネオ・テッズはあまりいなかった。[100]
ものの見事に次々と消費市場に呑み込まれてしまった最初の各集団は、本当の意味で〝サブカルチャー〟だったのだろうか？　現代のマーケティング用語集では、サブカルチャーは〝ニッチな消費者層〟程度の意味しかない。サブカルチャーとカウンターカルチャーの美意識にしても、今では消費主義の構成要素のかなりの部分を占めている。かつては反社会的だと見なされていたパンクやヒッピーやサーファーやバイカーギャングらのスタイルも、現在ではアメリカ中のショッピングモールで主流のファッションスタイルとして売られている。企業重役たちはカスタムメイドのロングボードでのサーフィンやハーレーダビッドソンでのツーリング、はたまた静謐な山小屋で薪を割る日々を過ごす長期休暇などを自慢する。高級ファッションブランドのイヴ・サンローランは二〇一四年にテディボーイズをテーマにしたコレクションを、ディオールは二〇一九年の秋にテディガールズからインスピレーションを得たスタイルを発表した。[101] 自由奔放主義《ボヘミアニズム》なくしてばシリコンヴァレーのボボズはなく、ジャマイカのレゲエなくしてポリスの「ロクサーヌ」のインストヴァージョンが歯科クリニックの待合室で流れることもなかった。

　それでも、サブカルチャーとカウンターカルチャーのすべてが消費市場の一部になり果ててしまったわけではない。それどころかサブカルチャーの大半はいまだにメインストリームの外側にある――サバイバリスト〔自然災害や核戦争などに積極的に備えてシェルターなどを作る集団〕や半人半獣マニア《ファーリー》やUFO拉致被害者《アブダクティー》や〝ナンパ師〟などだ。テディボーイズと同じように、ジャガロもまたショッキングな音楽やスタイル、そして不審な行動でアウトローを気取っている。音楽雑誌〈ブレンダー〉がジャガロを作り上げたインセイン・クラウン・ポッシーを音楽史上最悪のミュージシャン[102]に選んだにもかかわらず……。クリスチャン・ロック〔キリスト教徒のメンバーがイエスやキリスト教について歌うロック〕も同じ憂き目を味わわされてきた。関連するファッションブランドのエクストリーム・クリスチャン・クローズは[103]絶大な人気を誇っているが、〈GQ〉の表紙を飾ったことは一度もない。こうした集団は（白人の）マジョリティ文化に反旗を翻す存在ではなく、むしろその要素で構成されているので、左派寄りのクリエイターに何のインスピレーションも与えない。ロウワーミドルクラスの白人サブカルチャーにしても、メインストリームからの逃避手段を提示するのではなく保守的感情の根底にあるものを見事に表現している。かつての時代のスキンヘッズは最新ファッションに影響を与えたが、親ナチ派のエピゴーネンたちはそうではなかった。クリエイティヴ・クラスに称賛されるものでなければ、大手メーカーはそうしたサブカルチャーの慣習をベースにした商品を新たに作ることはなく、したがってより広い層への普及も阻まれる。つまりサブカルチャーの逸脱行為は、社会の基盤となっているステイタス構造の内側でシグナルとなった場合に最も影響力を発揮するのだ。

§

バーミンガム大学現代文化研究センターでなされた著名な研究では、若年層のサブカルチャー集団を階級社会の〝矛盾〟を乗り越えようとする〝抵抗勢力〟と位置づけている。[104] 当時を振り返ってみると、自分たちの行動をこうしたあからさまな政治的なものと捉えていた若者はテッズにもモッズにもほとんどいなかった。社会学者のデイヴィッド・マグルトンはこう記している。「イギリス、アメリカ、カナダ、オーストラリアで行われた研究で、サブカルチャーの信念体系は複雑で不均一なものだということが判明した」[105] サブカルチャー集団の漠然とした〝反抗的姿勢〟[106] からインスピレーションを得ることもあるかもしれないが、それより彼ら特有の服装、音楽の好み、ダンス、行動、スラング、そしてドラッグのほうにより魅力を感じる。換言すれば、サブカルチャーもカウンターカルチャーもさまざまな文化的工芸品に還元される傾向にあり、それらをすべて積み上げたものが現代文化なのだ。

しかしサブカルチャーの最大の功績は、知覚の枠を拡げ、既存の商品と行動を再評価できる新しい感性を与えてくれたことだ。十九世紀以降、ゲイのサブカルチャーは〝キャンプ〟的感覚を――スーザン・ソンタグが言うところの〝不自然なものを愛好する、人工と誇張を好むこと〟[107]、もしくは〝旧式で時代おくれで流行おくれ〟なものへの大きな共感を[108]――先導してきた。この〝補足的な〟基準[109]は、文化資本をハイカルチャーからローカルチャーに対する皮肉な評価へと拡げた。キャンプの感性がポップカルチャーとポップミュージックを通じて二十世紀の社会に広まるにつれて、豊かな社会のエリート層は新たな手法で世界を理解するようになった。キャンプの感性が広く共有されなかったら、ジョン・ウォーターズが〈タウン&カントリー〉の表紙を飾ることはなかっただろう。

サブカルチャー集団の構成員たちはメインストリームで惨めなステイタスを与えられている状況から逃れるために集団に加わるのかもしれないが、結局のところステイタスのロジックを新たな形態で複製することになる。つまり新たなステイタスの基準、新たな階層、新たな慣習、そして新たなセンスを創り出すのだ。彼らはメインストリームの恣意的な慣習を恣意的に否定しながらも、それを本物の感情だと信じ込んでいる。パンクは純粋な個人表現だとするジョン・ライドンの主張が正しいのであれば、パンクに〝ユニフォーム〟などないはずだ。

サブカルチャーの反抗的姿勢はセンスの差異という単純なかたちであらわれるからこそ、そのスタイルは文化産業に至極あっさりと取り込まれてしまう。消費者がよりセンセーショナルでショッキングなアイテムを常に求めているのであれば、レコード会社やファッションブランドは二次的ステイタス集団をとんでもない新機軸を考案する開発研究所として利用すればいい。とはいえ、サブカルチャーの反抗的姿勢がもたらす社会的コストを軽く見てはならない。一九四三年にロスアンゼルスで発生したメキシコ人迫害活動が〈ズート・スーツ暴動〉[110]と呼ばれているのは、この大仰なスーツを敢えて着ていたマイノリティが白人たちの標的にされたからだった。しかし社会はより寛容になり、反抗的なサブカルチャーと資本主義のあいだの軋轢は軽減された。アウトサイダー集団が生み出す反抗的なシンボルは〝スタイルの再生〟としてビジネスに活気を与え[111]、商業市場で売りに出される[112]。

　それでも二十世紀の二次的ステイタス集団は文化の流れをまんまと変えた。かつての厳格な階級社会では、経済資本と権力が揺るがし難い階級構造を作り上げていた。そのなかで慣習は富裕層から中間層、そして貧困層へとトリクルダウンしていった。サブカルチャー資本にキャシェが付与される世界では、富裕層は下の階層のアイディアを意識的に借用する。さらに言えば、ブリコラージュはもはや拾い集めたガラクタを組み合わせて個人のスタイルを作ることにとどまらず、今では誰もがいろいろなものを取りまぜて調和させている。とどのつまり、サブカルチャー集団とはペルソナ作りの前衛集団であり、おかしなキャラクターを考案して演じるという、今では一般的になっているステイタスの差異化を効果的に図る手段を最初に採用した集団だったのだ。

　ステイタス集団と二次的ステイタス集団の双方においてステイタスを追い求める各個人は、知らず知らずのうちに新たな慣習を形成することになる。このような場合、ステイタスをめぐる闘争の副産物として技術革新《イノヴェーション》がしばしば生じる。しかし各個人もまた、既成の慣習に代わるものを〝意図的に〟提案しようとする。こうした計算づくの創造性を発揮する人々の最もよく知られる例が芸術家たちだ。そして芸術家たちもまた、ステイタスに衝き動かされる。

第7章　芸術

巧みな筆さばきで優れた絵画を描きながらも芸術家のステイタスを得られなかったエドナ・ハイベル。一方、慣習を大胆に無視することで伝説的存在となったアンリ・ルソー、トリシャ・ブラウン、ジョン・ケージ。

芸術家のステイタス

一九〇八年のある日、スーリエという男が営むパリの古道具屋でキャンヴァスの山を漁っていたパブロ・ピカソは、描きかけの女性の肖像画に眼を留めた。店主は値引きしてくれた。「五フランでいいよ。裏に描けばいいじゃないか」[1]よく見てみると、その捨てられた絵はアンリ・ルソー、またの名を〝税関吏《ドゥアニエ》ルソー〟が一八九五年に描いたものだとわかった。ルソーは六十四歳のパリ市の入市税関の元職員で、四十九歳で職業画家となったが、その子供じみた画風の油彩画はフランス画壇でつとに知られた物笑いの種になっていた。一八八五年、〈サロン・デ・シャンゼリゼ〉に出品されたルソーの作品は観客たちにナイフで切りつけられ、放り出された。数年後の〈サロン・デ・アンデパンダン〉で彼の絵を見た記者は「ムッシュ・ルソーは眼をつむり、足で筆を持って絵を描いている」[2]と断じた。拒絶と中傷とからかいを絶えず受けながらも、ルソーは画家の証しのベレー帽を誇らしげにかぶり、絵筆を振るいつづけた。しかしかなり近しい理解者たちですら、この老人は自分の作品は絶対に敬意をもって扱われるという哀れな妄想を抱いていると考えていた。

ピカソもルソーを一切認めない画家仲間たちに同調していたが、古道具屋で彼の絵を見るなり熱狂的な信者になった。さっそくこの絵の制作者を称賛するパーティーを自分のアトリエで催すことにした。招かれたルソーは、人生を一変させる運命の逆転を経験した。ピカソのアトリエには自分の名前が書かれた横断幕が掲げられ、詩人のギョーム・アポリネールや画家のジョルジュ・ブラック、美術収集家のガートルードとレオのスタイン兄妹をはじめとした招待客たちが、自分を讃えるオリジナルの歌を合唱していた。この瞬間から、ピカソとヨーロッパ中の同時代の人々はルソーの作品を公然と支持するようになった。その裏には利己的な意図もあった——芸術の限界を押し拡げようとする前衛芸術家たちは、ルソーの色鮮やかで拙い画風が世に認められたら、自分たちの過激な作品も世間から受け容れられるのではないかと期待していたのだ。そんな思惑など意に介さず、〝ドゥアニエ・ルソー〟は人生の最後の二年間を究極の目標を成し遂げるために過ごした——芸術家だと認めてもらうという目標を。以来、彼の評価は上がる一方だった。現在、ルソーの作品は世界中の美術館に展示され、ニューヨーク近代美術館（ＭｏＭＡ）ではピカソの大傑作からほんの数メートルのところに掛けられている。

〝芸術家〟とは職業名ではなく尊称だ。[3]人間は全員クリエイターであり、家事をしながら口笛を吹き、授業中にノートに落書きを描き、その日のセレブの〝やらかし〟のミームを制作する。誰にでも何かしらの芸術的才能があるのだ。この創作の衝動は、わたしたちのＤＮＡにある〝クリエイティヴ遺伝子″とでも呼べるもののなせる業である可能性すらある。しかし自身の創造力としっかりとした専門的な知識および経験を組み合わせ、他者たちから称賛されるものを生み出せるのは才能を授かった少数だけだ。『ティファニーで朝食を』の名もなき語り手は、カリスマ的な魅力のある隣人ホリー・ゴライトリーにこう訊かれる。「ねえ、あなたって本物の作家なの？　早い話、あなたの書いたものを買う人がいるかどうか」[4]しかし創作物に商品としての需要があったとしても、クリエイターはワンランク上の″職人《クラフツマン》″になるだけだ。クリエイターの階層の頂点に立つ芸術家になるには、桁はずれにずば抜けた何かが必要だ。さまざまな著述家が述べているように、現代社会における芸術家の社会的地位は司祭もしくは魔術師のそれに似ている[5]——芸術家は極端な個人主義を奉じる非現実的な天才[6]であり、創作の摩訶不思議なプロセス[7]を経て顕現《エピファニー》[8]を得て、それを現実化するのだ。預言者的な芸術家は″ある時代の人々の実際の経験を先取る創造力[9]″を有している。真の天才は部屋を飾るだけでなく、人類に新たな事態を、新たな脅威を突きつける。[10]
　芸術家は重要な社会的役割を担っている。哲学者アンリ・ベルクソンの言を借りれば、その役割とは生来的に知覚できないものを見て、わたしたちに見えるようにし、そしてわたしたちの意識および感覚に明確に響かなかったものを示すことだ。[11]芸術家たちは、わたしたちの脳の奥底にある慣習に手を加え、この効果を実現する。細かく言えば、わたしたちの文化的前提を暴き出し、慣習の矛盾を指摘し、新たなシンボルを創造し、そして古いシンボルの意味を拡大するのだ。印象派の絵画もミニマル・ミュージックも動く彫刻《キネティック・アート》も不条理劇も、どれもその時代時代に世界を認識する新しい方法を提示していた。そして慣習とは意味と価値と知覚の枠組みをもたらすものなので、新たな慣習を強いることは、一時的であるにしてもわたしたちの心を文字どおり変えてしまう。[12]こうした美的経験にのめり込み、そして順応すると、ものの見方はどこまでも変わってしまう。「自然のなかに見いだす秩序は芸術の効果に過ぎない」[13]アポリネールはそうまで言っている。コローの絵は、オスカー・ワイルドをして夕陽にしか見えないと言わしめた。[14]
娯楽と感動的な体験を提供するクリエイターは尊敬を受ける。作家であれ作曲家であれエンターテイナーであれ映像作家であれ、陶酔と仲間意識をもたらしてくれるクリエイターは愛される。しかし現代社会で芸術家が外科医や寿司屋の大将や慈善団体職員よりも高いステイタスを得ているのは、彼らが〝心の魔術〟を実践し、世界を変えてしまうような過激なアイディアを提案するからだ。
十八世紀、哲学者のイマヌエル・カントは、現在でもしっかり通用する芸術的天才の三つの基準[15]を示した。

一．学ばれ得るものに対する熟練の素質ではなく、独創性がその第一の固有性でなければならない。
二．天才の産物は同時に模範、言い換えれば範例的でなければならない。
三．天才自身が自然として規則を与える。

アンリ・ルソーはこの三つの基準をすべて満たし、突飛な潜在意識から湧き起こってきたように思える、[16]ユニークかつインスピレーションに満ちた絵画を描いた。カントが設けた基準は、現代最先端のステイタスの基準、すなわち独創性と影響力と真正性、そして無頓着とも合致する。独創的な芸術作品は最高の個性表現だ。ハンナ・アーレントは、芸術家は〝大衆社会に残された最後の個人[17]〟だと考えていた。ここまで見てきたように、模範として模倣されるということは高いステイタスを有することを暗示する。そして不可解な創作過程は、俗事から切り離された本物の自己表現だということをうかがわせる。暴力と野放図なカタルシスという形態の作品を創作する芸術家にシグナリング戦略を取っている余裕はない。ギャラリーオーナーのベティ・パーソンズは、画家のジャクソン・ポロックをこう称賛した。「彼はまったくやる気がなかった――そして完全に純粋な存在だった」[18]こうした個人的な美徳と周囲からの敬意と商業的成功（富、名声、セレブとのつながり）を組み合わせることで成功と広い認知を獲得した芸術家は、明らかに超高いステイタスを得ることになりそうな存在だ。

カントが設けた基準は、クリエイターの大半が下層から抜け出せずにいる理由も説明する。三文クリエイターは誰かのコピーしかできない。民俗芸術は慣習に忠実だ。ルソーのような例外は別にして、素朴な画風の画家やアウトサイダー・アーティストは得てして何の影響も与えない。商業クリエイターは手垢にまみれた手法を使って〝給料〟をもらう。たとえずば抜けた才能に恵まれているとしても、絵筆を取る者の大半は〝絵描き〟という蔑称[19]を超える存在にはなれないだろう。

ほかのステイタス階層と同様に、芸術家の階層の頂点に立つ人々は桁はずれの恩恵を受ける。誰もが認める天才と巨匠は、どこに行っても鳴り物入りの大歓迎を受ける。並のクリエイターたちを気まぐれに雇ったり解雇したりするクリエイティヴ産業のトップたちも、天才の奇癖には我慢する。セッションピアニストがレコーディング中に対位法のハーモニーを高らかに口ずさもうものならクビ確定だが、グレン・グールドはバッハのレコーディングで毎回やっていても何も言われなかった。[20]奔放な作風で恩恵を享受している芸術家たちは礼儀作法を無視し、奇矯な服装をし、自己破壊的な行動に耽り、愛する人々を虐待することすらある。神の啓示はいつ下ってくるのか誰にもわからないので、したがって締め切りを破っても許される。ジークムント・フロイトは、芸術家は「名誉、権力、富、名声、そして女性からの愛を得たい」[21]という願望に衝き動かされていると考えていた。まさしく同じことを言ったのが有名プロデューサーのデイヴィッド・ゲフィンで、七〇年代に自分の周囲のミュージシャンたちについてこう指摘している。「大抵のアーティストは食っていくために、誰かと寝るために、そして自分が何者なのか知るために音楽をやっていた。世界を変えようとはしていなかった」[22]
どれほどの恩恵が得られる可能性があるにしても、芸術はステイタスを上げる手段としてはハイリスクだ。極めて独創的な芸術作品が規範を破るものだった場合、批評家の眼に留まらなければその制作者のステイタスは著しく低下する。ルソーは長年にわたって物笑いの種にされ、自分の作品をごみの山のなかから取り戻す羽目に何度も遭った。だから大半のクリエイターはあまりリスクを冒さず、芸術に対して起業家のような態度で臨む。ほかのクリエイターの斬新な新機軸をしっかりと定着している慣習と調和させ、市場を拡大させる可能性を探るのだ。八〇年代、モトリー・クルーやポイズンやホワイトスネイクといったバンドは、巨額の印税前払《アドヴァンス》いと大量のドラッグと掃いても掃いてもベッドにほいほいと入ってくるセックスパートナーたちをせしめていたが、前時代の危うい音楽的発想を再利用した〝グラム・メタル〟の慣習を作り変えるようなことはしなかった。[23]しかし本物の芸術家たるもの、ステイタスにかかわることに無頓着でありつづけるべきであり、したがってリスクヘッジはタブーだ。金と権力を手に入れるために創作するのは三文芸術家だけだ。自ら思い立って作品を創作したとは一切言わない芸術家が多いのはそのためだ。そもそも芸術を創造したいという思いすら見せようとしないこともある――「絵を描いているときは、絵を描いているとは思っていない」[24]ジャクソン・ポロックはそんなことを言っていた。
それでも、ほぼすべての芸術家は彼らなりの〈芸術家のステイタス〉を追い求める。社会から〝芸術家〟だと認められないかぎり、そのクリエイターの作品は熟考されることも解釈されることも、さらには評価されることもない。誰でも何かを作ることはできる。しかし、とヴィトゲンシュタインは指摘する。「バラバラのものを芸術作品として描き出せるのは、ひとり芸術家だけである」[25]バンクシーの〝なかの人〟であるヴィジュアルアーティストは正体不明で、通りを歩いていてもステイタスの恩恵を受けることはないかもしれないが、子どもじみた落書きを超えた素晴らしいものだと感じられなければ、その作品には芸術家のステイタスは与えられない。二〇一八年のサザビーズのオークションで、その場でシュレッダーにかけられたバンクシーの作品が出品されたが、それはそもそもサザビーズがバンクシーの作品にはオークションにかけるだけの価値があると考えていたからにほかならない。

クリエイターの多くは特定のステイタスの恩恵を得る取引手段として芸術を追求するが、純粋に芸術のみを追い求めるクリエイターですら芸術家のステイタスを目指さなければならない。取り立てて高い技術を有していなかったルソーは「稚拙な画風だったが、そう意図していたわけではなかった。一般にルソーの〝意図〟と呼ばれているものは、実は〝願望〟に過ぎない。つまり、官展《サロン》に出品したいと望んでいたのである。誰に注目されるわけでもなく、苦労を重ねてきたルソーは、それ以外の見返りは考えつかなかった」[26]作家のロジャー・シャタックはそう記している。

芸術家のステイタスの存在から、創作プロセスの見方はふたつあることがわかってくる。


一．ステイタスのロジックは芸術の世界でどのように明示されるのか。

二．社会内の特定のステイタス構造が、芸術の創作と普及のプロセスをどのように変えるのか。

芸術は人間の活動のなかで最も自由かつ想像力に富んだ領域のように思えるかもしれないが、現代の社会構造におけるクリエイターと鑑賞者と批評家それぞれのステイタスのニーズは、どのような芸術が生み出され、認識され、そして評価されるのかに大きな影響を及ぼしている。

芸術的価値と斬新な新機軸

アメリカの画家エドナ・ハイベルは、その生涯（一九一七年〜二〇一四年）のうちに自身が制作した絵画とリトグラフで絶えず称賛を浴びてきた。彼女の教え子のひとりはこんな熱弁を振るう。「先生に描けないものなんかなかった。本当に、ルネサンス期から現代にやって来た芸術家みたいだった」[27]
一九四〇年、二十三歳のハイベルの描いたルノワール調の作品をボストン美術館が購入し、アメリカ人画家としては史上最年少で著名な美術館に作品が収蔵された。[28]その後、ハイベルの絵画と版画は世界中の美術館を巡り、鉄のカーテンを越えてソヴィエト連邦でも中国でも展示された。イギリスのエリザベス二世に作品が献上され、ローマ教皇ヨハネ・パウロ二世から勲章を授与された。六十歳のとき、ふたりの収集家が彼女の作品だけを集めた美術館をフロリダに設立した。
ところがである。本書を執筆している時点で、ウィキペディアにエドナ・ハイベルのページはなく、一般的な美術史書にも彼女の名前は載っていない。エドナ・ハイベル美術館は二〇一五年に閉館し、収蔵作品の多くはウィスコンシン州にある無名の大学の美術館に送られた。優れた画才を発揮し、国際的な著名人たちから絶賛されていたにもかかわらず、ハイベルは先人のジョージア・オキーフやフリーダ・カーロ、そして同時代を生きたレオノーラ・キャリントンのような女性芸術家のステイタスに手が届かなかった。実際のところ、卓越した技術を有し、長きにわたって名声を維持していたエドナ・ハイベルは、芸術家のランキングでは〝素朴な〟アンリ・ルソーのかなり下に位置づけられている。才能あふれるクリエイターが〝きれいな絵を描く〟とか〝感じのいい詩を書く〟以上のことをして〝本物の芸術家〟として認められるには、具体的にどんなことをすればいいのだろう？

その答えは実に単純なものだ——芸術家になるには〝芸術〟を作らなければならないのだ。が、答えがわかったところで、今度はこれまでさんざんパロディにされてきた〝芸術とは何か？〟という大仰な問いかけが待っている。模範解答はないし、これからも出てきそうにない。哲学者のノエル・キャロルは、〝表象としての芸術〟や〝表現としての芸術〟や〝形式としての芸術〟といった芸術の基本的な定義を検証した結果、既製品の小便器を使ったマルセル・デュシャンの『泉』などの二十世紀の前衛作品も〝芸術〟として分類しなければならない時点で、そうした定義の大半は崩れてしまうと結論づけた。芸術の単一かつ包括的な定義づけはかなり難しい。なぜなら定義がひとつ提示されるたびに、芸術家たちはその限界を超えようとするからだ。

しかし、ステイタスが創造性に与える影響については、存在論や形而上学を引っぱり出してきて考えなくても答えは出てくる。人々が特定の作品を芸術だと見なし、その判断に基づいてクリエイターに芸術家のステイタスを与える理由だけを考えればいい。このより限定された問いかけの答えを導き出すのに実にぴったりな芸術の定義がふたつある——制度的な定義と物語的《ナラティヴ》な定義だ。[29]制度的な定義では、芸術界が芸術だと見なすものは何でも芸術だ。一方、ナラティヴな定義では、芸術のナラティヴに沿っているものは何でも芸術と見なされる。エルジャー社の古い陶器製の小便器をごみ捨て場に置いただけでは芸術にはならないが、テート・モダンに置かれている（まあレプリカだが）デュシャンの『泉』は芸術だ。古代ギリシアの持ち手つきの壺《アンフォラ》もイーディス・ウォートンの小説もクリスト＆ジャンヌ＝クロードの布地で包んだ島も、人類文明の長大な物語のなかで極めて重要な立ち位置にあるものなので、すべて芸術だ。

制度とナラティヴの両方の定義において、クリエイターは権威のある人々もしくは機関から——ギャラリーのオーナー、批評家、有名芸術家、美術史家などからなる芸術界から——芸術家のステイタスを与えられる。芸術界はどのクリエイターが天才なのかを決定し、それに見合った特権を授ける。芸術家たちはショーや展覧会に招待され、マスメディアで大々的に評価され、そして幸運な少数は歴史書に名を遺す。したがって芸術家のステイタスを得るための最もわかりやすい短期戦略は、芸術界の人々や機関から高い評価を得ることだ。ナラティヴな定義のほうは補足的かつ長期的な道筋を提示する。死後に作品が芸術の物語の重要な瞬間として認められることもある。この基準があるおかげでフィンセント・ファン・ゴッホやフランツ・カフカやエミリー・ディキンソンなど、生前は芸術界に受け容れられなかったクリエイターたちも没後に偉大な芸術家として聖別されることになった。芸術の物語の横糸を自分のほうに引っ張ろうとする野心旺盛なクリエイターもいるが、芸術の進む先など誰にも予測できないのだから、将来の成功を確かなものにする技術は存在しない。

アンリ・ルソーはほぼ生涯を通じて芸術家のステイタスを得ることはなかったが、のちに制度的とナラティヴの両方の定義を満たす存在になった。ピカソをはじめとした同時代の芸術家にインスピレーションを与えたことで、彼の作品は歴史的意義を得た。画家で芸術批評家のロジャー・エリオット・フライ[30]が一九一二年に企画したポスト印象派の展覧会でルソーの作品が展示され、その後二十世紀が進むにつれて、ヨーロッパの前衛絵画の発展における重要な一歩としてルソーの作品を取り上げ

7月の新刊 ●10日発売 ちくま新書

1802
検証 大阪維新の会
▼「財政ポピュリズム」の正体
吉弘憲介（桃山学院大学教授）
誰に手厚く、誰に冷たい政治か。「身を切る改革」、授業料無償化から都構想、万博、IR計画まで。印象論を排し、財政データから維新の「強さ」の裏側を読みとく。
07627-4
968円

1803
アフリカ哲学全史
河野哲也（立教大学教授）
サハラ以南のアフリカ、カリブ海諸国の哲学と欧米でのアフリカ人の哲学を解説する日本初の入門書。従来の哲学を相対化し、複数世界に共通する思考を解明する。
07636-6
1430円

1804
写真が語る満州国
太平洋戦争研究会
五族協和の王道楽土を理想に建国された満州国。満鉄、満映や日本人開拓移民の生活の現実とは。わずか13年で消えた〝実験国家〟を貴重なビジュアルでひもとく。
07633-5
1320円

1805
沈黙の中世史
▼感情史から見るヨーロッパ
後藤里菜（青山学院大学准教授）
中世は、「暗黒の時代」ではない――。新進の中世史家が、祈る人、戦う人、働く人、そして沈黙を破る人たちの声をたどる。
07635-9
1100円

1806
「性格が悪い」とはどういうことか
▼ダークサイドの心理学
小塩真司（心理学者）
あなたにもある「ダークな心」、マキャベリアニズム、サイコパシー、ナルシシズム、サディズム。特性、仕事との相性、人間関係などを心理学が分析。何が問題か？
07631-1
1034円

1807
バトラー入門
藤高和輝（京都産業大学准教授）
クィア理論って何？　ドラァグ論ってどこから来たの？　パフォーマティブってつまりどういうこと？　『ジェンダー・トラブル』がはじめてわかる！
07634-2
1034円

6桁の数字はISBNコードです。頭に978-4-480をつけてご利用下さい。

7月の新刊 ●18日発売 筑摩選書

0283
アメリカ大統領と大統領図書館
東京農業大学教授
豊田恭子
アメリカ大統領の在任中の記録や資料を収蔵する大統領図書館。現存13館すべてを訪ね、大統領たちの素顔を詳らかにするとともに、アメリカ現代史を俯瞰する。
01802-1
1980円

0284
人種差別撤廃提案とパリ講和会議
明治大学教授
廣部泉
第一次大戦後のパリ講和会議で日本が提出した人種差別撤廃提案の背景や交渉の経緯を様々な史料から徹底解明し、その歴史的な意義を客観的かつ正当に評価する。
01803-8
1925円

好評の既刊 ＊印は6月の新刊

エラスムス 闘う人文主義者
高階秀爾 理性と精神の自由、今求められる傑作評伝
01790-1 1760円

日本思想史と現在
渡辺浩 碩学による思想探究を集成した珠玉の小文集
01783-3 2090円

漫画家が見た百年前の西洋——近藤浩一路『異国膝栗毛』の洋行
和田博文 日本人が体験した一九二〇年代のヨーロッパ
01792-5 1870円

金正恩の革命思想——北朝鮮における指導理念の変遷
平井久志 金正恩時代の指導理念の変遷を徹底分析
01793-2 2090円

日本と西欧の五〇〇年史
西尾幹二 日本が対峙させられた西欧とは何だったのか
01791-8 2640円

SF少女マンガ全史——昭和黄金期を中心に
長山靖生 名作の魅力をSF評論の第一人者が語り尽す
01794-9 2200円

訟師の中国史——国家の鬼子と健訟
夫馬進 訴訟を助ける者「訟師」の知られざる実態を描く
01795-6 2090円

岩波書店の時代から——近代思想の終着点で
大塚信一／堀切和雅 編集者が語る文化人の活動と思想
01796-3 2200円

イエスは四度笑った
米田彰男 聖書におけるイエスの笑いの不在の謎に迫る
01798-7 1870円

人新世と芸術
岡田温司 人類最大の課題を念頭に西洋美術を読みなおす
01797-0 1980円

＊日蓮の思想——『御義口伝』を読む
植木雅俊 法華経解釈や人間主義的な思想を平明に解説
01799-4 2420円

＊空白の團十郎——十代目とその家族
中村雅之 銀行員から市川團十郎になった男の初の評伝
01801-4 1870円

6桁の数字はISBNコードです。頭に978-4-480をつけてご利用下さい。

る美術書が増えていった。

その逆の軌跡をエドナ・ハイベルは歩んだ。彼女は早い段階で定評のある人々や機関から幅広い支持を得ていた。しかし最も重要な役割を担った支持者はボストン在住の〈クリスチャン・サイエンス〉信者の夫妻で、ニューヨークの芸術界とはほぼ無縁だった。ハイベルの作品がどれほど素晴らしいものであっても、美術史家やハイブロウな批評家たちは彼女の具象作品にほとんど関心を示さなかった。当時の急進的な画家たちが芸術表現の基本理念を覆そうとしていた時代にあってはなおさらのことだった。〈ボストン・グローブ〉紙は一九四〇年にハイベルを「安定した構成とデッサン力、そして鮮やかな色彩感覚を持ち合わせている」[31]と称賛したが、こうした才能が当時のアートシーンでより高く評価されることはもはやなかった。

生前、ハイベルは自分の作品を通じてルソーより多くの喜びをより多くの人々に与えたのかもしれない。しかし芸術の制度的およびナラティヴの定義は、芸術家のステイタスを得るうえで作品の出来栄えも大衆の反応もそれほど重要ではないことを示唆している。この点を理解するには、ルソーとハイベルのそれぞれ作品におけるふたつの重要な価値基準に眼を向けなければならない。芸術哲学者のトマシュ・クルカは、芸術作品には観るものに美的経験をもたらす〈美的価値〉と、その時代の芸術界が抱えている諸問題に対する、芸術作品としての解決策である〈芸術的価値〉があると説明する。[32]芸術家のステイタスを得るには美的価値ではなく芸術的価値が必要であり、創作側に問題の解決策を提示する意図があったかどうかは関係なく、他者がその作品に価値を与えることができる。ルソーは形式主義的な美術信念を否定する幻想的で捉えどころない絵画を提示し、その芸術的価値を認められ、結果として名を遺した。一方のエドナ・ハイベルは当時の主流だった芸術慣習を巧みに実践するのみに留まり、芸術的価値の欠如ゆえに芸術家のステイタスを得られなかった。
美的価値と芸術的価値のちがいは、慣習の概念を使ってさらに説明することができる。作品の美的価値とは既存の慣習を巧みに利用し、または悪用して、鑑賞者に感情体験を惹き起こす能力を測るものだ。社会学者のハワード・ベッカーはこう述べている。「作曲家は、そのあとにどんな音が続くのかという聴き手の期待を作り出し、それを操ることができる。そしてその期待の充足を遅らせたり裏切ったりして緊張を生み出し、そして最終的に期待を応えて緊張と緩和を生じさせることができる」[33]こうした美的感覚とそれに関連する情動的効果で、ほとんどの人は芸術を判断する——自分は何かを経験しているのだろうか？　この経験から何を得ているのだろうか？
一方、芸術的価値は芸術家の創作物の独創性を測るものだ。すなわち提示されたアイディアが既存の慣習をどれほど破り、新たな慣習を提案するかだ。制度的定義とナラティヴ定義で見たように、芸術家のステイタスを評価する側は芸術界で高度な教育を受け、既存の芸術慣習に精通していることが多い。そうした人々を感服させるには主流のスタイルのうわべのみを変えるだけでなく、芸術の既成概念に根本的なレヴェルで異議を申し立てなければならない。「天才の主たる仕事は既成概念を作り上げることである」[34]とはボードレールの言葉だ。他者が作った既成概念の枠内で創作していると、クリエイターは独創性のない模倣者《エピゴーネン》となり[35]、その作品は単なる〝趣味〟と化す。[36]
たしかに芸術的価値のほうが創造力を測る尺度として優れているように思えるが、慣習破りは高度に構造化された行為だ。芸術家の創作には、過去の芸術家の作品に〝答える〟ことが求められる。画家で美術理論家のジョン・D・グラハムは、芸術作品とは提起され、解決された問題である[37]と一九二〇年代に述べている。そしていかなる場合においても、芸術界は芸術家が解決を試みる、限られた共通の問題に注目する。絵画における何世紀来の問題は、特定の技法や慣習を用いて、いかにして世界を本物そっくりに表現するかだった。写真がこの問題を〝解決〟すると、十九世紀末の画家たちは新たな問題に関心を移した。キュビズム時代のパブロ・ピカソとジョルジュ・ブラックはキャンヴァスという二次元空間に三次元を描く方法を模索し、イタリア未来派のウンベルト・ボッチョーニとジャコモ・バッラは運動を描写することで四次元も追加しようと試みた。こうした斬新な手法によって、四人とも芸術家のステイタスを生前においても死後においても獲得した。

ある時代の芸術の問題を解決する必要があるということは、芸術的価値とは常に文脈的なもの、つまり創作プロセスの制限要因となることを意味する。芸術には数え出したらきりがないほどの問題が内包されているのかもしれないが、その時代の芸術界で広く認識されている問題を解決しなければ芸術家のステイタスは得られない。アンリ・ルソーは技術でも知識でも足りない部分があったが、同じ時代を生きる画家たちが抱えていた、ものの見方の問題に答える作品をついには作り上げた。そうした問題に、卓越した技術を有していたエドナ・ハイベルは一度も言及することはなかった。美術史に深い造詣があれば、解決が試みられた過去の問題だけでなく、取り組むべき未解決のものもわかるので、新たな芸術的アイディアの追求に役立つ。この発想は、シュルレアリスムの映画監督ルイス・ブニュエルの座右の銘〈伝統によらぬものはすべてこれ剽窃による〉[38]の背後にある奇妙な理論の原動力となっている。文芸評論家のハロルド・ブルームは、そもそも詩とは先人に対する若い詩人の戦いであり、芸術と社会の弁証法ではなく、芸術と芸術の弁証法なのだと指摘している。[39]したがって真に独創的な作品とは、美術史において連綿と続いている問題と解決策の〝途絶えることのない連鎖[40]〟にはまるものでなければならない。

クリエイターには作品の企画時にどの慣習に従って、どれを破ればいいのかという幅広い選択肢が与えられている。一九七〇年代に振付家としてのキャリアをスタートさせたトリシャ・ブラウンは、ダンスの最も根幹的な慣習に逆らうことで芸術家のステイタスを作り上げた。[41] クラシックバレエでは、ダンサーは形式に則ったポーズで舞台上に直立している場合が多く、そのおかげで観客は坐ったまますべてのダンスを観ることができる。ブラウンの作品『Floor of the Forest（林床）』では、ダンサーたちは眼の高さに設置された水平構造物に張られたロープに上がり、そこに張られた衣服のなかにもぐり込もうとする。ダンサーの動きを見るにはしゃがんで下から見るか、上から覗き込まなければならない。『Man Walking Down the Side of a Building（ビルの壁面を歩く男）』では、ハーネスとケーブルをつけた男が七階建てのビルの壁面を〝直立姿勢〟で歩きながら降りてくる。『Walking on the Wall（壁を歩く）』では、やはりハーネスとケーブルをつけたダンサーたちが観客たちのなかを歩きまわり、そして壁の上を歩く。このようにダンスの基本前提を否定することで、ブラウンは二十世紀で最も有名な振付家という名誉を勝ち取った。芸術家のステイタスが歴史的な根拠のある芸術的価値から生じたものである以上、芸術の創造は高度に構造化された活動となる。

こうした制約は、創作で重要視される幸運なめぐり合わせ《セレンディピティ》や思いつきで逃れることができるという反論もあるかもしれない。ハロルド・ブルームも詩の〝誤読〟[42]は詩作の大きな源泉だと述べている。作曲家のジョン・ケージはエリック・サティの楽譜にあった落書きにこだわり、そこに新たなリズム構造についての革新的な計算式が隠されていると信じ込んでいたが、実際にはただの買い物のメモだった。[43] それでも芸術家たるもの、セレンディピティという果実をよく考えもせずに手に取るようなことはしない。幸運な偶然も、その他の芸術的な選択と同じフィルターにかけられる。たまたま見つかったようなものは、個別の戦略に沿ったものでなければ打ち棄てられるのだ。画家のロバート・ラウシェンバーグは偶然の産物を愛したが、美術評論家のカルヴィン・トムキンズはこんなことを言っている。「数こそ少ないものの、実はラウシェンバーグは創作中の偶然を取り入れないこともあった。その例のひとつが、彼本人もしくはほかの画家が以前描いたものに意図せずして似てしまったもので、その場合は塗りつぶしてしまう」[44]
二十世紀に成功を収めた芸術家たちは、芸術的価値を追求するあまり美的価値を犠牲にすることもままあった。パブロ・ピカソの急進的なキュビズム作品『アビニヨンの娘たち』はMoMAを代表する絵画とされているが、それはこの絵の美的価値ゆえではなく芸術的価値からそう見なされていると言っていい。[45]バルセロナの娼婦たちを描いたこの絵を、ピカソの画商は〝未完成〟だと思い込んでいて、[46]画家仲間たちの多くも悪趣味だと感じていた。ひと足先にこの絵を見たとき、ロシアの美術品収集家セルゲイ・シチューキンは涙を流してこうつぶやいた。「フランス画壇の一大事だ」[47]
芸術的価値を追い求めていくうちに、芸術家は広く受け容れられている慣習を使わなくなる。ここが重要なポイントだ。こうしたアプローチを続けていると、往々にして〝視野狭窄〟に陥る。作家で文芸評論家のバーバラ・H・スミスはこう指摘している。「わたしたちは次第にほかの誰にも似なくなっていき、その結果、わたしたち自身の反応に基づいてほかの誰かの反応を予測することがますます難しくなる」[48]そうなってしまうと、芸術的価値に重きを置く芸術家および評論家と、美的価値を求める（その美的経験を娯楽と同一視しているのかもしれないが）幅広い鑑賞者とのあいだに明確な確執が生じる。一般の鑑賞者たちは、評論家たちはビリー・ジョエルの情感豊かな歌やCG映像技術を駆使したヒーロー映画といった大ヒット作の面白さがわかっていないと責めたてる。ほとんどの人々が満足するのは自分たちの好きな芸術形式のちょっとした新趣向であって、大きな挑戦ではないのだ。最も広く受け容れられている芸術的才能は〝卓越した技量〟、つまり他者の作品を見事に実演する能力[49]を有していることだ。メインストリームの鑑賞者たちが長きにわたって抽象絵画に眼もくれなかったのは、「こんな絵なら、うちの三歳の子でも描ける」[50]といった具合に、芸術的価値にそれほど心を動かされなかったからだ。しかしその抽象画が〝重要な問題〟に対する答えとして制作されたのだとしたら、三歳児に描けるはずがない。ハーレム・ルネサンス〔一九二〇年代から三〇年代にかけてマンハッタンのハーレムで花開いたアフリカ系アメリカ人による文化活動〕の画家ビューフォード・デラニーの抽象画を〝幼稚園児が指でお絵描きしたような絵〟と評したら、芸術がわかっていないと思われる。
芸術家が基本的な慣習に深く切り込んで芸術的価値を追求しようとすると、鑑賞する側は往々にしてその変化を否定する。音楽ファンはちょっとした驚きなら嬉々として受け容れるが、メロディとハーモニーとリズムについては耳に馴染んでいるルールに準拠したものを期待する。しかしそこも深く切り込まなければ芸術的価値は得られない。だからこそガートルード・スタインは重要な芸術作品にはどれも〝不快なところがある〟[51]と言い、マルセル・デュシャンは「ショックを与えない絵は描くに値しない」[52]と辛辣なことを言ったのだ。現代芸術の創生期には、怒りの罵声を浴びることが芸術的成功の明確な証しとなった。一九一三年にニューヨークで催された国際現代美術展《アーモリーショー》に出展されたデュシャンの『階段を下りる裸体№2』は、実に多くの来場者を困惑させ、憤慨させたことで現代芸術で最も有名な絵画のひとつとなった。[53]
これはクリエイターにキャリア形成の面で問題を突きつける。ステイタスの高い芸術家として認められるまでは、慣習に逆らう行動で社会的非難を浴び、低いステイタスに甘んじなければならないかもしれないのだ。「一九〇〇年のパブロ・ピカソとアンリ・マティスは、世間の九十九パーセントから才能のない画家だと見なされていた」[54]文芸評論家のルネ・ジラールはそう指摘する。この事実は、普遍的な真理をより深く追い求めるためなら目先の人間関係をすべて犠牲にする、正しく認めてもらえずあがいているという〝芸術家像〟の形成にひと役買った。芸術の道を志すのであれば、社会からの拒絶に対する耐性を高めておかなければならない。ひとかどの芸術家になりたいのであれば、反発に屈せず創作を続けられるだけの自信と洞察力と信念を抱いていなければならない——あるいは狂気も。自己中のナルシストにとって反抗など簡単なことだ。ジョージ・オーウェルは作家の志望動機のトップに〝単なるエゴイズム〟[55]を挙げている。罰を受けることへの恐れを麻痺させる心の病は、冒険の勘定判断も麻痺させる。

そうなると当然、急進的な芸術手法を新たに考案しそうなタイプの第一候補は、ステイタスが低いことを自覚しているクリエイターたちだ。ピラミッドの底辺では失うものは少なく得るものは多い。大人よりも若者のほうが過激になりがちなのはそのためだ。アンディ・ウォーホルはこう考えていた。「もちろん若いときには、新しい考え方を支持するのは簡単だ。彼〔ウォーホルの友人で、のちのMoMA美術部長ヘンリー・ゲルツァーラー〕は美術界に入ってきたばかり。護りを固めたり手加減を加えたりお金をつぎ込んだりする立場にはいない。〝こんなことを言うともう夕食に呼んでくれないんじゃないかな？〟とか〝こんなことを言うと三年前に〈アートフォーラム〉に書いたことと矛盾するんじゃないかな？〟とか心配しないで言いたいことを言い、何であれ誰であれ気に入りさえすれば支持できるのだ」[56]ひどい扱いと不充分な敬意も、若きクリエイターたちの反抗の正当化を簡単にしてくれる。それ以外にも、伝統による抑圧や硬直した教育制度、資本主義の理論、ブルジョワ的価値観、センスの悪い大衆、そして旧世代の怯懦《きょうだ》なクリエイターなども彼らの怒りをかき立てる。

すべての芸術のスタイルと基準は恣意的なものなのだから、誰でも既存のものを棄て去って一から作り直すことができる。人間が有する芸術鑑賞能力はかなり幅広い。したがって美的経験を提供する手段、もしくは芸術界の問題を一気に解決する方法がたったひとつしかないということはあり得ない。既成の慣習にしても欠点や度を超したところが必ずある。アカデミックな規則と伝統は停滞し、制限要因になる。知に走り過ぎると、芸術は人間の感情から切り離されたものになる。ポップアートはあまりにあっさりと商業主義のなかに埋没する。ダダのニヒリズムは、ややもすると無分別な悪ふざけと区別がつかない。それでも、いかなるときでも叛逆の芸術家には突破口が用意されている――こうした問題に対する新たな解決策を誠実に提供するか、あるいは既成秩序の欠点に嫌味たっぷりにつけ込み、新たな立場を正当化するかのどちらかだ。

芸術的価値を追求する芸術家たちのステイタスをめぐる戦いは　芸術界を野心的な芸術家たちと定評のある芸術家たち同士の戦いの場に変える。新興勢力は支配的な芸術スタイルに異議を唱える急進的なスタイルを提示し、その謀反が成功すると、さらに新たな世代からなる新興勢力がかつての急進的なスタイルに異議を唱える、さらに急進的なスタイルを提示する。したがって芸術の物語は弁証法的である場合が多い。芸術運動はメソッドとコンセプトをゆっくりと漸進的に変化させるのではなく、極端な位置から正反対の極端な位置へとあっという間に振れてしまう。社会主義リアリズム派は、芸術は政治革命の支援に取り組むべきだという思想を推し進めた。しかしその表現形式はプロパガンダに利用されかねないとして、次の世代である抽象表現派は社会主義リアリズム派を否定し、打破した。その次はポップアートが抽象表現派の純粋主義を否定し、商業的なキッチュの要素をキャンヴァスに加えた。その十年後、今度はミニマリズムがポップアートの華々しいメディアの参照を放棄し、芸術的要素を極限まで排した作品をもたらした。

本節の着地点にあったのは、クリエイターは芸術的価値のある作品で芸術家のステイタスを得るという同語反復じみた埒もないものだ。この結論の真に意味することとは、創造活動で高いステイタスを得たいのであれば、その時々の芸術界特有の問題に対して革新的な解決策を提示しなければならないということだ。それがわかれば独創的な振付家が壁やビルの壁面にダンサーを歩かせるという実験的手法に取り組んだ理由も腑に落ちる。しかしさらに興味深いのは、そうした過激なアイディアを、どうして一般大衆は受け容れられるようになったのかというところだろう。〝不快な〟芸術がより多くの鑑賞者から認められる過程を容易にするものとは何なのだろう？　ここでも答えはステイタスだ。

急進的な芸術の受容

オーケストラ作品『アトラス・エクリプティカリス（楕円形の地図）』の作曲にあたり、ジョン・ケージはチェコの天文学者アントニーン・ベチュヴァーシュの星図を参照し、星座の配置を管弦楽と電子音の集合体に置き換えていった。この作曲法で書き上げた曲にははっきりとしたメロディもハーモニーもリズムもなく、夜空に茫漠と広がる漆黒の部分を表現する無音の箇所もあった。一九六四年、マンハッタンのリンカーン・センターで四日間にわたって開催されたニューヨーク・フィルハーモニックの現代音楽ショーケースで演奏する曲のひとつとして、音楽監督で指揮者のレナード・バーンスタインは『アトラス・エクリプティカリス』を選んだ。しかし熱心な聴衆は演奏になかなか集中できず、客席の後方に陣取るブラック・タイ姿の定期会員たちはすぐに腰を上げ、怒りもあらわにホールから出ていった。[57]あまりに奇妙過ぎる曲だと感じたのだ——演奏する側にしても同じ思いだった。舞台上の楽員たちはケージがヴァイオリンの弓を手に取るとシーッと言ってとがめたて、曲の最後の部分になるとマイクに向かって口笛を吹いたりでたらめに演奏したりして楽譜どおりに演奏しない者が続出した。ケージが持ち込んだ電子音装置を足で蹴り倒す楽員もいた。
上流社会の支援者《パトロン》たちにとってもクラシック音楽の研鑽を積んだ音楽家たちにとっても、『アトラス・エクリプティカリス』はあまりに多くの音楽的慣習を破った曲であり、彼らの不快感は〝衒示な〟社会的非難[58]として明示された。そうしたあけすけで厳しい批判に、ケージは一流の前衛芸術家らしく無頓着な態度で応じた。「演奏の出来が悪くても、それでも『アトラス』は刺激的に聴こえる」[59]
さらに言うなら、こうした世間一般との対立はケージの評判をさらに高めただけだった。二〇二〇年、イギリスの〈BBCミュージックマガジン〉は百七十四名の現役作曲家たちが選んだ〝偉大な作曲家トップ50〟を発表した——ジョン・ケージはチャイコフスキーよりもスティーヴン・ソンドハイムよりもエリック・サティよりも高い三十一位だった。[60]現在、『アトラス・エクリプティカリス』は複数のCDおよびレコードが入手可能で、ストリーミング配信もされているが、そうした録音盤では音楽家たちはシーッと言うことも鼻歌を歌うことも機材を壊すこともなく、楽譜どおりにうやうやしく演奏している。
サブカルチャーは、慣習を破る者が文化的アイコンとして称賛されることを示した。この現象がさらに顕著なのが芸術界だ。マルセル・デュシャンは自身の挑発的な作品『泉』についてこう語っている。「わたしは彼らの顔めがけて小便器を投げつけてやった。それが今では、彼らは小便器の美を讃えている」[61]一九六四年のリンカーン・センターで、交響楽団の富裕層のパトロンたちは『アトラス・

エクリプティカリス』をただ気に障っただけではなかった。かしこまって最後まで聴いているよりも、演奏途中でホールから立ち去ったほうが社会上のエチケットにかなっていると考えてもいたのだ。クラシック音楽のファンにとっても音楽家たちにとっても、ジョン・ケージをあからさまにこき下ろすことは分別ある行為だった。現在でも『アトラス・エクリプティカリス』は誰からも愛される音楽作品というわけではないが、この曲で奏でられる音に憤る人はほとんどいないだろう。それに演奏途中にホールから出ていけば無作法だと見なされるだろう。そういったことから、ジョン・ケージとその作品のステイタス価値は年月を経るにつれ高まっていった。そしてこの社会的非難から社会的承認への遷移と軌を一にして、聴き手側もケージの作品の真価を認めるようになった。芸術における急進的な発想がどのようにして広く社会に受け容れられていくのかを理解するには、ステイタスを触媒のようなものとして見るといい。

前節で見たように、クリエイターは芸術界の喫緊の問題に対して独創的な解決策を提示することによって芸術家のステイタスを獲得する。が、カントが示した天才の定義に立ち戻れば、天才的な芸術家は〝模範〟にならなければならず、それはほかの芸術家による模倣と芸術家以外の人々からの尊敬で証明される。あっと驚くようなアイディアは誰でも思いついて提示することができるが、そこから名声と正当性を引き出せるのは天才だけだ。美術評論家のハーバート・リードはこう記している。「芸術作品の直接の源泉は自意識である。しかしながらこれが充分な意義を有するのは、一民族や一時代の一般文化に対応するかぎりにおいてである」[62] 芸術家たちは未来の慣習を先取りしているわけではなく、影響力を得たうえで慣習を作り上げていくのだ。ジョン・ケージはクラシック音楽界からの抵抗に直面したが、彼の着想はトリシャ・ブラウンやヨーコ・オノといった別分野の若い芸術家たちに幅広く影響を与えた。こうした〝門下生〟たちの成功により、ケージの発想法は芸術の創作と経験と解釈と評価の方法についての基本的な現代的アプローチとして定着した。

ところが前衛的な芸術的発想は、そうした作品を肯定的に評価しても社会から否定的な眼で見られることはもうないと、より多くの人々が考えるようになったとき、そこでようやく前衛芸術の枠から脱することができる。神経学者で音楽家のダニエル・レヴィティンはこう述べている。「わたしたちは聴いている音楽に、ある程度まで身をゆだねることになる。作曲家と演奏家を信頼して、自分の心を許すことになるのだ[63]」ここにステイタスがかかわってくる。聴いている音楽を創り出している人々の芸術的完全性を〝信頼〟して、そこで初めて〝身をゆだねる〟。一九六四年にリンカーン・センターのホールから出ていった聴衆は、『アトラス・エクリプティカリス』にもケージにも身をゆだねることを文字どおり拒んだ。ケージが有する芸術家のステイタスに敬意を払っていたら、もっと身を入れて聴こうとしたかもしれない。つまり〈威信《キャシェ》〉が備わっていれば、芸術の定義とその捉え方についての急進的な提案への偏見を排してくれるのだ。

急進的な芸術が影響力を得るまでの過程は悪戦苦闘の連続だ――創作は難解な個人語、つまりたったひとりが語り、たったひとりしか理解しないシンボルもしくはアイディアの状態から始まる[64]。作り上げた新たな慣習が否定された場合、そのクリエイターは低いステイタスを与えられるかもしれない。芸術家に最初に敬意を払うのは、その技術と創造力を純粋に称賛する同時代の人々、とくに芸術界の同じ問題の解決に取り組んでいる芸術家たちである場合が多い。芸術の流派にはダダや未来派のように組織化されたものがあるが、芸術活動の大半は若い芸術家たちが同じ手法に収斂していくなかで有機的に発展していく。パンクやグランジはその好例だ。「ポップの画家たちについてなんとなく不思議なことをひとつ言えば、みんなが会ったときにすでにそれぞれ同じような絵を描いていたことだった」[65]アンディ・ウォーホルはそんなことを言っている。若い芸術家たちは、相互尊敬を得るために独自の二次的ステイタス集団を立ち上げることもままある。トーキング・ヘッズのデイヴィッド・バーンは、ロウアー・マンハッタンのバワリーにあったバー兼音楽クラブ〈CBGB〉で気の合う仲間を見つけた。「一部の人々は、ほかの場所では居心地がよくないし、そこの音楽は酷いのだろうと思うようになった。するとその溜り場は、世間一般に広がる音楽文化に対する厭世的な気持ちをはみ出し者たちが分かち合う場所となるのだ」[66]
芸術家の個人語は、広く理解されなければさらなる影響を及ぼすことはできない。詩人のウィリアム・ワーズワースはこう考えていた。「すべての作家は、偉大かつ独創的であるかぎりにおいて、愉しんでもらえる経験を創造する仕事を担っている」[67]二十世紀初頭、芸術家たちは頻繁に自分たちの急進的な発想を刊行物に頻繁に載せたり、宣言というかたちで発表したりし、世間の理解を高めようとした。同時に、天才芸術家たるものミステリアスな存在でなければならないので、したがってその作品には曖昧なところがある。この曖昧さこそ芸術の力の核だとウンベルト・エーコは考えた。「芸術作品というものは過剰に伝達する、ゆえに、それは何も伝達しない。それは、あらゆる記号論的アプローチによっても根本的に究め尽くせない魔力を有するものとして、ただ存在しているというだけなのである」[68]ジョン・ケージの音楽は無音への賛美なのだろうか、それとも環境音を使った作曲法の可能性を追求するものなのだろうか、または作曲家の排除による作曲家の主張なのだろうか、さらには形式主義的実験の極端な例なのだろうか？　どれも正解だ。こうした曖昧さに刺激された批評家や聴衆はさまざまに異なる解釈をし、影響力はさらに増していく。それに続く議論は作品の認知度を高め、重厚さを与える。
これもまた前節で見たように、芸術家のステイタスを一番手っ取り早く得る手段は芸術界の〝門番たち〟を味方につけることだ。大抵の芸術家にとって最初の支援者は定評のある芸術家や評論家、ギャラリーオーナー、そして新しもの好きの収集家だ。[70] こうした人々は高いステイタスを有しているので、彼らが好む斬新で急進的な芸術作品はクリエイティヴ・クラスとプロフェッショナル・クラスからキャシェを与えられる。急進的な慣習はステイタス絡みのシグナリング・コストが高いので、ステイタスシンボルとしてうまく機能する。哲学者のホセ・オルテガ・イ・ガセットはこう説いている。「社会的観点から見ると、新たな芸術の特徴は大衆をふたつの階級に分けるところにある――それを理解する人々と理解しない人々に」[71] クロード・モネとポール・ゴーギャンはポール・セザンヌの大胆なポスト印象派の作品を収集したが、絵画については保守的だった合衆国大統領カルヴィン・クーリッジは、ホワイトハウスに贈呈されたセザンヌの六点の作品の受け取りを拒んだ。[72] この理屈で考えると、衝撃と混乱は芸術的なステイタスシンボルの価値を高めることになる。トム・ウルフは現代美術についてこんなジョークを飛ばしている。「芸術作品や新しいスタイルがきみの気に障ったのなら、おそらくそれはいい作品だ。それが大嫌いだったら――おそらく傑作というわけだ」[73] 時を経るにつれ、より多くの人々がその作品を評価するようになり、そしてその評価をシグナルとして使うようになると、一時期は急進的だった発想も社会規範になる。文芸評論家のレナート・ポッジョーリはこう述べている。「しばしば愛好家たちは、あれやこれやの作品や芸術運動についての疑念、あるいは正当な留保を表明すると、ブルジョワと見なされるのではないかと恐れる」[74]
ジョン・ケージの熱烈な支持層はヴィジュアルアーティストとパフォーマンスアーティストたちだ

った。[75] このつながりに背中を押され、美術史家と美術館の学芸員《キュレーター》たちはケージをポストモダン芸術の発展に欠かせない人物として受け容れるようになった。さらには美術館や大学での講義、もしくは斬新なものに寛容な音楽祭といった信頼のおける場で取り上げられたことで、ケージは教養人に求められる文化知識の一部となった。ケージは好循環のなかにあった――まず独創性と神秘性と影響力で芸術家のステイタスを得た。それがきっかけとなって本格的な学芸機関が彼の作品の研究に着手した。そしてそうした名のある機関が頻繁に彼の作品を取り上げたことでケージにキャシェが付与され、その作品を熱心に聴くことで大衆も高いステイタスを得られた。
新たな芸術に対して、たとえば〝無音の音楽〟といった難解な発想に順応することを大半の芸術愛好者が求めるようになると、その発想はもはや急進的ではなく、ただただ通俗的なものになり下がってしまう。ポピュラー音楽のような商業分野の、いささか野心に欠けるクリエイターたちはこの段階にある慣習に惹かれ、以前は危うかった新機軸を消費者フレンドリーな作品に変えてしまう。ポピュラー音楽評論家のダン・オッジはこう指摘する。「真に革新的なアーティストが新しいサウンドを定義すると、そのサウンドは少なくとも十年はコピーされつづけ、オリジナルの精神とは似ても似つかない、みっともない醜態をさらすことになる」[76] オルタナティヴロックバンドのピクシーズの革新的なスタイルを借用したニルヴァーナがヒットチャートを席巻し、グランジが一大ブームになると、今度はニルヴァーナを真似たブッシュとストーン・テンプル・パイロッツが、グランジの表現法がありありと見て取れるアルバムで、併せて千四百万枚のセールスを記録した。[77]
ある種の芸術形式が慣習化すると、鑑賞する側は愉しく心地いいものとして受け容れるが、〝芸術〟としての利用価値は失われてしまう。文芸評論家のジョナサン・カラーはこう述べている。「美的表現は、まだ定式化されたことのない観念、機微、複雑性を伝えることを目指す。したがって美的記号が記号として一般に知覚されるようになると、芸術作品はこの暗号を越えて進もうとする傾向がある」[78]急進的な芸術家は、自分にしかわからないはずの個人言語が細かいところまで理解されてしまうと、往々にして不安をおぼえる。ジャン・ボードリヤールは、成功した芸術家は観客が同じようなことをさらに求めてくるようになるため、繰り返しを〝余儀なくされる〟と指摘する。[79]ハウスミュージックユニットのThe KLFは、ヒットアーティストの大半は残りの人生を見世物小屋の旅巡業に費やして、ずっと昔に過ぎ去ってしまった気ままな日々のノスタルジアを売り歩くことになると警告している。[80]アンディ・ウォーホルは〝ポップアートの基本的な主張はもうすでになされている〟[81]と感じ、一九六五年に〝引退〟した。が、すぐに復帰し、垂涎の的になっていたセレブを描いたシルクスクリーン画をさらに量産した――あからさまな営利事業として。

野心溢れる芸術家は反骨精神を決して棄てず、それどころか自分自身が作り上げた慣習を絶えず否定しようとする。エリック・サティは〝サティ流〟にならないようにするために、新たな曲集を創作するたびに自身のスタイルを変えていた。[82]一九六〇年代、ジョン・ケージはこう断言した。「自分のやっていることが、たとえひとりでも喜びを与えるものになったとわかったら、その都度さらに二倍努力して次のステップを見つけてきた」[83]このように斬新な発想を絶えず追い求めるという手段は、すでにステイタスを確立させている芸術家にとってはかなり効果的だ。音楽評論家のイアン・マクドナルドはザ・ビートルズを例に挙げてこう述べている。「彼らは新たなメソッドやコンセプトを常に模索し、自分たちの音楽が陳腐なものにならないようにしていた。曲の出だしとエンディングをまちがった調性《キー》にしたり、長音階や五音音階を使ったり、スタジオ・エフェクトや西洋音楽以外で使われる楽器を取り入れたり、多彩なリズムと表現法をさまざまに組み替えたりして、独特の音楽を作り上げていった」[84]
ジョン・ケージはザ・ビートルズのようにメインストリームからの称賛を集めることはなかったが、それでも〝概念芸術《コンセプチュアルアート》としての音楽〟や〝無音の音楽〟や〝偶然性による作曲〟といった斬新な発想は、ポストモダンのパフォーマンスであれポップミュージックであれ、より広範な文化に大きな影響を与えた。現代の音楽の聴き方は変わってきている。アメリカの指揮者ロバート・スパーノはこう述べる。「ケージは、あるサウンドが美しいだとか美しくないだとかさっさと判断して区分けするようなことはせずに、まずは自分の知覚を疑い、知覚する者と知覚される者の出会いに美を見いだすよう呼びかけた」[85] しかし、芸術家ではない人々にも前衛作品に美を見いだせるようになる秘薬がある――ステイタス価値だ。芸術家のステイタスを獲得すると、クリエイターは自分の最高に大胆な作品が文化資本の一形態となるよう仕向けていく。したがって差異化を促進する構造は、複雑な美を理解する一般人の能力を拡大させる過程に直接関与する。

§

第二部では、階級内および階級間におけるステイタスをめぐる闘争、サブカルチャー、芸術活動が作り出す新たな慣習と感性と工芸品、そしてその結果与えられた威信《キャシェ》により斬新な芸術的発想がより広い社会に影響を与えることを学んできた。ここに、ふたつ目の文化《カルチャー》の大いなる謎〈独特のスタイル、慣習、そして感性はどのようにして生まれるのか?〉の答えがある。階級それぞれのステイタス資産は美的感性として結実し、にわか成り金《ヌーヴォー・リッチ》の度を超した贅沢、旧有産階級《オールドマネー》の慎ましやかさ、知的職業階級《プロフェッショナル・クラス》の洗練、そして低所得層の安っぽさ《キッチュ》とけばけばしさ《フラッシュ》をもたらす。サブカルチャーとカウンターカルチャーは手を携え、メインストリーム以外の場所でステイタスの源泉を掘り当て、メインストリームの慣習を否定し、大げさに見せるためにとんでもない行動に熱中する。前衛芸術家たちは本人および自身の作品に対する評価を得るために、芸術界が直面している問題に対して急進的な解決策を提示する。詩人で文芸評論家のT・S・エリオットは「社会にとって、その各部分間に生じる摩擦は極めて重要である」[86]と考えていた。そして第二部の三つの章では、ステイタスをめぐる闘争にはまさしく〝極めて創造的な〟[87]メカニズムがあることを明らかにした。

が、社会の差異化のために作り出される慣習のすべてが文化のエコシステムにとって等しく有益であるとはかぎらない。衒示的消費は安直過ぎるほどにシグナルに依存しているので、富を有していることをステイタスシンボル以上にあからさまに示してくれる。大豪邸やストレッチリムジンや特大サイズの金無垢の腕時計からは、そんなに深く考えなくてもステイタス的意味を読み取ることはできる。もう一方の極端な例である前衛芸術は極めて複雑に記号化された発想に依存し、学識豊かな仲間や支持者たちと救いがたい俗物たちのあいだに柵を立てる。そうした新機軸の創作品を十全に理解するには教育と金銭と余暇を利用しなければならないのかもしれないが、その差異は取得コストという実にわかりやすいかたちで明示されるのではなく、ほかのシンボルを反映するシンボルの領域にあらわれる。

すると、シグナリング・コストと、結果として生じる慣習の記号的な複雑さのあいだの明確なつながりが浮かび上がってくる。このつながりは、純粋な経済的コストから〝準経済的〟コスト（富は直

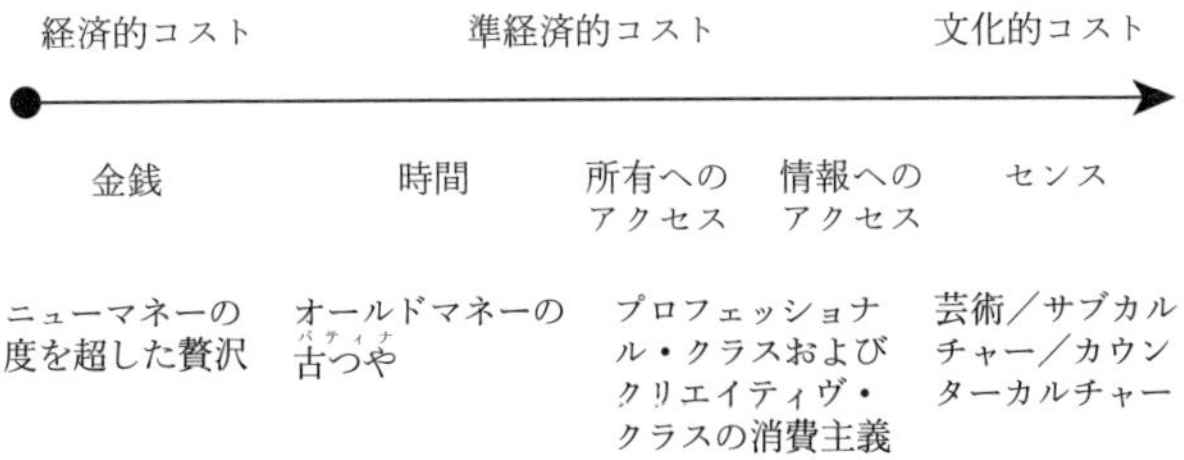

接的なシグナリング・コストではないが、シンボルを読み解くための知識の取得に役立つ）、そして純粋な文化的コストまでのあいだに広がるスペクトル上に位置づけることができる。
ニューマネーは簡単に解釈可能なシグナルを使う。それとは対照的に経済資本に限りがある集団は複雑なシンボルを使った慣習に頼って強固な柵を立てなければならない。自由に使える金がないパンクは過激なファッションと行動を使って柵を立てる。つまりステイタスの動機づけは、このスペクトルの右端でより多く文化の創造に駆り立てるということだ。ここに位置する集団が必要とする差異化は、単に高価なものだけでなく、新しい発想や感性、スタイル、そして工芸品を作り出していく。所得格差がとんでもなく大きく、アッパークラスとプロフェッショナル・クラスでの内輪揉めに明け暮れている超格差社会の国では複雑な発想や発明がほとんど生まれない理由はここにあるのかもしれない。そうした国々の文化システムでのステイタスをめぐる闘争でおもに使われるのは衒示的消費であり、各個人が複雑な記号的領域で差異化を図ろうとする動きは阻害されてしまう。
ステイタスを求める人々は人間の意識の拡大に大した貢献はしていないと言っているわけではない。現に野心に燃える芸術家の大多数は、ほかの芸術家たちの発想や創作物を繰り返すことで望むレヴェルのステイタスを手に入れている。しかし独創性と影響力、そして神秘性に重きを置く社会では、多くの場合は慣習破壊的なアイディアを生み出すことで高いステイタスを得ようとする。芸術家がギルドなどの一員として比較的高い地位を得ていた過去の時代、[88]芸術家集団は一定の芸術基準を徹底させ、高度な技術を理想としていた。このような環境に置かれたクリエイターの多くは、集団の核となる慣習を受け容れたのちに、その後は小規模かつ漸進的な変化を通じて画期的な取り組みを生涯にわたって続けていく。この変化を、日本の伝統芸術集団では〈守破離〉と呼んでいる[89]――既存の慣習をまずは〝守〟り、そして〝破〟り、最後に分〝離〟して新たな慣習を作り上げるのだ。しかし西洋社会が個人に極端に重きを置くようになると、断固とした芸術的独創性にステイタスが与えられるようになった。

ステイタスが創造性を駆り立てるからといって、人間はステイタスのためだけに芸術を創作すると結論づけるのは早計だ。芸術家は利他主義のために、神のために、〝人々〟のために、そして創造の純粋な喜びのために創作することができる。自分には執筆を重ねるしか道はないと感じていた小説家のフランツ・カフカは、こんな言葉を残している。「わたしそのものが文学であり、それ以外のものにはなれない[90]」しかし、どのような意図で創作したにせよ、過激な提案が他者に影響を与えるには、何らかの手段を講じて高いステイタスが認められなければならない。〈アウトサイダー・アート〉とは、ステイタスの体系の外側にある芸術のことだ。

ステイタスをめぐる闘争の〝戦果〟は文化のエコシステムを拡大させるが、社会も変えるのだろうか？　未来派は美術館の破壊を夢見ていたが、その作品は今ではＭｏＭＡで聖遺物さながらに展示されている。ジャン・ボードリヤールはこんな不満を漏らしている「前衛（現代）芸術はこの世界をパロディ化し、飾り、模倣し、偽造するが、おのれのものでもあるその秩序を乱すことはしない[91]」ステイタスに衝き動かされた芸術の新発想の多くは、反抗的ではあっても革命的ではない[92]。真に急進的であれば、その芸術形式は既成のエリート層に新たなステイタスシンボルを提供するだけでなく、エリート層のそもそもの定義も変えてしまうだろう。

少なくとも人間の知覚と記号的コミュニケーションにおいては、慣習破りという急進的な行動は眼に見える恩恵をもたらす。陳腐でキッチュなものを嫌う前衛芸術は、差異化された新たな文化形式を絶えず創造する規範を作り上げた。詩人でシュルレアリスムの提唱者のひとりのアンドレ・ブルトンはマルセル・デュシャンを二十世紀の模範だとし、こんな賛辞を送った。「これほどまでに深遠な独創性が、否定という決然とした意志に満ちている存在から、これほど明確にもたらされたことはいまだかつてなかった[93]」エレクトロニックミュージックの世界では、ミュージシャン同士のステイタスをめぐる闘争からミニマル・テクノやデジタル・マキシマリズムといったニッチなジャンルが無数に生まれた。ステイタスをめぐる闘争は創造物とスタイルをさらに生み出すばかりでなく、既存のものを新たな視点から評価し、価値を見いだす新たな感性も提示する。不条理コメディグループ〈モンティ・パイソン〉を〝ダダ的〟だとか〝シュールなコメディ〟として愉しむことができるのは、ダダとシュルレアリスムが芸術活動として成功したからだ。アンディ・ウォーホルはこう考えていた。「いったんポップ的な発想をし始めると、アメリカも以前とはちがったふうに見えてくる[94]」

社会が急進的な発想や創作物を高く評価するようになると、より多様な文化のエコシステムと非常に豊富な芸術作品、そして多種多彩な感性が生まれる。が、そこにはマイナス面がふたつある。ひとつ目は、つまるところ根本的な否定とは〝振り出しに戻る〟ことにほかならず、繰り返しているうちに〝疲弊〟してしまうところだ[95]。モダニズムの詩人オクタビオ・パスは一九七〇年代にこう述べている。「反乱は手順に変わり、批判は修辞に変わり、違反は式典に変わってしまった。否定はもはや創造する力を持たない」[96]その結果、〝ポストモダン〟の時代における次のステップの選択において、かなりの混乱が生じてしまった。その選択肢のひとつが近代以前の発想への回帰だ。一九八一年にロンドンの王立美術院で開催された〈A New Spirit in Painting（絵画の新たな精神）〉展で、美術評論家のピーター・フラーは若い画家たちが伝統絵画の目的を受け容れていることに衝撃を受けた――〝見るからに保守的な〟画法[97]がよみがえり、〝進取の〟手段となっていたのだ。

もうひとつのマイナス面は、多くの芸術家たちが独創性を躍起になって追求するあまり、わたしたちの心の奥底に刻み込まれた慣習を動揺させてしまい、大きな支持を得られなくなるところだ。[98]芸術的価値を追求するために美的価値を否定する芸術は、しばしば〝メタアート〟となって停滞する。メタアートとは、ぶっちゃけて言えば感情的共鳴をほとんどもたらさないインテリたちのお遊びだ。一体感のある美的経験をもたらさない芸術はエリート層にしか受け容れられない。シェーンベルクの十二音音楽をベートーヴェンの交響曲と同じように愉しめる人間はかなり少ない。

二十世紀のほぼすべてにわたり、ステイタスをめぐる闘争はわたしたちが現在享受している、驚くほど多彩な文化多様性をもたらしてきた。そしてクリエイターと芸術家たちへの感謝の念は、今後の文化を豊かなものにしてくれるかもしれない有象無象の〝異端たち〟への寛容さを生み出している。ステイタスをめぐる闘争と創造性のあいだにある直接的な因果関係は、〈文化《カルチャー》の大いなる謎〉の三つ目にして最後の部分を――なぜわたしたちは時間の経過とともに行動を変えるのか？　どうして変わらない行動もあるのか？――解く手がかりをいくつか明らかにした。芸術もサブカルチャーも、エリート層から付与されたキャシェを使い、より多くの人々を新しいスタイルに取り込み、最初は馬鹿にして拒んでいた人々を納得させ、刺激的で規範を破る発想を受け容れさせた。この先の第三部では、人々がある慣習を別の慣習に乗り替える理由をさらに詳しく理解することになる――ステイタス構造に内在するメカニズムは、文化を永続的に変化させる原動力となるのだ。

第3部　ステイタスと文化の変化

第8章　流行のサイクル

ショートボード、紫の服、グレン・オブライエン、カップケーキ、「Doctorin' the Tardis」、チョコレート――ステイタスに基づいた、文化の変化というゴールのない徒競走についてのさまざまな物語。

文化の変化をうながすもの

ジャーナリストのウィリアム・フィネガンは[1]十代だった一九六〇年代にサーフィンをするようになった。使っていたのは、ポリネシア人が何世紀も前に初めて波に乗ったときに使っていたものに似た、全長九フィート（二百七十四・三センチ）のロングボードだった。フィネガンは芝刈りや雑草刈りのアルバイトを何か月もやって金を貯め、ロングボードを買い足した――〈ハーバー・チーター〉と、灰色がかった青《スレートブルー》のボードに白いフィンというカスタムメイドの〈ラリー・フェルカー〉だ。ところが一九六八年のある日、すべてが変わってしまった。カリフォルニア州ヴェンチュラ郡にあるリンコン・ビーチの沖に、フィネガンはかつてないスピードで、これまで誰もやったことがないムーヴを繰り出すオーストラリア人プロサーファーを見つけた――そのサーファーは、ボトムにV字形の深い切れ込みが入った短いボードに乗っていた。いわゆる〝ショートボード革命〟が勃発し、カリフォルニアにごまんといる若いサーファーたちは一年と経たないうちに雪崩をうって新しいスタイルに宗旨替えした。[2]
　フィネガンの宝物のロングボードは一夜にして〝粗悪品〟と揶揄されるようになった。フィネガンにしても、ロングボードのことは美しい逸品だと考えていたにもかかわらず「体面を気にするサーファーが集うサーフスポットには、とてもじゃないが格好悪くて持って行けないもの」[3]だと考えるようになった。そして傷ひとつない〈ハーバー・チーター〉をガレージの梁の上にしまい込んで、それっきり触れもしなかった。フィネガンの友人は、貯金をはたいて買った大切な〈スティーヴ・ビッグラー〉のシグネチャーモデルを保険金目当てで断崖から落とし、その金でショートボードを買った――自分の宝物が無情な岩に落ちていく様子を、その友人は涙をこらえながら見ていた。
　理屈の上では、ショートボード革命は技術的変化でしかなかった。ポリウレタンフォームのような浮力のある合成素材が開発されたことで、これまで以上に短い、したがって波の上での機動性が向上したボードを作ることが可能になった。[4]そしてプロサーファーたちはショートボードに乗り、チューブライディングのような派手なライドを以前より簡単に演じることができた。しかしショートボードはロングボードに完全に取って代わるものではなかった。ロングボードより乗りこなすことが難しく、小さな波にはうまくライドできないのだ。この欠点が一九九〇年代のロングボードの復活と、現在の両サイズの共存をもたらした（フィネガンの友人が一九六八年に崖から落とした〈スティーヴ・ビッグラー〉は、今なら高値で取引されるだろう）。サーフボードのサイズの変化と、同じ時期に起こったスケートボードのホイールの素材の粘土《クレイ》からウレタンへの移行[5]を比較してみよう。ほんの小さな石ころに乗り上げただけでボードから弾き飛ばされてしまう、おぞましいクレイ製のホイールに戻りたいと思うスケーターはいないはずだ。

ショートボード革命は、文化の変化の原因を経済面と科学技術面と心理面の各要因のなかから的確に特定することの難しさを物語っている。わたしたちが行動を切り替える場合、求めるのは効率性の向上だろうか？　より大きな幸福感？　別のものの見方？　新しいものへの好奇心と古いものへの飽き？　最も説得力のある答えは、どんな場合でも〝進歩したいから〟だ。わたしたちは役立たずな氷で冷やす冷蔵庫《アイスボックス》を実用的な電気冷蔵庫に、古くさいダイヤル式の地上線電話機を携帯電話に取り替えてきた。それに物質的状況の変化による下流効果もまた説得力がある。自動車所有数の増加にともなって郊外住宅街とスーパーマーケットが発達し、ティーンエイジャーが自分の部屋で安いトランジスタラジオから流れるロックンロールを聴けるようになったとき、五〇年代の若者文化が生まれた。文化と物質的状況のあいだに明確なつながりが見られない場合は、イデオロギーと精神面で何らかの変化があったのだと考える。ヒッピーの男たちが髪を伸ばすのは、ミドルクラスの重苦しい礼節と道徳を、信念をもって拒否したからだと、わたしたちは信じている。

しかしこうした議論は、モップトップやポップアートやショートボードなどのブームに見られる移り変わりが早いものよりも、数十年から数世紀にわたるゆっくりとした文化の変化を読み解くほうに適している。言語学者のエドワード・サピアは、言葉が何十年もかけて新たな意味を持つようになった末に方言や多言語に分化していく様子を、言語の〝偏流《ドリフト》〟として説明した。この概念は文化にも応用することができる。たとえばギリシア語とラテン語の学習は、かつては一般教養教育《リベラルアーツ》の中核をなしていたが、時代とともにカリキュラムから消えていった。しかし現代の代表的な文化的変化は有機的なドリフトにほとんど似ていない。文化の新発想や発明は、今では生み出された途端に社会全体に急速に広まっていく。登場から一年も経たないうちに、サーファーの大半はショートボードに乗り替えた――その大半が乗り替えることに気乗りしていなかったにもかかわらず。

たしかに人間は物質的状況の変化に応じて行動を変化させるが、文化的変化を理解するには文化の変化を文化の変化として考えなければならない[6]。人類学者のレスリー・ホワイトはこう考えている。「文化は文化を決定し、惹き起こす。文化は文化の観点から説明されるべきだ[7]」結局のところ、すべての文化的変化は集団がある慣習を棄てて別の慣習を取り入れることとなのだ。小さなトランジスタラジオそのものが若者文化を創造したわけではない。ラジオを手にしたティーンエイジャーが作り上げたのだ。文化的変化は、個人が何かから何かに乗り替えた理由を調べなければ理解できない。ご承知のとおり、慣習それぞれに重力が備わっていて、従う者には社会的容認で報い、従わない者には社会的非難という罰を与えるのだから。

人間のありとあらゆる活動がそうであるように、サーフィンもさまざまな慣習の上に成り立っている。サーフボードを使うことは恣意的ではないのかもしれないが――波の上で立つには必要だ――サーフィンの歴史を見れば、このスポーツがロングボードとショートボードの両方で成り立つことも成功できることもわかる。どちらのボードにも長所と短所があるが、サーフボードのサイズを切り替えることができるということは、結局のところどちらを選んでもその選択は恣意的だということだ。一九六〇年代末のプロサーファーたちがショートボードを選んだのは、こちらのボードのほうが優れていると考えたからだ。それでもフィネガンの話から、サーファーたちが一年にも満たない短い期間のあいだにこぞってショートボードに切り替えた理由が実用性のみにあったわけではないことがわかる。

これまで学んできたように、テクノロジーや製品の使用などを含めた人前でのあらゆる行動は、ステイタスの評価につながるシグナルになる。サーフボードは単なるサーフィンの道具だけでなく、まちがいなくステイタスシンボルでもある。フィネガンの話から、サーファーたちは仲間たちの眼をかなり気にしていて、自分のボードの性能や見事なライドを決める大きな喜びと同時に、ボードのサイズのステイタス価値も考慮に入れていた。好きなボードを使うことができるプロサーファーたちは（世界チャンピオンのケリー・スレーターはドアや机を使ってサーフィンをしたことがある）実用面での利点を求めてショートボードに飛びついた。しかしショートボード革命は、ロングボードのほうが性に合っていたフィネガンのような大勢のアマチュアサーファーたちにも切り替えを求めた。

　こうした急速な変化が（広義には〝流行〟と言っていい）生じる最も説得力のある理由は、ステイタスを求めるからだ。フィネガンの話から、ショートボードが登場してもロングボードは以前と変わらず機能的で〝美しい〟ものですらあったが、ステイタス価値の低下とともに無用の長物になってしまったことがわかる。このように文化が急激に変化する顕著なケースでは、慣習に盛衰が生じる理由はステイタスが最もよく説明してくれる。そしてここから、文化の大いなる謎の最後のひとつ〈なぜわたしたちは時間の経過とともに行動を変えるのか？　どうして変わらない行動もあるのか？〉を解いていく。本章では、個人と集団が行動を変える動機を与える仕組みについて具体的に説明していく。そして後述するとおり、現代のステイタス構造そのものが流行を必然的かつ永続的に生み出している。

　流行のサイクルは実用面での改善をもたらさない、日常生活の装飾的な領域における行動において最も明確に確認できる――スラング、書体《フォント》、コーヒーの淹れ方、造園、絵画様式、柑橘系香料などがその一例だ。流行は人間の生活の至るところに普遍的に見られるものだが、長きにわたって本格的な思想家たちの癪の種でありつづけてきた。哲学者のジョージ・サンタヤーナは、流行は理由なき革新と利益なき模倣を生み出す、野蛮で多様な文化的変化だと記している。[8]これは昔の流行をあとから見返したら滑稽に思える場合に一番よくわかる。十八世紀フランスの哲学者モンテスキューはこんなことを言っている。「女性の髪型は徐々に高くなり、やがて革命が生じて低くなっていく。髪型があまりにも高く、女性の顔が身の丈の真ん中に位置した時代もあった。別の時代には同じ位置に足があった」[9]女性の髪型が高くなったり低くなったりする理由が明確な根拠に欠く場合、こうした変動は〝集団の愚行〟[10]、つまり大勢の人々が同時に同じ了見ちがいを起こしたり一時的に現実逃避したから生じたのだと見なされる。トレンドが非効率的で負担感が大きく、さらには危険をともなう行動に向かう場合はとくにそうだ。たとえば十九世紀のオーストリア・ハンガリー帝国のエリーザベト皇后は、盛りに盛った髪型のせいで絶えず頭痛に悩まされていた。[11]経済学者のソースタイン・ヴェブレンは、こうした人間の〝宿痾〟で流行の変化をすべて説明できると考えていた――あるスタイルが実質的に無駄なものだとわかると、ある時点で我慢ならないほど気に障るようになり、新たなスタイルへと逃避することになる。[12]あるいはオスカー・ワイルドの言うとおりなのかもしれない。「流行とは醜いものであり、半年ごとに新たなものに変えなければ、とてもではないが耐えられるものではない」[13]
こうした流行嫌悪の姿勢は、個人は理性的に振る舞い、自らの意思で選択し、ステイタス絡みのことには無関心であるべきだという道徳的期待から発したものだ。繰り返しになるが、これが自分たちの行動を説明するために言い訳《アリバイ》を使う理由だ。同様に、社会も文化の変化におけるステイタス追求の役割についての気まずい議論を避ける。ショートヘアの流行は、二十世紀初頭にパリのダンサーのカリアティスが怒りにまかせて自分の髪を切り落としたことから始まった。[14]のちに詩人のジャン・コクトーは、ココ・シャネルが髪を短く切りそろえている理由を記者に尋ねられたとき、眉唾ものの話をでっち上げて答えた——髪を短くしているのは流行に乗ったからではなく〝慈善目的〟で、切った髪で第一次世界大戦の犠牲者に寄付しているのだ。企業の販売キャンペーンにも効果的な否定が見つかる。一九八〇年代、ナイキはグレーに大胆な赤をあしらったテニスシューズの広告にこんなコピーを添えた。「不遜。理解不能。見よ、このカラーリング！　別に目立ちたいわけじゃない。この赤い〈デュラタン〉はシューズの寿命を二倍にする革新的な新素材だ」どうして〈デュラタン〉は眼を惹く深紅でなければならなかったのだろうか？　さだかではない。が、わたしたちでさえ自分自身の欲望の源泉が何なのか理解できないのだから、理由などどうとでもつくろえる。求めているのは機能性なのか愉しさなのか、それともステイタスなのだろうか。わたしたちの心は明確な線引きなどしない。

人間は合理的な意思決定を好む。したがって流行は、人類学者マイケル・トンプソンの言葉を借りれば〝軽薄で、刹那的で、一過性のもので、そして何より非合理的なもの〟なので〝学術研究の対象とはならない〟[15]。これは残念な現実だ。流行とは、広い意味において現代世界で最も頻繁に生じる文化的変化の形態を説明するものなのだ。すべての人間がステイタスを求めて行動を変えるわけではないし[16]、すべての文化的変化が流行として始まるわけでもないが、〝文化〟として認識されている行動の大半は、個人がステイタス価値を求めるために新たな慣習を取り入れるという流行のサイクルを経てもたらされる[17]。すべての活動は、たとえそれが実用的な技術の使用であっても慣習を形成する。傘は雨が降っているときにはどこからどう見ても便利な道具だが、イギリスではある時代までは平然と傘をさす男はよく思われず、街中で邪険にされていた[18]。

文化の変化におけるステイタス追求の役割は、社会学者エヴェリット・ロジャーズが提唱した〈イノヴェーションの普及〉についての有名な理論でしっかりと明示されている（〝発明〟は新しいアイディアを生み出すこと、〝イノヴェーション〟はその発明が使用され、広く取り入れられることを意味する)。理屈から言えば、合理的思考の人間は性能が格段に向上した技術製品の存在を知り、それが購入可能になるとすぐに入手する。しかしロジャーズはその逆を、身をもって経験した。一九三六年、ひどい旱魃で農場が大打撃を受け、ロジャーズ家にはクリスマスプレゼントを買う余裕もなかった。[19]一方、近隣の農場は新たに開発された改良品種のトウモロコシを導入していたおかげで難を逃れていた。ロジャーズの父親は改良品種のトウモロコシの利点を知っていて、導入する余裕もあったのだが、従来の開放受粉種にこだわった。新しい改良品種を使ったら、自分が薫陶を受けている地元の老農場主たちから見下されるのではないかと思ったからだ。しかしロジャーズの父親もようやく改良品種に切り替え、壊滅的な不作にふたたび見舞われないようにした――さらに八年間辛抱したのちのことだった。

　この経験から、ロジャーズはイノヴェーションの普及を社会的プロセスとして考察することを学んだ。個人は人的交流の枠組みのなかで新しい商品やサーヴィスなどを採用する意思決定をする。そうした商品やサーヴィスなどの情報をいつ、どうやって、そして誰から得るのか、その切り替えにともなう不安をどう見るのか、切り替えたことでコミュニティからどう見られるのかを、各個人は考える。ロジャーズは、採用と切り替えは消費者の五つのグループを通じて順番に進んでいくことに気づいた。そして五つのグループを〈革新者《イノヴェーター》〉、〈初期採用者《アーリーアダプター》〉、〈初期多数派《アーリーマジョリティ》〉、〈後期多数派《レイトマジョリティ》〉、そして〈遅滞者《ラガード》〉と名づけた。ロジャーズは〈革新性〉と呼ぶ特性に基づいて、個人をこの五つに分類した。「革新性とは、社会システムに属する他の構成員（あるいは採用単位）と比べて、新しいアイディアを相対的に早期に採用する度合いのことである」[20]革新性の分布状況は均一ではない。イノヴェーターはごく少数しかおらず、アーリーアダプターは少数、大半はふたつのマジョリティに属し、最後のラガードも少数だ。ロジャーズの調査でわかったこととは、新たな商品やサーヴィスが導入された時点では、消費者の大半はそれほど胸を躍らせてそれらを取り入れるわけではないということだ。

　何がマジョリティの取り入れを遅くさせているのだろうか？　マジョリティは情報へのアクセス度合いが均一でないことが多く、テクノロジーに対する信頼感もそれぞれで異なる。しかしそこにステイタスが大きくかかわってくる。そもそもイノヴェーションとは既成の慣習に対する挑戦だ。たとえば、誰もが従来の開放受粉種のトウモロコシを栽培しているなかで新開発の改良品種に切り替えることは際立った行為だ。そのため、たとえ切り替えることで明確な実益が得られるとしても、それが社会的非難につながるのではないかと心配する個人も出てくる。変化は不安をもたらす。哲学者のエリック・ホッファーは、ほんの些細なことであっても、新たな経験にはいくらかの胸騒ぎをおぼえるものだと指摘している。[21]モップトップに対するアメリカ国民の反応に見られるように、一般大衆はイノヴェーションに控え目な好奇心ではなく衝撃、驚愕、そして冷笑もしくは嫌悪を示す。[22]広範な変化は、保守的なマジョリティが新たな商品やサーヴィスに切り替えても自分たちのステイタスは損なわれないと安心して、そこで初めて生じる。それにステイタスの位置は実用的な技術がもたらす便宜に負けず劣らず生活の質《QOL》に影響を与えるのだから、新たな商品やサーヴィスを取り入れる意思決定においてステイタスの側面を考慮するのは妥当なことだ。

　同時に、文化の変化に見られる共通パターンを説明するうえでステイタスを考慮することも妥当だ。しかし社会科学のある流派は、個人が社会的立場を気にかけることなく無作為に慣習を取り入れることでトレンドが生まれるとする、言ってみれば〝中立的〟モデルの可能性を示そうとしている。つまりトレンドは張り合いからではなく無意識な模倣から生じるのだと主張しているわけだ。しかしこうしたモデルにステイタスを要因として加えると、[23] つまり人間には〈威信《キャシェ》〉が付与された行動を模倣する傾向があることを加味すると、そこに見られる受容曲線は実生活で見られるトレンドの浮き沈みが描く曲線にさらによく似たものになるという研究結果もある。[24]
したがって、流行のサイクルを調べることは現代の文化的変化の全容を理解する上で欠かせないということだ。しかし実際のところ、どのように機能しているのだろうか？ 社会学者のアルバート・K・コーエンもこんな疑問を投げかけている。「文化の当事者である各個人が既存のものに合わせようと強く願っているなかで、文化的革新が生じることはどうして可能なのだろうか？」[25] ジャーナリストのデレク・トンプソンは自著『ヒットの設計図』で、この問題をパラドックスとして表現している。「消費者のほとんどは好奇心が強く、新しいものを発見したいと思う〝ネオフィリア〟であると同時に、あまりに新しいものを怖がる重度の〝ネオフォビア〟でもある」[26] 先に答えを言っておくが、パラドックスなどない――人々の大半はステイタス価値に確実にプラスになる場合にのみ、新しいトレンドを公然と受け容れる。
このプロセスを理解するために、流行のサイクルの各段階を検証してみよう――まずはエリート層が必要とする排他的な慣習をマスメディアが喧伝し、それをアーリーアダプターが模倣し、単純化されたうえで大量生産され、ついには本格的な流行《クリティカル・マス》となる。流行のサイクルはファッションアイコンや芸術家、ステイタス集団、評論家、各メディア、製造企業、流通業者、小売店、流行に無関心なラガードといった特定の個人や組織の相互作用によって、文化のエコシステムのなかに生じる。〝流行はウイルス感染のように広まっていく〟と巷間言われているが、この流行のサイクルの分析では対照的に、イノヴェーションが各段階で変質していくことが示されている。流行のサイクルはどこから始まるのだろうか？　その答えはステイタスの原則にあるとおりだ――最高位のステイタスを有する人々から始まるのだ。

高ステイタス層の排他性

紫は古代の世界で最も高貴な色とされ、その染料はフェニキア（地中海東岸）の職人たちがアクキガイ科の軟体動物から採取した乳白色の分泌液から作っていた。巨大な桶のなかで何千個もの巻き貝をすり潰して、ようやく数滴分の染料を作ることができた。その希少さゆえに〝帝王紫〟と呼ばれ、この染料を使って染め上げた生地は珍重され、金と同じ価値があった。アレクサンドロス大王はフェニキアを支配していたペルシア帝国を滅ぼし、現在の貨幣価値に換算して六八〇〇万ドルに相当する量の紫の布地を略奪した。[27] プリニウスは『博物誌』で、不健康な臭気があり、色にしても荒れ狂う陰鬱な海に似た染料が作る紫に、紀元一世紀のローマ人たちがどうしてこれほどまでに〝熱狂する〟のか不思議がっている。[28] ネロ帝も帝王紫をこよなく愛し、紀元五四年に玉座につくと、皇族以外がこの色の服を着ることを禁じた。[29]
合成染料だらけの現代において、もはや紫は可視色域のなかで特権的な位置を与えられていない。今や〈ロイヤルパープル（王家の紫）〉といえばエンジンオイルだ。帝王紫を極上とする古代のファッショントレンドは、特定の波長の光に対する人間の本質的嗜好とはあまり関係はなく、むしろその色に与えられたキャシェにかかわるものだった。皇帝が紫を好んだのは、この大胆な色が孤高の存在の標《しるし》となったからだ。
流行のサイクルはエリート層が排他的な慣習を求めたときに始まる。第2章で学んだように、階層の頂点に立つ人々はステイタス階層の理論により独特の商品と慣習を望むようになる。社会学者ガブリエル・タルドはこう述べている。「優等であると判断された個人はあらゆる側面が模倣されるが、優等者のほうは自分以外の誰も模倣しないというのは、ほぼ真実であると思われる」[30] エリートは〈優雅なものの判定者（arbiter elegantiarum）〉[31] たるべし――流行を追う側ではなく作り出す側であれ、ということだ。
発明は社会のどこででも生まれる可能性があるが、より広く普及させるにはキャシェを高めなければならない。排他的な商品および慣習を必要とする場合、ステイタスの高い個人はファッションでも科学技術でも革新的なものに惹かれるが、それはそうしたイノヴェーションが、そもそも少数の採用者たちのあいだで生じるからにほかならない。ここで初めてステイタスの追求とイノヴェーションの普及が交差する。革新性は――新しいことに挑む意欲は――ステイタス階層の中間から上に行くにつれて高まっていく。エリート層は排他的な行動を取る必要があり、それができる特権を有している。十九世紀のフランスでは、中流階級の女性がズボンを穿いていると警察に逮捕された。それとは対照的に、この時代の有名女流作家のジョルジュ・サンドと女優のサラ・ベルナールは誰にとがめられることもなくズボン姿でパリの大通りを闊歩していた。[32]
革新性は社会の底辺でも見られるが、その理由もステイタスで説明がつく。よそ者《アウトサイダー》や難民、そして社会のはみ出し者たちは失おうにもそもそもステイタスが低く、新しいことに挑戦する社会的リスクなど気にかけない。しかしキャシェの原則により、低ステイタスの個人の慣習破りは〝逸脱行為〟と見なされ、すぐには模倣されないかもしれない。一方、高ステイタスの個人による慣習破りは模倣を招き、革新的な気高い行為として理解されるようになる。

排他性のある商品に特有の需要が生じることを、経済学では〈スノッブ効果〉と呼ぶ――自分と自分以外の大多数を何らかのかたちで切り離してくれそうな独特な衣服や食品、自動車、そして家屋などを購入することによって、個人が排他性を求める行為だ。[33] スノッブな消費主義は貴族や億万長者だけでなく、社会のあらゆるレヴェルのスティタス集団すべての頂点に存在する。一九八〇年代中頃のニューヨークの熱烈《ハードコア》なスニーカー狂《ヘッズ》たちがナイキのエアフォース1を欲しがったのは、ひとえにこのスニーカーがブロンクスの一店舗でしか買えなかったからだ。[34] しばしばスノッブは本質的な品質よりもシグナリング・コストを重視するとして非難される。文芸評論家のバーバラ・H・スミスは若かりし頃の自分をこう述懐している。「目利きの若いスノッブだったわたしは、いかなる詩であれその価値はアンソロジーに収録された頻度に反比例するという先入観を抱いていた」[35]
エリート中のエリートは本人が作り手であることはめったにないので、ステイタスシンボルはどこかから入手しなければならない。そこで彼らは自分たちのニーズを満たす三つのカテゴリーに群がる。その三つとは〈希少品（いわゆるレアもの）〉と〈目新しいもの《ノヴェルティ》〉と〈技術革新〉だ。
希少品とは一般の市場にはめったに出まわらない一点もののアンティークや一家伝来の家財、そしてべらぼうに高い最新の贅沢品などの入手困難な品のことだ。古代世界の貴族たちは、それで武器を作る方法がわかるずっと以前から、差異化を図る装飾品となる貴金属として青銅を収集していた。[36] 現代のエリート層が好む希少品は、それぞれの階級戦略で明確に示されている――ニューマネーは金銭的コストが高いあからさまな贅沢品を、一方のオールドマネーは時間ベースのシグナリング・コストが高い、繊細な古つや《パティナ》がにじみ出た入手困難なアンティークを求める。ロックフェラー家はアメリカ独立戦争当時の真鍮の燭台と薪載せ台、そしてルイ十四世治世下のフランスで作られたウォルナット材のサイドテーブルを所有していた。[37] 希少性に対する欲求は本物への需要も拡大させる。ペルシア絨毯や美術品など、出所が確認できる製品は入手困難で、より高品質だとされている。真正性の重視は、出てくるかもしれないキッチュな模造品の価値を未然に下げることにもつながる。

こうしたステイタスシンボルは必ずしも絶対的な意味で希少である必要はなく、コミュニティ内で希少だとされるだけでいい。ここを利用すれば、エリート層は〝利ざや〟を介して希少品を入手することが可能になる。つまり、自分のコミュニティでは希少とされている品を、それが容易に入手できる別の場所から特権を使って持ち込めばいいのだ。旧ソ連では、ナイロンストッキングや煙草やパーカーのボールペンといった慎ましやかな海外製品にキャシェが与えられていた。[38] そうした品々を入手できたのは、海外旅行が可能で、それらを買えるだけの外貨を有していた高級官僚だけだったからだ。

希少品は往々にして高価なので、経済資本に乏しいエリートはその代わりにノヴェルティで差異化を模索することもある。新しいファッションスタイルやミュージシャン、音楽ジャンル、そして映画などの情報をおもなシグナリング・コストとしていて、そうしたものに最も通暁しているのは常にクリエイティヴ・クラスだ。ナパ・ヴァレーの三つ星レストラン〈フレンチ・ランドリー〉で食事をするのも、最先端アートと西部劇の世界が融合したテキサス州マーファに旅行するのも事情通のエリートだけだ。〝利ざや〟はノヴェルティでも有効な手だ。ヴィヴィアン・ウェストウッドが一九八二―八三年コレクションで発表した、ファストフードチェーン〈アービーズ〉のロゴマークのようなマウンテンハットのことを憶えている者はほとんどいないが、ファレル・ウィリアムズが二〇一四年のグラミー賞授賞式で着用すると、その帽子は〈ファレル・ハット〉として知られるようになった。[39] クリエイティヴ・クラスのエリートたちにとってのノヴェルティの効果的な使用法として、美しさのかけらもないコンテンツを——奇妙な芸術作品や、尋常ならざるスタイル、あるいは悪趣味な新機軸などを——取り入れて、保守的なマジョリティを遠ざけるという手もある。

三つ目の〈技術革新〉も実は希少品のひとつで、そこに図らずも実用面での利点というアリバイも備わっている。二〇〇七年に登場した当時のiPhoneは目新しく高価で排他的だったが、従来の携帯電話に優る利点もあった。高価格で市場に出まわり、合理性や格好よさ、そして厳格な基準で担保された卓越性といった、ステイタスの基準を発信する新技術は差異化に効果的だ。各職業分野のトップに立つ人々は、自分の能力をさらに高めてくれる新たなツールを求めている。一九七〇年代ニューヨークのストリートバスケットボールの本格的なプレイヤーたちは、シューズのひとつ目のアイレットの上からシューレースを通し、ふたつ目の下から通すという新しいシューレースの通し方を始めた。ほかのプレイヤーたちも、自分たちより上手いプレイヤーがやっているんだから機能性は高いはずだとして、〝さらにイカしたやり方〟[40]と見なした。

技術革新が最新のガジェットやメソッドの創出をもたらすものとされるのに対して、文化革新はエリート集団がありふれたものや古いものにキャシェを付与するという意味にも使われる。エリート層は自分たちの高いステイタスを連想させるものを映す〝まっさらなスクリーン〟を探す。一九六〇年代中頃のロンドンでチェルシーが流行の発信地になったのは[41]、まさしくこの地区が〝未踏の空白地帯〟だったからだ。エリート層の差異化は下層階級《ロウワークラス》を高めることすらある。イギリスの国民健康保険《NHS》が無償供給していた、工業生産された丸い銀縁の〝おばあちゃんメガネ《グラニーグラス》〟を、ジョン・レノンはシックなアクセサリーに変えた[42]。それができたのは、彼があのジョン・レノンだったからだ。アルゼンチンタンゴは現地でロウワークラスのダンスとして生まれたが、パリとロンドンとニューヨークで人気を博し、[43]ステイタスを高めた。昔から日焼けは、日中は戸外で働きづめの農民特有のものとされていたが、ヨーロッパの日雇い労働者の仕事が工場内に移行していくにつれ、貧しい人々の顔色は青白くなっていった。これをきっかけとしてブロンズ色の日焼け肌は再定義され、ココ・シャネルのようなフランスの裕福なエリートたちが地中海の洒落たリゾート地で〝日光浴〟をして余暇を過ごした証しとなった。[44]このような場合は元々の慣習が洗練されることが多い。粗野な酒だったワインが上品な趣味の酒にランクアップしていく過程で、[45]その容器は籠で包んだ細口の大瓶《デミジョン》やフラスクや大瓶から、細身のボトルやデキャンタや繊細なワイングラスに変わっていった。

この逆の現象もたしかに存在する。ステイタスの低い集団との結びつきが過度に強いと、希少品もノヴェルティも技術革新もステイタス価値を得られない。電動立ち乗り二輪車〈セグウェイ〉は登場当時こそ斬新で高価だったが、シットコム『アレステッド・ディベロプメント』とアクションコメディ映画『モール★コップ』でパロディにされたせいで、あっという間に〝負の〟キャシェを付与されてしまった。

イノヴェーションはエリート層に受け容れられることでステイタス価値を与えられ、下層の人々にとっても魅力的なものとなる。高いシグナリング・コストは障壁となるが、これからわかるように、さまざまなコストが下がっていくにつれて流行のサイクルは進行していく。最初に下がるのは情報のコストだ。

マスメディア

オハイオ州クリーヴランドに暮らす小学五年生のグレン・オブライエンは[46]『What's My Line（わた

しの仕事は何でしょう?)』や『I've Got a Secret(わたしの秘密)』といったゴールデンタイムのクイズ番組での有名人たちのやり取りを延々と聴いてきたおかげで、セレブたちのナイトライフに詳しくなった。たとえばニューヨークのセレブたちは仕事が終わると、こぞって〈ストーク・クラブ〉というマンハッタンのおしゃれで高級なナイトクラブに行くことも知っていた。そこでグレン少年は家族旅行でニューヨークを訪れたときに、両親に〈ストーク・クラブ〉の入り口まで連れて行ってもらい、店には自分ひとりで入っていった。ナイトクラブの給仕長は真っ赤なブレザーに身を包んだ十一歳のませた少年の度胸に感心し、彼を連れてテーブル席を挨拶してまわり、有名女優のキティ・カーライルをはじめとした都会の遊び人たちに引き合わせた。

オブライエンの文化資本は年を追うごとに雪だるま式に膨れ上がっていった。成人になると、それを武器にしてメディア界に乗り出し、そして成功を収めた。アンディ・ウォーホルが発行人の雑誌〈インタヴュー・マガジン〉で彼が担当したコラム《ビート》は、レコード会社が新人バンドと契約する際の〝虎の巻〟になった。七〇年代末からはケーブルテレビ番組『TVパーティー』のホストを務め、イギー・ポップやジャン゠ミシェル・バスキア、ロバート・メイプルソープといったアンダーグラウンドの伝説的存在を出演させ、ブラウン管を介して郊外住宅街に知らしめた。そして人生最後の二十年間の大半において〈GQ〉のコラム《The Style Guy》を執筆し、着こなしとマナーについてのたしかな叡智を次世代のおしゃれな若者たちに伝えた。グレン・オブライエンはアメリカ中の誰もが知っているような有名人ではなかったが、十代の初めにテレビのクイズ番組でセレブのライフスタイルを学んだように、ニューヨークのダウンタウンで展開するステイタスの高いアートシーンで自ら取材してきた貴重な特ダネをエッセイと記事にまとめ、若く意欲的なクリエイターたちに伝えていた。この閉ざされた世界についてのオブライエンの記事は、彼の弟子で小説家のクリストファー・ボーレンの言葉を借りれば、刺激の少ないアメリカの町々で無聊をかこっていたティーンエイジャーたちの〝指針〟となった。[47]
グレン・オブライエンが歩んできた道は、文化のエコシステムを通じてトレンドを動かす際にマスメディアが重要な役割を担っていることを示している。エリート層が排他的に取り入れている慣習は、その情報をメディアが下層の人々に拡散することでようやく一般的な知識となる。まさにこの役割を果たすことで、コンデナスト・パブリケーションズは世界を股にかける雑誌帝国を築き上げた。傘下の〈ニューヨーカー〉や〈ヴォーグ〉といった雑誌は、ニューヨークとロンドンとパリの最新トレンドについていくためのハウツーガイドを、それ以外の都市に暮らすアッパーミドルクラスに提供している。そしてマスメディアはどの新しい慣習にキャシェが付与されているのかを示し、メディアの最大消費層である知的職業階級《プロフェッショナル・クラス》とクリエイティヴ・クラスに模倣をうながす。文明批評家でメディア研究の第一人者マーシャル・マクルーハンはこう記している。「映画が登場したとき、アメリカの生活の全体のパターンが、ノンストップの広告としてスクリーンに現れた。スターが着るもの、使うもの、食べるものはすべて、これまで夢にもみたことのないような広告となったのである」[48] マスメディアとは単に情報を伝達する中立的な媒体ではなく、共通知識を広げ[49]、ステイタス価値を付与することで慣習を強化する革新的なツールなのだ。
メディアは四つの重要な機能を介してイノヴェーションの普及を支援する。ひとつ目の機能は最も訴求力のある慣習の〝選択〟、ふたつ目はその慣習の、より多くの人々への〝伝播〟、三つ目はその慣習を取り入れるべしとする理由の〝説明〟、そして最後の四つ目はその慣習の品質の明確な〝評価〟

だ。この四つの機能はすべてエリート層の慣習をより訴求力のあるものにし、メディアに精通するアーリーアダプターを惹きつける。そして流行のサイクルの後半に入ると、大手の新聞やテレビ局のニュース番組やその他のマスメディアが、アーリーマジョリティが受け容れる条件を満たす、具体的に言えば広く認知され（伝播された）合理的で（しっかりと選択され、評価された）そして都合よく改変されていない（説明された）慣習を紹介する。

ひとつ目の機能である選択では、編集者やプロデューサーたちはそれぞれのメディア独自の基準に基づいて、どの慣習を取り上げるのか選ばなければならない。編集者は門番の役割を果たし、厳格な基準を適用して報じる価値のあるものを選び、そして基準をクリアしたものは何でも重要なもの、革新的なもの、質の高いもの、そしてセンスのいいものだとする。

そうやって選択したものを、次にメディアは幅広く拡散し、その慣習を直接目にすることのない層にも一般的な知識を広げていく。知識の広がりがなければ慣習の模倣も広がらない。八〇年代半ばのヒップホップミュージックは、斬新な行動を取ったザ・ファットボーイズと、エアロスミスと共演したRun-D.M.C.ぐらいしかヒットを飛ばせなかった。ところが一九八八年から放送が始まった『Yo！ MTVラップス』[50]が瞬く間にMTVの最高視聴率番組になると、そこからヒップホップはアメリカのミュージックシーンを席巻していった。

テレビおよびラジオの放送はメタ・コミュニケーションの強力な一形態だ。メッセージを個人に届けるだけでなく、同じメッセージをほかの実に多くの個人が見たり聴いたりしていることを暗示している。発行部数が限られた高級雑誌の場合、購読者は掲載されている慣習についての記事を自分以外のステイタスの高い人々も読んでいると見なし、その慣習のキャシェはさらに高まっていく。それとは対照的に〈USトゥデイ〉や〈ピープル〉といった発行部数が桁ちがいに多いマスメディアに取り上げられるということは、その慣習は誰もが知っているということを暗に意味し、アーリーアダプターにとってのステイタス価値が下がるかもしれない。一九九一年にティーン向けテレビドラマ『ビバリーヒルズ高校白書』で主人公たちがレイヴパーティーに参加したとき、アメリカのエレクトロニックミュージックのファンたちは恐怖におののいた。「エレクトロニックミュージックは死んだ！　もうおしまいだ！　これでメジャーになっちまった！」[51]
イノヴェーションは曖昧で抽象的で、一見すると恣意的と思える場合が多い。そのためエリート層がその排他的な慣習を取り入れた理由の背景を伝える際に、〝説明〟は重要な役割を果たす。説明は文章のかたちを取ることもあるが、多くの場合はテレビや映画といった映像メディアで直接的に解説することなく慣習を説明する。ザ・ビートルズを見て卒倒するイギリスの女の子たちの映像は、アメリカの女の子たちにとっては彼らを目の当たりにしたときの振る舞い方の手本となった。
説明の最も重要な側面は、新しい慣習を個別の意味的実体として識別する〝命名〟だ。[52]名前が与えられることにより、漠然とした印象や感情が議論の対象となる〝もの〟に変わる。六〇年代後半のイギリスでは、頭を剃り上げたティーンエイジャーたちは〝鍛冶屋たち《スミシーズ》〟や〝骸骨《スカル》〟や〝ピーナッツ〟[53]などとおざなりに呼ばれていた。しかし各メディアが口をそろえて〝スキンヘッド〟と呼びだしたことで、このスタイルは真のファッションムーヴメントとなり、名前も一本化されて定着した。「ブームにしても流行にしても、ひとつ残らず名札《レッテル》がつけられている」[54]社会学者のロルフ・メイヤーソンとエリフ・カッツはそう述べている。命名が持つ力を心得ているさまざまな企業や組織は、社会から煙たがられている現象に新たな名前をつけ、認識を改善させようとする。ラジオ局が〝パンク〟を恐れて流さなくなったので、サイアー・レコードのある重役は挑発的な若いバンドを〝ニューウェーヴ〟と呼ぶように各局に依頼した。[55]一九九〇年代のアメリカではヨーロッパの〝テクノ〟は嫌われていたので、音楽雑誌〈スピン〉は〝エレクトロニカ〟に改名させた。[56]
評論家は、芸術家の急進的なイノヴェーションがなぜ重要なのか、それが単なる恣意的な奇行ではないことを説明する手助けをする（この事実にダダの詩人トリスタン・ツァラは憤慨し、理解できるような芸術作品はジャーナリストの産物にすぎないと切り捨てた）。[57]説明の複雑さを決めるのはマスメディアの〝理想の読者（視聴者）〟だ。言語学者のテレンス・ホークスは、すべての経験を既存のカテゴリーに合わせて縮小させるか〝調整〟しなければ幅広く理解は得られないとしている。[58]ファッション誌は簡単に真似ができる手本を読者に提示し、ファッショントレンドへの参加をうながす。「ウェールズ侯爵夫人のオフタイムを完璧に演出したいのなら、ヘリンボーン・ジャケット姿のケイト・ミドルトンに優るお手本はない。〈ストレッツ〉のテーラード・ジャケットも同じような雰囲気を醸し出してくれる――二二八ドルでロイヤルファミリーチックなシック、これはお買い得だ」[59]〈ヴォーグ〉はこんな提案をしている。
メディアによる説明はかなり〝圧し〟が強く、報じられている側もメディア側の誇張に合わせようとすることもままある。これをトム・ウルフは〝メディアからの飛び火[60]〟と呼んだ。一九五三年の映画『乱暴者《あばれもの》』で描かれた無法集団のバイカーギャングは、のちの〈ヘルズ・エンジェルズ〉のひな型となった。ジャーナリストで作家のハンター・S・トンプソンは自著『ヘルズ・エンジェルズ』にこう記している。「『乱暴者《あばれもの》』はアウトローたちに、自分たち自身の永遠のロマンスに彩られた、ほんの少数にしか見いだせない首尾一貫したイメージを与えた」[61]作家のジョン・シーブルックは、アメリカのアッパークラス観はエリート志望者たち自身が作り上げた虚構に基づいていたと指摘している。[62]ジェイ・ギャツビーはニューマネーの風刺像であると同時に理想像でもあったのだ。

最終的にメディアは特定の慣習の質を明確に批評し、その価値を上げることができる。新たな製品や芸術作品を紹介するだけでなく、それが素晴らしいものなのか、優れたものなのか、月並みなのか、ひどいのか、最悪なのか公言する。それが批評家たちの役目だ。二十世紀後半のアメリカのアッパーミドルクラスは〈コンシューマー・レポート〉誌をクルマや家電製品の保証書としていた。二〇〇〇年代のミレニアル世代は音楽メディア〈ピッチフォーク・メディア〉の点数を見て、ニューリリースのアルバムが大傑作（10）なのか大爆死（0.0）なのかチェックした。プロフェッショナル・クラスとクリエイティヴ・クラスでは、こうした批評に精通していること自体が文化資本として機能する。一方、アーリーマジョリティの消費行動はエンターテインメント批評の影響をほとんど受けない。二〇一八年の映画『ヴェノム』は批評家たちに叩かれたが（大手映画批評サイト〈ロッテン・トマト〉でも三十パーセント（点）という低評価だった）[63]全米だけで二億一千万ドルの興行収入を記録した。

結局のところ芸術は個人の趣味の世界なので、超一流の文化人ですら批評家の声を自信満々に無視する。しかし自身のステイタスを気にかけるミドルクラスの人々にとって、〝一般人としての〟趣味があらわれる服装やマナー、家の調度品などはステイタスの位置に重大な影響を及ぼすものだ。失敗することへの不安がエチケット本やマナーガイドやマニュアル本の市場を形成し、活況を呈している。そうした書籍の読者は提示されたアドヴァイスに忠実に従う傾向にある。イギリスの建築家で家具デザイナーのチャールズ・イーストレイクの『Hints on Household Taste（家庭の趣向のヒント）』が一八六八年に出版されると、文化史家のラッセル・ライネスによれば「そこに記された提言はすべて絶対的真理として受け容れられた。イギリス人たちはイーストレイク氏の教えどおりに絵画を飾り、カーテンを掛け、絨毯を敷き、壁の色を塗り替え、ドアの蝶番を変え、陶磁器をそろえ、燭台を買い、薪載せ台を求めたがり、無垢材を入手し、化粧張りをはがし、曲線を排し、とにかく家のすべてを氏の好みに合わせた」[64]という。二十世紀中頃、何百万ものアメリカ人女性がエイミー・ヴァンダービルトやエミリー・ポストのエチケット本を成人祝いとして受け取った。二〇〇〇年代初頭のおしゃれ大好き青少年たちは、たとえば靴下の色は靴とボトムのどちらの色に合わせるべきかといったドレスアップの指針を、グレン・オブライエンのありがたい御宣託に求めた。

品質が疑わしくステイタス価値の低い慣習を貶めることも評価の重要な形態のひとつだ。しかし〝悪名は無名に勝る〟という格言もまた真実だ。嘆かわしい行為を広く知らしめることは相手のステイタスを高め、悪名に魅力を与えることもある。タブロイド紙の〈デイリー・ミラー〉はテディボーイズを大々的に叩き、モラル・パニックを煽り立てようとしたが、紙面に載った写真は逆に労働者階級の多くのティーンエイジャーを焚きつけ、ドレープジャケットとブローセル・クリーパーズはさらに売れた。

選択・伝播・説明・評価という四つの行為はすべて慣習を強化し、安定させ、そして正当化する。これらの機能は、動きの速い社会において社会規範の把握を常に求められる個人にとって極めて重要だ。「わたしたちは、物事は変わるものと思い込んでいる」[65]社会学者のジョエル・ベストはそう述べる。「その思い込みから、何が起こっているのかを教えてくれるメディアの需要が生じる」しかしこれは反射的な行為だ。慣習を広く知らしめ、模倣すべき方向を示す過程で、メディアは慣習を流行に変え、その普及を支援する——

――という感じにメディアについて語っていると、何やら実体のない、全自動伝播装置とでも呼べそうなものを操る、顔のない組織の存在が浮かび上がってくる。おまけにその組織のどのデスクにもグレン・オブライエンのような人物が坐っていて、彼らの判断はそれぞれのアイデンティティの一部と化している。そしてその判断から導き出された選択と説明と評価についてのステイタス的側面を考慮しなければならない。この作業は報じられる内容に対するフィルターとして機能し、結果として実際に起きていることと、実際に起きていると〝報じられている〟こととのあいだに齟齬が生じる。刮目して注目すべきなのは、メディア産業で働いている人々の大半はステイタスの高い習慣行動《ハビトゥス》に満ちた環境に生まれ、教育を通じて文化資本をたんまりと蓄えていることだ。そんな彼らは同じ感性を共有し、厚かましいニューマネーの衒示的消費とミドルクラスの偏狭さ、そしてロウワークラスの〝悪趣味〟に眉をひそめる。長きにわたり、メディアの選択は以下に挙げる三つに偏っていた。

一．プロフェッショナル・クラスの世界で生まれた新しい慣習
二．センスのいい富裕層の昔ながらの慣習
三．急進的な芸術家、反体制的なサブカルチャー、そしてマイノリティの刺激的な慣習

音楽誌がセリーヌ・ディオンをまともに取り上げなかった理由を、音楽評論家のカール・ウィルソンはこう説明する。「彼女の声そのものがにわか成り金的《ヌーヴォー・リッチ》なのだ。大量生産向けの声だ」[66]メディアによる報道が個人のステイタスを気にかけるので、ステイタスの低い集団の一般的な慣習はごくわずかしか報道されない。コメディアンで俳優のラリー・ザ・ケーブル・ガイのアルバムはプラチナディスクを獲得しているが、地方在住のブルーカラーからの人気と、マスメディアで演じるスタンダップコメディでの〝田舎者〟ネタは反比例しているように思える。マスメディアはサブカルチャーの粗削りな慣習に磨きをかけ、プロフェッショナル・クラスのより洗練された美的感覚に沿うものにすることもある。パンクはイギリスのアートスクールの怒れる学生たちと労働者階級の若き反逆者たちが作り上げ、発展させてきたが、それでも〈GQ〉は一九七七年に読者に向けてこう断言している。「極めて繊細な感性でもって扱えば、パンクはシーズン全体のワードローブに合わせることができる。まずは切り裂いたTシャツから始めてみよう。丹念に切り刻んだTシャツは、おろしたてのジーンズにもウールシャツにもぴったりマッチする」[67]
メディアの世界におけるステイタスをめぐる闘争も、最も際立った評価を求める記者たちを駆り立てる。目立つためには〝最高にホットな一枚〟とか〝スクープ〟とか〝本紙・本誌・本番組独占〟といった一番乗りを示す煽り文句が必要だ。フランスの小説家で社会学者のジャン・デュヴィニョーはこう指摘する。「才能ある画家や詩人を〝見逃した〟と認める編集者も画商も、今はひとりもいない。それというのも、そうした才能ある芸術家の獲得に成功すれば莫大な物質的利益を得るが、同時に成功した事実をあえて〝発表〟すれば名声を得られるからだ」[68]その結果〝疑似イヴェント〟が生じ[69]、ごく限られた領域もしくは空想上での社会運動が盛り上がることがままある。二〇〇九年、〈ニューヨーク・タイムズ〉は〝ぽっこりお腹〟が男性ヒップスターのスタイリッシュな体形として台頭してきたと報じた。この記事を、オンラインマガジン〈State〉のジャック・シェーファーがこき下ろした。「この記事を書いた記者はぽっこりお腹のトレンドリーダーの名前を挙げていないし、映画業界や演劇界や音楽界やナイトシーンなどでおしゃれなぽっこりお腹の男性を見かけたという話もしていない。

ニューヨークのあちこちをほっつき歩いているデブな男を適当に見つくろっただけだ」[70]
メディアがステイタスの高い慣習を意のままに操っていると、わたしたちの文化に大きな偏りが生じるのではないだろうか？　売上実績を見るかぎり、大衆は批評家たちにどんなことを言われようが自分たちの好きな娯楽に群がる。ミステリー作家のダン・ブラウンはさんざん酷評されてきたが、それでもその著書は全世界で二億部以上が売れた。批評家の意見は、得てして教養あるエリート層をターゲットにした映画の見込み客を減らすだけで終わることが多い。今はもう忘れ去られてしまった一九九四年公開の製作費四千万ドルのロブ・ライナー監督作品『ノース　小さな旅人』は、映画評論家のロジャー・イーバートのこの言葉で息の根を止められた。「わたしはこの映画が大嫌いだ。大大大大大嫌いだ。とにかく大嫌いだ」[71]こうしてみると、どの時代でも文化の平均的な嗜好をよりよく反映しているのはキッチュだということになるのかもしれないが、メディアは時代の潮流のナラティヴを制御することで大衆の眼を人気のないものに向けることが可能だとも言える。建て前としては、批評家は膨大な宣伝費をかけて大量に売り出される芸術作品に対抗する力を与えてくれる——少なくとも、批判的な意見を重視するプロフェッショナル・クラスとクリエイティヴ・クラスに対しては。
エリート層の慣習についての情報をしっかりと伝え、それがより広く受け容れられるようにする。そうやってマスメディアは文化の変化を加速させていく。もっともこのプロセスでは、ステイタスの高い慣習は〝現在進行形の文化〟だと喧伝されるきらいがある。それでもイノヴェーションの情報がマスメディアの各チャンネルを通じて伝えられると、アーリーアダプターが流行のサイクルに加わるお膳立てが整う。

模倣とステイタスの高い放棄

〈マグノリア・ベーカリー〉は一九九六年にマンハッタンの高級住宅街ウェスト・ヴィレッジの一角に開店した。それから何年も経たないうちに、このベーカリーの色鮮やかなカップケーキは近隣に暮らす裕福なプロフェッショナル・クラスに深夜の軽食として愛されるようになった。テレビドラマ『セックス・アンド・ザ・シティ』の二〇〇〇年放送のエピソードで、主人公のキャリー・ブラッドショーがマグノリア・ベーカリーの店先でカップケーキを食べながら、好きな男ができたことを友人に告白した。たちまちイギリス版〈ヴォーグ〉が大絶賛の記事を載せ[72]、そしてすぐ近くにマーク・ジェイコブスのおしゃれなブティックがオープンした。二〇〇一年にはマグノリア・ベーカリーのカップケーキはニューヨークのプロフェッショナル・クラスが誇れるもののひとつになった。ファッションデザイナーのジェナ・ライオンズは――のちにJ・クルーの社長兼クリエイティブ・ディレクターとなり、〝アメリカに服を着せる女〟として知られるようになる――二〇〇二年に挙げた結婚式で、〝ブリーカー・ストリートと西十一番街の角に詣でたいくつもの夜[73]〟の思い出として、このカップケーキを出した。

ところが二〇〇三年になると、ニューヨーカーの新たな波がマグノリア・ベーカリーに押し寄せるようになった。その第一波はウェスト・ヴィレッジから遠く離れたところに暮らす低所得層の若者たちだった。続いてニューヨーカー以外の人々が『セックス・アンド・ザ・シティ』の〝聖地巡り〟でやって来た。一日三千個のカップケーキが売れ[74]、近所の公園のごみ箱はアイシングがこびりついた箱で溢れかえった[75]。ニューヨークのグルメカップケーキへの貪欲なまでの渇望に駆り立てられ、商売っ気の多いパン職人たちは似たようなベーカリーを次々とオープンさせていった[76]。〈クラムス〉はアップタウンに店を開き、続いて〈スプリンクルズ〉がカップケーキをロスアンゼルスに持ち込んだ。マグノリア・ベーカリーから始まった高級カップケーキのブームは、二〇〇四年になると雪だるま式に全米に広まっていった。

美味しいものならニューヨークには星の数ほどある。しかしほんの束の間、投資銀行家たちもファッションスタイリストたちも、〈グレーザーズ・ベイク・ショップ〉のブラック&ホワイトクッキーにも〈ラス&ドーターズ〉のルゲラー〔ユダヤ人の菓子パン〕にも〈クリスピークリーム〉のオリジナル・グレーズド・ドーナッツにも眼もくれず、高級カップケーキに時間と金と血糖値を捧げた。高級カップケーキが飛び抜けて美味しかったからだろうか？〈ニューヨーク・タイムズ〉は、マグノリア・ベーカリーのカップケーキは「チョコレート・アイシングのココアの味しかしなかった」[77]と結論づけた。観光客たちもやはり戸惑いをおぼえた。「こんなものはミシガンじゃ売れないよ。このカップケーキを見たらみんなこう言うね、〝これならうちで作れるよ！〟ってね」[78]味はどうであれ、マグノリア・ベーカリーのカップケーキにはキャシェが付与されていた。

が、そのキャシェも十年後に起こったカップケーキへの反発ではがれ落ちてしまった。二〇一三年、〈アトランティック〉のジェン・ドールはこう書いた。「お高くとまった、やたらと高い、のぼせ上っているグルメなカップケーキよりも幅広く、声高に罵声を浴びせられる食べ物があるだろうか？」[79]そこまで嫌われた理由は露出過多にあるのかもしれない。何しろほとんどの主要都市にカップケーキ専門店があったのだから。それにカップケーキはマスメディアをジャックしていた。[80]二〇一一年の映画『ブライズメイズ 史上最悪のウェディングプラン』とシットコム『NYボンビー・ガール』では大きなポイントとして描かれ、無数のブログで話題にされ、カップケーキ作りを競い合うリアリティ番組

『カップケーキ・ウォーズ』すらあった。しかしカップケーキ熱は次第に冷めていった。五年間で百五十店舗をオープンさせる計画を発表していた〈クラムス〉は二〇一四年に廃業した。[81]
メディアによる伝播ののち、トレンドは流行のサイクルの新たな段階に入る。中間ステイタスの人々が高ステイタスの人々の行動を模倣し、そして高ステイタス側はその行動を棄てる。『セックス・アンド・ザ・シティ』によってマグノリア・ベーカリーのカップケーキは流行のトレンドになったが、十年をかけて飽和状態となり、カップケーキの衰退は決定的になった。
エヴェリット・ロジャーズの普及モデルでは、[82]準高ステイタスの個人がアーリーアダプターにあたる。この層の人々はプロフェッショナル・クラスおよびクリエイティヴ・クラスの場合が多く、メディアから大量の情報を摂取し、ほかの層に先駆けてエリート層の慣習についての知識を得る。そして高給取りで（経済資本）広い人脈を有し（社会関係資本）高学歴だ（教育および文化資本）。さらにはコスモポリタンでもあり、取り入れるべき慣習は数多くあることをわかっていて、従来の慣習を平気で破ることができる。最も重要なところはセンスを使ってシグナリングする点であり、したがってトレンドに後れを取ってはならないという義務感を抱いている。準高ステイタスを有するこの層には、集団の規範を大きく逸脱しない範囲において個人の差異化が許されている。
アーリーアダプターがエリート層の慣習に付与されたステイタス価値を追い求めることにより、文化的慣習のトリクルダウンが生じる。十九世紀フランスの社会学者ガブリエル・タルドは、この文化の流れを「一種の社会的給水塔から、模倣という滝が流れ落ちる」[83]と表現した。封建時代、文化のトリクルダウンは眼に見えるものだった。王が定めた服装の慣習を貴族が倣い、富裕層はそれを真似るだけだった。民主主義と資本主義の出現によりプロフェッショナル・クラスは富裕層を模倣することができるようになり、貧困層ですら自分たちなりのやり方で真似た。十九世紀ヨーロッパのクリノリンペチコートの流行は貴族の夫人や貴婦人のあいだで始まり、東プロイセンで野良仕事をする農婦にまで広がった。[84]現在では、エリート層の慣習はあっさりと社会全体に拡散していく。フランスのスパークリングミネラルウォーター〈ペリエ〉をアメリカで最初に取り入れたのは裕福なヤッピーだった。[85]ペリエは一九八八年にアメリカで最も売れたミネラルウォーターとなり、今ではほぼすべてのスーパーマーケットでさまざまな風味のものが販売されている。

トリクルダウンのパターンは技術革新でもかなり頻繁に見られる。より顕著なのが、新しいガジェットが高い値札をひっさげて市場に登場したときだ。最初期の白黒テレビはクルマより高価だった。[86]価格が下がるにつれて普及は加速していったが、テレビを所有することで付与されるキャシェは長続きし、購入した人々は実用的なメリットだけでなくそちらのほうにも心を躍らせた。アメリカのロワーミドルクラスがテレビを買ったのは単に娯楽としてでなく、経済的成功を示すためでもあった。[87]多くの家庭が最初に買ったテレビをリヴィングルームの台の上に置いた理由はそこにあるのかもしれない。

が、このトリクルダウンのメタファーを第二次世界大戦後のファッショントレンドが歪めた。ファッション研究者のバルバラ・フィンケンはこう述べている。「今やファッションはブルジョワや貴族たちでなく、ストリートで作られ、着用され、そして示されるようになった」[88]サブカルチャー資本がクリエイティヴ・クラスのシグナリングとしての重要性を増すにつれ、ステイタスの高い集団はそれまでステイタスの低かった慣習を取り入れるようになった。七〇年代中頃、ジャーナリストのトム・ウルフはこう述べている。「ニューヨークの街角を歩いていると、ブリーチ加工させてタイダイ染めにし、脇の縫い目《アウトシーム》に沿ってアルミのスタッズを打ったリーバイスのベルボトムジーンズを穿いたカップルがアパートメントハウスから出てくるところを見かけるかもしれない。そのカップルは十七万五千ドル（現在の貨幣価値に換算すると九十万ドル）のアパートメントの所有者だったりする」[89]金持ちが貧乏人のような格好をするようになったことで、トリクルダウンは終焉を迎えたのだろうか？　今はもう〝トリクルアップ〟もしくは〝トリクルアクロス〟[90]の時代なのだろうか？
まだそんな時代ではない。ステイタスを求める基本欲求が上層への模倣を煽りつづけるからだ。変わったのは、ステイタスの低いライフスタイルの知識が都市部のコスモポリタンたちの文化資本の一部になったことぐらいだ。その顕著な例が、アメリカのミドルクラスの白人は黒人文化に精通していることを示さなければならなくなったことだ。この現象は創造経済《クリエイティヴエコノミー》の複数のセクターを牽引している。一九九〇年代初頭、自身のブランドのプレッピースタイルを売りたかったトミー・ヒルフィガーは、ヒップホップ界の大御所で〈デフ・ジャム・レコーディングス〉の創設者ラッセル・シモンズのアドヴァイスを受け、まずはプレッピーたちではなくアフリカ系アメリカ人をターゲットにした。[91]
しかし文化資本の多様化と文化の流れの真のトリクルアップを混同してはならない。エリート層の流行仕掛け人たちはかなり下層のアイディアを常習的に盗用してきたが、それは彼らはスラムの住民にまちがわれることなく〝スラムの住民の真似〟ができるからだ。レーダーホーゼンがドイツ文化で高い地位を得たのは、エリートたちがふざけて農夫の服を着たことに端を発している。ガブリエル・タルドは十九世紀後半にこう指摘している。「発明は国民のうちの最下層に出現することもあるが、それを広めるためには、はるか高くそびえ立つ社会的頂点が必要である」[92]上層が略奪した慣習にキャシェが付与されると、それを生み出した下層に影響を及ぼすことすらある。美術史家のコベナ・マーサーは、白人女優のボー・デレクが一九七九年の映画『テン』で黒人社会の髪型だったコーンロウを真似し、そして彼女の成功がこの髪型にお墨つきを与え、より多くの黒人たちがコーンロウにするようになったと指摘している。[93] 真のトリクルアップとは、ロウワークラスがロウワーミドルクラスに影響を与え、そのロウワーミドルクラスがミドルクラスに、さらにはエリート層に影響を与えるという、上層が自分たちと下層を結びつけようとする極めて稀な集団の連鎖だ。真のトリクルアップに最も近い例は、おそらくキム・カーダシアンの場合だろう。[94] 彼女はセックスヴィデオの流出からタブロイド紙、そしてリアリティ番組、ついには〈ヴォーグ〉の表紙へとキャリアアップしていった。しかしもともとカーダシアンは富裕層のセレブで、そのサクセスストーリーは、カーダシアン家を崇拝しそのスタイルを真似る下層の人々の数よりも、増えつづける資産のほうがよく物語っている。

どこで生み出されたかに関係なく、革新的な文化的慣習への価値の付与はアーリーアダプターたちの模倣をうながす。しかしその慣習をステイタスの低い人々も取り入れるようになると、アーリーアダプターにとってのキャシェは目減りしてしまう。真似されると癪に障るものだ。下層による模倣が始まると、エリート層は代わりになる新たな慣習を時間と金を費やして探すことを余儀なくされる。しかし見つかってすぐに取り入れてしまうと、エリート層のアイデンティティである安定性と真正性が損なわれてしまう。かつてベッドフォード侯爵は、上流階級は「庶民が庶民のままでいること以外、何も望んでいない」[95] とぼやいた。そもそもエリート層がシグナリング・コストの高いものを選ぶそもそもの理由はまさしくここにある。

ひとつの集団内のステイタスの高い構成員と低い構成員が同じトレンドに同時に加わることはあるかもしれないが、あっても短い期間の場合が多い。エリート層は、質が落ちてしまったスタイルに結びつけられるリスクを冒すわけにはいかない。どれほど長いあいだ慣れ親しんできたとしても、その慣習が下層との差異化に役に立たなくなったら棄ててしまうだろう。「スノビズムとはレースであり、勝負事だ」[96]グレン・オブライエンはそう述べている。「最初に手に入れて、最初に手放した者の勝ちだ」一九二〇年代アメリカの現代娘《フラッパーガール》の代表格ゼルダ・フィッツジェラルドは、本物のフラッパーガールは次々と新しいものを試さずにはいられず、しばらくのあいだほかとはちがう優れたスタイルを見せびらかし、そのあとはあまり冒険をしない女たちに譲らなければならないと考えていた。[97]何世紀ものあいだ、ふくよかな体は食事をふんだんに食べていることの証しとされ、富裕層は太っていることを自慢していた。この体型の差異がジャガイモの栽培と食料の工業生産の拡大によって消えてしまうと、富裕層はぽっちゃりとした体を捨て、運動と栄養にこだわるようになった。[98]
社会全体に広がるトレンドの場合、高ステイタスのシグナルとしての効果は取り入れる〝タイミング〟のほうが取り入れそのものよりも高い。エリート層は早い段階で取り入れ、非エリート層はそのあとに続く。インディーロックのファンに共通する口癖は「あのバンド、昔は好きだったんだけどな」[99]だ。流行をいち早く取り入れることは、自己が確立されているとか勇敢であるとか模範を示しているといった、さまざまな美徳を備えていることを暗示する。長い目で見ればエリート層も大衆層と同じ選択をするが、する時期はずっと早い。
このように、流行のサイクルにおいて慣習の放棄は取り入れと同じぐらい重要だ。しかしある慣習を放棄するには別の慣習を取り入れなければならない。カップケーキを断つということは、別の高級スイーツを取り入れることを意味する（あるいは一切のスイーツを断つかだ）。ペリエがごく普通のスパークリングミネラルウォーターになると、ジェットセッターたちは同じフランス産の〈バドワ〉を持ち出し、洗練されたセンスをアピールした。[100] かつてはヒッピーたちの反抗の徴《しるし》だった長髪とひげ面は、ライターのディック・パウンテンとデイヴィッド・ロビンズの言葉を借りれば「都会の浮浪者的な最下層労働者《ルンペンプロレタリアート》と世界中の暗黒街のトレードマークとなり、リヴァプールやプラハやカラカスやマニラにうごめくすべてのポン引きと男娼と麻薬の売人とプロレスラーも、こぞってそういう格好」[101]をした。だから実験的映像作家のウェイクフィールド・プールとその恋人は、一九七〇年代末にふたりとも髪型を長髪からクルーカットに変えた。[102]
アーリーアダプターたちが自分たちの慣習を勢い込んで模倣するようになると、エリート層はその慣習を手放す。しかしアーリーアダプターたちの新たな波が押し寄せて市場が大活況を呈するようになると、そのトレンドでさらに儲けてやろうとする、あからさまな経済的誘因が生じる。

大量生産《マスプロダクション》

一九八八年、The Timelordsと名乗るイギリス人のふたり組ユニットが、SFテレビドラマ『ドクター・フー』のテーマ曲とグラムロック歌手ゲイリー・グリッターのヒット曲「ロックンロール」をマッシュアップしたダンスナンバー「Doctorin' the Tardis」をリリースした〔Timelordは『ドクター・フー』の主人公ドクターが属する異星人のことで、Tardisはドクターが使うタイムマシン〕。〈メロディ・メーカー〉誌は〝聴くに堪えない曲〟だと酷評したが、イギリスのポップチャートでナンバーワンに輝いた。のちにハウス・ユニット The KLFとしてヒットを飛ばすことになるThe Timelordsのふたりは、この曲に続いて自分たちのヒットの秘訣を皮肉たっぷりに説明した『The Manual（ザ・マニュアル――簡単にナンバーワンになれる方法）』という本を出版した。この本はこう謳っている。「ここに記されている明確にして簡潔な教えに従えば、全英シングルチャートでナンバーワンになるという子どもじみた夢物語を実現して、ポップミュージックの聖なる歴史に名を刻むことはまちがいなしだ」[103]『ザ・マニュアル』は生意気な皮肉に満ちた本なのかもしれないが、ヒット曲を作るための見習うべき実践的な手順が記されている――サンプリングするべきグルーヴの見つけ方、レコーディングスタジオを安く予約する方法、資金を貸し渋る銀行の説き伏せ方、ひと息入れてお茶を飲むタイミングなどだ。

〝創造は既成の慣習の完全否定から始まる〟とする社会の芸術にとって、手引き書《マニュアル》は唾棄すべきものだ。しかしここが『ザ・マニュアル』の肝心要なところだ――ポップミュージックは芸術作品ではない。あらかじめ定められた〝黄金律〟どおりに作られた、型にはまったキッチュなのだ。ポップミュージックの一ジャンルである〈ダンス・グルーヴ〉は、演奏時間は三分三十秒以内、曲の構造はイントロからAメロ、サビと続き、Bメロからまたサビを繰り返してからブレイクダウン、そして今度はサビを二回繰り返してアウトロという流れで、そして歌詞は〝人間の最も根本的な感情〟にしか触れない内容だ。ポップミュージック産業は、同じ曲をほんの少しだけサウンドを変えて何度も何度も書き直しているだけだと『ザ・マニュアル』はのたまう。「トップテンにランクインするすべての曲に(とくにナンバーワンになる曲は)ジャンルという枠を大きく超えた共通点がある」

エヴェリット・ロジャーズのイノヴェーション理論では、アーリーアダプターを越えてアーリーマジョリティに届かなければ、その商品はヒットしたと言えない。「普及曲線で普及率が十パーセントから二十パーセントに至る部分が、普及プロセスの核心である」[104]ロジャーズはそう指摘する。しかしここは普及プロセスの難所でもある。アーリーアダプターとアーリーマジョリティは普及曲線上でこそ隣り合ってはいるが、それぞれのセンスは天と地ほども異なる。ステイタスの位置から予想できるとおり、アーリーアダプターは洗練されたコスモポリタンのセンスを有し、余裕綽々で新しいことに挑戦する。一方のステイタスの低いアーリーマジョリティは保守的で、慣習を公然と破ることに慎重な姿勢を見せる。この大きな隔たりを越えるために文化産業が用いる戦略を『ザ・マニュアル』は示している――キャシェが付与されたステイタスの高いイノヴェーションを見つけ、その内容を大衆層固有のセンスに合わせるのだ。つまり商業化とは価格を下げて入手可能性を上げるだけでなく、難解なセンスのシグナリング・コストを下げるプロセスでもあるのだ。

大量生産はステイタスの理論と生身の経済理論がぶつかり合う場だ。不安定で予測不能な文化市場で利益を上げることは難しいと判断した企業は、リスクを最小化するために生産のロジックに収斂していく[105]――芸術作品の内容と形式、そしてスタイルおよび製品を、主流消費層に受け容れられる可能性を高めるものに成形するという暗黙のルールに従うのだ。生産のロジックは大衆向けの映画や歌やテレビ番組の内容だけでなく、製品のデザインとそれを売るための具体的なマーケティング手法、そして広告メッセージの方向性にも影響を及ぼす。『ザ・マニュアル』はポップミュージックの背後にある生産のロジックをかいつまんで説明し、そのなかでヒットの裏側にある実際の曲は、聴く側の求める形式に沿ったものであれば――たとえ〝聴くに堪えない曲〟であっても――自由に作ることができることを示唆している。

生産のロジックはややもすると消費主義の産物であるとされがちだが、それでも生産のロジックがどのように展開していくのかはステイタスが決める――すなわち、アーリーマジョリティの消費層は既存の慣習を覆すような商品を求めていないということだ。また、メーカーが新しい慣習を一から作るよりも、キャシェが付与されたイノヴェーションをコピーすることのほうが多い理由もステイタスで説明できる。〈マーケティング〉とは企業がすでに作っているものを売るという意味だと広く解釈されているが、各企業のマーケティング担当者たちは、大衆のニーズを把握し、消費者の欲求に即した製品を作ることが自分たちの仕事だと考えている。したがって各企業はメディアの報道や市場情報、そして消費者調査などを利用し、人気が高まりつつある慣習を見つけ出す。慣習の模倣を確認すると、そこに金のにおいを嗅ぎ取る。高級カップケーキが高い利益率で売れるのであれば、理屈のわかる起業家なら潜在需要に商機を見いだし、高級カップケーキの店を開くだろう。

企業自体に確固としたキャシェが付与されている場合は自らトレンドを始めることも可能だが、全体的に見れば自前のアイディアよりも借り物のイノヴェーションのほうが望ましい。ツイストが人気のダンスとして成功したのは、黒人文化と若者文化の両方の草の根レヴェルの流行を利用したからだ[106]。冷戦期、旧東ドイツ政府は西側のロックンロールダンスに代わる〈リプシ〉を作ったが、誰も見向きもしなかった[107]。そういうわけで各企業はイノヴェーターとアーリーアダプターを開発研究所と見なし、本格化しそうな慣習を何でもかんでも模倣する。『ザ・マニュアル』はこう説く。若いミュージシャンは独力で新しいサウンドを創造し――たとえるなら〝青々と波打つトウモロコシ畑のように〟――そして〝かなりへんてこりんな収穫機《コンバイン》〟がやってきて、丸々と実ったごくわずかなトウモロコシのみを刈り取っていって、それ以外のトウモロコシは歓声を上げ、そしてしおれて枯れていく。

極めて斬新な文化的イノヴェーションの多くを生み出すサブカルチャーと芸術家たちは、高度に記号化された複雑性を使って邪魔者を排除する。が、過度に排他的なセンスはビジネスにとって好ましくない。エヴェリット・ロジャーズはこう結論づけている。「社会システムの構成員によって知覚される イノヴェーションの複雑性は、その採用速度と負の相関がある」[108] 新たな慣習を、それを生み出した集団を越えて拡散させるためには、その発想を簡略化しなければならない。[109] 話題のニュースタイルやトレンディな製品の簡略版を作ることで、企業はその目新しさを保ちつつ消費者が既存の規範を破る必要性を下げることができる。
多くの場合、イノヴェーションの簡略化はあらかじめマスメディアがやってくれる。一九五〇年代末、ギャラリーや街角で繰り広げられる難解な演劇的作品を、パフォーマンスアーティストのアラン・カプローが〈ハプニング（Happening）〉と命名した。しかしメディアはこの言葉を難解さとはあまり縁のない行事、たとえばクレイジーな大パーティー、プロモーション用の仕掛け、水泳プールでのファッションショーといったイヴェントに使うようになり、[110] 一九六七年にはザ・シュープリームスが「The Happening（邦題「恋にご用心」）」をリリースするまでにいたった。ヒップホップミュージックで初めて全米トップ40チャートにランクインした「ラッパーズ・ディライト」はアンダーグラウンドな黒人文化の産物ではなく、新興レコードレーベル〈シュガーヒル・レコーズ〉が作為的に制作した曲で、シックのヒット作「グッド・タイムス」のベースラインに乗せて黒人街の若者たちに別のアーティストの歌詞《ライム》を歌わせたものだった。[111]
アーリーアダプターとアーリーマジョリティのあいだの大きな隔たりを越えるためにイノヴェーションを再構成すると、本来の姿から大きくかけ離れてしまうこともある。しかし企業側としてはオリジナルと同じものとして販売することが重要だ。エレクトロニックミュージックは前衛的なテクノフューチャリズムとして始まったが、数十年後にアメリカで〈エレクトロニック・ダンス・ミュージック《EDM》〉という、ラスヴェガスの巨大クラブでDJがオーディエンスにケーキを投げつけながらセンセーショナルでスリリングなサウンドを奏でるジャンルとなって花開いた。[112] こうした簡略化されたイノヴェーションが儲かる商品として定着すると、二流三流の企業もより安価かつ低品質のヴァージョンを製造するようになる。シルクの代わりに化学繊維のレーヨンで作られたドレスが一九四〇年代に出現すると、[113] より多くの女性たちがハリウッドスターのような装いができるようになった。十八世紀初頭、イギリスのエリート層はジュネヴァというオランダ産の酒を愛飲していたが、イギリスの蒸留所はこの酒に似せた粗悪な安酒の大量生産に着手し、それがジンと呼ばれるようになった。[114] ランウェイコレクションを手早くコピーして、ワンシーズン着ればおしまいの安価な服として市場に出している現在の巨大なファストファッション産業も、同じ原則に沿って活動している。

大衆消費層もそれなりの品質基準を有しているのかもしれないが、大体においてエリート層のそれよりも低い。しかしヒット作には品質以上に重要な要素がある。『ヒットの設計図』でデレク・トンプソンが結論づけているとおり、「コンテンツが〝王〟なら、流通は〝王国〟[115]」なのだ。ヒットしそうな大衆受けする曲はごまんとあるのだろうが、ヒットするために欠かせない広範な販売網を得られるのはほんのわずかだ。[116] 無限にある商品やサーヴィスのなかから消費者に選んでもらうためには、企業側は自社が用意する選択肢を高価値かつ合理的で、しかも簡単に入手可能なものとして市場に出さなければならない。この作業は物的流通（物流）、つまり実際の製品を店頭に並べ、購入できる状態にするところから始まる。利益率が低い業態である食料品店や映画館やドラッグストアは陳列できる棚が限られているため、大きな売り上げが見込める商品しか置かない。アーリーマジョリティ以上に保守的でリスク回避志向の強い、この流通の〝門番〟を企業側は味方につけなければならない。[117] 情報の流通、[118] つまり宣伝もここにかかわってくる。マスメディアの節で見たように、面白そうな何かが存在するという情報を知らなければアダプターは生まれない。宣伝が重要なことは、流通経路を確保するためなら企業はいかがわしい手に出ることからわかる。音楽産業の業界人たちは、昔からラジオDJにリベートを渡して自社の曲を流してもらってきた。ビリー・ジョエルを見いだした音楽プロデューサーのアーティ・リップもこう認めている。「ぼくだってホテルのワンフロアを貸し切って、DJが泊まるすべての客室に女性を送り込もうと思えばできますよ」[119]
広告は、とくにアーリーアダプターを獲得するための重要な宣伝形態だ。広告は誘惑的なイメージや言葉を使って商品に高いステイタス価値を植えつけようとする。[120]そのやり方はいつもさりげないとはかぎらない。一九二七年、コーテックス社は自社の生理用ナプキンは〝育ちのよい女性の十人に八人[121]〟が使っていると潜在的消費者にアピールした。アーリーマジョリティ向けの広告では、企業側は自社製品が社会規範に沿ったものであるという含みを出さなければならない――もしくは新たな規範の提案をするかだ。一九五〇年代、アメリカの自動車産業はミドルクラスの消費者にさらに車を買わせるべく〈一家に二台〉キャンペーン[122]を展開した。一九五六年にシボレーは、二台の自家用車のまえで揃ってバーベキューをするミドルクラスの家族の写真に「別々に行っても、これまで以上に家族仲よし」というキャッチフレーズを添えた広告を打った。この架空の基準はすぐに現実のものとなった。[123]一九六〇年にはアメリカの家庭の二十一・五三パーセントが二台以上の車を所有し、十年後には三十四・八三パーセントになった。
大半の慣習は有形財が販売される過程で展開していくので、文化のエコシステムにとって商業市場は重要な存在だ。したがって、生産のロジックが商品の性質をかたちづくるのであれば、企業側はわたしたちのセンスを変え、ひいてはより広範な文化を変えてしまうということになる。ピエール・ブルデューはこう結論づけている。「各々の生産の場によって提供された生産物の世界が、ある一定の時期において客観的に可能な（美的、倫理的、政治的などの）さまざまな経験形式の世界を事実上限定してしまう傾向がある」[124] しかしこれは一方通行のシステムではない。そもそも成功するためには、企業側は顧客のステイタスのニーズに応える商品を作らなければならない。生産のロジックはイノヴェーションを簡略化するが、それによって製造コストを削減するだけでなく、元々のイノヴェーションを既成の慣習により適合するものにする。慣習の商品化が及ぼす全体的な効果は保守的なものだ。急進的な部分を削除した簡略版イノヴェーションを、オリジナルどおりだと言い張って大衆に提供するのだから。そしてついには価格、情報コスト、入手困難性、難解なセンスといったシグナリング・コストがほぼゼロになることで、革新的だったものが〝万人のもの〟となっていく。

大衆文化《マスカルチャー》

チョコレートは西洋文明に居場所を見つけた。ラッセルストーヴァーのボンボン、キャドバリーのクレームエッグズ、そしてひと口サイズのベビールースがぎっしりと詰まったハート形の箱、それとアドヴェント・カレンダーがないクリスマスなど想像できるだろうか？　チョコレートは大衆文化なのだ。食べない人間などほとんどいない。しかしショートボードや紫色の衣服やカップケーキと同じく、チョコレートも最初はエリート層の慣習として登場した。コロンブス以前のメキシコのアステカ王国では、チョコレートは王族と勇敢な戦士たちだけの〝飲み物〟だった。[125] ヨーロッパの征服者たちがこの慣習を身につけて本国に持ち帰ると、たちまちのうちに王侯貴族のあいだに広まり、銀製のポットで供されるホットチョコレートを毎日飲む習慣が定着した。そして十七世紀半ばには眼に見えてわかる〝贅沢の証し[126]〟となった。一六四〇年にスペインで捧げられた『チョコレートへの賛辞[127]』には

「チョコレートを飲むのは教養人。食べるのは金持ち。無知で貧しき者は、この偉大なるものが戸口から入ってくることを許さない。黄金の碗に盛られて王たちに供されるチョコレートを、王族と諸侯が食し、高貴な廷臣もそれに与かる。哀れな者たちや平民はその輪には入れない」とある。十八世紀のイギリスでは、騎士号を授与されると一ポンド（四五三グラム）のチョコレートも授けられた[128]。

アフリカとアジアでのカカオ豆の栽培が拡大するにつれ、ホットチョコレートはようやく中流階級の——少なくともコーヒーの四倍の値段[129]を平気で出せる人々の——手に届くようになった。チョコレートの拡大はさらに続いた。固形のミルクチョコレートが開発されたことにより大量生産が可能になり、梱包されて広く流通するようになった。十九世紀にネスレとキャドバリーとハーシーというチョコレート帝国[130]が成立すると、世界中の何百何千万もの人々が頻繁に口にするようになった。それでもチョコレートは長きにわたって繁栄の象徴でありつづけた。ロアルド・ダールの小説で映画化もされた『チョコレート工場の秘密（映画版は『チャーリーとチョコレート工場』）』で、主人公の少年でキャベツのスープを常食にしているチャーリー・バケットは、ショーウィンドウに〝わんさと積まれている大きな板チョコ[131]〟を見てよだれを垂らし、〝ポケットからクリーム入りの板チョコを取り出してむしゃむしゃと食べる〟ほかの子どもたちを見て溜め息を漏らす。終戦直後の荒廃した日本では、かなり多くの子どもたちはジープから投げられるチョコレートからアメリカ人の気前のよさを初めて知り、最初に憶えた英語のフレーズは「ギブ・ミー・チョコレート！[132]」だった。

チョコレートのようなエリート層の慣習は、いったいどのようにして大衆文化《マスカルチャー》として定着するのだろうか？　マルコム・グラッドウェルの『ティッピング・ポイント』やジョーナ・バーガーの『なぜ「あれ」は流行るのか？』のようなベストセラーでは、文化的トレンドは〝社会的伝染病〟のように作用し、アイディアや慣習を人から人へと指数関数的に拡散させ、ついには全人口を〝感染〟させてしまうとしている。[133]が、この考え方は人間の主体性を軽視しがちだ。わたしたちは慣習やアイディアの採用と放棄を選択し、その取捨判断をステイタス価値に基づいて行っている。そして伝染病のメタファーにはさらに大きな問題が潜んでいる——麻疹《はしか》はどれだけ大流行しても麻疹のままだが、文化的イノヴェーションはマスカルチャーになる過程で大きく姿を変える。チョコレートは大量生産され簡単に包装された手頃な価格の固形のミルクチョコレートにかたちを変え、そこでようやく世界中に広まった。流行のサイクルにマスメディアと大量生産が加わることで生じる簡略化は、すべての慣習の性質を時間の経過とともに変えていく。

　こうした変化はコストが高いであるとか記号的な複雑さのある慣習が、所得が低く保守的なアーリーマジョリティの支持を得るためには必要だ。広範囲に普及させるためにはシグナリング・コストを、とくに社会的リスクのコストをかなり低く抑えなければならない。時系列でどのようなことが起こるのかについては、これまで見てきたとおりだ——マスメディアが情報コストを下げ、各企業が大量生産することで価格を下げ、広く入手可能にする。そして高ステイタス層が最初に取り入れたという事実は、それを取り入れても社会規範を破るものではないことを示唆する。

　宣伝と物流網も、新たな慣習が一般的な知識になるために欠かせない〝反復〟の実現に役立つ。消費者の眼に頻繁に留まれば、新たな消費行動が大きくうながされる。いわゆる心理学でいうところの〈単純接触効果[134]〉だ。何かと繰り返し接触していると、その何かへの親しみが増すことは膨大な数の研究で証明されている。しかしこの分析では重要な要素が見落とされがちだ。単純接触効果が最も効果的なのは正当性が認められた慣習だ。宗教団体の法輪功は、舞踊公演『神龍』のために眼を惹く紫を基調にした大々的な広告キャンペーンを打ったが、この公演はアメリカの文化に大した影響を与えなかった。それとは対照的にラジオの『トップ40』は、リスナーがこの番組を権威ある音楽ヒットチャートとしてすでに認めているので単純接触効果が使える。

ある集団内の相当数が新しい慣習を受け容れると、そこに重力が発生する。そして惑星が重力圏に小天体を取り込むように、さらなるアダプターを惹きつける。普及プロセスのこの段階に達すると、慣習を取り入れる主たる動機は高いステイタスを得るための差異化から、普通のステイタスを得るための模倣に転じる。みんなやっているから自分もやる、つまり〈バンドワゴン効果[135]〉だ。しかし広く採用されると、それまで残っていたキャシェは失われてしまう。マスカルチャーの慣習は普通のステイタスしかシグナリングしない。しかし差異性の放棄は新たな利点をもたらす。人気のあるトレンドは、すべて〈社会的証明〔自分の判断よりも周囲の判断が正しいと思い込み、その後の行動を決めてしまう心理傾向〕[136]〉のおかげで低リスクが確約されている。ファンが五千万人もいるのだからエルヴィス・プレスリーを好きになっても別段おかしなことではない、ということだ。社会的証明は将来の保証すらもたらしてくれる。社会学者のジョージ・ホーマンズはこう説明する。「模倣する者が集団の慣習を順守し、その慣習がまちがったものであっても、その模倣者は何も失わない。彼も残りの構成員も一緒にまちがえただけであって、そこに敵意は生じない」

マスカルチャーは〈ネットワーク効果（外部性[137]）〉からも新たな力を得る。ある慣習を取り入れる人数が多いほど、他者との交流およびコミュニケーションにさらに役立つ。丸太投げ競技《ケーバートス》の観戦は差異化を図れるのかもしれないが、どうせ観るならペイトリオッツのゲームのほうが翌日のオフィスでの雑談に活かせる。マスカルチャーは連帯という喜びをもたらすのだ。ボードレールもこう述べている。

「人が群集のなかにいると喜びを感ずるのは、人間が数の増大を好むことの神秘的な表れである」[138]一九八五年にロンドンのウェンブリー・スタジアムで開催された〈ライヴ・エイド〉での七万二千人のクイーンの曲の大合唱には特別な力があった。そしてコミュニティの全員が取り入れると、その慣習はコミュニティのアイデンティティの強力なシンボルへと変貌する。ここは重要なポイントだ。
社会全体で一般化すると、イノヴェーションは臨界《クリティカル・マス》に達する。エヴェリット・ロジャーズはこう表現する。「クリティカル・マスは、社会システムの充分な数の人々がイノヴェーションを採用した結果、それ以降の採用速度が自己維持的になる点で生じる」[139]これは一過性のイノヴェーションが新たな基準となるだけでなく、それまでの慣習の価値が下げられ、さらには否定されることを意味する。普通のステイタスを得るには模倣が必要とされるのはここからだ。クリティカル・マスに達すると、かなり保守的なレイトマジョリティが登場する。一九七〇年代後半に古代エジプトのツタンカーメン王展が全米を巡回したとき、早いうちに鑑賞した人々にはキャシェが付与されたのかもしれない。しかししばらくすると、社会学者のオリン・クラップの言葉を借りれば〝ツタンカーメンをまだ見ていないと話についていけず、仲間はずれ感が否めない〟状態になった。[140]クリティカル・マス到達時における最も保守的なマジョリティの役割を考えると、グラッドウェルが言うところの転換点《ティッピング・ポイント》は、どうやらステイタスの境界値のようだ。[141]
イノヴェーションはクリティカル・マスに到達しないとマスカルチャーになれないのだろうか？社会全体の何パーセントに取り入れられたら〝大衆文化〟になるという明確な基準は存在しない。アメリカの一番人気のテレビ番組の視聴率を見ると、一九六〇年の『ガンスモーク』で二十パーセント、[142]二〇二〇年の『NCIS――ネイビー犯罪捜査班』ではたった三・八パーセントしかなかった。つまり実際の数字や比率などではなく、アダプター以外にも広く認識される必要があるということだ。誰もが『NCIS』を観ているわけではないが、大人気ドラマだということはほぼすべての人が知っている。さらに言えば、取り入れなかったら普通のステイタスが危うくなるほど定着していなければならない。チョコレートがマスカルチャーなのは、それを食することが社会規範になっているからだ。
マスカルチャーの大半は〝部分採用〟的で、マジョリティは元々のイノヴェーションのほんの一部しか取り入れない。[143] スティーヴン・ホーキングの『ホーキング、宇宙を語る』はベストセラーになったが、そこに記されている〈クォーク閉じ込め〉や〈永遠のインフレーション仮説〉といった宇宙物理学の難解な概念が一般的な知識になることはなかった。[144] アーリーとレイトのふたつのマジョリティがエリート的な慣習、とくに芸術作品に直接携わろうとすると、多くの場合は不満をおぼえる。書評サイト〈Goodreads〉では、さまざまな文学賞を受賞した書籍の評価は時間の経過とともに下がる傾向にある。[145] バンドワゴン効果が作用して、複雑な構成の文学作品への耐性があまりない読者が集まってくるからだ。
イノヴェーションが社会で支配的な慣習になると、ロジャーズが示した五つのグループの最後、〈遅滞者《ラガード》〉も取り入れる――しかし、かなり受動的に。[146] 二十世紀初頭のある時点で、チョコレートは食べないわけにはいかないほどにごくごくあたりまえなものになった。こうした受動的な消費はメガヒットに必要不可欠だ。文化批評家のチャック・クロスターマンはこう指摘する。「『E.T.』のような大ヒット作は映画好きにアピールしても生まれない。映画を観るのは年に一回という人々にアピールしたら大ヒットになる」[147]
レイトアダプターは自分たちが取り入れた慣習の起源を知らない場合が多い。ウェスト・ヴィレッジでカップケーキを食べている観光客はガイドブックでマグノリア・ベーカリーを見つけただけで、『セックス・アンド・ザ・シティ』のあのエピソードを観たことはないのかもしれない。一九六〇年代、サーファーのフィル・エドワーズは乾きの早いナイロン製のスイムトランクスをハワイのメーカーに特別注文した。するとヒーローに憧れるアーリーアダプターのサーファーたちの模倣に拍車がかかった。しばらくすると衣料メーカーが大量生産し、何百万枚ものナイロン製スイムトランクスがサーフコミュニティを超えて流通した。「ニューヨーク州ユーティカ市の少年たちも、たちまちのうちに誰も彼も両サイドにコンペティション・ストライプが入ったスイムトランクスを買うようになった。フィル・エドワーズが何者かだなんて知りもしなかったのだが」[148]トム・ウルフはそう書いている。このトリクルダウンのケースでは最終的にひとり残らずエドワーズの真似をすることになったが、彼の真似をしていることを自覚していたのはステイタスの高い模倣者たちだけだった。

ラガードたちは得てしてステイタスが低い（〝遅滞者〟という呼称からして侮辱的だ[149]）。個人としてのラガードは文化とは常に波長が合わず、したがって社会資本に欠け、メディアからの情報摂取も貧弱で、そして人によっては基本的な社会規範を気にかけないことをうかがわせる。当然、このグループにかかわる慣習はどれもマイナスなステイタス価値を帯びている。ここまで見てきたように、アーリーマジョリティが手を出すようになったらエリート層はその慣習を放棄するが、不快な低ステイタスのグループが取り入れると全面的なパニックを起こす。差異化を気にかけ、非エリートたちと一緒くたにされることを恐れるアーリーアダプターは、ネガティヴなキャシェになどほとんど心を動かされない。一九九〇年代のイギリスで、労働者階級の若者たちがバーバリーをワードローブに取り入れるようになると、ミドルクラスはこの高級ブランドの代名詞であるベージュのタータンチェックを見るのも嫌になった。イギリス版〈ハーパーズバザー〉の編集長ジャスティン・ピカディは当時のことをこう述懐する。「バーバリーは大衆市場《ダウンマーケット》の色がつき過ぎてしまった。あの偉大なレガシーに、ちんけなファストファッションのくせにやたらと高いというイメージがついてしまった」[150]
ラガードの受容はトレンドを死に至らしめ、普及のプロセスの終了を意味する。そこまでの流れをイノヴェーションの拡散に何が必要なのかという点から振り返ってみると、指数関数的な〝ウイルス感染〟ではなく五つの社会現象が連続して生じていることがわかる。

一．差異化を図るために、高ステイタス層が新たな慣習を採用する。

二．上位ステイタス層に対する模倣のために、その慣習をアーリーアダプターが取り入れる。

三．形成されつつある社会規範に従うために、その慣習をアーリーマジョリティが手を加え、簡略化する。

四．普通のステイタスを維持するために、その慣習をレイトマジョリティも模倣する。

五．その慣習を、ラガードが無目的かつ受動的に取り入れる。


大半の慣習はキャシェを燃料として普及のプロセスから脱して社会規範となるが、それでもエリート層の行動のすべてがマスカルチャーに影響を及ぼしているわけではないし、その逆にすべてのマスカルチャーがエリート層の慣習から始まるわけでもない。保守的なマジョリティをターゲットにする新製品の普及のプロセスは、エリート層をすっ飛ばしてステイタス階層の中間から始まる。そしてすべてのヒット作の背後には、普及曲線のどこかで行き詰ってしまった無数の失敗作が存在する。しかるべき内容で産業面での支援も受けているトレンドであってもライヴァルを打ち負かさなければならない。ニューヨークでヒップホップが開花しつつあったのと同時期に、ワシントンDCではゴーゴーという別のブラックミュージックが人気を得つつあった。が、ボブ・マーリーを擁するレコードレーベルが後押ししたにもかかわらず、ゴーゴーが全米的な人気を得ることはなかった。[151]
最も重要なことは、トレンドは常にアダプターのクリティカル・マスを凌駕しているという点だ。わたしたちは普及したイノヴェーションをステイタス理論に基づいて〝解釈〟する。他集団に普及することはない高ステイタスの慣習は――多くの場合、普及しないのはシグナリング・コストがべらぼうに高いからだが――垂涎ものの贅沢と見なされる。芸術家たちは大衆的センスへの迎合を拒んでいることの証しとして〝敢えての人気のなさ〟[152]を自慢する。普及がアーリーアダプターで止まる高ステイタスの慣習はエリート文化の一部のままであり、社会経済的階層の底辺に位置する人々からの反感を買いがちだ。一九八四年、ファッションデザイナーのジャン＝ポール・ゴルチエは男性用の〝パンツスカート〟を世に出したが、ターゲットとした層には届かなかった。[153]が、パンツスカートが今でも流行に敏感な男性たちの共感を呼んでいるのだとしたら、果たしてそれは失敗だったのだろうか？その一方で、低ステイタス層から始まり、そこからトリクルアップすることのない慣習は――例としては人気長寿番組だった『ヒー・ホー〔カントリー音楽とコメディで構成されたバラエティ番組〕』の視聴は――マスカルチャーに成長するが、公の場で語られることはめったにない。
これらを総合すると、エリートの差異化に端を発しラガードの受動的な採用で終了する流行のサイクルは、個人のミクロレヴェルでのステイタスの追求がマクロレヴェルの文化的変化をもたらすことを如実に示している。そして非エリート層によるエリート層の模倣が可能であるかぎり、ステイタスの追求は絶えず文化を変えていく。

永久運動

トリクルダウンなど放っておけ。人類学者のグラント・マクラッケンはそう訴える。流行とは終わりのない〝鬼ごっこ〟[154]なのだから。ステイタスの低い各個人は高ステイタス層を追いかけるべくその慣習を真似し、エリート層は新たな慣習に逃げる。この逃避が新たな追跡を呼び、流行は永続的な文化的変化を生み出す。その原動力はステイタスだ。

すると流行は、終わりのない徒競走のようなものになる。[155]文化というコースを走るすべての走者はエリート層というゴールを目指している。徒競走なのだから逆走することもなければジグザグに走ることもない。しかし実際の徒競走とはちがい、流行にはゴールラインも最終目的地もない。[156]いつでも棄権していいのだが、勝ちたいのならばとにかく走りつづけるしかない。だからこそ流行は、ややもすれば進化の対極にあるもの、もしくは敵だと見なされるのだ。ソースタイン・ヴェブレンもこう記している。「これまで多くの年月にわたって衣服に工夫が凝らされ努力が払われてきたのだから、ファッションは永遠の芸術的理想にかぎりなく近い完成や安定を達してしかるべきだ[157]」しかし達していないし、達することもない。なぜなら流行のサイクルは差異化の必要性と結びついているからだ。

文化の徒競走では、低ステイタス集団は慣習だけでは上位ステイタス集団に追いつくことはできない。大衆が接近してくるなり、エリート層はペースを上げて逃げを図り、そして新たな手段を講じて社会的距離を作る。ここが流行の一番の負の側面だ。レースなのだから勝敗があり、勝利を収めたセンスは実力が備わっているからこそ勝てたのだということにもなり得る。たまにダークホースが現れてレースが混乱することもあるが、低ステイタス層が集団として流行のレースを制することはない。ボードリヤールは「流行は文化的不平等と社会的差別を復活させ、撤廃すると見せかけて基礎固めする」[158]と指摘する。絶え間なく生じる文化的変化が、根深い〈社会的慣性〔社会に根づいた文化や慣習が無反省に繰り返されること〕〉を見えなくしているのだ。生得的地位が根づいていた中世社会では権力構造は固定化され、個人が頑張れば地位を高めることができるという妄言など誰も信じていなかった。しかし動的な資本主義社会では、流行は地位を向上させることが可能な手段だと喧伝されるが、実際には既存の社会構造を正当化するためだけに機能している。

〝逃避〟という言葉には模倣されることへの憤りも込められている。実際のところ、自分たちの慣習の排他性をもっと簡単に保つことができれば、エリート層は金銭も時間もエネルギーも無駄に使わずに済むはずだ。しかしエリート層は不確かなイノヴェーションを取り入れたのは〝正しい〟判断だったことを繰り返し示し、自らの優越性を確立させる。[159]人類学者のサラ・ソーントンは、イギリスのダンスミュージックについての研究で「サブカルチャー的な音楽およびスタイルが独創的かつ革新的なものだということは、最終的に〝メインストリーム化〟することによってのみ証明される」[160]ことを知った。エリート層は流行に不満たらたらだが、実際には彼らの高い地位を正当化してくれるものなのだ。

つまり非エリート層にとって、模倣は無意味かつ非合理的な行為だということなのだろうか？　人間は毎年ごとに収入のかなりの部分を費やしてキャシェを追い求めているが、それで実際にステイタスが上がるわけでもない。おまけに慣習もかなり大きく変化するので、多くの人々は普通のステイタスを維持するためだけに新たな慣習を取り入れることになる。本当にステイタスを向上させたいのであれば、より安定した資産形態に資金と時間を再投資するほうがよっぽど合理的だ。ステイタスシンボルを獲得して使えば短期的には他者の眼を欺けるかもしれないが、そうした消費を継続的にやっているると中毒に近い状態になる。贅沢品がステイタス欲求を満たしてくれると思い込んだところで、結局のところ満たされつづけるにはさらに買うしかないと悟る。

その存在に賛否はあれど、流行は平等社会におけるステイタス構造の必然的な副産物だ。この環境下では、高ステイタスの慣習は〝心理的流通[161]〟のなかにあるとボードリヤールは説明する。ネロ帝が帝王紫の衣服を着る不埒者全員の財産を没収できるようになって初めて、エリート層の慣習はエリート層だけのものでありつづける。社会的平等という理想は一般大衆が触れてはならないものがあるという考え方を取り払い、資本主義は金で買えないものなど一切ないと断言する。大手メーカーがかつての贅沢品のコピー版を流通させると模倣は簡単になり、小売店を訪れたり〈今すぐ購入〉をクリックしたりすればできるようになる。一方、現代の風潮は伝統を軽んじる方向に流れ、慣習化しているあらゆる行動を新たに流行っているものに替えるようにせっついてくる。庭を新しくしたいなら庭木を引っこ抜いて別の木を植え直せばいいということだ。

流行のサイクルには構造的な起源が確かに存在するのだが、それでも流行が繰り返されるのは資本主義者たちの陰謀で、消費者にずっと買わせつづけるために、悪徳企業が嗜好の〝計画的陳腐化〟に取り組んでいるせいだと信じ込んでいる人は実に多い。ココ・シャネルですら「ファッションはファッショナブルにならないように作らなければならない[162]」と言い放っている。しかしファッション産業に流行のサイクルは必要ない。社会から隔絶された部族でも、〈GQ〉を定期購読していなくとも長年のうちに髪型は変わっていく[163]。社会学者のスタンリー・リーバーソンは、子どもにつける名前の人気度に明確な流行パターンがあることを発見した。子どもの命名に金がかかるわけでもなく、名前の選択に影響を及ぼそうとする企業も存在しない。そこからリーバーソンはより広い結論を導き出した。「デザイナー、メーカー、小売業者、広告主などは、経済的利益からわたしたちを変えさせようとする。が、そうした存在が流行を作りだしていると見なすのは大きなまちがいだ[164]」

しかしながらマスメディアと大手メーカーは直接確認できないうちにトレンドに眼を向けさせ、参加への障害を取り除くことで流行を加速させる。その結果、ほとんど知られていなかった慣習があっという間に広範な社会規範に変貌する。これを実現できるのは、各企業がステイタスを示すものを求める基本欲求を理解しているからだ。ところがマルクス主義者たちは、資本主義は〝虚偽の欲求[165]〟を創出し、資本家たちは実直な〝使用価値〟ではなく〝交換価値〟を追求していると訴える。この分析の欠点は、商品の主たる用途は社会的差異を示すことだとしているところだ。

こうした終わることのない流行のサイクルに内在する問題に駆り立てられ、多くの現代思想家たちは普遍的な機能性原則に基づいてデザインされた製品に解決策を見いだそうとした[166]。デザインは流行ではなく機能に従うべしという考え方にすがったのだ。しかしこれもまた問題を解決できなかった。機能主義そのものが流行りのトレンドとなり、多くの場合は以前と変わらず恣意的な製品が生み出された。雨漏りがひどく、冬には建物を潰さんばかりの大量の雪が積もるモダニズム建築の平屋根はその一例だ[167]。同じように、わたしたちは〝いつまでも色あせない〟ファッションスタイルを見いだしたいと願っているが、この基準もまた文化の流れのなかで浮き沈みがある。わたしたちは最適かつ効率的な生活を求めるが、それでもステイタス価値は常に一部の慣習をほかより魅力的に見せる。そしてエリート層が自分たちの慣習を共有したがらないままだと、流行のサイクルは際限なく続くだろう。

しかしながら流行にも利点は少ないながらもいくつかある。電気自動車《EV》であれスマートフォンであれ、有用な科学技術の普及はステイタスの追求欲求が加速させる。流行のプロセスは時代とともに文化の大衆化も進めてきた。芸術とエリート向け商品のキッチュ版を各企業がオリジナル版と同じものだと称して販売すると、大衆消費者はそれを買えば自分たちも上層と同じぐらい洗練されると考えるようになる。かくしてキッチュの美的価値は幅広く信用されるようになる。十九世紀フランスの政治思想家アレクシ・ド・トクヴィルは、大衆文化が力を増したことは民主主義がもたらした明白な結果だとし、こう述べた。「市民がより平等になり、より類似した存在になるにしたがって、あるひとりの人間や階級を盲目的に信用するような傾向は弱まっていく。その反対に、大衆を信じようとする傾向が増大していき、次第に世論が人々を導くようになっていく」[168]自分のお涙頂戴的な内容の曲に対するエリート層からの批判への反論を求められたとき、セリーヌ・ディオンは胸を張ってこう言い放った。「わたしたちのコンサートは四年間ソールドアウトが続いている。この観客数が答えよ」[169]この大衆の結束によってお高く留まった批評家たちの面目は潰れ、マスカルチャーを芸術としてもっと本格的に取り上げざるを得なくなった。一方の大衆側は、このエリートの屈服にプライドをさらに高めた。

文化のエコシステムの観点から見れば、キッチュはかなり重要なのかもしれない。フランスの情報科学者アブラアム・モルはこう指摘する。「ブルジョワ社会、そして一般に実力主義社会では、本物に到達するためには通常はキッチュを経なければならない」[170]大衆文化の大多数はイデオロギー的な複雑さを削ぎ落としている。それでも、とウンベルト・エーコは主張する。「安易に消費され得る作品にも革命と闘争の要素を見いだすことができる」[171]超大作スーパーヒーロー映画『ブラックパンサー』は、BBCの眼には〝黒人を描いた映画〟として大成功した〝革命的〟なものと映った[172]。にわかには信じられないかもしれないが、マスカルチャーの最悪の部分は新機軸の発明をうながす要因として重要だ。露出過多で陳腐な慣習はスタイル上の反逆を正当化し、結果として文化は活力を取り戻すのだ。

　こうして見ると、マスカルチャーは民衆の声《ウォークス・ポプリー》をしっかりと具現化したもののように思えるかもしれない。が、そう断じるべきではない。たしかに文化産業は〝いいモノは売れ、悪いモノは売れない〟という実力主義的な市場を推し進めている。しかし実に多くの消費者が、本質的な品質ではなくステイタス価値に基づいて商品やサーヴィスを取り入れている。マジョリティは、自分たちの消費者選択に満足感をおぼえているように見える[173]——理想的ではないにしても、満足だと思えるものに落ち着いている。そして単に他者も消費しているからという理由で各個人が消費しているのであれば、品質の疑わしいでたらめなものが大ヒット商品として市場に台頭するという、いわゆる〈累積的優位[174]〉が生じてしまう。大多数が他者と同じものを消費したがるという原則を如実に示すのであれば、マスカルチャーとは消費者マインドを映す〝鏡〟でしかないのかもしれない。

　とはいえ、こうした社会的圧力は往々にして複雑さをうながす方向に作用することもある。世界では口当たりのいいピルスナーがあたりまえだとするビールの〝目利き〟たちは、長きにわたってアメリカ人のビールの好みを嘲笑ってきた。〈バドライト〉の国に深みのあるポップの香りを追求するセンスなどないと言い募っていた。ところが二〇〇〇年代に入ると、苦味があり風味豊かなインディアン・ペールエール《IPA》を醸造する独立系ビールメーカーが堅固な市場を創出し、その味がメインストリームにトリクルダウンしてきた。クラフトビールのパイオニアであるバラストポイント社の〈スカルピンIPA〉は、かつては〝エリート〟のビールだったが、コロナなどを擁する大手のコンステレーション・ブランズに買収され、全米のスーパーマーケットで買えるようになった[175]。結局のところアメリカ人もステイタス価値を求めるがゆえにビールの味の好みを変えたのだとしたら、彼らの嗜好の根底にあるものは何を示しているのだろうか？　嗜好とは、どんな時代でも実に融通無碍なものだということを流行は明らかにする。それもこれも、慣習は恣意的なものであり、そしてステイタスは嗜好をあっさりと変えることができるからだ。

§

人々をある恣意的な行動から別の行動へと移動させ、そうする理由にしてもエリート層の差異化と社会との調和以外は見られない流行のサイクルは、時間とエネルギーの無駄遣いのように思える。人々が模倣に突き進むのは自身のステイタスを向上させたいからだが、それは妄想であり、実際には既存の社会階層を強化させるだけだ。一方、天才的な新機軸は普及の過程で複雑さをむしり取られ、キッチュとして大量生産される。
こうした批判があるにせよ、ステイタスを原動力とする流行は変化をもたらす信頼性の高いエンジンだった。人類はブームと流行の目まぐるしいサイクルを何世紀にもわたって繰り返し、そのなかで途轍もなく多様なモノやスタイルや新たな行動様式を考案し、そして享受してきた。その多くは現在でも堪能できる。多くの素晴らしい芸術作品もそこに含まれるが、刺激的かつ巧みなキッチュもある。そうした無限にある多種多様な慣習を駆使し、わたしたちは個人として独自のペルソナを作り上げてきた。芸術家たちは、拡大を続けるシンボルの宝庫から新発想を引き出すことができる。そして多様性の幅も広がりつづけ、それが差異そのものに対する寛容性の拡大にもつながる。

前世紀において最も顕著な文化的変化は、その原因をステイタスに求めると最もよく理解できる。これもまた流行が明らかにしてくれる。しかしステイタスが力を及ぼすのは慣習から別の慣習への移動だけではない。特定の慣習を社会に根づかせることで静止状態も作り出せるのだ。

第9章　歴史と連続性

決して廃れることのないボタンダウンカラー、一度死に絶えたのちに甦った五〇年代のドゥーワップ。

歴史的価値

一九五〇年代、コネティカット州ニューケイナンの画家ヴァージニア・パッカード[1]（本書に何度か登場する社会評論家ヴァンス・パッカードの妻だ）のもとには、子どもの肖像画を描いてほしいという市《まち》の裕福な家庭からの依頼が安定して舞い込んでいた。そうした絵の最終チェックは親がやる場合が多かったが、名門寄宿学校に通う、ある十七歳の青年を描いたとき、パッカードはモデル本人から注文をつけられた。白いドレスシャツにノーネクタイという自分の肖像画を見て、青年は戸惑い顔を見せた。しばらくやり取りしたのちに、青年はようやく懸念の元を打ち明けた――シャツの襟先にボタンがついていなかったのだ。当時のニューイングランドの名門私立進学校《プレップスクール》の生徒たちは、全員ボタンダウンカラーのオックスフォードシャツを着ていた。そしてその青年は、口にするのもはばかれるほどセンスのない自分の装いを、市《まち》の画家が肖像画というかたちでのちのちまで残そうとしていることに憮然としていたのだ。

このシャツの装飾については、現在の男性ティーンエイジャーたちはもうそんなにこだわっていないのかもしれない。それでもこの七十年ほど前のエピソードはボタンダウンの歴史を繙《ひもと》かなくとも理解することは可能だ。これが髪粉をつけたかつら《ウィッグ》や膝丈のズボン《ブリーチズ》、もしくはディッキーズのワークパンツならそう簡単にはいかないだろうが。二十一世紀になっても、男性どころか女性もこのシャツを着ている。事実、二〇一三年の〈GQ〉の記事によれば、ボタンダウンカラーのシャツは〝ネイビーブレザーとブルージーンズとペニーローファーに並ぶ、アメリカのファッションスタイルの礎《いしずえ》となる、極めて重要な一枚〟[2]なのだ。ボタンダウンシャツは一九五〇年代ファッションの象徴などではない。特定の時代では語れない不朽のファッションアイテムだ。高級ブティックから堅物学生が暮らす男子寮の床、そして郊外住宅街に暮らすダサいオヤジたちのクローゼットに至るまで、ボタンダウンシャツはありとあらゆる場所に見いだすことができる。

前章では、ステイタスを追求することで新しい慣習がどのように社会内で動いていくのかを説明した。しかしながら、いつ、どんな時代であっても、文化とは最新の流行を集積したものに留まらない――古いものと新しいもの、動的なものと静的なもの、薄っぺらいものと深みのあるもの、無意識的なものと意識的なものが折り重なって堆積したものなのだ。[3] わたしたちは最新の流行に一斉に飛びつくが、その一方で大昔の人々が作り出した言葉を話し、築数世紀の建物で暮らしたり働いたりし、長いあいだ埋もれていた賢者の格言を引用する。が、そうした慣習すべてを等しく尊重しているわけではない。習慣と伝統は流行やブームよりも重みがある。ボタンダウンカラーのオックスフォードシャツはハードロックカフェのTシャツ以上に古くから信頼できるシグナルでありつづけている。ライフスタイルを自由に選べるハイパーグローバル化した世界であっても、わたしたちは伝統に根ざした文化を愛してやまない。東アジアでもフランスパンが人気を博しているが、[4] それでもこの地域の主食はコメのままだ。

廃れずに残る慣習が優位に立つには、時間が文化的価値を高める役割を果たさなければならない。この原則は、ボタンダウンカラーのシャツのような不朽のスタイルも最初は流行として登場し、[5] その後は標準的な流行のサイクルを経たことを理解すればより明確になる。ボタンダウンシャツは、ニューヨークの老舗紳士服店ブルックスブラザーズが一八九〇年代にイギリスのポロ競技のユニフォームを真似て売り出したものを起源とする。ポロの選手たちは、シャツの柔らかい襟が試合中にひらひらしないようにボタンで身頃に縫いつけていた。このスタイルはアメリカの上流階級の大学生たちのあいだで流行ったが、結局は廃れてしまった。〈メンズウェア〉誌は一九二八年に「ボタンダウンは〝ほとんど見当たらない〟ものだった」[6] と記している。ところが第二次世界大戦が終結し、戦前と同じ大学生活が戻ってくるとボタンダウンシャツも戻ってきた。そこからこのスタイルはさらなる浮き沈みを経験した。ヒッピーたちが跋扈した六〇年代末にまた廃れたかと思うと、八〇年代初頭のプレッピーブームでまた大流行りした。アメリカントラッドがグローバルなファッショントレンドとなった二〇〇〇年代、今度はこのスタイルに必要不可欠なアイテムとして再台頭した。二〇一〇年代後半の上海に腐るほどいた野心溢れる若き資本主義者たちは、トム・ブラウンがデザインした、腰のあるオックスフォード地を使ったボタンダウンシャツで身を包んだ。

ボタンダウンシャツが人気を得たタイミングはトレンドの流行として説明可能だ。消費者は、イギリスのポロ競技の選手から旧有産階級《オールドマネー》、そして世界的に有名なニューヨークのファッションデザイナーに至るまで、さまざまなエリートたちのキャシェが付与されたアイテムを求めている。しかしボタンダウンシャツがアメリカ文化に定着しているのは、〈歴史的価値〉というもうひとつの特性が備わっていればこそなのだ。ステイタス価値はステイタスの高い個人および集団との記号的な関連から生じるが、それと同じように歴史的価値は過去との肯定的な記号的関連から生まれる。が、古ければどんなものにも歴史的価値があるというわけではない。人類学者のマイケル・トンプソンは、歴史的価値を決して持ち得ない〝一過性の〟物品と、持ち得る〝永続的な〟物品のちがいを指摘している。[7]本章では歴史的価値の源泉を探究し、ある慣習がどのようにして最初の流行サイクルを超えて永続することになるのかを見ていく。さらに重要なことも学ぶことになる——歴史的価値はステイタス価値と無関係ではなく、むしろステイタスはコミュニティの歴史を作り、そして何を記憶に留め、何を称賛するのかを決めるのだ。

歴史的価値をよりよく理解するために、まずは〈過去〉とは歴史家エリック・ホブズボームが言う〝無限に存在する、記憶されるもしくは記憶され得るもののなかの特定の選択範囲[8]〟だと認識するところから始めよう。つまり歴史とは広義には〝社会的に公認された過去〟であり、過去の経験を正確に映し出す鏡では決してないということだ。歴史は作られるものであり、[9]作る権利は万人に等しく与えられているわけではない。わたしたちの集合記憶は浅い。そこでステイタスの高い歴史家や記録家、ジャーナリスト、政治家、そして宗教指導者に頼り、その感動的な語り口で過去の極めて重大な瞬間を説明してもらっている。歴史とはわたしたちが自分自身について語る物語ではなく、ステイタスの高い、それなりの立場にある特定の個人が強調したい、長く記憶に留めたいと決め、選択した過去の瞬間の連続体なのだ。

歴史はすべての文明世界、とくに伝統的社会において大きな役割を果たしている。ホブズボームはこう記している。「おおよそ歴史のなかでわたしたちが扱う社会の過去は、基本的に現在の原型である」[11] 敬虔なユダヤ教超正統派とアーミッシュの人々は、何世紀にもわたる伝統に根ざした生活を今でも送っている。それとは対照的に、コスモポリタン社会の各個人は過去を取捨選択し、先入観に囚われた有害な慣習を、表面上はより実用的な同等の慣習に置き換えている。
極めて理性的な改革派にとっても、歴史は使い勝手のいい叡智の宝庫となっている。〝古き良き時代〟は〝人間研究所〟[12]のようなもので、その時期を詳細に調べると社会への提案が妥当なものかどうかわかってくる。アメリカの建国の父たちは、合衆国憲法の策定にあたって古代ギリシアの民主制とローマの共和制の失敗点を研究した。[13] 当然ながら、歴史の魅力は歴史そのものの機能だけに留まらない。古《いにしえ》の時には魔法と神話が備わっているのだ。何千ものアパレルブランドが眼を惹く色とあっと思わせるデザインの独創的な衣服で消費者を魅了した二〇二〇年、八〇年代初頭にダイアナ元妃が着用していたことで有名になった〝羊柄のセーター〟[14]のレプリカが二十四時間で完売した。
歴史的価値の魅力とは何だろう？　そのひとつ目は生存者バイアスがあるところだ。つまり現在まで廃れずに残っているものには、それが何であれより大きな本質的価値があるとされるということだ。たしかに安物のキッチュよりも高品質の贅沢品のほうが長く愛されがちだ。とくに芸術作品はその傾向が強い。哲学者のデイヴィッド・ヒュームはこう述べている。「真の天才は、その作品が長く愛されるほど、そしてより広く認知されるほど、心からの称賛を受ける。だからこそ二千年前にアテナイとローマの人々を愉しませたホメロスの作品は、今でもパリとロンドンで名作だとされているのだ」[15]
この原則は日常の行動にも適用される。同価値の別の慣習があるのに、何世代にもわたってそれを選んできたのであれば、その恣意的な慣習には続ける価値があるにちがいないとされる。

第5章の「オールドマネー」で見たように、古くからあるものは強力なシグナルを伝達する。宝くじの一等当選者は年代物のロールスロイスを買うことができるが、この車を〝昔から持っていた〟という名声はすぐに手に入れることはできない。またオールドマネーが好むことから古つや《パティナ》のあるものにはキャシェが付与されているので、実際にそうであれイメージ的にそうであれ、古いものにも歴史的なつながりを通じてステイタス価値が与えられる。国王が使っていたのだから、当然ルイ十四世の書き物机《ライティングデスク》は価値が高いが、それをロックフェラー家が所有していたとなればさらに価値は高いと見なされる。歴史的価値は真正性、つまり工芸品の出元と近しい関係を示唆するものでもある。バロック音楽は、現在の基準ピッチである四百四十ヘルツで調弦された楽器での演奏よりも、バロック時代の四百十五ヘルツで調弦された、[16]当時の楽器を使った録音のほうが人気がある。

しかし歴史的価値には、パティナやオールドマネーによるキャシェの付与や希少性だけに留まらないものがある。歴史的価値のある慣習は繰り返される傾向が強く、一般的な知識の拡散に役立つ。さらにいえば歴史的価値は社会的リスクに対する備えにもなる。長く続いている慣習はよく知られ、より定着し、将来もそのまま生きつづける可能性が高い。合理的な人間、とくに社会階層の中間に位置する保守的な人々は、シグナリングをする際に新しいものより古いものを使い、それによって古い慣習は存続しつづける。

歴史的価値のある慣習は、習慣や伝統や古典や各分野の〝正典〟といった、さまざまな形態を取って〝永続化〟する。

慣習と習慣はコミュニティ全体の無意識な行動のなかに内面化されている。[17]ステイタスについてここまで学んできたことからわかるとおり、エリート層の慣習は大衆文化《マスカルチャー》になる傾向が強く、これが習慣の下地となる。ホットチョコレートを飲むことはアステカとフランスの王族の嗜好と習慣を守りつづける行為だ。伝統とは、自分たちの祖先と心を通わせる意識的な連帯行為でもあるのだ。[18]保守的なコミュニティは伝統に基づいて意思決定を行う。一方、コスモポリタンは伝統に時折手を出す。毎日数分だけ祈りを捧げたり、毎週末に礼拝に参加したり、さまざまな聖日を毎年祝ったりする。あるいはライフスタイルの選択に伝統的要素を取り入れることもある。アフリカの伝統的でカラフルなプリント地のシャツを着たり、ダヴィデの星のペンダントトップを金のチェーンにあしらったり、アイリッシュダンスの教室に通ったりする。

高ステイタスの個人および集団はわたしたちの習慣に暗黙裡に影響を及ぼすのかもしれないが、伝統に対しては明確な影響を与える。伝統の中核をなす儀式は厳格な規則に基づいていて、形式化されている。わたしたちはコミュニティの指導者たちから〝正しい〟慣習を学び、その教えに従って慣習を守り、実行する。伝統を持たない集団では、多くの場合そのリーダーが伝統を創造したり復活させたりする。エリック・ホブズボームとテレンス・レンジャーは〝活動の正統化の担い手および集団の結合の凝固剤〟[19]として歴史を利用する一般的な慣習を説明するために〈創られた伝統〉という言葉を作った。現在のスコットランドには氏族《クラン》ごとのタータン（チェック）が存在するが、これは十八世紀後半の織物業界が、自分たちが作ったさまざまなタータンに高地地方《ハイランド》のクランや町の名前をつけたのが始まりだ。[20]歴史的な関係がないにもかかわらず、各クランの子孫たちはそうやって名づけられたタータンを自分たちの祖先とアイデンティティを示す独自の徴《しるし》として使うようになった。各企業も同じような手法を使って消費者トレンドを創造している。一九七〇年代、ケンタッキー《K》・フライド《F》・チキン《C》

は〃アメリカ人はクリスマスにフライドチキンを食べる〃という怪しげな説を唱える広告キャンペーンを日本で展開した。以来、クリスマスにKFCのクリスマスバーレルを食べることは日本の伝統となった。

革新者《イノヴェーター》は過去の前例を介し、常に自分たちの急進的な行動を正当化することができる。二十世紀の小説家たちは、革新的な内容にもかかわらず自著に聖書から引用したタイトルをつけたがった——スタインベックの『エデンの東』（創世記四章十六節）しかりヘミングウェイの『日はまた昇る』（コヘレトの言葉一章五節）しかりフォークナーの『アブサロム、アブサロム！』（サムエル記下十九章五節）しかりだ。シェイクスピアからの引用も多くみられる。こちらはナボコフの『青白い炎』（『アテネのタイモン』）やハクスリーの『すばらしい新世界』（『テンペスト』）、そしてデイヴィッド・フォスター・ウォレスの『Infinite Jest（素晴らしく奇抜な冗談）』（『ハムレット』）などだ。ダダの芸術家たちは自分たちの活動拠点をフランスの哲学者の名前にちなんで〈キャバレー・ヴォルテール〉と名づけ、一九七〇年代イギリスのポストパンクのバンドも〈キャバレー・ヴォルテール〉を名乗った。

一方、〈古典《クラシック》〉とは現代よりも過去との結びつきが強い〃時代を超越した〃選択肢のことだ。シンプルで丈の短いカクテルドレス《リトルブラックドレス》やコンバースの〈チャック・テイラー〉、そしてブルージーンズは〃これを着ておけば（履いて&穿いておけば）まちがいなし〃という不変の価値を得ている——同じものをステイタスの低い人々も取り入れているにもかかわらずにだ。ボタンダウンシャツが根強い人気を保っているのは、現代の都市郊外に暮らす男性の〃制服〃という負のステイタス価値を、マイルス・デイヴィスとケネディ《JFK》大統領のイメージが打ち消しているからだ。クラシカルな衣服の大半は富裕層の趣味から生まれたものだ。[21] たとえばカンカン帽《ボーターハット》や鹿撃ち帽《ディアストーカーキャップ》、ノーフォークジャケット、そしてラグビージャージは、すべて富裕層が昔からやっているスポーツを起源としている（その逆もまたしかりで、アメリカンフットボールのジャージやボクシング用のナイロントランクスは〝クラシカルな〟ワードローブではない）。同じ機能的な服でも金持ちが着ている古びた服（たとえばあせたオリーヴ色のワックスドコットンのレインジャケット）は実用的なテクノロジーを用いた服（たとえばゴアテックス製の真っ赤なパーカ）よりも〝上品〟だ。クラシカルなアイテムは必ずセンスがよくて流行り廃りはないとされ、リスクを嫌う中程度のステイタスの人々にとって納得のいく選択肢なのは、ひとえに歴史的価値のおかげなのだ。
こうした永続化した製品や芸術作品やスタイルは、すべて過去の文化的正典を構成するものだ。歴史的に見て重要であることと長期間にわたって高品質だと認識されているおかげで、現在も高い価値を保ちつづけている。〝正典〟という用語は、文学の分野で批評家や研究者が教本としての使用を推奨する書物を示す言葉として使い始めた。[22]未来の世代が過去の作品をすべて吸収することなど不可能なのだから正典は必要だと研究者たちは信じている。十九世紀に書かれた何万もの小説のうち、現在まで読み継がれているものは二百作程度しかない。[23]したがって正典は最高品質かつ最も影響力のある作品のガイドブックなのだ。ポップミュージックの世界では〈ローリング・ストーン〉の《歴代最高のアルバム500選》や〈ピッチフォーク・メディア〉の《ピッチフォーク500》がそれにあたる。
実際、批評の本来の責務は正典の編纂だと見ていい。映画評論家のアンソニー・オリヴァー・スコットはこう述べている。「およそ有史以来、批評は名作と伝統への崇拝と維持のために捧げられてきた」[24]
正典の編纂にあたり、研究者と批評家たちはそこに載せる作品を明記したリストを作成し、そうした作品に言及したり引用したりすることで社会に流通させつづける。芸術通覧は特定の芸術家や作品を選んで芸術のナラティヴを語り、正典を護っていく。〈野獣派《フォーヴィズム》〉はとっくの昔に途絶えた絵画運動だが、現代芸術の物語においては重要な存在であり、そのおかげでアンリ・マティスの作品は現在でも鑑賞され研究され、そして支持されている。正典に載った作品は読み継がれ、何度も言及されたり引用されたりし、世間一般に広く知られるようになり、新たなライヴァルに打ち勝てるだけの力を得る——そして重要視される。文芸評論家のバーバラ・H・スミスは、アンソロジーに収録された詩は「そのアンソロジーが読むべき本として何度も取り上げられたり、大学教授や研究者、批評家、詩人、さらには詩の世界の長老たちが頻繁に言及したり引用することでその名が広まるばかりか、作品の価値もそれなりに上がっていく」[25]と述べている。デイヴィッド・ヒュームがホメロスについて熱弁を振るうことができたのは、学者と歴史家たちが何世代にもわたって『イーリアス』と『オデュッセイア』を自分たちの教育内容の中心に据えていたからだ。

どの作品を正典に入れるのかは平等な討論の場で決められるわけではない。文芸評論家のハロルド・ブルームは、正典を作り上げていくのは〝支配的な社会集団、教育機関、批評界の伝統[26]〟だとしている。載せるに値する作品はどのようにして選ばれるのだろうか？ 芸術作品には芸術的価値を有し、連綿と続く芸術の物語をつなぐ役割が求められる。美的価値、つまり見た目の素晴らしさも重要だ。ハロルド・ブルームの見立てでは、最も選ばれやすいのは〝ほかとは馴染めない、もしくはわたしたちのほうを馴染ませて、おかしなものとは思わせない斬新な様式[27]〟だという。いずれの場合も、その作品は時代の基本的な慣習を超越し、先の時代の人々がそこから独自の価値を見いだせるようにしなければならない。シェイクスピアは正典に載っている作家の標準的な例だ。ブルームはこう述べる。「シェイクスピアは、葬り去られることも避けられることも別のものに取って代わられることも許さない」[28]正典には少ないながらも〝遺物〟[29]も収録されることもある。現代の人々の眼には美的レヴェルでは魅力的に映らないが、芸術の歴史のなかの重要な一瞬を象徴する作品がそれにあたる。アプトン・シンクレアの一九〇六年の小説『ジャングル』は、芝居がかったプロットと奇妙なテンポのプロパガンダ的な散文にもかかわらず、いまだに読まれ、議論されている。食肉業界の実態と劣悪な労働条件を告発したこの小説が連邦純粋食品・薬品法の成立に影響を与え、芸術には政治に直接訴えかける力があるという実例を明示しているからだ。

人気のある作品は世間の口に上りつづけることができるが、長きにわたって語られつづけるためには批判的評価のほうがさらに重要だ。批判的評価は正典をエリート層のセンス寄りにし、キッチュから距離を取らせる。文化批評家のチャック・クロスターマンはこう述べている。「われわれ(批評家)は低俗な文化をさらに掘り下げるようなことはしない。それで新たな愉しみが見つかるとも思えないのだから」[30]作家のダニエル・スティール[31]が執筆したロマンス小説は百九十作にもなり、ペーパーバックの総発行部数は、それを燃料にすれば大都市ひと冬分の暖房をまかなえるほどだ。しかし正典となっている現代の重要な小説とはちがい、彼女の作品の多くはウィキペディアのページがない。

時を経るにつれ、正典はわたしたちの眼を特定の芸術作品にばかり向けさせ、そのせいでそれ以外にも同等の作品が存在することすら忘れがちになる。一九六〇年代から八〇年代にかけて活躍したドキュメンタリー映画監督のエミール・デ・アントニオはこんなことをぼやいている。「ジョット以前の時代、チマブーエの時代にさかのぼれば、イタリアには何百何千という画家がいた。ところが今、そのなかの何人を知っている？　普通はほんのひと握りってところだよ。絵画に関心があれば五人、学者なら十五人ぐらいの名前を挙げることができるかもしれないけど、あとはみんな、ご当人同様にその作品のほうも死んでしまった画家ばかりじゃないか」[32]どのような記憶であっても、たとえある時代を生き抜いたとしても時間の経過とともに競争にさらされ、削られていく。十九世紀の行進曲《マーチ》の作曲者は、今ではたったひとりしか知られていないとクロスターマンは指摘している。ジョン・フィリップ・スーザ〔『雷神』『星条旗よ永遠なれ』など多くのマーチ曲を遺した作曲家〕以外は誰も喜ばない情報だ。[33]
正典の編纂者たちは〝個人および社会の向上、もしくは超越的な善[34]〟を目指して作業を進めていると信じているが、自分たちのステイタスの高いセンスにマッチする作品に偏って選んでしまうこともある。消費者の多数派であるロウワーミドルクラスと過度に結びついたスタイルは、それがどれほど重要なものであっても古典になることはめったにない。ポリエステルのダブルニット製のレジャースーツ[35]〔シャツのようなジャケットとボトムから構成されるカジュアルスーツ。ボトムはフレアパンツの場合が多かった〕は一九七〇年代の人々の日常のなかで強い存在感を放っていたが、今では失敗したファッションスタイルとしてのみ語り継がれている。[36]カナダのプログレッシブ・ロックバンド、ラッシュはその時代に大いに人気を博したが、同時代のパンクバンドのラモーンズとは対照的に、ポップミュージックの正典にその名が記されることはなかった。ジャーナリストでロック史に詳しいデイヴィッド・ウィーゲルはこう説明している。「ラッシュのコンサートに来るファンは好ましくないタイプのファンだった——嘲笑に値する音楽センスを持つ、嘲笑に値する人々だった」[37]正典の編纂で重要なのはセンスだ。なぜなら、評論家と編纂者たちは載せる作品を選ぶことで名声を得るからだ。彼らとしても、ネガティヴなキャシェが与えられた作品を受け容れたことを記録に残したくはない。
それでも、忘れ去られた人々にも希望は常に残されている。現代文化の最新の変化に対応するため、正典は毎年改訂される。ザ・ビートルズがポップミュージックのパラダイムを確立したとき、〈ローリング・ストーン〉は彼らの記念碑的なアルバム『サージェント・ペパーズ・ロンリー・ハーツ・クラブ・バンド』を〝史上最高の一枚〟だとした。[38]が、同誌は白人ロックアーティスト以外の作品の音楽への貢献をより知らしめるべく、二〇二〇年に《歴代最高のアルバム500選》を改訂した。[39]新たなランキングでは『サージェント・ペパーズ』は二十四位に順位を落とし、ソウルシンガーのマーヴィン・ゲイの代表作『ホワッツ・ゴーイング・オン』――コンテンポラリーミュージックの方向性により大きな影響を与えたアルバムなのはまちがいない――が頂点に立った。

ここ数十年、正典の倫理性、とくに過去の白人男性の作品を取り上げ過ぎてはいないかという点について活発な議論が交わされている。かつて上位文化《ハイカルチャー》に存在していた女性と非白人に対する偏見は、そうした人々の当時のキャリアを妨げたばかりか、その後も彼らの作品に対する批評家の関心を薄れさせてきた。この議論は些事に異様にこだわる杓子定規なものではない。正典に載る作品は社会の価値観を具現化したものであり、特定の慣習に不朽の価値があるものとする一方で、それ以外の慣習を廃れさせるのだから。正典は、その後のすべての芸術的判断の〝地平〟として機能する。[40]わたしたちは新しいものも古いものもすべて正典を試金石として評価する。[41]そんなわたしたちが陥っている状況を、クロスターマンはこのように表現している。「シェイクスピアがクリストファー・マーローよりもベン・ジョンソン〔どちらもシェイクスピアと同時代の劇作家〕よりも優れているのは、シェイクスピアはよりシェイクスピアらしいからだ。それが戯曲における偉大さを示す方法なのだ」[42]つい最近まで、ポップカルチャーの地平は六〇年代が作っていた。この年代の際立った作品への畏敬の念は、クラシックロック専門のラジオ局や過去への郷愁を誘うテレビ番組、そしてこの時代の苦悩と勝利を語るニュースドキュメンタリーのなかで生きつづけている。女性作曲家や黒人前衛芸術家、ネイティヴアメリカンの小説家といった芸術家を排除してきた過去の過ちは、その作品を今になって正典に加えたところで正すことはできない。しかし現在の判断基準を変え、現在不利な立場にある集団のクリエイターたちに、あなたたちの作品は正しく評価されると約束することはできる。
習慣、伝統、古典、そして正典の始まり方は、人類学者のマイケル・トンプソンが唱える〝永続性は本質的な物的特性ではなく社会体系によって付与される〟[43]という説を実証している。そしてわたしたちの社会体系では、ステイタスの高い集団は低い集団よりも格段に大きな影響を歴史に及ぼす。その結果、ステイタスの高いセンスのある慣習は低ステイタス層から生まれた慣習より永続的なものとなる。それ相応のステイタスを有する人々が何を歴史として残すのかを決め、歴史的価値のあるものはステイタス価値を高め、それがエリート層の高いステイタスを正当化する。「現在の経験は過去の知識に負うところが大きく、また、過去のイメージは一般に現在の社会秩序を正当化するように働く」[44]人類学者のポール・コナトンもこう述べている。
カール・マルクスを含め、その時代を生きる多くの人々の脳には、死んだ全世代の伝統が悪夢のようにのしかかっている。[45]現代思想家たちは過去という軛《くびき》から逃れる術をさまざまに提案し、ありとあらゆる慣習と伝統をより公平で合理的な行動に置き換えようとしてきた。ダダと未来派は正典からの完全解放を求めた。〝今を生きろ〟と説くポップは、今ここにあることに最も高い価値を置く。[46]
それでも歴史は生きつづける。過激なモダニストですら、反面教師としての歴史を必要としているのだから。反伝統主義は、不道徳な過去を指摘することによってのみ輝ける未来を約束することができる。愚かしい、もしくは害のある習慣を引き合いに出せば合理的行動の説得力も増す。さらに言えば、歴史についての深い造詣がなければ、人の営みにおける基本的な慣例は実証できない。イギリスの作家レズリー・ポールズ・ハートレイのことばを借りるなら、〝過去とは異国であり、その国の人々はまったくちがう生き方をしている〟[47]のだ。
モダニストたちの企てはおおむね功を奏し、今を生きるわたしたちはわりと合理的な生活を送っている。それでも歴史的価値は生きつづけていて、激動するグローバル市場で安定感のある錨として機能している。新しいモノが増えて溢れんばかりになると、多くの消費者は習慣や伝統や古典、そして正典に逃げ場を求める。その場かぎりのガラクタよりも長く生き永らえている逸品に心惹かれるのは人情だ。ロックバンドのフーティー・アンド・ザ・ブロウフィッシュはデビューアルバム『クラックド・リア・ビュー』で二千百万枚のセールスを記録したが、キャシェと評論家の支持を得られず、現世代が共有する音楽史から消えた。その一方で批評家の不興を買っても大衆の人気に押され、キッチュな作品が流通しつづけるという〝民衆の歴史〟の力もさらに大きくなっているように思える。クイーンも音楽通をうならせることはなかったが、彼らの代表曲「ウィ・ウィル・ロック・ユー」と「伝説のチャンピオン」はスポーツ競技の場のBGMとして第二の人生を歩んでいる。そして二〇一八年に公開されたこのバンドの伝記映画『ボヘミアン・ラプソディ』は賛否を呼んだが[48]、ここでもまた驚異的な人気を獲得し、その波に乗って独自のレガシーを築き上げた。それでも高ステイタス層の支持を得られなければ、人気のある芸術作品や慣習は一般的にそのファンと一緒に衰退していく。一九二五年のアメリカでは[49]F・スコット・フィッツジェラルドの『グレート・ギャツビー』よりもジーン・ストラトン＝ポーターの『The Keeper of the Bees』のほうがはるかに多く読まれていたが、現在の〈Goodreads〉のスコアでは『グレート・ギャツビー』のほうが千七百三倍も高い。[50]
しかし一過性の文化がすべて永遠に失われるわけではない。現在では、忘却の彼方に追いやられていたキッチュが正典さながらの重要性を得るようになる、〈レトロ・リヴァイヴァル〉という別の経路が用意されている。

レトロ・リバイバル

一九六八年四月、コロンビア大学はデモ隊と警察隊の戦場と化した。学生たちは昨夜のうちに割られた窓のガラスが朝になって歩道に落ちて砕け散る音と、ロウ記念図書館の玄関階段で響いている低い声が交ざり合った音を目覚まし代わりにしていた。[51] その月の終わり、警察は大学の管理棟を占拠していた何百人もの学生を、手荒な手段を行使して排除した。大学はその年度の最後のひと月の講義を中止した。卒業式はキャンパス内に配置された警官隊と式場から退出して抗議の意を示す学生たちという、またしても緊迫の場面となった。誰もが苦い思いを噛みしめていた。進歩的な学生たちは落胆し、保守派と運動部の学生たちは後学期を台無しにした長髪の連中をなじった。

コロンビア大学での学園紛争の流血の結末はヒッピー・ムーヴメントの暴力的転回を予見するものであり、事実その翌年には〈オルタモントの悲劇〔カリフォルニア州のオルタモント・スピードウェイで開催された音楽フェスで起こった殺人事件〕〉と〈マンソン・ファミリー〉による連続殺人事件が起こった。それでもコロンビア大学におけるムーヴメントの完敗は、その後の十年を特徴づける重要な美的感覚を生み出すことにもなった。紛争の最中、院生で歌手のジョージ・レナードは、ばらばらになっていた学生たちをひとつにまとめる際に、過去の音楽スタイルが役立つことに気づいた。レナードは学生ア・カペラグループのコロンビア・キングスメンを説得して、熱意溢れるフォークロックの時代でとっくに廃れていた古くさい音楽ジャンルのコンサートを催した——はつらつとした歌声の五十年代ポップスを演奏したのだ。これはオールディーズ専門のラジオ局が開局する以前の話だ。五十年代の記憶はすべての人々に残っていたとレナードは語る。「核爆弾に怯え、赤狩りの嵐が吹き荒れ、貪欲に金を稼いだ時代だった」〈キャンプ〉の美意識とアンディ・ウォーホルのポップアート、そしてS・H・ヒントンのヤングアダルト小説『アウトサイダー』に触発され、レナードは〈The Glory That Was Grease（栄光のグリース）〉と題した音楽イヴェントを企画した（グリースとは髪をアヒルの尻のようなポンパドゥールにまとめる油性整髪剤のことだ）。イヴェントのチラシはこう呼びかけていた。「運動部！ ヒッピーたち！ 予備役将校訓練団《ROTC》〔卒業後の軍入隊を前提とした課程を受講する奨学生たち〕！ 〈民主社会のための学生連合《SDS》〉！ 休戦しよう！ 武器は捨てよう（互いに使うのはね）！ みんなこぞって髪をグリースで固めて、八年生〔中学二年生〕の女の子をナンパしようと狙っていたあの頃のことを忘れたのか？」ニューヨーク中の大学生がコロンビア大学に集い、コロンビア・キングスメンのドゥーワップに耳を傾けた。〈栄光のグリース〉の成功に背中を押され、レナードは五〇年代テイストのヴォーカルグループ、シャ・ナ・ナを結成し、全米で人気を得た。

初期からのファンのなかにジミ・ヘンドリックスがいたシャ・ナ・ナは、ウッドストックのオープニングアクトを務めるにまで至った。この音楽フェスのドキュメンタリー映画で、シャ・ナ・ナは金ラメの衣装に身を包み、ダニー＆ザ・ジュニアーズの五七年のヒットナンバー「At the Hop（邦題「踊りに行こうよ」）」を世界中の観客に披露した。レナードたちのシャ・ナ・ナはドゥーワップの復活劇を招いただけではなかった。わたしたちが〝フィフティーズ〟と呼んでいる音楽を作り出したのもおそらく彼らだ。一九七二年、やはりフィフティーズを舞台にしたミュージカル『グリース』がブロードウェイで初演され、〈ライフ〉はその年の六月十六日発売号で、眼が向けられ始めた〝今よりハッピーだった〟十年についての特集を組んだ。翌年、ジョージ・ルーカスの映画『アメリカン・グラフィティ』が、やはり五〇年代の楽曲でノスタルジアを呼び起こし興行的に成功を収めた。この映画のヒットを受けてテレビドラマ『Happy Days（邦題は『全米人気№1！青春ロック！ハッピーデイズ』）』が制作され、長寿番組となった。このフィフティーズブームは、ロンドンではテディボーイのリバイバルとしてあらわれた。当時のロンドンを訪れたある日本人が[52]テッズのスタイルを東京に持ち帰り、そこから日本でもアメリカン・フィフティーズのブームが始まった。『グリース』はジョン・トラヴォルタとオリビア・ニュートン＝ジョン主演で一九七八年に映画化され、シャ・ナ・ナもシンジケート番組〔大手テレビネットワークを介さずに制作し、放送権を売る番組〕を始めた。総じて七〇年代とは、五〇年代について語る十年だった。

フィフティーズブームは〈レトロ〉と呼ばれる文化現象のわかりやすい例だ。音楽評論家で音楽史を研究しているサイモン・レイノルズによる定義では、レトロとは「ある時代に様式化された音楽、衣服、デザインへの自意識的なフェティシュが、模倣《パスティーシュ》と引用によって創造的に表現されたもの」[53]だ。習慣、伝統、古典、そして正典化された作品は連続した歴史的存続性を有するのに対し、レトロは歴史的〝復活〟を表現する。一過性の工芸品や慣習が突如として再評価されるのだ。忘れ去られた天才を再発見するハイカルチャーや、古《いにしえ》のギリシアとローマの黄金時代に執着したルネサンスとはちがい、レトロは最近の過去のキッチュを目新しい《ノヴェルティ》モノとして〝皮肉的に〟使用する。「レトロの感性は過去を理想化することも、その感傷にふけることもない。しかし過去に愉しみ、魅了されることを求めている」[54]レイノルズはそう記している。古典には不朽ともいえるキャシェを付与されているが、レトロは打ち棄てられた慣習に新たなステイタス価値を与える。シャ・ナ・ナが登場する以前、若者たちは五〇年代のヴォーカルポップを間抜けで恥ずかしい歌だと捉えていた。ザ・ビートルズやボブ・ディランのような〝本物の〟ポップミュージックが生まれる前の、ナンセンスな歌詞とシンプルなコード進行のくだらない歌ばかりだと考えていた。しかしシャ・ナ・ナが皮肉的に流用したことでドゥーワップはふたたび人気を得た。レトロは、過去が現在において新たな価値を見いだす手段を確立した。つまりはノスタルジアが巧みにイノヴェーションを装って流行のサイクルに姿を見せたものなのだ。

二十世紀のポップカルチャーの歴史はレトロ・リバイバル抜きには語れない。六〇年代のカウンターカルチャーは三〇年代のボニー&クライド的なギャング・ファッション[55]からナポレオン風の軍服まで、多種多彩な古いスタイルを幅広く取り入れた。先に述べたように、七〇年代の青少年たちは五〇年代のダンスパーティー《ソックホップ》のファッションを取り入れ、八〇年代の大学生たちはエディ・ブリケル&ニュー・ボヘミアン・バンドのようなネオ・ヒッピーバンドを支持してサイケデリック・リバイバルを煽りたてた。六〇年代末のガレージバンド、ザ・ストゥージズのサウンドを九〇年代になって新たに焼き直したものがグランジだ。そして二〇〇〇年代初頭ニューヨークのエレクトロクラッシュ・シーン〔八〇年代音楽を九〇年代後半のダンスミュージックで解釈・再構築したサウンド〕、そしてLCDサウンドシステムやザ・ラプチャーといったバンドは、七〇年代末のディスコミュージックやポストパンクやノー・ウェイヴ、そして八〇年代のシンセポップのサウンドを借用していた。

流行のサイクルにおいてレトロは必然的に生じる。詩人で劇作家のジャン・コクトーはこう論じている。「芸術は醜いものを生み出すが、その多くは時が経てば美しいものになる。一方、流行は美しいものを生み出すが、その多くは時が経てば醜いものになる」[56]流行のサイクルは、一時期は垂涎の的だったイノヴェーションが遅滞者《ラガード》の手に渡ったときに終了し、そうやってネガティヴなキャシェが付与されたかつてのイノヴェーションを、わたしたちの脳は〝醜いもの〟として解釈する。哲学者のヴァルター・ベンヤミンもこう記している。「それぞれの世代は、その直前の世代の流行を恐ろしいほど効き目の強い性欲抑制薬として経験する」[57]これはとくにキッチュについて言えることだ。人気の凋落を和らげてくれるありがたい特性は、キッチュにはほとんどない。

マイナスなイメージがついてしまったトレンドは誰からも見放され、忘れ去られてしまうこともある。そして負の記号的な結びつきが薄れると復活の準備が整う。慣習が〝流通と検討[58]〟のサイクルからはずれ、現代のアダプターとのつながりが失せてしまうと、イノヴェーターはその慣習を差異化の新たな手段として復活させることがある。アディダスのスニーカー〈カントリー〉は、都市郊外に暮らす〝田舎っペプレッピー[59]〟御用達のクロスカントリー用シューズとして一九七一年に発売された。しかし八七年になると郊外の文化から姿を消し、ニューヨークのヒップホップエリートたちが自分たちの文化に取り入れるようになった。

しかしレトロを最も象徴する事例は、古いスタイルを空っぽの容器として蘇らせるものではない。〝性欲抑制薬〟だとわかったうえでもてあそぶのだ。先に見たように、醜さは柵を立てる。サイモン・レイノルズは、レトロが支配的な感性と創造のパラダイムとして君臨しているのは、ポップにおけるハイブロウであるヒップスターの世界[60]だとしている。若者たちは限られた予算内で文化の柵を築く。バーゲン品の棚や古着屋、ガレージセール、そしてチャリティショップなどから、大人たちがぞっとするみっともなくて古いものを探し出す。若者が古いキッチュを好むのは、元々のアダプターと混同されることはないからだ。髪をピンクに染めてダサいボウリングジャケットを着たアートスクールの女学生が、本物のボウリングクラブのメンバーにまちがわれることはまずない。

過去のダサいものに対する逆転的評価は、ゲイコミュニティのキャンプ的美的感覚から始まったと見てまちがいない。キャンプは、古くさいキッチュを〝古くさいキッチュ〟として存分に愉しんでいた。この感性をアンディ・ウォーホルとポップアートが〝真っ当な〟ギャラリーと美術館、そして学問の場に持ち込んだ。〈ニューヨーク・タイムズ〉で芸術批評を担当していたヒルトン・クレーマーは、ポップアートは〝過去のいかなる悪趣味と俗悪性の顕示も再発掘を待つ〟[61]時代を拓いたと指摘した。こうした考え方は、皮肉としてのキッチュの評価がハイカルチャーに取り込まれると、シャ・ナ・ナのような実験者たちにトリクルダウンしていった。皮肉な復活を果たしたキッチュは商業市場に登場し、そしてレトロは世界共通の感性となった。

開発コストが極めて低いレトロはイノヴェーションの優れた供給源だ。一からの構築は困難かつ時間がかかるものだ。レトロは説明と説得を必要とせず、その場で〝新しい〟と感じられるものを提供してくれる。五〇年代にラジオを聴いて育った若者たちは、シャ・ナ・ナのジョークをたちまちのうちに理解した。個人レヴェルでは、自分たちが受け継いだもののなかの忘れられた部分が発掘され、ふたたび使われるようになると胸が躍るものだ。古い感情が呼び起こされ、喜びに満ちた懐かしさが湧き起ってくる。

過去が耐久性の高い有形財というかたちを取って生きつづけている現在にあって、再発見すべきアイテムはそれこそ星の数ほどある。記憶や大学の講義摘要《シラバス》のなかに残っている正典化された作品の背後には、ひとつあたり少なくとも百の忘れ去られた失敗作があり、歴史のごみ箱のなかで朽ち果てている。レトロが最も頻繁に登場する分野は音楽とファッションだが、それはどちらの産業もあっという間に流通が止まってしまう新製品をどんどん市場に送り込むからだ。

ヒップホップ初期に採用されたサンプリングは、より冒険的なサウンドをもたらしてくれると思われた――山とある〝ガラクタ同然〟のLPレコードのなかにある音楽の断片を、エキサイティングな新しい歌の一部にできる可能性を示しているのだから。ウォーレン・Gとネイト・ドッグは、誰も見向きもしなくなったマイケル・マクドナルドのソフトロックのシングル曲からグルーヴを借用して「レギュレイト」というヒップホップナンバーを仕立て上げ、ヒットを収めた。気の利いたサンプリングであれ昔懐かしのレトロであれ、使うなら失われた宝物よりも赤面もののアイテムのほうがいい。

文芸評論家のレナート・ポッジョーリはこう記している。「見識の深い歴史家および批評家ならば、独創性のない作品や凡庸または出来損ないの作品は、記念碑とはならずに生の記録でありつづけるからこそ、その時代の精神を鋭く、そして遠慮なく物語るものだということをわかっている」[62]レトロとは時代おくれの慣習を機械的に再現して過去の感情を伝える行為を称賛するものであって、過去の天才を称えることではないのだ。

サブカルチャーのスタイルと芸術に見られるように、クリエイティヴ・クラスはレトロなトレンドに全社会的なキャシェを与えるだけのステイタスを有している。グレン・オブライエンはこう説明している。「年代物のワインの樽の底に溜まっていた澱《おり》のようなものがふたたび流行し、金はないがスタイリッシュな若者たちに取り入れられ、その彼らもファッションデザイナーたちの眼に留まり、模倣される」[63]今やレトロは流行のサイクルに組み込まれている。その証拠に、ファッションデザイナーたちはさまざまな過去のファッションアイコンの写真やデザイン要素の切り抜きを貼りつけた〝イメージボード〟をコレクションのたびに作成し、企画を練っている。斬新なものをどんどん生み出さなければならない分野では、忘れ去られたアイディアを復活させたい誘惑に駆られるだろう。

二十世紀ではレトロ文化が至るところであたりまえのものになり、同じ流行が二十年から二十五年後という確かな周期で復活しているという事実は、〝歴史は繰り返す〟という古い格言を勢いづかせている。レトロにおけるこの繰り返しは予測可能かつ論理的な力の産物だ。レトロのサイクルは、ある集団におけるあるトレンドが最初の流行のサイクルを全うし、完全に棄て去られるまでに要する年月と結びついている。しかしレトロの場合は〝どちらかというと周期的なもの〟[64]がより正確な表現なのかもしれない。二回目の流行は決まって一回目よりも大げさでありながらも過激さに欠けるものになる。したがってレトロのトレンドもオリジナル並みに急進的なものになることなどあり得ない。真に過激なイノヴェーションは未知なるものへの恐怖を惹き起こし、そのレトロ・リバイバルは実に陳腐なかたちで醜いものになる。テディボーイズは戦後の保守的なイギリス社会における労働者階級の喧嘩っ早い不良青少年だったが、七〇年代のリバイバル版は週末の趣味としてテッズを演じる、おとなしい五〇年代音楽ファンの集団だった。パロディとキャンプにしても前回の流行の正確な再現ではなくワンパターンな解釈に走る。

　レトロは陳腐なものではあるが、それでも高ステイタス由来のバイアスがかかった習慣、伝統、古典、そして正典に対する有効な対抗策を授けてくれる。イギリスの頭の堅いエリート層はテッズの復活などどうでもよかったにちがいない。それでも七〇年代のテッズブームは全英の人気を博し、ドレープジャケットとブローセル・クリーパーはブリティッシュファッションの永遠の正典に掲載された。「テディボーイズのスタイルが一度かぎりのブームではなく、イギリス社会の不朽の要素という確固たる地位を築き上げたのは、七〇年代のテッズたちのおかげだ」[65]テディボーイズを研究しているレイ・フェリスとジュリアン・ロードはそう述べる。実際のところ、現在ではエドワード七世時代の本家本元のスタイルよりもテッズ版エドワーディアン・スタイルのほうが印象は強いのかもしれない。

しかしこれはレトロがそれなりに歪められ得ることを示している。あるファッションスタイルに対するわたしたちの記憶は、オリジナルのものよりそのリバイバルのほうを反映する傾向にある。リバイバル版テッズたちは、色あせたタブロイド紙にある先達たちの写真ではなく一九七三年の青春映画『マイウェイ・マイラヴ』に登場するリンゴ・スターの衣装を手本にした。[66]
レトロは未来の創造を妨げるものだという異議が申し立てられているが、それでもフィフティーズもテッズもフォークもサイケもパンクも、そして八〇年代《エイティーズ》リバイバルも多様化した現代文化で成功している。こうしたレトロ・リバイバルはわたしたちに過去の感性を憑依させ、一時的に流行った遺物の多くを心から愉しめる価値の高い物品に変えてきた。音楽評論家のイアン・マクドナルドはこう指摘する。「八〇年代後半のポップカルチャーでサイケデリック・ミュージックがリバイバルしたことで、ようやくザ・ビートルズのレコードは若い世代にとって感情的な意味を持つようになった」[67]レトロの本質は皮肉と冷笑であるにもかかわらず、過去のスタイルを見返すことで現代における人間の理解と経験はより多彩になる。過去が異国であるならば、レトロは使い勝手のいい旅券《パスポート》でありつづけている。

§

イギリスの服飾史研究家ジェイムズ・レーヴァーは一九三七年の名著『Taste and Fashion（センスと流行）』で、ある流行のファッションに対する評価が時間の経過とともにどのように変化するのかを図にしてまとめた。[68]

下品な	流行の 10 年前
破廉恥な	流行の 5 年前
型破りな	流行の 1 年前
かっこいい	流行時
野暮ったい	流行の 1 年後
ひどい	流行の 10 年後
馬鹿げた	流行の 20 年後
面白い	流行の 30 年後
趣のある	流行の 50 年後
魅力的な	流行の 70 年後
ロマンティックな	流行の 100 年後
美しい	流行の 150 年後

レーヴァーの分析は科学的見地ではなく皮肉を盛り込んだものなのだろうが、わたしたちの美的判断は常に時間的文脈のなかでなされるということを物語っている。レーヴァーの示す時間の間隔が不気味なほど正確なのは、それが普及プロセスの特定の一時期と――イノヴェーションがメインストリームの怒りを買うとき、キャシェを付与されるとき、ステイタス価値が下がったとき、歴史的価値が生じるときと――しっかり一致しているからだ。各ステージの流れはこれでほぼ決まっているのだろうが、各期間の長さについてはさまざまな流行のサイクルそれぞれで異なる。ファッションの流行は二十年から二十五年後に戻ってくると巷間言われているが、五〇年代のドゥーワップと、シャ・ナ・ナによるそのレ

トロなパロディは十年ほどの間隔しかあいていない。結局のところ、復活のタイミングはわたしたちがどれほど早く消費し、忘れ去ってしまうかで決まるのだ。六〇年代は所得の増大とテレビやラジオといった新しいテクノロジーの普及、そして親世代との差異化を希求する若い世代が極端に早い変化をもたらす条件を作り出し、続いて完全に棄て去られるまでに要する時間を短縮させた。六八年の時点で、五〇年代は遠い昔のように感じられた。次章で述べるように、現在はスタイル上の大きな変化が起こっていないので、時間の流れは遅く感じられる。

レーヴァーの示した図の裏にあるロジックを呑み込めば、文化《カルチャー》の大いなる謎の残るひとつ〈なぜわたしたちは時間の経過とともに行動を変えるのか？　どうして変わらない行動もあるのか？〉を解き明かすことができる。個人によるステイタスの追求は、流行という形態の急速な変化が生じる理由を説明する。ザ・ビートルズが髪型をポンパドゥールからモップトップに変え、彼らのファンの若者たちもそれに倣ったのはステイタスゆえのことだった。また、社会が記憶に残すものもステイタスが決める。かつては特権的な慣習だった習慣と、ステイタスの高い慣習の象徴とされていたものである伝統と、過去の英雄の象徴的なスタイルである古典と、批判的に称賛された芸術作品である正典を、時間をかけて取り込むことで歴史を作っていくのだ。六〇年代にザ・ビートルズによってキャシェを与えられたモップトップは、その十年のあいだに普及したばかりか、さらに時を経てクラシックなヘアスタイルとなった。つまりステイタスは誰が歴史を作るのかを決める役割を果たし、歴史は誰がステイタスを獲得するのかという役割を果たすのだ。

ところが現代において歴史は決して不変ではない。不朽の価値も実は不朽ではない。習慣は流行やブームよりもあてにはなるが、それでもパラダイムシフトが起これば多くの場合は価値を下げてしまう。各世代はそれぞれの青春時代に人気を博した芸術を過大評価し、歳を取って裕福になるとノスタルジアを乞い求め、ポップカルチャーを自分たち独自の感性に無理やり合わせようとする。

その存在には賛否両論あるものの、たしかに正典は過去の優れた文化に触れる機会を提供してくれる。最高の芸術作品は、喜びと共感をもたらす深みと〝異和感〟を、世代を問わず与える。哲学者で批評家のロラン・バルトはこう述べている。「ある作品が〝永遠〟であるのは、それがさまざまな人間にたったひとつの意味を課すからではなく、幾多の時代を貫いてつねにただひとつの象徴的な言語を語りつづけるたったひとりの人間にさまざまな意味を暗示するからだ。事を計るのは作品、事を行うのは人間なのである」[69] しかしこれが可能なのは、文化面のイノヴェーションが科学技術面のそれと同じものではないからだ。紆余曲折はあるかもしれないが、科学は時間をかけて前進していく。一方の文化とは恣意的なものであり、それはつまりわたしたちは常にある慣習から別のそれに乗り換えることも、さらに言えば以前のものに戻ることもできることも意味している。七〇年代の廃れたジャーマン・ディスコに愉しさを再発見することも、そのサビを使って新たな曲を創作することも可能だ。それとは対照的に、医学における四体液説や物理学のエーテル説といった旧時代の科学知識は実践面では役に立たない。歴史的価値が存在するのは、過去が現在における実用的な文化的指針になり得るからにほかならない。陳腐かつ退屈で腐敗した、あるいは退廃的な時代から逃げ出したいのなら、いつでも歴史をさかのぼってインスピレーションを求めることができる。そしてこれから述べるように、二十世紀に人々の多くはそれをやっていた。過去の文化に逃避することで、インターネット社会のとりとめもない混乱から解放されるのだ。

第4部　二十一世紀のステイタスと文化

第10章　インターネットの時代

バズって炎上、ルイ・ヴィトンとシュプリーム柄のフェラーリ、ロシアの僻地のインスタグラマー、酷評の謝罪と撤回、新旧の戦い、デジタル世界におけるステイタスのシグナリングと文化的イノヴェーション。

インターネット、バズり、そしてステイタス価値の下落

二〇一三年八月、わたしはバズった。その年の六月にリリースしたばかりの六枚目のアルバム『イーザス』の三曲目「アイ・アム・ア・ゴッド」で、カニエ・ウェストはパリのパン屋《ブーランジェリー》のやる気のなさについての憤懣をこうぶちまけた。「クソったれなフレンチレストランで／おれが頼んだろくでもないクロワッサンをとっとと持ってこい」わたしは電子出版プラットフォーム〈Medium〉に《フランスパン製造業協会からカニエ・ウェストへの公開質問状》と題した、クロワッサン作りにかかる時間をフランスのパン職人が説明するという設定のジョークを投稿した。「薄く伸ばしたパン生地を慎重に重ね、レシピどおりの割合で溶かしバターを塗り、そしてこの華奢なクロワッサンの種を日本の折り紙名人さながら正確さで丸め、折っていくのです」[1]〈フランスパン製造業協会〉なる団体が存在するのかって？　さあ、どうだろうか。ジョークのネタのひとつとしてこしらえただけだ。書き上げ

た投稿の文末に実名を書き添え、これがフランスパン製造業協会が出した本物の公開質問状ではなく皮肉として読んでもらえるようにした。

数週間後、消費者問題を扱うウェブサイト〈コンシューマリスト〉がわたしの投稿をファクトチェックし、フランスパン製造業協会が出した本物の公開質問状だと判断した。すると〈ハリウッド・リポーター〉誌が《フランスのパン職人たち、カニエ・ウェストをユーモアたっぷりにたしなめる》というタイトルの記事を載せ、それから堰を切ったように〈USトゥデイ〉も〈タイム〉も〈FOXニュース〉も〈ビルボード〉も〈トゥデイ〉も次々と報じた。ひと月後には〈ニューヨーカー〉までもメール取材をしてきたので、わたしは協会の住所をどうやってでっち上げたのかを説明して、あの〝公開質問状〟を書いたのは自分だと納得させなければならなかった。このメールによる取材記事はnewyorker.comに掲載され、この件はフェイクニュースの実例だと断定された。かくしてわたしの束の間のバズり体験は終わった。

これが十八歳のときのことだったら、自分の投稿がアメリカのマスメディアを多少なりともだまくらかし、何百万もの人々に（少なくとも見出しを）読まれ、しまいにはあの〈ニューヨーカー〉の記事になったことに（まあネット版ではあるが）有頂天になっていたところだ。が、このバズり体験が実生活に与えた影響は極めて小さいものだった。たしかに大きな注目を集め、ネットはざわめき立ったが、わたしはと言えばツイッターのフォロワーが五人増えた程度だった。そして誰も——親友たちや家族でさえも——この件の全体像を憶えてもいなければ口にすることもなく、気にもかけなかった。わたしが有料会員になっているサイトに投稿したジョークは、今では誰も憶えていない大量のホント半分ウソ半分の釣り記事《クリックベイト》もろとも、その日のニュースの竜巻に無作為に、そして誤って巻き上げられただけなのだ。

熱狂的に盛り上がり、瞬く間に潰える——バズるコンテンツの大半はこのパターンをたどる。これがセレブならバズることでさらなる人気を紡ぎ出すことができるが、一般人は自分の投稿が何千回シェアされても報酬も利益もほとんど得られない。ジャーナリストのピーター・ハンビーはこう指摘する。「ユーモア満点のバズりツイートには、どれもこれも〝うわっ、こんなにバズるとはね。ぜひ○○を買ってね〟という気の滅入るようなリプライがついていて、結局のところ〈いいね〉が十二しかつかない[2]（インフルエンサーに金を払ってバズるツイートを投稿させ、そのスレッドに詐欺まがいの広告を掲載する企業もある）[3]」

ポップカルチャーの短命性は今に始まったことではない。一九五五年から二〇〇五年にかけてヒットチャートにランクインしたミュージシャンのほぼ半数は〝一発屋《ワンヒットワンダー》〟[4]で終わっている。それでも動きが遅く規模も小さな市場では、ヒット作は何度も繰り返し登場し、たとえそれが恥ずかしいものであっても人々の記憶に残る。ワンヒットワンダーの代表格、ザ・ナックの「マイ・シャローナ」はカラオケの定番だし、結婚パーティーでシャンパンを何杯か飲めば、やはりワンヒットワンダーのロス・デル・リオの「恋のマカレナ」を踊ることもあるだろう。〈ペット・ロック〔七〇年代に流行った、ごく普通の石をペットとする遊び〕〉[5]はブームだったが、今では〝伝説的な〟ブームとされている。一方、バズるコンテンツが永続性を得て文化の一部になることはめったにない。バズるコンテンツは数秒だけわたしたちを愉しませ、季節はずれの大雪のようにたちまちのうちに消えてしまう。

おそらくこの非永続性がバズるコンテンツを二十一世紀を代表する文化形態にしているのだろう。膨大かつ深く特化した情報と物品が眼にも止まらぬ速さで流通し、商品も芸術作品も、そして慣習すらも社会に爪痕を残すことも歴史の進路を変えることもめったにない時代を象徴しているのかもしれない。〝バズり文化〟は深みも重みもなく、新しい感性もスタイルもほとんど生み出さない。それでもバズるコンテンツは〝本物の〟文化に似たところがある。わたしたちはMTVでミュージックヴィデオを観るように愚にもつかないネット動画を消費し、新聞の記事を読むようにツイッターを読み、寮の部屋の壁にポスターを貼るように、愛してやまない画像をピンタレストにピン留めする。インターネットには大きな期待が寄せられていた――無尽蔵のコンテンツが蓄積され、それらが無料で配分され、正典に収録される作品は幅広くなり、クリエイターの基盤は多様化し、より多くの人々がより素晴らしいものを作ろうとする、そんな世界をもたらしてくれるものだと考えられていた。しかしこうしたデジタル文化の〝大洪水〟は、多くの場合は〝旱魃〟と見なされると、映画評論家のアンソニー・オリヴァー・スコットは指摘する。[6]
悲観論者たちは〝文化の崩壊〟を口にする。[7] 9・11もイラク戦争もサブプライム住宅ローンの破綻による大不況も、破天荒で反体制的な芸術を刺激してくれる。[8] 多くの人々がそんな期待を抱いていた。しかしもたらされたものといえば〈エモ〉と〈スクリーモ〉〔エモは内面的な情緒・悲痛などをベースにしたロック、そこから発展したのが絶叫系のスクリーモ〕、『アメリカン・アイドル』、ガラクタだらけの〈マイ・スペース〉、セレブたちのゴシップニュースを二十四時間垂れ流す〈TMZ〉だった。二〇〇〇年代最高の興行成績を残した『アバター』は、誰もあまり憶えていない映画として記憶に残っている。グレン・オブライエンは二〇一一年にこう書いている。「今の時代には、別の時代に生きたいと思わせる何かがある」[9] アンダーグラウンドな文化がゆっくりと、確実にメインストリームに浸透していった二十世紀を生き抜いてきたオブライエンのような文化の目利きたちにとって、二〇〇〇年代は愉しい時代ではなかった。二〇一〇年代初頭の文化についての言説は、文化の停滞、または閉塞感のある時代への危惧に終始するものが大半だった。[10]グラミー受賞歴のある音楽プロデューサーのイアン・ブレナンは辛辣な言葉を発している。「恋わずらいのティーンエイジャーたちが、自分が種づけされた当時に親たちが聴いていた曲が流れるなかで処女や童貞を失うこともあり得る、そんな時代だ」[11]フランスの思想家ポール・ヴィリリオは七〇年代にこう記している。「停止すなわち死、これが世界の一般法則だ」[12]文化に動きがみられない二十一世紀は葬儀から幕を開けたということなのだろうか？

インターネットには多くの利点があるのだから、こうした後ろ向きな考え方は残念だ。インターネットのおかげで、わたしたちはより多様な声を反映した、より多彩なコンテンツをより便利に愉しむことができる。実際のところ、現代の芸術作品の創造性と革新性は本当は落ちていないのかもしれない。むしろ問題は、生み出されたものに対するわたしたちの認識にある。アナログからデジタルへの移行は社会的交流、消費主義、シグナリング、そしてセンスの本質を変えた。こうした構造的な変化は、どれもこれも文化的評価の根底をなす重要な要素の創造を妨げる。その要素とはステイタス価値だ。

インターネットは、ステイタス構造とステイタス価値にどのようにして影響を与えるのだろうか。本章では、関連する以下の四つの現象を検証し、この疑問を解き明かしていく。

・**コンテンツの爆発的増加**
・**世界規模の富の増大にともなうマキシマリズムとミニマリズムの感性の衝突**
・**差異化の正当な手段としての〝センス〞の否定**

・X世代による過去の過大評価である〈レトロマニア〉、Z世代による過去の放棄である〈ネオマニア〉

この四つの現象すべてが、現代文化の産物のステイタス価値を下げている。これらは資産としての文化資本の価値も落とし、ステイタスを示す際の中心的役割を人気と経済資本に負わせている。その結果、記号的複雑性の高い文化を創造する気概も、それを称賛する意欲も、少なくともこれまでのところは低下している。

§

インターネットが文化に与えた衝撃の検証を始めるにあたって、まずは社会学者ダンカン・ワッツの警句を肝に銘じておかなければなるまい。「インターネットは決して一個の物ではない。むしろ歴史上の一期間全体と、そこで起こったテクノロジーと経済、そして社会の変化の組み合わせすべてを意味している」[13]知ってのとおり、テクノロジーが文化を無条件に変えることはない。しかしテクノロジーの採用は古い慣習から新しい慣習に乗り換えなければならないことを意味する。したがってインターネット時代のテクノロジーと経済と社会における変化が、どのようにしてわたしたちが取る行動に新たな特徴を与え、それに応じてステイタス戦略をどのように変えていったのか、その両方に注目しなければならない。
インターネットが大衆文化《マスカルチャー》となったのは一九九〇年代のことだが、本当の意味での全世界のインターネット化は、スマートフォンと高速モバイル接続とともにこの二十年のうちに始まった。インターネットユーザーの世界人口は、二〇〇五年の十億人が二〇二一年には五十億人を超えた。[14] しかしユーザー数の増加以上に重要なのは使い方が深まったことだ。インターネットは、友人からメールが届いていないか時たまチェックしたり学期末レポートの調べものをしたりする場所だけに留まらない。わたしたちの生活の場なのだ。

増え続けるユーザーはコンテンツの性質を変えた。ワ《w》ールド・ワ《w》イド・ウ《w》ェブの黎明期、オンライン上での営みは大学生や技術オタク《テック・ギーク》たちのニッチなセンス寄りのもので、さながらキャンパスライフのヴァーチャル拡張版といったところだった。そこではリベラルな政治思想が語られ、MP3に変換された音楽が違法に取引され、一般には知られていない日本のアニメについてのお決まりの質問が投げかけられ、ニューヨークのロックバンド、ゼイ・マイト・ビー・ジャイアンツの曲の専門的なギターのタブ譜[15]がアップロードされたりしていた。こうしたオタクの好奇心に応える伝統は、二〇〇〇年代初めのブログ台頭期に〈Boing Boing〉や〈kottke.org〉といった人気サイトに引き継がれた。が、二〇一〇年代に入るとインターネットは真の意味でマスカルチャーとなった——階級と地理的条件の両面で平等化されたのだ。今やユーザーの五分の一が中国語で使用している。[16] そしてユーチューブやインスタグラム、Twitch、TikTok といった画像・動画配信系アプリの登場により〝極端にオンライン的〟であることに読み書き能力すら必要ではなくなった。誰でもどこでも映像や音楽を鑑賞したり、話したり、歌ったり、口パク《リップシンク》したり、踊ったりできるようになった。インターネットはわずか三十年のうちにわたしたちが他者と交流し、ペルソナを構築するメインステージになった。経済系ブロガーのノア・スミスはこんな皮肉を言っている。「十五年前、インターネットは現実世界からの避難場所だった。それが今では現実世界がインターネットからの避難場所になっている」[17]

世界中のどこでも画像と動画を見ることができるインターネットは、シグナリングにおいて明白な影響を及ぼす。もはやステイタスの主張は実生活での交流や、実生活の交流についてのマスメディアの報道を介さずに行うことができる。ソーシャルメディアの出現により、今やシグナルは毎日二十四時間、しかも一切コストをかけずに世界中の人々に伝達することが可能になった。評論家のジア・トレンティーノはこう述べる。「ネット上でうろちょろしているだけでは目立つことはできない。誰かに見てもらいたいのなら行動しなければならない。この手のコミュニケーションの主たる目的は、自分をいい感じに見せることにある」[18] ミレニアル世代のライターのマルコム・ハリスはこう書いている。「ソーシャルメディアからの脱退は、逸脱したライフスタイルを選択したことを意味する」[19] アメリカのティーンエイジャーでソーシャルメディアを頑として使っていないのは五から十五パーセントしかいない。[20]
さらにソーシャルメディアは、ステイタスの数値化をかつてないほど実現した――〈いいね〉やリツイートやコメントやフォロワーの数、そしてトップに立つ人々にとっては製品の無償提供や販促活動を依頼してくる企業の数というかたちで。インターネットの時代になって、ほぼすべてのものやことが数値化されてきた。二〇〇〇年代のブログ〈Socialite Rank〉と〈Park Avenue Peerage〉は、ニューヨーク上流社会の将来有望なデビュタントのランキングを毎週公表していた。[21] 二〇一八年にクローズしたプラットフォーム〈Klout〉は、この原則をすべての人々の社会的影響力に当てはめようとし、"Klout スコア"なるもので各個人を一から百点満点まで評価した。[22]
このようにシグナリングの頻度が増したことで、従来のステイタスシンボルに対する感覚が麻痺してしまった。ヴァケーションで訪れた遠く離れた国の夕陽に染まるビーチの写真でも、ソーシャルメディアのフィード上に似たような画像がごまんとあったら見る者の心を捉えることはもはやできない。さらに言えば、偽造や合成もかつてないほど簡単になった。最初のうちこそ顔をいい感じに整えるフィルターや怪しげなトリミングばかりだったが、じきにディープフェイクへの警戒を余儀なくされるだろう。プライヴェートジェットの機内でシャンパンを飲む若者の画像を見たら、どうせそのためにレンタルした駐機中のジェット機のなかで撮ったのだろうと勘ぐる（〈BallerBusters〉のように、ソーシャルメディアでの詐欺的行為をコンテンツとして暴露するインスタグラムのアカウントも存在する）[23]。

インターネットはさまざまなシグナルの価値を下げたばかりか、〈情報の障壁〉と〈取得の障壁〉というふたつの重要なシグナリング・コストを下落させた。かつてのエリートたちは、フランス産チーズについての知識をひけらかし古びたペルシア絨毯を所有していることで、簡単に自分のステイタスを伝達することができた。[24] しかしインターネットの普及による情報の平等化とサプライチェーンのグローバル化は、一般的でない商品のシグナリング・コストを低下させた。ウィキペディアを使えば誰でも一時間もしないうちに似非専門家になれるし、アンティークもレア物も何回かクリックするだけで手に入れることができる。〝情報が無料《フリー》になりたがっている〟状態では、[25] 情報は強力なシグナリング・コストになり得ない。一九六〇年代初頭、フォークソングをしっかりと習得し、人々を感動させるシンガーになりたいという思いに駆られたボブ・ディランは、知人が持っていたフォークのレコードを実際に盗んだ。[26] そんな軽犯罪などに手を染めなくても、ユーチューブを使えば誰でもほぼすべての楽曲を学ぶことができる。が、果たしてそれで聴衆を感動させることができるだろうか？

インターネットはステイタスシンボルをステイタスシンボルたらしめる大きな根拠である〝利ざや〟も打ち消してしまう。アフガニスタンのタリバンの兵士たちが〈チーター〉というパキスタン製の白いハイカットスニーカーを履いているという〈ニューヨーク・タイムズ〉の記事が出た数時間後、〈GQ〉のある編集者がそのスニーカーを買おうとしたが[27]、取り扱っている通販サイトを見つけることができなかった。ひと月後、パキスタンのネット通販業者たちが世界中に出荷するようになった[28]。インターネットの時代にあって無名の存在でいられるのはほんの一瞬なので、〝価格〟がもっとも信頼度の高いシグナリング・コストとして再登場した[29]。〈ル・クルーゼ〉の調理器具がプロフェッショナル・クラスにアピールし、その文化の一部となっているのは、低所得層がそんなに高い金を払ってまで深鍋を買うことはなさそうだからだ[30]。エリート層がシグナリング・コストを無名性のみに頼る製品や知識にキャシェを付与できない場合、〝本当の意味での〟インディーカルチャー全体のステイタス価値が失われてしまう。

ステイタス価値を下落させるふたつ目の要因は、インターネットのコンテンツとそこで取引される物品の爆発的な増加だ。インターネットは創作と流通をより簡単にし、その結果これまで以上のペースで芸術作品と製品が生み出され、それらが提示される機会も格段に増えた。二十世紀においては出版と放送の両マスメディアが伝えることができる情報量には限りがあり、したがって物品や芸術家およびその作品、スタイルなどの知識を得る際に制限があった。ところがインターネットは無限だ。星の数ほどあるウェブサイトと動画サイトは星の数ほどある芸術的工芸品のことを伝え、検索サイトはわたしたちが望むものをコンマ何秒以内で提示してくれる。〈Spotify〉にある七千万以上の曲に飽きても、〈archive.org〉にはカセットテープで流通しているレアなスーダン音楽のデジタルファイルが二百以上もあり、しかも無料で聴くことができる。一方、消費者が既存の製品に多少手を加えることができるマス・カスタマイゼーションは、自分仕様の製品を好きなだけ作ることを可能にした。デジタル化は過去も現在も未来も、プロもアマチュアも〝生産消費者《プロシューマー》〟も一切関係なく、すべての文化を平等化する。前世紀のコンテンツ産業は高品質のオーディオヴィジュアル作品を独占的に世に送り出していたが、デジタル・ネイティヴの若年層は低解像度の一般用カメラで撮影された画像と動画、ノートパソコンのちっぽけなスピーカーから流れる圧縮フォーマットの音楽データ、そしてインフルエンサーたちの大げさな演技で満足している。

二〇〇四年、〈WIRED〉のクリス・アンダーソン編集長は無限にある文化的選択の可能性を〈ロングテール〉と命名した。「文化と経済が需要曲線のヘッドにある比較的少数のヒット（メインストリームの製品や市場）に焦点を合わせるのをやめ、テールにある無数のニッチへ移行する。[31] 物理的な商品スペースの制約など、流通のボトルネックがない時代には、的を絞りこんだ商品やサーヴィスが主力商品並みに商売になる」アンダーソン的には〝売り上げ上位《ヘッド》〟とはマスカルチャー、〝ロングテール〟はニッチな文化を意味する。そしてロングテールありきの文化の出現により、わたしたちはもはや大企業が作った、型どおりの同じ選択を強いられることはなくなった。インターネットは文化の尽きることのないリストを提示し、そのなかからわたしたちは本当の自分を最もよく表現する、極めて際立ったものを選択し、それを部品としてペルソナを構築していく。インターネットはマスカルチャーというおぞましい拘束服からわたしたちを解放し、正真正銘の変人にしてくれる。

ところがロングテール理論は、ここまで本書で述べてきたステイタスとセンスについてのかなりの部分を否定する。独自性を追求する人々は社会階層の頂点と底辺に位置し、それ以外の大半は過度な個性を自分に求めない。マスカルチャーは複雑性と社会的リスクの低さにおいて大いに魅力的だ。ロングテール理論とは、ぶっちゃけて言えばオクトーバーフェストで「ロックバルーンは99〔一九八三年にドイツのポップスグループ、ネーナが発表した楽曲〕」を大合唱したくなる誘惑にいまだに勝てずにいるのに、その場にいる全員はそれぞれ別の歌を歌いたがっているということだ。ロングテールは少数派の好奇心旺盛な変わり者には夢のような話だが、多数派の人々は広く一般に知られている慣習を求める。たとえばスーダンの音楽を聴いていると孤立し、カーディ・Bとミーガン・ザ・スタリオンの「WAP」を聴けば全米規模の慣習に加わることができる。

　ロングテールにより生じる〝情報過多〟がシグナリングをさらにややこしくする。これは選択肢が多過ぎると分析麻痺を起こす〈選択のパラドックス〉[32]として表面化する。二十世紀にはステイタス集団の増加に合わせて、贅沢品もその数を伸ばしていった。しかしシグナルにしてもステイタス集団にしても地位にしても、そのすべてを調べることは不可能だ。ステイタスを評価する側は自分が認識可能なシグナルしか解釈できない。ロングテール文化から引き出されたシグナルは、誰かをロングテール消費者だと――現時点ではステイタス階層の高みにはいない消費者だと――判断する分類因子の役割しか果たさない。以前ならばロングテール化したコンテンツの入手は困難で、それができる人物は知性や好奇心や深い造詣といった数多くのステイタス資産を有することを暗に示していた。しかし一般にはほとんど知られていないものを誰でも数分以内に見つけることができるインターネットの時代では、入手そのものには美徳も技術も必要ない。

　メディアの爆発的増加もステイタス価値の下落要因のひとつだ。現在はほぼすべてのものがウェブサイトで確認することができるので、情報の媒体《メディア》そのものにはもはやキャシェはない。たしかに三流のコンテンツ・ファーム〔低品質なコンテンツや他のサイトからコピーしたコンテンツを提供して閲覧数を稼ごうとするウェブサイト〕よりもvogue.comに取り上げられるほうがステイタスは高くなると言えるが、インターネット上にあるだけでは影響力があるとは言えない。いつでもどこでも何でもバズる可能性があるということは、怪しげな品質の脈絡のないモノが求められるようになったということになる。一日だけネットを〝席巻〟しても大規模な消費行動が惹き起こされることはなく、したがって音楽チャートでナンバーワンを獲得することより価値は低い。一九七〇年の音楽界では、ティーンエイジャーたちがなけなしの小遣いをはたいてくれなければゴールドディスクを達成することはできなかった。インターネットで画像ネタ《ミーム》がバズるのは、誰かが十秒笑って一秒で〈シェアする〉をクリックするからだ。皮肉なことに、そのミームを貶すために観る《ヘイトウォッチング》ことで拡散数を押し上げることもままある。富裕層のティーンエイジャー、レベッカ・ブラックが作った軽薄なシングル曲「Friday」は〝史上最悪の曲とミュージックヴィデオ〟呼ばわりされると、ユーチューブで一億五千六百万ビューを記録した。[33]
クリス・アンダーソンは二〇〇〇年代初頭の段階でこう予言していた。「マスカルチャーが分裂しても、別のマスカルチャーが再形成されることはない。無数のマイクロカルチャーが形成され、さまざまな不可解なやり方で共存し、相互作用するのだ」[34]しかし実際に起こったのは〝ヘッドの復讐〟とでも呼べるもので、ニッチを犠牲にしたうえで大ヒット作が文化的影響力を取り戻した。文化は崩壊しつつある。その中心にいるのは、巨大なメインストリームのなかにありながら、産業界からの支援を充分に受け、耐久性に優れるごく少数の芸術家、アスリート、そしてセレブリティたちだ。デレク・トンプソンは『ヒットの設計図』でこう主張している。「今後のヒットの世界は一層民主的になるが、同時に混沌としていて、決して平等なものではない。何百万という人々が世間の注目を奪い合うので、わずかひと握りの幸運な人間だけが成功を収め、そのなかのほんの少数が夢のような富を手にする」[35]マスカルチャーの娯楽はロングテールの混沌からの避難場所を提供してくれる。アメリカならばレブロン・ジェイムズ、ビヨンセ、スーパーヒーロー映画、『ジ・オフィス』の再放送、そして〈ポケモンGO〉や〈Fortnite〉に逃げ込むことができる。スポーツ界のスーパースターや華やかなポップソング、製作費が巨額過ぎて失敗が許されない映画は、あり余る娯楽と肯定的な社会的交流における安心できる〝ネタ〟を提供してくれる。〝バズりコンテンツ〟も少数ながらもマスカルチャーになることができるが、たとえばカーリー・レイ・ジェプセンの「コール・ミー・メイビー」のように、本当は〝ヘッド〟だったというケースもままある。[36] このジェプセンの予想外の大ヒット曲は、彼女の母国カナダからの〝実際の〟口コミでアメリカに拡散したわけではなかった。この曲を聴いたジャスティン・ビーバーが、自分のマネージャーが設立した〈スクールボーイ・レコーズ〉にジェプセンと契約させ、自分のソーシャルメディアを使ってプロモーションを展開したからだ。ヘッドはそれほどステイタス価値をもたらしてくれないかもしれないが、ステイタスを評価する側は、相手が時代に合わせていて、誰も知らないニッチに逃げ込んではいないと少なくとも判断してくれる。

しかしヘッドは常に相対的なものであり、マスカルチャーの大半はシェア数のみを成功の基準にしている。社会の小さなニッチにまでロングテール化が及んだ結果、〝ヒット〟は最大のニッチのみを表現するようになった。『ゲーム・オブ・スローンズ』は[37]二〇一〇年代の大ヒットドラマのひとつだが、その視聴率は全米でたかだか五から六パーセントといったところだ。ヒット作と呼ばれるものの多くは、信者たちによる旺盛な過剰消費の結果に過ぎないのだ。K-POPグループのBTSはビルボードのチャートで何度もナンバーワンを獲得しているが、いったいどれだけのアメリカ人が彼らの曲を口ずさむことができるだろうか？[38] ロングテールは文化の各分野の相互理解を妨げ、そして文化の共通言語が中庸なメガヒット作を中心にして語られるのであれば、インターネットは無名の文化の価値をさらに低下させる。

ステイタス価値を下落させる最後の要因は、従来の流行のサイクルを攪乱するインターネット特有の〝高速性〟だ。イノヴェーションがエリート層のみに採用され、キャシェを与えられるには時間を要する。二十世紀の大半においては流行のサイクルは遅く、ステイタスの高いイノヴェーションがメディアの眼に留まるには、何年とまではいかなくとも数カ月を要した。アーリーアダプターが模倣の術《すべ》を会得するにしても、製造企業が大量消費用のコピーを作るにしても、それなりに時間がかかった。社会に生じる摩擦による普及速度の低下は、エリート層がその流行を取り入れたのはステイタスの差異化を派手に演出しようとしたからではなく、ライフスタイルを徐々に向上させるために自分たちの美意識に則って熟慮した結果であるかのように見せた。

このシステム全体が、情報を光の速さで伝播するインターネットによって覆されている。パパラッチの産業複合体とソーシャルメディアとファストファッションにまぎれて、エリート層の慣習も数週間から数日、さらには数時間のうちに大衆に広まることもある。それをわかっているエリート層は新しいスタイルと商品の採用を控えるかもしれない。レアなパキスタン製ハイカットスニーカーですら小集団だけの特権である保証はない。実際のところ、ものすごい勢いで流行っていると判断しただけで採用を取り止めるかもしれない。タリバンの兵士御用達のスニーカー〈チーター〉はニューヨークで数週間のあいだは目立てるだろうが、低ステイタスのファッション好きが同じものを履くようになるとゴミ箱行きは必至だ。

常軌を逸したペースで変化を繰り返すインターネット文化は、ペルソナを変える許容頻度をはるかに超えるところまで人間を追い込んでいる。新しいトレンドには手を出さないほうが得策だとエリート層が判断すると、文化は保守的になる。情報の量および速度の著しい増加は、感情と感傷の両面における芸術作品との絆を結ぶ時間を奪ってしまう。何かに対して長きにわたって情熱を注ぐことはアイデンティティの形成に必要不可欠だが、バズるコンテンツは——たとえばもう忘れ去られてしまった、わたしがカニエ・ウェストに宛てた公開質問状とか——暇潰しにこそなるが長期間入れ込むようなものは皆無に近い。『Kony 2012』のユーチューブ動画は五日で七千万ビューを稼いだが、すぐにコニーは無名の存在になった[39]〔二〇一二年三月、ウガンダ共和国の反政府ゲリラのリーダーで、人道に対する罪で国際逮捕状が出されているジョゼフ・コニーの年内の逮捕を呼びかける動画が大いにバズった〕。

ステイタスシンボルの価値については、二十世紀の大半は広告やメディアで見聞きしたときと街角でたまたま眼にしたときに推し量るしかなく、こうした不正確な目算はしばしば過大評価をもたらした。現在では誰が新製品を取り入れているのかはインターネットが教えてくれる。過去のコンテンツを検索できるようになったことで、〝オリジナル〟判定のハードルも上がった。どんなスタイルにせよジョークにせよミームにせよ、それを誰が最初に思いついたのかはツイッターを調べれば必ずわかる。

これはとにかくステイタス価値の目減りにつながるものであり、文化の価値全体にも悪影響を及ぼすものだと、わたしは考えている。二十世紀においては、ステイタスをめぐる戦いの武器として文化が使われた結果、新たな工芸品やスタイルや感性がよどみなく生み出された。そのすべてにキャシェが付与され、マスカルチャーに影響を与えてきた。ひるがえってインターネットがもたらす〝モノ〟の数は以前より多いが、明確で安定したステイタス価値を有するものはより少ない。これは本質的な品質の判断において意識下で影響を与えている——映画にせよ楽曲にせよ書籍にせよ、ステイタス価値のないものからは以前のものほどの満足感を得られない。ステイタスを希《こいねが》うわたしたちは、その一環としてステイタス価値を追求する。そしてニッチな文化がステイタス価値に欠くのであれば、多くの人々はロングテールに逃げ込み、そこから売り上げ上位《ヘッド》に回帰する。

はっきり言っておくが、インターネット時代のコンテンツの芸術性を悲観しているわけではない。わたしたちが暮らす選択肢だらけのパラダイスでは文化の〝門番〟の権限が弱まり、より多くの声が盛んに叫ばれるようになっている。問題は、インターネット上のコンテンツはステイタスの差異化という人間の基本欲求を満たすものなのかどうか、そこに尽きる。この展開を歓喜する声も多いだろうが、ステイタス価値の下落は下層に悪影響を与える。エリート層は文化的イノヴェーションを積極的に取り入れなくなり、それはつまり普及する流行りのトレンドも少なくなるということだ。底の浅いブームとして消滅したトレンドは集合記憶にはならず、したがって歴史的価値を得ることもない。二〇〇一年に中途半端に流行ったエレクトロクラッシュが、四年にわたって盛り上がり九〇年代音楽シーンを一変させたグランジと同等に扱われることはない。

全体として、インターネットというメディアそのものがシグナルを伝達する方法とステイタス価値を創造する方法を変え、この変化が文化全体の感じ方に影響を及ぼしている。情報が無料《ただ》で入手できる世界では文化資本の価値は下がり、相対的に経済資本の価値が上がる。これはステイタスをめぐる階級間闘争において重大な意味を持ち、結果として先進国でも新興国でも新たな富が生み出されつつある。

新興成り金《ニュー・ヌーヴォーリッチ》の台頭とその反動

二〇一七年八月上旬、アラブ首長国連邦の首都ドバイに暮らす十五歳のラシェド・ベルハサは、手に入れたばかりの新車をユーチューブで公開した――ちなみにこの国の法定運転年齢は十八歳だ。建設業界の富豪である父親の莫大な財を注ぎ込んで購入したバナナイエローのフェラーリF12ベルリネッタを、ラシェド少年はルイ・ヴィトンのモノグラムと、ストリートブランドのシュプリームのロゴでカスタムラッピングするよう地元のボディショップに依頼した。仕上がったフェラーリを眼にするなり、ラシェドは歯列矯正金具をはめたままの口でこう叫んだ。「ドバイ一のクルマだ！　ちがう、世界一だよ！」[40]ラシェドの動画は一千万超の再生回数を稼ぎ、人気急増中のソーシャルメディア・インフルエンサーという肩書を盛り立てた。もはやラシェドは無名でも、アラビア半島に暮らす歯列矯正中の中背の金持ちの〝ぼんぼん〟でもなかった。〈デイリー・メール〉は彼の所有物やセレブたちとの交友関係を記事にした。[41]ラシェドはグローバルなステイタスを手にしたのだ。

ラグジュアリーブランドのロゴで包まれたスポーツカーは斬新かもしれないが、この大胆な出費の背後にある戦略は大昔からあるものだ。ラシェド少年の衒示的消費は、かつてのイスラム教国君主《スルタン》や泥棒貴族たちの散財の同類だ。それでも中東の富とシュプリームとユーチューブとインスタグラムのフォロワー数とスーパーカーのつながりのどこかで、グローバル化とテクノロジーがステイタス階層の構成を変えつつあるのはまちがいない。

インターネットが世界中の人々を、マーシャル・マクルーハンが言うところの〝地球規模の村《グローバル・ヴィレッジ》〟にますます接続させていくなか、ステイタスをめぐる戦いもますます激しさを増している。ラシェド少年は、この戦いに新たに参入した人々の代表格だ。この新勢力は〈新興成り金《ニュー・ヌーヴォーリッチ》〉と呼ばれる。石油王や汚職まみれのロシア新興財閥《オリガルヒ》、そして巨大建設企業の子女たちは、インスタグラムや微博《ウェイボー》を使って自分たちの奔放なライフスタイルを世界に向けて発信している――そのセンスは、揃いも揃ってやけにハイテンションな、にわか作りの輝きに満ちたものだ。中国、ロシア、インドにおける高級品市場の爆発的な拡大が示すように、新興諸国では大げさな衒示的消費が合理的なステイタス戦略として受け容れられている。

経済後進国では、シグナリングには繊細かつ洗練された知性よりも過剰な贅沢のほうが効果的だ。おまけにインターネットのおかげでグローバルなシグナリングが可能なのは、もはやG20諸国だけに限らない。ロシア連邦を構成する共和国のひとつでアジア大陸中央部に位置するトゥヴァ共和国の――物理学者のリチャード・ファインマンが〝世界で最も目立たない場所〟[42]と呼んで有名になった内陸国の――ティーンエイジャーたちは、先進諸国の同世代たちと同じスタイルでインスタグラムやTikTokに投稿している。[43]若い女たちはAirPodsを両耳にはめ顔をフィルター加工してセクシーなポーズを取り、若い男たちはアンギュラージャケットにサングラスという姿を投稿する。普段やっているワークアウトやヨガのポーズ、独創的なメイクアップの施し方、ランドクルーザー、お菓子の作り方、そして〝カープール・カラオケ〟をアップする。トゥヴァのような僻地に暮らす人々は、情報にアクセスするだけでなくグローバルなステイタス階層に加わるためにインターネットに接続している。先進国にいるわたしたちがインスタグラムでトゥヴァを見ることができるということは、トゥヴァの人々もわたしたちを見ることができるということだ。欧米の慣習に基づいた、新たな世界共通のシグナリングの文法は、世界規模の単一文化《モノカルチャー》をもたらした。おそらくマーク・ザッカーバーグは本当に〝世界のつながりをより密に〟[44]したのだろう――少なくとも柔軟性の同化という点では。

個人は、自身が有する最も価値の高い資産を使ってシグナルを伝達する。ドバイとトゥヴァの習慣が世界中のインターネットユーザーにとって何の意味も持たない場合、両国の人々にとって最もわかりやすいシグナリング戦略は経済資本の強調だ。衒示的消費には難解な記号など必要ない。派手な消費という力技を見せればいいだけだ。作家のミラン・クンデラは予言めいた言葉を残している。「世界のすべての人々の兄弟愛はただ俗悪《キッチュ》なものの上にのみ形成できるのである」[45] クンデラはひと言だけ入れ忘れている——団結には〝高級な〟キッチュが必要だ。ニュー・ヌーヴォーリッチが出現し、〈ギンギンギラギラ《ビッグ・ブリング》〉の時代が始まった。
ビッグ・ブリングの推進と後援をおもに担っているのは小国の王族、腐敗した政治家、天然資源採掘産業の独占資本家、そしてかつての第三世界諸国の犯罪組織の首領《ドン》たちだ[46]——もちろんその子女たちも忘れてはならない。〈The Rich Kids of Instagram〉のアカウントはアメリカの億万長者の息子や娘の投稿をまとめたものから始まったが、すぐに〈Rich Russian Kids〉や〈Rich Kids of Turkey〉といった模倣アカウントが生まれた。高度防衛研究所《C4ADS》は、北朝鮮で少なくとも八百台の高級車が輸入されたことを突き止めた。[47] 社会学者のアシュリー・ミアーズは、ニューヨークとマイアミとイビサとサントロペで展開するグローバル・パーティーサーキットの上層部を研究し、大盤振る舞い客のなかでも最も怪しいのはロシア人やアラブ人、そして〝クレイジー・リッチ・アジアンズ〟のような非欧米系の余所者たちか、〝セルビア中の水を所有している〟と言っている男たちだということを知った。[48] クラブシーンで最も悪名高い〝太客《ホエール》〟は中国系マレーシア人のジョー・ロウで、国有投資ファンドから吸い上げたとされる富を使ってシャンパンに何百万ドルも費やしていた。[49]
グローバル化によって欧米以外でも億万長者が多く生まれているが、彼らがグローバルなステイタスを得るには国外で顔を知られなければならない。少なくともインターネットは、プライヴェートジェットが離陸できなくなった場合に一時的な解決策となってくれる。〈ニューヨーク・タイムズ〉のイヴァ・ディクシットは、インドのリアリティ番組『Fabulous Lives of Bollywood Wives（ボリウッド・ワイフたちのファビュラスな日々）』についての記事にこう書いている。「降りるところを誰かに見られること以外に、ロールスロイスが何の役に立つ？ 目撃されることへの心の底からの渇望はこの階級の宿痾だ。ハイテク企業の億万長者をツイッターに夢中にさせ、ひとかどの女優をライフスタイル・ブロガーに変えてしまうのと同じ渇望だ」[50] ニュー・ヌーヴォーリッチが旅行する際に見せる過度の衒示的消費は一番人気のインターネットコンテンツとなる。サウジアラビアの王族で億万長者のトゥルキ・ビン・アブドゥラ・アル・サウードが金色に輝く自動車軍団をロンドンに持ち込んでメイフェアの通りを走ったとき、[51] クルマ関連のチャンネルを開設しているユーチューバーたちが歩道から大きく車道に踏み出してその様子を撮影した。

所得格差の大きい国ではエリート層が長きにわたって過度の衒示的消費に耽り、それがその国の〝いいセンス〟となった。独裁者たちは何台ものスーパーカーと、クローゼットを埋め尽くすサヴィル・ロウで仕立てたスーツで大物ぶりをひけらかす。実質賃金が低迷しミドルクラスの雇用が途絶えてしまった欧米でも、そうした独裁制や寡頭制の感性を育む肥沃な土壌ができている。仰々しさを嫌う昔ながらのピューリタン的倫理観はもはや時代おくれだ。テレビを通して〈繁栄の神学〉を説くジョエル・オスティーンとクレフロ・ダラーは福音派信徒から絶大な支持を得ている。広大なポップカルチャーの著名人たちにしても彼らなりの〝富の福音〟を説いている。パレスティナ系アメリカ人で音楽プロデューサーとして成功を収めたDJキャレドは、ラリー・キングのインタヴューで自身の出費をこう自己弁護した。「そりゃたしかにおれはやり手の勝負師《ハスラー》だ。わかるだろ？ お袋と親父とおれのチームを食わせるための金をどうやって稼ぐか、そればかりずっと考えてる。それはいい生き方じゃないかって？　おれは水上ハウスがほしい。いいクルマもほしい。いい時計もだ。いつまでも若々しくありたい。いつも小奇麗でいたい。おれの言ってることわかるだろ？　どれも悪いことじゃない。大物を目指すべきなんだよ」[52]
　こうした膨れ上がった富のあおりを食い、オールドマネーはまったくと言っていいほど財をなすことができなくなった。かつてのクラスメイトたちが新規公開株《IPO》や暗号資産で一夜にして億万長者になる時代に、実用本位の信託基金で何ができるというのだろうか？　オールドマネー文化からの脱却はかなり以前から始まっていたと言える。イーディ・セジウィックはマサチューセッツ植民地の初期入植者の直系の子孫であることに満足できず、むしろ悪名高いウォーホル・ガールになることを選んだ。[53]それから数十年後、パリス・ヒルトンはホテル業で財をなした一族の富をリアリティ番組やパパラッチとの追いかけっこ、ラスヴェガスでのＤＪイヴェントといったニューマネーのライフスタイルに注ぎ込んだ。アンリ・マティスは絵筆で自分の道を切り拓き、描いた絵を美術館に飾らせた。その玄孫のガイア・ジャケ＝マティスは、自分のど派手なインスタアカウントに載せるためにタトゥーを入れ、心の支えであるチワワの〈バンビ〉にラルフローレンに特注した服を着せている。[54]
　控えめながらも安定した富に対する関心が社会全体から失せてしまった現実は、フェイスブックの設立をめぐるハーヴァード大学での争いを描いた二〇一〇年の映画『ソーシャル・ネットワーク』に緊張感を与えている。争っているのは名門プレップスクール〈フィリップス・エクセター〉出身のオタクでフェンシングの名手でもあるマーク・ザッカーバーグと、コネティカット州のこれまた名門校〈ブランズウィック・スクール〉出身でウォートン大学教授を父に持つ、ボート部所属で二メートル近くの長身の双子のウィンクルヴォス兄弟だ。ザッカーバーグもウィンクルヴォス兄弟もアッパーミドルクラス最上位のプロフェッショナル・クラスの生活では飽き足らず、高等教育を受けているうちにハイテク産業で財をなす策を練っていた。その目標を先に実現したのはザッカーバーグで、双子もビットコインの台頭を受けて十億ドルレヴェルの財を得た。

こんな巨額の富に、昔ながらの一般的なオールドマネーが太刀打ちできるはずもないのだが、それ以上に重要なのはハイテク長者とテレビ番組『シャーク・タンク〔アメリカ版『マネーの虎』〕』が、そうした巨万の富を〝機を見るに敏〟を旨とする起業家精神とテクノロジー面での手腕を発揮して得た正当な利益だということにしているところだ。世襲的な富はさらなる（そして倫理的な）投資のための資金源にするべきであり、それ以外のことに使うのは恥ずべきことだとされている。だからこそ〈ハーパーズバザー〉の《オールドマネーの新たなルール》[55]という二〇二一年の記事で財産の多くを慈善事業に寄付しているとあったのだ。

オールドマネーのセンスは二〇〇八年から二〇一五年にかけてメンズファッションの世界で一時的に復活したが、古色蒼然としてかびくさいセンスはオーラを失ってしまった。この凋落が底に達したことを象徴したのが、二〇二〇年のブルックスブラザーズの経営破綻だ。[56]何十年にもわたってオールドマネーの魅力をミドルクラスに売ることで富を成していたアパレル企業が倒れてしまったのだ。Z世代にとってのオールドマネーの美意識《aesthetic》とは無頓着さや繊細さではなく、TikTokのキラキラのハッシュタグ #oldmoneyaesthetic のことだ。[57]しかし美意識そのものがステイタス戦略に過ぎないのだから別段驚くことではない。オールドマネーの感性が威力を発揮するのは閉鎖的な社会内でのシグナリング時だ。微細なディテールや目立たない古つや《パティナ》は、同じ文化資本を蓄えている人間との密接な付き合いのなかでこそシグナルとして機能する。そうした特徴も、グローバルなインターネット上では視認不可能なピクセルサイズにまで縮小される。シグナル的には、年代物のロレックスの画像や並レヴェルのフォロワー数のほうがよっぽどわかりやすい。これは複雑な形態の文化資本に対するさらなる攻撃なのだ。

本物のオールドマネーの絶滅はニュー・ヌーヴォーリッチをさらにつけ上がらせた。が、新たなエリート集団ががさつな浪費というカウンターシグナリングに参入してきた――独自の文化的センスを育んでいる、プロフェッショナル・クラスのハイテク長者たちだ。ビル・ゲイツやジェフ・ベゾス、セルゲイ・ブリンとラリー・ペイジ、それにザッカーバーグらを代表格とする彼らは高学歴のアッパーミドルクラスの家庭で育ち、プロフェッショナル・クラスの習慣行動《ハビトゥス》を棄てずに富を築いた。この集団はグラマラスなライフスタイルには懐疑を、思慮深い節制には敬意を抱いている。優秀なプロフェッショナル・クラスの人々と同様に、彼らも機能面での根拠に基づいた選択をし、ステイタスシンボルをあからさまに追い求めない。ハイテク企業の創業者CEOたちはたとえ可能であっても金ぴかの自動車軍団をロンドンに送り込むようなことはしない。その代わりに自分たちに寄せられる多大な敬意を使って伝統や慣習を打破していく。イギリスの服飾史研究家ジェイムズ・レーヴァーは、百五十年前のロンドンについてこう記している。「午前《ひる》にボンド・ストリートを闊歩するにしても日曜日にハイド・パークを散策するにしても、その装いにシルクハットとフロックコートは絶対に欠かせなかった」[58] これが二〇一〇年代のカリフォルニア州パロアルトのダウンタウンだと、ルルレモンのロゴ入りウェアがふさわしい服装だった。もはや社会的地位のためにカマーバンドを着用することも眠気と戦いながらマーラーの交響曲第九番を聴きつづけることもサラダコースでのフォークの正しい使い方を身につけることも必要ない。スーツを着てネクタイを締めるのは議会で証言するときだけでいい。

当然ながら、プロフェッショナル・クラスの億万長者たちもそれなりの柔軟性を有している。体にフィットしたスポーティー《アスレジャー》な服は、[59]パーソナルトレーナー付きの厳しいワークアウトと専属栄養士によってのみ獲得可能な鍛え上げられた肉体と良好な健康状態をさらけ出す。DJキャレドは〝若々しく〟見せることに金を注ぎ込むが、ハイテク長者たちは慈善活動に取り組み、〝空飛ぶ自動車〟や宇宙船といった最先端テクノロジーに投資する。衒示的余暇は次の仕事のための〝充電〟に充てられる。サーフィンやパラグライダー、その両方を一緒くたにしたカイトサーフィンを愉しんだり、マジックマッシュルーム《サイロシビン》をほんのわずかだけ食べたり大量摂取したり、〈バーニングマン〔毎年八月の終わりから九月初めにかけてネヴァダ州の荒野で行われる大規模イヴェント〕〉で〝グランピング〟をしたりする。〈ゴールドマン・サックス〉のデイヴィッド・ソロモンCEOは〈DJ D-Sol〉名義でEDMイヴェントで腕前を披露している。

ハイテク企業の一般社員たちもハイテク長者の経営陣と同じような感性を有している。保有する自社株式パッケージこそ大きく異なるものの、どちらも同じハビトゥスを取り、ノースフェイスの黒いダウンヴェストを着る。どちらも職人技で作られた機能的な本物の逸品を好む。ライ麦百パーセントのサワーブレッドと単一《シングル》の地域で栽培された《オリジンの》豆を使ったハンドドリップのサードウェーヴコーヒー、アプリコットサワービール、そして低アルコール《セッション》のIPAに美味しさと美を見いだす――そしてそれらすべてをクラウドソーシングで最高評価を得ている店から購入する。飾り気をまったく気にしないことがライフスタイルの最高の装飾だとする〝ノームコア〟[60]が一世を風靡した二〇一〇年代初頭には、余計なものを削ぎ落したグレーのスポーツウェアを着た。このミニマリズム的な美意識がインテリアデザインを席巻した様子を、〈ニューヨーカー〉でインターネットとデジタル文化のコラムを担当しているライターのカイル・チャイカは二〇一六年に印象深く記している。「渋さと質感にこだわった

〈AirSpace〉も〈Airbnb〉の部屋も、白もしくは明るい色のアクセントウォールを使い、本物の木材とネスプレッソ、イームズチェア、柄模様のラグ、オープンシェルフ。まるでＨＧＴＶ〔リフォームや不動産にかんする番組がメインの有料テレビチャンネル〕に出てくる当たり障りのない北欧調の空間だ」[61]
プロフェッショナル・クラスは、オンライン空間における美意識に長きにわたって圧倒的な影響力を及ぼしていた。ハイテクに詳しいアーリーアダプターたちはモバイルアプリの最初期のユーザーであり、その初期設定とコンテンツの第一波はクリエイティヴ・クラスのセンスを反映したものだった。しかしアプリの収益化には〝スケール〟が必要であり、そこにはダンスクラブの流行り廃りに見られるようなトリクルダウン的なステイタスの力学が生じる。フェイスブックは二十歳かそこらのエリート大学生の遊び場として始まったが、年月を経るにつれて退職者向け空間に変質し、高齢層のラガードたちが孫の写真や右翼の陰謀論をやり取りする場になった。こうした大群の襲来から逃れるべく、クリエイティヴ・クラスは二〇一〇年代初頭にインスタグラムに移住した。インスタはほんのつかの間だけ〝（インターネット）世界で一番ハッピーな場所〟になった――日常生活を切り取った、快活でややもすると難解な画像に満ちた地に、不都合な部分を覆い隠した素晴らしく完璧な世界であるフェイスブックで繰り広げられているステイタスをめぐる熾烈な戦いはなかった。続いて努力家たちもインスタに加わり、そのなかでもやる気満々の人々は〝ソーシャルメディア・インフルエンサー〟と呼ばれ、皮肉抜きに自慢たっぷりの画像を飽きることなくせっせと投稿するようになった。画像と動画はどんどん派手になったが、そうしたアカウントのフォロワー数から、見る側はまさしくそうしたものを求めていることがわかる。
ハイテクエリートとクリエイティヴ・クラスのセンスに基づいてインターネットの主要プラットフ

ォームの方向性が決まる時代は終わりつつあるのかもしれない。カリフォルニアではなく中国で生み出されたTikTokはティーンエイジャーをコアユーザーとし、グローバルなステイタス階層の中段に嗜好世界を確立させた。その結果、絶大な人気を誇るアカウントは、都市郊外に暮らすハイスクールの生徒たちによる、ヒップスターのようにスノッブを衒うことのない悪ふざけばかりになっている。すべてのアプリが中間層ユーザー共通のセンスの〝器〟なのだとしたら、七十億人が利用するインターネットはキッチュとブリングとフラッシュの世界になってしまうだろう。クリエイティヴ・クラスのカウチサーファー〔他人の家に泊めてもらってカウチで寝る人々〕のためのサイトである〈Airbnb〉は〈Airspace〉を生み出したが、大衆が主要顧客になれば自分の部屋はガラクタだらけになり、〝過ぎたるはさらなる過ぎを呼ぶ〟状態を覚悟しなければならない。ソーシャルメディアのアプリの規範となる慣習は、時間の経過とともに〝最低限の〟ものになっていくだろう。ジャーナリストのライアン・ブロデリックはニューズレター〈Garbage Day〉でこう述べている。「カジュアルなレイシズムと小さな町で繰り広げられるちんけなドラマ、匿名のペテン師、奇矯な老人たち、〈ミニオンズ〉のミーム、ファーストフードレストランで人目もはばからずキレる客たち、ゴスたち、退屈顔の看護師たち、ピックアップトラックを運転しながら携帯電話で話す男たち、初歩中の初歩の〝バズりチャレンジ〟――こうしたフェイスブックに見られる醜悪なアメリカ的奇異性は、そっくりそのままTikTokに引き継がれるだろう[62]」そしてアプリ内でのシグナリングを通じてステイタスを得なければならないのだとしたら、仮想空間の街角から誰も逃れることはできない。ゼネラルモーターズが各所得層に応じたブランドを用意していたように、ソーシャルメディアのアプリもステイタス階層ごとに異なるプラットフォームに分裂する可能性が高い。このアプローチの先駆けである会員制出会い系アプリ〈Raya〉は、ユーザーをセレブと、厳正な審査で選んだ魅力的な人々に限定している。[63]
当然ながら、文化により広い影響を与えないとはいえ、今の時代には階級をベースにした感性がもうひとつ存在する。無視されがちな、徐々に辛辣なものになっていく、地方暮らしのロウワークラスの白人マジョリティの感性だ。二十世紀中葉、この階層の人々は〈リーダーズ・ダイジェスト〉とボウリングクラブとローレンス・ウェルク〔アコーディオン奏者でテレビ番組も持っていた〕で構成された、ごく普通の嗜好世界を満喫していた。ハイブロウなインテリたちを嫌い、ゴールデンタイムに放送されるコメディ番組に出てくる〝平均的な家族〟とは自分たちのことだと感じていた。が、二十一世紀の経済はメディアと消費を東西の両海岸部のエリート層にはっきりと偏らせ、それをロウワーミドルクラスは自分たちに対する屈辱的な無視だと受け止めた。実際のところ、〝ミドルクラス〟という呼称はもはや正確な意味を持たない。[64]社会階層の高みに君臨する人々と低層でもがいている人々のあいだには、深くて幅のある文化の溝が走っているばかりだ。
ロウワーミドルクラスのステイタスが低下するにつれて、〝保守的な〟マジョリティはトランプ版ブリングに敬意を抱くようになったように思える。富と過剰さがプロフェッショナル・クラスの自尊心を傷つける場合は殊更に。共和党支持の州《レッド・ステート》のステイタス集団の上層部は、レストランチェーンのフランチャイズオーナーや建設会社のオーナーといった〝アメリカの名士たち〟で占められている。こうした人々のことを、歴史研究家のパトリック・ワイマンは「かつては偉大だったこの国の屋台骨だったことを正しく評価されていない、地元政財界のリーダーを自認する高潔な億万長者」[65]と表現している。この集団全体にとって重要な模倣回避の手段は、プロフェッショナル・クラスが忌み嫌うありとあらゆるものを——銃や石炭、寂れた郊外のチェーンレストラン、馬鹿でかいピックアップトラック[66]などを――得意げに見せびらかし、〝打倒リベラル（own the libs）〟の姿勢を見せることだ。こうしたリベラル派の〝良識〟に対するあからさまな反感、そして政治的な遺恨と剝き出しの敵対感情を示されたところで、プロフェッショナル・クラスは自分たちのコスモポリタン的センスの正しさをさらに実感するばかりだ。
どの時代においても、階級制度は文化の基礎となる嗜好世界をもたらす。そしてグローバル化した資本主義経済下では、感性をめぐる競争は欧米VS.それ以外の諸国ではなく、ニューマネーVS.オールドマネーという古くからある対立構造の最新版なのだ。二十世紀では、衒示的消費に対しては記号的に複雑な文化資本を用いる模倣回避が有効だったが、その武器をインターネットがどのように無力化するかはすでに見てきたとおりだ。言うまでもないことだが、無力化された原因はもうひとつある。プロフェッショナル・クラスがセンスの正当性を否定したのだ。

オムニヴォアのセンス

二〇〇三年、〈ピッチフォーク・メディア〉の評論家マット・ルメイは、インディーロックのシンガーソングライター、リズ・フェアの四枚目のアルバムで、過去作から一変してポップ寄りになった『リズ・フェア』に対して10点を満点とする採点で0.0をつけた。「ごくごくありふれた曲ばかりの、誰でも簡単に作ることができそうなアルバム」[67]それがルメイの評だった。十六年後、ルメイはツイッターで自分の評は〝上から目線の、虫唾が走るような代物〟で〝インディーロックは上質／ポップミュージックは低質〟という鼻持ちならない倫理観をさらに広めてしまったと謝罪し、撤回した。[68]リズ・フェアはルメイの全面謝罪の言葉を上機嫌で称賛し、[69]〈ピッチフォーク・メディア〉も問題のアルバムの公式採点を6.0に改訂した。[70]
ルメイが以前の評を取り下げたのは『リズ・フェア』を愉しめるようになったからなのだろうか？いや、そんなことは二の次だった。そもそもルメイが異議を唱えたのは音楽そのものではなく、インディーロックの寵児が敢えてメインストリームでの成功を目論んだことだった。この姿勢は、十六年も経てば書いた本人ですら馬鹿げていると思えるだろう。『リズ・フェア』の一件は、ジャーナリストで音楽評論家のケレファ・サネが二〇〇四年に書いた『The Rap Against Rockism（ラップVS.ロッキズム）』という大きな意味を持つエッセイの中核をなす対立構造を体現するものだった。ロック至上主義《ロッキズム》に染まった評論家たちは〝帝国主義的な〟センスを振りかざし、非ロック系音楽を劣ったものとして貶め、保守的な白人男性の価値観を広めた。サネはこう述べている。「ロッキズムとは正真正銘のロックレジェンドたちを（もしくはアンダーグラウンドのヒーローを）偶像化し、流行りのポップスターを嘲笑うことだ。パンクをもてはやす一方で、ディスコミュージックはぎりぎりOKだとする。ライヴコンサートを愛し、ミュージックヴィデオを嫌悪する。シャウトするシンガーを褒め称え、リップシンクを忌み嫌う」[71] のちにポップ至上主義《ポプティミズム》と呼ばれるようになる別のアプローチは、すべての文化の創造的可能性を受け容れる寛容さを有する、より健全な批評体系を構築した。[72] そこでは利益重視の〝音楽工場〟で型どおりに作られるティーンアイドルの曲ですら取り上げられる。サネはさらにこう記す。「クリスティーナ・アギレラの変幻自在のフェミニスト・ヒップホップと七〇年代パンクは、過激性において同等だ」[73] ポプティミズムはロッキズムよりも高い道徳的権威を示しただけでなく、芸術的革新の現実をより反映したものだった。文化批評家のチャック・クロスターマンは二〇一六年にこう述べている。「古いロックとまったく似たところのない新しいロックを作ることは不可能に近い」[74] まさにその言葉どおり、この何十年かのあいだに制作されてきたかなり革新的な音楽は、ヒットチャートの上位を占めるヒップホップとR&Bばかりだ。

ロッキズムは敗れ、ポプティミズムは勝利を収めた。横柄極まりない文化はもはや退屈なことこの上ない。ヴィジュアルエッセイメディアの〈The Pudding〉は〝ピッチフォークの採点やレコードショップのレコメンド、掲示板型ニュースサイト〈Reddit〉でサブフォーラムができている耳馴染みのない曲といった、客観的評価の優れた曲を二百万以上収集したデータベース〟を人工知能《AI》に学習させ、ユーザーの音楽のセンスを批判する〈How bad is your Spotify?（あなたのSpotifyマイライブラリはどれだけひどい?）〉というボットを開発した。[75] このボットはよりいい音楽を見つけるツールなどではまったくない。その目的は、インディーロック通につきものの機械的な模倣回避（「あのバンド、昔は好きだったんだけどな」とか）を揶揄することにある。〈Let People Enjoy Things（人の愉しみにケチをつけるな）〉という台詞がついたミームが流行っているが、批評家のB・D・マクレーは、もともとはウェブコミックのオチだったこのフレーズが教義《ドグマ》にまで昇華したのは「意見の相違とそこから生じる不快感、もしくは他者から判断されることに対して、広い文化的レヴェルで病的な嫌悪感があるからだ[76]」と指摘している。つまるところ〝自分のセンスを貶されるのが嫌でたまらない〟のだ。

ポプティミズムも〈Let People Enjoy Things〉も、ポストモダン文化の背後にあるメタ感性である〈雑食《オムニヴォア》的センス[77]〉の構成要素だ。ひとかどの〝文化通〟たるもの、ありとあらゆるものを好み、消費するべし——ハイカルチャーだけでなくインディーもニッチも大衆文化も、新しいものも古いものも、国産のものも外国産のものも、稚拙なものも洗練されたものも、全部一緒くたに受け容れるべきだ。文化資本が存在する場合、それは今や〝多文化資本[78]〟だ。たとえばワードローブでは年代物のジバンシーとユニクロが混在しているものが最高とされ、本物の美食家は三ツ星レストランの高級フランス料理《オート・キュイジーヌ》に舌鼓を打ち、パリの路地裏のビストロに血管が詰まりそうなほどふんだんにバターを使った料理を求め、行列に並んでクロナッツ〔クロワッサンとドーナッツを融合させたペイストリー〕を買う。作家のジョン・シーブルックは一九九九年にオムニヴォア的文化を〈ノーブロウ〉と名づけ、こうした変化を後期資本主義が論理的に展開したものだとした。タウンハウスに暮らして〈ニューヨーカー〉を購読するという古い時代のセンスでは文化的嗜好に一貫性があるとポイントが上がり[79]、何でもござれのＭＴＶの時代では旧来の階層の垣根を超えた嗜好でステイタスを獲得する。

しかしハイブロウな知性主義に対する疑念は、かなり以前からプロフェッショナル・クラスに根づいていた。批評家のルイス・メナンドはこう指摘している。「〈ニューヨーカー〉は、反洗練の姿勢こそ洗練の真の証しであり、特別な美的知識や技術がなくとも知性を鍛錬しなくとも、価値のある文化を手に入れることができると感じられるようにした」[80]このミドルブロウの精神を、Ｘ世代は文化的多様性への偏愛と融合させた。そこにはベビーブーマーの両親たちが抱く、ポップカルチャーは超越的なものであり、そうあるべきだという信念の影響があった。結果、芸術性とインディーの倫理にこだわる、過激でいささかエリート的な〈雑食主義《オムニヴォリズム》〉が生まれた。産業ロックとディスコとＭＴＶで育った六〇年代以降生まれの世代を親に持つミレニアル世代は、ポプティミズムの精神を全面的に受け容れた。オルタナティヴロックバンドのペイヴメントを棄ててブリトニー・スピアーズに走ることほどインディーロックマニアを激怒させることはなかった。ポプティミズムはＸ世代の模倣回避の手段としても機能している。

ここ二十年か三十年、オムニヴォリズムは文化に大きな影響を与えてきた。かつてセンスは、社会集団間に明確な線を引く分類因子だった。その機能を、オムニヴォリズムはほぼ何でも消費に適しているると断じることで停止させた。オムニヴォリズムの世界に踏み入るハードルはひとつしかない――オムニヴォリズムを奉じるかどうかだ。そしていったん入ってしまうと区分けや格づけはタブー同然とされる。批評家のハンソン・オヘイヴァーは二〇二一年にこう述べている。「エスプレッソ・マティーニは従来の〝おしゃれ・普通・ダサい〟という序列を完全に無視したカクテルで、シックな人々にも普通の人々にも、そして見ているほうが恥ずかしくなるほどダサい人々にも等しく熱狂的に受け容れられている[81]」

現在、オムニヴォリズムは多くの意味で唯一身につけることができるセンスだ。〝いいセンス〟の基準はただひとつという考え方はコスモポリタンな世界では筋が通らない。哲学者のクワメ・アンソニー・アッピアは、世界主義《コスモポリタニズム》とは「さまざまに異なる場所で異なる言語を使い、文化も伝統も異なるわれわれの同胞である世界市民が、われわれの道徳的な懸念のみならず関心と好奇心を寄せるに値する存在だと認識し、祝福すること[82]」だと定義した。コスモポリタニズムとは文化の多様性を表面的に受け容れるだけでなく、自然主義的誤謬を意識的に拒むことでもある。ほかのコミュニティの慣習に対する熱意は、慣習そのものを克服しようという努力を支えるものだ。二十世紀初頭の哲学者アルフレッド・ノース・ホワイトヘッドはこう述べている。「慣習を異にする他の国民はわれわれの敵ではない。彼らは天恵なのだ[83]」

メタ知識のこの段階に達すると、わたしたちは自身の嗜好、センス、文化は恣意的に選択したものだということを理解するようになる。したがって自分の好みのスタイルはほかのスタイルよりも優れているると大っぴらに言えば、それは傲慢で偏屈な発言となる。チェンバロ協奏曲がインド古典音楽

〈ラーガ〉より〝いいものだ〟と判断することはできない。文化研究者のフレッド・イングリスはこう説明する。「リベラリズムの第一原則から見れば、差異に価値があると断じることは、すなわち他者への生き方の教示を拒否することだ」[84]オムニヴォア的センスは超個人主義の先駆けでもある。万人が自分の心のままに生きるには、ありとあらゆる特異な選択は許容されなければならない。
その一方で、旧来のセンスの概念には階級面と社会面の先入観が内在していることもわかってきた。社会学者のピエール・ブルデューは、一九七九年の大著『ディスタンクシオン』で超然的かつ観照的なカント的センス観を脱構築化し、それがエリート支配層の静かながらも強力な武器だということを示した。〝正しい〟文化的選択という考え方は、それがどのようなものであれ階級構造を強化する役割を果たした。センスは、哲学者チャールズ・ウェーゲナーの言葉を借りるなら〝ブルジョアが発明したものであり、生活と労働から切り離された階級のみを反映する恣意的な基準[85]〟だった。リベラル派と社会主義者は、抽象芸術と坐り心地の悪いソファを好むことに啓蒙的な美意識を見いだすことはなく、むしろ無力な貧困層に対する破壊的な階級闘争の一部と見なした。同時に、反帝国主義的イデオロギーは、文学の正典やクラシック音楽、バレエ、アカデミー芸術といった欧米のハイカルチャーを後進国の芸術作品よりも重んじることに異議を唱えた。それに、ステイタスに恵まれない人々が文化産業市場で成功を収め、社会的階層を上がっていく例が多く見られる現在、キッチュにあれこれ文句をつけることができるだろうか？ オムニヴォリズムとポプティミズムは、過去の罪に対する悔恨の念を示す手立てなのかもしれない。[86]
政治以外でも、流行のサイクルが超高速化した世界でセンスは不条理なものに思えるようになってきた。美術史家のクエンティン・ベルは、二十世紀には「若い頃の流行が中年になると流行おくれになるほど、流行が変わるペースは顕著になった」[87]と指摘している。それが現在では数週間のうちに流行おくれになることもある。特定のトレンドを正しいものだと断じることは馬鹿げている。すぐにその正反対のトレンドも同じように正しいものだとすることもあるのだから。そしてさまざまなブームをたっぷりと経験すると、新しいトレンドはどれもブームに終わるのではないかと勘ぐるようになる。慣習は、社会の人々がその存在に気づいていない場合に最もよく機能する。文化のメカニズムを隅から隅まで知り尽くしてしまうという呪いをかけられてしまうと、〝本気の〟センスを育むことがほぼ不可能になる。

オムニヴォリズムは〝センス〟を否定するものだが、それでも文化的選択が社会を変え得ることを前提としている。消費主義《コンシューマリズム》は味方を支援し、敵を辱め、迫害者の威信と金銭的支援を否定することができる。フランスの哲学者ジル・リポヴェツキーは、現在の〝超現代《ハイパーモダン》の時代〟には平等な敬意という理想の拡大、他者を苦しめる恐れがある、ありとあらゆる形態の蔑視と軽視、または劣等感の拒絶、他者とは差異があっても平等だと認めることへの過剰な承認欲求《ハイパーレコグニション》が存在すると述べている。[88]敬意の公平な分配を妨げるステイタス構造を解体する際に、オムニヴォア的センスは使用可能だ。この観点から見れば、社会の支配的なセンスは大多数の人々から権利を奪い、金銭とステイタスを既成エリート層に過剰に配分するところに問題がある。また、ステイタスに恵まれない集団が好む文化に対する嫌悪は差別の一形態として解釈され得る。同じ嫌悪でも、権力構造や頑迷な俗物や懲りない偏屈者に対してみせる場合は高潔とされる。オムニヴォリズムでは、既成の芸術慣習に対するアヴァンギャルドの怒りは失地回復を狙う敵を相手にした明確な政治闘争に向けられる。『リズ・フェア』に0.0をつけるのは敵対的な行為だが、『（500）日のサマー』や『終わりと始まりの4日間』といったロマンチックコメディに登場する〝マニック《M》・ピクシー《P》・ドリーム《D》・ガール《G》（悩める男を明るい奔放な振る舞いで翻弄しながらも人生を愉しむことを教えてくれる〝夢の女〟）〟[89]の役割を非難することは道徳的な行為とされる。旧来のセンスが力のあるエリート層の物言わぬ道具だとすれば、オムニヴォア的センスは反逆の雄叫びなのかもしれない。

現代の〝政治文化〟の具体的な目標を概説した宣言はほとんど存在しないが、最も好戦的な形式のオムニヴォリズムの背後には暗黙のルールらしきものがある。[90]

一．芸術家たるもの、進歩的な政治観を促進し、抑圧された人々への無意識の偏見《アンコンシャス・バイアス》をさらけ出す作品を創作すべし。

二．〝門番〟はマイノリティの芸術家の地位を高め、マイノリティの声を代弁すべし。

三．消費者は、高潔な個人が作った進歩的な価値を有する芸術作品と物品を購入すべし。

四．マジョリティ集団はマイノリティ集団内で生まれたスタイルもしくは物語を使って利益を得てはならない。

五．批評家たるもの、反進歩的な芸術家とその作品を正典から除外し、高ステイタス層の差異化に使われる美意識に疑問を呈するべし。


〝文化闘争〟に対する最も大きな不満の声は、経済と法体制の構造的変革に取り組むのではなく、上っ面だけのシンボルを変えることに政治的エネルギーを注いでいることに向けられている。が、本書に記されていることは、すべてステイタスの平等化には文化が重要だという事実しか示していない。ステイタスの基準は慣習に内在し、基準を変えることで不利な立場にある集団に社会階層を上がる道が拓けることは歴史が証明している。文化は何が許され、何が可能なのかを決める。二十世紀に黒人文化が膨大な数の白人の若者の心をつかんでいくにつれ、文化の潮流は上層からのトリクルダウン以上に複雑なものとなった。たしかにエリート層の文化資本内でマイノリティの文化が評価されるようになったが、それでステイタス構造が覆されたわけでも人種差別が根絶されたわけでもない。それでも恵まれないコミュニティへの金銭とステイタスの配分はまちがいなく改善されている。サウス・ブロンクスの路上から始まったヒップホップは、今や数十億ドル規模のグローバル産業となった。そしてリ《R》ズム&ブ《B》ルースの革新性から利益を得たメインストリームのロックとはちがい、ヒップホップのアイコンたちは白人の模倣者よりも黒人アーティストのほうが圧倒的に多い。

このようにして、ハイパーモダンのリベラリズムとコスモポリタニズムはオムニヴォリズムとポプティミズムにつながっていく——戦利品がしかるべき人々に行き渡るかぎりにおいては、資本主義との緊張緩和《デタント》[91]すらもたらす。不利な立場にある集団へのより公平な経済的配分を求め、メインストリームのメディアを介して反差別主義のメッセージを流布することで、政治文化は大衆市場内で機能している。これを契機にして〝転向〟や〝宗旨替え〟といったネガティヴな考え方は一切消え去らなければならない。そして社会的公正が危機に瀕しているとき、芸術は芸術のためだけのものであってはならない。資本を有していない人々にとって、遮二無二頑張ることは美徳であり必要な行為でもある。無頓着でいられることは特権階級だけだ。ラッパーたちが〝金と力と敬意〟を求めることは正しい行為だ。[92] 彼らはその三つに欠ける環境で生まれ育ったのだから。

こうした目的達成の手段として文化産業を積極的に受け容れると同時に、身体感覚の単純な快楽と超然とした観照のなかで観察される真の美の区分というカント的美意識を、わたしたちは棄てて去らなければならない。哲学者のマルクス・ガブリエルは、現代には美的経験を単なる娯楽と見誤る傾向があると述べている。[93]が、これは誤りだ。オムニヴォリズム的には、美的経験は道徳面で娯楽に優るものではないはずだ。芸術とキッチュは同等だ。なぜならキッチュは刺激的で社会的で、約束したものをもたらしてくれるのだから。EDMの一ジャンルであるダブステップの〝ワブルベース〟が素晴らしいのは、このサウンドがダンスフロアを揺らすからだ。〝恥ずかしい趣味〟なるものは古い時代の俗物の遺物だ。ハイカルチャーとローカルチャーのあいだに本質的な優劣がないのであれば、長大かつ難解な書物や退屈なスウェーデンのモノクロ映画に悪戦苦闘する必要はもはやない。〈ニューヨーク・タイムズ〉の映画評論を担当するアンソニー・オリヴァー・スコットはこう書いている。「今の時代、何かを好きでならなければならない、あるいは見る義務があるなどとは誰も言わないし、そうやって罪悪感を煽ろうとする人は、誰であれ気取り屋かうるさ方扱いされる」[94]
どの価値観に言えることだが、オムニヴォリズムもさまざまな矛盾をはらんでいる。ひとつ目の矛盾は、柵を立てることを拒めば単一文化《モノカルチャー》の方向に流れてしまう点だ。ここまで見てきたように、強力なレッテル貼りと分類は文化財に意味と価値を与える。極めて多種多彩な芸術作品や製品をたったひとつの寛容な感性の下にひと括りにしてしまうと、意味も価値も発展させることができなくなる。ふたつ目の矛盾は、オムニヴォリズムには本質的に偽善的なところがある点だ。慣習には矛盾が内在しているので、そのすべてを受け容れるのは不可能だ。世界中のリズムと楽器をこよなく愛することで有名なミュージシャンのデイヴィッド・バーンは、あらゆる音楽を愛していると断言する人々にこんな疑問を投げかけている。「お互いに真逆の音楽のかたちだってある！　全部を愛することはできない」[95]たしかに柵は立てられているが、それはあからさまに政治的なものだ。

また、オムニヴォリズムは文化のエコシステムに重大な悪影響を及ぼすかもしれない。ステイタスをめぐる戦いで生じる〝摩擦〟が創造性をもたらす重要な力だとすれば、オムニヴォリズムは新たな慣習を生み出す可能性が最も高い社会集団、すなわち芸術家たちやクリエイティヴ・クラス、メディア、そしてサブカルチャーの内部緊張を緩和してしまう。偉大な芸術と文化の多くは、悪趣味と商業主義のキッチュ、そして保守的な支配層に対する義憤から生まれた。これらを正当な批判対象にして打破してしまうと、強制力と意味性がより少ない慣習が生み出されてしまう。T・S・エリオットは一九四〇年代にこう記している。「ひとつの世界文化とはいっても、単に画一的な文化であるならば、それは文化でも何でもなくなる」[96]短期的に見れば、オムニヴォリズムは社会から疎外されたクリエイター集団を支援するものだ。しかしこうした集団はかつては過激なセンスを使って高い柵を築いていて、長期的に見れば、その柵は社会に多大な文化的価値をもたらすことが多かった。

芸術家のステイタスは今でも社会階層をのし上がる確かな手段でありつづけているが、寛容なオムニヴォアの世界では、〝はみ出し者〟が社会から受け容れてもらうために芸術家になる必要はもはやない。美術評論家のジェリー・サルツはこう述べている。「恍惚としてエキセントリックな自己表現に必要不可欠なこと、つまり自分らしくあること、そして誰も自分を偽らせないようにすることは、今はもう変人たちが後生大事にするニッチな価値ではない。現代アメリカ文化における胸躍らせるメッセージなのだ」[97]かつての急進的なイノヴェーションは、社会に不安を惹き起こしたのちに栄光をもたらした。それが現在では、新機軸の大半は騒ぎも争いも招くことなく受け容れられる――そして騒ぎも争いも招くこともなく、その他何千とある新機軸のなかに身を落ち着ける。

現在のロングテールの世界における〝売り上げ上位《ヘッド》の逆襲〟によって、ここ二、三十年の文化的教養には、年に数冊は真面目な本を読むこと以外にも巨大文化複合体《コングロマリット》の〝製品〟を消費することも求められるようになった。それがどのようなものかと言えば、たとえばマーヴェルのスーパーヒーロー映画（ディズニー）、ビヨンセ（コロムビア／ソニー）、そして『カーダシアン家のお騒がせセレブライフ』（ライアン・シークレスト・プロダクション制作で、その支援をしているアイハートメディア社は広く嫌われていたクリア・チャンネルの新社名だ）などだ。こうしたコンテンツを、〝人々が望んでいるもの〟としてエリート層も消費すべきだとするのがポプティミズムだ。しかし人気は金をつぎ込めばいくらでも取り繕うことができる。文化産業はわたしたちの心を支配する手段と力を常に持ち合わせていて、それらを相殺することが〝インディー通〟の重要な役割だった。音楽プロデューサーでライターのニック・シルヴェスターはこんな懸念を示している。「ポップミュージックというプロジェクトを受け容れることで、われわれはアンダーグラウンドのエコシステムを枯渇させ、ポップを唯一の選択肢としてしまうことに加担しているのかもしれない」[98]ツールとしてのセンスを否定され、ヒット作に対する批判に及び腰になってしまったアウトサイダー集団と批評家たちは、大きな反撃手段を手放してしまった。現在、わたしたちはエッセイストのジョージ・W・S・トロワが八〇年代に予言した〝何も判断されない、ただ数を数えられるだけ〟の世界[99]に生きるリスクを抱えている。

ポップカルチャーは停滞しているという懸念があるにもかかわらず、芸術界もまた資本主義のロジックに取り込まれてしまったみたいだ。取り込みは民主化という啓蒙的な希望として始まった。フランスの小説家で社会学者のジャン・デュヴィニョーは六〇年代末にこう述べている。「特権階級の中核部およびエリート層によるカリスマ的かつ排他的な活動としての芸術は、事実上消滅してしまった。そして芸術は、短命かつ絶えず変化する疑似社会を構成するありとあらゆる鑑賞者、読者、愛好者、そして公的集団の願望となってしまった」[100]現在の芸術市場はビッグ・ブリングの補助装置として活況を呈している。現代芸術は衒示的消費の対象にも大きな金融資産にもなっている。そんな今の時代を代表する芸術家はジェフ・クーンズかもしれない。元々は商品仲買人だったクーンズは、大がかりなポップアート作品を芸術だと言い張り、デュシャンとウォーホルの皮肉に満ちたアイディアを現金の山に変えてしまった。優れた呪術師《シャーマン》よろしく、クーンズは前衛芸術の〝敢えての不人気〟が〝哀れな不人気〟にしか思えなくなる未来を予見していた。彼は美術評論家のカルヴィン・トムキンズにこう語っている。「ぼくの作品が気に入らないという声を聞くたびに気落ちする。誰からも好かれる作品であってほしいと思っているからだ。嫌いな人がひとりでもいたら失敗したと思ってしまう」[101]クーンズ的な感性では、彼の風船で作った犬の彫像は子どもですら愉しめる誰もが知っている作品で、しかも五千八百万ドルの値がついたので傑作なのだ。二〇二〇年代となった現在、〈非代替性トークン《NFT》〉が芸術が金融投機の明確な手段となる新たな道を拓いた。

　前衛芸術の本来の目的が世界を評価する新たな枠組みの提示にあったとするならば、経済的な成功イコール芸術の目標達成だとする欺瞞的な皮肉は、すでにわたしたちの認識を導いている資本主義の行動原則をそっくりそのまま映したものでしかない。が、純粋な市場理論こそが唯一取り得る次のステップのように思えたのだろう。二十世紀はあまりにも赤々と燃え上がり、既存の慣習に対するむき出しの挑戦の大半は燃え尽きて灰になってしまった。そしてオムニヴォリズムの時代となった現在、批評界は大衆的なキッチュや身近な美的経験に眼を向けざるを得ない状態にある。であれば慣習を徹底的に打破する必要がどこにある？

　芸術家たちがあまり慣習を破らなくなっている現在、創造性はサブカルチャーの若者たちに任せるしかないのだろう。が、もはや〝ポスト・サブカルチャー〟の時代に入っているように思われる。[102] 社会学者のデイヴィッド・マグルトンはこう述べている。「大衆文化《マスカルチャー》は崩壊し、サブカルチャーが抵抗を表明できる、わかりやすい支配的文化はもはや存在しない。そんなポストモダンの時代にあって、おそらくサブカルチャーという概念そのものが通じなくなりつつあるのかもしれない」[103] コスモポリタニズムという錦の御旗の下、社会的に不利な立場にある集団はもう壁で囲まれた小社会に逃げ込まなくてもいい。MTV内のコメディ番組『The State』で、ゲイのティーンエイジャーが〝学年末パーティーの王《プロムキング》〟の座を勝ち取るという別世界を風刺的に描いた《Dan, the Very Popular Openly Gay High School Student（ゲイを公言する大人気の高校生、ダン）》[104] が放送されたのは一九九五年のことだ。現実世界では、二〇一一年にペンシルヴェニア州のゲイを公言している陸上競技のスター選手がプロムキングに選ばれ、[105] 二〇二一年にはレズビアンのカップルがプロムキングとクィーンに輝いた。[106] 今の若者にとってサブカルチャーという言葉が一番しっくりくるのは〝スタイルサーフィン〟[107] の領域のみだ。ミドルクラスのティーンたちは、さまざまなファッションスタイルを〝コスプレ〟と称して飛びつく。〈Aesthetics Wiki〉[108] は、ティーンたちが気軽に愉しめる何百ものスタイルプランをクラウドソーシングで提供している。そのスタイルは〝相手をとっかえひっかえする女《バブルガム・ビッチ》〟風や〝隣のお姉さん《ガール・ネクスト・ドア》〟風を手始めに、ビートニク風やスキンヘッズ風、モッズ風、テッズ風、チャヴ風、そしてアヴァンギャルド風まで何風でも取りそろえている。

一方、インターネットはヴィデオゲームやコミックブック収集、そしてSFといったオタクの趣味をメインストリームの文化に押し上げた。サブカルチャーは衰退しつつあるのかもしれないが、ハードコアなファン層を有する文化はこれまで以上に強固なものになっている。熱狂的かつカルト的な支持者たちはネット上の活動に精を出し、自分たちの〝推し《スタン》〟の注目度をひたすら上げようとしている。こうした活動は、往々にして新製品の〝大人買い〟やネット配信の再生回数の爆上げ工作に発展する。ベンジャミン・コルデロというハイスクールの生徒は〈ニューヨーク・タイムズ〉の取材でこう語っている。「〈スタン・ツイッター〔俳優、歌手、ラッパー、スポーツ選手、政治家などにかんする投稿と議論を中心とするネットワークコミュニティ〕〉のある常連なんか、たぶん同じレコードを十枚買って、同じ曲を三つのプレイリストに載せて何百回も再生してるよ」[109]ライヴァル同士の小競り合いも活動のひとつだ。レディー・ガガの〈リトルモンスターズ〉とアリアナ・グランデの〈アリアネイターズ〉はしょっちゅう諍いを起こしている。テイラー・スウィフトの熱狂的なファンたちは、彼女の二〇二〇年のアルバム『フォークロア』を〝秀作だが傑作ではない〟と評した〈ピッチフォーク・メディア〉に殺害予告を送りつけた。[110]
　こうしたマニア文化には常にふたつのオタク的アプローチが用意されている。テクスト分析というハイカルチャーのテクニックをローカルチャーに応用する、高度に分析的なアプローチと、クリエイターに絶対的な信仰を寄せ、関連製品コレクションのコンプリートを目指すアプローチだ。今やオタクは全世界的なマニア文化を支配する存在となり、若者たちは世界〝軍《アーミー》〟に入隊し、自己表現の手段を見いだしている。インドネシアに暮らす二十六歳のアヴィというアーミーは〈ニューヨーク・タイムズ〉にこう語っている。「わたしたちアーミーはＢＴＳの宣伝活動をしているような感じだけど、同時によりよい世界を望むわたしたち自身の声と戦いも広めているの」[111]この真摯な思いを、ファンたちは文化市場における本当の成功に結びつけた。かつては〝メインストリーム〟での成功は受動的な消費、つまりファン層以外が何となく購入することで示されるとされていたが、ＢＴＳの場合はアーミーたちのおかげで、そこに到達するより早くビルボードでトップの座を得ることができた。

〝ポスト・サブカルチャーの時代に入った〟としたのは時期尚早に過ぎたかもしれない。サブカル的な活動はまだまだかなりあるのだから――これまで見られなかったところにあるからわからないだけだ。かつてのクリエイティヴ・クラスの若者たちは、メインストリームに対して共同戦線を張る同志として労働者階級とマイノリティのサブカルチャーに敬意を払っていた。それに反して二十一世紀で最大の力を有するサブカルチャーは、リベラルなオムニヴォリズムへの反動として政治的勢力図の右側に形成された。自分たちの社会的地位は崩れつつあると信じ込んでいるアメリカの若年層の多くは、〝金も地位もなければ容姿もよくないことを自認する非モテや弱者男性（ブラックピルド・インセル）[112]〟や右翼系ネット荒らし《トロール》、そして頑固なネオナチたちとインターネット上で手を結び、ステイタスへの不安を解消する手立てを見いだした。右翼思想に染まった若者たちはステイタス集団を立ち上げて独自の慣習とスラングとスタイルを育み、極めて侮辱的な〈打倒リベラル〉のスローガンをこしらえては互いに報酬を与え合う（五〇年代のイギリスではテディボーイズが移民コミュニティに暴力を振るい、スキンヘッズは極右と融合したが、その事実は見過ごされがちだ）。

ポスト・サブカルチャー的なところがあるとすれば、それはおそらくこうした集団のイノヴェーションを文化産業が盗用しなくなったところだろう。〈カエルのペペ〉のようにポップカルチャーと右翼的陰謀論《フィーヴァー・スワンプ》だらけのサイトを股にかけるミームは少ないながらも存在するが、〝インセル・シック〟が来シーズンのプレタポルテ・コレクションのテーマになることはないだろう。右派のサブカルチャーは銃器やファーストフード、そして差別的なジョークといった〝悪趣味〟に興じている――〝女々しい〟コスモポリタンに対する模倣回避として、〝女々しい〟コスモポリタンには到底受け容れられそうにないことをやっているのだ。

多様性を拡大させている業界に対してノイジーマジョリティの男性ゲーマーたちが反発しているヴィデオゲームは、アンチ・オムニヴォアなサブカル的感性を伝える主要メディアだ。ゲームは音楽とファッションに取って代わり、若者文化の最重要メディアになったと言っても過言ではない。ヴィデオゲーム業界は今やスポーツや映画よりも規模が大きくなり、二〇二〇年の調査ではZ世代の男性の六十八パーセントがゲームを自分のアイデンティティの重要な要素だと考えていることがわかった。[113]現在、ハードコアなゲーマーのなかの女性の割合は七人中ひとりといった程度でしかない。[114]しかし男性優位のゲームからの脱却は、著述家のヴィッキー・オステルヴェイルが言うところの〈ファシストもどきの白人青少年（fashoid white boy）〉のゲーマーたち[115]を苛立たせている。スポーツ系ブログサイト〈デッドスピン〉のカイル・ワグナーは、二〇一四年に起こったミソジニー的なオンラインハラスメント運動である〈ゲーマーゲート騒動〉を分析し、アンチ・フェミニズムのゲーマーたちを〝アメリカの伝統的な抗議活動における変異体《ミュータント》[116]〟だと見なすようになった。ファッション業界がハードコアなゲームをあまり取り上げないのはそのせいかもしれない。現にマーク・ジェイコブスがゲームキャラクターの衣装をデザインしたのは『コール・オブ・デューティ』ではなく『あつまれ どうぶつの森』だった。[117]
一見すると、ネット上の若者文化には暗くアンチリベラルで虚無的なイメージがある――カジュアルな陰謀論を動画で垂れ流して儲けたり、セレブをハッキングしてヌード画像や動画を〈4chan〉で拡散したり、もしくは恐ろしげなフェイスタトゥーや音声ファイル共有ファイル〈SoundCloud〉にアップされるトランプ支持のラップなどだ。[118]とはいえ前向きな展開もないわけではない。たとえば若者文化は、〝クール〟の美意識の最も差別的な側面を弱体化させた。スノッブなところは少なくなり、包容力は増し、本当の欲望を隠すことなくペルソナを構築できる自由度も増した。かつての前衛芸術家たちは、支配的な芸術的慣習を貶めることで〝偶像を破壊した〟。オムニヴォリズムに染まった若者たちは、レイシストやセクシストや虐待者たちを排除することで〝先輩たち〟も間引く。キッチュに対する反射的な嫌悪から解き放たれた文化は、ハイブロウもミドルブロウもローブロウも全部ひっくるめた無尽蔵の新たなコンテンツで溢れ返っている。

が、現在偶像化されている急進的なイノヴェーションをうながしたものは、センスという頑強な概念だった。かつてセンスは強力なシグナリング・コストであり、特定のスタイルや工芸品を特定のコミュニティ内に留めておくための金銭以外の手段だった。そのセンスをオムニヴォリズムは否定し、文化資本とサブカルチャー資本を無の状態にまで弱体化させる。その結果、生身の富がステイタスの一目瞭然な区分け基準となった。

インターネットもニュー・ヌーヴォーリッチもオムニヴォリズムの新しい文化のステイタス価値を失わせるのだとしたら、何をライフスタイル選択の指針とすればいいのだろうか？　そう考えるとふたつのアプローチが浮かんでくる——歴史的価値を受け容れるか、それとも過去を嬉々として切り棄てるかだ。

レトロマニアVS.ネオマニア

「前衛《アヴァンギャルド》は今や後衛《アリエルギャルド》だ」[119]音楽評論家のサイモン・レイノルズは二〇一一年の自著『Retromania（レトロマニア）』でそう断じた。デジタル化のおかげで、二十一世紀の消費者は直近の過去にいとも簡単に、かなり大量にアクセス可能になり、文化的工芸品についても直近の未来のものより直近の過去のものに興味を抱くようになった。[120] そしてクリエイティヴ・クラスの〝パイオニアとイノヴェーターたち〟は、〝キュレーターとアーキヴィスト〟という新たな役割を担うようになった。[121] クリエイターたちはヒップホップのサンプリングに用いられる〝カット&ペースト〟をほぼすべての芸術形態に適用した。ブロガーたちは文化の〝墓荒らし〟となり、鷹揚だった時代の〝釣り記事《クリックベイト》〟を日々掘り返し、新たなコンテンツを際限なく求める読者たちに応えている。マルセル・デュシャンは芸術の未来については先見の明があったが、ひとつだけとんでもない読みちがいをした——「われらが愛すべき世紀はあまり記憶に残らないだろう」[122] しかしわたしたちは前世紀の濃い影に覆われたまま二十一世紀を迎えた。

哲学者のジル・リポヴェツキーは、二〇〇五年に著した『Hypermodern Times（ハイパーモダンタイムズ）』に、〈レトロマニア〉の出現を予見したとも読める言葉を記している——時間を構成しているのはもはや〝絶対的な現在〟ではなく〝逆説的な現在、つまり過去を絶えず掘り起こし再発見する現在〟だ。[123] グレン・オブライエンも二〇一一年に同じようなことを述べている。「わたしたちの時代の面白いところは、すべての時期、すべての時代が同時に存在していることだ」[124] オムニヴォリズムと組み合わせると、レトロマニアは最初のうちは愉しいものだ。古い文化工芸品やスタイルはそれこそ無限にあるので、ペルソナ作りの選択肢も増える。ボヘミアン・シックを取り入れたかと思うと、その次には八〇年代プレッピースタイルに変えることができる。

が、前衛芸術が文化を〝孕ませる〟ことを目指したのだとしたら、レトロマニアの目的は文化の精管結紮《パイプカット》だった。過去ばかりに眼を向け、その発掘に多くの時間とエネルギーを費やし、根本的に新しいものへの取り組みは少ないように思えた。芸術家と若者とサブカルチャーとマイノリティ集団の多くはメインストリームの文化に未知の脅威を与えるのではなく、栄光の日々を数珠つなぎに追体験することを選んだ。つまり〝ゆるやかに消失する未来〟[125]ということだ。消費者から認知されたら半分勝ったも同然の〝売り上げ上位《ヘッド》〟重視の市場において、ハリウッドの映画製作会社は過去に人気を博したシリーズをリブートしてリスク軽減を図った。一九六二年にマーベルコミックに初登場したスパイダーマンは、二〇〇二年から二〇一九年のあいだに八本の実写版映画が製作された。ポップカルチャーはとうとう飽和状態となり、過去の古典は現代の作品よりも重要な位置を占めるようになった。

デジタル技術の向上により、クリエイターたちによる過去の模倣《パスティーシュ》はサウンドといい見た目といい触感といい、オリジナルと不気味なほどそっくりなものになった。文芸評論家のハロルド・ブルームはこう考えていた。「力強い詩人たちは死の世界から何度でも戻ってくるのだ。彼らがどのように戻ってくるかというのは決定的な問題である。なぜなら、もし彼らが生前の姿のまま戻ってくるなら、その帰還は後続の詩人たちを貧しくするからだ。つまり、もし遅れてきた詩人たちが後代に記憶されるとしても、貧弱なものとして、自分たちでは充塡することのできない欠乏のうちに終わったものとしてしか記憶されないという運命をもたらすからだ[126]」現代のレトロ風の作品は〝力強い詩人〟を出発点としているのではなく、クラシカルな雰囲気を借用することで歴史的価値を利用する手軽な手段として使っているように思える。五〇年代レトロが触発したのはリバイバルだけに留まらなかった。そのサウンドは急速に進化し、グラムロックとパンクという七〇年代を定義するジャンルを生み出した。一方、二〇〇〇年代のバンド、フランツ・フェルディナンドは、ギャング・オブ・フォーといったポストパンクのバンドのサウンドを極めて忠実に再現した。この時代の音楽を詳しく知りたいと願っているリスナーは、コピーよりもオリジナルを聴きたいと思っているのかもしれない。

過去を振り返ることは〝現在は常に過去より刺激的〟を旨とするポップの精神に反する行為であり、文化の停滞感をさらに煽るだけだ。作曲家で哲学者のレナード・マイヤーにとって、停滞は〝斬新さと変化〟ではなく〝秩序立った連続的な変化〟の不在を意味した。[127] このナラティヴの混乱はポストモダニズムにおけるスタイルの同時性に端を発し、レトロマニアは過去のそれぞれの時代を際立たせていた一大ムーヴメントの発生をさらに妨げた。著作家のカート・アンダーセンは二〇一一年に〈ヴァニティ・フェア〉でこう述べている。「最近の過去は――二〇〇〇年代、九〇年代、そして八〇年代の大半ですら――現在とほとんど同じに見える」[128] チャック・ベリーとヘヴィメタルロック、派手なキャデラックとスマートなデロリアン、そして質素な装いの不良とやたらと重ね着するヤッピー――そうした一九五五年と一九八五年の文化の大きな相違に基づいたギャグで映画一本を埋め尽くしたのが『バック・トゥ・ザ・フューチャー』だ。同じテーマの映画で現在から九〇年代を振り返ってみても、登場人物たちは何となく時代おくれのように見えるが、未知の存在のようには見えないだろう。九〇年代の大人気ドラマ『フレンズ』を今観ても時代物とは思えない。

こうした文化の停滞は、消費者の〝変化疲れ〟に原因があるとアンダーセンは見ている。「変動と奇妙さと不満を受け容れる人間の能力には限りがあり、今を生きるわれわれはその力を最大限発揮している」[129] しかしこの原則はどの時代にも当てはまるものだろうか？　六〇年代の若者たちは、社会の変化を望んでいる証しとして変動と奇妙さを求めた。それにスタイルへの切り替えをもたらす社会的変化がまったくないというわけではない。レトロマニアは企業の策略でもあるとアンダーセンは推察する。何しろ独占企業は流行のサイクルを遅くすることでビジネスの安定化を図ってきたのだから。オールドネイビーをはじめとした、ワイドシルエット《ビッグ》のチノパンツ《チノ》を主力とするアパレル各社は、カーキ色のツイル地のズボンをなかなか捨てさせてくれない。インターネットとそれがもたらすロングテールにしても、そうやすやすと独占を阻止できなかった。レトロマニアが生じたのは、消費者が――とくにエリート層が――新しいスタイルよりも古いスタイルに価値を見いだしたからにほかならない。

今にして思えば、レトロマニアは現代文化の威信《キャシェ》の急落に対する反応だったのかもしれない。〝バズり〟、情報とアクセスの両面の障壁の打破、ヌーヴォー・リッチの単純明快な美意識への称賛、そしてセンスの否定。こうした状況下で、新機軸は以前ほどにはステイタス価値を得られなくなった。その一方でわたしたちは〝本物〟であるべしという圧力をより強く感じ、新しいものに切り替えるハードルを高くしてしまう。新しいスタイルを受け容れるには、それが一過性のものでないことを先に確かめなければならない――そして大半は一過性のものだと判明する。ステイタス価値が低下するなか、歴史的価値が前面に押し出されてきた。ペルソナの構築においては、刹那的な現在よりも信頼できる過去のほうが役に立つのだ。

レトロマニアは、歴史的価値を大いに尊重する環境で育ったX世代特有のインターネット時代への対処法だった。彼らに続くミレニアル世代とZ世代は〝デジタル・ネイティヴ〟であり、アナログ時代のゆっくりとした流行のサイクルを肌で感じたことはほとんどない。実際のところ、両世代のポップカルチャーは過去から完全に切り離されているように見える。若い彼らは過度にインターネット的な、重みのない文化〈ネオマニア〉を享受している。インターネットが新しい愉しいものを無限に提供してくれるのなら、それを愉しまない手はないのではないか？　ソーシャルメディアは共感できるコンテンツを毎日毎分ごとにどんどん送り出してくる。生産消費者《プロシューマー》向けハードウェアとソフトウェアは手頃な価格になり、クリエイターたちはデジタル画像と動画、そして楽曲を最小限のコストで制作し、しかも無料でいくらでも配信できるようになった。BTSのアーミーになれば、誰でも温かく親しげに受け容れてもらえる。たしかにネオマニアはノスタルジーにも耽ってはいるが、しかしそこにあるのは皮肉的かつ表面的な愉しみであり、黄金時代への敬意はない。

　文化の停滞に対する不安には新しい感性の欠如に対する不安も含まれていたのだろう。しかしネオマニアはかなり際立った、新たな美意識をもたらしてくれる。二〇〇〇年代を代表する〝顔〟がなかったのは、象徴的なヴィジュアルイメージを多用するMTVやオルタナティヴロック雑誌〈Ray Gun〉から、まだテキスト重視だったワールド・ワイド・ウェブに移行するなかで文化が行き詰ってしまったからだ（誰でも簡単にホームページを制作できた〈ジオシティーズ〉の点滅するテキストは、今となっては趣きのあるものに見えるかもしれないが、当時はダサいと感じられた）。対照的に、二〇一〇年代のヴィジュアル重視のインターネットは具体的なスタイルをもたらしてくれた――心からの涙が拝める告白系動画、六秒間のおふざけ動画をループ再生する〈Vine〉、歪んだ加工《ビットクラッシュ》が施されたミーム、安っぽいダンスブーム、〈SoundCloud〉にアップされる、MacBookの内臓マイクで録音したダメダメラップ。どれもこれもハイファイデジタルでけばけばしく彩られたアマチュア作品ばかりだ。

　人間の歴史の大部分において、物語を語ることは語り部の長老や本の虫の学者、そして野心的な芸術家のみに与えられた特権だった。動画制作については、映画製作を志す者たちは学校や映画産業で修業を積んだ末に、ようやくカメラを手にすることができた。インターネットは物語を語ることの門戸を万人に開き、その発展は長きにわたって偉大な民主主義革命と見なされてきた。が、それによってオタクたちは、長年にわたって独占してきたコンテンツ制作とその門番の役目を奪われてしまった。

誰もがコンテンツを制作するなか、ティーンエイジャーたちは〝スクールカースト〟をコンテンツの視聴習慣にまで拡大していった——おしゃれ女子たちがショッピングの戦果を見せびらかし、クラスのお調子者が大がかりないたずらで仲間たちに恥をかかせているというのに、変人の動画なんか観ている場合か？ まさにこうした〝凡庸さ〟にこそTikTokの魅力はあると、デジタルメディア〈Vox〉のレベッカ・ジェニングズは述べている。「別に誰もあなたの才能に期待してフォローしているわけじゃない。あなたのことを気に入っているからフォローしているのだ」[130] ザ・ビートルズがベビーブーマー世代を、MTVがX世代を定義したのと同様に、Z世代を定義しているのは、かつての世代の低俗《ローブロウ》なアメリカ人たちが受動的に消費していた『Candid Camera（どっきりカメラUSA）』や『America's Funniest Home Videos（アメリカズ・ファニエスト・ホームビデオ）』のインターネット版類似コンテンツだ。

そうした子どもたちに人気のあるコンテンツは、そのクリエイターたちの実生活を撮影したものなので、歴史についてのさりげない言及も芸術面の虚飾も驚くほど少ない。ジャン・ジュネの小説を遠まわしに引用したいたずら動画を投稿する若者なんかほとんどいない。こうした限られた文化表現形式にだけ眼を向けることで、ネオマニアは包摂的《インクルーシヴ》なものになるが、その効果は二十世紀の〝クール〟のパラダイムから切り離されてしまう。ヒップスターの長老たちは、後継者たちがさらに怒りに満ちた反逆と離反の形式を創出するよう仕向けていたが（あるいは社会正義面の切迫した問題に急進主義の眼をせめて向けさせようとしたが）、若者たちは反抗し、芸術的急進主義と離反を放棄した。奇怪な動画を配信する〝エリートTikTok〟や文学や書籍に焦点を当てる〝BookTok〟もあるのかもしれないが、そうしたものより代表的で、見たところ愛されているのは、子どもがただ単に子どもの振る舞いをする動画コンテンツだ。クールであることは仮面をかぶることだとするならば、ネオマニアの仮面は仮面をかぶらないふりをすることだ。メイクアップの達人たちは、さまざまな化粧品を駆使して変身する魔法のテクニックを披露する前にすっぴん顔を嬉々としてさらし、親しみやすさを大げさに演出する。ここでカギとなる美徳は脈絡のないばかばかしさだ。二〇二〇年に最も閲覧数を稼いだTikTokは、ベラ・ポーチという女の子がリズムに——それもどちらかというと無名のイギリス人ラッパーの、しかも四年も前のグライム〔ハウス系クラブミュージックにラップやレゲエの要素を加えたもの〕のサウンドに——合わせて頭をひょこひょこ動かしたり寄り眼にしたりしながらリップシンクを披露するというものだ。

こうした特性ゆえに大人たちがネオマニアを疎んじているのだとすれば、そこがポイントなのだろう。MTVがX世代のアジトとなったように、TikTokは完全に壁に囲まれた世界を子どもたちに提供し、そこで彼らは大人たちの文化的支配から逃れ、自分をさらけ出す。「情報共有《シェアリング》、たまの情報の拡張共有《オーヴァーシェアリング》はZ世代の習性のように思える。この習性はデジタル空間における雄弁さとオンラインにおける解放感につながっている」[131]ライターのセイラ・リズヴィッチはカナダのメディア〈The Walrus〉でこう述べている。オーヴァーシェアリングの規範は、年長の大人たちとのあいだにさらに高い柵を築く。大人たちは仕事と家族に対して社会的責任があり、そのせいで自分の私生活も心の内もさらけ出すことができない。おまけにこんなものまである。教会主催のキャンプでの心を合わせた歌の集い。都市郊外のハイスクールの視聴覚クラブで制作した、低品質《ローファイ》で安上がりなコンテンツ。ハイスクールのイヤーブックに盛り込まれる内輪ネタにそっくりな、ミーム頼りのショート動画——そうしたものと相通じるダンスルーティーンに明示されるZ世代のアンチ・センスを愉しめる大人は皆無と言っていいだろう。

たしかにこれまでの世代にしても、人類の叡智をのちのちまで伝えることは美徳だとして、必ずしも歴史を探究していたわけではない。文化が正典を中核としていた時代、急進的な芸術家たちは敵を知るために歴史を学んだ。一九九〇年代には古いレコードや映画に慣れ親しむことが文化資本となった。しかし今は世界中の過去と現在の知識ならウィキペディアで無限に、しかも無料でいつでも検索できるので、デジタル・ネイティヴたちに過去を記憶し分析する気がほとんど起こらない。四十歳のデジタルアーティスト〈ビープル〉ことマイケル・ジョゼフ・ウィンケルマンは、自身のNFT作品が六千七百万ドルで売れたのちに〈ニューヨーカー〉でこう語った。「〈抽象表現主義〉と言われても、それが一体何なのか、本当にさっぱりわからない」[132] 正典を熟知していたからこそ、急進的な芸術家たちは自身の作品がどれほど革新的《イノヴェーティヴ》なものなのかを測ることができた。そして既存の慣習を信念をもって否定するイノヴェーションはより早く影響力を得た。多くのユーチューバーと同様にマルセル・デュシャンもさまざまな幼稚ないたずらに手を染めていたが、それらは今では芸術の形而上学についての深みのある意見として歴史に刻まれている。ルイス・ブニュエルの座右の銘〈伝統によらぬものはすべてこれ剽窃による〉に立ち戻れば、最近のヒット作を浅く再現しただけの代物が影響力を持つことはあり得ない。新しい芸術が正典入りすることなどほとんどなくなった現在、歴史に名を残すことはもはやクリエイターの創作意欲を駆り立てる目標ではなくなっているのかもしれない。ステイタスを得たいのであれば、無名のサークルから〝芸術家〟の称号を賜るよりも、金を稼げる〝クリエイター〟になるほうがよりよい道筋なのだ。

しかしながら、過去に対する義憤が、たとえそれが歴史面の詳しいところは不明であっても、創作を衝き動かす強力な原動力でありつづけている様子がいくつか見られる。ロンドンのミュージシャン兼プロデューサーで二十代のキット・マッキントッシュは二〇二一年の著書『Neon Screams: How Drill, Trap and Bashment Made Music New Again（ネオンは叫ぶ——ドリル、トラップ、バッシュメントはいかにして音楽を蘇生させたか）』で、デジタル音楽技術の民主化が進んだことでネオマニア的なブラックミュージックが世界中に溢れるようになったと主張した。イタリアの詩人フィリッポ・トンマーゾ・マリネッティが一九〇九年に出した『未来派宣言』から引用したかのような言葉をマッキントッシュは記している。「二十一世紀はイノヴェーションの終焉と進歩の死を歓迎する。偽預言者たちはそんな恐ろしい警告を発した。古くさいパラダイムを打ち壊そう。そして火を放ち、来たる世紀の音に驚こう」[133]単調かつ調子はずれなリズムと、別世界のようなデジタル音声処理のはざまで、ヒップホップの実験的なサブジャンルである〈トラップ〉と〈ドリル〉は過激な讃美歌を異星から届けてきた〔トラップはアメリカ南部発祥のサザン・ヒップホップを起源とし、ドリルはシカゴのギャングスタラップの総称〕。未来派の優れた芸術家が皆そうであったように、マッキントッシュもトラップとドリルが新しい音楽のパラダイムを示すことを願っている。ところが皮肉なことに、マッキントッシュらが主張する過去からの脱却こそが、彼ら自身を〝連綿と続く連鎖〟のなかに閉じ込めてしまうのだ。そしてこの新たな枠組みによって、批評界はトラップとドリルをアマチュアが作った粗削りなサウンドではなく先鋭的な新しい音楽として評価するようになってきている。

すべての若者文化が芸術的価値の源泉だと見なすべきではない——若者たちだってそんなつもりなどないはずだ。しかし二〇二二年のネオマニアの革新性が一九六五年のそれと大きくかけ離れているように感じられるのは、メインストリームの文化に受け容れられるまで時間がかかっているからだ。二十世紀の若者文化はあっという間にキャシェを付与され、メインストリームの文化に浸透し、若者たちのイメージどおりに大人を変えていった。六〇年代初頭、ツイストダンスのブームは黒人の若者たちからテレビ番組『アメリカン・バンドスタンド』の視聴者層である流行に敏感なティーンの女の子たち、そしてマンハッタンの裕福な若者たちが集う高級ナイトクラブ〈ペパーミント・ラウンジ〉へと広まっていった。[134] 前述のドリルについては、カニエ・ウェストとドレイクがこのジャンルのラッパーと作品を自身の大衆市場向けの曲にすぐさま取り入れたが、ファイヴィオ・フォーリンといったブレイクしたドリルのラッパーたちが有名になったとは言い難い。同様に、都市郊外のミドルクラスのネオマニアたちも小さな一歩を踏み出したに過ぎない。歌手でダンサーのアディソン・レイが『ザ・トゥナイト・ショー・スターリング・ジミー・ファロン』で八種類の〝TikTokダンス〟を披露すると、視聴者の多くは〝ドン引き〟した。[135] ティーンエイジャーのオンラインカルチャーの多くは普及が阻害されてきた――サマーキャンプで流行ったミサンガが学校では流行らないのと同じように。

何もソーシャルメディアがデジタル世界の僻地だと言っているわけではない。現に、ネット上のスターたちは既存の組織や機関からのお墨つきがなくても数百万ドルもの年収を稼いでいる。問題は、こうしたプラットフォームが芸術面での真のイノヴェーションをうながしているかどうかだ。

クリック課金《ペイ・バイ・クリック》型プラットフォームやニュー・ヌーヴォーリッチの台頭、そして文化資本の死といった、本章で指摘したすべての構造的変化は、クリエイターたちに文化資本ではなく経済資本の蓄積を目指すよう仕向けている。そして有利な収益配分契約や企業の後援をより容易に得たいのであれば〝スケール〟を拡大すればいい。閲覧者を多く惹きつけたいのなら、分母がやたらと大きな〝芸術〟よりも公分母が最も小さいコンテンツのほうがずっと簡単だ。コンテンツは金のにおいがするほうになびくものだ。

過去のクリエイターたちは物質面での成功という夢を公言することができず、高邁かつ超越的な目標を達成すると宣言することで覆い隠さなければならなかった。が、セレブたちが富の福音を説き、ミレニアル世代が経済的不安を抱えている世界では、若いエンターテイナーたちが〈いいね〉や購読者、そして広告主を積極果敢に呼び込んでもほとんど反発を受けない。むしろフォロワー数と総収益こそが文化的重要性を示す唯一の指標のように思える。腹を空かせた芸術家はただ腹を空かせているだけだ。コメディアンのブリタニー・ミニャレリはツイッターにこんな愚痴をこぼしている。「一九八五年のコメディアンは女の買い物の仕方についてのジョークで有名になれた。二〇二一年のコメディアンはスケッチもスタンダップも即興も風刺もやってくだらないTikTokもポッドキャストもやってウェブシリーズ一本長編三本パイロット版五本製作して毎日二十二時間ツイートしても家賃払えない[136]」
ネオマニア内では、あからさまな物欲中心主義が文化のエコシステムをねじ曲げ、資本主義の理論の完全なる具現化に向かわせている。かつてのボヘミアンたちはむさくるしい地下の部屋で創作に没頭し、結核にかかって死ぬ者もいた。現代のクリエイターたちは〝インフルエンサー集団《ハイプハウス》〟を作って何百万ドルもする豪邸で暮らし、視聴者が求めるコンテンツを制作している。現金は若者のすべてを支配している。あるティックトッカーが二〇二〇年にロスアンゼルスに暮らす友人たちに衣服について聞き取り調査したところ、全員が色やスタイルではなく、さらにはブランドでもなく、価格で着る服を選んでいると答えた。[137]
インターネットが惹き起こしたその他の変化と同様に、ネオマニアの勢力は記号的な複雑さの増大に抗う。それでも親世代の正典を否定し、自分たち自身の手であらたな正典を築く手段を見つけた点については、少なくともZ世代に敬意を払うべきだ。セイラ・リズヴィッチはこう述べる。「TikTokは、Z世代にとって自分たちの精神、美意識、そして態度を表現する中心的な手段になっている——

時としてミレニアル世代とベビーブーマー世代に対するあからさまな敵意につながることもある」[138]二〇二二年時点の文化は、超大作映画とスーパーボウルのハーフタイムショー（この年はヒップホップのオールスターショーだった）という大型〝ヘッド〟とネットセレブに二分されている。このふたつの完全合流はいずれ必ず起こる。〈SoundCloud〉を主戦場にしていたラッパーたちは民放ラジオに進出したが、その多くは法的な問題や早過ぎる死に直面し、本格的なセレブにはなれなかった。つまり文化の停滞への不安は、新たな芸術工芸品とスタイルと感性が創り出せないことではなく、それらがメインストリームの文化に取って代わることができなかったことに対するものなのかもしれない。バンド結成から二年と経たないうちに、セックス・ピストルズはロンドンの小汚いサブカルチャーからイギリスのポップチャートのトップに躍り出た。TikTokとその同類はベビーブーマー世代とX世代の価値観を削ぎ落しているが、そのプロセスは遅々としたものだ。が、そんなことは若者たちにはどうでもいいことだ。ネオマニア文化は大人たちとのあいだには柵を築き、ほかの若者たちのあいだには橋を架ける――彼らはそれで高額な報酬を得ているのだから。

§

インターネットに備わる技術的、経済的、そして社会的な構造は、クリエイターが創作を続ける方法、イノヴェーションが価値を得る方法、そして急進的な発想がマスカルチャーにトリクルダウンする方法のリズムを変えた。現在、文化は無限に存在し、情報の障壁は完全崩壊し、そして流行のサイクルは速く浅くなっている――それらすべてはステイタス価値の創造に不利に働く。この事実と、欧米以外の地域で台頭し、グローバルステイタスの階段を上がることに貪欲なニュー・ヌーヴォーリッチが組み合わさり、文化資本以上に明確なステイタスの基準として経済資本が再浮上してきた。ロングテールは小規模な消費者サブカルチャーが共生するユートピアの到来を予言したが、実際には〝どれも優れているのだから価値の優劣などない〟とするオムニヴォア的センスにプロフェッショナル・クラス全体が取り込まれてしまった。過去を振り返るか、それともまったく振り返らないか——進むべき道については世代間で意見は分かれる。

わたしたちの期待は、いつかどこかの時点で構造的な現実に順応していくのだろうが、そのいつかになるまではピエール・ブルデューの言うところの〈ハビトゥスの履歴現象《ヒステレシス》効果〉[139]に悩まされる——なかなか消え失せない前時代の価値観に引きずられて判断を下してしまうのだ。名声について言えば、かつてはセレブリティになることができれば誰でも高いステイタスが与えられた。名を世間に知らしめるにはテレビに取り上げられなければならず、それができる人間はごく少数に限られていた。それが今ではスマートフォンとインターネット接続があれば誰でも世界中に発信できる。それでも仲介という行為そのものは各個人をよりカリスマ的に見せつづけている。が、名声がこんなにも安っぽいものになったというのに、どうしてわたしたちは今でも夢中になって名声を得ようとしているのだろうか？　もしかしたらじきに熱から冷めるかもしれない。それに、インターネットの時代しか知らないデジタル・ネイティヴがどんどん増えていくにつれて、棄て去られる可能性のある価値観はほかにもたくさんある——歴史的価値しかり、芸術的遺産しかり、真正性しかりだ。

この文化の停滞は一時的なものだ。カート・アンダーセンは自信ありげにそう断じる。「この文化様式の停止状態がただの小休止で、文化の大変動に対するうしろ向きの反動だとすれば、最終的にわれわれが過激な新しさに慣れたらすべてが元どおりになるはずだ[140]」しかしそうならなかった場合も想定しておくべきだ。文化的変化は、劇的な変貌を遂げたのちに長きにわたって停滞するという〝断続平衡〟のパターンをたどるのかもしれない。[141] 人類学者のA・L・クローバーは、すべての文明を調査し、すべての高等文明におけるより高い価値をもたらそうとする美的および知的努力は、一時的な爆発的な進歩もしくは成長として結実する場合が圧倒的に多いことを発見した。[142] これを現代に置き換えると、六〇年代の猛烈な勢いの文化的変化は普通ではなく例外的なものだったのかもしれないということだ。〈エスクァイア〉は一九六六年八月号でトレンドの移り変わりが早過ぎると苦言を呈し、こう提言した。「もはや六〇年代は終わっていい頃合いだ。これからの四年間はヴァケーションとしゃれこもう[143]」文化の流れがゆったりとしたものになることはいつの時代にもあるのだろうが、急速で激しく、そして刺激的だった二十世紀の変化は人間が新しい慣習に頻繁に切り替えたことで生じ、そして切り替えをうながしたものはステイタス価値の追求だった。目新しいもの《ノヴェルティ》は今でも愉しいものだが、ミームやバズり動画がわたしたちのペルソナの一部にはなりそうもない。とはいえ個人が変化を起こさなければ文化は動かない。人間の歴史においては停滞している期間のほうが普通で、急激な変化はむしろ例外的だ。しかし判断をするわたしたちのまえに前世紀が立ちはだかっているかぎり、現在の停滞が残念に感じられることになりそうだ。

　インターネットは人的交流の新たなプラットフォームを提供してくれるが、それでステイタスと文化《カルチャー》の結びつきが解かれたわけではない。ここで最後の疑問が生じてくる――ステイタスと文化を連動させる原理が理解できたのなら、その知見をどう生かせば、〝平等化と創造性〟という両者にとって最良の結果をもたらすことができるのだろうか？

まとめ　ステイタスの平等化と文化の創造性

ドッグショーの優勝経験があるキングズロイヤル・ラッシーは田舎町のラッシーよりも優れた犬なのだろうか？　そうじゃないとインターネットは答える――どの犬もいい子だ（All dogs are good bois）。この〝犬種平等主義〟の言葉は、日常的に見かける普通の犬を十点満点で厳密に評価する――そしてどの犬にも十二点や十三点、もしくは十四点を与えているみたいだ――人気ツイッターアカウントWeRateDogs®を支えている。[1]この私的な運動のもうひとつの目標は、純血種の犬は雑種犬《ミックス》よりも優れているという、長きにわたって根づいている固定観念の根絶だ。現代社会において、〝犬種〟は犬の分類だけでなく、わたしたちの価値判断にも無意識のうちに反映されている。実際、世界的に有名な犬は純血種ばかりだ。ラッシーはコリー、ベートーヴェンはセントバーナード、そして暗号通貨〈ドージーコイン〉のモチーフは柴犬だ。

ステイタスについての調査行は二匹のコリーから始まり、犬たちで終わる。そうしたのは、ステイタスがわたしたちのセンスを変え、自然認識を形成し、集団としての美の基準に影響を与えるという明確な例を、ほかならぬ犬たちが示しているからだ。犬種という概念は、今を生きるわたしたちの犬に対する暗黙の了解の方向を決めている。しかし犬種は、マイク・ワーボイスとジュリー＝マリー・ストレンジとニール・ペムバートンらが主張するように、二百年に満たない歴史しかない〝物質と文明の発明〟[2]なのだ。十九世紀初頭のイギリスでは、富裕層の女性たちが心の支えとして犬を大いに愛し、貴族たちは狩りに役立つ従者として重宝した。そうしたすべてが十九世紀中頃に始まったドッグショーで変わってしまった。イギリスの貴族たちは、誰が最も優れた犬を所有しているのかを競い合った。客観的な評価基準を設けるために、ドッグショーの主催者たちは以前は一般的なカテゴリーに分類されていたテリアやレトリーヴァーのような犬種に、正しい体形、毛色、大きさについての公式基準を設定した。するとブリーダーたちはその基準を基にして交配させる相手同士を選び、現在の実に多種多様な犬種を生み出していった。

ドッグショーがイギリス社会に浸透していくにつれて、Canis lupus familiarisという学名の哺乳類はまったく新しいかたちで評価されるようになった。一八六三年、〈The Field〉誌は論説でこんなことを述べた。「犬（dog）とは純血種のニューファンドランド、レトリーヴァー、フォックスハウンド、ポインター、セッター、テリア、スパニエル、マスチフを指す。ひるがえって〝イヌ（dwag）〟とは、これらのいずれかにあてはまるものかもしれないし、どれにもあてはまらないものかもしれない。何しろイヌとは怪物なのかもしれないし雑種なのかもしれないのだから」[3] ここから人間の階級理論が犬の階級にも入り込んでいった。[4] イギリス原産種は外国種よりも優れているとされ、チャンピオン犬の仔は高いキャシェを享受していた（作家のドロシー・パーカーの遺品のなかには〝最愛のプードルが高貴な生まれであることを証明する血統書〟があった）。[5] 二十世紀になると、犬種を飼うことが階級の目印となった。[6] 文化史家のポール・ファッセルが指摘するように、アメリカでは特定の犬種を飼うことが階級の目印となった。ラブラドールとゴールデンのレトリーヴァーが最上位、スコティッシュとアイリッシュのセッターは中位、ピットブルは底辺といった具合に。

わたしたちが犬を愛するのは遺伝子のなせる業なのかもしれないが、そのわたしたちが犬を認識し、分類し、そして価値を付与する方法は、十九世紀の具体的なステイタスをめぐる争いにその起源をたどることができる。犬が頼りになる〝仲間〟ではなくステイタスシンボルに変わると、人間は差異化の必要性に衝き動かされ、犬を何十もの異なる種類に〝変貌〟させた。この犬種の起源は時の流れのなかで忘れ去られ、犬種の基準に沿った犬のほうが文句なしに美しいと見なされるようになった。雑種犬は純血種よりも強健だが、〝雑種〟という言葉にはどこかに問題があるような含みがつきまとう。チェコ共和国で実施された調査では、檻や囲いから逃げ出した純血種を取り戻すケースは、家から逃げ出した雑種犬の場合の二倍だということが判明した。[7]
本書の冒頭で、わたしたちは〈文化《カルチャー》の大いなる謎〉――どうして人間はある特定の行動もしくは慣習をこぞって好んで取り入れ、何年かするとさしたる理由もないまま別の行動もしくは慣習に一斉に乗り移るのだろうか？――の解明に乗り出した。が、この謎の答えを見つけることで、わたしたちはより深い洞察に行き着いた――ステイタス構造はそれぞれの文化の根底をなす慣習をもたらし、その慣習はわたしたちの行動と価値観、そして現実認識を決定する。ステイタス価値のある行動やモノは高品質で美しく、そして望ましいものだ。それに欠ける行動やモノは低品質で見栄えがよくなく、そして役立たずだ。人並みのステイタスを得るために奮闘するにせよ、あの手この手を尽くして頂点を目指すにせよ、より高いステイタスを求める戦いは個人のアイデンティティを形成し、創造性と文化的変化に拍車をかけ、習慣と伝統を作り上げる。人間には何かを創造したいという本能があるのかもしれないが、新たに創り上げたものがより広く普及するには、それが他者たちのステイタス欲求を満たすものでなければならない。こうしたメカニズムは特定の集団に対する構造的な偏見の元凶になることもままあるが、適切な要素が加味されると、社会の流動性と文化の多様性の拡大につながる道が拓かれることもある。二十世紀に高ステイタス集団が経済的に恵まれないコミュニティの慣習を文化資本として利用した結果、ステイタス構造が大変動し、多種多様な新しい感性を支える新たな芸術工芸品が爆発的に増加した。

結局のところ、文化とはステイタスの副産物に過ぎないのだろうか？　ここは、文化とは人類の驚くべき発明であり、自己表現と集団の団結と心の支え、そして知識の伝達を可能にするものだと信じたいところだ。これらはたしかに有益な機能だが、どうして文化は発生し、変化するのかを説明するものではない。分別も良識もわきまえた個人ですら、ごくごく月並みな行動パターンを取ってしまうものだが、その理由を明快に示してくれるのがステイタスを求める基本欲求だ。文化の一員になったときに感じる〝ほんのりとした温もり〟[8]は、普通のステイタスの恩恵を言い換えたものだ。慣習がわたしたちを特定の集団の構成員として分類したとき、そこでようやく慣習は何かを〝表現〟する傾向にある。個を際立たせたいという抑えがたい欲求は、極めて高いステイタスの位置を示す必要性から発したものなのかもしれない。文化は知識の伝達を可能にするが、伝える具体的な内容、すなわち習慣や伝統や古典、そして正典は、高ステイタス層の嗜好および行動寄りのものになる。

こんなものはハッピーな結論だとは言い難い。それどころか、ステイタスがわたしたち個人の選択に深い影響を与えるのであれば、わたしたちの自由意思そのものに疑問符がつくことになる。社会学者のピティリム・ソローキンはこう述べている。「われわれ自身が何かを決定するとき、自由だと感じる。とくにこの自己決定が、われわれにとってごく自然なものとして、われわれの本質から発したものとして、われわれの内部から自然に湧き起ってくるものであれば、なおさらにそう感じる」[9]美意識と選択とセンス、そしてアイデンティティの背後にある秩序だったメカニズムは、すべて〝わたしたちの本質〟と特定の階層内のわたしたちの位置とのあいだのどこに線を引くのかを問うてくる。文化評論家のヘンリー・ルイス・メンケンはソースタイン・ヴェブレンの理論が気にくわず、こんな言葉を発している。「わたしがベートーヴェンの交響曲第五番を高く評価しているのは、下院議員とメソジストたちはこの曲のよさを理解できないと考えているからなのだろうか、それとも音楽を心から愛しているからなのだろうか？　フライド・レバーよりもテラピン・ア・ラ・メリーランド〔十九世紀にメリーランド州のエリート層に好まれていた“カメ”のシチュー〕のほうが好きなのは、貧乏農民にはレバーでも食わせておけと考えているからなのだろうか、それともカメのほうが本質的に美味しい食材だからなのだろうか？」[10]文化的価値はステイタス価値のみで構成されるものではないというメンケンの指摘は正しいのだが、自分はステイタスの影響と美および快楽の“純粋な”観照を切り離すことができるとしたところは自信過剰だ。人間は歴史のなかで文化的嗜好を何度も何度も変えてきた――それもほぼ毎回、ステイタスが望む方向に。エリート層の規範を取り入れようとする欲求は、生物学的本能と経済的合理性、そして個人の心理にあたかも先んずるかのように思える。ステイタスに対する不安に駆り立てられ、ザ・ビートルズはロックンローラーのプライドの象徴だったポンパドゥールから芸術家気取りのモップトップに変え、ウィリアム・フィネガンは大好きなロングボードを捨てた。

人間がする選択のすべてがステイタス欲求の直接的な結果ではないが、文化の変化をマクロレヴェルで説明しようとする場合、ステイタス価値を主要な要因として考慮すべきだ。センスの対象になるのはモノだけではない。ワインの風味にもクルマの性能にもセンスがあらわれる。文明は本質的に記号的なものであり、すべての選択は社会的地位を明らかにする。このことは、進化生物学や神経科学や数理モデルなどを個別で用いても、文化が変化する原因をしっかりと突き止めることはできないことを示唆している。美意識とセンスの諸問題は、結局のところステイタスと結びついている。人間には、熱帯草原《サヴァンナ》の景色をほかの自然環境のものより好む傾向があるとされる。この〈サヴァンナの優位性〉と呼ばれる視覚的偏好は、[11] ホモ・サピエンスがサハラ以南のアフリカで長い年月にわたって生息していたあいだに発達させた〝生得的〟なものだという仮説を進化生物学者たちは立て、実証したいと長年にわたって願ってきた。たとえこの怪しげな説が正しいものだとしても、世界には途轍もないほど多種多彩な芸術様式が存在することについては、遺伝学ではなくステイタスのほうがかなりずばりと説明してくれる。そして単一の社会においても美意識がはっきりと分かれること――たとえばアッパークラスは抽象絵画を好み、ロウワークラスはそうではないこと――についてもステイタスを使えばうまく説明できる。したがって、文化的傾向についてのすべての分析は、イノヴェーションのステイタス的側面から着手すべきだ。二〇一九年、〈Vox〉はミニチュア・オーストラリアン・シェパードを〝今年の人気ナンバーワン犬〟に選び、その理由を〝抱えて運ぶことができて、アパートメントでも飼いやすいサイズで際立った容貌〟だとした。[12] しかし見栄えがよくてアパートメントで飼えるぐらい小さな犬種はたくさんある。この記事は、ミニチュア・オーストラリアン・シェパードはステイタスシンボルにもなるという点には触れていない。この記事の取材に応じた全員がステイタスを求めているとはっきり認めなかったからといって、彼らの言い訳を鵜呑みにするわけにはいかない。

とはいえ、ステイタスは文化的変化の先行きを占う水晶球ではない。文化は気まぐれだ。ステイタスは文化を決める構造をざっと説明するものであり、最終的にどのような文化になるのかはランダムに決まる。[13] 部外者がどのようにして支配的な慣習を覆すのかも、どの集団がステイタスを高めていくのかも予測不可能だ。威信《キャシェ》の源泉を特定すればイノヴェーションを生み出してくれそうなものを導き出せるかもしれないし、時代おくれの慣習を図式化することでレトロになりそうなものを明示することができる。あるアイテムなり慣習なりの最初のステイタス価値は、それが習慣もしくは伝統になるかどうかに関係があるのかもしれない。二〇〇四年の女性ファッションで大いに流行ったスタイルは、"Tバックショーツのサイドストラップを腰の高いところまで引き上げ、ファッショナブルなローライズジーンズやジューシー・クチュールのボトムのウエストラインから露出させる"ものだった。[14] 本書で学んだことから考えて、このスタイルがアメリカの伝統として根づく可能性があるだろうか？
　これはまた、文化と生々しい数値尺度は注意して区別しなければならないことを教えてくれる。社会学者のダンカン・ワッツは、自身が作り出した数理モデルを基にして普及のプロセスにおける"インフルエンサー"の役割を否定し、トレンドは個人の選択と社会の制約と偶然が複雑に混ざり合ったものから始まると述べた。[15] 客観的に見て正鵠を射た見解なのかもしれないが、流行は決して個々の選択の集合体ではない。流行とは具体的な高ステイタスの組織なり機関なりが大衆に語る、具体的な物語だ。どの時代であっても、ある社会で最も一般的なスタイルは、流行の基準からすれば"流行おくれ"だ。そして膨大な人口を抱える低ステイタス層の毎年のトレンドにメディアは見向きもしない。それを論じること自体がステイタスの低い行為となるからだ。ツイッターの有名アカウントたち《ツイッターラーチ》はベストセラーのピックアップトラックのフォードF‐150よりもテスラ・モデル3を話題にしている。[16]
流行の文化的影響を理解するだけでなく、将来の見通しを予測するうえでも、流行を取り入れる側のステイタスは重要な要素となる。数値尺度のみを見れば、周囲の気温で色が変わるTシャツを売りにしていたハイパーカラー社にとって一九九一年は大儲けの年だった。[17] 何しろたった四カ月で五千万ドルの売り上げを成し遂げたのだから。しかしその後の性急な拡大路線が失敗して信用が失墜し、わずか一年ののちに破産申請した。同じ頃、ストリートウェアブランドのステューシーは自社製品の需要に対して意図的に過少供給した――言い換えれば〝バズる〟ことを拒んだのだ。ブランド設立四十周年に寄せて、〈GQ〉はステューシーに〝ストリートウェア初のヘリテージ・ブランド〟の称号を与えた。[18]
多くの人々にとって、〝ウイルス感染〟は文化を正確に理解するうえで魅力的なメタファーだ。そういうことにしておけば、センスとは政治的な意味合いが一切ない、経験的に観察可能な現象だとすることができる。人間は階層内の位置や特権を考慮することなく互いに無作為に模倣し合うとする文化普及の中立モデルは〝中立的〟なものだ。それとは対照的に、ステイタスはあらゆるトレンドと習慣に厄介な政治的価値を付加する。高ステイタス集団は平等と友愛と自由という理想をものともせず、大衆の選択と価値観とものの見方に大きな影響力を与える。本書での学びは、バーミンガム大学現代文化研究センターが〝社会の文化を支配階級の文化に似せて形成すること〟[19]と定義する、マルクス主義の〈覇権《ヘゲモニー》〉の考え方の信憑性を高めている。ヘゲモニーを通して見ることで、社会の低層はブルジョワの自己中心的な価値観を世界の自然的秩序と見なすようになる。そしてステイタスの原則は、ヘゲモニーの創造と維持には謎の陰謀などなくともできることを明らかにする。[20]資本主義経済において、個人と組織は自分たちのステイタスを高め、護る行動に自然に引き寄せられているだけなのだ。
しかしすべての文化が恣意的に形成されるのだとしたら、基準の選択については常にエリート層が発言力を持つことを、どうして懸念しなければならないのだろうか？　ここで今一度、〝恣意的〟とは何を意味するのかを明確にしておかねばなるまい。慣習の最初の選択時には融通性があるが、選択された慣習は差異的な価値を持つようになる。エリート層は自己利益のために戦略的に慣習を形成し、維持する。そしてそうした慣習が正当なものとして確立されると、それと同じ効果のある別の慣習は

〝正しくないもの〟となる。そののちにステイタスの高い人々はその慣習を何の苦もなく順守していることを示し、高位の証しとする。
ところがである。ヘゲモニーと権力にはこうした懸念がつきまとっているにもかかわらず、日常生活において文化に不穏な影を感じることはまったくないのだ。純血種のバーニーズ・マウンテン・ドッグのインスタグラムをフォローすることは、十九世紀の貴族の価値観を広めることなのだろうか？　テイラー・スウィフトの大ヒット曲「ブランク・スペース」をクルマのなかで歌うことは資本主義の理論に屈したことになるのだろうか？　ステイタスが文化に与える影響を否定するのは甘い考えだが、文化を単なる政治的なツールに貶めることは、わたしたちの人間性を否定することになる。「文化は脅威にさらされる」ハンナ・アーレントはそう述べる[21]。「現在、過去を問わず、生産されたすべての現世的な物が、ただある必要を満たすためだけに存在するかのように、社会の生命過程の単なる機能としてとりあつかわれるときに」
文化を解体するのではなく、ステイタスと文化についての知識を深め、それを活用してふたつのささやかな目標を同時に目指すべきだ。

目標その一：社会階層の弊害を減らす。
目標その二：急進的な創造性を促進する。

ここまで学んできたことからわかるとおり、このふたつの目標は往々にして互いに相容れない。ステイタスをめぐる熾烈な争いとエリート主義は文化の創造とその普及、評価、そして正典化を強くうながしてきた。ジャン＝ジャック・ルソーは、不平等の元凶は「悪いことは無数にあるが、いいことはほとんどないこと」[22]にあると考えていた。イマニュエル・カントは「悪しきものの豊かな源泉は、よきもののすべての源泉でもある」[23]と反論した。この何世紀も昔の論争でどちらが正しいのかはわからないが、人間の平等性と創造性は長きにわたって互いに相関する変数であり、そして必ずしも正の相関関係にあるわけではないという点ではルソーもカントも正しい。

まずは、現代社会におけるステイタスの不平等を減らすために、わたしたちに何ができるだろうか。その作業の相当量は法律と経済の両分野が担いつづける——偏った法律を撤廃し、偏った法執行を減らし、恵まれない立場にある各個人に資本形成の機会をさらに多く提供するのだ。しかしステイタス構造はわたしたちの心と慣習のなかに根づいているので、ステイタスが日々の幸福に影響を及ぼすのであれば、文化的規範に内在する不平等もどうにかしなければならない。社会の経済基盤を変えることができるのは政変だけだ。個人の社会的相互作用と集合的価値観を自らの手で管理することで、わたしたちはステイタスの公平な配分を支援することが可能になる。

生得的地位に基づいた構造は特定の人種、民族、ジェンダー表現、そして性的指向を不利な立場に置く。そんな構造を根絶せんとする長期計画が前世紀から進められている。この取り組みの核となる手段は、わたしたちのステイタスの信念の再評価と、社会学者のセシリア・リッジウェイが言うところの〝合意という体裁を崩すこと〟[24]だ。慣習は、それが世界の自然な状態として広く受け容れられることで力を得る。したがって偏見が内在していることが露見すると力は弱まる。欧米文化では長きにわたってロングストレートのブロンドが美しい髪型だとされてきたが、その起源を脱構築化すると、このブロンド信仰が生得的なものとは思えなくなってくる。だからといって文化が変化すると必ず社会も変化すると言いたいわけではない。六〇年代に髪を伸ばしていた男たち全員が、ジェンダーの平等に対して開けた態度を取っていたわけではなかった。それに、平等を促進するために取り組む領域は文化だけであってはならないのもたしかだ。それでもマジョリティとマイノリティのステイタス価値を再調整すれば、支配的集団の自己増殖的な優位性は時を経るにつれて低下していくだろう。
平等化を阻む障壁は生得的地位絡みのものだけではない。ありとあらゆる社会階層はひと握りの勝者とその他大勢の敗者を生み出す。バートランド・ラッセルは現在のシステムの明白な欠点を指摘した。「競争に勝つことから得られるさまざまな形式の幸福は普遍的なものとはなり得ない」[25]上にのし上がるのは自分の力次第だとする社会では、低いステイタスは自己不信と苦悩をもたらす。それを承知したうえで、わたしたちはステイタスを完全に棄て去るべきなのだろうか？　セシリア・リッジウェイはこう結論づける。「不平等の一形態としてのステイタスが実際に消滅することはない」[26]見事な才能を見せたり素晴らしい偉業を成し遂げた人々に敬意を払いつづけるかぎり、階層はなくならない。だからこそルソーは人間の堕落の元凶は尊敬にあると断じたのだ。ルソーは文明の発展過程を想像し、こう述べた。「最も上手に歌う者、または踊る者、最も美しい者、最も強い者、最も巧みな者、あるいは最も雄弁な者が、最も尊敬される人となった。そしてこれが不平等への、そして同時に悪徳への第一歩であった」[27]
こうしたステイタスの不平等を法律によって是正しようとする急進的な政治活動も起こったが、結局はエリート層が新たな差異化の手段をこっそりと行使するところを目の当たりにしただけに終わった。ソヴィエト連邦は私有財産を廃止し、給料を均一化し、消費主義を軽視したが、官僚組織内の地位やアパートメントの広さ、そして外国製品の入手というかたちでステイタス階層が出現した。人間は、どんな些細な優位性であっても、それをステイタスを示す印に変えることに長けている。歯科衛生の歴史を探るなかで、ライターのモリー・ヤングはこう指摘する。「社会のほんの一部の人々が歯をきれいにできるようになると、歯がきれいではないほかの人々を辱めることが可能になった。歯を見せる笑みは金持ちの特権的行為になった。〝眼は心の窓〟なのだとすれば、口はその人の銀行口座残高が見える窓になった」[28] 現代主義者《モダニスト》たちは装飾を排せば芸術もデザインも衒示的消費に使えなくなると考えていたが、今度は装飾の排除自体がプロフェッショナル・クラスのステイタスシンボルとなった。

ステイタスの完全廃絶はあり得ないので、より高いステイタスに対する集団的な渇望を現実的なアプローチで抑えることになる。[29] 個人による独自の二次的ステイタス集団の立ち上げを認めることは手始めとしてはいいアイディアだが、そのためにはグローバルステイタスから得られる恩恵を集団間で等しく配分しなければならない。このプロセスは〝元手のかからない〟恩恵、たとえば最低限の厚意や親しみを込めた挨拶、低ステイタス層の人々への尊敬の念などを与えるところから始めることができる。これを経済系ブロガーのノア・スミスは〝敬意の再配分〟[30] と呼んでいる。イエス・キリストは極端な例を実践した——ハンセン病患者たちとの友愛を育み、右頬をぶった敵に左の頬を差し出したのだから。これは簡単なことではない。この手法は本質的に矛盾したものだとフロイトは考えていた。「差別することのない愛は、それ自身の価値の一部を喪失しているように思える。そして続けて言えば、すべての人が愛するに値するわけではない」[31] そして敵に惜しみなく愛を注ぐことよりもさらに難しいのは、目上の人間を同輩のように扱うことかもしれない。おべっかやへつらいといった事大主義は長期にわたって恩恵をもたらす。したがってエリート層には、特別待遇を拒否してもらい、ステイタスの平等化の尖兵になってもらわなければならない。

組織や機関は、ステイタスの高い個人に高位を与える際に課す義務を増やすことでステイタスの平等化を支援できるかもしれない。この手を使うと正味の恩恵が目減りし、高ステイタスの利点が曖昧になってしまうだろう。社会にしても、標準的な恩恵の質を向上させエリート層の特権を減らせば階層を崩すことができる。日本の新幹線には複数の座席等級があるが、その普通席はアメリカの基準からすれば格段に快適かつ清潔だ。リッチな乗客は多少の追加料金を払えばグリーン席にアップグレードできるが、普通席との差は最低限に抑えられている。空の旅はそれとは対照的で、国際線のエコノミークラスの乗客たちはビジネスクラスへのアップグレードを夢見る。窮屈な座席で十二時間背もたれを倒せない状態にあるのと、ステーキのディナーコースを食べたあとにフラットにした座席でうたた寝するのとは雲泥の差がある。

法律によるシグナリングの禁止は無理な相談だが、その頻度と効果は減らすことはできるだろう。ここに制服の重要性がある。フランス革命期、簡単なカットの膝丈ズボン《キュロット》や装飾を廃したスタイルは、市民が身体を中立的にすることで、社会的地位の差という障害なしに、お互いに自由な交流を図ることを可能にした[32]。しかし制服は個人の表現を制限する。よりよい手立ては、ステイタスシンボルをステイタスシンボルだと明らかにすることで、その価値を下げることだろう。どの贅沢品もステイタスを示すものであって、優れた利便性を示すものではないと考えるべきだ。自分のステイタスを偽る行為は普通のステイタスを有する人々に落伍感を与えるので、不正を暴き、ステイタスの完全性を保つことも重要だ。

こうした考え方は新しいものではない。哲学者でエッセイストのアラン・ド・ボトンは自著『もうひとつの愛を哲学する――ステイタスの不安』で、民主主義やマルクス主義やキリスト教といったイデオロギーのなかで最も急進的な部分は、結局のところはステイタスの基準の完全見直しだと主張している。ド・ボトンはこう説明する。「哲学、芸術、政治、宗教、そしてボヘミアは、ステイタスのピラミッドを廃止することを求めてはいない。彼らが試みているのは、新しい種類のヒエラルキーを築くことだ。大多数の大衆に認められず既成の価値に対して批判の矢を向けるひと組の価値、その上に基盤を置くピラミッドである」[33] こうした考え方はユートピア主義にはまりがちだが、もう一度言っておくが、わたしたちは〝ステイタスを求める猿〟ではないし、わたしたちを支配構造へと導く原始的な計算機が遺伝情報に組み込まれているわけでもない。社会は敬意と恩恵の配分をコントロールできるし、実際にやっている。
これは文化の創造性の促進につながる。文化に対して積極的に――そして過激に――貢献すれば敬意とステイタスの恩恵が与えられることを、もっと保証してしかるべきだ。しかし何をもってして文化への〝貢献〟とすればいいのだろう？　この問いかけは議論を呼ぶだろうが、全員が納得できる部分も少ないながらもあるだろう。文化のエコシステムは無味乾燥で停滞した単一文化《モノカルチャー》であるよりも、強固で多様かつ複雑なもののほうが好ましい。複雑なほうがいいとは言っても、何が何だかわからない難解な芸術を含める必要はなく、より高次な記号を意表を突く新たなやり方で巧みに操ることができればいいだけだ。それに複雑さは脳にとってはいいことだ。哲学者のネルソン・グッドマンはこう述べている。「直接の必要性を超えるかたちで記号化の能力を働かせることは、技能と技術を向上させることで未来の不測の事態に対処するという、より離れた実践的な目的がある」[34]
複雑さの重要な側面のひとつが曖昧さだ。単純なものにはたったひとつの解釈しかないが、複雑なものはさまざまに解釈可能だ。神経生物学者のセミール・ゼキは、曖昧さには可能なかぎり長い時間をかけ、可能なかぎり多くの異なる脳で可能なかぎり多くの異なる概念に対応するものなので、〝偉大な芸術〟の秘密はそこにあると考えている。[35]同時に、創造性は芸術活動の総量が増加するにつれて力強く成長していく傾向にある。人類学者のA・L・クローバーは世界中の文明社会を調査し、「内容量がほかの数倍ある文化は――たとえば物品の総量がほかの数倍になる文化は――扱える材料を多く有し、したがってより多くの物品の組み合わせと、より豊かな、もしくはより集約的なパターンを生み出せるはずだ」[36]という結論に達した。記号はほかの記号を参照するとより複雑になり、それは新たな記号の創造により多くの人々が加わる場合に役立つ。

人間には、記号的な複雑さが低い文化であれば――たとえばシンプルなメロディや比喩的な芸術作品、下品なジョークなど――何の手を借りることなく創り出せるだけの素地が備わっている。そして資本主義は、既存の形態の芸術慣習に常に多くの観客を確実に集めてくれる。キッチュと贅沢品にも魅力はあるが、複雑性の低い文化だけで構成されたエコシステムはすぐに停滞してしまう。極度に保守的な人間たちですら多少の驚きを求める。この問題を解決するのは、記号的な複雑さを歓迎する文化のエコシステムだ。複雑性の高いイノヴェーションがトリクルダウンして、大衆文化《マスカルチャー》が〝息を吹き返す〟のだ。ポップとロックとオルタナティヴとヒップホップの影響がなければ、コンテンポラリー・カントリーミュージックは二十一世紀にはまちがいなく古くさい音楽だと感じられていただろう。[37]エコシステムの周縁部で複雑さが推し進められるようになると、[38]どの文化も豊かになる。少数の博識な観客は難解な芸術を愉しみ、その簡略版は学識の浅い観客を魅了する。複雑な作品は長く生き延び、のちのエコシステムに貢献し、天才が出現する可能性を高める。クローバーは、わたしたちが〝文化の偉大な産物〟は〝偉人たち〟がもたらしてくれたものとするのと同様に、偉人たちも全員〝個人的優位性と文化的影響の複合産物〟[39]だとしている。

硬直したステイタスのシステムは芸術の停滞を招く。経済資本が排他的な差異化の手段である場合、エリート層は富に基づいた単純なステイタスシンボルで満足する。排他的なエリート層が多様な形態の文化資本を求めるシステムでは、芸術家は慣習を破ることで高いステイタスを得る。二十世紀、エリート層が文化資本を使うことで、マイノリティやはみ出し者たちがメインストリームの文化を拒絶して新たな感性を生み出す道が拓かれ、その先に前衛芸術やヒップホップやパンクやキャンプやレトロといった果実が実った。こうしたさまざまなイノヴェーションは、エリート層が取り入れることでほぼすべての人々にトリクルダウンしていった。その結果、大衆は複数の感性を通して世界を見るようになった。これにより慣習についてのメタ知識が拡大し、抑圧的な習慣の鎖を断ち切ることが簡単になったのはまちがいない。

が、文化資本が悪用されたことにより、センスという考え方は全部棄て去るしかないと多くの人々が考えるようになった。大衆に対する優越感をエリート層に抱かせるのであれば、複雑な芸術は悪しきものにちがいない、というわけだ。それに平等を重んじる社会では、文化の質を測る尺度としては無駄に高学歴な連中の見解よりも人気のほうがはるかに公平なもののようだ[40]。人々がジョン・ケージではなくドレイクのことを話題にすることで、彼は〝圧倒的な高級感〟のある豪邸を建てるだけの財を築いた。

ここまで見てきたことからすると、文化資本に懐疑の眼を向けたところでステイタス階層の平坦化はほとんど進まない。実際のところ、そのせいで経済資本のほうがシグナリングにおいてさらに強力な資産となってしまった。一方、民俗文化としてのキッチュは手放しに賛美され、消費者たちは巨大文化複合体《コングロマリット》の金庫にどんどん金を注ぎ込んでいった。どんなスタイルの音楽にもファンコミュニティを見いだすことができるが、レディー・ガガとブラック・アイド・ピーズを中心として結成すれば、連帯感を育めると同時にインタースコープ・レコーズの億万長者ジミー・アイオヴォンにさらに富をもたらすという、まさしくいいことずくめだ。敬意の念は無尽蔵ではない。ポプティミズムの信奉者たちがラナ・デル・レイをこぞって受け容れることは、一発で理解できるわけではない芸術を追求する知名度の低いクリエイターたちにとっては時間とエネルギー、熱意、そしてステイタス価値を否定するものだ。批評家が注目しようがしまいが、ラナ・デル・レイの楽曲の売れ行きはマーケティングのメカニズムが保証してくれる。そして大衆の共感を得られない革新的な芸術家が名声を得る絶好の機会は、批評家の注目および支持だと昔から相場は決まっている。

　より多くの人々が記号的な複雑さに興じ、慣習を破る意外な方法を発見すれば、人生はより刺激的に、そしてまちがいなくよりよいものなる。そうなりそうな一番手は、記号についての深く専門的な知識を有する人々だ。そうした人々は経済的な意味でエリートである必要はない。過激なものの創造は、社会の周縁部に位置する人々にとってはあたりまえのことになっている場合が多い。さらに言えば、ヘルマン・ヘッセの『ガラス玉遊戯』にあるように、芸術的な発明や新発想も純然たる知的活動である必要はない。創造性に溢れる人間はどこにでもいて、そのなかには研鑽を積んだ者もいれば素朴なものを作る者もいる。しかし最も熟達した実践者には社会的な報酬が与えられてしかるべきだ。ただし、多くの人々の眼を惹きつけたことにではなく、その創作物そのものに対して。最低所得保障《ベーシック・インカム》は〝万人を芸術家にしてくれる〟[41]ものだとして、この制度を支持する人々がいる。たぶん万人は〝クリエイター〟にはなれるだろう。しかし大きな名誉と尊敬の念を一身に集める〝芸術家〟になるためには、日々の糧だけでなく支配的な慣習に対する才極まる否定に敬意を与える社会体系も必要だ。

　解決策はシグナリングの手段の経済資本から文化資本への回帰ではなく、文化的〝能力〟のさらなる重視にあるのは論を俟たない。急進的な創作活動が芸術家のステイタスを上げず、多くの人々の理解も進まないのであれば、文化は生身の経済理論の餌食になってしまう。称賛する芸術作品や工芸品に込められた価値観、行動、そして芸術的表現を、わたしたちの手でコントロールできると感じているのであれば、文化的能力は本質的には悪しきものではない。これは社会階層を完全にぶっ潰すのではなく、ステイタスの基準の変え方のさらなる提言だということは否めない。それにぶっちゃけて言えば、理性も知性もわきまえた人間は教養に欠ける人間より優れているとも取れるので、それなりの不平等を生み出してしまう。[42] しかしこの程度の格差は受忍すべきだ。「上層が下層よりもより多くの文化を持っていると考えるのではなく、より自覚的な文化、より特殊化された文化を代表しているものと考えるべきだ」[43] T・S・エリオットはそう考えていた。人気のある芸術家と最も創造性のある芸術形式の社会的起源から判断すると、文化を深く理解できる能力は階級に関係なく得られるものだ。創造力は、富を作り出す能力よりも平等に社会全体に配分されているのだ。

　思い切った平等主義革命もしくは人間の基本的な動機づけを変えるテクノロジーの変化が起こらないかぎり、ステイタスは人間の経験に不可分なものでありつづけるだろう。[44] メタヴァースにもステイタスの階層があるだろう。わたしたちは分断された世界を甘受し、そして分断間の闘争は文化を形成する。しかしわたしたちはこのプロセスの傍観者ではない。人間には主体性があり、社会階層をどのように築き上げるのかを決めることができる。信念と慣習の支配権を握ることで、わたしたちは集団への貢献により多く報いる、より公平でより健全な階層の構築を促進することができる。そしてわたしたちには文化を主体的に形成することができる。過去の社会で〝芸術家〟の称号が与えられてきたクリエイターはさまざまに異なる――保守的な職人と手練手管に長けた商売上手、そして記号操作の先駆者だ。三者とも社会に文化を提供しているが、世界を見るためのさまざまに新しい感性を矢継ぎ早にもたらしてきた確かな実績があるのは記号操作の先駆者たちだけだ。経済資本を至高の美徳として称え、記号的な複雑さへの称賛をひどく差別的な行為として否定する。そんな選択を社会がしたら、創造性のさらなる停滞を覚悟しなければならない。

ステイタスと文化《カルチャー》の謎は解けた。これでこのふたつを、より明確な意思を持って向上させることができる。うまくやれば社会的平等と文化の創造を天秤にかけなくてもいい。どちらも目指せばいいじゃないか？

27 Rousseau, *A Discourse on Inequality*, 114［ルソー『人間不平等起源論』］
28 Molly Young, *The Things They Fancied.*
29 Fred Hirsch, *Social Limits to Growth*, 183「競争と選択で得る恩恵を最低限にすることで個人の地位追求の願望を抑えることができるのであれば、それで無条件の恩恵が得られるはずである」
30 Noah Smith, "Redistribute Wealth? No, Redistribute Respect."
31 Sigmund Freud, *Civilization and Its Discontents*, 57.
32 Paul Connerton, *How Societies Remember*, 10［ポール・コナトン『社会はいかに記憶するか——個人と社会の関係』芦刈美紀子訳］
33 Alain de Botton, *Status Anxiety*, 293［アラン・ド・ボトン『もうひとつの愛を哲学する——ステイタスの不安』安引宏訳］
34 Nelson Goodman, *Languages of Art*, 256［ネルソン・グッドマン『芸術の言語』戸澤義夫／松永伸司訳］
35 Semir Zeki, "The Neurology of Ambiguity."
36 Kroeber, *Configurations of Culture Growth*, 795.
37 Shuja Haider, "The Invention of Twang: What Makes Country Music Sound like Country?"
38 Myers, *Eric Satie*, 116「マネ、セザンヌ、ピカソ、ドラン、ブラック、そしてその他の画家たちは、こうした悪しき伝統から脱却し、すべてを賭け、完全かつ圧倒的な無産状態から絵画と芸術的思考全般を救った」
39 Kroeber, *Configurations of Culture Growth*, 7.
40 Derek Thompson, *Hit Makers: The Science of Popularity in an Age of Distraction*, 37［デレク・トンプソン『ヒットの設計図——ポケモンGOからトランプ現象まで』高橋由紀子訳］「批評家も大衆も、市場というものは完全に実力本位で、最も人気のある商品やアイディアは当然ベストだろうと思いたがる」
41 Samar Shams, "We Will All Be Artists in the Future."
42 Luc Ferry, *Homo Aestheticus: The Invention of Taste in the Democratic Age*, 198［『ホモ・エステティクス——民主主義の時代における趣味の発明』小野康男／上村博／三小田祥久訳］
43 T. S. Eliot, *Notes towards the Definition of Culture*, 48［T. S. エリオット『文化とは何か』深瀬基寛訳］
44 Roy Wagner, *The Invention of Culture*, 158［R・ワグナー『文化のインベンション』山崎美恵／谷口佳子訳］「西洋社会の将来は、階級および部分的集団間の外示的弁別をする社会のかたちを創造できるかどうか、その能力にかかっている。それができれば、これらの弁別が、内示的人種主義、差別主義、腐敗、危機、暴動、避けがたい"欺瞞"や"詐欺"などの姿で自然発生することはなくなるだろう」

Dog: Breed and Blood in Victorian Britain, 1.
3 Worboys, Strange, and Pemberton, *The Invention of the Modern Dog*, 73.
4 Worboys, Strange, and Pemberton, *The Invention of the Modern Dog*, 224.
5 Lillian Hellman, *An Unfinished Woman*, 224［リリアン・ヘルマン『未完の女――リリアン・ヘルマン自伝』稲葉明雄／本間千枝子訳］
6 Paul Fussell, *Class: A Guide through the American Status System*, 95［ポール・ファッセル『階級（クラス）――「平等社会」アメリカのタブー』板坂元訳］
7 Eva Voslarova et al., "Breed Characteristics of Abandoned and Lost Dogs in the Czech Republic."
8 Carl Wilson, *Let's Talk about Lov,* 155.
9 J. H. Abraham, *Origins and Growth of Sociology*, 425. ピティリム・ソローキンの言葉からの引用。
10 H. L. Mencken, "Professor Veblen."
11 John H. Falk and John Balling, "Evolutionary Influence on Human Landscape Preference."
12 Eliza Brooke, "When a Dog Breed Becomes a Trend."
13 Jon Elster, *Nuts and Bolts for the Social Sciences*, 169［J. エルスター『社会科学の道具箱――合理的選択理論入門』海野道郎訳］「同様の問題について、（ジャズミュージシャンの）ハンフリー・リッテルトンは"ジャズがどこに行こうとしているのかわかるものなら、わたしならそこに先まわりする"と語っている」
14 Alex Kuczynski, "Now You See It, Now You Don't."
15 Duncan J. Watts, *Everything Is Obvious: How Common Sense Fails Us*, 81, 262［ダンカン・ワッツ『偶然の科学』青木創訳］
16 2021年後半のハッシュタグの使用状況の分析とGoogleトレンドに基づいたもの。
17 Emily Spivack, "Why Hypercolor T-shirts Were Just a One-Hit Wonder."
18 Rachel Tashjian, "How Stüssy Became the Chanel of Streetwear."
19 Stuart Hall and Tony Jefferson, eds., *Resistance through Rituals: Youth Subcultures in Post-War Britain*, 189.
20 Ullmann-Margalit, *The Emergence of Norms*, 181「（哲学者の）ロバート・ノージックが指摘するとおり、陰謀論（もしくは黒幕論）は明快な意味において黒幕論とは正反対のものである」
21 Hannah Arendt, "The Crisis in Culture," 208［ハンナ・アレント『文化の危機――過去と未来の間に』志水速雄訳］
22 Jean-Jacques Rousseau, *A Discourse on Inequality*, 133［ルソー『人間不平等起源論』小林善彦訳］
23 Ralf Dahrendorf, "On the Origin of Inequality among Men," イマニュエル・カントの言葉からの引用。
24 Cecilia L. Ridgeway, *Status: Why Is It Everywhere? Why Does It Matter?*, 142. Robert Nozick, *The Nature of Rationality*, 32「フロイトが示した象徴的意味の多くは、それらを象徴として意識しないとできない行為にしてしまうと、その力と影響力を失う」
25 Bertrand Russell, *Power*, 184［バートランド・ラッセル『権力――その歴史と心理』東宮隆訳］
26 Ridgeway, *Status*, 162.

Them Are on Top."
119 Reynolds, *Retromania*, xx.
120 Reynolds, *Retromania*, xxi.
121 Reynolds, *Retromania*, xxi.
122 Calvin Tomkins, *Ahead of the Game: Four Versions of the Avant-Garde*, 67. デュシャンの言葉からの引用。
123 Lipovetsky, *Hypermodern Times*, 57.
124 O'Brien and Delhomme, *How to Be a Man*, 224.
125 元々はイタリアのマルクス主義哲学者フランコ・ベラルディの言葉だが、イギリスの批評家マーク・フィッシャーが引用して有名になった。
126 Harold Bloom, *The Anxiety of Influence: A Theory of Poetry*, 140［ハロルド・ブルーム『影響の不安――詩の理論のために』小谷野敦／アルヴィ宮本なほ子訳］
127 Leonard B. Meyer, *Music, the Arts, and Ideas: Patterns and Predictions in Twentieth-Century Culture*, 102.
128 Kurt Andersen, "You Say You Want a Devolution?"
129 Kurt Andersen, "You Say You Want a Devolution?"
130 Rebecca Jennings, "The Blandness of TikTok's Biggest Stars."
131 Sejla Rizvic, "Everybody Hates Millennials: Gen Z and the TikTok Generation Wars."
132 Kyle Chayka, "How Beeple Crashed the Art World."
133 Kit Mackintosh, *Neon Screams: How Drill, Trap and Bashment Made Music New Again*.
134 Ron Mann, *Twist*.
135 Rebecca Jennings, "A Super-Famous TikTok Star Appeared on Jimmy Fallon. It Didn't Go Great."
136 ブリタニー・ミニャレリの2021年2月2日のツイート "Comedian in 1985," https://twitter.com/Brittymigs/status/1356687700225626112.
137 @LBgotSOLEの2020年11月4日のツイート "Not one good fit here I'm cryinggggggg," https://twitter.com/LBgotSOLE/status/1324073257709031424
Rachel Seville Tashjianのツイッターアカウントで見つけた。
138 Rizvic, "Everybody Hates Millennials."
139 Pierre Bourdieu, *Distinction*, 142［ピエール・ブルデュー『ディスタンクシオン――社会的判断力批判〈普及版〉』石井洋二郎］
140 Andersen, "You Say You Want a Devolution?"
141 Franco Moretti, *Graphs, Maps, Trees: Abstract Models for Literary History*, 18. Choi, *Paradigms and Conventions*, 32も参照のこと。「社会的変化とは、ある慣習を別の慣習に置き換えるプロセスであり、断続的かつ非連続的に生じる傾向にある」
142 A. L. Kroeber, *Configurations of Culture Growth*, 838.
143 Warhol and Hackett, *POPism*, 24［アンディ・ウォーホル／パット・ハケット『ポッピズム――ウォーホルの60年代』高島平吾訳］

まとめ

1 https://twitter.com/dog_rates.
2 Michael Worboys, Julie-Marie Strange, and Neil Pemberton, *The Invention of the Modern*

al Politics: Class, Gender, Race and the Postmodern World によるところも大きい。
91 Seabrook, *Nobrow*, 71「かつては芸術家たちの敵だった主流社会の市場は、消費者の好みを純粋な大衆向けとして表現することで品位めいたものを得るようになっていった」
92 Lox's "Money, Power & Respect"（featuring DMX and Lil' Kim), as well as Pop Smoke's "MPR" and Travis Scott's "Money Power Respect" を参照のこと。
93 Markus Gabriel, *Why the World Does Not Exist*, 197［マルクス・ガブリエル『なぜ世界は存在しないのか』清水一浩訳］
94 Scott, *Better Living through Criticism*, 113.
95 David Byrne, *How Music Works*, 354［デヴィッド・バーン『音楽のはたらき』野中モモ訳］
96 Eliot, *Notes towards the Definition of Culture*, 62［エリオット『文化とは何か』］
97 Jerry Saltz, "Glenn O'Brien and the Avant-Garde That Lost."
98 Nick Sylvester, "The Internet Doesn't Matter, You're Making Music in L. A."
99 George W. S. Trow, *Within the Context of No Context*, 44.
100 Jean Duvignaud, *The Sociology of Art*, 128.
101 Calvin Tomkins, "The Turnaround Artist: Jeff Koons, Up from Banality."
102 cf. David Muggleton and Rupert Weinzierl, *The Post-Subcultures Reader.*
103 David Muggleton, *Inside Subculture: The Postmodern Meaning of Style*, 48.
104 *The State,* season 3, episode 5.
105 "Gay Track Star Voted Prom King."
106 Jo Yurcaba, "Ohio High School Elects a Lesbian Couple as Prom King and Queen."
107 Muggleton, *Inside Subculture*, 48.
108 https://aesthetics.fandom.com/wiki/List_of_Aesthetics.
109 Joe Coscarelli, "How Pop Music Fandom Became Sports, Politics, Religion and All-Out War,"
110 Gita Jackson, "Taylor Swift Super Fans Are Furious about a Good Review."
111 Coscarelli, "How Pop Music Fandom Became Sports."
112 ジア・トレンティーノの *Trick Mirror,* 24 にある、〈4chan〉に集うネット荒らしたちのミソジニー（女性嫌悪）と偏狭さについての議論「女性たちの組織的な客体化がヴァギナ至上主義者の魔女たちを生み出したとすることで、〈4chan〉に集う男性たちはアイデンティティと便利な共通の敵を得た」。Harris, *Kids These Days*, 208 にも「ミソジニーがカウンターカルチャーというきらびやかな衣装をまとうのではないかと危惧している。オーストリアのリベラル左派の政治家フェルディナンド・クローナヴェッターが〈愚者の社会主義〉と呼んだように、女性への憎悪はユダヤ人への憎悪に置き換えられ、実際に何が起きているのかアメリカの労働者たちに明らかにしようとする努力を混乱させかねない」とある。
113 Sean Monahan, "Video Games Have Replaced Music as the Most Important Aspect of Youth Culture."
114 Kyle Wagner, "The Future of the Culture Wars Is Here, and It's Gamergate."
115 Vicky Osterweil, "What Was the Nerd?"
116 Wagner, "The Future of the Culture Wars Is Here."
117 Jessica Heron-Langton, "Marc Jacobs Drops Six Cute Looks on Animal Crossing."
118 Kat Tenbarge, "The Era of A-list YouTube Celebrities Is Over. Now, the People Cancelling

58 James Laver, *Dandies*, 87.
59 Elizabeth Currid-Halkett, *The Sum of Small Things: A Theory of the Aspirational Class*, 103–4.
60 K-HOLE, "Youth Mode: A Report on Freedom."
61 Kyle Chayka, "Welcome to AirSpace."
62 Ryan Broderick, "I'm Being Gaslit by the TikTok Lamborghini."
63 Kyle Chayka, "Raya and the Promise of Private Social Media."
64 Noah Smith, "For Corrosive Inequality, Look to the Upper Middle Class." 22.
65 Patrick Wyman, "American Gentry."
66 Alex Lauer, "Why Pickup Trucks Keep Getting Bigger and Bigger."
67 Matt LeMay, "Liz Phair: *Liz Phair*."
68 マット・ルメイの2019年9月5日のツイート "1 / I tremendously enjoyed this interview," https://twitter.com/mattlemay/status/1169739122451386371.
69 リズ・フェアの2019年9月5日のツイート「批評はいつでも大歓迎よ」https://twitter.com/PhizLair/status/1169800245133201408.
70 *Pitchfork*, "Pitchfork Reviews: Rescored."
71 Kelefa Sanneh, "The Rap against Rockism."
72 Jody Rosen, "The Perils of Poptimism," and Carl Wilson, *Let's Talk about Love: A Journey to the End of Taste*, 12.
73 Sanneh, "The Rap against Rockism."
74 Klosterman, *But What If We're Wrong?*, 63.
75 "How Bad Is Your Spotify?," *The Pudding*.
76 B. D. McClay, "Let People Enjoy This Essay."
77 〈オムニヴォア的センス〉という言葉はR. A. Peterson, "Understanding Audience Segmentation: From Elite and Mass to Omnivore and Univore" 以降に辞書に載るようになった。
78 Bethany Bryson, "'Anything but Heavy Metal': Symbolic Exclusion and Musical Dislikes."
79 John Seabrook, *Nobrow: The Culture of Marketing, the Marketing of Culture*, 65.
80 Louis Menand, "Finding It at the Movies."
81 Hanson O'Haver, "The Great Irony-Level Collapse."
82 Kwame Anthony Appiah, "The Importance of Elsewhere."
83 T. S. Eliot, *Notes towards the Definition of Culture*, 50［T・S・エリオット『文化とは何か』深瀬基寛訳］、アルフレッド・ノース・ホワイトヘッドの言葉からの引用。
84 Fred Inglis, *Cultural Studies*, 244.
85 Luca Vercelloni, *The Invention of Taste: A Cultural Account of Desire, Delight and Disgust in Fashion, Food and Art,* 66. チャールズ・ウェーゲナーの言葉からの引用。
86 Rosen, "The Perils of Poptimism," ポプティミズムを "過去の罪に対する悔恨の念を示す手立て" と見る点については、Saul Austerlitz, "The Pernicious Rise of Poptimism," および Rob Harvilla, "Have We Reached the End of Poptimism?" も参照のこと。
87 Quentin Bell, *On Human Finery*, 76.
88 Gilles Lipovetsky, *Hypermodern Times,* 65.
89 Hugo Schwyzer, "The Real-World Consequences of the Manic Pixie Dream Girl Cliché."
90 この4つのルールはわたしが編集したものだが、Glenn Jordan and Chris Weedon, *Cultur-*

33 Willa Paskin, "An Oral History of 'Friday.'"
34 Anderson, *The Longer Long Tail*, 183［アンダーソン『ロングテール』］
35 Derek Thompson, *Hit Makers: The Science of Popularity in an Age of Distraction*, 10［デレク・トンプソン『ヒットの設計図——ポケモンGOからトランプ現象まで』高橋由紀子訳］
36 Thompson, *Hit Makers*, 34［同上］トンプソンの言う"闇のブロードキャスター"説も参照のこと。
37 Joe Otterson, "'Game of Thrones' Season 8 Premiere Draws 17.4 Million Viewers, Sets Multi-Platform Record."
38 cf. Anderson, *The Longer Long Tail*, 2［アンダーソン『ロングテール』］「一番売れる商品は相変わらず一番だが、販売数が減っている」
39 Thompson, *Hit Makers*, 194［トンプソン『ヒットの設計図』］
40 https://www.youtube.com/watch?v=4TwTtH4DCCc
41 Natalie Corner, "At Home with a Teenage Billionaire: Dubai Instagram Star, 16, with a $1 Million Collection of Trainers Shows Off the Family Mansion—Including the Private Zoo."
42 Ralph Leighton, *Tuva or Bust!*.
43 わたしが2020年から2021年にかけて調べたかぎりではそうだった。
44 Mark Zuckerberg, "Bringing the World Closer Together," Facebook, March 15, 2021, https://www.facebook.com/notes/393134628500376/.
45 Tomáš Kuka, Kitsh and Art, 16［ミラン・クンデラ『存在の耐えられない軽さ』千野栄一訳］の引用。
46 Rebecca Arnold, *Fashion: A Very Short Introduction*, 84「歴史的に見て贅沢を崇拝してきたが、長らくその崇拝を止めていた文化が復活を遂げつつある（トム・フォードの言葉）」
47 Lucas Kuo and Jason Arterburn, *Lux and Loaded: Exposing North Korea's Strategic Procurement Networks*.
48 Ashley Mears, *Very Important People: Status and Beauty in the Global Party Circuit*, 90［アシュリー・ミアーズ『VIP——グローバル・パーティーサーキットの社会学』松本裕訳］
49 Mears, *Very Important People*, 79［同上］
50 Iva Dixit, "'Bollywood Wives' Is an Accidental Documentary about India's Gilded Class."
51 Keiligh Baker, "Best Friends with Dr Dre and an Entourage of Six 'Minders' Wherever He Goes: How Saudi Billionaire Playboy, 23, with a Fleet of Golden Cars Spends His Summer in London."
52 Larry King, "DJ Khaled's Illuminating Convo: Influence of Hip Hop, Jay Z's Genius & Young Rapper Mistakes."
53 Andy Warhol and Pat Hackett, *POPism: The Warhol Sixties*, 123［アンディ・ウォーホル／パット・ハケット『ポッピズム——ウォーホルの60年代』高島平吾訳］
54 Mara Siegler, "Gaia Matisse Doesn't Care if You Think She's Just a 'Blond with Big Boobs.'"
55 Nancy Jo Sales, "The New Rules of Old Money."
56 Lisa Birnbach, "Save Brooks Brothers!"
57 Rebecca Jennings, "Are You Ready for the Return of Prep?"

6 A. O. Scott, *Better Living through Criticism*, 251.
7 Scott Timberg, *Culture Crash: The Killing of the Creative Class*.
8 Steph Harmon, "Amanda Palmer: 'Donald Trump Is Going to Make Punk Rock Great Again.'"
9 Glenn O'Brien and Jean-Philippe Delhomme, *How to Be a Man*, 187.
10 "The End of Trends," and Cathy Horyn, "The Post-Trend Universe."
11 Ian Brennan, "How Music Dies: Aristocracy Is Killing Artistry."
12 Paul Virilio, *Speed and Politics*, 38［ポール・ヴィリリオ『速度と政治――地政学から時政学へ』］
13 Duncan J. Watts, *Everything Is Obvious: How Common Sense Fails Us*, 154［ダンカン・ワッツ『偶然の科学』青木創訳］
14 https://www.internetworldstats.com/stats.htm, https://www.nngroup.com/articles/one-billion-internet-users/.
15 わたしがインターネットを使い始めた1993年当時、歌詞とギターのタブ譜は初期のウェブ世界のキラーコンテンツだった。どういうわけだかコード進行の大半はまちがいだったが、ゼイ・マイト・ビー・ジャイアンツのタブ譜はメジャーセブンスやナインスに至るまで完璧だった。
16 Evelyn Cheng, "China Says It Now Has Nearly 1 Billion Internet Users."
17 ノア・スミスの2017年8月28日のツイート "15 years ago," https://twitter.com/noahpinion/status/902301308702515202.
18 Jia Tolentino, *Trick Mirror: Reflections on Self-Delusion*, 7.
19 Malcolm Harris, *Kids These Days: The Making of Millennials*, 178.
20 Christine Rosen, "Teens Who Say No to Social Media."
21 Isaiah Wilner, "The Number-One Girl."
22 *The Guardian*, "Klout Is Dead."
23 Taylor Lorenz, "On the Internet, No One Knows You're Not Rich. Except This Account."
24 科学技術が排他性に与える悪影響はすでに1961年の段階で指摘されている。Dwight E. Robinson, "The Economics of Fashion Demand," 390.
25 Steven Levy, "'Hackers' and 'Information Wants to Be Free.'"
26 Bob Dylan et al., *No Direction Home: Bob Dylan*［ロバート・シェルトン著エリザベス・トムソン／パトリック・ハンフリーズ編『ノー・ディレクション・ホーム――ボブ・ディランの日々と音楽』樋口武志／田元明日菜／川野太郎訳］
27 Thomas Gibbons-Neff and Fahim Abed, "In Afghanistan, Follow the White High-Tops and You'll Find the Taliban."
28 Noah Johnson, Rachel Tashjian, and Samuel Hine, "The 10 Best Things We Saw at Fashion Week."
29 www.shopnowpk.com.
30 Amanda Mull, "The New Trophies of Domesticity."
31 Chris Anderson, *The Longer Long Tail*, 52［クリス・アンダーソン『ロングテール――「売れない商品」を宝の山に変える新戦略』篠森ゆりこ訳］
32 Barry Schwartz, *The Paradox of Choice*［バリー・シュワルツ『なぜ選ぶたびに後悔するのか――「選択の自由」の落とし穴』瑞穂のりこ訳］

46 Simon Reynolds, *Retromania: Pop Culture's Addiction to Its Own Past*, xix.
47 L. P. Hartley, *The Go-Between*, 7.［L・P・ハートレイ『恋を覗く少年』蕗沢忠枝訳］
48 Metacritic, https://www.metacritic.com/movie/bohemian-rhapsody/critic-reviews.
49 https://en.wikipedia.org/wiki/Publishers_Weekly_list_of_best selling_novels_in_the_United_States_in_the_1920s.
50 2021年12月5日の時点での『グレート・ギャツビー』のスコア4,224,328に対し、『The Keeper of the Bees』は2,480だ。
51 George Leonard and Robert Leonard, "Sha Na Na and the Woodstock Generation."
52 ファッションブランドのクリームソーダを立ち上げた山崎眞行氏のこと。W. David Marx, *Ametora: How Japan Saved American Style*, 135［デーヴィッド・マークス『AMETORA――日本がアメリカンスタイルを救った物語』奥田祐士訳］を参照のこと。
53 Reynolds, *Retromania*, xii.
54 Reynolds, *Retromania* , xxx.
55 Nik Cohn, *Today There Are No Gentlemen*, 122, 127［ニック・コーン『誰がメンズファッションをつくったのか？――英国男性服飾史』奥田祐士訳］
56 "Fashion," *Lapham's Quarterly*, 137. ジャン・コクトーの言葉からの引用。
57 "Fashion," *Lapham's Quarterly*, 28. ヴァルター・ベンヤミンの言葉からの引用。
58 Joshua O. Reno, introduction to Thompson, *Rubbish Theory*, viii.
59 Bobbito Garcia, *Where'd You Get Those? New York City's Sneaker Culture, 1960–1987*, 153.
60 Reynolds, *Retromania*, xix.
61 Matei Calinescu, *Five Faces of Modernity*, 231［マティ・カリネスク『モダンの五つの顔――モダン・アヴァンギャルド・デカダンス・キッチュ・ポストモダン』富山英俊／栂正行共訳］、ヒルトン・クレーマーの言葉からの引用。
62 Renato Poggioli, *The Theory of the Avant-Garde*, 216.
63 O'Brien and Delhomme, *How to Be a Man*, 84.
64 Pitirim A. Sorokin, *Social and Cultural Dynamics*, 1: 185.
65 Ray Ferris and Julian Lord, *Teddy Boys: A Concise History*, 81.
66 Ray Ferris and Julian Lord, *Teddy Boys: A Concise History*, 81.
67 Ian MacDonald, *Revolution in the Head: The Beatles' Records and the Sixties*, 373.
68 James Laver, *Taste and Fashion: From the French Revolution to the Present Day*.
69 Roland Barthes, *Criticism and Truth*, 51［ロラン・バルト『批評と真実』保苅瑞穂訳］

第10章　インターネットの時代

1 W. David Marx, "An Open Letter to Kanye West from the Association of French Bakers." Emily Greenhouse, "About Kanye's Croissant." も参照のこと。
2 ピーター・ハンビーの2021年3月15日のツイート, "Every hilarious viral tweet," https://twitter.com/PeterHamby/status/1371505865249992713.
3 Rebecca Jennings, "Your Tweet Goes Viral. Here Come the Companies Asking You to Sell Their Crap."
4 Paul Resnikoff, "Nearly Half of All Charting Songs Are One-Hit Wonders."
5 Gary R. Dahl, *Advertising for Dummies*.

るか――個人と社会の関係』芦刈美紀子訳]
18 Michael Suk-Young Chwe, *Rational Ritual: Culture, Coordination, and Common Knowledge*, 3［マイケル・S-Y. チェ『儀式をゲーム理論で考える――協調問題、共通知識とは』安田雪訳］
19 Eric Hobsbawm and Terence Ranger, *The Invention of Tradition*, 12［E・ホブズボウム／T・レンジャー編『創られた伝統』前川啓治ほか訳］
20 "What Is Tartan?"
21 Quentin Bell, *On Human Finery*, 165.
22 Harold Bloom, *The Western Canon: The Books and School of the Ages*, 15.
23 Franco Moretti, *Graphs, Maps, Trees: Abstract Models for Literary History*, 4.
24 A. O. Scott, *Better Living through Criticism*, 184.
25 Barbara Herrnstein Smith, *Contingencies of Value: Alternative Perspectives for Critical Theory*, 10.
26 Bloom, *The Western Canon*, 19.
27 Bloom, *The Western Canon*, 3.
28 Harold Bloom, *The Anxiety of Influence: A Theory of Poetry*, xviii［ハロルド・ブルーム『影響の不安――詩の理論のために』小谷野敦／アルヴィ宮本なほ子訳］
29 Smith, *Contingencies of Value*, 49.
30 Klosterman, *But What If We're Wrong?*, 164.
31 Klosterman, *But What If We're Wrong?*, 53.
32 Andy Warhol and Pat Hackett, *POPism: The Warhol Sixties*, 26［アンディ・ウォーホル／パット・ハケット『ポッピズム――ウォーホルの60年代』高島平吾訳］、エミール・デ・アントニオの言葉からの引用。
33 Klosterman, *But What If We're Wrong?*, 64-65.
34 Smith, *Contingencies of Value*, 42.
35 Barbara Vinken, *Fashion Zeitgeist: Trends and Cycles in the Fashion System*, 66; Deidre Clemente, *Dress Casual: How College Students Redefined American Style*, 142.
36 O'Brien and Delhomme, *How to Be a Man*, 134, 138.
37 Kelefa Sanneh, "The Persistence of Prog Rock." デイヴィッド・ウィーゲルの言葉からの引用。
38 "500 Greatest Albums List (2003)," *Rolling Stone*〈ローリング・ストーン〉の《歴代最高のアルバム500選》2003年版
39 "The 500 Greatest Albums of All Time," *Rolling Stone*〈ローリング・ストーン〉《歴代最高のアルバム500選》その解説については Sheldon Pearce, "The Futility of Rolling Stone's Best-Albums List" を参照のこと。
40 Adam Roberts, *Frederic Jameson*, 50.
41 Smith, *Contingencies of Value*, 50.
42 Klosterman, *But What If We're Wrong?*, 94.
43 Thompson, *Rubbish Theory*, 52.
44 Connerton, *How Societies Remember*, 3［コナトン『社会はいかに記憶するか』］
45 Karl Marx, "The Eighteenth Brumaire of Louis Bonaparte."［カール・マルクス『ルイ・ボナパルトのブリュメール18日』丘沢静也訳］

170 Matei Calinescu, *Five Faces of Modernity*［マティ・カリネスク『モダンの五つの顔――モダン・アヴァンギャルド・デカダンス・キッチュ・ポストモダン』富山英俊／栂正行共訳］、アブラアム・モルの言葉からの引用。
171 Calinescu, *Five Faces of Modernity*, 285［同上］、ウンベルト・エーコの言葉からの引用。
172 Nicholas Barber, "*Black Panther*: The Most Radical Hollywood Blockbuster Ever?"
173 Anthony Heath, *Rational Choice and Social Exchange*, 87.
174 Duncan J. Watts, *Everything Is Obvious: How Common Sense Fails Us,* 172.
175 Peter Rowe, "Ballast Point's Rise, Fall and Sale: Inside Craft Beer's Most Baffling Deal." 結局コンステレーション社は大赤字を出したバラストポイント社を売却したが、それでもクラフトビールはアメリカの大手スーパーマーケットチェーンで以前よりも入手しやすくなった。

第9章　歴史と連続性

1 Vance Packard, *The Status Seekers*, 122［V・パッカード『地位を求める人々』野田一夫／小林薫訳］
2 Jake Gallagher, "Dropping Knowledge: The Button-Down Collar."
3 Clyde Kluckhohn, *Culture and Behavior*, 35 には文化は"累積的"だとあり、ハワード・S・ベッカーは『アート・ワールド』（Howard S. Becker, *Art Worlds*, 350）で「イノヴェーションの波のひとつひとつが、その後ろに、自分の領域を乗っ取ったニューウェーヴに忠誠心を切り替えられず、またそうしようとしなかった芸術家と芸術鑑賞者の堆積層を残していく」と述べている。
4 Gabriel Tarde, *The Laws of Imitation*, 340［ガブリエル・タルド『模倣の法則』池田祥英／村澤真保呂訳］
5 O. E. Schoeffler and William Gale, *Esquire's Encyclopedia of 20th Century Men's Fashion*, 198-213［O・E・ショーフラー／ウイリアム・ゲイル『エスカイア版20世紀メンズ・ファッション百科事典』高山能一訳］
6 Schoeffler and Gale, *Esquire's Encyclopedia of 20th Century Men's Fashion*, 202.［同上］
7 Michael Thompson, *Rubbish Theory: The Creation and Destruction of Value*, 4.
8 Eric Hobsbawm, *On History*, 10-11［エリック・ホブズボーム『ホブズボーム歴史論』原剛訳］
9 Hobsbawm, *On History*, 11［同上］
10 Leonard B. Meyer, *Music, the Arts, and Ideas: Patterns and Predictions in Twentieth-Century Culture*, 92.
11 Hobsbawm, *On History*, 10［ホブズボーム『ホブズボーム歴史論』］
12 Hobsbawm, *On History*, 25［同上］
13 Paul Meany, "First Principles: What America's Founders Learned from the Greeks and Romans and How That Shaped Our Country."
14 Rachel Syme, "The Second Life of Princess Diana's Most Notorious Sweater."
15 David Hume, "Of the Standard of Taste."
16 Lindholm, *Culture and Authenticity*, 26.
17 Paul Connerton, *How Societies Remember*, 72［ポール・コナトン『社会はいかに記憶す

146 Vance Packard, *The Status Seekers*, 136［パッカード『地位を求める人々』］、ドワイト・マクドナルドの言葉からの引用。Rogers, *Diffusion of Innovations*, 180［ロジャーズ『イノベーションの普及』］も参照のこと。
147 Chuck Klosterman, *But What If We're Wrong?*, 182.
148 Tom Wolfe, *The Pump House Gang*, 33-34.
149 Best, *Flavor of the Month*, 97［ベスト『なぜ賢い人も流行にはまるのか』］
150 Rupert Neate, "How an American Woman Rescued Burberry, a Classic British Label."
151 Chang, *Can't Stop, Won't Stop*, 408-409［チャン『ヒップホップ・ジェネレーション』］
152 Poggioli, *The Theory of the Avant-Garde*, 45.
153 Fred Davis, *Fashion, Culture, and Identity*, 34.
154 McCracken, *Culture and Consumption*, 94［マクラッケン『文化と消費とシンボルと』］
155 Jon Elster, *Nuts and Bolts for the Social Sciences*, 95［J・エルスター『社会科学の道具箱――合理的選択理論入門』海野道郎訳］「隣人よりも少し多く稼ごうと皆が思ったときには、同じ位置を保つために精一杯走らなければならない、ということになってしまう」
156 Marshall Sahlins, *Culture and Practical Reason*, 184［マーシャル・サーリンズ『人類学と文化記号論――文化と実践理性』山内昶訳］「（言語学者の）エドワード・サピアは、流行（ファッション）とは習慣から逸脱するふりをした習慣であると断言している」
157 Veblen, *The Theory of the Leisure Class*, 174［ヴェブレン『有閑階級の理論』］
158 Jean Baudrillard, *For a Critique of the Political Economy of the Sign*, 50-1［ジャン・ボードリヤール『記号の経済学批判』今村仁司ほか訳］
159 Corrigan, *The Sociology of Consumption*, 9「社会的に"正しい"物品を所有することで社会的地位が得られるのであれば、そしてその"正しさ"が依然として上流階級によって決められるのであれば、階層の下位に位置する階級は可能なかぎり上流階級の消費パターンを模倣するだろう。そうなると当然、上流階級も下層との差異を明確に示すべく消費パターンを変える」
160 Muggleton, *Inside Subculture*, 143.
161 Jean Baudrillard, *The System of Objects*, 149［ジャン・ボードリヤール『物の体系――記号の消費』宇波彰訳］
162 Davis, *Fashion, Culture, and Identity*, 162. ココ・シャネルの言葉からの引用。
163 Abraham, *Origins and Growth of Sociology*, 513. この事例は人類学者のラルフ・リントンがマダガスカルのバラ族に確認した。
164 Stanley Lieberson, *A Matter of Taste: How Names, Fashions, and Culture Change*, 92.
165 Herbert Marcuse, *One-Dimensional Man: Studies in the Ideology of Advanced Industrial Society*, 4-5［ヘルベルト・マルクーゼ『一次元的人間――先進産業社会におけるイデオロギーの研究』生松敬三／三沢謙一訳］
166 Jon Elster, *Making Sense of Marx*, 311.
167 Tom Wolfe, *From Bauhaus to Our House*, 19［トム・ウルフ『バウハウスからマイホームまで』諸岡敏行訳］および Peter Lewis, *The Fifties*, 197.
168 Tarde, *The Laws of Imitation*, 229［タルド『模倣の法則』］、アレクシ・ド・トクヴィルの言葉からの引用。
169 Wilson, *Let's Talk about Love*, 16.

122 Nancy McGuckin and Nanda Srinivasan, "Journey-to-Work Trends in the United States and Its Major Metropolitan Areas, 1960–2000," https://rosap.ntl.bts.gov/view/dot/5543.
123 McGuckin and Srinivasan, "Journey-to-Work Trends in the United States and Its Major Metropolitan Areas, 1960–2000."
124 Bourdieu, *Distinction*, 230［ブルデュー『ディスタンクシオン』］
125 Marcy Norton, *Sacred Gifts, Profane Pleasures: A History of Tobacco and Chocolate in the Atlantic World*, 22.
126 Norton, *Sacred Gifts, Profane Pleasures*, 180.
127 Norton, *Sacred Gifts, Profane Pleasures*, 180.
128 Norton, *Sacred Gifts, Profane Pleasures*, 180.
129 Mort Rosenblum, *Chocolate: A Bittersweet Saga of Dark and Light*, 14［モート・ローゼンブラム『チョコレート――甘美な宝石の光と影』小梨直訳］
130 Sophie D. Coe and Michael D. Coe, *The True History of Chocolate*［ソフィー・D・コウ／マイケル・D・コウ『チョコレートの歴史』樋口幸子訳］
131 Roald Dahl, *Charlie and the Chocolate Factory*, 6［ロアルド・ダール『チョコレート工場の秘密』柳瀬尚紀訳］
132 John Dower, *Embracing Defeat: Japan in the Wake of World War II*, 72［ジョン・ダワー『敗北を抱きしめて――第二次世界大戦後の日本 増補版』（上巻）三浦陽一／高杉忠明訳］
133 Malcolm Gladwell, *The Tipping Point*, 7, and Berger, *Contagious*, 4［マルコム・グラッドウェル『ティッピング・ポイント――いかにして「小さな変化」が「大きな変化」を生み出すか』高橋啓訳／バーガー『なぜ「あれ」は流行るのか？』］
134 Thompson, *Hit Makers*, 29［トンプソン『ヒットの設計図』］および Sheena Iyengar, *The Art of Choosing*, 149［シーナ・アイエンガー『選択の科学――コロンビア大学ビジネススクール特別講義』櫻井祐子訳］
135 Leibenstein, "Bandwagon, Snob, and Veblen Effects in the Theory of Consumers' Demand."
136 Berger, *Contagious*, 128［バーガー『なぜ「あれ」は流行るのか？』］
137 Rogers, *Diffusion of Innovations*, 350［ロジャーズ『イノベーションの普及』］
138 McLuhan, *Understanding Media*, 119［マクルーハン『人間拡張の諸相』］、ボードレールの言葉からの引用。
139 Rogers, *Diffusion of Innovations*, 343［ロジャーズ『イノベーションの普及』］
140 Orrin E. Klapp, *The Inflation of Symbols*, 163.
141 Leibenstein, "Bandwagon, Snob, and Veblen Effects in the Theory of Consumers' Demand." の〈taboo breaking point（タブーの突破点）〉を参照のこと。
142 David R. Greenland, *The Gunsmoke Chronicles: A New History of Television's Greatest Western*, 5.
143 McCracken, *Culture and Consumption*, 97［マクラッケン『文化と消費とシンボルと』］および Rogers, *Diffusion of Innovations*, 177［ロジャーズ『イノベーションの普及』］。ロジャーズは〈分割試行〉としている。
144 Gary S. Becker, *Accounting for Tastes*, 200.
145 Balázs Kovács and Amanda J. Sharkey, "The Paradox of Publicity: How Awards Can Negatively Affect the Evaluation of Quality."

96 Glenn O'Brien and Jean-Philippe Delhomme, *How to Be a Man*, 215.
97 Nelson W. Aldrich Jr., *Old Money: The Mythology of America's Upper Class*, 79［ネルソン・W・アルドリッチ Jr.『アメリカ上流階級はこうして作られる――オールド・マネーの肖像』酒井常子訳］ゼルダ・フィッツジェラルドの言葉からの引用。
98 Alison Lurie, *The Language of Clothes*, 14, 73［アリソン・リュリー『衣服の記号論』木幡和枝訳］、および J. Hutson, "Plump or Corpulent? Lean or Gaunt? Historical Categories of Bodily Health in Nineteenth-Century Thought."
99 Wilson, *Let's Talk about Love*, 93.
100 "How Badoit Took on Perrier."
101 Dick Pountain and David Robins, *Cool Rules: Anatomy of an Attitude*, 97［ディック・パウンテン／デイヴィット・ロビンズ『クール・ルールズ――クールの文化誌』鈴木晶訳］
102 Henrik Vejlgaard, *Anatomy of a Trend*, 89.
103 Bill Drummond and Jimmy Cauty, *The Manual (How to Have a Number One the Easy Way)*.
104 Rogers, *Diffusion of Innovations*, 274［ロジャーズ『イノベーションの普及』］
105 Paul DiMaggio, "Market Structure, the Creative Process および Popular Culture: Toward an Organizational Reinterpretation of Mass-Culture Theory" および Paul M. Hirsch, "Processing Fads and Fashions: An Organization-Set Analysis of Cultural Industry Systems" などを参照のこと。
106 Ron Mann, *Twist*.
107 David Byrne, *How Music Works*, 316［デヴィッド・バーン『音楽のはたらき』野中モモ訳］
108 Rogers, *Diffusion of Innovations*, 257［ロジャーズ『イノベーションの普及』］
109 Rogers, *Diffusion of Innovations*, 186［同上］
110 Andy Warhol and Pat Hackett, *POPism: The Warhol Sixties*, 65［アンディ・ウォーホル／パット・ハケット『ポッピズム――ウォーホルの60年代』高島平吾訳］
111 Chang, *Can't Stop, Won't Stop*, 132［チャン『ヒップホップ・ジェネレーション』］
112 Matos, *The Underground Is Massive*, 356–57.
113 Lynch and Strauss, *Changing Fashion*, 114.
114 Lesley Jacobs Solmonson, *Gin: A Global History*, 44［レスリー・ジェイコブズ・ソルモンソン『ジンの歴史』井上廣美訳］
115 Thompson, *Hit Makers*, 8［トンプソン『ヒットの設計図』］
116 Thompson, *Hit Makers*, 37［同上］
117 Jonah Berger, *Contagious: Why Things Catch On*, 68［ジョーナ・バーガー『なぜ「あれ」は流行るのか？――強力に「伝染」するクチコミはこう作る！』貫井佳子訳］
118 John Berger, *Ways of Seeing*, 131.
119 Fred Schruers, *Billy Joel*, 82［フレッド・シュルアーズ『イノセントマン――ビリー・ジョエル100時間インタヴューズ』斎藤栄一郎訳］
120 Grant David McCracken, *Culture and Consumption: New Approaches to the Symbolic Character of Consumer Goods and Activities*, 77［G. マクラッケン『文化と消費とシンボルと』小池和子訳］
121 Chwe, *Rational Ritual*, 41［チェ『儀式をゲーム理論で考える』］

63 rottentomatoes.com/m/venom_2018.
64 Lynes, *The Tastemakers*, 100.
65 Joel Best, *Flavor of the Month: Why Smart People Fall for Fads*, 60［ジョエル・ベスト『なぜ賢い人も流行にはまるのか――ファッドの社会心理学』林大訳］
66 Carl Wilson, *Let's Talk about Love: A Journey to the End of Taste*, 69.
67 Annette Lynch and Mitchell D. Strauss, *Changing Fashion: A Critical Introduction to Trend Analysis and Meaning*, 110.
68 Jean Duvignaud, *The Sociology of Art*, 129.
69 Daniel J. Boorstin, *The Image*, 21［ダニエル・J・ブーアスティン『幻影の時代――マスコミが製造する事実』後藤和彦／星野郁美訳］
70 Jack Shafer, "Bogus Trend Stories, Summer Edition."
71 Roger Ebert, "North."
72 Bob Morris, "The Age of Dissonance: Babes in Adultland."
73 "The Wedding Album: Jenna Lyons and Vincent Mazeau."
74 Julia Moskin, "Once Just a Cupcake, These Days a Swell."
75 Robert Sietsema, "Me and Magnolia: Life before and after the Cupcake Bomb Went Off."
76 Elizabeth Nathanson, "Sweet Sisterhood: Cupcakes as Sites of Feminized Consumption and Production."
77 Eric Asimov, "One Critic's Delight. . ."
78 Moskin, "Once Just a Cupcake, These Days a Swell."
79 Jen Doll, "The Icing Is off the Cupcake Craze."
80 Nathanson, "Sweet Sisterhood."
81 Leah Bourne, "The Cupcake Craze Is Officially Over: Crumbs Is Going Out of Business."
82 Rogers, *Diffusion of Innovations*, 288-91［ロジャーズ『イノベーションの普及』］
83 Tarde, *The Laws of Imitation*, 22［タルド『模倣の法則』］
84 Bell, *On Human Finery*, 109.
85 Marissa Piesman and Marilee Hartley, *The Yuppie Handbook: The State-of-the-Art Manual for Young Urban Professionals*［M・ピーズマン、M・ハートリー『ヤッピー・ハンドブック――シティ派プロのライフスタイル講座』平野次郎訳］
86 Editors of Consumer Reports, *I'll Buy That: 50 Small Wonders and Big Deals That Revolutionized the Lives of Consumers*, 26.
87 Paul Fussell, *Class: A Guide through the American Status System*, 92［ポール・ファッセル『階級（クラス）――「平等社会」アメリカのタブー』板坂元訳］
88 Barbara Vinken, *Fashion Zeitgeist: Trends and Cycles in the Fashion System*, 41.
89 Scura, ed., *Conversations with Tom Wolfe*, 97.
90 Herbert Blumer, "Fashion: From Class Differentiation to Collective Selection."
91 Seabrook, *Nobrow*, 170.
92 Tarde, *The Laws of Imitation*, 221［タルド『模倣の法則』］
93 Kobena Mercer, "Black Hair/style Politics (1987)," 434.
94 2018年、髪をコーンローにしたことを文化の盗用だと非難されたキム・カーダシアンは、『テン』のボー・デレクにインスパイアされただけだと弁解した（訳者注）。
95 Richard Conniff, *The Natural History of the Rich: A Field Guide*, 172.

将之訳]、バーバラ・H・スミスの言葉からの引用。
36 Colin Renfrew, "Varna and the Emergence of Wealth in Prehistoric Europe," 144.
37 Christie's, "The Collection of Peggy and David Rockefeller: Online Sale."
38 Jukka Gronow, *The Sociology of Taste,* 50.
39 Allison P. Davis, "Pharrell's Grammys Hat Actually Not So Ridiculous."
40 Garcia, *Where'd You Get Those?*, 188.
41 Nik Cohn, *Today There Are No Gentlemen*, 55［ニック・コーン『誰がメンズファッションをつくったのか？――英国男性服飾史』奥田祐士訳］
42 Cohn, *Today There Are No Gentlemen*, 104［同上］
43 Charles Lindholm, *Culture and Authenticity*, 95.
44 Chaney, *Coco Chanel*, 103, 209［チェイニー『シャネル、革命の秘密』］
45 Luca Vercelloni, *The Invention of Taste: A Cultural Account of Desire, Delight and Disgust in Fashion, Food and Art*, 145.
46 グレン・オブライエンの略歴は Jesse Thorn, "An Interview with Glenn O'Brien" と Stephen Greco, "That Fast Thing: The Late Glenn O'Brien" から引用した。
47 Christopher Bollen, "Glenn O'Brien Saved My Life."
48 Marshall McLuhan, *Understanding Media: The Extensions of Man*, 252［マーシャル・マクルーハン『人間拡張の諸相』後藤和彦／高儀進訳］
49 Michael Suk-Young Chwe, *Rational Ritual: Culture, Coordination, and Common Knowledge*, 92［マイケル・S-Y. チェ『儀式をゲーム理論で考える――協調問題、共通知識とは』安田雪訳］
50 Jeff Chang, *Can't Stop, Won't Stop: A History of the Hip-Hop Generation*, 320, 419［ジェフ・チャン『ヒップホップ・ジェネレーション――「スタイル」で世界を変えた若者たちの物語』押野素子訳］
51 Michaelangelo Matos, *The Underground Is Massive,* 124.
52 Francis Mulhern, *Culture/ Metaculture*, 110, and Rogers, *Diffusion of Innovations*, 250.
53 Cohn, *Today There Are No Gentlemen*, 156［コーン『誰がメンズファッションをつくったのか？』］
54 Rolf Meyersohn and Elihu Kaz, "Notes on a Natural History of Fads," 600.
55 Iain Ellis, "New Wave: Turning Rebellion into Money."
56 Matos, *The Underground Is Massive*, 230.
57 Tom Wolfe, *The Painted Word*, 38［トム・ウルフ『現代美術コテンパン』高島平吾訳］、トリスタン・ツァラの言葉からの引用。
58 Terence Hawkes, *Structuralism and Semiotics*, 104［テレンス・ホークス『構造主義と記号論』池上嘉彦他訳］
59 Maria Ward, "At 35, Kate Middleton Already Has an Archive of Memorable Fashion Moments."
60 Dorothy M. Scura, ed., *Conversations with Tom Wolfe,* 189. ヘルズ・エンジェルズについては同書 278 ページを参照。
61 Hunter S. Thompson, *Hell's Angels*, 74［ハンター・S・トンプソン『ヘルズ・エンジェルズ――地獄の天使たち 異様で恐ろしいサガ』飯田隆昭訳］
62 Seabrook, *Nobrow:* 50.

9 *Lapham's Quarterly* にあるモンテスキューの言葉からの引用。
10 Charles Mackay *Extraordinary Popular Delusions and the Madness of Crowds* [チャールズ・マッケイ『狂気とバブル——なぜ人は集団になると愚行に走るのか』塩野未佳／宮口尚子訳] のタイトルからの引用。
11 Molly Young, *The Things They Fancied*, 23.
12 Thorstein Veblen, *The Theory of the Leisure Class*, 177 [ソースタイン・ヴェブレン『有閑階級の理論』村井章子訳]
13 Oscar Wilde, "The Philosophy of Dress."
14 Lisa Chaney, *Coco Chanel*, 210 [リサ・チェイニー『シャネル、革命の秘密』中野香織監訳]
15 Michael Thompson, *Rubbish Theory: The Creation and Destruction of Value*, 54.
16 Meyer, *Music, the Arts, and Ideas*, 101「変化とはひとつではない。変化にはさまざまな種類があり、少なくともその種類の数だけ原因もある」
17 この流行のサイクルの考え方は、ゲオルク・ジンメルが「流行論」(『ジンメル著作集 7 文化の哲学』) で論じた模倣と差異化の理論を踏襲したものだ。
18 Nancy Mitford, ed., *Noblesse Oblige: An Enquiry into the Identifiable Characteristics of the English Aristocracy*, 143.
19 Everett M. Rogers, *The Fourteenth Paw: Growing Up on an Iowa Farm in the 1930s*, 40.
20 Everett M. Rogers, *Diffusion of Innovations*, 267 [エベレット・ロジャーズ『イノベーションの普及』三藤利雄訳]
21 Eric Hoffer, *The Ordeal of Change*, 1.
22 Bell, *On Human Finery*, 114.
23 Alberto Acerbi et al., "The Logic of Fashion Cycles."
24 Paul Nystrom, *Economics of Fashion*, 23.
25 Albert K. Cohen, "A General Theory of Subcultures (1955)."
26 Derek Thompson, *Hit Makers: The Science of Popularity in an Age of Distraction*, 7 [デレク・トンプソン『ヒットの設計図——ポケモン GO からトランプ現象まで』高橋由紀子訳]
27 Ruth Kassinger, *Dyes: From Sea Snails to Synthetics*, 33.
28 Pliny (the Elder), *The Natural History of Pliny*, vol. 2 [『プリニウスの博物誌 I』中野定雄ほか訳]
29 Suetonius, "The Life of Nero." [スエトニウス『ローマ皇帝伝』(下巻) 国原吉之助訳]
30 Gabriel Tarde, *The Laws of Imitation*, 232 [ガブリエル・タルド『模倣の法則』池田祥英／村澤真保呂訳]
31 Pierre Bourdieu, *Distinction*, 255 [ピエール・ブルデュー『ディスタンクシオン——社会的判断力批判〈普及版〉』石井洋二郎]
32 Chaney, *Coco Chanel*, 45 [チェイニー『シャネル、革命の秘密』]
33 H. Leibenstein, "Bandwagon, Snob, and Veblen Effects in the Theory of Consumers' Demand."
34 Garcia, *Where'd You Get Those?*, 156.
35 Howard S. Becker, *Art Worlds*, 215 [ハワード・S・ベッカー『アート・ワールド』後藤

84 Ian MacDonald, *Revolution in the Head: The Beatles' Records and the Sixties*, 11.
85 Blau, "33 Musicians on What John Cage Communicates," ロバート・スパーノの言葉からの引用。
86 T. S. Eliot, *Notes towards the Definition of Culture*, 58［T・S・エリオット『文化とは何か』深瀬基寛訳］
87 T. S. Eliot, *Notes towards the Definition of Culture*, 24［同上］
88 Raymond Williams, *The Sociology of Culture*, 57.
89 W. David Marx, *Ametora: How Japan Saved American Style*, 235［デーヴィッド・マークス『AMETORA――日本がアメリカンスタイルを救った物語』奥田祐士訳］
90 Adam Kirsch, "Kafka Wanted All His Work Destroyed after His Death. Or Did He?"
91 Baudrillard, *For a Critique of the Political Economy of the Sign*, 110［ボードリヤール『記号の経済学批判』］
92 Daniel Bell, *The Cultural Contradictions of Capitalism*, 120［ダニエル・ベル『資本主義の文化的矛盾』（中巻）林雄二郎訳］
93 Tomkins, *Ahead of the Game*, 22. アンドレ・ブルトンの言葉からの引用。
94 Warhol and Hackett, *POPism*, 50［ウォーホル／ハケット『ポッピズム』］
95 Baudrillard, *For a Critique of the Political Economy of the Sign*, 48［ボードリヤール『記号の経済学批判』］
96 Bell, *The Cultural Contradictions of Capitalism*, 20［ベル『資本主義の文化的矛盾』（上巻）］、オクタビオ・パスの言葉からの引用。
97 Peter Fuller, *Aesthetics after Modernism*, 5.
98 Stephen Jay Gould, *Full House: The Spread of Excellence from Plato to Darwin*, 228［スティーヴン・ジェイ・グールド『フルハウス 生命の全容――四割打者の絶滅と進化の逆説』渡辺政隆訳］「極めて洗練された聴き手の鑑賞に耐えるようなスタイルは、おそらくもうほとんど残っていないだろう。知的で理解力はあるがプロではない聴き手が共感できるような右壁に、もしかしたらすでに到達してしまっているかもしれないのだ」

第8章　流行のサイクル

1 ショートボード革命については、William Finnegan, *Barbarian Days: A Surfing Life*, 78-90［ウィリアム・フィネガン『バーバリアンデイズ――あるサーファーの人生哲学』児島修訳］を参照のこと。
2 Finnegan, *Barbarian Days*, 87［同上］
3 Finnegan, *Barbarian Days*, 90［同上］
4 Davis Jones, "History of Surfing: The Great Plastics Race."
5 Agi Orsi, Stacy Peralta, Craig Stecyk, and Sean Penn, *Dogtown and Z-Boys*.
6 Leonard B. Meyer, *Music, the Arts, and Ideas: Patterns and Predictions in Twentieth-Century Culture*, 109「スタイル外の"力"は、それ自体はスタイルの変化の必要な原因でも充分な原因でもないようだ」
7 Leslie A. White, *The Concept of Cultural Systems*, 6; Young Back Choi, *Paradigms and Conventions*, 106も参照のこと。「社会的変化とは、ある慣例が別の慣例に取って代わられることである」
8 George Santayana, *The Life of Reason: Reason in Religion*, 113.

『デュシャンは語る』］
53 Tomkins, *Ahead of the Game*, 15.
54 Girard, *Evolution and Conversion*, 18.
55 George Orwell, "Why I Write."
56 Andy Warhol and Pat Hackett, *POPism: The Warhol Sixties*, 20［アンディ・ウォーホル／パット・ハケット『ポッピズム――ウォーホルの60年代』高島平吾訳］
57 Tomkins, *Ahead of the Game*, 136.
58 Tomkins, *Ahead of the Game,* 70「ニューヨーク・フィルハーモニックの定期会員の大多数と、ニューヨークの音楽家の大半のケージの曲への態度は、ほぼ例外なく敵意に満ちたものだった」
59 Tomkins, *Ahead of the Game*, 137.
60 *BBC Music Magazine*, "The 50 Greatest Composers of All Time" 155.
61 Kulka, *Kitsch and Art*, 117.
62 Herbert Read, *Art and Society*, 85［ハーバート・リード『芸術と環境』植村鷹千代訳］
63 Daniel J. Levitin, *This Is Your Brain on Music: The Science of a Human Obsession*, 242［ダニエル・J・レヴィティン『音楽好きな脳――人はなぜ音楽に夢中になるのか 新版』西田美緒子訳］
64 Umberto Eco, *A Theory of Semiotics*, 272［ウンベルト・エーコ『記号論』(II) 池上嘉彦訳］
65 Warhol and Hackett, *POPism*, 3［ウォーホル／ハケット『ポッピズム』］
66 David Byrne, *How Music Works*, 284［デヴィッド・バーン『音楽のはたらき』野中モモ訳］
67 Poggioli, *The Theory of the Avant-Garde*, 116. ワーズワースの言葉からの引用。
68 Eco, *A Theory of Semiotics*, 270［エーコ『記号論』(II)］
69 Max Blau, "33 Musicians on What John Cage Communicates."
70 Becker, *Art Worlds*, 115［ベッカー『アート・ワールド』］「画商と批評家と収集家は、作品の価値と鑑賞法についての合意を形成する」
71 Poggioli, *The Theory of the Avant-Garde*, 91. オルテガ・イ・ガセットの言葉からの引用。
72 Lynes, *The Tastemakers*, 74.
73 Tom Wolfe, *The Painted Word*, 89［トム・ウルフ『現代美術コテンパン』高島平吾訳］
74 Poggioli, *The Theory of the Avant-Garde*, 158.
75 Alex Ross, "The John Cage Century," and Alex Ross, "Searching for Silence."
76 Dan Ozzi, "Rock Is Dead, Thank God."
77 ウィキペディアからの引用。
78 Jonathan D. Culler, *Saussure*, 100［ジョナサン・カラー『ソシュール』川本茂雄訳］
79 Jean Baudrillard, *For a Critique of the Political Economy of the Sign*, 106［ジャン・ボードリヤール『記号の経済学批判』今村仁司ほか訳］
80 Bill Drummond and Jimmy Cauty, *The Manual (How to Have a Number One the Easy Way)*.
81 Warhol and Hackett, *POPism*, 145［ウォーホル／ハケット『ポッピズム』］
82 Myers, *Erik Satie*, 54.
83 Tomkins, *Ahead of the Game*, 104.

入門』（下巻）高橋義孝／下坂幸三訳］
22 Seabrook, *Nobrow*: 191.
23 Justin Quirk, *Nothin' but a Good Time*, 217.
24 Friedman, *Jackson Pollock*, 100.
25 Ludwig Wittgenstein, *Culture and Value*, 4［ルートヴィヒ・ヴィトゲンシュタイン『反哲学的断章――文化と価値』丘沢静也訳］
26 Shattuck, *The Banquet Years*, 80［シャタック『祝宴の時代』］
27 Kathleen McKenna, "Edna Hibel, at 97; Versatile Creator of Many Works of Art."
28 エドナ・ハイベルについての詳細は Kim Shippey, "Always Trying for the Best She Can Do" から引用した。
29 Noël Carroll, *Philosophy of Art*, 228, 253.
30 "Roger Eliot Fry（1866-1934）."
31 McKenna, "Edna Hibel, at 97."
32 Tomáš Kulka, *Kitsch and Art*, 55.
33 Becker, *Art Worlds*, 29-30［ベッカー『アート・ワールド』］
34 Stephen Bayley, *Taste: The Secret Meaning of Things*, 56.
35 Renato Poggioli, *The Theory of the Avant-Garde*, 179.
36 Pierre Cabanne and Marcel Duchamp, *Dialogues with Marcel Duchamp*, 48［マルセル・デュシャン／ピエール・カバンヌ『デュシャンは語る』岩佐鉄男／小林康夫訳］
37 Graham, *John Graham's System and Dialectics of Art*, 96.
38 Luis Buñuel, *My Last Breath*, 69-70［ルイス・ブニュエル『映画、わが自由の幻想』矢島翠訳］、カタルーニャの哲学者エウヘニオ・ドルスの言葉からの引用。
39 Harold Bloom, *The Anxiety of Influence: A Theory of Poetry*, 99［ハロルド・ブルーム『影響の不安――詩の理論のために』小谷野敦／アルヴィ宮本なほ子訳］
40 Graham, *John Graham's System and Dialectics of Art*, 177.
41 Roland Aeschlimann et al., eds., *Trisha Brown: Dance and Art in Dialogue, 1961-2001*, and Trisha Brown, "Trisha Brown on Pure Movement."
42 Bloom, *The Anxiety of Influence*, 5［ブルーム『影響の不安』］
43 Calvin Tomkins, *Ahead of the Game: Four Versions of the Avant-Garde*, 99.
44 Tomkins, *Ahead of the Game*, 182.
45 Kulka, *Kitsch and Art*, 55.
46 Christopher Green, "An Introduction to *Les Demoiselles d'Avignon*."
47 Kulka, *Kitsch and Art*, 53.
48 Barbara Herrnstein Smith, *Contingencies of Value: Alternative Perspectives for Critical Theory*, 5.
49 Graham, *John Graham's System and Dialectics of Art*, 99.
50 Leonard B. Meyer, *Music, the Arts, and Ideas: Patterns and Predictions in Twentieth-Century Culture*, 71「もちろん、偶然が創り出した芸術を馬鹿にするのは簡単だ――"何を表現しているの？"と訊いてみたり"うちの幼い子どもでもできる"と言い募ってみればいいだけだ。そしてたぶん本当に子どもでもできることだ」
51 Tomkins, *Ahead of the Game*, 104.
52 Cabanne and Duchamp, *Dialogues with Marcel Duchamp*, 69［デュシャン／カバンヌ

記号論』池上嘉彦他訳]（該当箇所無し）
112 Fred Davis, *Fashion, Culture, and Identity*, 162「アンチ・ファッションの姿勢は、ファッションの制度的装置にしっかりと、おそらく不可分なかたちで取り込まれている」

第7章　芸術

1 Roger Shattuck, *The Banquet Years: The Origins of the Avant-Garde in France 1885 to World War I*, 66［ロジャー・シャタック『祝宴の時代——ベル・エポックと「アヴァンギャルド」の誕生』木下哲夫訳］
2 Shattuck, *The Banquet Years*, 52［同上］
3 Howard S. Becker, *Art Worlds*, 14［ハワード・S・ベッカー『アート・ワールド』後藤将之訳］
4 Truman Capote, *Breakfast at Tiffany's*, 18［トルーマン・カポーティ『ティファニーで朝食を』村上春樹訳］
5 Jean Duvignaud, *The Sociology of Art*, 32.
6 Luca Vercelloni, *The Invention of Taste: A Cultural Account of Desire, Delight and Disgust in Fashion, Food and Art*, 117.
7 Duvignaud, *The Sociology of Art*, 24.
8 Charles Taylor, *Sources of Self: The Making of the Modern Identity*, 419［チャールズ・テイラー『自我の源泉——近代的アイデンティティの形成』下川潔／桜井徹／田中智彦訳］
9 Duvignaud, *The Sociology of Art*, 42.
10 John D. Graham, *John Graham's System and Dialectics of Art*, 95.
11 Henri Bergson, *The Creative Mind: An Introduction to Metaphysics*, 135.
12 Bergson, *The Creative Mind*, 157「まちがいなく芸術は、われわれが自然に知覚しているよりも多くの性質や色合いを物事のなかに発見することを可能にする」
13 Herschel Browing Chipp, Peter Selz, and Joshua C. Taylor, *Theories of Modern Art: A Source Book by Artists and Critics*, 224.
14 Matei Calinescu, *Five Faces of Modernity*, 229［マティ・カリネスク『モダンの五つの顔——モダン・アヴァンギャルド・デカダンス・キッチュ・ポストモダン』富山英俊／栂正行共訳］
15 Immanuel Kant, *The Critique of Judgement*, 168-69［カント『判断力批判』原佑訳］
16 Rollo H. Myers, *Erik Satie*, 112「画才以外は実におめでたい人間のものであったかもしれない脳から、最も純粋な傑作が生まれたことを、それ以外にどう説明すればいいのだろうか？」
17 Hannah Arendt, "The Crisis in Culture," 200［ハンナ・アレント『文化の危機——過去と未来の間に』志水速雄訳］
18 B. H. Friedman, *Jackson Pollock: Energy Made Visible*, 181.
19 Becker, *Art Worlds*, 98［ベッカー『アート・ワールド』］
20 Josh Jones, "How Glenn Gould's Eccentricities Became Essential to His Playing and Personal Style: From Humming Aloud While Playing to Performing with His Childhood Piano Chair."
21 Sigmund Freud, *Introductory Lectures on Psycho-Analysis*, 423［フロイト『精神分析

86 Dan Fox, *Pretentiousness: Why It Matters*, 63.
87 Cohn, *Today There Are No Gentlemen*, 84［コーン『誰がメンズファッションをつくったのか？』］
88 Hall and Jefferson, eds., *Resistance through Rituals*, 188.
89 Dick Pountain and David Robins, *Cool Rules: Anatomy of an Attitude*, 19［ディック・パウンテン／デイヴィット・ロビンズ『クール・ルールズ――クールの文化誌』鈴木晶訳］
90 Ferris and Lord, *Teddy Boys*, 32.
91 John Waters, *Shock Value: A Tasteful Book about Bad Taste*, 36［ジョン・ウォーターズ『ジョン・ウォーターズの悪趣味映画作法 新版』柳下毅一郎訳］
92 Cohn, *Today There Are No Gentlemen*, 31［コーン『誰がメンズファッションをつくったのか？』］
93 John Seabrook, *Nobrow: The Culture of Marketing, the Marketing of Culture*, 76「1998年の時点でヒップホップミュージックのレコード売り上げは8100万枚を超え、そのファンの70パーセントは白人だった。ヒップホップはカントリーを抜き、ポップミュージックのなかで最もポピュラーなジャンルとなった」
94 Andy Warhol and Pat Hackett, *POPism: The Warhol Sixties*, 293［アンディ・ウォーホル／パット・ハケット『ポッピズム――ウォーホルの60年代』高島平吾訳］
95 Cohn, *Today There Are No Gentlemen*, 31［コーン『誰がメンズファッションをつくったのか？』］
96 Cohn, *Today There Are No Gentlemen*, 112［同上］
97 W. David Marx, *Ametora: How Japan Saved American Style*, 143［デーヴィッド・マークス『AMETORA――日本がアメリカンスタイルを救った物語』奥田祐士訳］
98 Howard S. Becker, *Outsiders: Studies in the Sociology of Deviance*, 60［ベッカー『アウトサイダーズ』］
99 Hebdidge, *Subculture*, 84［ヘブディジ『サブカルチャー』］
100 Ferris and Lord, *Teddy Boys*, 67.
101 David Bazner, "The Ted Trend Continues at Saint Laurent," and Steff Yotka and Amanda Brooks, "Watch: At Dior, Teddy Girls Take Center Stage."
102 Russell, "American Juggalo."
103 Annette Lynch and Mitchell D. Strauss, *Changing Fashion: A Critical Introduction to Trend Analysis and Meaning*, 54.
104 Hall and Jefferson, eds., *Resistance through Rituals*, 32.
105 Muggleton, *Inside Subculture*, 126.
106 Thornton, "The Social Logic of Subcultural Capital (1995)," 「サブカルチャーの若者たちの多くは、漠然とした反抗的姿勢は自分たちの行動を特徴づけるものだと捉えているのはたしかだ」
107 Susan Sontag, *Against Interpretation*, 275［スーザン・ソンダク「キャンプについてのノート」『反解釈』高橋康也訳］
108 Sontag, *Against Interpretation*, 285［同上］
109 Sontag, *Against Interpretation*, 286［同上］（該当箇所無し）
110 Ralph H. Turner and Samuel J. Surace, "Zoot-Suiters and Mexicans," 387.
111 Terence Hawkes, *Structuralism and Semiotics*, 72［テレンス・ホークス『構造主義と

Can't Stop, Won't Stop, 42, 102［チャン『ヒップホップ・ジェネレーション』］、実際にナチに傾倒していたバイカーズについては Christopher Beam, "Highway to Heil" を参照のこと。
52 Jock Young, "The Subterranean World of Play (1971)."
53 Muggleton, *Inside Subculture*, 115.
54 Muggleton, *Inside Subculture*, 110.
55 Sarah Thornton, "The Social Logic of Subcultural Capital (1995)."
56 Kent Russell, "American Juggalo."
57 Muggleton, *Inside Subculture*, 131. ジョン・ライドンの言葉からの引用。
58 Muggleton, *Inside Subculture*, 57, 68.
59 John McWhorter, *The Language Hoax: Why the World Looks the Same in Any Language*, 67.
60 Russell Hardin, *One for All*, 83, 101.
61 Herbert Gans, *Popular Culture and High Culture,* 13.
62 Muggleton, *Inside Subculture*, 137.
63 Scura, ed., *Conversations with Tom Wolfe*, 149.
64 Ferris and Lord, *Teddy Boys*, 61, and Hedbidge, *Subculture*, 122［ヘブディジ『サブカルチャー』］
65 Muggleton, *Inside Subculture*, 100.
66 Ferris and Lord, *Teddy Boys*, 11.
67 〈ピナクル〉の歴史については、Lucy McKeon, "The True Story of Rastafari", Chris Salewicz, *Bob Marley: The Untold Story*, 45-47 から引用した。
68 Salewicz, *Bob Marley,* 46.
69 Salewicz, *Bob Marley,* 47.
70 Salewicz, *Bob Marley,* 118.
71 Salewicz, *Bob Marley,* 112.
72 Sam Bright, "Klansman with Dreadlocks Astonishes Twitter."
73 Boardriders, https://www.boardriders.com/history-inactive.
74 David Teather, "Country Life Butter Soars after Johnny Rotten's Star Turn."
75 Hall and Jefferson, eds., *Resistance through Rituals,* 66.
76 T. R. Fyvel, "Fashion and Revolt (1963)," 69.
77 Charles Taylor, *Sources of Self: The Making of the Modern Identity*, 297［チャールズ・テイラー『自我の源泉――近代的アイデンティティの形成』下川潔／桜井徹／田中智彦訳］
78 Tom Wolfe, *Radical Chic and Mau-Mauing the Flak Catchers.*
79 Thomas Frank, *The Conquest of Cool*, 173.
80 Simon Frith and Howard Horne, *Art into Pop.*
81 Hebdidge, *Subculture*, 68-69［ヘブディジ『サブカルチャー』］
82 Chang, *Can't Stop, Won't Stop*, 418.［チャン『ヒップホップ・ジェネレーション』］
83 Mailer, "The White Negro," 348［メイラー『白い黒人（ホワイト・ニグロ）』］
84 Hebdidge, *Subculture*, 63［ヘブディジ『サブカルチャー』］
85 Thornton, "The Social Logic of Subcultural Capital (1995)."

25 Phil Cohen, “Subcultural Conflict and Working-Class Community (1972)”「ミドルクラスがサブカルチャーを生み出したとは思われない。サブカルチャーは支配する側ではなく、される側の文化によって生み出されるものだから」
26 Daniel Bell, *The Cultural Contradictions of Capitalism*, 190［ダニエル・ベル『資本主義の文化的矛盾』（下巻）林雄二郎訳］「若者の疎外感の多くは、彼らの地位に起きた社会革命に対するひとつの反抗だったのだ」
27 Hall and Jefferson, eds., *Resistance through Rituals*, 61 と Roland Barthes and Andy Stafford, *The Language of Fashion*, 107「ヒッピーは“倒錯したブルジョワ”だ」
28 Henry Jenkins, “Television Fans, Poachers, Nomads (1992)”「こうしたファンたちは、共通の趣味を持ち、共通の問題に直面しているファンたちのグループであることを自認することが可能で、多くの場合はそこから力と勇気を引き出す」
29 Colin MacInnes, *Absolute Beginners*, 64.
30 Carl Wilson, *Let's Talk about Love: A Journey to the End of Taste*, 6.
31 Scura, ed., *Conversations with Tom Wolfe*, 190.
32 Cohn, *Today There Are No Gentlemen*, 33［コーン『誰がメンズファッションをつくったのか？』］
33 Hall and Jefferson, eds., *Resistance through Rituals*, 53, 102.
34 Ikuya Satō, *Kamikaze Biker: Parody and Anomy in Affluent Japan*.
35 Joel Dinerstein, *The Origins of Cool in Postwar America*, 230.
36 *The Beatles Anthology*, 259［『THE BEATLES アンソロジー』ザ・ビートルズ・クラブ監修翻訳／斎藤早苗監修］
37 Frankie Thomas, “A Queer Reading of *Go Ask Alice*”; see also https://www.snopes.com/fact-check/go-ask-alice/ 手記の邦訳はアリス・D『十五歳の遺書――アリスの愛と死の日記』平井イサク訳。
38 Ferris and Lord, *Teddy Boys*, 48.
39 David Muggleton, *Inside Subculture: The Postmodern Meaning of Style*, 85.
40 Muggleton, *Inside Subculture*, 124.
41 Norman Mailer, “The White Negro,” 339［ノーマン・メイラー「白い黒人（ホワイト・ニグロ）」大橋吉之輔訳『新しい文学――その思想と社会的背景』］
42 Hall and Jefferson, eds., *Resistance through Rituals*, 47.
43 Michelle H. S. Ho, “Consuming Women in Blackface: Racialized Affect and Transnational Femininity in Japanese Advertising.”（このなかでは“bihaku（美白）”となっている）
44 コギャルとガングロの歴史については拙著 “The History of the Gyaru-Part One,”、“The History of the Gyaru- Part Two”、“The History of the Gyaru-Part Three” を参照のこと。
45 Sharon Kinsella, “Black Faces, Witches, and Racism against Girls.”
46 Hall and Jefferson, eds., *Resistance through Rituals*, 93.
47 Irish Jack quoted in Paolo Hewitt, ed., *The Sharper Word: A Mod Anthology*, 44.
48 Hall and Jefferson, eds., *Resistance through Rituals*, 177.
49 Kōji Nanba, *Yankii shinkaron*, 69［難波功士『ヤンキー進化論――不良文化はなぜ強い』］
50 Hebdidge, *Subculture*, 101. ヘブディジ『サブカルチャー』
51 Hebdidge, *Subculture*, 116［同上］。ブロンクスのギャングの使用例については Chang,

第6章　サブカルチャーとカウンターカルチャー

1　実際の張り紙はここで確認できる。 https://www.messynessychic.com/2013/02/10/the-forgotten-1950s-girl-gang.
2　エドワーディアン・ルックとテディボーイズの歴史については、Nik Cohn, *Today There Are No Gentlemen*［ニック・コーン『誰がメンズファッションをつくったのか？——英国男性服飾史』奥田祐士訳］と Ray Ferris and Julian Lord, *Teddy Boys: A Concise History* を参照のこと。
3　Cohn, *Today There Are No Gentlemen*, 23［コーン『誰がメンズファッションをつくったのか？』］
4　Cohn, *Today There Are No Gentlemen*, 25-26［同上］
5　Michael Macilwee, *The Teddy Boy Wars*.
6　Macilwee, *The Teddy Boy Wars*, 138 には、テディボーイズたちが“ネコを投げ飛ばして”遊んでいたとある。
7　Ferris and Lord, *Teddy Boys*, 16, and Macilwee, *The Teddy Boy Wars*, 19-20.
8　Macilwee, *The Teddy Boy Wars*, 62.
9　Macilwee, *The Teddy Boy Wars*, 85, 230.
10　Alan Sinfield, *Literature, Politics and Culture in Postwar Britain*, 174.
11　Cohn, *Today There Are No Gentlemen*, 28［コーン『誰がメンズファッションをつくったのか？』］
12　Stuart Hall and Tony Jefferson, eds., *Resistance through Rituals*, 29; 労働者階級を強調している箇所は同書の p. 236 にある。
13　Albert K. Cohen, “A General Theory of Subcultures (1955)”「解決策のひとつが、そうした問題を同じくする各個人が互いを引き寄せ合い、新たな規範と、自分たちの特性とすることが可能な行動を称賛に値するものとするステイタスの基準を共同して確立することである」
14　Macilwee, *The Teddy Boy Wars*, 115.
15　George Caspar Homans, *Social Behavior: Its Elementary Forms*, 341［ジョージ・C・ホーマンズ『社会行動——その基本形態』橋本茂訳］
16　Macilwee, *The Teddy Boy Wars*, 132.
17　Dorothy M. Scura, ed., *Conversations with Tom Wolfe*, 235.
18　Dick Hebdidge, *Subculture: The Meaning of Style*, 55［ヘブディジ『サブカルチャー』］
19　Cohn, *Today There Are No Gentlemen*［コーン『誰がメンズファッションをつくったのか？』］、Macilwee, *The Teddy Boy Wars*, 295-300.
20　Daniele Tamangi, *Gentlemen of Bacongo*［ダニエーレ・タマーニ『SAPEURS——THE GENTLEMEN OF BACONGO』宮城太訳］
21　Lain Chambers, *A STRATEGY FOR LIVING: black music and white subcultures* (Hall and Jefferson, eds., *Resistance through Rituals*, 161)
22　Hebdidge, *Subculture*, 64［ヘブディジ『サブカルチャー』］
23　Nili Blanck, “Inside L. A.’s Lowrider Car Clubs.”
24　Jeff Chang, *Can’t Stop, Won’t Stop: A History of the Hip-Hop Generation*［ジェフ・チャン『ヒップホップ・ジェネレーション——「スタイル」で世界を変えた若者たちの物語』押野素子訳］

の世紀――新時代の国、都市、人材の条件』井口典夫訳]
104 Lillian Hellman, *An Unfinished Woman*, 36［リリアン・ヘルマン『未完の女――リリアン・ヘルマン自伝』稲葉明雄／本間千枝子訳］
105 Nick Hornby, *High Fidelity*［ニック・ホーンビィ『ハイ・フィデリティ』森田義信訳］
106 Bobbito Garcia, *Where'd You Get Those? New York City's Sneaker Culture, 1960–1987*.
107 Veblen, *The Theory of the Leisure Class*, 85［ヴェブレン『有閑階級の理論』］
108 Misha Lanin, "Russia's Airbrushed Car Scene Is Out of Control."
109 Kerwin Kofi Charles, Erik Hurst, and Nikolai Roussanov, "Conspicuous Consumption and Race."
110 René Girard, *Evolution and Conversion: Dialogues on the Origins of Culture*, 45.
111 Garcia, *Where'd You Get Those?*, 14.
112 Garcia, *Where'd You Get Those?*, 35.
113 Garcia, *Where'd You Get Those?*, 151.
114 Garcia, *Where'd You Get Those?*, 12.
115 Matei Calinescu, *Five Faces of Modernity*, 235［マティ・カリネスク『モダンの五つの顔――モダン・アヴァンギャルド・デカダンス・キッチュ・ポストモダン』富山英俊／栂正行共訳］
116 Tomáš Kulka, *Kitsch and Art*, 28. キッチュについては Clement Greenberg, *Art and Culture*, 10［クレメント・グリーンバーグ『近代芸術と文化』瀬木慎一訳］も参照のこと。
117 Bourdieu, *Distinction*, 43［ブルデュー『ディスタンクシオン』］
118 Kulka, *Kitsch and Art*, 44.
119 Norman Lebrecht, *The Book of Musical Anecdotes*, 233.
120 Paolo Hewitt, ed., *The Sharper Word: A Mod Anthology*, 74「彼らは戦後イギリスの労働者階級のスマートさに対する姿勢から生まれ、〈フラッシュ〉という表現が最もふさわしい」
121 Thompson, *Rubbish Theory*, 117.
122 Thompson, *Rubbish Theory*, 63.
123 Packard, *The Status Seekers*, 70［パッカード『地位を求める人々』］
124 Dick Hebdidge, *Subculture: The Meaning of Style*, 41［ディック・ヘブディジ『サブカルチャー――スタイルの意味するもの』山口淑子訳］
125 Lanin, "Russia's Airbrushed Car Scene Is Out of Control."
126 Owen Jones, *Chavs: The Demonization of the Working Class*, 121［オーウェン・ジョーンズ『チャヴ――弱者を敵視する社会』依田卓巳訳］、James Hall, "Burberry Brand Tarnished by 'Chavs.'"
127 Sawyer, "Jay-Z's Wild Car Collection Is Fitting for Hip-Hop's First Billionaire."
128 Young Jee Han, Joseph C. Nunes, and Xavier Drèze, "Signaling Status with Luxury Goods: The Role of Brand Prominence."
129 Margalit Fox, "Vivian Nicholson, 79, Dies; A Rags-to-Riches Story Left in Tatters."
130 Richard Pendlebury, "Spent, Spent, Spent—Pools Winner Now Living on £87 a Week."
131 Naomi Klein, *No Logo: Taking Aim at the Brand Bullies*.
132 Lynes, *The Tastemakers*, 239.

78 Fussell, *Class*, 71［ファッセル『階級（クラス）』］
79 Bayley, *Taste*, 84.
80 Packard, *The Status Seekers*, 67［パッカード『地位を求める人々』］、Madeline Bilis, "Why Some Boston Brownstones Have Purple Windows."
81 Aldrich, *Old Money*, 39［アルドリッチ Jr.『アメリカ上流階級はこうして作られる』］
82 Michèle Lamont and Annette Lareau, "Cultural Capital: Allusions, Gaps and Glissandos in Recent Theoretical Developments," 155.
83 Nancy Mitford, ed., *Noblesse Oblige: An Enquiry into the Identifiable Characteristics of the English Aristocracy*, xi.
84 Birnbach, *The Official Preppy Handbook*, 121［バーンバック編『オフィシャル・プレッピー・ハンドブック』］。同じことが G. Bruce Boyer, "The Swelled Edge, a Quarter-Inch of Distinction" でも言及されている。
85 Mitford, ed., *Noblesse Oblige*, 85.
86 Bourdieu, *Distinction*, 2［ブルデュー『ディスタンクシオン』］
87 Bourdieu, *Distinction*, 29［同上］
88 Halbwachs, *The Social Frameworks of Memory*, 151［アルヴァックス『記憶の社会的枠組み』］「今日でもなお富に結び付いている威信は、ある部分で、美徳の近代的概念が富裕階級のなかで形成され、その階級のなかに、最初の、最も記憶されるべき模範を見いだすことができるという感覚によって説明される」
89 Aldrich, *Old Money*, 79［アルドリッチ Jr.『アメリカ上流階級はこうして作られる』］
90 Maureen Dowd, "Retreat of the Yuppies: The Tide Now Turns amid 'Guilt' and 'Denial.'"
91 Erynn Masi de Casanova, *Buttoned Up: Clothing, Conformity, and White-Collar Masculinity*, 227.
92 Marissa Piesman and Marilee Hartley, *The Yuppie Handbook: The State-of-the-Art Manual for Young Urban Professionals*, cover［M・ピーズマン、M・ハートリー『ヤッピー・ハンドブック――シティ派プロのライフスタイル講座』平野次郎訳］カバーより。
93 Peter Gammond, *The Bluffer's Guide to British Class*, 28.
94 George W. S. Trow, *Within the Context of No Context*, 4.
95 Birnbach, *The Official Preppy Handbook*, 89［バーンバック編『オフィシャル・プレッピー・ハンドブック』］
96 Aldrich, *Old Money*, 142［アルドリッチ Jr.『アメリカ上流階級はこうして作られる』］
97 Frank, *The Conquest of Cool*, 145–46.
98 David Brooks, *Bobos in Paradise*.
99 Douglas B. Holt, "Distinction in America? Recovering Bourdieu's Theory of Taste from Its Critics."
100 Currid-Halkett, *The Sum of Small Things*, 120, and Dominick Reuter, "Meet the Typical Whole Foods Shopper, a Highly Educated West Coast Millennial Woman Earning $80,000."
101 Fussell, *Class*, 142［ファッセル『階級（クラス）』］、Herbert Gans, *Popular Culture and High Culture: An Analysis and Evaluation of Taste* にも同様の内容が記されている。
102 ヴィトゲンシュタインの引用はシーズン 8 の第 10 話『スプリングフィールド・X-ファイル』に、ヴァッサー叩きはシーズン 6 の第 21 話『担任になったマージ』に見られる。
103 Richard Florida, *The Creative Class*［リチャード・フロリダ『クリエイティブ・クラス

50 Gabriel Tarde, *The Laws of Imitation*, 244［ガブリエル・タルド『模倣の法則』池田祥英／村澤真保呂訳］
51 Tarde, *The Laws of Imitation*, 233［同上］
52 Bertrand Russell, *Power*, 29［バートランド・ラッセル『権力――その歴史と心理』東宮隆訳］
53 Corrigan, *The Sociology of Consumption*, 5「しかしながらニューマネーには実績がなく、半年や1年で消えてしまうかもしれないし、単なる珍事で終わってしまうかもしれない」
54 Ridgeway, *Status: Why Is It Everywhere? Why Does It Matter?*, 106.
55 Bayley, *Taste*, 90.
56 Baudrillard, *For a Critique of the Political Economy of the Sign*, 78［ボードリヤール『記号の経済学批判』］
57 Nick Feltovich, Rick Harbaugh, and Ted To, "Too Cool for School? Signalling and Countersignalling."
58 Maurice Halbwachs, *The Social Frameworks of Memory*, 128［モーリス・アルヴァックス『記憶の社会的枠組み』鈴木智之訳］
59 Corrigan, *The Sociology of Consumption*, 166.
60 Conniff, *The Natural History of the Rich*, 187.
61 Fussell, *Class*, 85［ファッセル『階級（クラス）』］ジョゼフ・エプスタインの言葉からの引用。
62 Fussell, *Class*, 85［同上］
63 Lisa Chaney, *Coco Chanel*, 90［リサ・チェイニー『シャネル、革命の秘密』中野香織監訳］ポール・ポワレの言葉からの引用。
64 James Laver, *Dandies*, 21.
65 Quentin Bell, *On Human Finery*, 31.
66 Lisa Birnbach, *The Official Preppy Handbook*, 128［リサ・バーンバック編『オフィシャル・プレッピー・ハンドブック』宮原憲治訳］
67 Mary Douglas and Baron Isherwood, *The World of Goods*, 118［メアリー・ダグラス／バロン・イシャウッド『儀礼としての消費――財と消費の経済人類学』浅田彰／佐和隆光訳］
68 Aldrich, *Old Money*, 103［アルドリッチ Jr.『アメリカ上流階級はこうして作られる』］
69 Aldrich, *Old Money*, 71［同上］
70 Jean Baudrillard, *The Consumer Society: Myths and Structures*, 90［ジャン・ボードリヤール『消費社会の神話と構造』今村仁司・塚原史訳］
71 McCracken, *Culture and Consumption*, 35［マクラッケン『文化と消費とシンボルと』］
72 G. Bruce Boyer, *True Style: The History and Principles of Classic Menswear*, 178.
73 Aldrich, *Old Money*, 76［アルドリッチ Jr.『アメリカ上流階級はこうして作られる』］
74 Fussell, *Class*, 88［ファッセル『階級（クラス）』］
75 Barbara Vinken, *Fashion Zeitgeist: Trends and Cycles in the Fashion System*, 69にあるココ・シャネルの証言。
76 Russell Lynes, "How Shoe Can You Get?"
77 Nelson W. Aldrich Jr., "Preppies: The Last Upper Class?"

Theory of the Aspirational Class, 186 を参照のこと。
28 Veblen, *The Theory of the Leisure Class*, 99［ヴェブレン『有閑階級の理論』］
29 Veblen, *The Theory of the Leisure Class*, 115［同上］
30 Veblen, *The Theory of the Leisure Class*, 68［同上］および Baudrillard, *For a Critique of the Political Economy of the Sign*, 31［ボードリヤール『記号の経済学批判』］
31 Bayley, *Taste: The Secret Meaning of Things*, 157「最新愛性症（ネオマニア）の人々は、新しいものを購入することは価値を獲得することだと考えている」。G. マクラッケンも『文化と消費とシンボルと』でオールドマネーのステイタスシンボルに対する異議申し立てに焦点を当てている。
32 Packard, *The Status Seekers*, 121［パッカード『地位を求める人々』］
33 Andy Warhol and Pat Hackett, *POPism: The Warhol Sixties*, 295［アンディ・ウォーホル／パット・ハケット『ポッピズム――ウォーホルの60年代』高島平吾訳］
34 Henri Neuendorf, "Here's What Japanese Billionaire Yusaku Maezawa Has Bought So Far at the Auctions."
35 Andrew B. Trigg, "Veblen, Bourdieu, and Conspicuous Consumption," and Fussell, *Class*, 20.
36 Richard Conniff, *The Natural History of the Rich: A Field Guide*, 183. アレン・グラブマンの言葉からの引用。
37 H. Leibenstein, "Bandwagon, Snob, and Veblen Effects in the Theory of Consumers' Demand." 22.
38 Aaron Goldfarb, "When Johnnie Walker Blue Was King."
39 Rylan Miller, "A Middle Eastern Businessman Just Paid $8 Million for a Gold-Plated Rolls Royce."
40 Sombart, *Luxury and Capitalism*, 168［ゾンバルト『恋愛と贅沢と資本主義』］「工業生産の組織は、贅沢品の消費の増加によって、はるかに大きな影響を受ける。多くの場合（すべてではないが）、消費の増加は資本主義への扉を開き、資本主義が貿易の聖域に侵入することを可能にする」
41 この記述とチザムの経歴の詳細についてはチザム・ギャラリーのウェブサイト https://chisholmgallery.com/hugh-jeremy-chisholm から引用した。
42 Nelson W. Aldrich Jr., *Old Money: The Mythology of America's Upper Class*［ネルソン・W・アルドリッチ Jr.『アメリカ上流階級はこうして作られる――オールド・マネーの肖像』酒井常子訳］
43 James Dowling, "100 Not Out: The Full History of the Cartier Tank."
44 Aldrich, *Old Money*, 83［アルドリッチ Jr.『アメリカ上流階級はこうして作られる』］
45 Liz Jones, "The Patch-Up Prince: As He Is Pictured in a Jacket That's Been Repaired for Decades, How—from His Shoes Up—Prince Charles Has Always Made Do and Mended."
46 Packard, *The Status Seekers*, 275［パッカード『地位を求める人々』］
47 Shūzō Kuki, *Reflections on Japanese Taste: The Structure of Iki*, 93［九鬼周造『「いき」の構造』］
48 Veblen, *The Theory of the Leisure Class*, 187［ヴェブレン『有閑階級の理論』］
49 Paul Connerton, *How Societies Remember*, 85［ポール・コナトン『社会はいかに記憶するか――個人と社会の関係』芦刈美紀子訳］

7 T. S. Eliot, *Notes towards the Definition of Culture*, 24［T・S・エリオット『文化とは何か』深瀬基寛訳］「ついには階級別が闘争にまで導くように、それと同様に、宗教と政治と科学と芸術も、たがいに自律もしくは絶対的支配を求めて意識的な闘争を開始する一地点まで到達する。この摩擦は、ある段階、ある状況においては極めて創造的な働きをする」
8 P. N. Furbank, *Unholy Pleasure: The Idea of Social Class*, 64. シュンペーターの言葉からの引用。
9 Paul Fussell, *Class: A Guide through the American Status System*, 151［ポール・ファッセル『階級（クラス）――「平等社会」アメリカのタブー』板坂元訳］
10 Weber, *Selections in Translation*, 46.
11 Pierre Bourdieu, *Distinction*, 114, 258［ピエール・ブルデュー『ディスタンクシオン――社会的判断力批判〈普及版〉』石井洋二郎］
12 Jean Baudrillard, *For a Critique of the Political Economy of the Sign*, 113-115［ジャン・ボードリヤール『記号の経済学批判』今村仁司ほか訳］
13 F. Scott Fitzgerald, *The Great Gatsby*［スコット・フィッツジェラルド『グレート・ギャツビー』村上春樹訳］
14 Peter Lewis, *The Fifties*, 34.
15 Mayer Rus, “Inside Rapper Drake’s Manor House in Hometown Toronto.”
16 Grant David McCracken, *Culture and Consumption: New Approaches to the Symbolic Character of Consumer Goods and Activities*, 36［G. マクラッケン『文化と消費とシンボルと』小池和子訳］
17 John Waters, *Shock Value: A Tasteful Book about Bad Taste*, 142［ウォーターズ『ジョン・ウォーターズの悪趣味映画作法』］ディヴァインの言葉からの引用。Michael Thompson, *Rubbish Theory: The Creation and Destruction of Value* の「豊かか貧しいかどうかは所有物の量で決まる。貧しい人間の所有物は少なく、豊かな人間は多い」と相通じるものがある。
18 Sola, “Mugabe Amassed $1bn—Including a Rare Rolls-Royce Worth More Than Zimbabwe’s Economy.”
19 Jane Flanagan, “Grace Mugabe’s Porsche, Rolls Royce and Range Rover Are Damaged When Cows Wander onto the Road as Motors Were Being Spirited Out of Zimbabwe under the Cover of Darkness.”
20 Peter York, “Trump’s Dictator Chic.”
21 Lynes, *The Tastemakers*, 117.
22 Thorstein Veblen, *The Theory of the Leisure Class*, 96［ソースタイン・ヴェブレン『有閑階級の理論』村井章子訳］
23 Sombart, *Luxury and Capitalism*, 81［ゾンバルト『恋愛と贅沢と資本主義』］
24 Georges Bataille, *The Accursed Share: An Essay on the General Economy*, 1: 67［ジョルジュ・バタイユ『呪われた部分 ジョルジュ・バタイユ著作集』生田耕作訳］
25 Stephen Rodrick, “The Trouble with Johnny Depp.”
26 Corrigan, *The Sociology of Consumption*, 25.
27 Vance Packard, *The Status Seekers*, 31［V・パッカード『地位を求める人々』野田一夫／小林薫訳］。現代の例としては Elizabeth Currid-Halkett, *The Sum of Small Things: A*

85 「見た目だけじゃないの／わたしは彼の心までちゃんと見たの」
86 Pierre Bourdieu, *The Field of Cultural Production*, 68.
87 Dahl, *Stormy Weather*, 139.
88 Adam Roberts, *Frederic Jameson* 内にあるジャック・ラカンの主張〈主体は虚構である〉からの引用。
89 Taylor, *The Ethics of Authenticity*, 40［テイラー『「ほんもの」という倫理』］
90 Bob Balaban, *Spielberg, Truffaut and Me: An Actor's Diary*, 150.
91 Jean-Jacques Rousseau, *A Discourse on Inequality*, 136［ルソー『人間不平等起源論』小林善彦訳］
92 Gronow, *The Sociology of Taste*, 41 and Arendt, "The Crisis in Culture."［アレント『文化の危機』］
93 Phil Knight, *Shoe Dog*, 117［フィル・ナイト『SHOE DOG──靴にすべてを。』大田黒奉之訳］
94 Taylor, *Sources of Self*, 111［テイラー『自我の源泉』］
95 Hayakawa, *Symbol, Status, and Personality*, 40［ハヤカワ『言語と思考』］
96 Bruce Hood, *The Self Illusion*, 156–57.
97 Everett M. Rogers, *Diffusion of Innovations*, 231［エベレット・ロジャーズ『イノベーションの普及』三藤利雄訳］
98 Sheena Iyengar, *The Art of Choosing*, 89［シーナ・アイエンガー『選択の科学──コロンビア大学ビジネススクール特別講義』櫻井祐子訳］
99 David Pogue, "Trying Out the Zune: IPod It's Not."
100 Georg Simmel, *On Individuality and Social Forms,* 16.
101 Frank, *The Conquest of Cool*, 227.
102 Keller, *On Language Change*, 92.
103 Frank, *Choosing the Right Pond*, 38.
104 Jon Elster, *Nuts and Bolts for the Social Sciences*, 59［J・エルスター『社会科学の道具箱──合理的選択理論入門』海野道郎訳］

第5章　階級と感性

1 Stacie Stukin, "The Ice Age."
2 Ramses M, *How Kanye West Got Started: Lessons from a Legend (How It All Got Started)*.
3 Maureen O'Connor, "Kanye West Wore a WWJD Bracelet."
4 Max Weber, *Selections in Translation*, 89. マックス・ヴェーバーは〈獲得階級〉としている。
5 Werner Sombart, *Luxury and Capitalism*, 81［ヴェルナー・ゾンバルト『恋愛と贅沢と資本主義』金森誠也訳］「人々がすぐに手に入れた富のほとんどを贅沢品に費やす傾向は、わたしたちの文明で常に繰り返されている現象である」C. Anderson, J. A. D. Hildreth, and L. Howland, "Is the Desire for Status a Fundamental Human Motive? A Review of the Empirical Literature" も参照のこと（「衒示的消費は文化を超えて姿を見せる」）。
6 Laurence Bergreen, *Capone: The Man and the Era*, 283［ローレンス・バーグリーン『カポネ──人と時代　愛と野望のニューヨーク篇』常盤新平訳］

60 Jonah Berger, *Contagious: Why Things Catch On*, 147［ジョーナ・バーガー『なぜ「あれ」は流行るのか？――強力に「伝染」するクチコミはこう作る！』貫井佳子訳］
61 Charles Lindholm, *Culture and Authenticity*, 34.
62 Erving Goffman, *The Presentation of Self in Everyday Life*, 13［アーヴィング・ゴフマン『日常生活における自己呈示』中河伸俊／小島奈名子訳］
63 Lynes, *The Tastemakers*, 185.
64 Edith Wharton and Ogden Codman Jr., *The Decoration of Houses*.
65 Lisa Chaney, *Coco Chanel*, 190［リサ・チェイニー『シャネル、革命の秘密』中野香織監訳］
66 G. Bruce Boyer, *True Style: The History and Principles of Classic Menswear*, 171-79.
67 Sid Mashburn, "The Most Stylish Men Ever to Wear a Watch."
68 Trilling, *Sincerity and Authenticity*, 22［トリリング『〈誠実〉と〈ほんもの〉』］カスティリオーネの『宮廷人』からの引用。
69 Michaelangelo Matos, *The Underground Is Massive,* 324.
70 Taylor, *The Ethics of Authenticity*, 81［テイラー『「ほんもの」という倫理』］
71 Lindholm, *Culture and Authenticity*, 21.
72 Lindholm, *Culture and Authenticity*, 2.
73 Marian Liu, "How a Taiwanese Whisky Became a Global Favorite."
74 W. David Marx, *Ametora: How Japan Saved American Style*, 236.［デーヴィッド・マークス『AMETORA――日本がアメリカンスタイルを救った物語』奥田祐士訳］
75 James H. Gilmore and Joseph Pine, *Authenticity: What Consumers Really Want*, 54［ジェームズ・H. ギルモア／B. ジョセフ・パインII『ほんもの――何が企業の「一流」と「二流」を決定的に分けるのか？』林正訳］
76 Russell Hardin, *One for All: The Logic of Group Conflict*, 9.
77 George Caspar Homans, *Social Behavior: Its Elementary Forms*, 358［ジョージ・C・ホーマンズ『社会行動――その基本形態』橋本茂訳］
78 〈ペルソナ〉と〈アイデンティティ〉と〈自己〉という用語は、さまざまな文献で用いられている。ジョージ・ハーバート・ミードの〈主我〉と〈客我〉、Anthony Elliott, *Concepts of the Self*, 34 を参照のこと。
79 Dorothy M. Scura, ed., *Conversations with Tom Wolfe*, 19.
80 Jean-Paul Sartre, *Existentialism and Human Emotions*, 15［J-P・サルトル「実存主義はヒューマニズムである」伊吹武彦訳『実存主義とは何か』］
81 Hubert L. Dreyfus and Paul Rabinow, *Michel Foucault: Beyond Structuralism and Hermeneutics*, 351［ヒューバート・L・ドレイファス／ポール・ラビノウ『ミシェル・フーコー――構造主義と解釈学を超えて』山形頼洋ほか訳］
82 ビリー・ホリディの経歴については Linda Dahl, *Stormy Weather: The Music and Lives of a Century of Jazz Women*, 136-40 から引用した。
83 Friedrich Nietzsche, *Beyond Good and Evil*, 179［ニーチェ「善悪の彼岸」『ニーチェ全集第 10 巻』信太正三訳］
84 Charles Taylor, *Sources of Self: The Making of the Modern Identity*, 375［チャールズ・テイラー『自我の源泉――近代的アイデンティティの形成』下川潔／桜井徹／田中智彦訳］

226.
34 Vercelloni, *The Invention of Taste*, 91. カントの言葉からの引用。
35 Ludwig Wittgenstein, *Culture and Value*, 59［ルートヴィヒ・ヴィトゲンシュタイン『反哲学的断章――文化と価値』丘沢静也訳］
36 Seth Stephens-Davidowitz, *Everybody Lies: Big Data, New Data, and What the Internet Can Tell Us about Who We Really Are*, 37［セス・スティーヴンズ＝ダヴィドウィッツ『誰もが嘘をついている――ビッグデータ分析が暴く人間のヤバい本性』酒井泰介訳］
37 William Kremer, "Does a Baby's Name Affect Its Chances in Life?"
38 アンソニー・ボーディンの2013年11月3日のツイート「〈ローソン〉のエッグサラダサンドの得も言われぬ、ただならぬ美味しさ」https://twitter.com/bourdain/status/397169495506448384.
39 Nick Reilly, "'Lynchian,' 'Tarantinoesque,' and 'Kubrickian' Lead New Film Words Added to Oxford English Dictionary."
40 Jeff Chang, *Can't Stop, Won't Stop: A History of the Hip-Hop Generation*, 67［ジェフ・チャン『ヒップホップ・ジェネレーション――「スタイル」で世界を変えた若者たちの物語』押野素子訳］
41 Jeff Weiss, "The (Mostly) True Story of Vanilla Ice, Hip-Hop, and the American Dream."
42 Bernard, "Why the World Is After Vanilla Ice."
43 Weiss, "The (Mostly) True Story of Vanilla Ice, Hip-Hop, and the American Dream."
44 Stephen Holden, "The Pop Life," October 17, 1990.
45 Stephen Holden, "The Pop Life," December 19, 1990.
46 Bernard, "Why the World Is After Vanilla Ice," エリック・B＆ラキムの『イン・ザ・ゲットー』からの引用。
47 Lionel Trilling, *Sincerity and Authenticity*, 2［ライオネル・トリリング『〈誠実〉と〈ほんもの〉――近代自我の確立と崩壊』野島秀勝訳］「現代において〈誠実〉という言葉が使われるとき、それは第一に建て前と実際の感情との一致を指している」
48 Weiss, "The (Mostly) True Story of Vanilla Ice, Hip-Hop, and the American Dream."
49 Russell Lynes, *The Tastemakers*, 107.
50 Kant, *The Critique of Judgement*, 89［カント『判断力批判』］
51 Dan Fox, *Pretentiousness: Why It Matters*, 57.
52 Thomas Frank, *The Conquest of Cool*, 142.
53 Scott Craig, "What's Noka Worth? (Part 2)."
54 Charles Taylor, *The Ethics of Authenticity*, 29［チャールズ・テイラー『「ほんもの」という倫理――近代とその不安』田中智彦訳］
55 S. I. Hayakawa, *Symbol, Status, and Personality*, 55［S・I・ハヤカワ『言語と思考――シンボル・人間・社会』四宮満訳］アブラハム・マズローの言葉からの引用。
56 René Girard, *Evolution and Conversion: Dialogues on the Origins of Culture*, 123. ルネ・ジラール『文化の起源：人類と十字架』
57 J. D. Salinger, *The Catcher in the Rye*. サリンジャー『キャッチャー・イン・ザ・ライ』
58 Chang, *Can't Stop, Won't Stop*, 425［チャン『ヒップホップ・ジェネレーション』］
59 Walter Benjamin, *Illuminations*, 221［W・ベンヤミン『複製技術時代の芸術』川村二郎ほか訳］

6 Waters, *Shock Value*, 2［同上］。スーザン・ソンダク『《キャンプ》についてのノート』からの引用。
7 Immanuel Kant, *The Critique of Judgement*, 41［カント『判断力批判』原佑訳］
8 フランスの哲学者リュック・フェリーは *The Invention of Taste in the Democratic Age*, 43［『ホモ・エステティクス――民主主義の時代における趣味の発明』小野康男／上村博／三小田祥久訳］のなかで、この時代の“センスのよさ”は、フランスの思想家・美学者シャルル・バトゥーの著書が最もよく表していると述べている。
9 Luca Vercelloni, *The Invention of Taste: A Cultural Account of Desire, Delight and Disgust in Fashion, Food and Art*, 11. ヴォルテールの言葉からの引用。
10 Jukka Gronow, *The Sociology of Taste*, 9.
11 Sam Colt, “Apple Designer Jony Ive's Favorite Cars,” and Stuart Dredge and Alex Hern, “Apple, Coffee and Techno: Jonathan Ive's Recipe for Success.”
12 Waters, *Shock Value*, 121［ウォーターズ『ジョン・ウォーターズの悪趣味映画作法』］
13 Hannah Arendt, “The Crisis in Culture.”［ハンナ・アレント『文化の危機――過去と未来の間に』志水速雄訳］ここでアレントはセンスのことを〈鑑賞力〉としている（訳者注）。
14 Roger Scruton, *Modern Culture*, 35.
15 Pierre Bourdieu, *Distinction*, 241-43［ピエール・ブルデュー『ディスタンクシオン――社会的判断力批判〈普及版〉』石井洋二郎］
16 “Two Bad Neighbors,” *The Simpsons*, season 7, episode 13.
17 David Hume, “Of the Standard of Taste.”
18 Susan Sontag, *Against Interpretation*, 276［スーザン・ソンダク「キャンプについてのノート」『反解釈』高橋康也訳］
19 Sontag, Against Interpretation, 291［同上］
20 Phil Baker, *The Book of Absinthe*, 87-93.
21 Herbert Gans, *Popular Culture and High Culture: An Analysis and Evaluation of Taste*, 10. の “taste cultures” を参照のこと。
22 Vance Packard, *The Status Seekers*, 179［V・パッカード『地位を求める人々』野田一夫／小林薫訳］
23 Bourdieu, *Distinction*, 6, 56, 173［ブルデュー『ディスタンクシオン』］「趣味（センス）は分類し、分類する者を分類する」
24 Oleg Cassini, *In My Own Fashion*, 334.
25 David Berger, *Kant's Aesthetic Theory: The Beautiful and the Agreeable*, 16.
26 David Lewis, *Convention*, 101［デイヴィド・ルイス『コンヴェンション――哲学的研究』］
27 Waters, *Shock Value*, 2［ウォーターズ『ジョン・ウォーターズの悪趣味映画作法』］
28 Peter Corrigan, *The Sociology of Consumption*, 29. ダニエル・ミラーの言葉からの引用。
29 ミラーは“カント的”と“反カント的”としているが、ここではその表現を避けて“観想的”と“利那的”とした。
30 Bourdieu, *Distinction*, 232［ブルデュー『ディスタンクシオン』］
31 Jean Baudrillard, *The Consumer Society: Myths and Structures*, 59［ジャン・ボードリヤール『消費社会の神話と構造』今村仁司・塚原史訳］
32 Berger, *Kant's Aesthetic Theory*, 123.
33 Bobbito Garcia, *Where'd You Get Those? New York City's Sneaker Culture, 1960-1987*,

56 Gary S. Becker, *Accounting for Tastes*, 200.
57 Herman Wouk, *The Caine Mutiny*, 16［ハーマン・ウオーク『ケイン号の叛乱』（上巻）新庄哲夫訳］歌っていたのはイタリア語で書かれた『フィガロの結婚』のアリアだった（訳者注）。
58 Keller, *A Theory of Linguistic Signs*, 92.
59 Bobbito Garcia, *Where'd You Get Those? New York City's Sneaker Culture, 1960–1987*, 73.
60 Edward Sapir, *Language: An Introduction to the Study of Speech*, 155［エドワード・サピア『言語——ことばの研究序説』安藤貞雄訳］
61 Jeanne Maglaty, "When Did Girls Start Wearing Pink?"
62 Jeff Chang, *Can't Stop, Won't Stop: A History of the Hip-Hop Generation*, 72［ジェフ・チャン『ヒップホップ・ジェネレーション——「スタイル」で世界を変えた若者たちの物語』押野素子訳］
63 Monica Hesse and Dan Zak, "Does This Haircut Make Me Look Like a Nazi?"
64 Chang, *Can't Stop, Won't Stop*, 417［チャン『ヒップホップ・ジェネレーション』］
65 Neil A. Lewis, "The Politicization of Tasseled Loafers."
66 このツイートは削除されたが、このサイトで確認できる。https://twitter.com/dieworkwear/status/1118274805466222593?s=09（現在は閲覧不可）
67 Phil Knight, *Shoe Dog*, 60［フィル・ナイト『SHOE DOG——靴にすべてを。』大田黒奉之訳］
68 Keller, *On Language Change*.
69 Eco, *A Theory of Semiotics*, 59［エーコ『記号論』（I）］
70 ジェシカ・プレスラー「彼女は大金を持っていて、それを失ってしまっただけなのかもしれない。アンナ・デルヴェイの豪華な新生活のツケを払わなければならなかった。市《まち》はマルク紙幣で溢れかえっていた」
71 Dana Thomas, *Deluxe: How Luxury Lost Its Luster*［ダナ・トーマス『堕落する高級ブランド』実川元子訳］
72 Ruth Benedict, *Patterns of Culture*, 260［R・ベネディクト『文化の型』米山俊直訳］
73 Jong Joon-Ho, *Parasite*［ポン・ジュノ『パラサイト 半地下の家族』］
74 Frank, *Choosing the Right Pond*, 153.
75 Thor Berger and Per Engzell, "Trends and Disparities in Subjective Upward Mobility since 1940."
76 Yiannis Gabriel and Tim Lang, *The Unmanageable Consumer*, 55.
77 W. David Marx, *Ametora: How Japan Saved American Style*, 151［デーヴィッド・マークス『AMETORA——日本がアメリカンスタイルを救った物語』奥田祐士訳］

第4章　センス、真正性、そしてアイデンティティ

1 Bénédicte de Montlaur, "France Honors Dennis Lim and John Waters."
2 Sloane Brown, "BMA John Waters Rotunda Dedication."
3 https://baltimore.org/what-to-do/john-waters-baltimore/.
4 Mike Albo, "The Marvelous Mr. John Waters."
5 John Waters, *Shock Value: A Tasteful Book about Bad Taste*, 2［ジョン・ウォーターズ『ジョン・ウォーターズの悪趣味映画作法 新版』柳下毅一郎訳］

34 Umberto Eco, *A Theory of Semiotics*, 23［ウンベルト・エーコ『記号論』(I) 池上嘉彦訳］
35 Keller, *A Theory of Linguistic Signs*, 148「15トンの銅とジャガーには大きなちがいがある――ジャガーはステイタスシンボルだが、15トンの銅はそうではない。これはジャガーは銅とはちがって所有者の羽振りのよさを可視化するためにおもに購入されるという事実によるものだ」
36 Carly Stern, "Battle of the Bags! Blue Ivy Carries a $1,800 Louis Vuitton Purse to the NBA All Star Game, while Beyonce Opts for a $1,400 Celine— but Neither Compares to Grandma Tina's $4,700 Gucci."
37 Marshall McLuhan, *Understanding Media: The Extensions of Man*, 243［マーシャル・マクルーハン『人間拡張の諸相』後藤和彦／高儀進訳］
38 Abraham, *Origins and Growth of Sociology*, 512.
39 Marshall Sahlins, *Culture and Practical Reason*, 177［マーシャル・サーリンズ『人類学と文化記号論――文化と実践理性』山内昶訳］ボードリヤールの言葉からの引用。
40 ナツメグについては Werner Sombart, *Luxury and Capitalism*, 120［ヴェルナー・ゾンバルト『恋愛と贅沢と資本主義』金森誠也訳］を参照のこと。エアコンについては Vance Packard, *The Status Seekers*, 68［V・パッカード『地位を求める人々』野田一夫／小林薫訳］を参照のこと。
41 Tom Wolfe, *The Kandy-Kolored Tangerine-Flake Streamline Baby*, 230.
42 Brennan and Pettit, *The Economy of Esteem*, 71, T. Miller and Deborah A. Prentice の引用。
43 Adam Smith, *The Theory of Moral Sentiments*, 281［アダム・スミス『道徳感情論』高哲男訳］
44 ジャーナリストのマーク・マトウシェクの『These Are the 16 Most Unreliable Car Brands for 2020（信頼性がもっと低い自動車メーカー・ワースト16　2020年版）』では、ジャガーは第3位だった。
45 Henrik Vejlgaard, *Anatomy of a Trend*, 126.
46 Worboys, Julie-Marie Strange, and Neil Pemberton, *The Invention of the Modern Dog: Breed and Blood in Victorian Britain*, 13.
47 Smith, *The Theory of Moral Sentiments*, 282［アダム・スミス『道徳感情論』］
48 Nik Cohn, *Today There Are No Gentlemen*, 48［ニック・コーン『誰がメンズファッションをつくったのか？――英国男性服飾史』奥田祐士訳］
49 Spence, "Job Market Signaling."［スペンス『市場でのシグナリング活動』］
50 Molly Young, *The Things They Fancied*, 29.
51 ケンブリッジ大学ボート部で舵手《コックスン》をやっていたわたしの姉は、ある漕手からもらった、着古したこのTシャツをわたしに譲ってくれた。世界中から名だたるボート選手が集う〈ヘッド・オブ・チャールズ・レガッタ〉を観戦していたら、漕手ではないのに部のTシャツを着ているわたしを、ケンブリッジ大学のクルーたちは鬼の形相でにらみつけていた。
52 〈ホルワージー・ホール〉のほうが明らかに優れているのだから、こんな議論は実際には起こり得ない。
53 Chaney, *Coco Chanel*, 61［チェイニー『シャネル、革命の秘密』］
54 Phil Baker, *The Book of Absinthe*, 128.
55 Chaney, *Coco Chanel*, 226［チェイニー『シャネル、革命の秘密』］

かどうかを決定する、人間の行動様式である」
7 Doran, “The Demolition Man.”
8 C. Anderson, J. A. D. Hildreth, and L. Howland, “Is the Desire for Status a Fundamental Human Motive? A Review of the Empirical Literature.”
9 Princeton University, “In a Split Second, Clothes Make the Man More Competent in the Eyes of Others.”
10 Lisa Chaney, *Coco Chanel*, 203［リサ・チェイニー『シャネル、革命の秘密』中野香織監訳］
11 Charles Lindholm, *Culture and Authenticity,* 3.
12 Geoffrey Brennan and Philip Pettit, *The Economy of Esteem: An Essay on Civil and Political Society*, 36 にあるヤン・エルスターの言葉からの引用。
13 Jonah Berger, *Contagious: Why Things Catch On*, 8［ジョーナ・バーガー『なぜ「あれ」は流行るのか？――強力に「伝染」するクチコミはこう作る！』貫井佳子訳］
14 Erving Goffman, “Symbols of Class Status.”
15 Spence, “Job Market Signaling.”［スペンス『市場でのシグナリング活動』］
16 Robert H. Frank, *Choosing the Right Pond: Human Behavior and the Quest for Status*, 149.
17 F. Scott Fitzgerald, *The Great Gatsby*, 115［スコット・フィッツジェラルド『グレート・ギャツビー』村上春樹訳］
18 P. N. Furbank, *Unholy Pleasure: The Idea of Social Class*, 102.
19 John Edwards, *Sociolinguistics: A Very Short Introduction.*
20 Nick Krewen, “Meet Beck’s Dad, David Campbell, Who Has Helped Sell Nearly 1 Billion Records.”
21 Simone de Beauvoir, *The Second Sex*, 528［シモーヌ・ド・ボーヴォワール『決定版 第二の性』（II・体験 下）『第二の性』を原文で読み直す会訳］
22 Roland Barthes, *Elements of Semiology*, 77.
23 Keller, *A Theory of Linguistic Signs*, 1.
24 Bob Buyer “Lawsuits Attack ‘Cadillac’ Silos,” と Carl E. Feather, “Western Reserve Back Roads: Antiquated and Labor Intensive, Northeast Ohio Region’s Farm Silos Face Bleak Future as Rural Skyscrapers.” Everett M. Rogers, *Diffusion of Innovations*, 231［エベレット・ロジャーズ『イノベーションの普及』三藤利雄訳］も参照のこと。
25 Smoker 1, “Harvestore Silos.”
26 Mark Friedberger, *Shake-Out: Iowa Farm Families in the 1980s*, 38.
27 Lyn Allison Yeager, *The Icons of the Prairie: Stories of Real People, Real Places, and Real Silos*, 106.
28 Buyer, “Lawsuits Attack ‘Cadillac’ Silos.”
29 Melissa Guay, “Spontaneous Combustion Likely Cause of Silo Fire.”
30 De Beauvoir, *The Second Sex*, 528［ボーヴォワール『決定版 第二の性』（II）（体験 下）］
31 Thorstein Veblen, *The Theory of the Leisure Class*, 87［ソースタイン・ヴェブレン『有閑階級の理論』村井章子訳］
32 Keller, *A Theory of Linguistic Signs*, 148.
33 Chaney, *Coco Chanel*, 208［チェイニー『シャネル、革命の秘密』］

ン・イシャウッド『儀礼としての消費――財と消費の経済人類学』浅田彰／佐和隆光訳］この引用箇所でダグラスらが橋と柵になるとしているのは〈Goods（財）〉（訳者注）。
105 Jim Jacobs and Warren Casey, *Grease*.
106 Howard S. Becker, *Outsiders: Studies in the Sociology of Deviance*, 65［ハワード・S.ベッカー『アウトサイダーズ――ラベリング理論とはなにか』村上直之訳］
107 Veblen, *The Theory of the Leisure Class*, 103［ヴェブレン『有閑階級の理論』］
108 Veblen, *The Theory of the Leisure Class,* 103-104［同上］
109 Baudrillard, *For a Critique of the Political Economy of the Sign*, 32［ボードリヤール『記号の経済学批判』］
110 Lynes, *The Tastemakers*, 138.
111 この言葉はエミール・デュルケームの『自殺論』から借用した。
112 Taylor, *The Ethics of Authenticity*, 28［テイラー『「ほんもの」という倫理』］
113 René Girard, *Evolution and Conversion: Dialogues on the Origins of Culture*, 43［ルネ・ジラール『文化の起源――人類と十字架』田母神顯二郎訳］
114 "Fashion," *Lapham's Quarterly.*
115 Emine Saner, "Narendra Modi's Style Tip for World Leaders: Wear a Suit with Your Name Written on It."
116 Homans, *Social Behavior*, 339［ホーマンズ『社会行動』］
117 Keller, *A Theory of Linguistic Signs*, 4.
118 Chwe, *Rational Ritual*, 17［チェ『儀式をゲーム理論で考える』］
119 Bobbito Garcia, *Where'd You Get Those? New York City's Sneaker Culture, 1960-1987*, 21.
120 Marilynn B. Brewer, "The Social Self: On Being the Same and Different at the Same Time."
121 John Seabrook, *Nobrow: The Culture of Marketing, the Marketing of Culture*, 171.
122 Winnie Holzman and Scott Winant, "Pilot," *My So-Called Life*.
123 Alfred Gell, "Newcomers to the World of Goods: Consumption among the Murai Gonds," 113.
124 Keller, *On Language Change*.

第3章　シグナリングとステイタスシンボル

1 John Doran, "The Demolition Man: Thurston Moore Interviewed."
2 わたしはこの回の放送をリアルタイムで観ていた。Joe Robinson, "TV's Most Surreal Music Performances: Beck, Thurston Moore and Mike D." でも言及されている。
3 David Rothenberg, *Survival of the Beautiful: Art, Science, and Beauty*, 35.
4 Michael Spence, "Job Market Signaling."［マイケル・スペンス『市場でのシグナリング活動』小野浩訳『日本労働研究雑誌』2016年4月号］
5 Hugh Dalziel Duncan, *Communication and Social Order*, xlvii.
6 Hugh Dalziel Duncan, *Symbols in Society*, 49［H・D・ダンカン『シンボルと社会』中野秀一郎／柏岡富英訳］「人間関係において、作法、習慣、伝統、道徳的姿勢、スタイルは、純粋な社会的地位を有する権利を正当化するために用いられる。それらはどのように求愛し、どのように食べ、どのように支配し支配され、どのように崇拝し、さらに言えばどのように死ぬかといった、つまりは自分自身と他者の行動が礼節にかなったものなの

78 Glynn Cochrane, *Big Men and Cargo Cults*, 168.
79 Liane Schmidt, Vasilisa Skvortsova, Claus Kullen, Bernd Weber, and Hilke Plassmann, "How Context Alters Value: The Brain's Valuation and Affective Regulation System Link Price Cues to Experienced Taste Pleasantness"; こちらも参照のこと。Hilke Plassmann et al., "Marketing Actions Can Modulate Neural Representations of Experienced Pleasantness."
80 Bourdieu, *Distinction*, 247［ブルデュー『ディスタンクシオン』］
81 Tom Wolfe, *The Bonfire of the Vanities*, 142［トム・ウルフ『虚栄の篝火』上巻、中野圭二訳］
82 Bourdieu, *Distinction*, 373［ブルデュー『ディスタンクシオン』］
83 Lynes, *The Tastemakers*, 253.
84 Chaney, *Coco Chanel*, 111［チェイニー『シャネル、革命の秘密』］
85 Michèle Lamont and Annette Lareau, "Cultural Capital: Allusions, Gaps and Glissandos in Recent Theoretical Developments."
86 Packard, *The Pyramid Climbers*, 118［パッカード『ピラミッドを登る人々』］
87 Thorstein Veblen, *The Theory of the Leisure Class*, 74［ソースタイン・ヴェブレン『有閑階級の理論』村井章子訳］
88 Wolfe, *The Bonfire of the Vanities*, 143［ウルフ『虚栄の篝火』上巻］
89 Joshua Levine, "The New, Nicer Nero."
90 Lynes, *The Tastemakers*, 26.
91 J. D. Salinger, *The Catcher in the Rye*, 98［J・D・サリンジャー『キャッチャー・イン・ザ・ライ』村上春樹訳］
92 Seth Stephens-Davidowitz, *Everybody Lies: Big Data, New Data, and What the Internet Can Tell Us about Who We Really Are*, 229［セス・スティーヴンズ＝ダヴィドウィッツ『誰もが嘘をついている――ビッグデータ分析が暴く人間のヤバい本性』酒井泰介訳］
93 McLuhan, *Understanding Media*, 321［マクルーハン『人間拡張の諸相』］
94 ゲオルク・ジンメルの『流行論』におけるキーワード。
95 *Know Your Meme.*
96 Mark Greif, "What Was the Hipster?"
97 世論調査会社〈Public Policy Polling〉の2013年の調査では、ヒップスターに好意的なアメリカ人はわずか16パーセントだった。Tom Jensen, "Americans Not Hip to Hipsters"を参照のこと。
98 Jeff Guo, "The Mathematician Who Proved Why Hipsters All Look Alike," ジョナサン・トゥーブルの言葉からの引用。
99 Christian Allaire, "How This Indigenous Jeweler Is Embracing Tradition under Lockdown."
100 Luis Buñuel, *My Last Breath*, 51［ルイス・ブニュエル『映画、わが自由の幻想』矢島翠訳］
101 Robert H. Frank, *Choosing the Right Pond: Human Behavior and the Quest for Status*, 18.
102 Benedict, *Patterns of Culture*, 7［R・ベネディクト『文化の型』］
103 Nancy Mitford, ed., *Noblesse Oblige*, 111.
104 Mary Douglas and Baron Isherwood, *The World of Goods*, 12［メアリー・ダグラス／バロ

54 Ian MacDonald, *Revolution in the Head: The Beatles' Records and the Sixties*, xiii.
55 Ullmann-Margalit, *The Emergence of Norms*.
56 Karen A. Callaghan, *Ideals of Feminine Beauty: Philosophical, Social, and Cultural Dimensions*, ix.
57 Russell Lynes, *The Tastemakers*, 76, and Rae Nudson, "A History of Women Who Burned to Death in Flammable Dresses."
58 Richard T. Drinnon, *Rebel in Paradise: A Biography of Emma Goldman*, 184.
59 Anthony Heath, *Rational Choice and Social Exchange*, 155.
60 Clifford Geertz, *The Interpretation of Cultures*, 44［C・ギアーツ『文化の解釈学』1巻、吉田禎吾ほか訳］
61 Raymond Williams, *Keywords: A Vocabulary of Culture and Society*, 87［レイモンド・ウィリアムズ『キイワード辞典』岡崎康一訳］
62 A. L. Kroeber and C. Kluckhohn, *Culture: A Critical Review of Concepts and Definitions*.
63 Kroeber, *Configurations of Culture Growth*, 818.
64 Lynes, *The Tastemakers*, 233.
65 David Gartman, *Auto-Opium: A Social History of American Automobile Design*, 33. こちらも参照のこと。Alfred Sloan Jr., *My Years with General Motors*, 20:「わたしと自動車との出会いは、当時のほかの人々と同じようなものだった。欲しくても買えなかった。1900年当時は4000台ほどしか製造されておらず、しかも高価だった」
66 Vance Packard, *The Status Seekers*, 274［V・パッカード『地位を求める人々』野田一夫／小林薫訳］
67 Marshall McLuhan, *Understanding Media: The Extensions of Man*, 243［マーシャル・マクルーハン『人間拡張の諸相』後藤和彦／高儀進訳］「自動車を地位の象徴（ステイタスシンボル）として受け容れ、より開発された車種を高い地位にある人々の使用に限定しようとするのは、自動車と機械時代のしるしではなく、この画一性と規格化の機械時代に終止符を打ち、地位と役割の新しい基準を作りだしつつある電気の力のしるしなのである」
68 Lynes, *The Tastemakers*, 308.
69 Packard, *The Status Seekers*, 274［パッカード『地位を求める人々』］
70 ポール・ファッセルは『階級（クラス）――「平等社会」アメリカのタブー』で、アメリカ社会のあらゆる分野にわたって例を挙げている。
71 Weber, *Selections in Translation*, 49.
72 Norton, *Sacred Gifts, Profane Pleasures*, 22.
73 Hardin, *One for All*, 91.
74 Deena Prichep, "The Gefilte Fish Line: A Sweet and Salty History of Jewish Identity."
75 わたしの祖母もそのひとりだった。
76 Adam Popescu, "Inside the Private, Celebrity-Friendly Terminal at LAX."
77 Jean Baudrillard, *For a Critique of the Political Economy of the Sign*, 66［ジャン・ボードリヤール『記号の経済学批判』今村仁司ほか訳］における〈信号価値〉についての議論を参照のこと。しかし〈記号価値〉も曖昧な言葉だ。記号としての有効性のことなのだろうか？　それともステイタスを示す記号としての価値なのだろうか？

31 Stephanie Talmadge, "The Sisterhood of the Exact Same Pants."
32 Maurice Halbwachs, *The Social Frameworks of Memory*, 168［モーリス・アルヴァックス『記憶の社会的枠組み』鈴木智之訳］、Nelson Goodman, *Languages of Art*, 7［ネルソン・グッドマン『芸術の言語』戸澤義夫／松永伸司訳］、エルンスト・H・ゴンブリッチの言葉「無垢な眼などない」からの引用。
33 Clyde Kluckhohn, *Culture and Behavior*, 39; こちらも参照のこと Marshall H. Segall, Donald T. Campbell, and Melville J. Herskovit, "The Influence of Culture on Visual Perception."
34 Edward T. Hall, *Beyond Culture*, 44.
35 Umberto Eco, "How Culture Conditions the Colours We See."
36 Jonathan Winawer, Nathan Witthoft, Michael C. Frank, Lisa Wu, Alex R. Wade, and Lera Boroditskyl, "Russian Blues Reveal Effects of Language on Color Discrimination."
37 Daniel J. Levitin, *This Is Your Brain on Music: The Science of a Human Obsession*,［ダニエル・J・レヴィティン『音楽好きな脳——人はなぜ音楽に夢中になるのか 新版』西田美緒子訳］
38 Levitin, *This Is Your Brain on Music*, 38［同上］
39 Goodman, *Languages of Art*, 89［グッドマン『芸術の言語』］
40 Pierre Bourdieu, *Distinction*, 466［ピエール・ブルデュー『ディスタンクシオン——社会的判断力批判〈普及版〉』石井洋二郎］
41 Kluckhohn, *Culture and Behavior*, 22.
42 Steven Pinker, *How the Mind Works*, 483［スティーブン・ピンカー『心の仕組み』（下巻）山下篤子訳］「左右対称で奇形のない清潔な体や、きれいな肌や澄んだ眼や美しい歯は、あらゆる文化で魅力的とされている」
43 Edward Helmore, "'Heroin Chic' and the Tangled Legacy of Photographer Davide Sorrenti."
44 A. Venugopal and A. Marya, "Return of the Ohaguro."
45 Fraser Newham, "The Ties That Bind."
46 Hardin, *One for All: The Logic of Group Conflict*, 60. W. G. サムナーの『フォークウェイズ』（*Folkways*, 13）にもこうある。「おのおのの集団は、自分自身の自尊心や自負を抱き、自己をすぐれたものとして誇り、それ自身の神性を賞揚し、よそものを軽蔑のまなこでもってながめる。おのおのの集団は、自己のフォークウェイズ（集団内の慣習的なもの）を唯一の正しいものと思い、そして、もし、他の集団が他のフォークウェイズを持っていることに気づいたときには、それはそのさげすみの感情を起こさせるのである」
47 Marcy Norton, *Sacred Gifts, Profane Pleasures: A History of Tobacco and Chocolate in the Atlantic World*, 8.
48 Chinua Achebe, *Things Fall Apart*, 73［チヌア・アチェベ『崩れゆく絆』栗飯原文子訳］
49 Sahlins, *Culture and Practical Reason*, x［サーリンズ『人類学と文化記号論』］
50 Gilbert, *On Social Facts*, 377.
51 Mark Lawrence Schrad, *Vodka Politics: Alcohol, Autocracy and the Secret History of the Russian State*, 320.
52 Charles Taylor, *The Ethics of Authenticity*, 37［チャールズ・テイラー『「ほんもの」という倫理——近代とその不安』田中智彦訳］
53 Young Back Choi, *Paradigms and Conventions*, 32.

4 Marshall Sahlins, *Culture and Practical Reason*, 168［マーシャル・サーリンズ『人類学と文化記号論――文化と実践理性』山内昶訳］
5 Jon Elster, *Nuts and Bolts for the Social Sciences*, 36［J. エルスター『社会科学の道具箱――合理的選択理論入門』海野道郎訳］
6 Leach, *Culture and Communication*, 58［リーチ『文化とコミュニケーション』］
7 "Great Leap Forward at the Traffic Lights in China—Archive," *Guardian*.
8 Adam Smith, *The Theory of Moral Sentiments*, 284［アダム・スミス『道徳感情論』高哲男訳］
9 Katrin Bennhold, "Bavarian Millennials Embrace Tradition (Dirndls, Lederhosen and All)."
10 David Lewis, *Convention*［デイヴィド・ルイス『コンヴェンション――哲学的研究』瀧澤弘和訳］, Margaret Gilbert, On Social Facts と Edna Ullmann-Margalit, *The Emergence of Norms* に解説あり。
11 Calvin Trillin, *American Fried: Adventures of a Happy Eater*, 130.
12 Vance Packard, *The Pyramid Climbers*, 111［V・パッカード『ピラミッドを登る人々』徳山二郎／原勉訳］
13 Joel Best, *Flavor of the Month: Why Smart People Fall for Fads*［ジョエル・ベスト『なぜ賢い人も流行にはまるのか――ファッドの社会心理学』林大訳］
14 Phil Baker, *The Book of Absinthe*, 199.
15 Gregk Foley, "The Trends and Brands That Defined '90s Hip-Hop Fashion."
16 Elisabeth Sherman, "Why Does 'Yellow Filter' Keep Popping Up in American Movies?"
17 Ullmann-Margalit, *The Emergence of Norms*, 76. ウルマン＝マルガリットは、法令は慣習とは異なるとしているが、わたしは法令は時間の経過とともに慣習に変化していくと考えている。
18 Jamie Johnson, "Off with Their Coattails."
19 Lewis, *Convention*, 58.
20 Lewis, *Convention*, 6.
21 Allan Richarz, "40 Years Ago, Okinawans Returned to Driving on the Left."
22 George Caspar Homans, *Social Behavior: Its Elementary Forms*, 146［ジョージ・C・ホーマンズ『社会行動――その基本形態』橋本茂訳］
23 Max Weber, *Selections in Translation*, 52.
24 Ullmann-Margalit, *The Emergence of Norms*, 172「規範が内面化されると、人はそれを破った場合に下される制裁への恐れからではなく、内なる確信から規範を守るようになる」
25 Ruth Benedict, *Patterns of Culture*, 2［R・ベネディクト『文化の型』米山俊直訳］
26 Bruce Hood, *The Self Illusion*, 206.
27 Michael Suk-Young Chwe, *Rational Ritual: Culture, Coordination, and Common Knowledge*, 23［マイケル・S-Y. チェ『儀式をゲーム理論で考える――協調問題、共通知識とは』安田雪訳］
28 Gabriel Tarde, *The Laws of Imitation*, 215［ガブリエル・タルド『模倣の法則』池田祥英／村澤真保呂訳］
29 Hood, *The Self Illusion*, 208.
30 Geoff Haggerty, "Thousands of Girls Match Description of Missing Sorority Sister."

72 Russell, *Power*, 149［ラッセル『権力』］
73 Helmut Schoeck, *Envy: A Theory of Social Behavior*, 8.
74 Jack Kerouac, *On the Road*, 7［ジャック・ケルアック『オン・ザ・ロード』青山南訳］
75 Edward Halsey Foster, *Understanding the Beats*, 1-24.
76 Max Weber, *Selections in Translation*, 60「〈地位（ステイタス）集団〉とは、ある団体の文脈において、自分たちの地位の特別な評価を効果的に主張し、場合によっては自分たちの地位を理由に特定の特別な独占を主張する人間の集団である」
77 Ridgeway, *Status*, 69「ステイタスの信念とは、当事者間に認められる社会的差異を、ステイタスおよび能力の高低と結びつける、広く共有されている文化的信念である」
78 Michael Macilwee, *The Teddy Boy Wars*, 116.
79 Ben Sobel, "Don't Be a Kook: The GQ Guide to Surf Etiquette."
80 Russell, *Power*, 12［ラッセル『権力』］
81 Foster, *Understanding the Beats*, 28-80.
82 Courtney McCluney, Kathrina Robotham, Serenity Lee, Richard Smith, and Myles Durkee, "The Costs of Code-Switching."
83 Dorothy M. Scura, ed., *Conversations with Tom Wolfe*, 124.
84 Nik Cohn, *Today There Are No Gentlemen*, 137［ニック・コーン『誰がメンズファッションをつくったのか？――英国男性服飾史』奥田祐士訳］
85 Diane Cardwell, "Black Surfers Reclaim Their Place on the Waves."
86 C. Anderson, M. W. Kraus, A. D. Galinsky, and D. Keltner, "The Local-Ladder Effect: Social Status and Subjective Well-Being."
87 Daniel Miller, *Material Culture and Mass Consumption*, 152.
88 Weber, *Selections in Translation*, 53.
89 Hardin, *One for All: The Logic of Group Conflict*, 57.
90 Thomas B. Edsall, "The Resentment That Never Sleeps."
91 Marc Hooghe and Ruth Dassonneville, "Explaining the Trump Vote: The Effect of Racist Resentment and Anti-Immigrant Sentiments."
92 James Hohmann, "The Daily 202: Trump Voters Stay Loyal Because They Feel Disrespected."
93 Miller, *Material Culture and Mass Consumption*, 152.
94 Fred Hirsch, *Social Limits to Growth*, 102［フレッド・ハーシュ『成長の社会的限界』都留重人監訳］

第2章　慣習とステイタス価値

1 Whit Stillman, *Metropolitan*［スティルマン『メトロポリタン／ニューヨークの恋人たち』］さらなる分析については Christopher Beach, *Class, Language, and American Film Comedy* を参照のこと。
2 Rudi Keller, *A Theory of Linguistic Signs*, 135「言語的意味が恣意的であるということは、その意味の適合性が言語の構成に基づいていないということだ」
3 Edmund Leach, *Culture and Communication: The Logic by Which Symbols Are Connected*, 20［エドマンド・リーチ『文化とコミュニケーション――構造人類学入門』青木保／宮坂敬造訳］

49 Chaney, *Coco Chanel*, 392［同上］「わたしはヒロインではない。しかし、自分がこうしたいと思った人生を生きた」
50 “status characteristic” in Joseph Berger, Susan J. Rosenholtz, and Morris Zelditch, Jr., “Status Organizing Processes.”
51 Charles Taylor, *The Ethics of Authenticity*, 3［チャールズ・テイラー『「ほんもの」という倫理——近代とその不安』田中智彦訳］
52 Ralph Linton, *The Study of Man: An Introduction*, 115.
53 Edward T. Hall, *The Silent Language*, 130［エドワード・T. ホール『沈黙のことば』國弘正雄／長井善見／斎藤美津子訳］
54 P. N. Furbank, *Unholy Pleasure: The Idea of Social Class*, 75, from Holdsworth's *History of English Law*.
55 Werner Sombart, *Luxury and Capitalism*, 14［ヴェルナー・ゾンバルト『恋愛と贅沢と資本主義』金森誠也訳］
56 Marcel Proust, *Swann's Way*, 19［プルースト『失われた時を求めて 1 スワン家のほうへ I』吉川一義訳］
57 Isabel Wilkerson, *Caste: The Origins of Our Discontents*, 70［イザベル・ウィルカーソン『カースト——アメリカに渦巻く不満の根源』秋元由紀訳］
58 Wilkerson, *Caste*, 108［同上］
59 Ridgeway, *Status*, 72.
60 Packard, *The Status Seekers*, 251［パッカード『地位を求める人々』］
61 Gabriel Tarde, *The Laws of Imitation*, 233［ガブリエル・タルド『模倣の法則』池田祥英／村澤真保呂訳］
62 Packard, *The Status Seekers*, 99［パッカード『地位を求める人々』］
63 John Berger, *Ways of Seeing*, 143［ジョン・バージャー『イメージ——視覚とメディア』伊藤俊治訳］
64 Chaney, *Coco Chanel*, 36［チェイニー『シャネル、革命の秘密』］
65 Ashley Mears, *Very Important People: Status and Beauty in the Global Party Circuit*, 16［アシュリー・ミアーズ『VIP——グローバル・パーティーサーキットの社会学』松本裕訳］
66 Maurice Halbwachs, *The Social Frameworks of Memory*, 180［モーリス・アルヴァックス『記憶の社会的枠組み』鈴木智之訳］「社会がそのおこないのなかに、それを成し遂げた者はしかじかの地位を占めるにふさわしく、すでに権利として、はるか昔からその地位を占めていたに等しいというしるしを見いださなかったならば、輝かしい功績も偉業も壮挙も、貴族の地位を授けるには決して十分ではなかった。貴族的な組織の枠組みのなかで、貴族階級の考え方や習慣に従うことによって、貴族志願者は、名誉と勇気の人として振る舞っていたのであり、その褒賞になるべき称号はあらかじめ彼の偉業に結び付いているように見えていたのである」
67 Mears, *Very Important People*［ミアーズ『VIP』］
68 Georg Simmel, *On Individuality and Social Forms*, 10.
69 Packard, *The Status Seekers*, 57［パッカード『地位を求める人々』］
70 George A. Theodorson and Achilles G. Theodorson, *Modern Dictionary of Sociology*.
71 Warhol and Hackett, *POPism*, 123［ウォーホル／ハケット『ポッピズム』］

26 Vance Packard, *The Pyramid Climbers*, 29［V・パッカード『ピラミッドを登る人々』徳山二郎／原勉訳］
27 Joel M. Podolny, *Status Signals: A Sociological Study of Market Competition*, 10.
28 Alison Lurie, *The Language of Clothes*, 14［アリソン・リュリー『衣服の記号論』木幡和枝訳］
29 Adam Smith, *The Theory of Moral Sentiments*, 72［アダム・スミス『道徳感情論』高哲男訳］
30 Podolny, *Status Signals*, 22.
31 C. Anderson, O. P. John, D. Keltner, and A. M. Kring, "Who Attains Social Status? Effects of Personality and Physical Attractiveness in Social Groups."
32 Melitta Weiss Adamson and Francine Segan, *Entertaining from Ancient Rome to the Super Bowl: An Encyclopedia*, 20-21.
33 Vance Packard, *The Status Seekers*, 125［V・パッカード『地位を求める人々』野田一夫／小林薫訳］
34 Paul Fussell, *Class: A Guide through the American Status System*, 185［ポール・ファッセル『階級（クラス）――「平等社会」アメリカのタブー』板坂元訳］（引用箇所は省略されている）
35 Mötley Crüe and Neil Strauss, *The Dirt: Confessions of the World's Most Notorious Rock Band*［トミー・リー他『The dirt――モトリー・クルー自伝』染谷和美訳］
36 Barry Miles, *The Zapple Diaries: The Rise and Fall of the Last Beatles Label*, 213［バリー・マイルズ『ザップル・レコード興亡記――伝説のビートルズ・レーベルの真実』野間けい子訳］
37 Ridgeway, *Status*, 57.
38 Quartz and Asp, *Cool*, 135.
39 Anderson, Hildreth, and Howland, "Is the Desire for Status a Fundamental Human Motive?"
40 Bruce Hood, *The Self Illusion*, 188.
41 Seth Stephens-Davidowitz, *Everybody Lies: Big Data, New Data, and What the Internet Can Tell Us about Who We Really Are*, 107［セス・スティーヴンズ＝ダヴィドウィッツ『誰もが嘘をついている――ビッグデータ分析が暴く人間のヤバい本性』酒井泰介訳］
42 Ruth Benedict, *Patterns of Culture*, 99［R・ベネディクト『文化の型』米山俊直訳］and Elvin Hatch, *Theories of Man and Culture*, 80.
43 José Ortega y Gasset, *The Revolt of the Masses*, 63［オルテガ・イ・ガセット『大衆の反逆』佐々木孝訳］
44 Michaelangelo Matos, *The Underground Is Massive*, 164.
45 Andy Warhol and Pat Hackett, *POPism: The Warhol Sixties*, 247［アンディ・ウォーホル／パット・ハケット『ポッピズム――ウォーホルの60年代』高島平吾訳］
46 Michael Tollin et al., *The Last Dance*［『マイケル・ジョーダン――ラストダンス』］
47 Matos, *The Underground Is Massive,* 315.
48 Lisa Chaney, *Coco Chanel*, 114［リサ・チェイニー『シャネル、革命の秘密』中野香織監訳］

第1章　ステイタスの基本原則

1　本書におけるステイタスの定義については、さまざまな文献を参考にした。なかでもCecilia L. Ridgeway, *Status: Why Is It Everywhere? Why Does It Matter?* の「ステイタスとは、社会的な尊敬、名誉、敬意という観点から、集団もしくは対象物を比較した社会的なランクづけのことである」という一節から多くを得ている。
2　Will Gould and Hollingsworth Morse, “Double Trouble.”
3　Kathy Benjamin, “What It Was Like Working at Studio 54.”
4　Jeff Chang, *Can't Stop, Won't Stop: A History of the Hip-Hop Generation*, 120［ジェフ・チャン『ヒップホップ・ジェネレーション――「スタイル」で世界を変えた若者たちの物語』押野素子訳］
5　Ridgeway, *Status*, 97.
6　Jeffrey Yorke, “Film Talk.”
7　J. H. Abraham, *Origins and Growth of Sociology*, 419. 邦訳は、抄訳だが『社会学思想の系譜』安江孝司／小林修一／樋口祐子訳がある。
8　Ridgeway, *Status*, 3.
9　Victor Turner, *The Ritual Process: Structure and Anti-Structure*, 140［ヴィクター・W・ターナー『儀礼の過程』富倉光雄訳］
10　Edmund Leach, *Culture and Communication: The Logic by Which Symbols Are Connected*, 54［エドマンド・リーチ『文化とコミュニケーション――構造人類学入門』青木保／宮坂敬造訳］
11　James Baldwin, *Go Tell It on the Mountain*, 19［ボールドウィン『黒人文学全集 第三巻 山にのぼりて告げよ』斎藤数衛訳］
12　Bertrand Russell, *Power*, 149［バートランド・ラッセル『権力――その歴史と心理』東宮隆訳］
13　Michael Thompson, *Rubbish Theory: The Creation and Destruction of Value*, 190.
14　Cameron Anderson and John Angus D. Hildreth, “Striving for Superiority: The Human Desire for Status.”
15　C. Anderson, J. A. D. Hildreth, and L. Howland, “Is the Desire for Status a Fundamental Human Motive?”
16　Anderson, Hildreth, and Howland, “Is the Desire for Status a Fundamental Human Motive?”
17　Desmond Morris, *The Human Zoo*, 41［デズモンド・モリス『人間動物園』矢島剛一訳］
18　Theodore Koutsobinas, *The Political Economy of Status: Superstars, Markets, and Culture Change*, 60–61.
19　Robert H. Frank, *Choosing the Right Pond: Human Behavior and the Quest for Status*, 23.
20　Bailey Steinworth, “Jordan Peterson Needs to Reconsider the Lobster.”
21　Ridgeway, *Status*, 4.
22　Eugene Wei, “Status as a Service (Staas).”
23　John Adams, *The Works of John Adams*, 6: 234.
24　Ridgeway, *Status*, 5.
25　Geoffrey Brennan and Philip Pettit, *The Economy of Esteem: An Essay on Civil and Political Society*, 15.

青柳清孝／園田恭一／山本英治訳]
19 Jon Elster, *Nuts and Bolts for the Social Sciences* [J・エルスター『社会科学の道具箱──合理的選択理論入門』海野道郎訳]「社会生活の基本単位は､個々の人間行為である。社会制度と社会変動を説明するというのは、個人の行動や個人間の相互作用の結果として制度や変動がどのように生じたかを示すことだ」
20 A. L. Kroeber, *Configurations of Culture Growth*, 3「多かれ少なかれ、繰り返し起こる、あるいは一般的な、おそらく必要かつ普遍的な、ある種の出来事のかたちが存在するみたいだ」
21 C. Anderson, J. A. D. Hildreth, and L. Howland, "Is the Desire for Status a Fundamental Human Motive? A Review of the Empirical Literature."
22 C. Anderson, J. A. D. Hildreth, and D. L. Sharps, "The Possession of High Status Strengthens the Status Motive."
23 Robert H. Frank, *Choosing the Right Pond: Human Behavior and the Quest for Status*, 174.
24 Dorothy M. Scura, ed., *Conversations with Tom Wolfe*, 44.
25 Frank, *Choosing the Right Pond*, 6, and Edward T. Hall, *Beyond Culture*, 61 [エドワード・ホール『文化を超えて』岩田慶治／谷泰訳]
26 Evelyn Waugh, "An Open Letter," 93.
27 Lionel Trilling, *Sincerity and Authenticity*, 16 [ライオネル・トリリング『〈誠実〉と〈ほんもの〉──近代自我の確立と崩壊』野島秀勝訳]
28 文化の起源を突き止めるには、文化の機能を知る必要がある。これは言語学における同様の洞察から得た考えだ。Rudi Keller, *On Language Change: The Invisible Hand in Language*, 84「言語を何のために使っているのかがわかれば、コミュニケーション行為を通じて言語が常に変化する理由もわかるはずだ」
29 Keller, *On Language Change*, 70, and Edna Ullmann-Margalit, *The Emergence of Norms*, 11.
30 Thorstein Veblen, *The Theory of the Leisure Class* [ソースタイン・ヴェブレン『有閑階級の理論』村井章子訳]
31 Safy-Hallan Farah, "The Great American Cool."
32 Marshall McLuhan, *Understanding Media: The Extensions of Man*, 218 [マーシャル・マクルーハン『人間拡張の諸相』後藤和彦／高儀進訳]「〈これみよがしの（衒示的）消費〉というものは、ヴェブレンが言ったというよりは、大金持ちの遊び場を襲いだした新聞カメラマンが作り出した言葉である」
33 Russell Hardin, *One for All: The Logic of Group Conflict*, 11.
34 Will Storr, *The Status Game* [ウィル・ストー『ステータス・ゲームの心理学──なぜ人は他者より優位に立ちたいのか』風早さとみ訳]
35 Claude Lévi-Strauss, *Structural Anthropology*, 20 [レヴィ＝ストロース『構造人類学 新装版』荒川幾男／生松敬三／川田順造／佐々木明／田島節夫訳]「（人類学者のフランツ・ボアズは）言語の構造というものが、それを話している者には科学的文法が成立するまでは知られずにいるということを明らかにした」
36 Clyde Kluckhohn, *Culture and Behavior*, 57 [クライド・クラックホーン『文化と行動』城戸浩太郎／城戸幡太郎訳]（該当箇所なし）

原注

以下に挙げた文献で邦訳がある書籍の引用箇所は基本的にそのまま使用しているが、旧字・旧仮名づかいやわかりづらい部分、そして本書での文脈を鑑みて訳者が手を加えた箇所も多々ある。

はじめに

1 ジョン・レノンは、ザ・ビートルズの原型ともいえるアメリカのバンド、バディ・ホリー&ザ・クリケッツがコオロギ《クリケット》とスポーツのクリケットを掛けていたことにあやかり、昆虫の掛け言葉をバンド名にしようとした。するとステュが、映画『乱暴者《あばれもの》』で使われていた、バイクに乗る女を意味するスラング〈Beetles（カブトムシ）〉がいいと提案した。しかし Beetle はゴキブリも意味するので、e のひとつを a に換え、最初の四文字を〈Beat〉にした（訳者注）。
2 Mark Lewisohn, *The Beatles, All These Years*, 719［マーク・ルイソン『ザ・ビートルズ史』（下巻）山川真理／吉野由樹／松田ようこ訳］
3 Lewisohn, *The Beatles*, 730［同上］
4 Lewisohn, *The Beatles*, 974［同上］
5 Nik Cohn, *Today There Are No Gentlemen*, 87［ニック・コーン『誰がメンズファッションをつくったのか？——英国男性服飾史』奥田祐士訳］
6 Frederick Lewis, “Britons Succumb to ‘Beatlemania.’”
7 “Beatles Haircuts ‘Unsightly, Unsafe, Unruly, and Unclean’— Fashion Archive, 1963,” *Guardian*.
8 Rachel Emma Silverman, “It Was 35 Years Ago This Weekend That Haircuts Lost Their Luster.”
9 質問については “Beatles Press Conference: American Arrival 2/7/1964.” からの引用。
10 Martin Arnold, “Moneywise.”
11 Betty Luther Hillman, *Dressing for the Culture Wars: Style and the Politics of Self-Presentationin the 1960s and 1970s*.
12 Micky Dolenz and Mark Bego, *I'm a Believer: My Life of Monkees, Music, and Madness*, 82, citing Timothy Leary, *The Politics of Ecstasy*, 173-74.
13 Bob Spitz, *The Beatles*, 214, 222-25, 244-45. ビートルズについての主要な書籍間で、モップトップの始まりについて食いちがいがあることは注目に値する。
14 Faye Fearon, “The Enduring Appeal of the Beatles' Mop-Top Haircuts.”
15 Charles Dickens, *David Copperfield*［チャールズ・ディケンズ『デイヴィッド・コパフィールド』中野好夫訳］
16 Tom Vanderbilt, *You May Also Like: Taste in an Age of Endless Choice*, 170［トム・ヴァンダービルト『ハマりたがる脳——「好き」の科学』桃井緑美子訳］
17 Malcolm Gladwell, *The Tipping Point*/Jonah Berger, *Contagious: Why Things Catch On*［マルコム・グラッドウェル『ティッピング・ポイント——いかにして「小さな変化」が「大きな変化」を生み出すか』高橋啓訳／ジョーナ・バーガー『なぜ「あれ」は流行るのか？——強力に「伝染」するクチコミはこう作る！』貫井佳子訳］
18 William Graham Sumner, *Folkways*, 22［W・G・サムナー『フォークウェイズ（復刻版）』

Yotka, Steff, and Amanda Brooks. "Watch: At Dior, Teddy Girls Take Center Stage." *Vogue*, March 5, 2019, https://www.vogue.com/article/dior-fall-2019-runway-show-video.
Young, Jock. "The Subterranean World of Play (1971)." In *The Subcultures Reader*, edited by Sarah Thornton and Ken Gelder. London: Routledge, 1997.
Young, Molly. *The Things They Fancied* (zine). 2020.
Yurcaba, Jo. "Ohio High School Elects a Lesbian Couple as Prom King and Queen." *NBC News*, May 1, 2021.
Zeki, Semir. "The Neurology of Ambiguity." *Consciousness and Cognition* 13, no. 1 (March 2004): 173-96.
Zemeckis, Robert (director). *Back to the Future*. 1985. Universal Pictures and Amblin Entertainment［ロバート・ゼメキス『バック・トゥ・ザ・フューチャー』(映画) 1985年］

1976［レイモンド・ウィリアムズ『キイワード辞典』岡崎康一訳、晶文社、1980年］
———. *The Sociology of Culture*. Chicago: University of Chicago Press, 1981.
Wilner, Isaiah. "The Number-One Girl." *Nymag.com*, May 4, 2007, https://nymag.com/news/people/31555/.
Wilson, Carl. *Let's Talk about Love: A Journey to the End of Taste*. New York: Bloomsbury, 2007.
Winawer, Jonathan, Nathan Witthoft, Michael C. Frank, Lisa Wu, Alex R. Wade, and Lera Boroditskyl. "Russian Blues Reveal Effects of Language on Color Discrimination." *Proceedings of the National Academy of Sciences* 104, no. 19 (May 2007): 7780–85, https://doi.org/10.1073/pnas.0701644104.
Wittgenstein, Ludwig. *Culture and Value*. Translated by Peter Winch. Chicago: University of Chicago Press, 1980［ルートヴィヒ・ヴィトゲンシュタイン『反哲学的断章——文化と価値』丘沢静也訳、青土社、1999年］
———. *Lectures and Conversations: On Aesthetics, Psychology, and Religious Belief*. Edited by Cyril Barrett. Berkeley: University of California Press, 2007.
Wohlforth, William C., and David C. Kang. "Hypotheses on Status Competition (2009)." APSA 2009 Toronto Meeting Paper, https://ssrn.com/abstract=1450467.
Wolfe, Alan. "Taking the Starch Out of Status." *New York Times*, November 15, 1998, https://www.nytimes.com/1998/11/15/magazine/taking-the-starch-out-of-status-783773.html.
Wolfe, Tom. *The Bonfire of the Vanities*. New York: Bantam, 1987［トム・ウルフ『虚栄の篝火』（上下巻）中野圭二訳、文芸春秋、1991年］
———. *The Electric Kool-Aid Acid Test*. New York: Bantam, 1968.
———. *From Bauhaus to Our House*. New York: Pocket, 1981［トム・ウルフ『バウハウスからマイホームまで』諸岡敏行訳、晶文社、1983年］
———. *The Kandy-Kolored Tangerine-Flake Streamline Baby*. New York: Pocket, 1965.
———. *The Painted Word*. New York: Farrar Straus Giroux, 1975［トム・ウルフ『現代美術コテンパン』高島平吾訳、晶文社、1984年］
———. *The Pump House Gang*. New York: Farrar Straus Giroux, 1968.
———. *Radical Chic and Mau-Mauing the Flak Catchers*. New York: Bantam, 1999.
Worboys, Michael, Julie-Marie Strange, and Neil Pemberton. *The Invention of the Modern Dog: Breed and Blood in Victorian Britain*. Baltimore: The Johns Hopkins University Press, 2018.
Wouk, Herman. *The Caine Mutiny*. New York: Back Bay, 1992［ハーマン・ウォーク『ケイン号の叛乱』（上下巻）新庄哲夫訳、光文社、1953年］
Wyman, Patrick. "American Gentry." *The Atlantic*, September 23, 2021, https://www.theatlantic.com/ideas/archive/2021/09/trump-american-gentry-wyman-elites/620151/.
Yeager, Lyn Allison. *The Icons of the Prairie: Stories of Real People, Real Places, and Real Silos*. AuthorHouse, 2008.
York, Peter. "Trump's Dictator Chic." *Politico*, March/April 2017, https://www.politico.com/magazine/story/2017/03/trump-style-dictator-autocrats-design-214877/.
Yorke, Jeffrey. "Film Talk." *Washington Post*, July 18, 1986, https://www.washingtonpost.com/archive/lifestyle/1986/07/18/film-talk/f7fdaeeb-c96a-409c-82cc-9ebd25ae51ee/.

ber 14, 2014, https://deadspin.com/the-future-of-the-culture-wars-is-here-and-its-gamerga-1646145844/.
Wagner, Roy. *The Invention of Culture*. 2nd ed. Chicago: University of Chicago Press, 2016［R･ワグナー『文化のインベンション』山崎美恵／谷口佳子訳、玉川大学出版部、2000 年］
Ward, Maria. “At 35, Kate Middleton Already Has an Archive of Memorable Fashion Moments.” *Vogue*, January 9, 2017, https://www.vogue.com/article/kate-middleton-birthday-best-looks-celebrity-style.
Warhol, Andy, and Pat Hackett. *POPism: The Warhol Sixties*. Boston: Mariner, 2006［アンディ・ウォーホル／パット・ハケット『ポッピズム —— ウォーホルの 60 年代』高島平吾訳、文遊社、2011 年］
Waters, John. *Shock Value: A Tasteful Book about Bad Taste*. Philadelphia: Running Press, 2005［ジョン・ウォーターズ『ジョン・ウォーターズの悪趣味映画作法 新版』柳下毅一郎訳、青土社、2014 年］
Watts, Duncan J. *Everything Is Obvious: How Common Sense Fails Us*. New York: Crown Business, 2011［ダンカン・ワッツ『偶然の科学』青木創訳、ハヤカワ NF 文庫、2014 年］
Waugh, Evelyn. “An Open Letter.” In *Noblesse Oblige: An Enquiry into the Identifiable Characteristics of the English Aristocracy*, edited by Nancy Mitford. New York: Harper & Brothers, 1956.
Weber, Max. *The Interpretation of Social Reality*. Edited by J. E. T. Eldridge. New York: Schocken, 1980.
——. *Selections in Translation*. Edited by W. G. Runciman, translated by Eric Matthews. Cambridge: Cambridge University Press, 1978.
“The Wedding Album: Jenna Lyons and Vincent Mazeau.” *2003 New York Wedding Guide*, September 7, 2002, https://nymag.com/shopping/guides/weddings/album/jennavincent.htm.
Wei, Eugene. “Status as a Service (Staas).” *Remains of the Day*, February 26, 2019, https://www.eugenewei.com/blog/2019/2/19/status-as-a-service.
Weiss, Jeff. “The (Mostly) True Story of Vanilla Ice, Hip-Hop, and the American Dream.” *The Ringer*, October 6, 2020, https://www.theringer.com/music/2020/10/6/21494291/vanilla-ice-to-the-extreme-ice-ice-baby-history-30th-anniversary.
Wharton, Edith, and Ogden Codman Jr. *The Decoration of Houses*. New York: Charles Scribner’s Sons, 1914. https://www.gutenberg.org/cache/epub/40367/pg40367-images.html.
“What Is Tartan?” The Scottish Tartans Museum and Heritage Center, https://www.scottishtartansmuseum.org/content.aspx?page_id=22&club_id=170857&module_id=290899.
White, Leslie A. *The Concept of Cultural Systems*. New York: Columbia University Press, 1975.
Wilde, Oscar. “The Philosophy of Dress.” *New York Tribune*, April 19, 1885.
Wilkerson, Isabel. *Caste: The Origins of Our Discontents*. New York: Random House, 2020［イザベル・ウィルカーソン『カースト —— アメリカに渦巻く不満の根源』秋元由紀訳、岩波書店、2022 年］
Williams, Raymond. *Keywords: A Vocabulary of Culture and Society*. London: Fontana,

Timberg, Scott. *Culture Crash: The Killing of the Creative Class*. New Haven, Conn.: Yale University Press, 2015.
Tolentino, Jia. *Trick Mirror: Reflections on Self-Delusion*. London: Fourth Estate, 2019.
Tollin, Michael et al. (producers). *The Last Dance*. 2020. ESPN Films / Netflix［『マイケル・ジョーダン──ラストダンス』（ドキュメンタリービデオ）2020 年］
Tomkins, Calvin. *Ahead of the Game: Four Versions of the Avant-Garde*. Middlesex, Eng.: Penguin, 1968.
──. "The Turnaround Artist: Jeff Koons, Up from Banality." *New Yorker*, April 16, 2007, https://www.newyorker.com/magazine/2007/04/23/the-turnaround-artist.
Trigg, Andrew B. "Veblen, Bourdieu, and Conspicuous Consumption." *Journal of Economic Issues* 35, no. 1 (March 2001): 99–115.
Trillin, Calvin. *American Fried: Adventures of a Happy Eater*. New York: Penguin, 1970.
Trilling, Lionel. *Sincerity and Authenticity*. Cambridge, Mass.: Harvard University Press, 1972［ライオネル・トリリング『〈誠実〉と〈ほんもの〉──近代自我の確立と崩壊』野島秀勝訳、筑摩書房、1976 年］
Trow, George W. S. *Within the Context of No Context*. New York: Atlantic Monthly, 1997.
Turner, Bryan S. *Status*. Milton Keynes, Eng.: Open University Press, 1988.
Turner, Ralph H., and Samuel J. Surace. "Zoot-Suiters and Mexicans: Symbols in Crowd Behavior (1956)." In *The Subcultures Reader*, edited by Sarah Thornton and Ken Gelder. London: Routledge, 1997.
Turner, Victor. *The Ritual Process: Structure and Anti-Structure*. Ithaca, N.Y.: Cornell University Press, 1969［ヴィクター・W・ターナー『儀礼の過程』富倉光雄訳、思索社、1976 年］
Ullmann-Margalit, Edna. *The Emergence of Norms*. Oxford: Oxford University Press, 1977.
Vanderbilt, Tom. *You May Also Like: Taste in an Age of Endless Choice*. New York: Alfred A. Knopf, 2016［トム・ヴァンダービルト『ハマりたがる脳──「好き」の科学』桃井緑美子、ハヤカワ NF 文庫、2020 年］
Veblen, Thorstein. *The Theory of the Leisure Class*. New York: Penguin, 1994［ソースタイン・ヴェブレン『有閑階級の理論』村井章子訳、ちくま学芸文庫、2016 年］
Vejlgaard, Henrik. *Anatomy of a Trend*. New York: McGraw-Hill, 2007.
Venugopal, A., and A. Marya. "Return of the Ohaguro." *British Dental Journal* 231, 69 (2021), https://doi.org/10.1038/s41415-021-3280-9.
Vercelloni, Luca. *The Invention of Taste: A Cultural Account of Desire, Delight and Disgust in Fashion, Food and Art*. Translated by Kate Singleton. London: Bloomsbury, 2016.
Vinken, Barbara. *Fashion Zeitgeist: Trends and Cycles in the Fashion System*. Oxford: Berg, 2005.
Virilio, Paul. *Speed and Politics*. Translated by Mark Polizzotti. South Pasadena, Calif.: Semiotext (e), 2006［ポール・ヴィリリオ『速度と政治──地政学から時政学へ』市田良彦訳、平凡社、2001 年］
Voslarova, Eva, et al. "Breed Characteristics of Abandoned and Lost Dogs in the Czech Republic." *Journal of Applied Animal Welfare Science* 18, no. 4 (2015): 332–42.
Wagner, Kyle. "The Future of the Culture Wars Is Here, and It's Gamergate." *Deadspin*, Octo-

life-of-princess-dianas-most-iconic-sweater.
Talmadge, Stephanie. “The Sisterhood of the Exact Same Pants.” *Racked*, August 30, 2017, https://www.racked.com/2017/8/30/16218066/sorority-dress-code-rush-t-shirts.
Tamangi, Daniele. *Gentlemen of Bacongo*. London: Trolley, 2009［ダニエーレ・タマーニ『SAPEURS――THE GENTLEMEN OF BACONGO』宮城太訳、青幻舎、2015年］
Tarde, Gabriel. *The Laws of Imitation*. Translated by Elsie Clews Parsons. New York: Henry Holt, 1903［ガブリエル・タルド『模倣の法則』池田祥英／村澤真保呂訳、河出書房新社、2007年］
Tashjian, Rachel. “How Stüssy Became the Chanel of Streetwear.” *GQ*, May 10, 2021, https://www.gq.com/story/stussy-revival-2021.
Taylor, Charles. *The Ethics of Authenticity*. Cambridge, Mass.: Harvard University Press, 1991［チャールズ・テイラー『「ほんもの」という倫理――近代とその不安』田中智彦訳、産業図書、2004年］
――― . *Sources of Self: The Making of the Modern Identity*. Cambridge, Mass.: Harvard University Press, 1989［チャールズ・テイラー『自我の源泉――近代的アイデンティティの形成』下川潔／桜井徹／田中智彦訳、名古屋大学出版会、2010年］
Teather, David. “Country Life Butter Soars after Johnny Rotten's Star Turn.” *Guardian*, February 3, 2009, https://www.theguardian.com/business/2009/feb/03/dairycrestgroup-sexpistols.
Tenbarge, Kat. “The Era of A-list YouTube Celebrities Is Over. Now, the People Cancelling Them Are on Top.” *Insider*, October 22, 2020, https://www.insider.com/dangelo-wallace-interview-youtube-shane-jeffree-tati-drama-channels-2020-9.
Theodorson, George A., and Achilles G. Theodorson. *Modern Dictionary of Sociology*. New York: Thomas Y. Crowell, 1969.
Thomas, Dana. *Deluxe: How Luxury Lost Its Luster*. New York: Penguin, 2008［ダナ・トーマス『堕落する高級ブランド』実川元子訳、講談社、2009年］
Thomas, Frankie. “A Queer Reading of *Go Ask Alice*.” *Paris Review*, January 22, 2018, https://www.snopes.com/fact-check/go-ask-alice/（手記の邦訳はアリス・D『十五歳の遺書――アリスの愛と死の日記』平井イサク訳、講談社、1996年）
Thompson, Derek. *Hit Makers: The Science of Popularity in an Age of Distraction*. New York: Penguin Press, 2017［デレク・トンプソン『ヒットの設計図――ポケモンGOからトランプ現象まで』高橋由紀子訳、早川書房、2018年］
Thompson, Hunter S. *Hell's Angels*. London: Penguin Books, 1966［ハンター・S・トンプソン『ヘルズ・エンジェルズ――地獄の天使たち 異様で恐ろしいサガ』飯田隆昭訳、国書刊行会、2010年］
Thompson, Michael. *Rubbish Theory: The Creation and Destruction of Value*. 2nd ed. London: Pluto, 2017.
Thorn, Jesse. “An Interview with Glenn O'Brien.” *Put This On*, April 7, 2017, https://putthison.com/an-interview-with-glenn-obrien-glenn-obrien-the/.
Thornton, Sarah. “The Social Logic of Subcultural Capital（1995）.” In *The Subcultures Reader*, edited by Sarah Thornton and Ken Gelder. London: Routledge, 1997.
Thornton, Sarah, and Ken Gelder, eds. *The Subcultures Reader*. London: Routledge, 1997.

Sombart, Werner. *Luxury and Capitalism*. Translated by W. R. Dittmar. Ann Arbor: University of Michigan Press, 1967［ヴェルナー・ゾンバルト『恋愛と贅沢と資本主義』金森誠也訳、講談社学術文庫、2000年］
Sontag, Susan. *Against Interpretation*. New York: Delta, 1966［スーザン・ソンタグ『反解釈』高橋康也訳、ちくま学芸文庫、1996年］
Sorokin, Pitirim A. *Social and Cultural Dynamics*. Vol. 1, *Fluctuation of Forms of Art*. New York: Bedminster, 1962.
Spence, Michael. "Job Market Signaling." *Quarterly Journal of Economics* 87, no. 3 (August 1973): 355–74, https://doi.org/10.2307/1882010.［マイケル・スペンス『市場でのシグナリング活動』小野浩訳『日本労働研究雑誌』2016年4月号、労働政策研究・研修機構］
Spitz, Bob. *The Beatles*. New York: Back Bay, 2006.
Spivack, Emily. "Why Hypercolor T-shirts Were Just a One-Hit Wonder." *Smithsonian Magazine*, January 22, 2013, https://www.smithsonianmag.com/arts-culture/why-hypercolor-t-shirts-were-just-a-one-hit-wonder-3353436/.
The State. Season 3, episode 5, "Dan, the Very Popular Openly Gay High School Student." MTV, 1995.
Steinworth, Bailey. "Jordan Peterson Needs to Reconsider the Lobster." *Washington Post*, June 4, 2018, https://www.washingtonpost.com/news/posteverything/wp/2018/06/04/jordan-peterson-needs-to-reconsider-the-lobster/.
Stephens-Davidowitz, Seth. *Everybody Lies: Big Data, New Data, and What the Internet Can Tell Us about Who We Really Are*. New York: Dey Street, 2017［セス・スティーヴンズ＝ダヴィドウィッツ『誰もが嘘をついている――ビッグデータ分析が暴く人間のヤバい本性』酒井泰介訳、光文社、2018年］
Stern, Carly. "Battle of the Bags! Blue Ivy Carries a $1,800 Louis Vuitton Purse to the NBA All Star Game, while Beyonce Opts for a $1,400 Celine—but Neither Compares to Grandma Tina's $4,700 Gucci." *Daily Mail*, February 19, 2018.
Stillman, Whit (director and writer). *Metropolitan*. 1990. New Line Cinema［ホイット・スティルマン『メトロポリタン／ニューヨークの恋人たち』（映画）1990年］
Storr, will. *The Status Game: On Human Life and How to Play it*, William Collins, 2021［ウィル・ストー『ステータス・ゲームの心理学――なぜ人は他者より優位に立ちたいのか』風早さとみ訳、原書房、2022年］
Stukin, Stacie. "The Ice Age." *Vibe*, August 2004.
Suetonius. "The Life of Nero." In *The Lives of the Caesars*. Cambridge, Mass.: Loeb Classical Library, 1914［スエトニウス『ローマ皇帝伝』（上下巻）国原吉之助訳、岩波文庫、1986年］
Sumner, William Graham. *Folkways*. New York: Dover, 1959［W・G・サムナー『フォークウェイズ（復刻版）』青柳清孝／園田恭一／山本英治訳、青木書店、2005年］
Sylvester, Nick. "The Internet Doesn't Matter, You're Making Music in L.A." *New York*, August 8, 2017, https://www.vulture.com/2017/08/why-is-los-angeles-a-great-place-to-make-pop-music.html.
Syme, Rachel. "The Second Life of Princess Diana's Most Notorious Sweater." *New Yorker*, November 20, 2020, https://www.newyorker.com/culture/on-and-off-the-avenue/the-second-

Siegler, Mara. "Gaïa Matisse Doesn't Care if You Think She's Just a 'Blond with Big Boobs.'" *Page Six*, March 29, 2016, https://pagesix.com/2016/03/29/gaia-matisse-doesnt-care-if-you-think-shes-just-a-blond-with-big-boobs/.
Sietsema, Robert. "Me and Magnolia: Life before and after the Cupcake Bomb Went Off." *Eater*, July 14, 2016, https://ny.eater.com/2016/7/14/12189132/magnolia-and-me.
Silverman, Rachel Emma. "It Was 35 Years Ago This Weekend That Haircuts Lost Their Luster." *Wall Street Journal*, February 5, 1999.
Simmel, Georg. *On Individuality and Social Forms*. Edited by Donald N. Levine. Chicago: University of Chicago Press, 1971［『ジンメル著作集 7 文化の哲学』円子修平／大久保健治訳、白水社、1976 年］
———. *Simmel on Culture: Selected Writings*. Edited by David Frisby and Mike Featherstone. London: Sage Publications, 1998.
The Simpsons. Season 6, episode 21, "The PTA Disbands." Directed by Swinton O. Scott III. FOX, April 16, 1995
———. Season 7, episode 13, "Two Bad Neighbors." Directed by Wes Archer. FOX, January 14, 1996.
———. Season 8, episode 10, "The Springfield Files." Directed by Steven Dean Moore. FOX, January 12, 1997.
Sinfield, Alan. *Literature, Politics and Culture in Postwar Britain*. London: Continuum, 2007.
Skyrms, Brian. *Signals: Evolution, Learning, and Information*. Oxford: Oxford University Press, 2010.
Sloan, Alfred P., Jr. *My Years with General Motors*. Edited by John McDonald with Catharine Stevens. New York: Macfadden-Bartell, 1965.
Smith, Adam. *The Theory of Moral Sentiments*. Amherst, N.Y.: Prometheus, 2000［アダム・スミス『道徳感情論』高哲男訳、講談社学術文庫、2013 年］
Smith, Barbara Herrnstein. *Contingencies of Value: Alternative Perspectives for Critical Theory*. Cambridge, Mass.: Harvard University Press, 1988.
Smith, Noah. "For Corrosive Inequality, Look to the Upper Middle Class." *Bloomberg*, December 24, 2020.
———. "Redistribute Wealth? No, Redistribute Respect." *Noahpinion*, December 27, 2013, http://noahpinionblog.blogspot.com/2013/12/redistribute-wealth-no-redistribute.html.
Smoker 1. "Harvestore Silos" in General Chat. *Red Power Magazine*, September 1, 2017, https://www.redpowermagazine.com/forums/topic/109603-harvestore-silos/; accessed December 7, 2021.
Sobel, Ben. "Don't Be a Kook: The GQ Guide to Surf Etiquette." *GQ*, July 8, 2013, https://www.gq.com/story/kook-surf-etiquette-guide-2013.
Sola. "Mugabe Amassed $1bn— Including a Rare Rolls-Royce Worth More Than Zimbabwe's Economy." *Punch*, November 23, 2017, https://punchng.com/mugabe-amassed-1bn-including-a-rare-rolls-royce-worth-more-than-zimbabwes-economy/.
Solmonson, Lesley Jacobs. *Gin: A Global History*. London: Reaction, 2012［レスリー・ジェイコブズ・ソルモンソン『ジンの歴史』井上廣美訳、原書房、2018 年］

Snobiety, September 11, 2020, https://www.highsnobiety.com/p/jay-z-car-collection/.
Schmidt, Liane, Vasilisa Skvortsova, Claus Kullen, Bernd Weber, and Hilke Plassmann. “How Context Alters Value: The Brain’s Valuation and Affective Regulation System Link Price Cues to Experienced Taste Pleasantness.” *Scientific Reports* 7, article 8098 (2017), https://www.nature.com/articles/s41598-017-08080-0.
Schoeck, Helmut. *Envy: A Theory of Social Behavior*. Translated by Martin Secker. Indianapolis: Liberty Fund, 1987.
Schoeffler, O. E., and William Gale. *Esquire’s Encyclopedia of 20th Century Men’s Fashion*. New York: McGraw-Hill, 1973［O・E・ショーフラー／ウイリアム・ゲイル『エスカイア版20世紀メンズ・ファッション百科事典』高山能一訳、洋装社、1981年］
Schrad, Mark Lawrence. *Vodka Politics: Alcohol, Autocracy, and the Secret History of the Russian State*. Oxford: Oxford University Press, 2014.
Schruers, Fred. *Billy Joel*. New York: Three Rivers Press, 2014［フレッド・シュルアーズ『イノセントマン――ビリー・ジョエル100時間インタヴューズ』斎藤栄一郎訳、プレジデント社、2019年］
Schwartz, Barry. *The Paradox of Choice*. New York: Harper Perennial, 2004［バリー・シュワルツ『なぜ選ぶたびに後悔するのか――「選択の自由」の落とし穴』瑞穂のりこ訳、武田ランダムハウスジャパン、2004年］
Schwyzer, Hugo. “The Real-World Consequences of the Manic Pixie Dream Girl Cliché.” *The Atlantic*, July 10, 2013.
Scott, A. O. *Better Living through Criticism*. New York: Penguin Press, 2016.
Scruton, Roger. *Modern Culture*. London: Bloomsbury, 2000.
Scura, Dorothy M., ed. *Conversations with Tom Wolfe*. Jackson: University Press of Mississippi, 1990.
Seabrook, John. *Nobrow: The Culture of Marketing, the Marketing of Culture*. New York: Alfred A. Knopf, 2000.
Segall, Marshall H., Donald T. Campbell, and Melville J. Herskovit. “The Influence of Culture on Visual Perception.” In *Social Perception*, edited by Hans Toch and Clay Smith. Indianapolis: Bobbs-Merrill, 1968.
Shafer, Jack. “Bogus Trend Stories, Summer Edition.” *Slate*, August 14, 2009, https://slate.com/news-and-politics/2009/08/the-bogus-trend-stories-of-summer-chubby-is-hip-laptoppers-evicted-from-coffee-shops-diy-burial.html.
Shams, Samar. “We Will All Be Artists in the Future.” *Future of Work Hub*, March 19, 2018, https://www.futureofworkhub.info/comment/2018/3/19/we-will-all-be-artists-in-the-future.
Shattuck, Roger. *The Banquet Years: The Origins of the Avant-Garde in France 1885 to World War I*. Rev. ed. New York: Vintage, 1968［ロジャー・シャタック『祝宴の時代――ベル・エポックと「アヴァンギャルド」の誕生』木下哲夫訳、白水社、2015年］
Sherman, Elisabeth. “Why Does ‘Yellow Filter’ Keep Popping Up in American Movies?” *Matador Network*, April 27, 2020, https://matadornetwork.com/read/yellow-filter-american-movies/.
Shippey, Kim. “Always Trying for the Best She Can Do.” *Christian Science Sentinel*, June 30, 2003, https://sentinel.christianscience.com/shared/view/nq9yum1pxc.

bury, 2011.
Rousseau, Jean-Jacques. *A Discourse on Inequality*. Translated by Maurice Cranston. London: Penguin, 1984［ルソー『人間不平等起源論』小林善彦訳、中公文庫、1974年］
Rowe, Peter. "Ballast Point's Rise, Fall and Sale: Inside Craft Beer's Most Baffling Deal." *Los Angeles Times*, December 12, 2019.
Rus, Mayer. "Inside Rapper Drake's Manor House in Hometown Toronto." *Architectural Digest*, April 8, 2020, https://www.architecturaldigest.com/story/inside-rapper-drakes-hometown-manor-in-toronto.
Russell, Bertrand. *Power*. London: Unwin Paperbacks, 1975［バートランド・ラッセル『権力――その歴史と心理』東宮隆訳、みすず書房、1951年］
Russell, Kent. "American Juggalo." *n+1*, Fall 2011, https://nplusonemag.com/issue-12/essays/american-juggalo.
Sahlins, Marshall. *Culture and Practical Reason*. Chicago: University of Chicago Press, 1976［マーシャル・サーリンズ『人類学と文化記号論――文化と実践理性』山内昶訳、法政大学出版局、1987年］
Sales, Nancy Jo. "The New Rules of Old Money." *Harper's Bazaar*, October 7, 2021, https://www.harpersbazaar.com/culture/features/a37628920/radical-giving-october-2021/.
Salewicz, Chris. *Bob Marley: The Untold Story*. London: Harper, 2009.
Salinger, J. D. *The Catcher in the Rye*. New York: Little, Brown, 1991［J・D・サリンジャー『キャッチャー・イン・ザ・ライ』村上春樹訳、白水社、2003年］
Saltz, Jerry. "Glenn O'Brien and the Avant-Garde That Lost." *Vulture*, April 25, 2017, https://www.vulture.com/2017/04/glenn-obrien-and-the-avant-garde-that-lost.html.
Saner, Emine. "Narendra Modi's Style Tip for World Leaders: Wear a Suit with Your Name Written on It." *Guardian*, January 26, 2015, https://www.theguardian.com/fashion/shortcuts/2015/jan/26/narendra-modi-personlised-pinstripe-suit-fashion-india-barack-obama.
Sanneh, Kelefa. "The Persistence of Prog Rock." *New Yorker*, June 19, 2017, https://www.newyorker.com/magazine/2017/06/19/the-persistence-of-prog-rock.
———. "The Rap against Rockism." *New York Times*, October 31, 2004, https://www.nytimes.com/2004/10/31/arts/music/the-rap-against-rockism.html.
Santayana, George. *The Life of Reason: Reason in Religion*. New York: Charles Scribner's Sons, 1905.
Sapir, Edward. "Fashion." In *Encyclopaedia of the Social Sciences*, 139–44. Vol. 6. New York: Macmillan, 1931.
———. *Language: An Introduction to the Study of Speech*. New York: Harcourt, Brace, 1921［エドワード・サピア『言語――ことばの研究序説』安藤貞雄訳、岩波文庫、1998年］
Sartre, Jean-Paul. *Existentialism and Human Emotions*. New York: Carol Publishing Group, 1993［J-P・サルトル「実存主義はヒューマニズムである」伊吹武彦訳『実存主義とは何か』人文書院、1996年］
Satō, Ikuya. *Kamikaze Biker: Parody and Anomy in Affluent Japan*. Chicago: University of Chicago Press, 1991.
Sawyer, Jonathan. "Jay-Z's Wild Car Collection Is Fitting for Hip-Hop's First Billionaire." *High*

Renfrew, Colin. "Varna and the Emergence of Wealth in Prehistoric Europe." In *The Social Life of Things*, edited by Arjun Appadurai. Cambridge: Cambridge University Press, 1986.
Resnikoff, Paul. "Nearly Half of All Charting Songs Are One-Hit Wonders." *Digital Music News*, March 11, 2012, https://www.digitalmusicnews.com/2012/03/11/charting/.
Reuter, Dominick. "Meet the Typical Whole Foods Shopper, a Highly Educated West Coast Millennial Woman Earning $80,000." *Business Insider*, August 5, 2021, https://www.businessinsider.com/typical-whole-foods-shopper-demographic-millennial-woman-earning-middle-income-2021-8.
Reynolds, Simon. *Retromania: Pop Culture's Addiction to Its Own Past*. New York: Farrar Straus Giroux, 2011.
Richarz, Allan. "40 Years Ago, Okinawans Returned to Driving on the Left." *Atlas Obscura*, July 30, 2018, https://www.atlasobscura.com/articles/730-monument.
Ridgeway, Cecilia L. *Status: Why Is It Everywhere? Why Does It Matter?* New York: Russell Sage Foundation, 2019.
Rizvic, Sejla. "Everybody Hates Millennials: Gen Z and the TikTok Generation Wars." *The Walrus*, February 9, 2021, https://thewalrus.ca/everybody-hates-millennials-gen-z-and-the-tiktok-generation-wars/.
Roberts, Adam. *Frederic Jameson*. London: Routledge, 2000.
Robinson, Dwight E. "The Economics of Fashion Demand." *Quarterly Journal of Economics* 75, no. 3 (August 1961): 376-98.
Robinson, Joe. "TV's Most Surreal Music Performances: Beck, Thurston Moore and Mike D." *Diffuser*, March 13, 2014, https://diffuser.fm/beck-thurston-moore-mike-d-120-minutes.
Rodrick, Stephen. "The Trouble with Johnny Depp." *Rolling Stone*, June 21, 2018, https://www.rollingstone.com/feature/the-trouble-with-johnny-depp-666010/.
"Roger Eliot Fry (1866-1934)." King's College Cambridge. https://www.kings.cam.ac.uk/archive-centre/roger-eliot-fry-1866-1934.
Rogers, Everett M. *Diffusion of Innovations*. 5th ed. New York: Free Press, 2003［エベレット・ロジャーズ『イノベーションの普及』三藤利雄訳、翔泳社、2007年］
——. *The Fourteenth Paw: Growing Up on an Iowa Farm in the 1930s*. Singapore: Asian Media Information and Communication Centre (AMIC), 2008.
Rosen, Christine. "Teens Who Say No to Social Media." *Wall Street Journal*, August 25, 2016.
Rosen, Jody. "The Perils of Poptimism." *Slate*, May 9, 2006, https://slate.com/culture/2006/05/does-hating-rock-make-you-a-music-critic.html.
Rosenberg, Harold. *The Tradition of the New*. New York: Da Capo, 1994.
Rosenblum, Mort. *Chocolate: A Bittersweet Saga of Dark and Light*. New York: North Point, 2005［モート・ローゼンブラム『チョコレート――甘美な宝石の光と影』小梨直訳、河出書房新社、2009年］
Ross, Alex. "The John Cage Century." *New Yorker*, September 4, 2012, https://www.newyorker.com/culture/culture-desk/the-john-cage-century.
——. "Searching for Silence." *New Yorker*, September 27, 2010, https://www.newyorker.com/magazine/2010/10/04/searching-for-silence.
Rothenberg, David. *Survival of the Beautiful: Art, Science, and Beauty*. New York: Blooms-

イヤモンド社、1984年］
Pinker, Steven. *How the Mind Works*. London: Penguin, 1997［スティーブン・ピンカー『心の仕組み』（上下巻）椋田直子／山下篤子訳、ちくま学芸文庫、2013年］
Pitchfork. "Pitchfork Reviews: Rescored." *Pitchfork*, October 5, 2021.
Plassmann, Hilke, et al. "Marketing Actions Can Modulate Neural Representations of Experienced Pleasantness." *Proceedings of the National Academy of Sciences* 105, no. 3 (January 2008): 1050–54.
Pliny (the Elder). *The Natural History of Pliny*. Vol. 2. London: H. G. Bohn, 1855［『プリニウスの博物誌 I』中野定雄ほか訳、雄山閣出版、1986年］
Podolny, Joel M. *Status Signals: A Sociological Study of Market Competition*. Princeton, N.J.: Princeton University Press, 2005［レナート・ポッジョーリ『アヴァンギャルドの理論』篠田綾子訳、晶文社、1988年］
Poggioli, Renato. *The Theory of the Avant-Garde*. Cambridge, Mass.: Belknap/Harvard University Press, 1968.
Pogue, David. "Trying Out the Zune: IPod It's Not." *New York Times*, November 9, 2006, https://www.nytimes.com/2006/11/09/technology/09pogue.html.
Popescu, Adam. "Inside the Private, Celebrity-Friendly Terminal at LAX." *Vanity Fair*, August 16, 2017, https://www.vanityfair.com/style/2017/08/inside-the-private-celebrity-friendly-terminal-at-lax.
Pountain, Dick, and David Robins. *Cool Rules: Anatomy of an Attitude*. London: Reaktion, 2000［ディック・パウンテン／デイヴィット・ロビンズ『クール・ルールズ——クールの文化誌』鈴木晶訳、研究社、2003年］
Pressler, Jessica. "Maybe She Had So Much Money She Just Lost Track of It. Somebody Had to Foot the Bill for Anna Delvey's Fabulous New Life. The City Was Full of Marks." *The Cut*, May 28, 2018.
Prichep, Deena. "The Gefilte Fish Line: A Sweet and Salty History of Jewish Identity." *NPR: The Salt*, September 24, 2014, https://www.npr.org/sections/thesalt/2014/09/24/351185646/the-gefilte-fish-line-a-sweet-and-salty-history-of-jewish-identity.
Princeton University. "In a Split Second, Clothes Make the Man More Competent in the Eyes of Others." *Phys.org*, December 9, 2019, https://phys.org/news/2019-12-eyes.html.
Proust, Marcel. *In Search of Lost Time*. Vol. 1, *Swann's Way*. Translated by C. K. Scott Moncrieff, Terence Kilmartin, and D. J. Enright. New York: Modern Library, 2003［プルースト『失われた時を求めて 1 スワン家のほうへ I』吉川一義訳、岩波文庫、2010年］
Quartz, Steven, and Annette Asp. *Cool: How the Brain's Hidden Quest for Cool Drives Our Economy and Shapes Our World*. New York: Farrar Straus Giroux, 2015.
Quirk, Justin. *Nothin' but a Good Time*. London: Unbound, 2021.
Read, Herbert. *Art and Society*. New York: Schocken, 1966［ハーバート・リード『芸術と環境』植村鷹千代訳、梁塵社、1942年］
Reilly, Nick. "'Lynchian,' 'Tarantinoesque' and 'Kubrickian' Lead New Film Words Added to Oxford English Dictionary." *NME.com*, October 5, 2018, https://www.nme.com/news/lynchian-tarantinoesque-and-kubrickian-lead-new-film-words-added-to-oxford-english-dictionary-definition-2387041.

Nudson, Rae. "A History of Women Who Burned to Death in Flammable Dresses." *Racked*, December 19, 2017, https://www.racked.com/2017/12/19/16710276/burning-dresses-history.
Nystrom, Paul. *Economics of Fashion*. New York: Ronald Press, 1928.
O'Brien, Glenn, and Jean-Philippe Delhomme. *How to Be a Man*. New York: Rizzoli, 2011.
O'Connor, Maureen. "Kanye West Wore a WWJD Bracelet." *The Cut*, July 12, 2013, https://www.thecut.com/2013/07/kanye-west-wore-a-wwjd-bracelet.html.
O'Haver, Hanson. "The Great Irony-Level Collapse." *Gawker*, November 9, 2011, https://www.gawker.com/culture/the-great-irony-level-collapse.
Olson, Mancur. *The Logic of Collective Action: Public Goods and the Theory of Groups*. Cambridge, Mass.: Harvard University Press, 1971.
Orsi, Agi (producer), Stacy Peralta (director and writer), Craig Stecyk (writer), and Sean Penn (narrator). *Dogtown and Z-Boys*. 2002. Sony Pictures Classics.
Ortega y Gasset, José. *The Revolt of the Masses*. New York: W. W. Norton, 1932［オルテガ・イ・ガセット『大衆の反逆』佐々木孝訳、岩波文庫、2020年］
Orwell, George. "Why I Write." In *Essays*. New York: Penguin Modern Classics, 2000.
Osterweil, Vicky. "What Was the Nerd?" *Real Life*, November 16, 2016, https://reallifemag.com/what-was-the-nerd/.
Otterson, Joe. "'Game of Thrones' Season 8 Premiere Draws 17.4 Million Viewers, Sets Multi-Platform Record." *Variety*, April 15, 2019.
Ozzi, Dan. "Rock Is Dead, Thank God." *Noisey*, June 15, 2018, https://www.vice.com/en/article/a3aqkj/rock-is-dead-thank-god.
Packard, Vance. *The Pyramid Climbers*. Harmondsworth, Eng.: Pelican Books, 1962［V・パッカード『ピラミッドを登る人々』徳山二郎／原勉訳、ダイヤモンド社、1963年］
――. *The Status Seekers*. Harmondsworth, Eng.: Penguin, 1959［V・パッカード『地位を求める人々』野田一夫／小林薫訳、ダイヤモンド社、1960年］
Parkin, Frank. "Social Stratification." In *A History of Sociological Analysis*, edited by Tom Bottomore and Robert Nisbet. London: Heinemann, 1978.
Parsons, Talcott. *The Social System*. New York: Free Press, 1951［タルコット・パーソンズ『社会体系論（現代社会学大系14）』佐藤勉訳、青木書店、1994年］
Paskin, Willa. "An Oral History of 'Friday.'" *Slate*, May 22, 2020, https://slate.com/culture/2020/05/rebecca-black-friday-oral-history.html.
Pearce, Sheldon. "The Futility of Rolling Stone's Best-Albums List." *New Yorker*, October 2, 2020, https://www.newyorker.com/culture/cultural-comment/the-futility-of-rolling-stones-best-albums-list.
Pendlebury, Richard. "Spent, Spent, Spent— Pools Winner Now Living on £87 a Week." *Daily Mail*, April 22, 2007, http://www.dailymail.co.uk/femail/article-449820/Spent-spent-spent-pools-winner-living-87-week.html.
Peterson, R. A. "Understanding Audience Segmentation: From Elite and Mass to Omnivore and Univore." *Poetics* 21, no. 4 (1992): 243–58.
Piesman, Marissa, and Marilee Hartley. *The Yuppie Handbook: The State-of-the-Art Manual for Young Urban Professionals*. New York: Pocket, 1984［M・ピーズマン、M・ハートリー『ヤッピー・ハンドブック――シティ派プロのライフスタイル講座』平野次郎訳、ダ

Money Kicks. "My New LV Supreme Ferrari." *YouTube*, August 4, 2017. https://www.youtube.com/watch?v=4TwTtH4DCCc ; accessed June 7, 2021.
Moretti, Franco. *Graphs, Maps, Trees: Abstract Models for Literary History*. London : Verso, 2005.
Morris, Bob. "The Age of Dissonance : Babes in Adultland." *New York Times*, June 3, 2001, https://www.nytimes.com/2001/06/03/style/the-age-of-dissonance-babes-in-adultland.html.
Morris, Desmond. *The Human Zoo*. New York : Dell, 1969［デズモンド・モリス『人間動物園』矢島剛一訳、新潮選書、1970 年］
Moskin, Julia. "Once Just a Cupcake, These Days a Swell." *New York Times*, November 5, 2003, https://www.nytimes.com/2003/11/05/dining/once-just-a-cupcake-these-days-a-swell.html.
Mötley Crüe and Neil Strauss. *The Dirt: Confessions of the World's Most Notorious Rock Band*. New York : Regan/ HarperCollins, 2002［トミー・リー他『The dirt――モトリー・クルー自伝』染谷和美訳、シンコー・ミュージック、2002 年］
Muggleton, David. *Inside Subculture: The Postmodern Meaning of Style*. Oxford : Berg, 2002.
Muggleton, David, and Rupert Weinzierl. *The Post-Subcultures Reader*. New York : Berg, 2003.
Mulhern, Francis. *Culture/Metaculture*. London : Routledge, 2000.
Mull, Amanda. "The New Trophies of Domesticity." *The Atlantic*, January 30, 2020, https://www.theatlantic.com/health/archive/2020/01/kitchenaid-le-creuset-peak-domesticity/605716/.
Myers, Rollo H. *Erik Satie*. New York : Dover, 1968.
Nanba, Kōji. *Yankii shinkaron*（The evolution of Yankii）. Tokyo : Kōbunsha, 2009［難波功士『ヤンキー進化論――不良文化はなぜ強い』光文社新書、2009 年］
Nathanson, Elizabeth. "Sweet Sisterhood : Cupcakes as Sites of Feminized Consumption and Production." In *Cupcakes, Pinterest, and Ladyporn*, edited by Elana Levine. Urbana : University of Illinois Press, 2015.
Neate, Rupert. "How an American Woman Rescued Burberry, a Classic British Label." *Guardian*, June 15, 2013, https://www.theguardian.com/business/2013/jun/16/angela-ahrendts-burberry-chav-image.
Neuendorf, Henri. "Here's What Japanese Billionaire Yusaku Maezawa Has Bought So Far at the Auctions." *Artnet*, May 12, 2016, https://news.artnet.com/market/see-japanese-collector-yusaku-maezawa-bought-far-auction-495899.
Newham, Fraser. "The Ties That Bind." *Guardian*, March 21, 2005, https://www.theguardian.com/world/2005/mar/21/china.gender.
Nicolson, Benedict. "Post-Impressionism and Roger Fry." *Burlington Magazine* 93, no. 574（1951）: 11-15, http://www.jstor.org/stable/870622.
Nietzsche, Friedrich. *Beyond Good and Evil*. Harmondsworth, Eng. : Penguin, 1973［ニーチェ「善悪の彼岸」『ニーチェ全集第 10 巻』信太正三訳、理想社、1967 年］
Norton, Marcy. *Sacred Gifts, Profane Pleasures: A History of Tobacco and Chocolate in the Atlantic World*. Ithaca, N.Y. : Cornell University Press, 2008.
Nozick, Robert. *The Nature of Rationality*. Princeton, N.J. : Princeton University Press, 1993.

——. “Culture and Consumption: A Theoretical Account of the Structure and Movement of the Cultural Meaning of Consumer Goods.” *Journal of Consumer Research* 13, no. 1 (1986): 71–84.
McGuckin, Nancy, and Nanda Srinivasan. “Journey-to-Work Trends in the United States and Its Major Metropolitan Areas, 1960–2000.” United States Federal Highway Administration, June 30, 2003, https://rosap.ntl.bts.gov/view/dot/5543.
McKenna, Kathleen. “Edna Hibel, at 97; Versatile Creator of Many Works of Art.” *Boston Globe*, December 24, 2014, https://www.bostonglobe.com/metro/obituaries/2014/12/24/edna-hibel-prolific-artist-created-thousands-works-many-forms/lEbyFWJyqftepXgVP5orlN/story.html.
McKeon, Lucy. “The True Story of Rastafari.” *New York Review of Books*, January 6, 2017, https://www.nybooks.com/daily/2017/01/ 06/the-true-story-of-rastafari/.
McLuhan, Marshall. *Understanding Media: The Extensions of Man*. London: Routledge Classics, 1964［マーシャル・マクルーハン『人間拡張の諸相』後藤和彦／高儀進訳、竹内書店、1967年］
McWhorter, John H. *The Language Hoax: Why the World Looks the Same in Any Language*. Oxford: Oxford University Press, 2014.
Meany, Paul. “First Principles: What America’s Founders Learned from the Greeks and Romans and How That Shaped Our Country.” *Cato Journal*, Spring / Summer 2021.
Mears, Ashley. *Very Important People: Status and Beauty in the Global Party Circuit*. Princeton, N.J.: Princeton University Press, 2020［アシュリー・ミアーズ『VIP――グローバル・パーティーサーキットの社会学』松本裕訳、みすず書房、2022年］
Menand, Louis. “Finding It at the Movies.” *New York Review of Books*, March 23, 1995.
Mencken, H. L. “Professor Veblen.” In *Prejudices, First Series*. New York: Alfred A. Knopf, 1919.
Mercer, Kobena. “Black Hair/ Style Politics (1987).” In *The Subcultures Reader*, edited by Sarah Thornton and Ken Gelder. London: Routledge, 1997.
Meyer, Leonard B. *Music, the Arts, and Ideas: Patterns and Predictions in Twentieth-Century Culture*. Chicago: University of Chicago Press, 1967.
Meyersohn, Rolf, and Elihu Katz. “Notes on a Natural History of Fads.” *American Journal of Sociology* 62, no. 6 (1957): 594–601.
Miles, Barry. *The Zapple Diaries: The Rise and Fall of the Last Beatles Label*. New York: Abrams Image, 2016［バリー・マイルズ『ザップル・レコード興亡記――伝説のビートルズ・レーベルの真実』野間けい子訳、河出書房新社、2017年］
Miller, Daniel. *Material Culture and Mass Consumption*. Oxford: Basil Blackwell, 1987.
Miller, Rylan. “A Middle Eastern Businessman Just Paid $8 Million for a Gold-Plated Rolls Royce.” *Business Insider*, August 4, 2011, https://www.businessinsider.com/gold-plated-rolls-royce-2011-8.
Mitford, Nancy, ed. *Noblesse Oblige: An Enquiry into the Identifiable Characteristics of the English Aristocracy*. New York: Harper & Brothers, 1956.
Monahan, Sean. “Video Games Have Replaced Music as the Most Important Aspect of Youth Culture.” *Guardian*, January 11, 2021.

Three Rivers Press, 1980［チャールズ・マッケイ『狂気とバブル――なぜ人は集団になると愚行に走るのか』塩野未佳、宮口尚子訳、パンローリング、2004年］
Mackintosh, Kit. *Neon Screams: How Drill, Trap and Bashment Made Music New Again*. London: Repeater Books, 2021.
Maglaty, Jeanne. "When Did Girls Start Wearing Pink?" *Smithsonian Magazine*, April 7, 2011, https://www.smithsonianmag.com/arts-culture/when-did-girls-start-wearing-pink-1370097.
Mailer, Norman. "The White Negro." *Advertisements for Myself*. Cambridge, Mass.: Harvard University Press, 1959［ノーマン・メイラー「白い黒人（ホワイト・ニグロ）」大橋吉之輔訳『新しい文学――その思想と社会的背景』社会思想研究会出版部、1961年］
Mann, Ron (director). *Twist*. Alliance Entertainment, 1992.
Marcuse, Herbert. *One-Dimensional Man: Studies in the Ideology of Advanced Industrial Society*. Boston: Beacon, 1964［ヘルベルト・マルクーゼ『一次元的人間――先進産業社会におけるイデオロギーの研究』生松敬三／三沢謙一訳、河出書房新社、1980年］
Marx, Karl. "The Eighteenth Brumaire of Louis Bonaparte." In *The Marx-Engels Reader*, edited by Robert C. Tucker. New York: W. W. Norton, 1972［カール・マルクス『ルイ・ボナパルトのブリュメール18日』丘沢静也訳、講談社学術文庫、2020年］
Marx, W. David. *Ametora: How Japan Saved American Style*. New York: Basic Books, 2015［デーヴィッド・マークス『AMETORA 日本がアメリカンスタイルを救った物語』奥田祐士訳、DU BOOKS、2017年］
――. "The History of the Gyaru-Part One." *Néojaponisme*, February 28, 2012, https://neojaponisme.com/2012/02/28/the-history-of-the-gyaru-part-one/.
――. "The History of the Gyaru-Part Two." *Néojaponisme*, May 8, 2012, https://neojaponisme.com/2012/05/08/the-history-of-the-gyaru-part-two/.
――. "The History of the Gyaru-Part Three." *Néojaponisme*, June 6, 2012, https://neojaponisme.com/2012/06/06/the-history-of-the-gyaru-part-three/.
――. "An Open Letter to Kanye West from the Association of French Bakers." *Medium.com*, August 13, 2013, https://medium.com/@wdavidmarx/an-open-letter-to-kanye-west-from-the-association-of-french-bakers-377952a582eb.
Mashburn, Sid. "The Most Stylish Men Ever to Wear a Watch." *Hodinkee*, April 28, 2021, https://www.hodinkee.com/articles/the-most-stylish-men-ever-to-wear-a-watch.
Matos, Michaelangelo. *The Underground Is Massive*. New York: Dey Street, 2015.
Matousek, Mark. "These Are the 16 Most Unreliable Car Brands for 2020." *Business Insider*, February 27, 2020, https://www.businessinsider.com/most-unreliable-car-brands-for-2020-jd-power-2020-2.
McClay, B. D. "Let People Enjoy This Essay." *Gawker*, August 19, 2021, https://www.gawker.com/culture/let-people-enjoy-this-essay.
McCluney, Courtney L., Kathrina Robotham, Serenity Lee, Richard Smith, and Myles Durkee. "The Costs of Code-Switching." *Harvard Business Review*, November 15, 2019, https://hbr.org/2019/11/the-costs-of-codeswitching.
McCracken, Grant David. *Culture and Consumption: New Approaches to the Symbolic Character of Consumer Goods and Activities*. Bloomington: Indiana University Press, 1988［G. マクラッケン『文化と消費とシンボルと』小池和子訳、勁草書房、1990年］

新装版』荒川幾男／生松敬三／川田順造／佐々木明／田島節夫訳、みすず書房、2023 年］
Levine, Joshua. "The New, Nicer Nero." *Smithsonian Magazine*, October 2020.
Levitin, Daniel J. *This Is Your Brain on Music: The Science of a Human Obsession*. New York: Dutton, 2006［ダニエル・J・レヴィティン『音楽好きな脳――人はなぜ音楽に夢中になるのか 新版』西田美緒子訳、ヤマハミュージックエンタテインメントホールディングス、2021 年］
Levy, Steven. "'Hackers' and 'Information Wants to Be Free.'" *Backchannel*, November 22, 2014, https://medium.com/backchannel/the-definitive-story-of-information-wants-to-be-free-a8d95427641c.
Lewis, David. *Convention*. Oxford: Blackwell, 2002［デイヴィド・ルイス『コンヴェンション――哲学的研究』瀧澤弘和訳、慶應義塾大学出版会、2021 年］
Lewis, Frederick. "Britons Succumb to 'Beatlemania.'" *New York Times*, December 1, 1963, https://www.nytimes.com/1963/12/01/archives/britons-succumb-to-beatlemania.html.
Lewis, Neil A. "The Politicization of Tasseled Loafers." *New York Times*, November 3, 1993, https://www.nytimes.com/1993/11/03/garden/the-politicization-of-tasseled-loafers.html.
Lewis, Peter. *The Fifties*. London: Heinemann, 1978.
Lewisohn, Mark. *The Beatles, All These Years*. Vol. 1, *Tune In*. Extended spec. ed. London: Little, Brown, 2013［マーク・ルイソン『ザ・ビートルズ史』（上下巻）山川真理／吉野由樹／松田ようこ訳、河出書房新社、2016 年］
Lieberson, Stanley. *A Matter of Taste: How Names, Fashions, and Culture Change*. New Haven, Conn.: Yale University Press, 2000.
Lindholm, Charles. *Culture and Authenticity*. Malden, Mass.: Blackwell, 2008.
Linton, Ralph. *The Study of Man: An Introduction*. New York: Appleton-Century-Crofts, 1936.
Lipovetsky, Gilles. *Hypermodern Times*. Translated by Andrew Brown. Cambridge: Polity, 2005.
Liu, Marian. "How a Taiwanese Whisky Became a Global Favorite." *CNN Travel*, September 15, 2017, https://edition.cnn.com/travel/article/taiwan-whisky-kavalan/index.html.
Lorenz, Taylor. "On the Internet, No One Knows You're Not Rich. Except This Account." *New York Times*, November 11, 2019.
Lurie, Alison. *The Language of Clothes*. New York: Henry Holt, 2000［アリソン・リュリー『衣服の記号論』木幡和枝訳、文化出版局、1987 年］
Lynch, Annette, and Mitchell D. Strauss. *Changing Fashion: A Critical Introduction to Trend Analysis and Meaning*. Oxford: Berg, 2007.
Lynes, Russell. "How Shoe Can You Get?" *Esquire*, September 1953.
――――. *The Tastemakers*. New York: Dover, 1980.
M, Ramses. *How Kanye West Got Started: Lessons from a Legend (How It All Got Started)*. Purple Circus Productions, 2015.
MacDonald, Ian. *Revolution in the Head: The Beatles' Records and the Sixties*. 2nd rev. ed. London: Vintage, 2008.
Macilwee, Michael. *The Teddy Boy Wars*. Preston, Eng.: Milo Books, 2015.
Mackay, Charles. *Extraordinary Popular Delusions and the Madness of Crowds*. New York:

html.
Kroeber, A. L. *Configurations of Culture Growth*. Berkeley: University of California Press, 1944.
Kroeber, A. L., and C. Kluckhohn. *Culture: A Critical Review of Concepts and Definitions*. Vol. 47, no. 1 of *Papers of the Peabody Museum of Archaeology and Ethnology, Harvard University*. Cambridge, Mass.: Peabody Museum, 1952.
Kuczynski, Alex. "Now You See It, Now You Don't." *New York Times*, September 12, 2004, https://www.nytimes.com/2004/09/12/fashion/now-you-see-it-now-you-dont.html.
Kuki, Shūzō. *Reflections on Japanese Taste: The Structure of Iki*. Translated by John Clark. Sydney: Power, 1997［九鬼周造『「いき」の構造』岩波文庫、1979 年］
Kulka, Tomáš. *Kitsch and Art*. University Park: Pennsylvania State University Press, 1996.
Kundera, Milan, *Unbearable Lightness of Being*, translated by Michael Henry Heim, Faber & Faber, 1984［ミラン・クンデラ『存在の耐えられない軽さ』千野栄一訳、集英社文庫、1998 年］
Kuo, Lucas, and Jason Arterburn. *Lux and Loaded: Exposing North Korea's Strategic Procurement Networks*. Center for Advanced Defense Studies, 2019, https://static1.squarespace.com/static/566ef8b4d8af107232d5358a/t/5d307a43bf42140001877def/1563458128965/Lux+%26+Loaded.pdf.
Lamont, Michèle, and Annette Lareau. "Cultural Capital: Allusions, Gaps and Glissandos in Recent Theoretical Developments." *Sociological Theory* 6 (1988): 153–68.
Lanin, Misha. "Russia's Airbrushed Car Scene Is Out of Control." *Jalopnik*, November 2, 2020, https://jalopnik.com/russias-airbrushed-car-scene-is-out-of-control-1843107995.
Lauer, Alex. "Why Pickup Trucks Keep Getting Bigger and Bigger." *Inside Hook*, September 6, 2019, https://www.insidehook.com/article/vehicles/why-pickup-trucks-keep-getting-bigger.
Laver, James. *Dandies*. Worcester, U.K.: Trinity Press, 1968.
———. *Taste and Fashion: From the French Revolution to the Present Day*. London: George G. Harrap, 1937.
Leach, Edmund. *Culture and Communication: The Logic by Which Symbols Are Connected*. Cambridge: Cambridge University Press, 1976［エドマンド・リーチ『文化とコミュニケーション——構造人類学入門』青木保／宮坂敬造訳、紀伊國屋書店、1981 年］
Leary, Timothy. *The Politics of Ecstasy*. New York: Putnam, 1986.
Lebrecht, Norman. *The Book of Musical Anecdotes*. New York: Free Press, 1985.
Leibenstein, H. "Bandwagon, Snob, and Veblen Effects in the Theory of Consumers' Demand." *Quarterly Journal of Economics* 64, no. 2 (May 1950): 183–207.
Leighton, Ralph. *Tuva or Bust!*, New York: W. W. Norton, 1991.
LeMay, Matt. "Liz Phair: *Liz Phair*." *Pitchfork*, June 24, 2003, https://pitchfork.com/reviews/albums/6255-liz-phair/.
Leonard, George, and Robert Leonard. "Sha Na Na and the Woodstock Generation." *Columbia College Today*, Spring/Summer 1989, 28, http://www.georgeleonard.com/sha-na-na-and-the-woodstock-generation.htm.
Lévi-Strauss, Claude. *Structural Anthropology*. Translated by Claire Jacobson and Brooke Grundfest Schoepf. Garden City, N.Y.: Anchor, 1963［レヴィ＝ストロース『構造人類学

Clarendon, 1952［カント『判断力批判』原佑訳、理想社、1981年］
Kassinger, Ruth. *Dyes: From Sea Snails to Synthetics*. Brookfield, Minn.: Twenty-First Century Books, 2003.
Keller, Rudi. *On Language Change: The Invisible Hand in Language*. London: Routledge, 1994.
———. *A Theory of Linguistic Signs*. Oxford: Oxford University Press, 1995.
Kerouac, Jack. *On the Road*. London: Penguin Classics, 2000［ジャック・ケルアック『オン・ザ・ロード』青山南訳、河出文庫、2010年］
K-HOLE. "Youth Mode: A Report on Freedom." K-HOLE, October 2013, http://khole.net/issues/youth-mode/.
King, Larry. "DJ Khaled's Illuminating Convo: Influence of Hip Hop, Jay Z's Genius & Young Rapper Mistakes." *Larry King Now*. August 5, 2014. https://www.youtube.com/watch?v=M0be5674X9Y.
Kinsella, Sharon. "Black Faces, Witches, and Racism against Girls." In *Bad Girls of Japan*, edited by Laura Miller and Jan Bardsley, 143–58. New York: Palgrave Macmillan, 2005.
Kirsch, Adam. "Kafka Wanted All His Work Destroyed after His Death. Or Did He?" *Australian Finance Review Magazine*, September 6, 2018, https://www.afr.com/life-and-luxury/arts-and-culture/kafka-wanted-all-his-work-destroyed-after-his-death-or-did-he-20180906-h14zsd.
Klapp, Orrin E. *The Inflation of Symbols*. New Brunswick, N.J.: Transaction, 1991.
Klein, Naomi. *No Logo: Taking Aim at the Brand Bullies*. Toronto: Knopf Canada, 2000.
Klosterman, Chuck. *But What If We're Wrong?* New York: Blue Rider, 2016.
"Klout Is Dead—How Will People Continuously Rank Themselves Online Now?" *Guardian*, May 11, 2018, https://www.theguardian.com/technology/shortcuts/2018/may/11/klout-is-dead-how-will-people-continously-rank-themselves-online-now.
Kluckhohn, Clyde. *Culture and Behavior*. Edited by Richard Kluckhohn. New York: Free Press, 1962［クライド・クラックホーン『文化と行動』城戸浩太郎／城戸幡太郎訳、みすず書房、1958年］
Knight, Phil. *Shoe Dog*. London: Simon and Schuster, 2016［フィル・ナイト『SHOE DOG——靴にすべてを。』大田黒奉之訳、東洋経済新報社、2017年］
Kopytoff, Igor. "The Cultural Biography of Things: Commoditization as Process." In *The Social Life of Things*, edited by Arjun Appadurai. Cambridge: Cambridge University Press, 1986.
Koutsobinas, Theodore. *The Political Economy of Status: Superstars, Markets, and Culture Change*. Cheltenham, Eng.: Edward Elgar, 2014.
Kovács, Balázs, and Amanda J. Sharkey. "The Paradox of Publicity: How Awards Can Negatively Affect the Evaluation of Quality." *Administrative Science Quarterly* 59, no. 1 (March 2014): 1–33.
Kremer, William. "Does a Baby's Name Affect Its Chances in Life?" *BBC World Service*, April 11, 2014, https://www.bbc.com/news/magazine-26634477.
Krewen, Nick. "Meet Beck's Dad, David Campbell, Who Has Helped Sell Nearly 1 Billion Records." *Toronto Star*, June 14, 2014, https://www.thestar.com/entertainment/music/2014/06/14/meet_becks_dad_david_campbell_who_has_helped_sell_nearly_1_billion_records.

藝春秋、2010 年]
Jackson, Gita. "Taylor Swift Super Fans Are Furious about a Good Review." *Motherboard*, July 31, 2020, https://www.vice.com/en/article/v7gpx8/taylor-swift-super-fans-are-furious-about-a-good-review.
Jacobs, Jim, and Warren Casey. *Grease*. 1972.
Jenkins, Henry. "Television Fans, Poachers, Nomads (1992)." In *The Subcultures Reader*, edited by Sarah Thornton and Ken Gelder. London: Routledge, 1997.
Jennings, Rebecca. "Are You Ready for the Return of Prep?" *The Goods by Vox*, August 24, 2021, https://www.vox.com/the-goods/22638568/old-money-aesthetic-dark-academia-prep-tiktok-pinterest-instagram.
———. "The Blandness of TikTok's Biggest Stars." *The Goods by Vox*, May 18, 2021, https://www.vox.com/the-goods/2021/5/18/22440937/tiktok-addison-rae-bella-poarch-build-a-bitch-charli-damelio-mediocrity.
———. "A Super-Famous TikTok Star Appeared on Jimmy Fallon. It Didn't Go Great." *The Goods by Vox*, March 30, 2021, https://www.vox.com/the-goods/2021/3/30/22357132/addison-rae-jimmy-fallon-tonight-show-tiktok-dance.
———. "Your Tweet Goes Viral. Here Come the Companies Asking You to Sell Their Crap." *The Goods by Vox*, March 3, 2021, https://www.vox.com/the-goods/22309184/ocean-galaxy-light-twitter-clout-mining-viral.
Jensen, Tom. "Americans Not Hip to Hipsters." *Public Policy Polling*, May 13, 2013, https://www.publicpolicypolling.com/polls/americans-not-hip-to-hipsters/.
Johnson, Jamie. "Off with Their Coattails." *Wall Street Journal*, April 30, 2011, https://www.wsj.com/articles/SB10001424052748704132204576285250103874450.
Johnson, Noah, Rachel Tashjian, and Samuel Hine. "The 10 Best Things We Saw at Fashion Week." *Corporate Lunch*, episode 120, February 1, 2021, https://open.spotify.com/episode/34b0Q11BwQG5uI27kWEsrA.
Jones, Davis. "History of Surfing: The Great Plastics Race." *Surfer*, June 28, 2017, https://www.surfer.com/features/history-surfing-pu-foam/.
Jones, Josh. "How Glenn Gould's Eccentricities Became Essential to His Playing and Personal Style: From Humming Aloud While Playing to Performing with His Childhood Piano Chair." *Open Culture*, November 14, 2018, https://www.openculture.com/2018/11/glenn-goulds-eccentricities.html.
Jones, Liz. "The Patch-Up Prince: As He Is Pictured in a Jacket That's Been Repaired for Decades, How—from His Shoes Up—Prince Charles Has Always Made Do and Mended." *Daily Mail*, May 25, 2021, https://www.dailymail.co.uk/femail/article-9618545/As-pictured-repaired-jacket-Prince-Charles-big-fan-recycled-outfits.html.
Jones, Owen. *Chavs: The Demonization of the Working Class*. 2nd ed. London: Verso, 2012 [オーウェン・ジョーンズ『チャヴ――弱者を敵視する社会』依田卓巳訳、海と月社、2017 年]
Jordan, Glenn, and Chris Weedon. *Cultural Politics: Class, Gender, Race and the Postmodern World*. Oxford: Blackwell, 1995.
Kant, Immanuel. *The Critique of Judgement*. Translated by James Creed Meredith. Oxford:

ninity in Japanese Advertising." *Japanese Studies* 37, no. 1 (2017) : 49–69.
Hobsbawm, Eric. *On History*. London: Weidenfeld and Nicolson, 1997［エリック・ホブズボーム『ホブズボーム歴史論』原剛訳、ミネルヴァ書房、2001 年］
Hobsbawm, Eric, and Terence Ranger. *The Invention of Tradition*. Cambridge: Cambridge University Press, 1983［E・ホブズボウム／T・レンジャー編『創られた伝統』前川啓治ほか訳、紀伊國屋書店、1992 年］
Hoffer, Eric. *The Ordeal of Change*. New York: Harper and Row, 1963.
Hohmann, James. "The Daily 202: Trump Voters Stay Loyal Because They Feel Disrespected." *Washington Post*, May 14, 2018, https://www.washingtonpost.com/news/powerpost/paloma/daily-202/2018/05/14/daily-202-trump-voters-stay-loyal-because-they-feel-disrespected/5af8aac530fb0425887994cc/.
Holden, Stephen. "The Pop Life." *New York Times*, October 17, 1990, https://www.nytimes.com/1990/10/17/arts/the-pop-life-075590.html.
———. "The Pop Life." *New York Times*, December 19, 1990, https://www.nytimes.com/1990/12/19/arts/the-pop-life-161090.html.
Holt, Douglas B. "Distinction in America? Recovering Bourdieu's Theory of Taste from Its Critics." *Poetics* 25, no. 2–3 (November 1997) : 93–120.
———. "Does Cultural Capital Structure American Consumption?" *Journal of Consumer Research* 25, no. 1 (June 1998) : 1–25.
Holzman, Winnie (writer), and Scott Winant (director). August 25, 1994. "Pilot." In Marshall Herskovitz and Edward Zwick (producers), *My So-Called Life*. ABC.
Homans, George Caspar. *Social Behavior: Its Elementary Forms*. London: Routledge, 1973［ジョージ・C・ホーマンズ『社会行動——その基本形態』橋本茂訳、誠信書房、1978 年］
Hood, Bruce. *The Self Illusion*. Oxford: Oxford University Press, 2012.
Hooghe, Marc, and Ruth Dassonneville. "Explaining the Trump Vote: The Effect of Racist Resentment and Anti-Immigrant Sentiments." *PS: Political Science and Politics* 51, no. 3 (July 2018) : 528–34, https://doi.org/10.1017/S1049096518000367.
Hornby, Nick. *High Fidelity*. New York: Riverhead, 2000［ニック・ホーンビィ『ハイ・フィデリティ』森田義信訳、ハヤカワ epi 文庫、2022 年］
Horyn, Cathy. "The Post-Trend Universe." *T Magazine*, February 15, 2015, https://www.nytimes.com/2015/02/15/t-magazine/post-trend-universe-cathy-horyn.html.
"How Bad Is Your Spotify?" *The Pudding*, https://pudding.cool/2020/12/judge-my-spotify/.
"How Badoit Took on Perrier." *New York Times*, October 30, 1988, https://www.nytimes.com/1988/10/30/business/how-badoit-took-on-perrier.html.
Hume, David. "Of the Standard of Taste." *Essays: Moral, Political, and Literary*. Carmel, Ind.: Liberty Fund, 1985.
Hutson, David J. "Plump or Corpulent? Lean or Gaunt? Historical Categories of Bodily Health in Nineteenth-Century Thought." *Social Science History* 41, no. 2 (Summer 2017) : 283–303.
Inglis, Fred. *Cultural Studies*. Oxford: Blackwell, 1993.
Iyengar, Sheena. *The Art of Choosing*. New York: Twelve/Grand Central, 2011［シーナ・アイエンガー『選択の科学——コロンビア大学ビジネススクール特別講義』櫻井祐子訳、文

jstor.org/stable/27800823.
Hardin, Russell. *One for All: The Logic of Group Conflict*. Princeton, N.J.: Princeton University Press, 1995.
Harmon, Steph. "Amanda Palmer: 'Donald Trump Is Going to Make Punk Rock Great Again.'" *Guardian*, December 29, 2016.
Harris, Malcolm. *Kids These Days: The Making of Millennials*. New York: Back Bay, 2017.
Hartley, Leslie Poles, *The Go-Between*, Penguin Books, 1999 [L・P・ハートレイ『恋を覗く少年』蕗沢忠枝訳、新潮社、1955 年]
Harvilla, Rob. "Have We Reached the End of Poptimism?" *The Ringer*, November 16, 2017, https://www.theringer.com/music/2017/11/16/16666306/taylor-swift-poptimism-2017.
Haskell, Caitlin Welsh. "Henri Rousseau, 1908 and After: The Corpus, Criticism, and History of a Painter without a Problem." PhD diss., University of Texas at Austin, 2012.
Hatch, Elvin. *Theories of Man and Culture*. New York: Columbia University Press, 1973.
Hawkes, Terence. *Structuralism and Semiotics*. Berkeley: University of California Press, 1977 [テレンス・ホークス『構造主義と記号論』池上嘉彦他訳、紀伊國屋書店、1979 年]
Hayakawa, S. I. *Symbol, Status, and Personality*. New York: Harcourt, Brace and World, 1953 [S・I・ハヤカワ『言語と思考――シンボル・人間・社会』四宮満訳、南雲堂、1972 年]
Heath, Anthony. *Rational Choice and Social Exchange*. Cambridge: Cambridge University Press, 1976.
Hebdidge, Dick. *Subculture: The Meaning of Style*. London: Methuen, 1979 [ディック・ヘブディジ『サブカルチャー――スタイルの意味するもの』山口淑子訳、未来社、1986 年]
Hellman, Lillian. *An Unfinished Woman*. Boston: Little, Brown, 1969 [リリアン・ヘルマン『未完の女――リリアン・ヘルマン自伝』稲葉明雄/本間千枝子訳、平凡社、1981 年]
Helmore, Edward. "'Heroin Chic' and the Tangled Legacy of Photographer Davide Sorrenti." *Guardian*, May 23, 2019, https://www.theguardian.com/fashion/2019/may/23/heroin-chic-and-the-tangled-legacy-of-photographer-davide-sorrenti.
Heron-Langton, Jessica. "Marc Jacobs Drops Six Cute Looks on Animal Crossing." *Dazed Digital*, May 5, 2020, https://www.dazeddigital.com/fashion/article/49114/1/marc-jacobs-drops-six-cute-looks-animal-crossing-valentino-instagram.
Hesse, Monica, and Dan Zak. "Does This Haircut Make Me Look Like a Nazi?" *Washington Post*, November 30, 2016, https://www.washingtonpost.com/news/arts-and-entertainment/wp/2016/11/30/does-this-haircut-make-me-look-like-a-nazi/.
Hewitt, Paolo, ed. *The Sharper Word: A Mod Anthology*. Rev. ed. London: Helter Skelter, 2009.
Hillman, Betty Luther. *Dressing for the Culture Wars: Style and the Politics of Self-Presentation in the 1960s and 1970s*. Lincoln: University of Nebraska Press, 2015.
"Hipster Barista." *Know Your Meme*, https://knowyourmeme.com/memes/hipster-barista.
Hirsch, Fred. *Social Limits to Growth*. Cambridge, Mass.: Harvard University Press, 1976 [フレッド・ハーシュ『成長の社会的限界』都留重人監訳、日本経済新聞社、1980 年]
Hirsch, Paul M. "Processing Fads and Fashions: An Organization-Set Analysis of Cultural Industry Systems." *American Journal of Sociology* 77, no. 4 (1972): 639–59.
Ho, Michelle H. S. "Consuming Women in Blackface: Racialized Affect and Transnational Femi-

Graham, John D. *John Graham's System and Dialectics of Art*. Baltimore: The Johns Hopkins University Press, 1971.
"Great Leap Forward at the Traffic Lights in China—Archive." *Guardian*, August 25, 1966, https://www.theguardian.com/world/2016/aug/25/china-traffic-lights-red-guards-communism-great-leap.
Greco, Stephen. "That Fast Thing: The Late Glenn O'Brien." *Upstate Diary*, no. 4, 2017, https://www.upstatediary.com/glenn-obrien.
Green, Christopher. "An Introduction to *Les Demoiselles d'Avignon*." In *Picasso's Les Demoiselles d'Avignon*, edited by Christopher Green, 1-14. Cambridge: Cambridge University Press, 2001.
Greenberg, Clement. *Art and Culture*. Boston: Beacon, 1989［クレメント・グリーンバーグ『近代芸術と文化』瀬木慎一訳、紀伊國屋書店、1965年］
Greenhouse, Emily. "About Kanye's Croissant." *New Yorker*, September 12, 2013, https://www.newyorker.com/culture/culture-desk/about-kanyes-croissant.
Greenland, David R. *The Gunsmoke Chronicles: A New History of Television's Greatest Western*. Duncan, Okla.: Bear Manor Media, 2013.
Greif, Mark. "What Was the Hipster?" *New York Magazine*, October 24, 2010.
Gronow, Jukka. *The Sociology of Taste*. London: Routledge, 1997.
Guay, Melissa. "Spontaneous Combustion Likely Cause of Silo Fire." *Post Star* (Glen Falls, N.Y.), May 7, 2007.
Guo, Jeff. "The Mathematician Who Proved Why Hipsters All Look Alike." *Washington Post*, November 11, 2014, https://www.washingtonpost.com/news/storyline/wp/2014/11/11/the-mathematician-who-proved-why-hipsters-all-look-alike/.
Haggerty, Geoff (director). "Thousands of Girls Match Description of Missing Sorority Sister." *The Onion*. 2010.
Haider, Shuja. "The Invention of Twang: What Makes Country Music Sound like Country?" *The Believer*, August 1, 2019, https://believermag.com/the-invention-of-twang/.
Halbwachs, Maurice. *The Social Frameworks of Memory* (in "*On Collective Memory*.") Translated by Lewis A. Coser. Chicago: University of Chicago Press, 1992［モーリス・アルヴァックス『記憶の社会的枠組み』鈴木智之訳、青弓社、2018年］
Hall, Edward T. *Beyond Culture*. New York: Anchor, 1976［エドワード・ホール『文化を超えて』岩田慶治／谷泰訳、ティビーエス・ブリタニカ、1979年］
——. *The Silent Language*. New York: Doubleday, 1981［エドワード・T. ホール『沈黙のことば』國弘正雄／長井善見／斎藤美津子訳、南雲堂、1966年］
Hall, James. "Burberry Brand Tarnished by 'Chavs.'" *The Telegraph*, November 28, 2004, http://www.telegraph.co.uk/finance/2900572/Burberry-brand-tarnished-by-chavs.html.
Hall, Stuart, and Paul du Gay. *Questions of Cultural Identity*. London: Sage Publications, 1996.
Hall, Stuart, and Tony Jefferson, eds. *Resistance through Rituals: Youth Subcultures in Post-War Britain*. 2nd ed. London: Routledge, 1976.
Han, Young Jee, Joseph C. Nunes, and Xavier Drèze. "Signaling Status with Luxury Goods: The Role of Brand Prominence." *Journal of Marketing* 74, no. 4 (2010): 15-30, http://www.

"Gay Track Star Voted Prom King." *The Advocate*, May 10, 2011, https://www.advocate.com/news/daily-news/2011/05/10/gay-high-schooler-voted-prom-king.
Geertz, Clifford. *The Interpretation of Cultures*. New York: Basic Books, 1973［C・ギアーツ『文化の解釈学』(1・2) 吉田禎吾ほか訳、岩波書店、1987 年］
Gell, Alfred. "Newcomers to the World of Goods: Consumption among the Murai Gonds." In *The Social Life of Things*, edited by Arjun Appadurai. Cambridge: Cambridge University Press, 1986.
Gibbons-Neff, Thomas, and Fahim Abed. "In Afghanistan, Follow the White High-Tops and You'll Find the Taliban." *New York Times*, January 28, 2021.
Giddens, Anthony. *Modernity and Self-Identity: Self and Society in the Late Modern Age*. Stanford, Calif.: Stanford University Press, 1991.
Gilbert, Margaret. "Notes on the Concept of a Social Convention." *New Literary History* 14, no. 2 (Winter 1983): 225–51.
———. *On Social Facts*. Princeton, N.J.: Princeton University Press, 1989.
Gilmore, James H., and Joseph Pine. *Authenticity: What Consumers Really Want*. Cambridge, Mass.: Harvard Business Press, 2007［ジェームズ・H. ギルモア／B. ジョセフ・パインII『ほんもの――何が企業の「一流」と「二流」を決定的に分けるのか？』林正訳、東洋経済新報社、2009 年］
Girard, René. *Evolution and Conversion: Dialogues on the Origins of Culture*. London: Bloomsbury, 2008［ルネ・ジラール『文化の起源――人類と十字架』田母神顯二郎訳、新教出版社、2008 年］
Gladwell, Malcolm. *The Tipping Point*. New York: Back Bay / Little, Brown, 2000［マルコム・グラッドウェル『ティッピング・ポイント――いかにして「小さな変化」が「大きな変化」を生み出すか』高橋啓訳、飛鳥新社、2000 年］
Goffman, Erving. *Interaction Ritual: Essays on Face-to-Face Behavior*. New York: Anchor, 1967.
———. *The Presentation of Self in Everyday Life*. Garden City, N.Y.: Doubleday / Anchor, 1959［アーヴィング・ゴフマン『日常生活における自己呈示』中河伸俊／小島奈名子訳、ちくま学芸文庫、2023 年］
———. *Relations in Public: Microstudies of the Public Order*. New York: Harper Torchbooks, 1971.
———. "Symbols of Class Status." *British Journal of Sociology* 2, no. 4 (December 1951): 294–304.
Goldfarb, Aaron. "When Johnnie Walker Blue Was King." *Punch*, May 6, 2020, https://punchdrink.com/articles/when-johnnie-walker-blue-label-whisky-was-king.
Goodman, Nelson. *Languages of Art*. Indianapolis: Hackett, 1976［ネルソン・グッドマン『芸術の言語』戸澤義夫／松永伸司訳、慶應義塾大学出版会、2017 年］
Gould, Stephen Jay. *Full House: The Spread of Excellence from Plato to Darwin*. New York: Harmony, 1996［スティーヴン・ジェイ・グールド『フルハウス 生命の全容――四割打者の絶滅と進化の逆説』渡辺政隆訳、早川書房、1998 年］
Gould, Will (writer), and Hollingsworth Morse (director). March 11, 1962. Episode #281, season 8, episode 7. "Double Trouble." In R. Golden (Producer), *Lassie*. CBS.

Press, 1992.
Fox, Dan. *Pretentiousness: Why It Matters*. Minneapolis: Coffee House Press, 2016.
Fox, Margalit. "Vivian Nicholson, 79, Dies; A Rags-to-Riches Story Left in Tatters." *New York Times*, April 17, 2015, https://www.nytimes.com/2015/04/19/world/europe/vivian-nicholson-rags-to-riches-to-rags-icon-dies-at-79.html.
Frank, Robert H. *Choosing the Right Pond: Human Behavior and the Quest for Status*. New York: Oxford University Press, 1985.
Frank, Thomas. *The Conquest of Cool*. Chicago: University of Chicago Press, 1997.
Freud, Sigmund. *Civilization and Its Discontents*. Translated by James Strachey. New York: W. W. Norton, 1961.
———. *Introductory Lectures on Psycho-Analysis*. Translated by James Strachey. New York: Penguin, 1966［フロイト『精神分析入門』（上下巻）高橋義孝／下坂幸三訳、新潮文庫、1977年］
Friedberger, Mark. *Shake-Out: Iowa Farm Families in the 1980s*. Lexington: University Press of Kentucky, 1989.
Friedman, B. H. *Jackson Pollock: Energy Made Visible*. New York: McGraw-Hill, 1974.
Frith, Simon, and Howard Horne. *Art into Pop*. London: Methuen, 1989.
Fuller, Peter. *Aesthetics after Modernism*. London: Writers and Readers, 1983.
Furbank, P. N. *Unholy Pleasure: The Idea of Social Class*. Oxford: Oxford University Press, 1985.
Fussell, Paul. *Class: A Guide through the American Status System*. New York: Touchstone, 1983［ポール・ファッセル『階級（クラス）――「平等社会」アメリカのタブー』板坂元訳、光文社、1987年］
Fyvel, T. R. "Fashion and Revolt (1963)." In *The Subcultures Reader*, edited by Sarah Thornton and Ken Gelder. London: Routledge, 1997.
Gabriel, Markus. *The Power of Art*. Cambridge: Polity, 2020［マルクス・ガブリエル『アートの力』大池惣太郎訳、柿並良佑翻訳協力、堀之内出版、2023年］
———. *Why the World Does Not Exist*. Cambridge: Polity, 2015［マルクス・ガブリエル『なぜ世界は存在しないのか』清水一浩訳、講談社選書メチエ、2018年］
Gabriel, Yiannis, and Tim Lang. *The Unmanageable Consumer*. 2nd ed. London: Sage Publications, 2006.
Gallagher, Jake. "Dropping Knowledge: The Button-Down Collar." *GQ*, March 6, 2013, https://www.gq.com/story/dropping-knowledge-the-button-down-collar.
Gammond, Peter. *The Bluffer's Guide to British Class*. West Sussex, Eng.: Ravette Books, 1986.
Gans, Herbert. *Popular Culture and High Culture: An Analysis and Evaluation of Taste*. New York: Basic Books, 1974.
Garcia, Bobbito (director). *Rock Rubber 45s*. 2018. Goldcrest/ Saboteur FilmsDistributor.
———. *Where'd You Get Those? New York City's Sneaker Culture, 1960–1987*. New York: Testify Books, 2003.
Gartman, David. *Auto-Opium: A Social History of American Automobile Design*. London: Routledge, 1994.

Falk, John H., and John Balling. "Evolutionary Influence on Human Landscape Preference." *Environment and Behavior* 42, no. 4 (July 2010): 479–93, https://www.researchgate.net/publication/249624620_Evolutionary_Influence_on_Human_Landscape_Preference.
Fanon, Frantz. *The Wretched of the Earth*. Translated by Richard Philcox. New York: Grove, 2004.
Farah, Safy-Hallan. "The Great American Cool." *The Goods by Vox*, July 14, 2021, https://www.vox.com/the-goods/22570006/cool-consumer-identity-gen-z-cheugy.
"Fashion." *Lapham's Quarterly*, Fall 2015.
Fearon, Faye. "The Enduring Appeal of the Beatles' Mop-Top Haircuts." *GQ UK*, December 6, 2019, https://www.gq-magazine.co.uk/grooming/article/the-beatles-haircut.
Feather, Carl E. "Western Reserve Back Roads: Antiquated and Labor Intensive, Northeast Ohio Region's Farm Silos Face Bleak Future as Rural Skyscrapers." *Star Beacon* (Ashtabula, Ohio), November 24, 2006, https://www.starbeacon.com/community/silos/article_cd242cd9-5c3b-5b4b-b3b5-8b11992a06c6.html.
Feltovich, Nick, Rick Harbaugh, and Ted To. "Too Cool for School? Signalling and Countersignalling." *RAND Journal of Economics* 33, no. 4 (Winter 2002): 630–49.
Ferris, Ray, and Julian Lord. *Teddy Boys: A Concise History*. Preston, Eng.: Milo Books, 2012.
Ferry, Luc. *Homo Aestheticus: The Invention of Taste in the Democratic Age*. Translated by Robert de Loaiza. Chicago: University of Chicago Press, 1994［リュック・フェリー『ホモ・エステティクス——民主主義の時代における趣味の発明』小野康男／上村博／三小田祥久訳、法政大学出版局、2001年］
Finnegan, William. *Barbarian Days: A Surfing Life*. New York: Penguin, 2015［ウィリアム・フィネガン『バーバリアンデイズ——あるサーファーの人生哲学』児島修訳、エイアンドエフ、2018年］
Fisher, Mark. "The Slow Cancellation of the Future." *Ghosts of My Life: Writings on Depression, Hauntology and Lost Futures*. Winchester, U.K.: Zer0 Books, 2014.
Fitzgerald, F. Scott. *The Great Gatsby*. London: Penguin, 1950［スコット・フィッツジェラルド『グレート・ギャツビー』村上春樹訳、中央公論新社、2006年］
"The 500 Greatest Albums of All Time." *Rolling Stone*, September 22, 2020, https://www.rollingstone.com/music/music-lists/best-albums-of-all-time-1062063/.
"500 Greatest Albums List (2003)." *Rolling Stone*, May 31, 2009, https://www.rollingstone.com/music/music-lists/500-greatest-albums-of-all-time-156826/.
Flanagan, Jane. "Grace Mugabe's Porsche, Rolls Royce and Range Rover Are Damaged When Cows Wander onto the Road as Motors Were Being Spirited Out of Zimbabwe under the Cover of Darkness." *Daily Mail*, January 22, 2018, https://www.dailymail.co.uk/news/article-5297435/Grace-Mugabes-supercars-crashed-taken-Zimbabwe.html.
Florida, Richard. *The Creative Class*. New York: Basic Books, 2002［リチャード・フロリダ『クリエイティブ・クラスの世紀——新時代の国、都市、人材の条件』井口典夫訳、ダイヤモンド社、2007年］
Foley, Gregk. "The Trends and Brands That Defined '90s Hip-Hop Fashion." *High Snobiety*, 2020, https://www.highsnobiety.com/p/90s-hip-hop-fashion/.
Foster, Edward Halsey. *Understanding the Beats*. Columbia: University of South Carolina

neutics. Chicago: University of Chicago Press, 1983［ヒューバート・L・ドレイファス／ポール・ラビノウ『ミシェル・フーコー――構造主義と解釈学を超えて』山形頼洋ほか訳、筑摩書房、1996年］
Drinnon, Richard T. *Rebel in Paradise: A Biography of Emma Goldman*. New York: Bantam, 1973.
Drummond, Bill, and Jimmy Cauty. *The Manual (How to Have a Number One the Easy Way)*. https://freshonthenet.co.uk/the-manual-by-the-klf/.
Duncan, Hugh Dalziel. *Communication and Social Order*. New Brunswick, N.J.: Transaction, 1985.
――. *Symbols in Society*. New York: Oxford University Press, 1968［H・D・ダンカン『シンボルと社会』中野秀一郎／柏岡富英訳、木鐸社、1974年］
Durkheim, Émile. *Suicide: A Study in Sociology*. Trans. John A. Spaulding. New York: Free Press, 1997［デュルケーム『自殺論』宮島喬訳、中公文庫、2018年］
Duvignaud, Jean. *The Sociology of Art*. Translated by Timothy Wilson. London: Paladin, 1972.
Dylan, Bob. "Ballad of a Thin Man." *Highway 61 Revisited*. Columbia, 1965.
Dylan, Bob, Joan Baez, Allen Ginsberg, Maria Muldaur, and Pete Seeger. *No Direction Home: Bob Dylan*. 2005. Paramount Home Entertainment［ロバート・シェルトン著エリザベス・トムソン／パトリック・ハンフリーズ編『ノー・ディレクション・ホーム――ボブ・ディランの日々と音楽』樋口武志／田元明日菜／川野太郎訳、ポプラ社、2018年］
Eagleton, Terry. *Culture*. New Haven, Conn.: Yale University Press, 2016.
Ebert, Roger. "North." *RogerEbert.com*, July 22, 1994.
Eco, Umberto. "How Culture Conditions the Colours We See." In *On Signs*, edited by Marshall Blonsky. Baltimore: The Johns Hopkins University Press, 1985.
――. *A Theory of Semiotics*. Bloomington: Indiana University Press, 1976［ウンベルト・エーコ『記号論』（I・II）池上嘉彦訳、講談社学術文庫、2013年］
Editors of Consumer Reports. *I'll Buy That: 50 Small Wonders and Big Deals That Revolutionized the Lives of Consumers*. Mount Vernon, N.Y.: Consumers Union, 1986.
Edsall, Thomas B. "The Resentment That Never Sleeps." *New York Times*, December 9, 2020.
Edwards, John. *Sociolinguistics: A Very Short Introduction*. Oxford: Oxford University Press, 2013.
Ehrenreich, Barbara, Elizabeth Hess, and Gloria Jacobs. "Beatlemania: A Sexually Defiant Consumer Subculture?（1992）." In *The Subcultures Reader*, edited by Sarah Thornton and Ken Gelder. London: Routledge, 1997.
Eliot, T. S. *Notes towards the Definition of Culture*. London: Faber and Faber, 1962［T・S・エリオット『文化とは何か』深瀬基寛訳、弘文堂書房、1967年］
Elliott, Anthony. *Concepts of the Self*. 2nd ed. Cambridge: Polity, 2008.
Ellis, Iain. "New Wave: Turning Rebellion into Money." *Pop Matters*, February 14, 2019, https://www.popmatters.com/new-wave-rebellion-into-money-2628904704.html.
Elster, Jon. *Making Sense of Marx*. Cambridge: Cambridge University Press, 1985.
――. *Nuts and Bolts for the Social Sciences*. Cambridge: Cambridge University Press, 1989［J・エルスター『社会科学の道具箱――合理的選択理論入門』海野道郎訳、ハーベスト社、1997年］

み直す会訳、河出文庫、2023年]
De Botton, Alain. *Status Anxiety*. Toronto: Viking Canada, 2004 [アラン・ド・ボトン『もうひとつの愛を哲学する――ステイタスの不安』安引宏訳、集英社、2005年]
de Casanova, Erynn Masi. *Buttoned Up: Clothing, Conformity, and White-Collar Masculinity*. Ithaca, N.Y.: ILR Press, 2015.
de Montlaur, Bénédicte. "France Honors Dennis Lim and John Waters." Order of Arts and Letters Ceremony at the Cultural Services of the French Embassy in New York, May 7, 2018, https://frenchculture.org/awards/8088-france-honors-dennis-lim-and-john-waters.
Dickens, Charles. *David Copperfield*. https://www.gutenberg.org/cache/epub/766/pg766-images.html [チャールズ・ディケンズ『デイヴィッド・コパフィールド』中野好夫訳、新潮文庫、2006年]
DiMaggio, Paul. "Market Structure, the Creative Process, and Popular Culture: Toward an Organizational Reinterpretation of Mass-Culture Theory." *Journal of Popular Culture* 11, no. 2 (September 1977): 436–52, https://doi.org/10.1111/j.0033-2840.1977.00436.x.
Dinerstein, Joel. *The Origins of Cool in Postwar America*. Chicago: University of Chicago Press, 2017.
Dixit, Iva. "'Bollywood Wives' Is an Accidental Documentary about India's Gilded Class." *New York Times*, January 7, 2021, https://www.nytimes.com/2021/01/07/magazine/fabulous-lives-bollywood-wives-netflix.html.
Dolenz, Micky, and Mark Bego. *I'm a Believer: My Life of Monkees, Music, and Madness*. New York: Hyperion, 1993.
Doll, Jen. "The Icing Is off the Cupcake Craze." *The Atlantic*, April 17, 2013, https://www.theatlantic.com/business/archive/2013/04/icing-cupcake-craze/316195/.
Doonan, Simon. "The End of Trends." *New York Observer*, March 3, 2010, https://observer.com/2010/03/the-end-of-trends/.
Doran, John. "The Demolition Man: Thurston Moore Interviewed." *The Quietus*, July 5, 2011, https://thequietus.com/articles/06534-thurston-moore-interview.
Douglas, Mary, and Baron Isherwood. *The World of Goods*. New York: Basic Books, 1979 [メアリー・ダグラス/バロン・イシャウッド『儀礼としての消費――財と消費の経済人類学』浅田彰/佐和隆光訳、新曜社、1984年]
Dowd, Maureen. "Retreat of the Yuppies: The Tide Now Turns amid 'Guilt' and 'Denial.'" *New York Times*, June 28, 1985, https://www.nytimes.com/1985/06/28/nyregion/retreat-of-the-yuppies-the-tide-now-turns-amid-guilt-and-denial.html.
Dower, John. *Embracing Defeat: Japan in the Wake of World War II*. New York: W. W. Norton, 1999 [ジョン・ダワー『敗北を抱きしめて――第二次世界大戦後の日本 増補版』(上下巻) 三浦陽一/高杉忠明訳、岩波書店、2004年]
Dowling, James. "100 Not Out: The Full History of the Cartier Tank." *Esquire*, May 1, 2018, https://www.esquire.com/uk/watches/a33818670/cartier-tank-history/.
Dredge, Stuart, and Alex Hern. "Apple, Coffee and Techno: Jonathan Ive's Recipe for Success." *Guardian*, December 8, 2013, https://www.theguardian.com/technology/2013/dec/08/jonathan-ive-apple-coffee-techno.
Dreyfus, Hubert L., and Paul Rabinow. *Michel Foucault: Beyond Structuralism and Herme-*

Cohen, Albert K. "A General Theory of Subcultures (1955)." In *The Subcultures Reader*, edited by Sarah Thornton and Ken Gelder. London: Routledge, 1997.
Cohen, Phil. "Subcultural Conflict and Working-Class Community (1972)." In *The Subcultures Reader*, edited by Sarah Thornton and Ken Gelder. London: Routledge, 1997.
Cohn, Nik. *Today There Are No Gentlemen*. London: Weidenfeld and Nicolson, 1971［ニック・コーン『誰がメンズファッションをつくったのか？――英国男性服飾史』奥田祐士訳、DU BOOKS、2020年］
Colt, Sam. "Apple Designer Jony Ive's Favorite Cars." *Business Insider*, February 14, 2015, https://www.businessinsider.com/jony-ive-favorite-cars-2015-2.
Connerton, Paul. *How Societies Remember*. Cambridge: Cambridge University Press, 1989［ポール・コナトン『社会はいかに記憶するか――個人と社会の関係』芦刈美紀子訳、新曜社、2011年］
Conniff, Richard. *The Natural History of the Rich: A Field Guide*. New York: W. W. Norton, 2002.
Corner, Natalie. "At Home with a Teenage Billionaire: Dubai Instagram Star, 16, with a $1 Million Collection of Trainers Shows Off the Family Mansion—Including the Private Zoo." *Daily Mail*, December 6, 2018, https://www.dailymail.co.uk/femail/article-6463387/Inside-home-16-year-old-billionaire-rich-kid-Dubai-private-ZOO.html.
Corrigan, Peter. *The Sociology of Consumption*. London: Sage Publications, 1997.
Coscarelli, Joe. "How Pop Music Fandom Became Sports, Politics, Religion and All-Out War." *New York Times*, December 25, 2020, https://www.nytimes.com/2020/12/25/arts/music/pop-music-superfans-stans.html.
Craig, Scott. "What's Noka Worth? (Part 2)." *DallasFood*, December 11, 2006, https://dallasfood.org/2006/12/noka-chocolate-part-2/.
Culler, Jonathan D. *Saussure*. Glasgow: Fontana/ Collins, 1976［ジョナサン・カラー『ソシュール』川本茂雄訳、岩波現代文庫、2002年］
Currid-Halkett, Elizabeth. *The Sum of Small Things: A Theory of the Aspirational Class*. Princeton, N.J.: Princeton University Press, 2017.
Dahl, Gary R. *Advertising for Dummies*. New York: Hungry Minds, 2001.
Dahl, Linda. *Stormy Weather: The Music and Lives of a Century of Jazz Women*. New York: Pantheon, 1984.
Dahl, Roald. *Charlie and the Chocolate Factory*. New York: Puffin Books, 2013［ロアルド・ダール『チョコレート工場の秘密』柳瀬尚紀訳、評論社、2005年］
Dahrendorf, Ralf. "On the Origin of Inequality among Men." In *Essays in the Theory of Society*. Palo Alto, Calif.: Stanford University Press, 1968.
Davis, Allison P. "Pharrell's Grammys Hat Actually Not So Ridiculous." *The Cut*, January 27, 2014, https://www.thecut.com./ 2014/01/pharrells-grammys-hat-not-so-ridiculous.html.
Davis, Fred. *Fashion, Culture, and Identity*. Chicago: University of Chicago Press, 1992.
Davis, Kingsley, and Wilbert E. Moore. "Some Principles of Stratification." *American Sociological Review* 10, no. 2 (1944): 242–49 (Annual Meeting Papers, April 1945).
De Beauvoir, Simone. *The Second Sex*. Translated by H. M. Parshley. New York: Vintage, 1989［シモーヌ・ド・ボーヴォワール『決定版 第二の性』（Ⅰ・Ⅱ）『第二の性』を原文で読

Calinescu, Matei. *Five Faces of Modernity*. Durham, N.C.: Duke University Press, 1987［マティ・カリネスク『モダンの五つの顔――モダン・アヴァンギャルド・デカダンス・キッチュ・ポストモダン』富山英俊／栂正行共訳、せりか書房、1995年］
Callaghan, Karen A. *Ideals of Feminine Beauty: Philosophical, Social, and Cultural Dimensions*. Westport, Conn.: Greenwood Press, 1994.
Capote, Truman. *Breakfast at Tiffany's*. New York: Penguin, 2011［トルーマン・カポーティ『ティファニーで朝食を』村上春樹訳、新潮文庫、2008年］
Cardwell, Diane. "Black Surfers Reclaim Their Place on the Waves." *New York Times*, August 31, 2021, https://www.nytimes.com/interactive/2021/08/31/sports/black-surfers.html.
Carroll, Noël. *Philosophy of Art*. London: Routledge, 1999.
Cassini, Oleg. *In My Own Fashion*. New York: Simon and Schuster, 1987.
Chaney, Lisa. *Coco Chanel*. New York: Viking, 2011［リサ・チェイニー『シャネル、革命の秘密』中野香織監訳、ディスカヴァー・トゥエンティワン、2014年］
Chang, Jeff. *Can't Stop, Won't Stop: A History of the Hip-Hop Generation*. London: Ebury, 2005［ジェフ・チャン『ヒップホップ・ジェネレーション――「スタイル」で世界を変えた若者たちの物語』押野素子訳、リットーミュージック、2007年］
Charles, Kerwin Kofi, Erik Hurst, and Nikolai Roussanov. "Conspicuous Consumption and Race." *Quarterly Journal of Economics* 124, no. 2 (May 2009): 425–67.
Chayka, Kyle. "How Beeple Crashed the Art World." *New Yorker*, March 22, 2021, https://www.newyorker.com/tech/annals-of-technology/how-beeple-crashed-the-art-world.
———. "Raya and the Promise of Private Social Media." *New Yorker*, October 15, 2021, https://www.newyorker.com/culture/infinite-scroll/raya-and-the-promise-of-private-social-media.
———. "Welcome to AirSpace." *The Verge*, August 3, 2016, https://www.theverge.com/2016/8/3/12325104/airbnb-aesthetic-global-minimalism-startup-gentrification.
Cheng, Evelyn. "China Says It Now Has Nearly 1 Billion Internet Users." *CNBC*, February 4, 2021, https://www.cnbc.com/2021/02/04/china-says-it-now-has-nearly-1-billion-internet-users.html.
Chipp, Herschel Browning, Peter Selz, and Joshua C. Taylor. *Theories of Modern Art: A Source Book by Artists and Critics*. Berkeley: University of California Press, 1968.
Choi, Young Back. *Paradigms and Conventions*. Ann Arbor: University of Michigan Press, 1993.
Christie's. "The Collection of Peggy and David Rockefeller: Online Sale." May 1–11, 2018. https://onlineonly.christies.com/s/collection-peggy-david-rockefeller-online-sale/lots/466.
Chwe, Michael Suk-Young. *Rational Ritual: Culture, Coordination, and Common Knowledge*. Princeton, N.J.: Princeton University Press, 2013［マイケル・S-Y. チェ『儀式をゲーム理論で考える――協調問題、共通知識とは』安田雪訳、みすず書房、2022年］
Clemente, Deidre. *Dress Casual: How College Students Redefined American Style*. Chapel Hill: University of North Carolina Press, 2014.
Cochrane, Glynn. *Big Men and Cargo Cults*. Oxford: Clarendon, 1970.
Coe, Sophie D., and Michael D. Coe. *The True History of Chocolate*. London: Thames and Hudson, 1996［ソフィー・D・コウ／マイケル・D・コウ『チョコレートの歴史』樋口幸子訳、河出文庫、2017年］

ティン『幻影の時代――マスコミが製造する事実』後藤和彦／星野郁美訳、東京創元社、1964年］
Bourdieu, Pierre. *Distinction*. Cambridge, Mass.: Harvard University Press, 1984［ピエール・ブルデュー『ディスタンクシオン――社会的判断力批判〈普及版〉』（I・II）石井洋二郎訳、藤原書店、2020年］
――. *The Field of Cultural Production*. New York: Columbia University Press, 1993.
Bourne, Leah. "The Cupcake Craze Is Officially Over: Crumbs Is Going Out of Business." *Stylecaster*, July 8, 2014, https://stylecaster.com/beauty/cupcake-craze-over-crumbs-going-out-of-business/.
Boyer, G. Bruce. "The Swelled Edge, a Quarter-Inch of Distinction." *Ivy Style*, October 29, 2013, http://www.ivy-style.com/the-swelled-edge-a-quarter-inch-of-distinction.html.
――. *True Style: The History and Principles of Classic Menswear*. New York: Basic Books, 2015.
Brennan, Geoffrey, and Philip Pettit. *The Economy of Esteem: An Essay on Civil and Political Society*. Oxford: Oxford University Press, 2004.
Brennan, Ian. "How Music Dies: Aristocracy Is Killing Artistry." *Huck*, May 11, 2016, https://www.huckmag.com/perspectives/how-music-dies/.
Brewer, Marilynn B. "The Social Self: On Being the Same and Different at the Same Time." *Personality and Social Psychology Bulletin* 17, no. 5 (October 1, 1991): 475–82.
Bright, Sam. "Klansman with Dreadlocks Astonishes Twitter." *BBC*, July 10, 2017, https://www.bbc.com/news/blogs-trending-40559913.
Broderick, Ryan. "I'm Being Gaslit by the TikTok Lamborghini." *Garbage Day*, October 9, 2021, https://www.garbageday.email/p/im-being-gaslit-by-the-tiktok-lamborghini.
Brooke, Eliza. "When a Dog Breed Becomes a Trend." *Vox*, July 29, 2019, https://www.vox.com/the-goods/2019/7/29/8930131/mini-australian-shepherd-american-aussie.
Brooks, David. *Bobos in Paradise*. New York: Simon and Schuster, 2000.
Brown, Sloane. "BMA John Waters Rotunda Dedication." *Baltimore Snap*, May 20, 2021.
Brown, Trisha. "Trisha Brown on Pure Movement." *Dance Magazine*, May 1, 2013, https://www.dance magazine.com/trisha_brown_on_pure_movement-2306909524.html.
Bryson, Bethany. "'Anything but Heavy Metal': Symbolic Exclusion and Musical Dislikes." *American Sociological Review* 61, no. 5 (October 1996): 884–99.
Buñuel, Luis. *My Last Breath*. Translated by Abigail Israel. London: Vintage, 1994［ルイス・ブニュエル『映画、わが自由の幻想』矢島翠訳、早川書房、1984年］
Burke, Allie. "Instagram Is the Happiest Place in the (Internet) World." *Psychology Today*, January 24, 2016, https://www.psychologytoday.com/us/blog/paper-souls/201601/instagram-is-the-happiest-place-in-the-internet-world.
Buyer, Bob. "Lawsuits Attack 'Cadillac' Silos." *Buffalo News*, October 26, 1991.
Byrne, David. *How Music Works*. New York: Three Rivers Press, 2017［デヴィッド・バーン『音楽のはたらき』野中モモ訳、イースト・プレス、2023年］
Cabanne, Pierre, and Marcel Duchamp. *Dialogues with Marcel Duchamp*. New York: Viking, 1971［マルセル・デュシャン／ピエール・カバンヌ『デュシャンは語る』岩佐鉄男／小林康夫訳、ちくま学芸文庫、1999年］

Berger, Jonah. *Contagious: Why Things Catch On*. New York: Simon and Schuster, 2013［ジョーナ・バーガー『なぜ「あれ」は流行るのか？——強力に「伝染」するクチコミはこう作る！』貫井佳子訳、日本経済新聞出版社、2013 年］
Berger, John. *Ways of Seeing*. London: British Broadcasting Corporation/ Penguin, 1973［ジョン・バージャー『イメージ——視覚とメディア』伊藤俊治訳、ちくま学芸文庫、2013 年］
Berger, Joseph, Susan J. Rosenholtz, and Morris Zelditch, Jr. "Status Organizing Processes." *Annual Review of Sociology* 6 (1980): 479–508.
Berger, Thor, and Per Engzell. "Trends and Disparities in Subjective Upward Mobility since 1940." *Socius* (January 2020).
Bergreen, Laurence. *Capone: The Man and the Era*. New York: Touchstone, 1994［ローレンス・バーグリーン『カポネ——人と時代　愛と野望のニューヨーク篇』常盤新平訳、集英社、1997 年］
Bergson, Henri. *The Creative Mind: An Introduction to Metaphysics*. New York: Citadel, 1992.
Bernard, James. "Why the World Is after Vanilla Ice." *New York Times*, February 3, 1991, http://www.nytimes.com/1991/02/03/arts/why-the-world-is-after-vanilla-ice.html.
Best, Joel. *Flavor of the Month: Why Smart People Fall for Fads*. Berkeley: University of California Press, 2006［ジョエル・ベスト『なぜ賢い人も流行にはまるのか——ファッドの社会心理学』林大訳、白揚社、2009 年］
Bilis, Madeline. "Why Some Boston Brownstones Have Purple Windows." *Boston Magazine*, September 23, 2015, https://www.bostonmagazine.com/property/2015/09/23/purple-windows-boston/.
Birnbach, Lisa. *The Official Preppy Handbook*. New York: Workman, 1980［リサ・バーンバック編『オフィシャル・プレッピー・ハンドブック』宮原憲治訳、講談社、1981 年］
———. "Save Brooks Brothers!" *New York Times*, July 22, 2020, https://www.nytimes.com/2020/07/22/style/brooks-brothers-bankruptcy-lisa-birnbach-preppy-handbook.html.
Blanck, Nili. "Inside L.A.'s Lowrider Car Clubs." *Smithsonian Magazine*, May 5, 2021, https://www.smithsonianmag.com/travel/vibrant-history-lowrider-car-culture-in-la-180977652/.
Blau, Max. "33 Musicians on What John Cage Communicates." *NPR*, September 5, 2012, https://www.npr.org/2012/08/30/160327305/33-musicians-on-what-john-cage-communicates.
Bloom, Harold. *The Anxiety of Influence: A Theory of Poetry*. 2nd ed. New York: Oxford University Press, 1997［ハロルド・ブルーム『影響の不安——詩の理論のために』小谷野敦／アルヴィ宮本なほ子訳、新曜社、2004 年］
———. *The Western Canon: The Books and School of the Ages*. New York: Harcourt Brace, 1994.
Blumer, Herbert. "Fashion: From Class Differentiation to Collective Selection." *Sociological Quarterly* 10, no. 3 (Summer 1969): 275–91.
Bollen, Christopher. "Glenn O'Brien Saved My Life." *The Cut*, April 7, 2017, https://www.thecut.com/2017/04/glenn-obrien-saved-my-life.html.
Bong Joon-Ho (director). *Parasite*. Neon, 2019［ボン・ジュノ『パラサイト 半地下の家族』(映画) 2019 年］
Boorstin, Daniel J. *The Image*. Harmondsworth, Eng.: Penguin, 1961［ダニエル・J・ブーアス

——. *For a Critique of the Political Economy of the Sign*. Translated by Charles Levin. Candor, N.Y.: Telos Press, 1981［ジャン・ボードリヤール『記号の経済学批判』今村仁司ほか訳、法政大学出版局、1982 年］
——. *The System of Objects*. Translated by James Benedict. London: Verso, 1996［ジャン・ボードリヤール『物の体系――記号の消費』宇波彰訳、法政大学出版局、2008 年］
Bayley, Stephen. *Taste: The Secret Meaning of Things*. New York: Pantheon, 1991.
Bazner, David. "The Ted Trend Continues at Saint Laurent." *GQ*, January 19, 2014, https://www.gq.com/story/ted-at-saint-laurent.
BBC Music Magazine. "The 50 Greatest Composers of All Time." *Classical Music*, January 30, 2020, https://www.classical-music.com/composers/50-greatest-composers-all-time/.
Beach, Christopher. *Class, Language, and American Film Comedy*. Cambridge: Cambridge University Press, 2001.
Beam, Christopher. "Highway to Heil." *Slate*, January 27, 2011, https://slate.com/culture/2011/01/jesse-james-nazi-photos-how-common-is-nazi-iconography-among-bikers.html.
The Beatles Anthology. San Francisco: Chronicle, 2000［『THE BEATLES アンソロジー』ザ・ビートルズ・クラブ監修翻訳／斎藤早苗監修、リットーミュージック、2000 年］
"Beatles Haircuts 'Unsightly, Unsafe, Unruly, and Unclean'—Fashion Archive, 1963." *Guardian*, December 6, 2017, https://www.theguardian.com/fashion/2017/dec/06/beatles-haircut-fashion-archive-1963.
"Beatles Press Conference: American Arrival 2/7/1964." http://www.beatlesinterviews.org/db1964.0207.beatles.html; accessed December 1, 2021.
Becker, Gary S. *Accounting for Tastes*. Cambridge, Mass.: Harvard University Press, 1996.
Becker, Howard S. *Art Worlds*. 2nd ed. Berkeley: University of California Press, 2008［ハワード・S・ベッカー『アート・ワールド』後藤将之訳、慶應義塾大学出版、2016 年］
——. *Outsiders: Studies in the Sociology of Deviance*. 1963. Reprint, New York: Free Press, 1973［ハワード・S. ベッカー『アウトサイダーズ――ラベリング理論とはなにか』村上直之訳、新泉社、1978 年］
Bell, Daniel. *The Cultural Contradictions of Capitalism*. New York: Basic Books, 1976［ダニエル・ベル『資本主義の文化的矛盾』（上中下巻）林雄二郎訳、講談社学術文庫、1976–7 年］
Bell, Quentin. *On Human Finery*. 2nd ed. New York: Schocken, 1978.
Benedict, Ruth. *Patterns of Culture*. Boston: Mariner, 2005［R・ベネディクト『文化の型』米山俊直訳、講談社学術文庫、2008 年］
Benjamin, Kathy. "What It Was like Working at Studio 54." *Grunge*, January 12, 2021, https://www.grunge.com/311268/what-it-was-like-working-at-studio-54/.
Benjamin, Walter. *Illuminations*. Translated by Harry Zohn. New York: Schocken, 1968［W・ベンヤミン『複製技術時代の芸術』川村二郎ほか訳、紀伊国屋書店、1965 年］
Bennhold, Katrin. "Bavarian Millennials Embrace Tradition (Dirndls, Lederhosen and All)." *New York Times*, October 10, 2018, https://www.nytimes.com/2018/10/10/world/europe/germany-bavaria-dirndl-lederhosen.html.
Berger, David. *Kant's Aesthetic Theory: The Beautiful and the Agreeable*. London: Continuum, 2009.

Anderson, Chris. *The Longer Long Tail*. New York: Hyperion, 2008［クリス・アンダーソン『ロングテール――「売れない商品」を宝の山に変える新戦略』篠森ゆりこ訳、ハヤカワNF文庫、2014年］
Appadurai, Arjun. "Introduction: Commodities and the Politics of Value." In *The Social Life of Things*, edited by Arjun Appadurai. Cambridge: Cambridge University Press, 1986.
Appiah, Kwame Anthony. "The Importance of Elsewhere." *Foreign Affairs*, March/April 2019, https://www.foreignaffairs.com/articles/2019-02-12/importance-elsewhere.
Arendt, Hannah. "The Crisis in Culture." In *Between Past and Future*. New York: Viking, 1961［ハンナ・アレント『文化の危機――過去と未来の間に』（I・II）志水速雄訳、合同出版、1970年］
Arnold, Martin. "Moneywise." *New York Times*, February 17, 1964, https://www.nytimes.com/1964/02/17/archives/moneywise.html.
Arnold, Rebecca. *Fashion: A Very Short Introduction*. New York: Oxford University Press, 2009.
Asimov, Eric. "One Critic's Delight..." *New York Times*, November 5, 2003, https://www.nytimes.com/2003/11/05/dining/one-critic-s-delight.html.
Austerlitz, Saul. "The Pernicious Rise of Poptimism." *New York Times Magazine*, April 4, 2014, https://www.nytimes.com/2014/04/06/magazine/the-pernicious-rise-of-poptimism.html.
Baker, Keiligh. "Best Friends with Dr Dre and an Entourage of Six 'Minders' Wherever He Goes: How Saudi Billionaire Playboy, 23, with a Fleet of Golden Cars Spends His Summer in London." *Mail Online*, May 2, 2016, https://www.dailymail.co.uk/news/article-3567339/MailOnline-meets-billionaire-Saudi-playboy-owns-gold-supercars.html.
Baker, Phil. *The Book of Absinthe*. New York: Grove, 2001.
Balaban, Bob. *Spielberg, Truffaut and Me: An Actor's Diary*. Rev. ed. London: Titan Books, 2003.
Baldwin, James. *Go Tell It on the Mountain*. New York: Dell, 1985［ボールドウィン『黒人文学全集 第三巻 山にのぼりて告げよ』斎藤数衛訳、早川書房、1961年］
Barber, Nicholas. "*Black Panther*: The Most Radical Hollywood Blockbuster Ever?" *BBC*, February 6, 2018, https://www.bbc.com/culture/article/20180206-black-panther-the-most-radical-hollywood-blockbuster-ever.
Barthes, Roland. *Elements of Semiology*. Translated by Annette Lavers and Colin Smith. New York: Hill and Wang/ Noonday Press, 1967.
――. *Criticism and Truth*. Translated by Katrine Pilcher Keuneman. The Athlone Press, 1986［ロラン・バルト『批評と真実』保苅瑞穂訳、みすず書房、2006年］
Barthes, Roland, and Andy Stafford. *The Language of Fashion*. Oxford: Berg, 2006.
Bataille, Georges. *The Accursed Share: An Essay on the General Economy*. Vol. 1, *Consumption*. New York: Zone Books, 1991［ジョルジュ・バタイユ『呪われた部分（ジョルジュ・バタイユ著作集）』生田耕作訳、二見書房、1973年］
Baudrillard, Jean. *The Consumer Society: Myths and Structures*. London: Sage Publications, 1998［ジャン・ボードリヤール『消費社会の神話と構造』今村仁司／塚原史訳、紀伊國屋書店、1979年］

書誌情報

Abraham, J. H. *Origins and Growth of Sociology*. Harmondsworth, Eng.: Penguin, 1973［ジョセフ・ヘイム・アブラハム『社会学思想の系譜』安江孝司／小林修一／樋口祐子訳、法政大学出版局、1988年］
Acerbi, Alberto, et al. "The Logic of Fashion Cycles." *PLOS One* 7, no. 3: e32541.
Achebe, Chinua. *Things Fall Apart*. New York: Anchor/Doubleday, 1959［チヌア・アチェベ『崩れゆく絆』粟飯原文子訳、光文社古典新訳文庫、2013年］
Adams, John. *The Works of John Adams*. Vol. 6, *Defence of the Constitution IV, Discourses on Davila*. Jazzybee Verlag, 2015.
Adamson, Melitta Weiss, and Francine Segan. *Entertaining from Ancient Rome to the Super Bowl: An Encyclopedia*. Santa Barbara, Calif.: ABC-CLIO, 2008.
Aeschlimann, Roland, et al., eds. *Trisha Brown: Dance and Art in Dialogue, 1961–2001*. Cambridge, Mass.: MIT Press, 2002.
Albo, Mike. "The Marvelous Mr. John Waters." *Town & Country*, September 20, 2021.
Aldrich, Nelson W., Jr. *Old Money: The Mythology of America's Upper Class*. New York: Vintage, 1989［ネルソン・W・アルドリッチJr.『アメリカ上流階級はこうして作られる──オールド・マネーの肖像』酒井常子訳、朝日新聞出版、1995年］
———. "Preppies: The Last Upper Class?" *The Atlantic*, January 1979.
Allaire, Christian. "How This Indigenous Jeweler Is Embracing Tradition under Lockdown." *Vogue*, April 26, 2020, https://www.vogue.com/slideshow/keri-ataumbi-indigenous-artist-photo-diary.
Andersen, Kurt. "You Say You Want a Devolution?" *Vanity Fair*, January 2012; posted online December 7, 2011, https://www.vanityfair.com/style/2012/01/prisoners-of-style-201201.
Anderson, Cameron, and John Angus D. Hildreth. "Striving for Superiority: The Human Desire for Status." IRLE Working Paper 115–16, October 2016.
Anderson, C., J. A. D. Hildreth, and L. Howland. "Is the Desire for Status a Fundamental Human Motive? A Review of the Empirical Literature." *Psychological Bulletin* 141, no. 3 (May 2015): 574–601, https://doi.org/10.1037/a0038781.
Anderson, C., J. A. D. Hildreth, and D. L. Sharps. "The Possession of High Status Strengthens the Status Motive." *Personality and Social Psychology Bulletin* 46, no. 12 (December 2020): 1712–23, https://doi.org/10.11177/0146167220937544.
Anderson, C., O. P. John, D. Keltner, and A. M. Kring. "Who Attains Social Status? Effects of Personality and Physical Attractiveness in Social Groups." *Journal of Personality and Social Psychology* 81, no. 1 (July 2001): 116–32, https://doi.org/10.1037//0022-3514.81.1.116.
Anderson, C., M. W. Kraus, A. D. Galinsky, and D. Keltner. "The Local-Ladder Effect: Social Status and Subjective Well-Being." *Psychological Science* 23, no. 7 (2012): 764–71, http://www.jstor.org/stable/23262493.
Anderson, C., R. Willer, G. J. Kilduff, and C. E. Brown. "The Origins of Deference: When Do People Prefer Lower Status?" *Journal of Personality and Social Psychology* 102, no. 5 (May 2012): 1077–88, https://doi.org/10.1037/a0027409.

ワ行

ヤ行

ラ行

マ行

ハ行

ナ行

タ行

サ行

カ行

索引

A-Z

ア行

装丁　服部一成／榎本紗織
編集　方便凌

デーヴィッド・マークス（W. David Marx）
1978年、アメリカ生まれ、東京在住。2001年、ハーバード大学東洋学部卒業。2006年、慶應義塾大学大学院修士課程修了。日本の音楽、ファッション、アートについてTHE NEW YORKER、POPEYE、THE NEW REPUBLICなどで執筆。著書に『AMETORA——日本がアメリカンスタイルを救った物語』（DU BOOKS）。

黒木章人（くろき・ふみひと）
英米翻訳家。訳書に『シリア・サンクション』（早川書房）、『わたしはナチスに盗まれた子ども』『メガネの歴史』『ダイヤモンドの文化史』（以上、原書房）、『アウトロー・オーシャン』（白水社）などがある。

STATUS AND CULTURE
文化《ぶんか》をかたちづくる〈ステイタス〉の力学《りきがく》
——感性《かんせい》・慣習《かんしゅう》・流行《りゅうこう》はいかに生《う》まれるか?

2024年7月30日　初版第1刷発行

著者　デーヴィッド・マークス
訳者　黒木章人
発行者　増田健史

発行所　株式会社筑摩書房
東京都台東区蔵前2-5-3　〒111-8755
電話番号　03-5687-2601（代表）
印刷　株式会社精興社
製本　加藤製本株式会社

ISBN978-4-480-83652-6 C0036